1. 알마타데마는 적당히 큰 규모(이 그림은 폭이 2미터가 넘는다)로 엘라가발루스 황제의 너무도 너그러운 모습을 과시하는 장면을 포착하고 있다. 손님들이 엄청난 양의 장미 꽃잎 세례로 질식하고 있다. 황제 자신은 금빛 옷을 입고 높은 단 위에서 바라보고 있다.

2. 〈세네카의 죽음〉. 현재 프라도 미술관에 있는 이 큰 그림(폭이 4미터가 넘는다)은 19세기 에스파냐 화가 마누엘 도밍게스 산체스가 그린 것으로, 이 철학자가 슬퍼하는 친구들에게 둘러싸여 결국 숨을 거두는 순간을 상상하고 있다.

3. 셉티미우스 세베루스와 그 아내 율리아 돔나, 그리고 아들들인 카라칼라와 게타(그 얼굴은 지워졌다). 한때 흔했던 그림 가운데 남아 있는 희귀한 사례다(본래 이집트에서 나온 것이었다). 초상은 황제의 어두운 피부색을 정확하게 반영했을 것이다. 아니면 그저 성인 남자의 피부를 나타내기 위해 어두운 톤을 사용하는 고대 회화의 관행을 따른 것일 수도 있다. 483~484쪽, 그림 98 참조.

4. 남아 있는 가장 놀라운 로마 벽화 가운데 하나로, 본래 리비아 소유의 교외 별장의 식사 장소에 있던 것이다. 지금은 로마의 마시모궁 박물관에 있다. 이것은 꼼꼼하게 꾸민 유토피아적 자연 세계(꽃, 과일나무, 새)를 집 안으로 들여왔다.

5. 폭이 4센티미터도 안 되는 터키석 카메오가 아마도 아들 티베리우스의 가슴을 잡고 있는 듯한(아이에 대한 보살핌과 열망의 징표다) 리비아의 모습을 묘사하고 있다. 어떤 사람들은 남편 아우구스투스의 가슴으로 보기도 한다.

6. 1932년 무솔리니의 명령에 따라 칼리굴라의 유람선이 네미호 바닥에서 발굴되자 수백 명의 사람이 이를 보기 위해 줄지어 기다리고 있다. 그 몇몇 부분이 남아 있지만, 2차 세계대전 때 대체로 파괴됐다. 중요한 책임이 연합군에게 있는지 독일군에게 있는지는 여전히 논란이 있다.

7. 폼페이 '고대 사냥의 집'에서 나온 벽화의 19세기 사본. 위쪽에 과일이 가득 담긴 그물이 늘어뜨려져 있다. 이런 식의 장치는 식사하는 사람들에게 맛있는 과일이(그리고 더 많은 음식이) 때로 상당한 규모로 쏟아져 내려오는 듯한 느낌을 갖게 했을 것이다.

8. 소나무 장식 줄이 그려진 방. 통상 방문자들에게 '아우구스투스궁'으로 자랑했던 팔라티노의 집에서 나온 것이다. 장식이 절묘하기는 하지만 이는 거의 분명히 아우구스투스 황제가 살던 곳이 아니었을 것이다.

9. 팔라티노궁의 대형 전시실 중 하나를 복원한 모습. 다양한 색깔의 대리석이 본래 외관의 한 측면을 정확하게 반영한다. 그러나 썰렁하고, 사람 몇 명이 작게 보일 뿐이다.

10. 하드리아누스 별장에서 나온 가장 유명한 미술 작품 중 하나는 커다란 바닥 모자이크의 이 중심 장식이다. 비둘기 네 마리가 수반 주위에 앉아 있는 모습이다. 이것은 수천 개의 작은 돌(각석角石) 조각으로 만들어져 복잡한 세부를 묘사할 수 있었다.

11. 폼페이 '순결한 연인의 집'에서 나온 전형적인 로마인의 식사 모습. 남녀가 함께 비스듬히 기대고 있고, 뒤의 연회 참석자는 이미 똑바로 일어서기 위해서는 누군가의 도움이 필요한 상태다.

12. 아주 현대적이고 매우 단호한 메살리나. 19세기에 덴마크 화가 페데르 세베린 크뢰위에르가 그렸다.

13. 한때 로마령 이집트에 있었던 조각상의 일부인 아우구스투스의 청동 두상. 이것은 제국 남쪽 국경 너머에서 온 습격자들이 잘라냈고, 전리품으로 현대 수단의 메로에 신전 계단 아래 묻었다. 1910년 고고학자들에 의해 발견됐다(484쪽).

14. 황제의 군사적 승리는 사실보다 더 과장될 수 있었다. 트라야누스 치세에 발행된 이 금화에서 황제의 칭호는 그의 머리 둘레와 뒷면 디자인 둘레에 적혀 있다. 그러나 메시지는 '파르티아 카프타Parthia capta'('파르티아를 격파했다')라는 구절에 있다. 승리의 전리품과 아래 두 명의 포로가 보인다. 실제로는 '승리'가 불과 몇 달만 지속됐다.

15, 16. 아우구스투스의 아내 리비아의 별장(화보 4)에서 발견된 아우구스투스 조각상. 왼쪽은 현재 모습 그대로의 것이다. 황제는 고급 흉갑을 입고 서기전 53년 크라수스가 잃어버렸던 군기를 회수한 것을 기뻐하고 있다(59쪽). 그의 발치에는 작은 쿠피도(조각상이 서 있는 데 도움을 주기 위한 것이다)가 있다. 아우구스투스 가문이 베누스 여신의 후예라는 주장을 떠올리게 하는 것이기도 하다. 오른쪽은 작품의 본래 색깔을 복원하려는 한 시도다.

17. 모든 황제 카메오 가운데 가장 화려한 '프랑스의 큰 카메오'(현재 파리 국가박물관에 있다). 길이가 30센티미터를 넘고 서기 1세기에 만들어진 이것은 상층에(마치 하늘에 있는 듯이) 아우구스투스의 모습을 보여준다. 티베리우스와 리비아는 아마도 중간층의 중앙부 인물들인 듯하고, 하층은 정복된 이민족들이다.

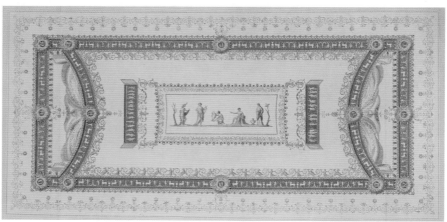

18, 19. 위는 팔라티노에 있는 네로의 식당에서 나온 섬세한 천장 그림이다. 아래는 네로 시대의 장식을 모방한 18세기 수채화다(아고스티노 브루니아스 작).

20. 보석이 박히고 도금한 청동 띠가 황제 호르투스의 사치스러움을 일부 보여준다. 이것은 아마도 벽이나 귀한 가구를 장식했을 것이다.

21. 파라오의 모습을 한 아우구스투스(오른쪽)가 이집트 덴두르에 있는 이시스 신전에서 이집트의 신인 하토르와 호루스에게 봉헌을 하고 있다. 이 신전은 그의 주문으로 만들어졌으며, 그가 이집트인의 모습으로 나타나는 몇 개의 그림이 있다. 현재 뉴욕 메트로폴리탄 박물관에서 재조합돼 조명 전시를 통해 본래의 색깔을 떠올리게 하고 있다.

22. 리옹에서 나온 서기 2세기의 모자이크가 키르쿠스 막시무스에서의 경마를 보여준다. 왼쪽에는 충돌이 일어났고, 전경에서는 두 전차가 바짝 붙어 경주를 펼치고 있다(기수들은 붉은색과 흰색의 옷을 입었다). 중앙에는 분리대(스피나 또는 에우리푸스)가 있고 그 위에는 오벨리스크와 돈 바퀴 수를 세는 장치가 있다. 이 모자이크는 매우 많이, 그러나 아주 정확하게 복원이 이루어졌다.

23. 서기 3세기 이집트 미라에서 나온 젊은이의 초상. 로마 시기 미라와 함께 넣은 이런 그림들은 덥고 건조한 기후 조건으로 인해 지금 우리에게 잊힐 뻔했던 로마의 판그림 전통을 잘 보여준다. 황제의 그림은 한때 어디에나 있었을 것이다.

24. 한때 하드리아누스 영묘를 장식했던 도금한 청동 공작새(때로는 불멸의 상징으로 여겨졌다) 가운데 하나. 이것은 지금 바티칸 박물관의 돌계단에 서 있다.

로마 황제는 어떻게 살았는가

로마 황제는 어떻게 살았는가

메리 비어드

이재황 옮김

책과함께

일러두기

· 이 책은 2023년에 나온 Mary Beard의 EMPEROR OF ROME(Profile Books)를 우리말로 옮긴 것이다.

· 옮긴이가 덧붙인 설명은 〔 〕로 표시했다.

차례

율리우스-클라우디우스 가문

 율리우스 카이사르 | 서기전 48년 폼페이우스 마그누스를 물리친 후 딕타토르(독재관)가 됨. 서기전 44년 암살당함.

 아우구스투스(옥타비아누스) | 율리우스 카이사르의 양자. 서기전 31년 안토니우스와 클레오파트라를 물리친 뒤 서기 14년까지 유일 통치자가 됨. 두 번째 아내는 리비아.

 티베리우스 | 리비아의 친자이자 아우구스투스의 양자. 서기 14~37년 통치. 칼리굴라가 그의 죽음에 관여했다는 소문이 있음.

 칼리굴라(가이우스) | 아우구스투스의 종손. 서기 37~41년 통치. 자신의 근위병들에게 피살.

 클라우디우스 | 티베리우스의 조카. 서기 41~54년 통치. 세 번째 아내는 메살리나, 네 번째 아내는 아그리피나(딸). 아그리피나에 의해 살해됐다는 소문이 있음.

 네로 | 아그리피나의 친자이자 클라우디우스의 양자. 서기 54~68년 통치. 군 반란 이후 자살을 강요당함.

내전 (서기 68~69)

세 황제가 각기 불과 몇 달씩 통치. 갈바, 오토, 비텔리우스.

플라비우스 가문

 베스파시아누스 | 내전의 최종 승자. 서기 69~79년 통치.

 티투스 | 베스파시아누스의 친자. 서기 79~81년 통치. 도미티아누스가 그의 죽음에 관여했다는 소문이 있음.

 도미티아누스 | 베스파시아누스의 친자. 서기 81~96년 통치. 궁궐 정변으로 피살.

'입양' 황제들: 안토니누스 가문

 네르바 | 원로원에서 선출. 서기 96~98년 통치.

 트라야누스 | 네르바의 양자(이스파니아 출신). 서기 98~117년 통치. 아내는 플로티나.

 하드리아누스 | 트라야누스의 양자(이스파니아 출신). 서기 117~138년 통치. 아내는 사비나.

 안토니누스 피우스 | 하드리아누스의 양자. 서기 138~161년 통치. 아내는 파우스티나(어머니).

 마르쿠스 아우렐리우스 | 안토니누스 피우스의 양자. 서기 161~180년 통치. 아내는 파우스티나(딸).

 루키우스 베루스 | 안토니누스 피우스의 양자. 마르쿠스 아우렐리우스와 공동 통치(161~169년). 전염병으로 사망(장모가 독살했다는 소문도 있음).

8

콤모두스 | 마르쿠스 아우렐리우스와 파우스티나의 친자. 서기 180년~192년 통치(177년 이후 아버지와 공동 통치). 궁궐 정변으로 피살.

내전 (서기 193)

짧은 재위의 네 황제 또는 찬탈자. 페르티낙스, 디디우스 율리아누스, 클로디우스 알비누스, 페스켄니우스 니게르.

세베루스 가문

 셉티미우스 세베루스 | 내전의 최종 승자(북아프리카 출신). 서기 193~211년 통치. 두 번째 아내는 율리아 돔나(시리아 출신).

 카라칼라 | 셉티미우스 세베루스와 율리아 돔나의 친자. 서기 211~217년 통치(이전에 아버지 및 동생 게타와 공동 통치). 군사원정 중 피살.

 게타 | 셉티미우스 세베루스와 율리아 돔나의 친자. 서기 209~211년 아버지 및 형과 공동 통치. 카라칼라의 명령에 의해 피살.

 마크리누스 | 에퀴테스 계급으로 카라칼라 피살 이후 권력 장악. 서기 217~218년 통치. 엘라가발루스 지지자들에 의해 전복.

 엘라가발루스 | 율리아 돔나의 종손(시리아 출신). 서기 218~222년 통치. 자신의 근위대에 의해 피살.

 알렉산데르 세베루스 | 엘라가발루스의 사촌이자 양자(시리아 출신). 서기 222~235년 통치. 군사원정 중 피살.

하드리아누스 장성

요크

브리타니아   콜체스터   토이토부르크 숲

런던   게르마니아

영국해협   엘베강

라인강

대 서 양   도나우강

갈 리 아   라이티아   노리쿰

알프스산맥   아퀼레이아   판노니아

리옹   코뭄(코모)   일리리쿰

론강   포강

빈레이아   이 탈 리 아

루시타니아   이스파니아   로마

코르시카   나폴리

에브로강

사르데냐

과달키비르(바에티스)강   발레아레스제도   시칠리아

시라쿠사

마우레타니아   누미디아

람바이시스

아 프 리 카   렙키스마그나

사   하   라   사   막

0   200   400   600킬로미터

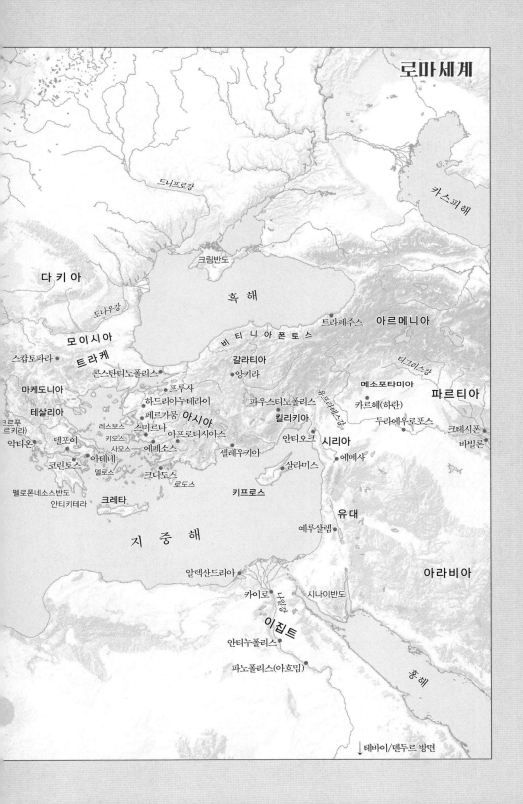

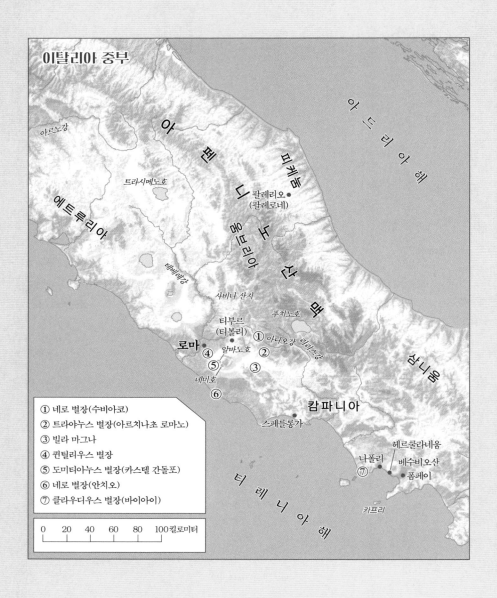

이탈리아 중부

아르노강

트라시메노호

에트루리아

아펜니노산맥

몬페로

팔레리오
(팔레로네)

테베레강

사비나 산지

푸치노호

티부르
(티볼리)
① 아니오강 피리스강
알바노호 ②
③

로마
④
⑤
네미호
⑥

삼니움

아드리아해

캄파니아

스페를롱가

나폴리
⑦

헤르쿨라네움
베수비오산
폼페이

티레니아해

카프리

① 네로 별장(수비아코)
② 트라야누스 별장(아르치나초 로마노)
③ 빌라 마그나
④ 퀸틸리우스 별장
⑤ 도미티아누스 별장(카스텔 간돌포)
⑥ 네로 별장(안치오)
⑦ 클라우디우스 별장(바이아이)

0   20   40   60   80   100킬로미터

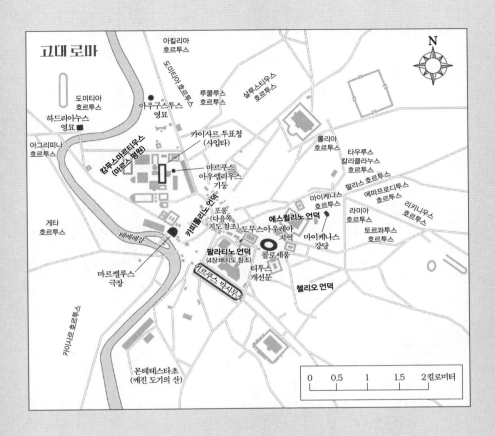

고대 로마

N

아킬리아
호르투스

도미티아누스 호르투스

루쿨루스
호르투스

살루스티우스
호르투스

도미티아
호르투스

아우구스투스
영묘

하드리아누스
영묘

카이사르 투표청
(사입타)

몰리아
호르투스

아그리피나
호르투스

캄푸스마르티우스
(마르스 평원)

마르쿠스
아우렐리우스
기둥

타우루스
칼리클라누스
호르투스

팔라스 호르투스

마이케나스
호르투스

에파프로디투스
호르투스

게타
호르투스

테베레강

카피톨리노 언덕

포룸
(다음쪽
지도 참조)

에스퀼리노 언덕

도무스아우레아
지역

라미아
호르투스

리키나우스
호르투스

마르켈루스
극장

팔라티노 언덕
(4장 배치도 참조)

콜로세움

마이케나스
강당

토르콰투스
호르투스

키르쿠스 막시무스

티투스
개선문

첼리오 언덕

카이사르 호르투스

몬테테스타초
(깨진 도기의 산)

0   0.5   1   1.5   2킬로미터

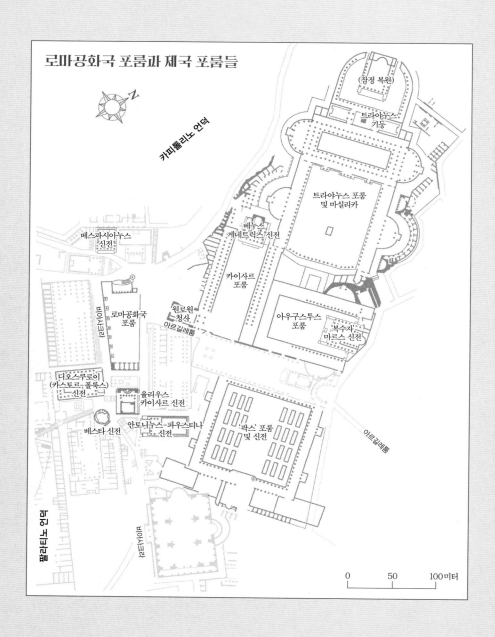

로마공화국 포룸과 제국 포룸들

카피톨리노 언덕

(잠정 복원)

트라야누스
기둥

트라야누스 포룸
및 바실리카

베스파시아누스
신전

베누스
게네트릭스 신전

카이사르
포룸

원로원
청사
아르길레툼

로마공화국
포룸

아우구스투스
포룸

'복수자'
마르스 신전

디오스쿠로이
(카스토르·폴룩스)
신전

율리우스
카이사르 신전

안토니누스-파우스티나
신전

베스타 신전

'팍스' 포룸
및 신전

아르길레툼

사크라 가도

사크라 가도

0   50   100미터

환영합니다

로마 황제들의 세계입니다. 칼리굴라Caligula나 네로Nero 같은 일부 황제는 지금도 무절제, 잔인함, 즉흥적인 가학성의 대명사로 통합니다. '철인 황제' 마르쿠스 아우렐리우스Marcus Aurelius 같은 인물은 그의《명상록》(내 생각에는 '자성록自省錄'이라고 부르는 게 더 낫겠습니다만)이 아직도 세계적인 베스트셀러입니다. 일부는 심지어 전문가들에게도 거의 알려지지 않았습니다. 지금 누가 디디우스 율리아누스Didius Iulianus를 알까요? 서기 193년 왕실 근위대가 최고가 입찰자에게 제위를 판매한 덕분에 몇 달간 왕좌에 앉았던 인물입니다.

　이 책은 고대 로마 세계의 통치자들에 관한 사실과 허구를 탐구하며, 그들이 무슨 일을 했고, 왜 했는지, 왜 그들의 이야기가 지금처럼 과장되고 때로는 충격적인 방식으로 전해지는지를 묻습니다. 이 책은 권력, 부패, 음모라는 큰 문제들을 살핍니다. 그러나 또한 그들 삶의 일상적인 현실도 살펴봅니다. 로마 황제들은 무엇을 어디서 먹었을까요? 누구와 잠을 잤을까요? 그리고 어떻게 여행했을까요?

이 책에서는 황제가 아니었고 황제가 되려고 하지 않았지만 제국의 체제를 가능하게 만든 많은 사람들을 만납니다. 신중한 귀족, 노예 요리사, 부지런한 서기, 궁정 광대, 심지어 한 젊은 황자의 편도선염을 치료한 의사도 있습니다. 그리고 잃어버린 상속 재산에서부터 위층 창문에서 떨어져 치명적인 결과를 가져온 요강에 이르기까지 크고 작은 문제를 최고 권력자에게 가져온 많은 남녀를 만날 것입니다.

그러나 나의 주요 인물들은 약 30명의 황제와 그 배우자들입니다. 서기전 44년에 암살당한 율리우스 카이사르Julius Caesar에서부터 서기 235년에 암살당한 알렉산데르 세베루스Alexander Severus까지, 로마제국을 지배한 사람들입니다. 이들은 서기전 8세기부터 서기 3세기까지 천 년에 걸친 로마의 발전 이야기를 다룬 나의 전작《SPQR》('Senatus PopulusQue Romanus'의 약어로 '로마의 원로원과 시민'이라는 뜻이다. 이 책의 한국어판 제목은《로마는 왜 위대해졌는가》다)에서는 비교적 작은 역할을 했습니다.

거기에는 충분한 이유가 있었습니다. 서기전 1세기에 초대 황제 아우구스투스Augustus 치하에서 1인 통치 체제가 완전히 확립된 이후 250년 동안 큰 변화는 거의 없었습니다. 로마제국은 규모가 커지지 않았고, 나라는 거의 같은 방식으로 통치됐으며, 로마의 정치 생활 자체는 대체로 같은 방식을 따랐습니다. 그러나 이 책에서 나는 황제들을 다시 주목받는 자리에 놓으려 합니다. 나는 그들의 이력을 하나하나 살펴보거나 디디우스 율리아누스 같은 인물에 대해 아는 체하는 이상의 일을 하지는 않을 것입니다. 그리고 나는 독자들이 개별 통치자를 기억할 것을 기대하지 않습니다. 아무도 그런 기대를 하지 않습니다. 그래서 참조를 위해 앞쪽에 전체 진용에 대한 편리한 약식 안내를 실었습니다. 대신에 나는 로마 황제가 된다는 것이 무엇을 '의미'하는지를 탐구할 것입니다. 나는 그들이 명목상 통제하에 있는 광대한 영토를 실제로 어떻게 통치했는지, 신민들과 어떻게 소통했는지, 옥좌에 앉았을 때의 느낌을 우리가 되살릴 수 있을지 등에 관한 몇 가지 기본적인 질문을 던질 것입니다.

이 책에는 영화 속 로마제국의 이미지로 인해 예상되는 것보다는 적은 수의 미치광이가 등장합니다. 그렇다고 해서 로마 세계가 우리가 보기에 상상하기 어려울 정도로 비명횡사가 많이 발생하는 잔인한 곳이었음을 부정하는 것은 아닙니다. 전염병, 불필요한 전쟁, 검투사 경기 등의 무고한 희생자는 차치하더라도, 살인은 정치적 목적이든 아니든 분쟁을 해결하는 최종적인 수단이었습니다. '권력의 회랑'을 비롯해 로마의 다른 많은 회랑은 언제나 유혈이 낭자했습니다. 그러나 로마제국이 여러 미치광이 전제군주에 의해 통치되었다면 하나의 체제로서 살아남지 못했을 것입니다. 나는 그 광기에 대한 이야기가 어떻게 생겨났고, 제국의 사업이 실제로 어떻게 이루어졌는지, 그리고 황제들의 통치가 그렇게 피투성이가 아니라(그들은 그러기를 기대했지만) 사기와 협잡 위에 세워진 이상하고 불안정한 디스토피아였다는 로마인들의 두려움에 더 흥미가 있습니다.

이 디스토피아에 대한 두려움이 가장 잘 드러난 시기가, 때때로 되

살아나지만 보통은 거의 잊힌 엘라가발루스_{Elagabalus}의 치세입니다. 이 책《로마 황제는 어떻게 살았는가》는 그로부터 시작합니다.

2022년 12월 케임브리지에서

메리 비어드

엘라가발루스와의
식사

사람 잡는 초대자

엘라가발루스는 시리아 출신의 청년으로, 218년부터 암살로 생을 마감한 222년까지 로마 황제를 지냈다. 그리고 잊을 수 없을 만큼 사치스럽고 창의적이며 때로 가학적인 연회의 주최자였다.

고대 작가들에 따르면 그의 식단은 기발했다. 어떤 경우에는 음식의 색깔을 맞추어 모두 초록색이거나 파란색이었다. 또 어떤 경우에는 고급품 시장인 로마의 표준에서조차도 이국적인(또는 구역질나는) 산해진미가 특징이었다. 낙타 발뒤꿈치나 홍학의 뇌수를 거위 간과 함께 그의 애완견에게 먹였다. 때로 그는 '주제가 있는' 식사 친구를 초대해 자신의 지저분한(또는 유치한) 유머 감각에 탐닉했다. 여덟 명의 대머리 남자, 외눈이거나 탈장이 있는 여덟 남자, 또는 여덟 명의 매우 뚱뚱한 남자 같은 식이었다. 뚱보들이 한 소파에 앉을 수 없을 때 잔인한 웃음이 터져 나왔다.

그 밖에 그가 연회에서 장난을 친 사례로는 골탕 먹이는 방석(서방 문화에서 기록된 첫 사례로, 손님이 앉으면 점차 바람이 빠져 결국 바닥에 앉게 하

| 그림 1 | 엘라가발루스의 대리석 반신상. 10대에 불과했던 이 젊은 황제는 긴 귀밑털이 있고 콧수염이 약간 비치는 모습인데, 도무지 그의 치세에 대한 문헌 기록에 나타나는 괴물처럼 보이지는 않는다.

는 방석이다), 밀랍이나 유리로 만든 가짜 음식(연회의 가장 하찮은 손님에게 주어, 저녁 내내 배에서 꼬르륵 소리를 내며 다른 참석자들이 진짜 음식을 먹는 것을 구경하게 했다), 전날의 과음으로 비몽사몽인 취객들을 향해 풀어 놓은 길들인 사자, 표범, 곰(일부는 너무 놀라 깨어났다가 동물의 공격 때문이 아니라 두려움에 질려 죽었다) 같은 것이 있었다. 마찬가지로 19세기 화가 로런스 알마타데마Lawrence Alma-Tadema의 상상력을 사로잡은 치명적인 사례로, 엘라가발루스는 한번은 연회 참석자들에게 엄청난 양의

꽃잎을 퍼부어 그들이 질식해 죽게 만들었다고 한다(화보 1).

황제의 잘못은 주최자로서 이런 미심쩍은 장난을 치는 데 그치지 않았다. 그는 너무도 사치에 빠져 같은 신발을 두 번 신지 않았다(이는 한때 필리핀의 대통령 부인이었던 이멜다 마르코스와 아주 흡사한데, 이멜다는 신발장에 3천 켤레가 넘는 구두를 가지고 있었다고 한다). 그리고 기이하고 값비싼 과시를 위해 그는 산에서 가져온 눈과 얼음을 자신의 여름 정원에 쌓아놓았으며, 바다에서 멀리 떨어진 곳에 있을 때도 생선만 먹었다.

그는 종교 예법도 무시해 베스타 신녀와 '혼인'했다고 한다. 신녀는 로마의 가장 존엄한 여사제 가운데 하나로, 처녀성을 잃으면 죽어야 하는 존재였다. 종교적 범법 행위는 또 있었다. 그는 로마의 최고신 유피테르를 밀어내고 그 자리에 엘라가발Elagabal을 앉히는 일시적이지만 파괴적인 혁명을 주도했다고 한다. 이 신은 자신의 고향 에메사(현대의 시리아 홈스)의 신이었고, 오늘날 거의 보편적으로 알려진 이 황제의 이름도 그 신의 이름에서 왔다(그의 공식 칭호 가운데 하나인 '마르쿠스 아우렐리우스 안토니누스Marcus Aurelius Antoninus'보다 간결하다).

그는 또한 전통적인 성과 성별에 대한 규범도 내버려두지 않았다. 몇몇 이야기는 그의 여장, 화장, 그리고 심지어 성전환 수술 시도에 초점을 맞춘다. 80권짜리 방대한 로마 역사서(그 시작부터 서기 3세기까지)를 쓴 당대 작가 카시우스 디오Cassius Dio에 따르면 황제는 "절개를 통해 여성의 성기를 갖게 해달라고 의사들에게 요구"했다. 오늘날 그는 때때로 엄격한 양성 고정관념에 급진적인 도전을 한, 성전환의 선구자로 일컬어지기도 한다. 대다수의 로마인들은 아마도 그가 세상을 뒤집어놓았다고 생각했을 것이다.

그의 치세에 관한 고대 기록들에는 황제의 당혹스러운 기행, 혼란스러운 파괴, 극악한 잔혹성이 줄줄이 나온다. 그 목록의 맨 꼭대기에는 아이들을 희생 제물로 바치는 것도 있었다. 이러한 이야기와 이와 유사한 다른 이야기들이 이 책의 핵심적인 주제 가운데 하나다. 이 이야기들은 어디에서 왔을까? 로마제국의 일반 주민들에게 얼마나 잘 알려졌을까? 엘라가발루스의 연회에 대해 누가 불평을 했고 왜 그랬을까? 그리고 그것이 진실이든 아니든 이 이야기들은 우리에게 로마 황제들이나 또는 더 일반적으로 로마인들에 대해 무엇을 말해줄 수 있을까?

그때와 오늘날의 전제정의 이미지

엘라가발루스('헬리오가발루스Heliogabalus'라고도 한다)는 누구나 다 아는 사람은 아니다. 전해진 그의 악행(또는 로마 인습의 한계를 깨려는 그의 필사적인 노력)이 알마타데마 이외에도 에드거 앨런 포와 닐 게이먼에서부터 안젤름 키퍼에 이르기까지 현대의 작가, 운동가, 예술가들에게 자극을 주기는 했지만 말이다.

그의 범죄와 비행은 더 앞선 시기의 더 잘 알려진 악당 황제 및 그들의 악행을 훨씬 능가한다. 로마시가 불길에 휩싸였을 때 수금을 연주했던("만지작거렸던") 네로, 파리를 펜으로 찍어 누르며 권태를 달랬던 도미티아누스Domitianus, 콜로세움의 관중에게 화살을 난사했고 영화 〈글래디에이터〉에서 악역으로 묘사된 콤모두스Commodus 등과 같은 황제들 말이다. 엘라가발루스에 관한 공포스러운 이야기는 더욱 끔찍하다. 이런 이야기를 얼마나 진지하게 받아들여야 할까?

"그다지." 이것이 일반적인 대답이다. 엘라가발루스 황제가 죽은 뒤 거의 200년이 돼갈 때 그의 전기를 쓴 로마인 작가(그가 연회에서 친 장난과 식사 취향에 관한 섬뜩한 세부 정보 대부분의 출처다)조차도 자신이 말한 믿기 어려운 일화의 일부는 창작일 가능성이 높다고 인정했다. 황제가 암살된 뒤 그 경쟁자이자 제위 계승자의 비위를 맞추려는 사람들이 날조했다는 것이다. 치밀한 현대 역사가들은 이 과장된 이야기들 속에 난 길을 매우 꼼꼼하게 더듬어 나갔다. 그들은 진실과 허구를 가려내고자 했으며, 때때로 다른 곳에서 약간의 뒷받침을 해주는 것으로 보이는 정보를 추출해내기도 했다. 예를 들어 베스타 신녀의 이름이 엘라가발루스 치세에 주조된 주화에 나온 것은, 혼인까지는 아닐지도 모르지만 둘 사이에 모종의 연결이 있었음을 시사한다. 그러나 남아 있는 것은 흔히 통치 시기와 몇 가지 매우 기본적인 필수 정보에 지나지 않는다. 동시에 그것은 비교적 무고한 행위에 가해질 수 있는 편견에 따른 왜곡을 정확하게 경고한다. 색깔을 맞춘 요리들을 비루하고 방종한 사치로 표현할 것인지 아니면 유쾌하고 세련된 형태의 고급 요리로 볼 것인지는 대체로 황제에 대한 각자의 태도에 달려 있을 것이다. 그러나 핵심은 엘라가발루스의 나이일 것이다. 그가 보좌에 오를 때는 불과 열네 살이었고, 살해될 때 열여덟 살이었다. 골탕 먹이는 방석은 가능했겠지만 계산된 종교 정책은 어려웠다.

그러나 진지한 역사는 단순한 사실 이상의 것이다. 나는 다른 각도에서 로마 황제들(자비롭고 나이 든 정치인이든 어린 폭군이든, 철학자를 지망하는 사람이든 검투사가 되려는 사람이든, 유명하든 잊혔든)을 조명하려 하고,

왜 그들 가운데 그렇게 많은 사람들이 엘라가발루스처럼 결국 자객의 칼날이나 독이 든 버섯에 의해 목숨을 잃어야 했는지와 같은 기본적인 문제를 직면하려고 한다. 이런 종류의 탐험에서 고대의 과장, 허구, 거짓은 중요한 역할을 한다. 사람들이 통치자의 이미지를 구축하고, 그들을 판단하고, 전제군주 권력의 성격을 논의하고, '그들'과 '우리' 사이의 거리를 표시하는 데 사용한 도구함에는 언제나 공상, 한담, 중상, 떠도는 이야기가 들어 있었다.

예를 들어 이멜다 마르코스의 3천 켤레(미심쩍게도 찾아낸 것은 그보다 훨씬 적었다)의 구두 이야기는 한 부유한 여성의 신발 욕심을 보여주는 기록이라기보다는 상상할 수 없고 뚜렷하지 않은 특권의 세계를 비난하는 것과 더 관련이 있다. 조금 더 소박한 일화이긴 하지만 엘리자베스 2세 여왕의 응석받이 웰시코기들은 순은제 그릇에 담긴 사료를 먹는다는 소문이 있었는데, 이런 이야기는 일상적인 경험에서 '왕실'의 생활과 서민의 생활 사이에 어떤 차이가 있는지에 대한 좋은 실마리를 제공하는 한편 궁궐 사람들의 이목을 끄는 소비의 어리석음에 대한 무해한 농담을 가능케 한다.

엘라가발루스의 치세에 관한 고대의 묘사를 채우고 있는 과장된 이야기들은 그 출처가 어디이든 로마인들이 한 황제의 부정적인 측면에 대해 어떻게 생각했는지를 엿볼 수 있는 몇몇 귀중한 증거를 제공한다. 이들의 거짓말과 악명 높은 과장은 '나쁜' 로마 통치자의 '나쁜' 측면처럼 보이는 것을 드러내고 확대하는, 거의 확대경 같은 역할을 한다. 그 가운데 일부는 충분히 예측 가능하다. 아이를 희생시키는 일에서부터 불운한 뚱보가 식당 소파에 끼어 앉지 못하게 하는 일 등 잔인하고 굴욕감을 안기는 행위들과 엘라가발루스의 개들이 맛난 거위 간(은 접시에 담기지는 않았을지라도)을 먹는 등의 불필요한 사치 같은 것들이다. 그러나 터무니없어 보이는 황제의 기행에 관한 일화 속에 숨어 있는 것은 전제정에 대한 매우 다르고 똑같이 오싹한 공포다.

제한 없는 권력에 대한 공포도 그중 하나다. 여름에 자신의 정원을 눈과 얼음으로 장식하거나, 바다에서 멀리 있을 때만 해산물을 먹거나, 또 다른 이야기가 전해주듯이 밤에 생활하고 일하며 낮에는 잔다는 등의 엘라가발루스의 행동에 관한 흥미로운 일화들은 그의 엉뚱하고 돈이 많이 드는 방종('모든 것을 가진 사람' 증후군) 이상의 것을 알려준다. 이런 일화들은 황제의 지배가 어디서 끝나느냐에 대한 질문을 제기한다. 황제를, 자연의 질서를 자신의 뜻대로 어지럽히고(여름에 얼음을?), 시간과 장소, 더 나아가서 생물학적 성을 자신의 쾌락에 맞게 재조정하려는 통치자로 묘사한다. 엘라가발루스는 이런 공포를 최초로 일으킨 사람이 아니었다. 250년 전에 율리우스 카이사르의 비판자 가운데 한 명이었던 공화국의 정치가이자 철학자이자 재사才士였던 마르쿠스 툴리우스 키케로Marcus Tullius Cicero는 카이사르가 하늘의 별들까지 자신에게 복종하도록 강제했다며 음울한 농담을 했다.

그러나 그것은 엘라가발루스의 디스토피아적 세계의 한 측면일 뿐이었다. 그것은 또한 진실과 거짓이 거듭 혼동되는 기만의 악몽이었다. 어느 것도 보이는 대로가 아니었다. 황제의 관대함도 치명적인 것으로 드러났다. 그의 친절은 말 그대로 죽음을 가져올 수 있었다(마구 퍼붓는 장미 꽃잎 세례에 바로 그런 메시지가 담겨 있었다). 그리고 사회적 서열의 바닥에 있는 사람들에게 궁궐 식사 자리에서 제공된, 접시에 담긴 매력적인 음식은 알고 보니 먹을 수 없는 교묘한 모조품에 지나지 않았다. 반대로, 가짜가 진짜로 변할 수도 있었다. 엘라가발루스의 전기 작가는 간통이 묘사된 무대에서 황제는 '진짜로' 간통을 해야 한다고 고집했다는 이상한 이야기를 전한다. 틀림없이 그것은 생생한 성행위가 포함된 음란한 공연으로 이어졌을 것이다. 그러나 혼란스러운 논리는 그가 사실과 허구를 뒤집어놓아 뒤죽박죽한 세계를 만들었고 아무도 누가(또는 무엇이) 연기를 하고 있는지 알 수 없었다는 것이다. 부패한 전제정은 흐릿하고 왜곡된 거울이었다. 전기 작가의 표현을 빌리자면, 엘라가발루스는 '가짜 인생'을 살았다.

이 이야기의 확대경은 로마에서 황제의 통치를 둘러싼 불안을 분명히 볼 수 있게 해준다. 그것은 단순한 살인 능력 이상의 것이었다. 황제의 권력을 막을 수 있는 것은 없었다. 그것은 감각을 왜곡시키고, 악이 판치는 혼돈 속에서 번성했다.

황제의 역사

나는 때때로 엘라가발루스를 다시 언급할 것이다. 특히 시리아 출신의 10대가 어떻게 해서 제위에 오르게 됐는지를 설명하기 위해서다(한 로마인은 아주 당연하게 그의 어머니와 할머니의 음모에 초점을 맞추었다). 또한 고대 로마 궁정을 둘러싼 환상(디스토피아적인 것과 그렇지 않은 것)으로 돌아가 로마인들이 황제들에 대해 말한 더욱 과장된 이야기들을 살펴볼 것이다. 로마의 통치자들이 외설스러운 농담과 풍자적인 글에,

그리고 엘라가발루스를 중심으로 그런 터무니없는 일화에 어떻게 나타났는지를 집중적으로 살펴볼 것이다. 심지어 황제들이 그 신민들의 꿈속에서 다양한 모습으로 나타났음을("황제가 되는 꿈은 병자에게 죽음을 예고하는 것"이라고 2세기의 한 해몽가가 경고했듯이, 그것이 반드시 좋은 징조는 아니었다) 발견하게 될 것이다.

그러나 이것은 그저 이 책의 일부일 뿐이다. '상상 속의 황제들'과 함께 나는 이 로마 통치자들의 일상생활, 정치의 날카로움, 군사적 안전에 대한 요구, 광대한 제국을 통치하는 판에 박히고 단조로운 일에 관한 현실적인 문제들을 탐구할 것이다. 이들은 잔인함과 사치에 대한 생생한 일화의 화려함에 가려져 있었다. 나는 집무와 행정, 장부 정리, 고용과 해고에 대해 생각할 것이다. 황제는 이 모든 것에 얼마나 직접적으로 관여했을까? 누가 그의 손발이었고 지원 세력이었을까? 아내와 후계자, 서기와 회계원에서부터 요리사와 광대에 이르기까지 말이다. 그리고 그가 겨우 열네 살이었다면 어떠했을까?

우리는 또 다른 강력하지만 매우 다른, 황제의 행동에 관한 고정관념을 발견할 것이다. 위험한 탕아 아니면 근면한 관료가 바로 그것이다. 두 유형 모두 이 책에 출연한다.

직무 생활

엘라가발루스는 대략 스물여섯 번째 로마 황제였다(그가 순번에서 정확히 몇 번째인지는 어떤 실패한 찬탈자를 계산에 넣느냐 마느냐에 달려 있다). 황제들은 즉위했다가 사라졌고, 많은 황제가 잊혔다. 일부는 서구 문명에 분명한 족적을 남겼다. 칼리굴라(재위 37~41)는 자신이 아끼는 말에게 최고위 관직을 주겠다고 했고, 하드리아누스Hadrianus(재위 117~138)는 잉글랜드 북부를 가로질러 그의 '장성'을 건설했기 때문에 잊을 수 없는 황제가 됐다. 그러나 오늘날 비텔리우스Vitellius(69년에 몇 달 동안 통치했던 악명 높은 과식가다)나 규율주의자 페르티낙스Pertinax(193년에 비슷하게 짧은 통치를 했다), 심지어 엘라가발루스도 이름을 들어본 사람이 많지 않을 것이다. 모두가 오랫동안 기억되는 것은 아니었다.

이 남자들(모두 남자였고, 제위에 오른 여성은 없었다)이 로마제국의 광대한 영토를 다스렸다. 최대 판도일 때 스코틀랜드에서 사하라까지, 포르투갈에서 이라크까지 뻗어 있었다. 이탈리아 본토 바깥의 추정 인구는 5천만 명 정도였다. 황제는 법을 만들고, 전쟁을 하고, 세금을 부과하고, 분쟁을 판결하고, 건설과 오락을 후원했다. 그리고 로마 세계에 자기네 조각상이 흘러넘치게 했다. 현대 독재자의 얼굴이 수많은 광고판에 붙어 있는 것과 마찬가지였다.

황제는 상업적인 농장에서부터 파피루스 습지와 은광에 이르기까지 제국의 넓은 땅을 직접 소유하고 개발했다. 그들 가운데 일부는 군사적 영광과 전쟁의 이익을 위해서만이 아니라 제국을 탐험하기 위해 여행하고 찬탄했다. 오늘날 관광객들은 한 쌍의 거대한 고대 이집트 조각상(서기전 1350년의 것)을 보기 위해 나일강 변의 도시 룩소르 교외에 모인다. 그들은 서기 130년에 하드리아누스와 그 수행원들이 관광 여행차 왔다가 서 있었던 바로 그 자리에 서 있는 것이다. 황제 일행은 두 조각상 중 하나의 다리에 자신들의 감상평을 특별히 시로 지은 문구를 새겼다. "내가 여기 들렀노라." 정확히 로마 귀족의 방식이었다 (그림 64).

황제의 통제력이 실제로 어떻게 작동했는지는 수수께끼다. 일부 '분쟁 지역'에 주둔한 군 부대를 제외하고는 고위 행정관과 기본 인원만이 제국 전체에 매우 넓게 퍼져 있었다. 고위직만 따져보면 주민 약 33만 명당 한 명꼴이었다. 따라서 대체로 현대의 일부 제국들과 비교하면 통제는 상당히 느슨한 편이었을 것이다. 게다가 그 사이의 거리가 매우 멀고 기본적인 정보나 지시가 중앙에서 로마 세계의 더 먼 일부 지역으로(그 반대도 마찬가지) 전달되는 시간도 많이 걸려(때로 몇 달씩 걸렸다) 일상적으로 제국 영토를 세세하게 관리하는 것은 불가능했다. 그렇다 해도 로마 황제를 더 자세히 살펴볼수록 그가 매우 바빴음을 알게 될 것이다.

고대 작가들은 통치자들이 우리가 '문서 업무'(그들의 개념으로는 밀랍판과 파피루스 문서)라고 말하는 것에 파묻혀 있었다고 썼다. 전차 경주를 보면서 서신 업무를 처리했던 율리우스 카이사르는 그것이 대중적인 오락에 대한 모욕이라고 여긴 관중들의 짜증을 불러일으켰다고 한다. 침대에서 죽은 운 좋은 황제 중 한 명인 베스파시아누스 Vespasianus(79년에 사망)는 편지와 공식 보고를 읽기 위해 동이 트기 전에 일어났다. 엘라가발루스의 후임자인 알렉산데르 세베루스는 "혼자 있을 때 예산과 부대 배치를 살피기 위해" 자신의 사적인 방에 여러 군사 관련 기록을 둘 정도로 문서 업무에 몰두했다.

그러나 문서 업무는 직무의 일부일 뿐이었다. 황제는 신민들을 만나야 했다. 직접 만나기도 하고 문서를 통해 만나기도 했다. 이러한 모습은 하드리아누스의 한 일화에 잘 요약돼 있다. 그가 여행하고 있을 때 한 여성이 은혜를 베풀어달라고 청하며 길을 막아섰다. 그가 시간이 없다고 대답하자 여성은 날카롭게 반박했다. "그러면 황제 그만두세요!" 그제야 황제는 이야기를 들어주었다.

이런 이야기는 조심스럽게 다루어야 한다. 어떤 황제는 분명히 다른 황제보다 더 부지런히 일했다. 모든 1인 통치 체제에는 근면한 조지 6세(엘리자베스 2세의 아버지)와 화려한 에드워드 7세가 있다. 조지는 성실하고 겸손하며 가정적인 사람이었고, 에드워드는 애인을 여럿 두고 자기 일을 게을리 했다. 그러나 화려하지 않은 통치 이야기가 화려한 방종의 이야기보다 더 믿을 만하다고 생각해서는 안 된다. 그것들 역시 완벽한 황제의 이미지를 구축하는 데서 강한 이데올로기적 측면을 가지고 있기 때문이다. 하드리아누스를 막아선 여성의 일화와 비슷한 이야기가 이전 그리스 세계의 일부 통치자들에 대해서도 전해진다. 이는 '좋은' 군주에 관한 고대의 상투적인 이야기가 반영되고 있음을 시사한다. 그럼에도 불구하고 남아 있는 고대 로마의 가장 이례적인 기록 일부가 이 일반적인 그림을 뒷받침한다. 그것은 제국 전역의 일반 신민으로부터, 또는 평범한 시 의회로부터 온 요구, 청원, 도움 호소에 대해 황제가 내린 결정에 관한 기록들이다. 때로는 돌에 새겨졌고(아마도 청원을 허락받은 사람들이 좋은 결과를 축하하기 위해 만들었을 것이다), 때로는 파피루스에 기록되었으며, 아니면 고대의 엄격한 법정 판결 요약집에 함께 묶였다. 놀라운 것은 그것이 얼마나 지역적이고 하찮든 간에(물론 관련자들에게는 그렇지 않았지만), 황제가 실제로 해결해야 하는 문제는 매우 많았다는 사실이다.

'요강이 추락한 사건'도 그저 한 가지 사례일 뿐이다. 서기전 6년에 아우구스투스 황제는 현대 튀르키예 해안의 도시 크니도스에서 발생한 성가신 분쟁을 판결해야 했다. 지역의 두 가문이 반목하던 중에 주역 중 한 명이 죽었다. 상대의 집 밖에서 벌어진 난투에 뛰어들었던 그는 위층에서 한 노예가 떨어뜨린 요강(그저 안에 든 것을 버리려던 것일 수도 있고 그렇지 않을 수도 있는)에 머리를 맞았다. 현지 당국은 노예의 소유주를 살인 혐의로 기소할 생각이었다. 그러나 남아 있는 아우구스투스의 판결 기록을 보면 그는 반대 의견을 갖고 있었다. 우연이든 아니든 살해는 합법적인 자기 방어라는 것이었다.

거의 300년 뒤에 도나우강 지역을 여행하던 로마 황제는 해결해야 할 수백 건의 개인적 난제와 분쟁에 봉착했다. 암소 한 마리를 빌려주었는데 '적의 침입'으로 죽었으니 보상해달라는 한 여성의 사건에서부터, 두 강배가 충돌한 뒤의 보상 책임에 대한 까다로운 분쟁까지 다양했다. 아내에게 매춘을 시키고 돈을 받지 못해 소송 중인 남자의 불평도 있었다(다행히 그는 곧 돈을 받았다).

황제가 이런 까다로운 법적 문제와 직접 씨름했는지는 알 수 없다. 때로는 아마도 직접 했을 것이고, 때로는 아래에서 만들어온 판결문에 그저 서명만 했을 것이다(어린 엘라가발루스가 그 이상을 했으리라고 상상하기는 어렵다). 그러나 중요한 것은 그 작업을 누가 했든 조정자로 '보인' 것은 황제였다는 사실이다.

이런 사례들은 황제의 권력에 대한 악몽과도 같은 시각의 유용한 해독제다. 다시 말해 누군가는 황제를 디스토피아적이고 끔찍한 세계를 만들어내는 사람이라고 보았지만 또 다른 누군가는 그가 자신의 문제를(잃어버린 암소 문제까지도) 해결해주는 사람이라고 보았다는 사실을 일깨워준다. 이는 또한 황제에게 초점을 맞춘 이 책이 최상위 계층의 정점에 있는 사람들만의 이야기가 되지 않을 것임을 확인시켜주는 것이기도 하다. 역설적이게도 황제와 황제가 그 신민들을 대하는 모습을 통해 우리는 로마와 로마제국의 평범한 사람들(종종 보이지 않는 채로 남은 사람들)을 가장 분명하고 상세하게 살펴볼 수 있다. 《로마 황제는 어떻게 살았는가》는 '지배자'와 '피지배자'에 관한 이야기다.

황제에 대한 기록과 자취

황제의 결정에 관한 기록, 그리고 그것들이 로마제국의 일상생활과 그 어려움에 대해 제공하는 놀라운 관점은 내가 강의실과 연구 모임 밖으로 끌어내고자 하는 옛 문헌과 문서에 담긴 내용의 일부일 뿐이다. 물론 잘 알려진 고대 문헌의 고전들 역시 우리의 탐험을 안내할 것이다.

무엇보다도 타키투스Tacitus는 2세기 직후에 1세기 통치자들에 관해 쓴 《연대기Annales》와 《역사Historiae》에서, 누구도 따라올 수 없는 전제정의 부패에 대한 냉소적 해부를 보여준다. 그리고 대략 비슷한 시기에 궁정 내부자였던 수에토니우스Suetonius(그는 트라야누스Traianus와 하드리아누스 황제 때 제국 문서고와 비서 기구에서 일했다)는 율리우스 카이사르에서부터 파리를 꿰뚫은 도미티아누스 황제까지 초기 '열두 카이사르'에 대한 다채로운 전기를 썼는데, 그 책은 지난 500년 동안 역사가들에게 이 시기에 대한 편람 노릇을 했다.

그러나 나는 잘 알려지지 않았지만 더욱 흥미롭고 놀라운 작품들도 조명할 것이며, 우리에게 전해진 문헌 자료의 풍부함을 상찬할 것이다. 고대 로마 작가들의 말을 철필과 두루마리로부터 현대의 책장과 화면으로 옮겨놓은 복제와 재복제, 조심스러운 관리, 그리고 마침내 인쇄까지의 위험한 과정을 통해 우리가 흔히 생각하는 것보다 더 넓은 범위의 자료가 보존되었다.

그중 일부는 웃음을 유발하기 위한 것이었다. 우리는 황제의 작은 농담집을 가지고 있다. 예를 들어 아우구스투스는 딸 율리아가 자신의 회색 머리칼을 뽑는다며 놀렸고, 다양한 종류의 풍자도 즐겼다. 이런 것들로는 4세기 황제 율리아누스Julianus의 이전 황제들에 대한 촌극(여기서 엘라가발루스는 '에메사 출신의 어린애'라는 단역으로 나왔다)도 있다. 그리고 네로의 가정교사 세네카Lucius Annaeus Seneca가 쓴 재미있는 풍자극은 서기 54년 클라우디우스Claudius 황제가 죽은 뒤 신이 됐어야 한다는 생각 자체를 조롱했다(이 약간 혼란스러운 노황제에 대해 좀더 이야기해보면, 그는 '진짜' 신들이 사는 올림포스산을 낑낑대며 올라갔지만 도착하자마자 쫓겨났다고 한다).

그 가운데 일부는 생각지 않았던 방식으로 우리를 장막 뒤로 데려간다. 그리스의 한 수사학 교사가 쓴 편람은 황제에게 편지를 쓰는 가장 좋은 방법에 대해 조언한다. 한때 네로의 비서의 노예였던 철학자 에픽테토스는 궁정 생활에 대한 관찰을 기록했고(그중에는 비밀 요원으로 일하는 병사들에 관한 서늘한 언급도 있다), 궁궐의 어의는 자신의 고위층 환자의 아픈 목에 대해서뿐만 아니라 그들의 배탈과 약물 처방에 대해서도 기록을 남겼다. 2천 년이 지난 지금도 여전히 그 기록을 확인할 수 있다. 그리고 우리는 2세기에 수천 킬로미터 떨어진 흑해 연안에 배치된 관리 소小플리니우스가 로마 황제에게 보낸 보고서 모음 편집본을 아직도 읽을 수 있다. 보고서는 골치 아픈 일부 기독교도에서부터 낡은 목욕탕 건물과 날림으로 지은 극장에 대한 과잉 지출까지 자신이 겪고 있는 문제들을 설명하고 있다.

남아 있는 다른 기록은 우리가 예상할 수 있는 그 어느 것보다 더욱 기이하다. 예를 들어 《아우구스투스의 역사Historia Augusta》에 실린 '엘라가발루스의 전기'는 이 '어린애'의 생활방식에 관한 공상과 과장을 놀라울 만큼 드러내고 있는데, 이 책은 117년의 하드리아누스에서부터 285년에 죽은 피에 굶주린 시시한 황제까지 50여 명의 황제(찬탈자, 계승자, 권리 주장자도 포함됐다)의 전기다. 이들 개별 '전기' 상당수는 매우 짧지만(우리 기준으로 볼 때 '전기'라기보다는 '약력'이다), 모두 합쳐 수백 쪽에 이른다. 이 책의 저자는 3세기 말에 여섯 명의 서로 다른, 상당히 거창한 이름의 필자들의 공동 작업으로 돼 있다. 트레벨리우스 폴리오Trebellius Pollio, 시라쿠사의 플라비우스 보피스쿠스Flavius Vopiscus 같은 사람들이다. 그러나 그 표현과 양식을 찬찬히 살펴보면 누군지 알 수 없지만 한 사람이 썼고, 알려진 것보다 100년쯤 뒤의 것으로 밝혀졌다. 따라서 이 책은 고대 문헌의 가장 큰 수수께끼 중 하나로 남았다. 누군지 모르지만 왜 그런 속임수를 썼을까? 내용은 꾸민 것일까? 조금 긴 농담이나 풍자일까? 사이비 역사 서술의 급진적인 실험일까? 진실이 무엇이든 이 책은 분명히 역사와 허구의 경계를 넘나들고 있다.

로마 황제에 대한 많고도 다양한 이야기에 수천 건의 원본 문서들이 더해졌다. 일부는 돌과 청동에 새겨져 대중에게 전시됐고, 어떤 것들은 파피루스 두루마리에 적혀 이집트의 모래 속에 파묻혀 있다가 지난 세기에 현대 고고학자들에 의해 대량으로 발굴됐다(상당수는 아직 열람되지 않았다). 예를 들어 서기 48년에 클라우디우스가 한 연설 원문이 청동에 새겨져 있다. 그는 갈리아 출신 남성들에게 더 큰 정치적 역할을 부여하는 데 찬성하는 주장을 펼치며, 동시에 청중에게 로마의 간략한 역사를 제시하고 있다. 그리고 우리는 여전히 황족이자 칼리굴라 황제의 아버지인 게르마니쿠스Germanicus가 한 말들의 필사본을 파피루스에서 읽을 수 있다. 이는 알렉산드리아에서 부하들에게 한 연설로, 잃은 '할머니'(아우구스투스의 아내 리비아를 말하며, '할머니'라는 말에는 그 무시무시한 평판이 가려져 있다)가 보고 싶다고 말한 내용 등이 들어 있다. 우리는 또한 막후에서 진행된 일도 얼핏 엿볼 수 있다. 리비아의 시종 100여 명(안마사, 의상 담당, 화가, 유리창 청소부 등)의 남아 있는 비문들부터 이집트에 있는 관리의 불만스러운 편지에 이르기까지 다양하다. 후자는 임박한 황제의 방문을 위해 온갖 준비를 하느라 애를 먹고 있었다.

우리는 황제들의 물리적인 세계에도 들어갈 수 있다. 지금도 그들의 궁궐을 산책하는 것이 가능하다. 로마 중앙의 팔라티노Palatino('궁전'을 뜻하는 영어 'palace'의 어원이다) 언덕에 있는 것뿐만 아니라 그 교외의 유원지와 지방의 저택도 마찬가지다. 예컨대 로마에서 약 30킬로미터 떨어진 티볼리에 있는 하드리아누스 황제의 별장(정원, 숙소 건물들, 여러 식당, 도서관들이 있다)은 고대 폼페이 면적의 두 배 가까이나 된다. '별

| 그림 2 | 16세기 리옹에서 발견된 청동 문서 일부. 클라우디우스의 원로원 연설을 기록한 것으로, 갈리아 남성의 정치적 권리 확대를 촉구하고 있다. 문자가 이례적으로 분명해 단어를 알아보기가 매우 쉽다. 이 발췌 부분의 첫 줄은 'TEMPUS EST'(이제 시간이 됐다)이다. 323~324쪽 참조.

장'은 분명히 어림잡아 말한 것이고, 그것은 개인 도시에 더 가까웠다.

우리는 또한 황제들의 모습도 제대로 볼 수 있다. 남아 있는 것은 한때 예전에 있었던 것의 극히 일부에 지나지 않는다(한 합리적인 추측에 따르면 아우구스투스 황제의 조각상만 해도 로마제국 전체에 2만 5천 개에서 5만 개가 있었다). 그러나 수천 개가 여전히 박물관 진열대에 있다. 로마제국의 일부 주민들은 황제의 모습으로 장식된 과자를 먹었다(또는 적어도 남아 있는 몇몇 과자 틀은 그런 사실을 시사하고 있다). 200년 무렵에 로마의 한 귀

| 그림 3, 4 | 놀라운 두 유물에서 황제의 모습이 발견된다. 왼쪽은 고대의 과자 틀(아마도 종교 축제에서 나눠줄 과자를 만들었을 것이다)을 현대에 복제한 것으로, 개선 행진에서 전차에 서 있는 황제를 보여주며, 승리의 여신이 관을 씌워주고 있다(그림 12 참조). 오른쪽은 귀고리에 새겨진 황제다(갈고리는 머리가 거꾸로 뒤집히지 않도록 하기 위해 원래 저런 각도로 만들어졌을 것이다).

족 여성은 한 발 더 나아가, 엘라가발루스의 전임자 중 한 명인 셉티미우스 세베루스의 두상을 자신의 금귀고리에 새겨 넣기도 했다.

물론 황제의 세계에 관한 여러 가지 질문 중에는 자료 부족으로 인해 대답할 수 없는 것들이 있다. 예를 들어 여성들은 그 세계를 어떻게 보았는지, 그 재정은 어떻게 운영됐는지 같은 것들이다. 그러나 나는 전반적으로 독자들이 이 책을 다 읽고 나서 2천 년 전의 통치자들에 대해 우리가 알고 있는 것이 얼마나 '적은지'를 알고 실망하기보다는, 얼마나 '많은지'에 대해 놀라기를 바란다.

어떤 황제들이었는가?

많은 황제들이 엘라가발루스의 뒤를 이었다. 실제로 제국의 동쪽 지역에 집중한다면 4세기에 콘스탄티노폴리스(현대의 이스탄불)에 수도가 세워졌고, 역대 로마 통치자는 1453년 오스만이 그 수도를 점령할 때까지 끊어지지 않고 계속됐다. 그 후의 통치자들의 나라가 동로마다. '그들'은 스스로 로마인이라고 생각했다.

그러나 이 책에서 나는 엘라가발루스의 사촌이자 양자이며 후계자인 알렉산데르 세베루스(군사 기록과 부대 배치에 관한 일을 하느라 시간을 잊었다고 알려진 인물)보다 훨씬 후대의 인물들은 살펴보지 않으려 한다. 알렉산데르 세베루스는 또 다른 소년 황제였다. 열서너 살 때인 222년에 황제가 되어 235년까지 재위했다. 로마에서 1인 통치를 창설한 사람들(서기전 44년에 암살당한 율리우스 카이사르와 그의 누이의 손자이자 최초의 황제가 된 아우구스투스)로부터 이 책을 시작해 서기전 1세기 중반부터 서기 3세기 중반까지 300년이 채 안 되는 기간과, 서른 명이 채 안 되는 황제들을 다룰 것이다.

그런 시간적인 제한은 어느 정도 자의적인 것이며, 때로 내가 정한 선을 넘을 것이다(사실 이미 넘은 사례가 있다. 잃어버린 암소와 아내 매춘은 3세기 말의 사건이다). 그러나 내가 정한 곳에서 멈춰야 하는 강력한 논거가 있다. 알렉산데르 세베루스 이후 상황은 극적으로 변했다. 그 세기의 나머지 기간에 잇따른 군사정변과 내전으로 인해 황제가 자주 바뀌었다. 그들 중 많은 사람이 로마 귀족 상층부 바깥의 먼 곳에서 왔고, 지정학도 많이 변해 상당수는 짧은 재위 기간에 로마시에는 오지도 않았다. 여기에 들어갈 수 있을지는 모르겠지만 몇몇 실패한 찬탈자도 있었다. 세베루스가 죽은 뒤 50년 동안 들어선 황제의 수는 그 이전에 거의 300년 동안 들어선 황제의 수와 비슷했다. 양식과 성격의 변화는 알렉산데르의 후계자 막시미누스 트락스Maximinus Thrax('트라케인')에 대한 이야기에서 드러난다. 그는 읽고 쓸 줄 모르는 첫 황제였다고 한다. 이것은 정확한 관찰이라기보다는 의도가 있는 비방이었을 수도 있다. 사실이든 아니든 이는 새로운 세계를 가리키고 있다.

아우구스투스와 알렉산데르 세베루스의 치세 사이에 로마의 정치와 지정학이 안정됐다는 것은 예컨대 서기전 1년에 잠이 들어 200년 뒤에 깨더라도 여전히 주위 세계를 알아볼 수 있었다는 이야기에서 엿볼 수 있다. 아우구스투스 이후 정복은 계속해서 열광적으로 경축됐다. 그중 가장 떠들썩했던 것이 '트라야누스 기둥'으로 기념한 일이었다. 2세기 초 다키아Dacia(현대의 루마니아를 중심으로 한 지역) 정복을 과시하기 위해 세운 것으로, 이 황제의 유골을 안장하는 무덤 노릇을 겸했다. 그러나 그런 승리들은 대부분 로마에 영토를 별로 보태주지 못했으며, 흔히 가치가 있기보다는 골칫거리가 됐다(브리타니아는 '로마의 아프가니스탄'으로 불러도 좋을 것이다). 아니면 얻은 땅은 곧바로 다시 잃었다. 이들은 한 역사가가 최근에 이름 붙였듯이 군사적으로 '헛된 사업'이었다. 그리고 그 헛된 일은 엄청난 인명을 대가로 바쳐야 했다.

물론 바탕에 깔린 몇몇 장기적인 변화는 있었다. 앞으로 보게 되겠지만 가장 중요한 것으로, 황제들 사이에서는 지리적(때로는 민족적) 다양성이 증가했다. 2세기 전반의 트라야누스와 하드리아누스는 모두 이베리아반도에 뿌리를 두고 있었다. 수십 년 뒤의 셉티미우스 세베루스는 '첫 아프리카인' 황제였다. 그는 현대의 리비아에서 태어났다(화보 3). 엘라가발루스는 셉티미우스의 시리아인 아내인 율리아 돔나Julia Domna의 언니의 외손자였고, 그가 정변(틀림없이 다른 사람들이 주도한) 뒤제위에 오른 것은 율리아 돔나 가족의 영향력을 통해서였다. 그러나이런 모든 점진적인 변화에도 불구하고 아우구스투스와 알렉산데르세베루스는 거의 비슷한 일을 했고, 거의 같은 기준과 같은 고정관념을 통해 평가받았다.

고대와 현대의 역사가들은 흔히 이들 황제들의 시대에 관한 매우 상세한 기록을 놓고 궁궐의 경쟁, 싸움, 파벌 사이의 충돌, 군사원정, 정치적 결전을 분석했다. 그들은 아우구스투스의 후계자인 심술궂고 위선적인 티베리우스Tiberius나 현란하고 무책임한 네로에서부터 떠버리안토니누스 피우스Antoninus Pius나 철학적이었던 그 후계자 마르쿠스아우렐리우스까지, 통치자들의 서로 다른 성격을 설명하려고 애썼다.

현대 역사가들은 독자들에게 그 가문들을 소개하려고 노력했다. 복잡한 가족 관계, 전략적 입양(예를 들면 엘라가발루스의 알렉산데르 세베루스 입양), 복잡한 혼인 등 통상적인 가계도로는 그리기가 거의 불가능한 가문들에 대해서 말이다. 그리고 그들은 이 통치자들에 대해 이야기하는 여러 극단적인 일화들의 특색을 음미했다. 한편으로 그 정확성을 의심하거나 표면 아래 숨어 있는 보다 평범한 진실을 찾으면서말이다. 다음 장에서 보겠지만 칼리굴라가 말에게 고위직을 주어 영예롭게 하겠다고 위협한 것은 서투른 농담이었고 역효과만 냈을 것이다.

나 또한 로마 황제들의 다채로운 이야기를 즐길 것이다. 그들을 잊을 수 없게 만든 엉뚱한 특징들을 즐기며, 그 이야기들을 다른 방식으로, 로마의 제국 체제를 밝히는 데 사용할 것이다. 다행스럽게도 이 책은 서른 명에 가까운 지배자들의 개별 역사를 살피는 책은 아니다. 평생 고대 로마를 가르치고 연구하면서 나는 그 유형에 대한 이야기의 세부 사항(한 통치자에 관한 것이든 그 이상의 통치자에 관한 것이든)은 흔히 그것이 드러내는 것만큼이나 많은 것을 숨긴다는 것을 확신하게 됐다. 결국 서둘러 꾸며낸 이기적인 궁궐의 음모는 통상 다른 음모와 크게 다르지 않고, 등장인물은 바뀌었지만 비슷하게 교활한(또는 고상한) 음모가 있다. 한 엇나간 왕자나 공주를 다른 경우와 구분할 요소는 별로 없다. 매우 독특하고 특징적으로 보일 수 있는 충격적인 일화가 여러 황제들과 관련해 거의 비슷한 내용으로 자주 반복된다.

나는 왜 어떤 황제는 가학적인 괴물로 역사에서 폄훼되고 어떤 황제는 최선을 다한 훌륭한 인물로 평가되는지, 어떤 이는 너그러운 후원자이고 또 어떤 이는 인색한 구두쇠로 기록되었는지에 분명히 관심이 있다. 그러나 나는 그 너머로 로마의 전제정과 전제군주가 무엇을 의미하는지에 관한 더 큰 그림을 보고, 이 통치자들이 얼마나 '다른지'뿐만이 아니라 얼마나 '비슷한지'를 보는 것에 더 관심이 있다. 이런 점에서 나는 마르쿠스 아우렐리우스와 같은 쪽에 서 있다. 그는 《자성록》에서 수백 년 동안 1인 통치는 변하지 않았으며 "같은 연극의 다른 배우일 뿐"이라고 말했다.

따라서 이 책은 범주로서의 황제(즉 '황제라는 존재')에 관한 것이기도 하지만, 구체적인 개별 통치자에 관한 것이기도 하다. 그런 의미에서 거의 분명하게 로마제국의 대다수 주민들의 견해를 반영한다. 제위에 있는 사람의 성격, 그의 개인적인 결함, 또는 그의 선호는 그의 식사 초대 명단에 있는 사람들에게 매우 중요했을 것이다. 황제의 전기를 꼼꼼하게 연구하거나 기록한 상류층 사람들에게도 마찬가지였을 것이다. 황제라고 해서 모두 같은 황제는 아니었다. 그러나 이탈리아 바깥에 살던 5천만 명가량의 인구 대다수, 그리고 이탈리아 내부의 상당수 사람들에게 중요했던 것은 '일반적인 황제'였다. 당시에 재위하던 사람이 누구이고 어떤 이름을 가졌는지와 상관없이 말이다. 그들이 자신의 문제를 호소한 상대는 '일반적인 황제'였다. 그들이 꿈속에서 본 것은 '일반적인 황제'였다.

한 황제가 죽거나 쫓겨났을 때 새 정권을 수용하기 위해 보통 사용한 방식은 대리석 조각상을 다시 조각하거나 '수정'하는 것이었다. 권좌에 있던 노인의 모습을 그 후계자의 모습으로 바꾸는 것이다. 여기에는 여러 가지 이유가 있었을 것이다. 완전히 새로운 조각을 하는 데 드는 돈을 절약하려는 것일 수도 있고, 전임자의 모습을 말 그대로 지우려는 욕구일 수도 있었다. 그러나 그 바탕에 있는 메시지는 한 황제를 다른 황제로 바꾸는 데는 끌을 몇 번 쪼는 것으로 충분하다는 것이었다(그림 91).

제국에 사는 누군가는 당시 황제의 이름을 말할 수 없었을 가능성이 높다. 북아프리카의 한 철학자 겸 기독교 주교는 조금 뒤인 5세기 벽두에, 자신의 지역에 있는 사람들 중에는 세금 징수 때문에 황제가 있다는 것은 알지만 "그가 누구인지는 잘 모르는" 사람이 있다고 말했다(그는 이어서 신화 속 트로이 전쟁의 그리스인 사령관을 언급하며 "아직도 아가멤논이 왕이라고 생각하는 사람도 있다"라고 농담했다). 분명한 사실은 많은 사람들

| 그림 5 | 이집트 파피루스에 적힌 로마 황제들의 이름. 그리스어로 쓰였고, '바실레우스 basileus의 치세들'이라는 제목이 달렸다. 바실레우스는 '황제' 또는 '왕'이라는 뜻이다. 제목 아래에 칼리굴라가 명단의 세 번째에 와야 하지만 누락되어 있다. 따라서 클라우디우스가 티베리우스 바로 뒤에 있다.

이 과거와 현재 황제들의 정확한 이름을 몰랐으리라는 점이다. 심지어 그런 명단을 파피루스 조각에 남긴 3세기 중반의 부지런한 사람조차도 일부 심각한 잘못을 저질렀다. 칼리굴라 같은 일부 황제를 빠뜨리고 어떤 황제들은 재위 기간을 잘못 적었다. 나는 내가 다루는 각각의 황제들(서른 명에 가까운 사람들 전부는 아니다)을 필요한 만큼 자세히

소개할 것이다. 하지만 마르쿠스 아우렐리우스와 안토니누스 피우스를 구분할 수 없다고 해서 걱정할 필요는 없다. 대다수의 평범한 로마인들도 구분하지 못했을 것이다.

황제의 세계

로마 황제들은 고대 권력의 가장 극단적인 모습 일부를 그대로 보여주며, 로마제국에서의 가장 평범한 일상 현실 일부도 보여준다. 뿐만 아니라 현대 세계에 이르기까지 그들은 계속해서 전제군주의 본보기와 정치인에 대한 경고를 제공했다. 그림과 조각에 로마 황제의 복장을 한 모습으로 묘사된 모든 왕과 군주에서부터 풍자 만화에 "로마가 불타는 동안 수금을 연주한" 네로인 양 그려진 모든 총리와 대통령들까지 말이다. 로마 황제들을 중대하게 여기고, 아직도 우리의 뇌리를 떠나지 않는 권력의 모습에 대해 로마인들이 어떻게 이해하고 토론하고 다투었는지 더 깊이 파보는 것은 의미가 있다.

　나는 평생 동안 이 어렴풋하고 멀리 있지만 이상하게도 친숙한 통치자들을 이해하려고 노력했다. 이 책에서 이런 황제들의 세계(실제든 상상이든)에 대한 탐험을 나눌 수 있기를 바란다. 클라우디우스뿐만이 아니라 많은 황제들이 가고 싶어 했던 높다란 신들의 세계에서부터 다른 이들이 갑작스럽게 빠지게 된 테베레강의 더러운 물까지 말이다. 이 남자들 상당수가 흔히 묘사되듯이 피에 굶주렸다거나 미치광이라는 데는 의문이 있지만, 마찬가지로 최악의 '괴물'들 일부를 무턱대고

| 그림 6 | "로마가 불타고 있는데 수금을 켜는 네로"로 묘사된 자이르 보우소나루 브라질 대통령. 버락 오바마에서 보리스 존슨과 나렌드라 모디까지, 세계의 유명 정치인 가운데 이 특별한 풍자를 피한 사람은 거의 없다.

복권시키려 애쓰는 것도 도움이 되지 않을 것이다. 칼리굴라나 네로, 콤모두스를 그저 나쁘게 알려져 오해를 받은 개혁가로 돌려놓으려는 여러 시도를 나는 결코 납득할 수 없다. 이제 혐오와 동정 사이에서 줄타기를 하기는 어렵다.

　오랫동안 로마제국을 연구하면서 나는 정치 체제로서 전제정을 갈수록 혐오하게 됐고, 그 희생자들뿐만 아니라 바닥부터 꼭대기까지 거기에 휩쓸린 모든 사람을 더욱 동정하게 됐다. 황제의 그늘에서 살았던 보통의 남녀 일부(그들은 어리둥절한 권력과 전제정에 맞추기 위해 최선을 다했을 것이다)에서부터 옥좌에 앉은 남성(아마도 똑같이 평범한)까지 말이다. 잊기 쉬운 것은 황제 역시 어떻게 전제군주가 되었는지에 대해, 그리고 로마 황제가 된다는 것이 무슨 의미인지에 대해 틀림없이 고민했을 것이라는 점이다.

다음 장에서 나는 흥미로운 허구와 사실의 세계를 통해 황제를 추적할 것이다. 황제의 식탁에서부터 군사적 변경까지, 어의의 보고에서부터 농담·풍자·꿈에 나타난 황제의 모습까지, 그의 집무실 책상에서부터 그의 마지막 말까지. 그러나 우선 엘라가발루스와 그의 골탕 먹이는 방석과는 멀리 떨어진 로마제국의 정치와 1인 통치의 정의로 무대를 옮기고자 한다. 전제정은 여러 가지 다른 형태를 띤다. 다음 두 장에서 전제정의 기본 사항 일부를 정리할 것이다. 로마 황제의 직무 내용은 어떤 것인지, 이 체제는 어떻게 시작됐는지, 지금 우리가 '로마 황제'라고 부르는 사람들은 누구인지, 그들이 어떻게 즉위하게 됐는지 같은 것들이다.

1

1인 통치의 기초

황제의 직무 기술서

엘라가발루스의 치세 1세기 전인 서기 100년 9월 1일, 가이우스 플리니우스 세쿤두스Gaius Plinius Secundus는 원로원에서 트라야누스 황제에 대한 요란한 감사 결의를 하기 위해 일어섰다. 원로원은 로마의 가장 오래되고 저명한 정치 기구였다. 그곳은 이제 의회이자 재판소이자 잡담 장소로 진화해 있었다. 의원은 600명쯤 되었으며, 황제와 기타 주요 공적 인물들이 포함됐다. 그들은 아첨꾼에서부터 불만을 지닌 나이 든 귀족과 벼락부자까지 뒤섞인 로마의 부유한 상류층 무리였다.

오늘날에는 보통 간단히 줄여 부르는 이름으로 알려진 플리니우스는 박식한 행정가였다. 우리는 그가 흑해 임지에서 고국으로 보낸 급송 문서를 아직도 읽을 수 있다(295~300쪽). 그는 또한 부유하고 성공한 법률가였고, 79년 베수비오 화산 분출의 유일한 목격 기록(열일곱 살 때 안전한 거리에서 목격)을 썼다. 서기 100년 9~10월에 그는 두 명의 콘술(집정관) 가운데 하나로 선출되었다. 이전에 로마의 최고위 선출직이었던 이 자리는 여전히 매우 특별한 자리였지만 이제 대중의 투표가 아니라 사실상 황제에 의해 임명됐다. 이 때문에 새 집정관은 원로원 집회의 연설에서 황제에게 감사를 표하는 관례가 만들어졌다. 플리니우스는 연단에 나가 동료 집정관 및 트라야누스 황제와 함께 섰다. 로마 중심부에 율리우스 카이사르가 후원해 건설한 웅장한 '원로원 청사'에서였다. 황제에게는 편리하게도 본궁에서 가마를 타고 고작 10분이면 갈 수 있는 거리였다.

이 감사 결의는 특별한 경우가 아니라면 의무적이고 따분하고 기계적인 것이었다. 플리니우스조차도 이것이 대개 하품 나는 일임을 인정했으며, 황제는 많은 경우 내내 앉아서 들어야 했다. 서기 97년에 감사 연설 하나가 불행하게도 약간의 악명을 얻었다. 80대의 집정관이 이 행사를 준비하다가 부상을 입어 사망했기 때문이다. 그는 참고하던 무거운 책을 떨어뜨려 그것을 집어들기 위해 허리를 굽혔는데, 반들거리는 바닥에 미끄러져 엉덩뼈가 부러져 회복하지 못했다.

플리니우스의 연설은 그와는 다른 방식으로 유명해졌다. 그는 원로원에서 연설한 뒤(9월 휴가철이어서 아마도 참석자가 좀 적었을 것이다), 의원들에게 다시 연설했다. 사흘 연속으로 진행된 세 차례의 회의에서는 이를 낭독하는 개인 공연을 했다. 이는 로마 귀족들이 많이 하는 일종의 오락이었지, 요즘 생각할 수 있는 것처럼 허영심의 발동 같은 것은 아니었다. 이 연설은 연설의 모범작으로서 플리니우스가 필사해 〈찬양 연설Panegyricus〉이라는 제목으로 지금까지 전해지고 있다. 이것은 황제와 원로원 의원들 앞에서 했던 연설을 확장한 것일 가능성이 있다. 내 계산으로는 빠르게 읽더라도 다 읽는 데 세 시간이 넘게 걸린다. 하지만 이 연설문은 황제와 신민이 직접 대면한 특별한 순간과 그 자리에서 나눈 말에 관한 귀중한 기록이다. 뿐만 아니라 거의 로마 황제의 역할에 대한 직무 기술서로 볼 수 있을 것이다.

현대의 독자들은 흔히 트라야누스에게 바쳐진 이 장황하고 비굴한 찬양이 변덕스러운 잔인함이나 비뚤어진 사치 이야기만큼 로마 전제정의 마뜩하지 않은 측면이라고 생각할 수 있다. 〈찬양 연설〉은 곳곳에 새로운 과장이 들어 있다. 황제는 완벽함의 본보기이며, 경외감을 불러일으킬 정도로 "진지함과 쾌활함, 권위와 가벼운 손길, 권력과 친절"을 겸비했으며, 그를 잠깐이라도 보기 위해 아이들을 어깨에 태우고 달려드는 그의 사랑하는 신민들의 우상이며, 그런 자비로운 통치자가 있는 세계에서 아무도 아이 낳기를 주저하지 않는다는 이유로 로마의 출생률을 자극하는 유일한 사람이라고 플리니우스는 주장한다. 그는 또한 불과 몇 년 전인 96년에 암살당한 괴물 같은 황제 도미티아누스와 얼마나 다르냐고 주장한다. 그는 피투성이의 소굴에 숨어 기상천외한 음식들을 차린 화려한 잔치를 게걸스레 즐기며 실제로 있지도 않은 '가짜' 전쟁 승리를 축하한 황제였다. "얼굴에는 하늘을 찌르는 오만함이 나타나고, 눈에서는 분노를 내쏘며, 살색은 여자처럼 창백한" 사람이었다(속임수와 나약함과 요리 등 엘라가발루스 이야기와 일맥상통하는 것이 분명하다). 이에 반해 트라야누스는 죄를 짓지 않고, 궁궐 문턱이 낮으며, 소박한 식사를 하고, '진짜 무공'이 있고, 신체는 강건(여기에 살짝 나기 시작한 흰 머리칼까지 권위를 더한다)하기로 이름난 황제이다. 플리니우스는 이렇게 아첨을 떤다. "과거의 통치자들은 자신의 다리를 사용할 줄 모르고 노예의 등과 어깨를 이용해 우리의 머리 위로 실려 다녔지만, 당신 자신의 명성, 당신의 영광, 당신 시민들의 헌신, 당신이 가져다준 자유는 그들보다 훨씬 높습니다." 현대의 한 비평가가 연설 전체를 일언지하에 깎아내린 것도 놀라운 일은 아닐 것이다. "그것이 보편적인 경멸로 전락한 것은 당연한 일입니다."

우리는 이제 대체로 예전에 많은 사람들이 그랬던 것에 비해 칭송의 뉘앙스에 덜 민감하다. 그러나 플리니우스의 감사 결의의 경우 우리는 '경멸'을 부분적으로 유보해야 한다. 이 연설은 얼핏 보았을 때의 모습보다 더 복잡하다. 우선(이 사실이 조금이라도 더 호의적으로 만들지는 않겠지만) 황제에 대한 찬양이라고 한 것은 플리니우스 자신에 대한 찬양이기도 하다. 예를 들어 우리는 그가 친한 친구 트라야누스와 얼마나 가까운 사이인지 알고 있다(실제로 키스하는 사이였다). 그들은 긴 밤을 궁궐에서 함께 보내며 수수한 음식으로 식사를 하고 친밀한 대화를 나누었다. 우리는 또한 플리니우스가 대가로서 전문지식 일부를 늘어놓은 것을 보았다. 현대 독자들에게 특히 어려운 것이 복잡한 로마의 상속세에 관한 부분인데, 이에 관해 그는 내부 정보를 상세하게 제시하고 있다. 〈찬양 연설〉은 플리니우스 자신이 황제와 동료 의원들 앞에서 스스로의 위치를 주장한 것이었다.

그러나 더 중요한 것은 아첨 속에 황제가 숙제로 해야 할 몇몇 교훈이 들어 있다는 점이다. 플리니우스도 인정하고 있듯이 사람의 행동에 영향을 미치는 가장 좋은 방법은 내가 원하는 자질을 그가 가지고 있다고 칭찬하는 것이다. 그가 실제로 가지고 있든 그렇지 않든 말이다. 그런 의미에서 〈찬양 연설〉은 결국 로마 상류층의 지도적 인물이 작성한 황제의 직위에 대한 긴 직무 기술서다. 표면적으로는 칭찬을

| 그림 7.8 | 플리니우스의 〈찬양 연설〉에 나오는 영웅과 악역의 인물 조각상. 왼쪽이 도미티아누스, 오른쪽이 트라야누스다. 도미티아누스는 대머리로 유명했지만 머리칼이 풍성한 모습이다(그는 가발을 썼을 것이다).

늘어놓고 있지만 이면에는 좋은 지배자가 되려면 어떻게 해야 하는지에 대한 지침을 제공하고 있는 것이다. 황제의 선행은 황제의 악행에 비해 훨씬 덜 자극적인 이야기를 만들고, 인정 많은 전제군주의 자질을 찬양하는 것은 대다수의 현대 독자들에게 공허하게 들린다. 황제권력의 공상적인 공포 이야기에 대한 평형추로서 플리니우스의 직무기술서는 주목할 가치가 있다.

플리니우스는 모든 범위에 걸쳐 구체적인 요구를 항목별로 적었다. 황제는 너그러워야 하고, 신민들에게 공연이라는 형태로 즐거움을 주어야 하고, 음식과 돈이라는 형태로 실질적인 지원을 제공해야 한다.

자신의 안락이나 방종을 위한 것이 아니라 공익을 위한 공공 기념물을 건설해야 한다. 전쟁에서 승리해야 한다. 세금의 세부 사항에 관한 이야기에 쉽게 파묻힐 수 있는 행정가이자 적의 공격으로부터 멀리 떨어진 지역에서 짧은 군복무를 했던 플리니우스는 "시체가 높이 쌓인 전쟁터와 피로 얼룩진 바다" 위에 공로를 남긴 황제를 찬양하는 냉혹한 구절을 남겼다. 그러나 그는 또한 황제의 행동을 이끌기 위한 일반적인 원칙도 제시한다. 그는 솔직했으며, 거짓 주장과 가짜 성과로 자신의 위치를 부풀리지 않았다. 플리니우스가 이야기한 '나쁜' 황제들은 오락을 위해 사냥을 나가서도 속임수를 써서 황제가 쏠 수 있게 미리 몰아놓은 짐승들을 잡았다. 그리고 노예의 언어가 권력자의 언어에 얼마나 내재되어 있는지를 보여주면서 황제는 그의 신민들에 대해 노예의 도미누스dominus(주인)로서가 아니라 아버지로서 행동해야 하고, 그들에게 예속을 강요할 것이 아니라 그들의 자유를 보장해야 한다고 주장했다. 원로원 의원들에 대해 황제는 '우누스 엑스 노비스unus ex nobis'(우리 가운데 하나)처럼 행동해야 했다.

로마의 1인 통치의 기원과 '기초'에 관한 이 장의 나머지 부분에서 플리니우스와 트라야누스의 관계는 계속해서 참조점이 될 것이다. 그의 이상적인 통치자상 역시 마찬가지다. 고상한 도덕적 성실함, 편협한 엘리트 의식(보통의 로마인은 궁궐의 친밀한 식사 자리에 초대받지 못한다), 그리고 이따금씩 눈에 띄는 자기 모순이 있다. 〈찬양 연설〉의 막바지로 가면서 플리니우스가 "우리에게 자유를 명령한" 황제에게 감사를 표했을 때 그는 로마인의 논리상 자유를 명령받을 수 있는 것은 오직 노예뿐임을 분명히 인식하고 있었을 것이다. 그는 무심코 자애롭든 아니든 전제군주 치하의 시민이 되는 것과 관련해 이중적인 사고를 드러내고 있었다.

권력을 공유한 공화국과 제국의 기원

서기 100년 9월, 플리니우스가 새 집정관으로서 연설하기 위해 일어섰을 때 로마는 황제의 통치가 시작된 지 100년이 넘은 상태였다. 그러나 로마시 자체는 800년이 넘었고, 신화적인 초기 일곱 왕(창건자 로물루스로 시작되고 서기전 500년 무렵 타르퀴니우스 수페르부스Tarquinius Superbus로 끝나는) 이후 그 기간의 대부분은 일종의 민주주의적 통치가 이루어졌다. 지금 통상 로마공화국으로 불리는 시기다.

'일종의'는 중요하다. 분명히 서열상 맨 꼭대기인 집정관을 포함해 국가의 주요 정치적 직위는 모든 남성 시민에 의해 민주적으로 선출됐고, 그 시민들이 법을 만들고 전쟁과 평화에 관한 결정을 내리는 일을 맡았다. 그러나 그 체제는 부자들에 의해 지배되었다. 선거에서 부자들의 표는 가난한 자들의 표에 비해 분명히 많이 집계되었고, 그들만이 관직에 입후보하고 로마 군대를 지휘할 수 있었다. 한편으로 이전에 관직을 가졌던, 수백 명으로 구성된 원로원은 국가의 가장 영향력 있는 정치 기구였다. 당시에도 그랬듯이 정확한 공식 권한은 규정하기 어렵지만, 원로원의 결정은 통상 수용되었다. 이 정부는 완전히 민주적인 체제라고 하기보다는 권력 공유 체제라고 하는 것이 더 정확할 것이다. 종신직인 원로원 의원을 제외하고 모든 관직은 단 1년의 임기로 끝났고 언제나 공동으로 맡았다. 어느 특정 시기에도 집정관은 언제나 두 명이었다. 그다음 선임자는 프라이토르praetor(법무관)가 있었는데, 법과 관련된 행정에 관여했고, 그 수가 점점 늘어 결국 해마다 열여섯 명이 함께 자리를 차지했다. 그저 업무량이 늘어서 관원을 늘린 것은 아니었다. 바탕에 깔린 공화국의 원칙은 권력을 오래 갖지 않고 단독으로 갖지 않는 것이었다.

황제가 나타나기 훨씬 오래전부터 존재했던 이런 정부 체제 속에서 로마는 광대한 영토를 얻어 지금의 유럽과 그 너머의 상당 부분을 지배했다. 플리니우스가 말했듯이 "피로 얼룩진 바다" 위에 세워진 제국이었다. 그들을 이 과정으로 추동한 것은 무엇이고, 특히 서기전 3세기에서 서기전 1세기 사이 주요 팽창기 동안의 정복에서 압도적인 성공을 거둔 비결이 무엇인지에 대해서는 늘 논란이 있었다. 서기전 2세기의 그리스 역사가 폴리비오스는 서기전 5세기에 이탈리아 중부의 평범한 소도시였던 로마가 수백 년 사이에 어떻게 지중해 연안 거의 대부분을 지배하게 됐는지 놀라워했다.

그것이 모두 로마인들이 공격적이고 군사를 중시했다거나 전투에서 규율과 전문 기술이 훨씬 뛰어났기 때문이라고 말하는 것은 너무 쉽다. 그들은 군사력을 중시했지만 그들에게 정복당한 지역 대부분도 그러했다. 로마 또한 전투 기술에서 약점이 있었다. 예를 들어 로마군은 초기에는 해전에 약해서 상시적인 웃음거리가 되었다. 가장 좋은 설명(또는 추측)은 로마의 상층부가 군사적 영광을 추구하는 과정에서 공격성과 군국주의가 매우 경쟁력 있는 그들의 기풍과 결합했고, 그들이 이탈리아 대부분의 통제권을 쥐게 되자 로마인이 이용할 수 있는 무한에 가까운 인적 자원을 얻었다는 것이다. 그리고 그저 '행운' 덕분이기도 했다. 이 모든 것이 합쳐진 결과가 광대하고 급속하며 격렬한 영토의 팽창이었다. 그러나 정확하게 어떤 요소들의 조합이었는지, 그중 어느 것이 결정적인 요인이었는지는 불확실하다.

분명한 점은 이 일련의 정복이 로마의 정치에 거의 혁명적인 영향을 미쳤다는 것이다. 물론 희생자들에게는 더 뚜렷한 영향을 미쳤다. 혼란의 일부는 나라가 얻은 막대한 이익으로 인해 생긴 것이었다. 그것이 이전에 권력을 공유하는 지배층 사이에 존재했고 그들의 경쟁으로 인한 대립을 누그러뜨리는 역할을 했던 이론적인 평등성을 파괴했다. 지휘관들은 특히 지중해 동부의 부유한 왕국들을 상대로 한 전쟁을 통해 얻은 개인적인 부가 있었고, 로마 사회 상층부에서 소수의 대박 난 '거물'들과 나머지 사람들 사이의 격차가 갈수록 커졌다. 그런 거물 중 하나인 부호 마르쿠스 리키니우스 크라수스Marcus Licinius Crassus는 자신의 재산으로 군대를 만들 수 없는 사람은 부자로 치지 않겠다고 말했다. 그는 운 좋은 소수가 굴리고 있는 부의 규모를 분명히 드러냈다. 그 자신은 상속으로 큰 재산을 얻었고, 대체로 부동산 투기로 더 큰 재산을 얻었다. 그러나 그는 또한 부의 용도에 대해서도 암시했다. 결과적으로 이 가운데 어느 것도 크라수스 자신에게는 큰 도움이 되지 않았다. 그는 서기전 53년에 수지맞는 원정이 될 것으로 기대됐던 파르티아(현대의 튀르키예 동쪽 일대) 제국을 상대로 한 출정에서 살해됐다. 그의 잘린 머리는 파르티아 왕실 혼인에서 공연된 그리스 비극에서 피투성이로 막대에 꽂힌 채 소품으로 쓰였다고 한다.

마찬가지로 중요했던 것이 로마의 영토가 늘어나면서 공화국 정부의 권력 공유 구조에 가해진 압박이었다. 전통적으로 함께 선출된 관리는 도시의 내부 업무와 외부 문제를 동시에 담당했다. 전방의 전쟁에서 레기오(군단)를 지휘하거나, '평화 유지'를 하거나, 분쟁을 해결했다. 로마는 적어도 처음에는 자신들이 정복한 땅에 실제로 간여해서 직접 통치를 하려 하지 않았다. 그저 세금 수입을 얻고, 이스파니아의 은광과 같은 지역의 자원을 개발하며, 필요할 때 개입하는 정도였다. 그렇다 하더라도 여러 가지 서로 다른 역할은 공유되었고 일시적이며 해마다 바뀌는 관리라는 틀 안에 수용하기가 갈수록 어려워졌다. 1년 임기의 관리가 로마에서 나라의 끄트머리에 있는 문제 지역으로 가는 데만도 몇 달이 걸렸을 것이다.

로마인들도 이를 알았고, 이에 대응해 여러 가지를 조정했다. 예를 들어 관직에 있는 사람들은 로마에서 근무하다가 외국에 파견되면 임시로 추가 임기를 주었다. 하지만 거대한 영토가 야기한 위기는 더 근본적인 해법을 요구했다. 예컨대 지중해의 '해적'(고대인들에게는 '테러리스트' 정도의 느낌이 들게 하는 명칭)을 소탕하고자 하면 한 지휘관에게 권한과 자원을 주고 장기간 맡을 수 있게 해야 했는데, 이는 일시적이고 권력을 공유하는 전통적인 로마의 관직 임명 원칙에 위배되는 방식이었다. 다시 말해서 큰 땅덩이는 점차 이 나라를 떠받치고 있던 정부 구조를 파괴해 1인 통치로 가는 길을 열어놓았다. 제국이 황제를 만들어낸 것이지 그 반대가 아니었다.

전제정의 전조

서기전 1세기 초에 로마에는 전제정의 전조들이 나타나기 시작했다. 서기전 80년대의 거물 중 한 명이었던 루키우스 코르넬리우스 술라 Lucius Cornelius Sulla는 자신의 군대를 거느리고 로마로 와서 스스로 딕타토르(독재관) 자리에 올라 보수적 정치개혁을 추진했다. 그는 2년 뒤에 물러나 자신의 침대에서 죽었다. 이구동성으로 그의 병이 아주 고약했다고 하지만, 그래도 그가 도시에 살인 부대를 풀어놓았던 일을 생각하면 그가 받아 마땅한 것보다는 나은 최후였을 것이다.

그로부터 10년 뒤, 그나이우스 폼페이우스 마그누스Gnaeus Pompeius Magnus는 약간 더 교묘한 길을 택해 거의 1인 권력과 비슷한 것을 잡았다. 그는 시민들의 투표로 해적 소탕의 책임자가 되었다. 많은 예산이 주어졌고, 지중해 동부의 다른 모든 로마 관리를 지휘할 수 있었다. 임기는 3년이었다. 그러나 막상 그가 이 일을 해내는 데는 석 달밖에 걸리지 않았고, 그는 그 뒤에 로마의 다른 적에 맞서기 위해 더 긴 기간을 위임받았다. 예산도 더 많았고, 권력도 더 커졌다. 그는 공동 집정관 없이 혼자 집정관이 되기 위해 더 나아갔다. 지금은 전혀 이상하게 들리지 않겠지만, 공화국의 원칙에 대한 노골적인 위배였다. 그는 후대의 많은 전제군주가 그랬듯이 로마의 커다란 공공건물에 돈을 쏟아부었다. 때로는 자신의 두상이 들어간 주화를 이탈리아 바깥의 도시들에서 주조(고대에 군주 권력의 핵심 지표였다)해 오늘날까지 남아 있다.

진정한 전환점은 서기전 1세기 중반에 율리우스 카이사르와 함께 왔다. 그는 로마의 민주주의 비슷한 것과 황제 통치 사이의 중간에 있었다. 카이사르의 이력은 로마 상류층의 아주 표준적인 방식으로 시작됐지만, 후대 작가들은 그가 일찍부터 오만한 야망을 품었다고 생각했다. 한 미심쩍은 이야기는 이렇게 상상의 나래를 편다. 그가 30대 초반에 우울하게 알렉산드로스 대왕의 조각상 앞에 서서 일찍 꽃핀 마케도니아 왕에 비해 자신은 출발이 늦은 것을 한탄했다는 것이다. 그러나 그는 갈리아에서 군 지휘를 성공적으로 이끌고(그리고 충격적으로 잔인했다) 이를 중단 없이 8년으로 연장한 뒤 술라의 사례를 따랐다. 서기전 49년, 그는 자신의 군대를 이끌고 로마로 행군해 갈리아와 이탈리아의 경계에 있는 "루비콘강을 건넜다." 오늘날에도 '돌아올 수 없는 지점을 지났다'라는 뜻으로 쓰이는 유명한 말의 연원이다. 이어진 내전에서 그의 상대편은 폼페이우스가 이끌었다. 폼페이우스는 이제 상황이 바뀌어 보수적 전통주의자 역할을 하고 있었고, 결국 도피했던 이집트 해안에서 참수됐다. 카이사르는 자신의 승리를 이용해 로마 정부를 사실상 홀로 통제할 수 있게 만들었다. 그는 원로원에 의해 '독재관'에 임명됐고, 서기전 44년에 '종신 독재관'이 됐다.

그러나 카이사르는 어떤 면에서 여전히 공화국을 돌아보고 있었다. 그의 이력은 전통적인 단기 선출직의 틀 안에서 시작됐다. 그의 '독재권'조차도 공적인 위급 상황을 처리하기 위해 설계된 고대의 일시적 임명과 적어도 약간은 맥이 닿아 있었다. 물론 술라 이후 독재권은 갈수록 그 말의 현대적 개념과 더 가까운 어떤 것이 됐지만 말이다. 이런 이유로 최근 대다수의 역사가들은 카이사르를 구체제의 마지막 인물로 다루는 경향이 있다. 그러나 2세기에 전기 작가 수에토니우스 (전체 이름은 가이우스 수에토니우스 트란퀼루스Gaius Suetonius Tranquillus)가 초기 로마 황제들의 전기를 쓸 때 그는 율리우스 카이사르로부터 시작하는 것을 선택했다. 열두 황제 중 첫 번째이자 황제 시대의 궁극적인 개창자로서 말이다. 아마도 더 중요한 것은 그 이후의 모든 로마 통치자들이 그를 따라, 이전에 보통의 로마 성씨였던 '카이사르'를 공식 칭호의 일부로 썼다는 것이다. 이 전통이 현대까지 이어진 것이 독일의 카이저와 러시아의 차르다. 플리니우스가 감사 결의에서 황제를 일컬을 때 대부분 사용했던 호칭도 '트라야누스'가 아니라 '카이사르'였다('카이사르'라고 한 것이 50번 이상이고, 반면에 '트라야누스'라고 한 것은 딱 한 번이었다).

  카이사르가 왜 이 개창자 역할을 맡았는지는 쉽게 이해할 수 있다. 그가 폼페이우스에게 승리를 거두고 서기전 44년에 죽음을 맞기까지는 채 4년이 되지 않았지만(그리고 내전이 벌어진 해외의 다른 지역을 정리하느라 한 달 이상 로마시에 머무른 적은 별로 없지만), 카이사르는 로마 정치를 급격하고 논란의 여지가 있는 방식으로 변화시켜 후대 황제들을 위한 모범을 확립하는 데 성공했다. 후대 황제들과 마찬가지로 그는 고위직 선출을 장악했다. 그가 후보를 지명하면 투표자들은 그저 동의만 하는 방식이었다. 그는 폼페이우스보다 한 발 더 나아가 자신의 두상이 들어간 주화를 해외에서뿐만 아니라 로마에서도 주조했다(살아 있는 로마인으로서는 처음이었다). 그리고 로마시와 더 넓은 세계 곳곳에 자신의 조각상을 대량으로 세우기 시작했다. 이전에 볼 수 없었던 숫자였다. 수백 개, 어쩌면 수천 개가 계획되었다. 그리고 그는 새로운 분야에서 전례 없는 권력을 휘둘렀다. 그가 하늘의 별을 복종시켰다는 키케로의 풍자적인 재담은 그의 대담한 로마 책력 개혁을 말한 것이었다. 1년과 각 달의 길이를 바꾸고, 오늘날 우리가 알고 있는 방식으로 사실상 '윤년'을 도입했다. 전능한 독재자만이(또는 18세기 프랑스에서처럼 혁명적 결사만이) 시간 통제를 주장할 수 있었다.

카이사르는 또한 죽음의 방식을 통해 미래를 위한 모범을 세웠다. 그는 '종신 독재관'이 된 직후인 서기전 44년에 암살당했다. 이 사건은 그 후계자들에게 경고가 되고 동시에 현대 세계까지 이어지는 정치적 살인의 본보기가 됐다(존 윌크스 부스John Wilkes Booth는 카이사르가 죽은 날인 '3월 이데스Ides(보름)', 즉 3월 15일을 1865년 에이브러햄 링컨 암살 계획의 암호명으로 삼았다). 사실 이 암살자들은 윌리엄 셰익스피어 같은 사람들 덕분에 역사에서 다소 관대한 대우를 받았다. 고결한 자유의 투사, 불평분자, 이기적인 권력 추구자 등으로 구성된 예상 가능한 혼성 집단이었다. 이들은 원로원 회의 중에 숨어 있다가 독재관을 죽였다. 죽은 카이사르는 폼페이우스 조각상 앞에 방치됐다. 셰익스피어의 《줄리어스 시저Julius Caesar》에서 영광스러운 애국자로 떠오른 마르쿠스 유니우스 브루투스Marcus Junius Brutus는 무리 중 가장 이기적인 인물에 속했을 것이다. 그는 로마 식민지 사람들을 착취한 섬뜩한 기록이 있다. 그는 키프로스의 한 도시에 법정 최고 금리의 네 배인 48퍼센트의 이자율로 돈을 빌려주어 악명이 높았다. 그는 빌려준 돈을 받기 위해 대리인을 시켜 지역 의회의 회의실을 봉쇄했고, 그 바람에 의원 다섯 명이 굶어 죽었다. 그리고 카이사르를 암살하고 2년도 되지 않았을 때 군주제에 반대했던 그는 자기 병사들에게 지급하기 위해 스스로 주조한 주화에 자신의 두상을 집어넣었다.

그러나 더욱 중요한 것은 암살자들이 희생자를 제거하는 데 성공했

| 그림 9 | 카이사르 주화. 서기전 44년에 그가 암살되기 직전에 주조됐다. 그의 머리 뒤에는 그가 가진 성직의 상징물(국자와 의례용 지팡이)이 있고, 앞에는 그의 이름 CAESAR IM⟨P⟩가 있다. IMPERATOR(황제)라는 말이다(69쪽 참조).

지만(그것은 흔히 쉬운 일이다), 그다음에 어떻게 할 것인지에 대해 아무런 계획이 없어 빛을 잃었다는 것이다. 10년 이상 내전이 이어졌다. 여기서 카이사르의 지지자들이 먼저 암살자들을 공격했고, 이후에는 그들끼리 서로 싸웠다. 서기전 31년에 내전은 두 주요 당파 사이의 충돌로 이어졌다. 한쪽은 카이사르의 심복 마르쿠스 안토니우스Marcus Antonius로, 이제 이집트의 유명한 여왕 클레오파트라와 동맹(그리고 그이상)을 맺고 있었다. 다른 한쪽은 카이사르 누이의 손자인 옥타비아누스Octavianus였는데, 카이사르의 의사에 따라 사후 그에게 입양돼(로마 관습으로 드물지 않은 일이었다) 공식적으로 그의 아들이 되어 있었다. 그들의 마지막 전투는 그리스 서북 해안 앞바다에서 벌어졌다. 악티온곶 부근, 케르키라(코르푸)섬 바로 남쪽이었다. 악티온 해전으로 알려진 이 전투는 옥타비아누스의 결정적이고 용감한 승리로, 그리고

| 그림 10 | 이탈리아에서 발견된 1세기의 대리석 돋을새김 일부분. 악티온 해전을 묘사하고 있다. 배의 전경에 뱃머리를 장식한 반인반마의 켄타우로스의 모습이 보인다. 이는 배가 안토니우스와 클레오파트라 함대의 일부임을 시사한다.

새로운 시대의 영광스러운 시작으로 선전되면서 유명해졌다. 사실 이 승리는 탈주와 배신으로 얻은 것이었지 용감성으로 얻은 것은 아니었다. 안토니우스의 부하 장군 하나가 그의 전투 계획을 누설했고, 가장 그럴듯한 재구성으로는 클레오파트라가 전투 개시 직전에 보물을 실은 자신의 배들을 끌고 다시 이집트로 향했으며 안토니우스도 곧바로 뒤따라갔다. 이 수치스러운 퇴각이 정확히 어떤 것이었는지는 아직도 논란이 있지만, 많은 고대의 작가들은 클레오파트라를 책임질 수 없

으니 도망친 비겁한 여왕으로 묘사하는 데 열을 올렸다. 상황이야 어찌되었든 옥타비아누스는 로마 세계의 유일한 지도자로 남았고, 곧 첫 번째 '로마 황제'가 됐다. 다시 말해서 암살자들은 적어도 간접적으로는 그들이 맞서 싸우고 있다고 주장했던 영구적인 1인 통치를 초래했다.

황제의 새 옷

율리우스 카이사르 사후 갈등 기간의 옥타비아누스에 대한 기록은 불법, 잔인함, 충격적인 가학성 사이의 어딘가에 속한다. 서기전 44년에 겨우 열아홉 살이었던 그는 사실상 자신의 사병私兵을 거느렸고, 마르쿠스 안토니우스와 잠시 손잡았을 때 그들은 함께 이탈리아에서 공포 정치를 폈다. 그는 여러 차례의 살인을 공식 후원했다. 카이사르의 적들을 처벌하고 해묵은 원한을 풀며 희생자들의 재산을 몰수해 돈을 챙기려는 다목적의 행위였다. 그에 대한 적대적인 선전은 심지어 그가 맨손으로 적의 눈알을 뽑은 적도 있다고 주장했다. 그가 어떻게 젊은 폭력배의 이미지를 책임감 있는 정치인으로 바꾸고 수백 년 동안 이어질 정부 체제(더 좋아졌든 나빠졌든)의 창시자가 될 수 있었는지는 로마 역사의 가장 큰 수수께끼 중 하나다. 그러나 이것은 영리한 개명을 통해 신호가 울린 변화이고 이미지 쇄신이었다.

서기전 27년, 안토니우스와 클레오파트라가 최종적으로 패한 지 몇 년 되지 않은 때였다. 로마로 돌아온 옥타비아누스는 '아우구스투스

Augustus'라는 이름을 받았다. 아마도 자신이 먼저 청했을 것이다. 고대의 몇몇 기록은 전설 속 로마시 창건자의 이름을 따서 '로물루스'로 개명하는 것을 생각했으나 섣부른 연관성(로물루스는 결국 동생 레무스를 죽였기 때문에 전설 속에서 로마의 내전을 처음 벌인 사람이기도 했다) 때문에 단념했다고 주장한다. '아우구스투스'는 좀더 안전했다. 완전히 새롭고 적당히 모호했으며 '존경받는 자'에 가까운 의미였다. 결국 그 이름이 자리를 잡았다. 후대의 로마 황제들은 자신의 칭호에 '카이사르'와 '아우구스투스'를 모두 넣었다. 서방의 책력은 아직도 7월과 8월의 명칭으로 그들을 기념하고 있다. 영어의 '7월July'은 율리우스(카이사르)에서, '8월August'은 아우구스투스에서 왔다. 그들을 기려 고대 로마의 달인 퀸틸리스Quintilis(다섯째)와 섹스틸리스Sextilis(여섯째)가 이름이 바뀌고 2천여 년이 지난 지금까지 이어지고 있는 것이다.

큰 구조의 변화는 거의 언제나 나중에 돌아보는 것보다 당시에 더 번잡한 일이었다. 옥타비아누스가 로마로 돌아왔을 때 무슨 계획을 세웠는지는 알 수 없지만, 율리우스 카이사르의 냉혹한 운명을 피하면서 그의 뒤를 잇고자 했을 가능성이 매우 높다. 새 통치자가 토가 속에 갑옷을 입으며 불편하고 더운 차림을 유지했다는 이야기는 그가 암살에 예민했다는 하나의 단서다. 그가 나중에 했을 생각이나(로마의 작가들은 그가 한때 1인 통치를 완전히 포기하는 것을 고민했다고 주장한다), 물거품이 되거나 격렬한 반대에 부딪혀 편리하게 잊어버린 모든 묘안에 대해서는 추측만 할 수 있을 뿐이다. 우리는 심지어 옥타비아누스(아우구스투스)가 국가에서 자신의 위치를 어떻게 그리고자 했는지조차 제대로 이해할 수 없다.

68

우리는 지금 로마 '황제emperor'를 이야기하면서 라틴어 단어 '임페라토르imperator'(사령관)를 떠올린다. 군사적 승리자와 아우구스투스 및 그 후계자들(그들이 실제로 승리자든 아니든)에게 의례적으로 부여했던 고대 로마의 칭호다. 그러나 강조점이 매우 다른 여러 가지 대안이 있었고, 더 열렬하게 채택되거나 회피된 것들이 있었다. 로마 '황제'는 스스로를 '임페라토르'보다는 '프린켑스princeps'(일인자)라고 더 많이 언급했을 것이다. 영어 단어 'prince'(군주)의 어원이다. 다만 라틴어에서는 '지도자'라는 의미에 지나지 않았다. 그러나 '렉스rex'(왕)는 좀더 복잡한 성격을 지녔다. 대다수의 사람이 라틴어보다는 그리스어를 사용했던 나라의 동반부에서는 황제가 보통 그리스어인 바실레우스basileus(왕)로 불렸다. 그러나 본토에서는 거의 그렇지 않았다. 로마인들은 여전히 수백 년 전 전설 속의 초기 왕들 가운데 마지막 왕을 몰아낸 데 대해 자부심을 가지고 있었고, 그런 독재자를 다시 맞아들일 생각이 전혀 없었다. 처음부터 대다수의 황제들은 자신의 지역 사람들에게 자신이 '왕'은 아니라고 강조하는 데 매우 신경을 썼다. 이는 옥타비아누스가 로마의 창건자이자 첫 번째 왕이었던 '로물루스'라는 이름을 피했던 이유 중 하나였다. 그렇다고 고대의 냉소적인 비판자들이 프린켑스, 임페라토르, 카이사르, 렉스 사이에 겉치레 말고 실제로 무슨 차이가 있느냐고 의문을 표하지 않은 것은 아니었다. 타키투스는 2세기에 초기 황제들의 역사를 다룬 《연대기》 첫머리에서 다음과 같이 음울하게 이야기했다. "로마는 처음부터 왕들이 통치했다."

아우구스투스 치세를 되돌아본 로마 세계의 모든 역사가들은 그가 일종의 종합 계획에 맞추어 일했다고 생각했다. 그들은 수십 년 뒤에 썼든 수백 년 뒤에 썼든(아무튼 그 시기로부터 전해진 실질적인 대화 기록이 사라진 뒤에) 임기응변의 번잡한 과정을, 미래를 위해 새로운 전제 체제를 만든 건국의 아버지라는 당당한 이미지 아래에 숨겼다. 카시우스 디오는 심지어 80권 가운데 한 권(대략 현대의 한 장章의 분량에 해당) 전체를 할애해 새로운 통치자가 국가를 어떻게 다스리려고 작정했는지를 공식 논의하고 있다. 아마도 옥타비아누스가 아우구스투스라는 새 이름을 얻기 직전 몇 년 동안 벌어졌던 일인 듯한데, 그의 두 친구가 민주정과 전제정(평등의 미덕 대 가장 적합한 자의 통치)의 상대적인 이점을 둘러싸고 논쟁을 벌였으며, 1인 통치의 장단점을 비교했다. 물론 1인 통치가 승자였다. 이는 재정 계획 작성과 좋은 고문(너무 젊지 않아야 한다)의 필요성에서부터 통치자의 개인적인 불안, 음모의 위협, 모든 음흉하고 타락시키는 아첨까지에 걸쳐 있었다. 이는 3세기 초에 디오 같은 원로원 의원이 제국 정부를 어떻게 평가했는지를 보여주는 의미심장한 단편 정보이며, 100년 전 플리니우스는 즉각 인식할 수 있었을 내용이다. 그러나 로마의 1인 통치 체제가 실제로 어떻게 시작됐느냐 하는 기록으로서는 공상에 가깝다.

우리는 아마도 아우구스투스와 그의 친구 및 동료들이 새로운 정부 체제에 맞는 황제의 역할을 고안해낸 임기응변, 철회, 역행의 과정을 상세하게 재구성할 수 없을 것이다. 물론 그들은 쓸데없이 시간을 낭비한 것은 아니었고, 그들은 초기 그리스 정치철학자들이 왕과 왕권, 선과 악을 어떻게 규정했는지를 충분히 읽을 수 있었을 것이다. 물론 그들이 실제로 거기에 얼마나 관심을 가졌는지는 알 수 없지만 말이다. 그러나 이례적이고 다행스럽게도 살아남은 고대의 유물 덕분에 우리는 이 황제가 직접 쓴 글을 통해 그의 '업적'을 되돌아볼 수 있다. 이 글은 요즘으로 치면 10여 쪽의 짧은 '에세이' 또는 '선언문'으로, 서기 14년에 그가 일흔다섯의 나이로 죽기 직전에 돌에 새겨졌다. 현재 튀르키예에 있는 한 고대 로마 신전의 벽 전체에 새겨져 보존되어 있다.

성스러운 아우구스투스의 업적

로마 통치자들이 쓴 책 몇 권이 오늘날 우리에게 전해지고 있다. 율리우스 카이사르의 갈리아 원정 및 폼페이우스와 벌였던 내전에 대한 자기 합리화의 기록이 고대 로마에서 유포되고 중세에 복제되고 살아남아 현대 세계에서 학교 교과서가 됐다. 거의 비슷한 일이 마르쿠스 아우렐리우스의《자성록》과 4세기 황제 율리아누스의 글에서도 일어나, 또한 몇 권에 이른다. 율리아누스의 작업은 솔직하고 단호한 일부 이교도 신학과 함께 유쾌하고 역설적인 풍자가 있다. 그는 엘라가발루스부터 아우구스투스까지 로마의 제위에 있었던 선대 황제들의 특징을 재미있게 묘사했다. 아우구스투스는 의미심장하게도 늙은 '카멜레온'으로 그려져 변덕스럽고 꾀바르며 요약하기 어려운 사람으로 설명되었다.

아우구스투스의 에세이 〈성스러운 아우구스투스의 업적Res Gestae Divi Augusti〉(이하 〈업적〉)에는 아주 다른 역사가 실려 있다. 그는 이것을 공개적으로 알리기 위해 로마 중심부 부근의 그의 무덤 바깥 청동 기둥 두 개에 새겼다. 글이 새겨진 기둥들은 오래전에 녹여 아마도 중세 시대에 무기로 재활용했을 것이다. 그러나 이 글은 널리 복제됐고, 우리에게 전해진 복원 문헌은 주로 앙카라에서 발견된 거의 완전한 사본으로부터 가져온 것이다. 신전 벽에 라틴어와 그리스어(현지의 그리스어를 사용하는 독자들을 염두에 둔 것이었다)로 새겨졌으며, 그 문자는 눈에 잘 띄도록 선홍색 칠로 강조됐다. 이 글은 상당 부분이 16세기 이후에 드러났지만, 1930년대에 현대 튀르키예 공화국의 창건자 '아타튀르크'(튀르크인의 아버지) 무스타파 케말Mustafa Kemal의 후원하에 처음으로 전문이 드러났다. 아우구스투스 탄생 2천 년을 기념하기 위한 것이었다. 그 후 그 글은 곧 이탈리아 파시스트 독재자 베니토 무솔리니의 명령에 의해 다시 복제됐다. 그는 이 황제를 자신의 선구자로 재조명하는 데 열심이었다. 그는 아우구스투스의 무덤이 내려다보이는 곳에 새로 건립한 박물관 바깥벽에 완전한 라틴어판을 청동으로 새겨 넣었다. 그것은 아직도 그곳에 있고, 누구나 볼 수 있다.

〈업적〉은 줄곧 자기중심적인 일인칭 서술로 '나는 이것을 했다', '나는 저것을 했다' 하는 식의 문장이 반복된다. 현대의 관념으로 볼 때 짧은 글에 '나'라는 일인칭 대명사가 100번 가까이 나온다. 이 글은 재미있는 글이나 반성적인 자서전은 아니며, 얼핏 보기에 오해를 살 수 있는 완곡어법과 결합된, '성과'에 대한 건조한 기록이다. 내전에서의 끔찍한 범죄에 대해서는 애매한 말로 넘어갔다(그가 주도한 계획에 대해 우리가 얻을 수 있는 가장 가까운 언급이 "나는 한 도당의 힘에 의해 억눌린 나라를 해방시켰다"이다). 그리고 몇 쪽은 '목록'으로 가득 채웠다. 소비된 돈, 구경거리, 복구된 신전, 주민 수, 항복한 적의 수 같은 것들이다. 그러나 처음 눈에 들어온 것이 전부는 아니다. 분명 이 글은 40여 년 동안 권력을 잡았던 황제의 개략적이고 회고적이며 이기적인 기록이다. 하지만 이를 대중에게 공개한 사실이 시사하듯이 이는 또한 미래의 청사진 역할도 염두에 둔 것으로 황제가 '어떤 사람이 되어야 하는지'에 대한 교훈을 제시하고 있다. 다시 말해서 플리니우스의 감사 결의와 마찬가지로 이 기록 역시 '직무 기술서'였다.

플리니우스가 아우구스투스에 대해서도 주의를 기울였을 것이기 때문에 아마도 놀라운 일은 아니겠지만, 둘 사이에는 겹치는 부분이 많다. 〈업적〉에는 따분한 사실과 수치 나열 외에, 플리니우스의 〈찬양 연설〉과 마찬가지로 황제에 대한 세 가지 특별한 요구가 눈에 띈다. 황제는 정복해야 하고, 은혜를 베풀어야 하고, 새로운 건물을 짓도록 후원하거나 파손된 것을 복구해야 했다. 여기에는 새로이 로마의 통제권에 들어온 땅("어떤 로마인도 가본 적이 없는 곳")과 충성을 바치기로 한 외국 왕들도 나온다. 트라야누스의 "피로 얼룩진 바다"와 거의 필적할 만한 대학살에 대한 자랑은 말할 것도 없다. 아우구스투스가 사람들에게 많은 은혜(보기에 따라서는 뇌물)를 베풀었다는 이야기도 있다. 연회, 술, 곡물, 현금 기부라는 형태로 수십만의 시민에게 베풀었다. 때로는 보통 사람의 몇 달치 임금에 해당하는 액수에 이르기도 했다. 그리고 원래의 청동 기둥에서 가장 좋은 위치에 아우구스투스의 풍성한 건축 및 재건 계획이 자세하게 실려 있다. 훌륭한 새 신전, 주랑柱廊 현관, 시장에서부터 도수관導水管과 극장 재정비까지 나열돼 있다. 서기전 28년에는 "도시의 82개 신전"을 정비해 "수리가 필요한 곳은 어느 곳도 방치하지 않았다." '82개의 신전'은 로마에 있던 신전 거의 전부에 해당하는 것이다. 내 생각에 약간의 칠 이상의 것이 필요했겠지만,

그것은 분명히 내전 이후의 '로마를 다시 위대하게' 만드는 운동의 일환이었다.

황제들은 이후 계속해서 로마시의 구조 안에 자신의 흔적을 남겼다. 의례 공간 및 공공 공간(100만 명 정도 되는 주민 대다수가 사는 빈민가와 셋방 지역을 말하는 것이 아니다)에는 역대 통치자들이 콘크리트와 대리석으로 표시를 남겼다. 때때로 이것은 과장되고 경쟁적인 전시였다. 예를 들어 트라야누스의 기둥은 최소의 바닥 면적으로 최대의 충격을 안겨준 성공적인 시공이었는데, 50년 뒤 마르쿠스 아우렐리우스 황제의 기둥이 그것을 능가해 5미터 가까이 더 높았다. 100년 전에 아우구스투스는 자신이 '벽돌의 도시' 로마를 그 일부는 '대리석의 도시'로 만들었다고 자랑한 것으로 전해진다. 그러나 이런 건축의 발전은 흔히 황제라는 관념을 중심으로 도시 경관을 재구성하기 위한, 그의 존재가 필연적이고 심지어 '자연스럽게' 느껴지도록 만들기 위한 더 중요한 계획의 일환이었다.

아우구스투스의 최신 건축물인 '복수자' 마르스 신전이 가장 좋은 사례다. 〈업적〉에 언급된 이 신전은 새로 만든 '아우구스투스 포룸'의 핵심이었다. 여기서 전쟁의 신 마르스는 율리우스 카이사르의 암살과 서기전 53년의 파르티아를 상대로 한 처참한 전투(여기서 크라수스가 말 그대로 머리를 잃었다) 모두에 대한 '복수'의 상징으로서 찬양을 받았다. 로마인들의 이에 대한 묘사와 아직도 현장에 남아 있는 흔적이 말해주듯이, 신전 건물 앞의 큰 광장('포룸')에는 100여 개의 조각상이 줄지어 있었다. 일부는 로물루스 등 신화 속의 도시 창건자들을 묘사했다. 더 많은 것들은 한니발로부터 로마를 구한 민족 영웅들에서부터 독

| 그림 11 | 아우구스투스 포룸의 중심인 '복수자' 마르스 신전 유적. 여기에는 서기전 53년 크라수스가 카레(오늘날의 튀르키예 하란) 전투에서 파르티아에 패해 빼앗겼다가 아우구스투스가 되찾은 군대 기장旗章이 있다(59쪽). 군사적 승리가 아니라 외교를 통해 아우구스투스가 회수한 것이었다.

재판 술라와 카이사르의 정적 폼페이우스까지 아우르는 공화국의 '위인'들을 찬양했다. 앞마당의 중앙에서 주변을 압도한 것이 바로 도금된 전차 위에 서 있는 아우구스투스의 조각상이었다. 결론은 분명했다. 과거의 정치적 갈등은 더 이상 중요하지 않으며(심지어 폼페이우스조차도 결국 영웅 대열에 받아들여졌다), 모든 로마의 역사는 아우구스투스에게로 이어진다는 것이었다.

로마 세계 곳곳에 청동과 대리석으로 세워진 여러 황제의 조각상에는 비슷한 점이 있다. 한때 수만 점에 달했던 아우구스투스의 조각상 가운데 200여 개가 아직 남아 있다(9장 참조). 로마인들의 주머니와 지갑에서도 그의 두상이 들어간 주화 수백만 개가 딸랑거렸다. 이것은 율리우스 카이사르가 자신이 권력을 잡았던 짧은 기간에 만들기 시작했던 것을 훨씬 뛰어넘는 것으로, 로마 세계에서 매일 이 황제의 모습을 대하지 않고는 공적 생활, 도시 생활, 상업적 생활이 거의 불가능했다는 얘기다. 로마 바깥의 대다수의 사람들이 정확히 그가 누구인지 알거나, 나열된 조각상들을 보고 황제 이름을 알아맞힐 수 있었는지는 또 다른 문제다. 그러나 '황제'는 어디에나 있었다. 물론 〈업적〉의 텍스트도 그 연장선에 있다. 비교적 소수의 사람만이 아주 자세하게 읽고(문자 해득률이 낮았으니 읽을 수 있는 사람은 적었을 것이다) 모든 사실과 수치를 알았을 것이다. 그러나 아우구스투스의 말을 복제하고 전시하는 행위 자체가 그를 로마와 그 제국의 도시 경관 속에 기록했다.

'내가 말하지 않은 것'

아우구스투스는 〈업적〉에서 자신의 성과를 상세하게 나열했지만, 그 자신의 통치의 바탕이 되고 3세기까지 이르는 그의 후계자들을 위한 모범을 만든 엄격한 정치적 논리에 대해서는 눈에 띄게 말수가 적다. 이것은 미리 상세하게 계획하지 않은 것이 거의 분명하지만, 그의 치세 중에 개발된 두 가지 중요한 권력의 원리를 재구성할 수 있다.

첫 번째는 이것이 군사적 통치였다는 점이다. 현대의 군사 독재 체제에서 늘 그렇듯이 로마제국이 제복을 입고 분열 행진을 하는 병사들 천지였다는 말은 아니다. 오히려 로마시에는 심지어 현대 서구 수도들의 표준으로 보아도 놀랄 만큼 군사적인 요소가 적었다. 군대가 도시 중심부에 등장하는 영국의 '군기軍旗 분열식'이나 프랑스의 '바스티유의 날'(혁명 기념일) 같은 정기적인 의식도 없었다. 대다수의 병사는 로마 영토 끄트머리에 주둔했고, 로마 자체에는 소수의 도시 또는 궁궐 근위병(이른바 프라이토리아니praetoriani)만이 있었다. 로마 병사들은 갑옷과 약간의 장신구 외에 오늘날 우리가 쓰는 의미의 제복은 입지 않았다. 그러나 핵심적인 사실은 아우구스투스 자신이 25만이 넘는 제국의 무장 병력을 통제했다는 것이다. 이는 그 뒤를 잇는 황제에게 본보기가 되었다. 눈이 밝은 로마의 관찰자들은 그 중요성을 놓치지 않았다. 한 풍자적인 일화는 2세기의 하드리아누스 황제와 유명한 학자 사이에 특정 라틴어 단어(유감스럽게도 그 단어가 무엇이었는지는 알 수 없다)의 올바른 용법을 놓고 벌어졌던 현학적인 논쟁에 대해 이야기한다. 학자는 황제에게 굴복했고, 황제의 견해가 틀렸음을 알면서도 자신의 견해를 고수하지 못했다는 이유로 친구들로부터 비판을 받았다. 그는 그 비판에 대해 영리한 대답을 했다. "30개 레기오(군단)를 지휘하는 사람은 언제나 가장 잘 아는 법이야."

이것은 혁명이었다. 로마 작가들이 기록한 대로 군대의 보수와 조건에 관한 기술적인 세부 사항과 군직의 세밀한 조정 속에서 그 중요성이 종종 가려지기는 했지만 말이다. 아우구스투스는 최근 수십 년의 경험으로 불량 군대의 위험성을 잘 알고 있었을 것이다. 사적인 레기오(카이사르 암살 이후 자신이 거느렸던 것과 같은)를 거느린 거물이든, 그저 국가보다 자기네 장군에게 더 충성스러운 부대이든 말이다. 그의 대답은 요즘 말로 하면 자원병으로서의 군대를 국유화하는 것이었다. 로마 시민은 레기오 본대에서 복무하고, 시민이 아닌 지방 출신은 '아 욱실리아auxilia'(보조군) 부대에 등록됐다. 그는 표준적인 보수 및 복무 기간과 함께 처음으로 정규적인 고용 조건을 정했다. 레기오의 병사 들(아욱실리아의 경우는 조금 달랐다)은 은퇴할 때 중앙으로부터 고정된 연금을 받았다. 이런 생각은 고용 현실을 개선하기 위한 것이 아니라 병사들을 황제와 국가에 묶어두고 또한 그들이 개별 장군들에 연결되 는 것을 느슨하게 만들려는 것이었다. 이전에 병사들은 제대할 때 장 군으로부터 돈이나 땅을 받았다.

동시에 아우구스투스는 제국 전역에 있는 로마의 고위 대리인들의 충성심을 확보하기 위한 틀도 짰다. 여기서 속주는 두 부류로 나뉘었 다. 한쪽은 그리스('아카이아Achaea')나 남프랑스('갈리아 나르보넨시스Gallia Narbonensis') 같이 대체로 평화로운 곳이었고, 다른 한쪽은 독일과 북프 랑스(때로 갈리아 코마타Gallia Comata, 즉 '장발 갈리아'라는 별명으로 불리기도 했 다)처럼 열띤 전쟁이 계속되고 군대의 대부분이 주둔하고 있는 곳이 었다. 그는 평화로운 속주의 총독 선임은 원로원에 맡겼지만, 나머지 속주의 총독은 자신이 골랐다. 명백하게 자신의 대리인으로 삼으려는 것이었고, 자신의 의지대로 임명하고 해임했다. 그의 목표는 병사들에 게 영향을 미칠 수 있는 모든 사람에 대한 강력한 통제를 유지하고, 그 들이 선을 넘지 못하게 보장하며, 군사 권력을 자신만이 독점하는 것 이었다. 그는 또한 군사적 영예의 독점도 주장했다. 전통적인 '개선식' 에 무슨 일이 일어났는지에 대한 이야기가 이를 요약해준다. 수백 년 동안 이 의식은 로마의 지휘관들이 가장 열망하는 것이었다. 가장 큰 공을 세운 장군들이 축하를 받으며 로마 시내에서 벌이는 성대한 개선 행진이었다. 그들은 이때 유피테르 신을 나타내는 옷을 입었다. 그런데 이제 더 이상 그런 것은 없었다. 아우구스투스 치세 중반 이후에는 오직 황실 성원들만이 '개선' 의식을 치를 수 있었다. 현장에서 실제로 누가 부대를 지휘했는지는 중요하지 않았다. 마치 모든 승리는 황제가 거둔 것처럼 보였다.

아우구스투스는 군대를 황제의 지배하에 두었으므로 스스로 축하할 만도 했다. 3세기까지 병사들이 제국 체제의 권력 정치에 집단으로 개입한 것은 단 두 번이었다. 하나는 68년 네로의 몰락이었고, 또 하나는 콤모두스 황제가 살해된 이후의 193년 내전이었다(근위대 소속의 구성원이 정변과 암살 시도에 개입했던 몇몇 경우는 셈에 넣지 않았다. 역사를 통틀어 모든 지배자는 언제나 자신의 경호원으로부터 위해를 당할 위험성을 안고 있었다). 그러나 군대를 국유화하는 데는 휘청거릴 정도로 돈이 많이 들었다. 정규 급료와 퇴역 병사들을 위한 연금 기금을 합치면 매년 로마 국가 전체 수입의 절반을 넘는 액수였다.

아우구스투스는 곧 추가적인 자금원을 찾아내야 했고, 서기 6년에 군인 연금 재원을 위해 '상속세'를 도입해 반발을 샀다(플리니우스가 감사 결의에서 틈새의 전문지식을 과시한 것은 바로 이 상속세에 관한 것이었다). 그리고 서기 14년 아우구스투스가 죽은 뒤에 나이 들고 관절이 부실하며 이가 빠진 병사들이 폭동을 일으켰다는 이야기로 판단해보자면, 일부는 정해진 복무 기간인 16년(나중에는 20년)보다 훨씬 더 오래 부대에 남아 있었다. 현대의 정부들도 발견했듯이 연금 수급 연령을 늦

추는 것은 돈을 절약하는 편리한 방법이었다. 그것은 현금 준비를 미룰 수 있을 뿐만 아니라 수급 예정자 일부가 틀림없이 그사이에 죽을 것이기 때문이었다. 황제의 통치에 대한 군사적 뒷받침은 모든 관련자가 매우 높은 대가를 치르게 했다.

아우구스투스의 두 번째 기본 원칙은 일종의 로마의 민주주의를 바꾸는 것이었다. 많은 것이 아직 똑같아 보였고, 그것이 아마도 요점이었을 것이다. 가장 낮은 콰이스토르quaestor(재무관)에서 프라이토르(법무관)를 거쳐 맨 위의 콘술(집정관)에 이르는 공화국 정치에 핵심인 전통적인 자리는 계속해서 부유한 일부 시민의 차지였다. 관직 경력자들은 이전과 마찬가지로 원로원의 종신 의원이 됐고, 모든 대중 공연에서 앞줄 지정석을 받는 특전과 특권은 실제로 확대됐다. 어떤 면에서 아우구스투스는 이런 옛 정치 구조를 그의 1인 통치를 위한 틀로 이용했고, 키빌리타스civilitas라는 표어를 퍼뜨렸다. 키빌리타스는 '시민답게 행동한다'라는 의미이지만, 아마도 '우리 가운데 하나처럼 행동하라'에 가까울 것이다. 플리니우스의 〈찬양 연설〉에서와 마찬가지로 '우리'는 로마 상류층을 말한다. 이에 따라 아우구스투스와 그 후계자들은 현직 원로원 의원으로서 논의에 참여했다. 그들은 '과도한' 영예를 거절하는 습관을 가졌다. 〈업적〉은 성과의 나열과 함께 고결한 거절(은 조각상, 독재권, 종신 집정관, "전통적 관습에 반하는 모든 직책")을 과시했다. 그들은 대체로 옛날 방식으로 자주 집정관이 되었고, 또한 자신의 위치를 규정하고 포장하는 데 공화국 정치의 언어를 사용했다. 예컨대 그들은 "집정관에 상응하는 권력"을 이야기했다.

하지만 황제는 갈수록 누가 핵심 관직을 맡을 것인지를 통제했다.

| 그림 12 | 그림 3보다 더욱 사치스러운 로마의 개선 행진 묘사. 이 은잔은 79년 베수비오 화산 분출로 파묻혔던 귀중한 수집품의 일부다. 이는 아우구스투스의 양아들인 미래의 황제 티베리우스의 초기 개선 모습을 보여준다. 그는 전차에 서 있는데, 여기서는 여신이 아니라 노예가 그의 머리 위 관을 잡고 있다.

로마의 '일종의' 민주주의 형태에서조차도 대중의 민주 선거를 무의미하게 만들었다. 플리니우스는 서기 100년에 자신이 집정관이 된 것은 트라야누스 덕분임을 믿어 의심치 않았고(그래서 감사 결의를 했다), 로마 작가들은 무심코 황제들이 이 관원들을 '임명'했다고 말했는데 실제로 그러했다. 아우구스투스는 처음에는 율리우스 카이사르보다 더 조심스럽게 일을 진행했을 것이다. 그는 사람들이 모인 곳에서 자기가 지지하는 인물을 위해 공개적으로 유세했으며, 선거에서 뇌물을 근절하기 위한 조치를 도입했다. 아직 선거에는 치열한 경쟁이 있다는 인상을 주려는 듯이 말이다. 그러나 그가 점찍은(공식이든 비공식이

든) 인물이 공직을 맡게 되리라는 것이 당연시됐다. 서기 14년 아우구스투스가 죽은 직후 그 후계자 티베리우스는 선거 의례를 시민 전체가 하는 것에서 원로원이 하는 것으로 '간소화'했다. 그 이후 선거는 의례에 지나지 않았다. 타키투스는 변화하는 시대의 징표로서 전체 시민 중 일부만 투덜거렸고, 상류층은 대중정치의 번거로움에서 해방됐다며 기뻐했다고 전했다.

키빌리타스라는 표어는 다른 큰 분열들을 가려준다. 우선 플리니우스는 열두 달의 임기를 꽉 채웠던 공화국 집정관들과 달리 집정관을 두 달밖에 하지 못했다는 점에서 전형적이었다. 매년 10여 명의 집정관을 임명하고 그들의 임기를 단축하는 것은 황제가 더 많은 의원들의 고위직에 대한 야망을 만족시키는 쉬운 방법이었다. 그러나 그것은 또한 관직의 가치를 떨어뜨리는 교묘한 방법이었다. 한때 권력의 자리가 이제는 명예직으로 바뀌었다.

그러나 결정적인 변화는 보통선거의 폐지였다. 이는 군대 개혁과 마찬가지로 지도층의 로마인과 일반 시민 사이의 연결을 끊는 효과를 가져왔고, 이에 따라 대중적 권력 기반을 가진 경쟁자의 출현을 막는 효과가 있었다. 상층부의 많은 사람은 번거로운 선거의 폐지를 반겼을 테지만, 그들 또한 더 널리 시민들과 상호 의존하는 접촉면을 가지고 있었다. 이것 역시 이제는 끝이었다.

과거의 민주주의 기관의 물리적 구조 역시 새로운 용도에 맞추어 바뀌었다. 율리우스 카이사르가 시작하고 서기전 26년 아우구스투스 치세에 완공된 웅장한 건축 계획 중 하나는 새로운 대리석 '투표청'이었다. 그 흔적은 극히 일부만 남아 있지만 그곳은 5만 명 이상의 투표자를 수용할 수 있었음을 충분히 추정할 수 있게 해준다. 이는 100년 뒤 건설된 콜로세움이 수용할 수 있는 인원과 맞먹는다. 이 투표청은 완공되기 전부터 이미 처치 곤란이었다. 아우구스투스 시대에 이미 그곳은 새로운 종류의 정치를 위해 사용되었기 때문이다. 특히 황제가 '그의' 신민들을 위해 검투사 공연을 베푸는 장소가 됐다. 이는 콜로세움의 전신이었다.

황제 대 의원?

고대 로마 상류층은 가만히 누워서 이 모든 것을 받아들였을까? 한 가지 대답은 "아니요"이다. 원로원 의원들과 황제 사이의 불안한 관계(이 책이 다루는 거의 300년의 역사 내내 이어진 정치적 단층선이다)는 황제의 통치에 관한 기록에서 언제나 중요한 주제였다. 그들은 원로원의 반대와 황제의 변덕 및 잔인성에 대한 가장 소름 끼치고 기억에 남는, 때로는 우리가 보기에 흥미로운 몇몇 일화를 만들어냈다. 엘라가발루스와 그의 골탕 먹이는 방석 이야기는 그 가운데 작은 부분일 뿐이다.

극단적인 경우에는 양쪽 모두가 피를 흘렸다. 황제를 상대로 한 음모가 만들어지고 황제는 암살을 당했다. 궁궐에서 보낸 암살단이 불안하거나 불충하다고 생각되는 원로원 의원을 제거했다(또는 좀 더 로마적인 방식인 자살을 강요하기도 했다). 이른바 '반역 재판'은 적어도 나중에는 사소한 것으로 드러난 범죄를 가지고 원로원 의원에게 사형 선고를 내렸다. 무심결에 황제를 비판하거나, 황제 조각상을 훼손한 것과 같은 죄였다. 그런 사건에서 소추인은 원로원 의원이었고, 배심원단은 원로원이었다. 때로는 원로원 의원들이 서로에 대한 해묵은 원한을 풀거나, 과격한 충성파가 황제를 위해 궂은 일을 열심히 했을 것이라고 의심하기는 어렵지 않다. 그러나 늘 그런 것은 아니었다. 도시 최초의 준전문 소방대에 돈을 대서 대중의 인기를 얻은 한 부유한 의원을 법정에 넘겨 처형한 배후 인물은 바로 아우구스투스 자신이었을 것이다. 로마 공공서비스의 미숙한 수준과 함께 대중의 인기를 이용하는 잠재적 경쟁자에 관한 황제의 조바심을 보여주는 증거다. 그리고 현대의 슈타지(옛 동독 국가보안부) 방식의 비밀 요원과 흡사하게 활동한 병사들에 관한 철학자 에픽테토스의 이야기도 같은 주장을 한다. 그들은 평범한 민간인인 척하며 황제를 험담한 뒤("그들이 카이사르를 욕하면 당신도 동조하게 된다") 동조한 자들을 잡아다 가두었다.

손에 피를 묻히지 않은 황제는 별로 없었다. 《아우구스투스의 역사》에서 젊은 알렉산데르 세베루스가 치세 동안에 단 한 명의 원로원 의원도 죽이지 않은 것을 주목할 정도다. 이는 200년 전의 클라우디우스 황제와는 대조적인 것이었다. 이 황제에 대한 현대의 친숙한 이미지(대체로 로버트 그레이브스Robert Graves의 《나는 클라우디우스다I, Claudius》가 만들어낸)야 어찌 됐든, 수에토니우스는 그의 치세에 원로원 의원 600명 중 35명이 처형됐다고 주장한다. 로마인의 기준으로 유죄든 아니든 말이다.

그러나 더 흔하게는 피를 흘리는 문제가 아니라 엘라가발루스식의 창피 주기, 계산된 모욕, 교묘한 공격이 문제였다. 플리니우스는 도미티아누스 황제가 자신이 식사에 초대한 상류층 인사들의 얼굴을 향해 트림을 하고 마음에 들지 않는 음식을 손님들에게 던졌다고 회고했다. 칼리굴라는 집정관 두 명과 이런 '농담'을 했다고 한다. "내가 고개만 까딱하면 둘 다 지금 여기서 목을 칠 수 있지." 150여 년 뒤인 192년에 카시우스 디오는 콜로세움에 관중으로 참석했을 때의 이야기를 전한다. 콤모두스가 경기장에 나가 야생동물을 사냥할 차례였다(그 불운한 짐승들은 그가 더 쉽고 더 안전하게 사냥할 수 있도록 우리에 갇혀 있었다). 황제는 타조의 목을 벤 뒤 원로원 의원들의 자리인 앞줄 특석으로 가서 고갯짓을 했다. 마치 "다음은 너"라고 말하는 듯했다.

원로원 의원들은 저항하고 반격했다. 웃음은 하나의 반응이었다. 디오는 그와 다른 사람들이 콤모두스와 타조를 보고 거의 웃을 뻔했고(불안감 때문이었다고 생각할 수밖에 없다), 자기 관에서 월계수 잎을 빼내 입안에 쑤셔넣으며 위험하게 터져 나올 수 있는 웃음을 틀어막아야 했다고 말했다(360쪽). 또 다른 반응은 비협조였다. 복종을 거부하는 의원들은 보란 듯이 자리를 떠나거나, 아예 집에 머물렀던 사람도 있었다. 디오에 따르면 후자는 콜로세움에서 콤모두스의 기행을 보기 위해 그곳에 갈 수 없었던 노신사 등이었다(다만 그는 사려 깊게도 자기 대신에 아들들을 보냈다). 다른 이들은 순진한 척하거나 황제를 곤란하게 만드는 중의적인 아첨을 떨었다. 예를 들어 서기 15년 반역죄에 대한 평결이 내려질 때, 원로원 의원들과 평등하다는 티베리우스의 위선적 가면이 벗겨졌다. 한 의원이 그에게 먼저 투표를 하라고 청하면서 다음과 같이 폭로했기 때문이다. "황제께서 마지막에 투표를 하면 제가 실수로 잘못 투표한 것이 드러날 수 있으니 먼저 하시지요." (이것은 피고를 풀어주기 위한 영리한 방법이었다.)

잔인하고 수준 낮은 경멸도 빈번했다. 자신의 애마를 집정관으로 삼 겠다는 칼리굴라의 악명 높은 위협의 배후에 존재했던 것이 바로 그 런 것이라고 일부 현대 역사가들은 주장했다. 그 이야기가 사실이라 면 아마도 오만하고 비협조적인 의원들의 태도에 분노해서 비꼰 반응 이었을 가능성이 높다고 그들은 말했다. "너희를 집정관에 임명하느 니 내 말을 임명하는 게 낫겠다"라는 것이 황제의 요지였다.

오늘날까지 전해지는 이러한 이야기들은 모두 원로원 의원들의 관 점에서 나온 것들이다. 고귀한 희생자로서든 영웅으로서든 말이다. 우 리는 칼리굴라가 자신의 말을 가지고 한 위협의 배후에 정말로 무엇 이 있었는지, 그리고 티베리우스가 원로원에서 벌인 일에 대해 어떻 게 생각했는지는 그저 추측만 할 수 있을 뿐이다. 한쪽으로 치우치기 는 했지만 이 이야기들은 상류층과 통치자 사이의 만만찮은 불신과 함께 만만찮은 상호 의존을 보여준다. 의원들은 황제의 변덕 앞에 무 력했다. 황제는 의원들에게 적대적이거나 그들을 두려워했다. 의원들 은 황제의 경쟁자가 될 가능성이 농후했지만 로마 세계를 운영하려면 그들의 협력이 필요했다. 그리고 이 이야기들은 로마의 1인 통치 초기 부터 키빌리타스 같은 선전 구호에 내재되어 있던 불안한 이중적 사 고의 일부를 보여준다.

티베리우스에게 "먼저 투표해달라"고 요청한 원로원 의원의 이야 기는 한 특정 황제의 위선 이상의 것을 보여준다. 그것은 키빌리타스 의 개념을 훼손하고 있으며, 아무리 그가 원로원의 동료 의원들과 함 께한다는 것을 과시한다 해도 어떤 황제도 '우리 가운데 하나'가 될 수 없었다는 사실을 드러내고 있다. 더 분명한 사례는 아우구스투스가 원로원 회의에 들어가고 나올 때의 행동일 것이다. 그는 멈춰 서서 각 의원들의 이름을 차례로 부르며 인사를 하고 작별을 고했다고 한다. 그가 정말로 그렇게 했다면(분명 그가 자주 그렇게 했다고 생각하기는 어렵지만), 적당한 수의 의원들이 출석했다고 가정할 때 입장과 퇴장까지 적어도 한 시간 반은 걸렸을 것이다. 꼼꼼하게 연출된 그 모든 예절에도 불구하고 그것은 아우구스투스가 보통의 원로원 의원이 아니었음을 보여주는 분명한 징표였다. 그것은 시민으로서 평등에 대한 인식이라기보다는 권력의 과시에 가까웠다.

아우구스투스는 대체로 "잘 넘어간" 듯했다. 후대의 로마 작가들은 그렇게 생각했다. 그의 후계자 상당수는 상류층과의 위험한 줄타기를 해내는 데 필요한 정교한 정치적 움직임에서 그리 성공을 거두지 못했고, 부분적으로 그로 인해 역사에서 '나쁜' 황제들로 기록되었다. 거의 모든 상류층 출신의 로마 역사가들에게 '나쁨'은 흔히 "로마 상류층의 관점에서의 나쁨"을 의미하는 것이었다. 심지어 아우구스투스의 경우에도 과장되고 허구가 섞여 있으며 디스토피아적인 엘라가발루스의 세계와 상통하는 측면이 있다. 황제와 원로원 사이의 관계는 결코 겉으로 것과 같지 않았다. 양쪽 모두 있는 그대로 말하는 경우는 드물었고, 외양과 실제 사이의 괴리가 불신을 부채질했다.

이야기의 이면

그러나 황제와 원로원 의원의 이야기에는 다른 측면이 있다. 역사가,

작가, 예술가들은 거의 언제나 반란자와 반대자들에게 이끌렸다. 황제에게 희생당한 일부 사람들은 현대 세계에 이르기까지 계속해서 영웅적 전설의 소재가 됐다. 예를 들어 철학자, 극작가, 풍자가이자 황제 네로의 가정교사라는 아마도 부러울 것 없는 직업을 가졌던 세네카는 서기 65년에 자신의 옛 제자를 상대로 한, 결국 실패로 돌아간 음모에 연루돼 자살하라는 명령을 받았다. 르네상스 이후 많은 예술가들이 이 노인이 정맥에서 피를 빼내기 위해 뜨거운 물이 담긴 욕조에 들어간 상태에서 신파조로 소크라테스를 흉내 내며 철학책을 구술하는 장면을 재현했다(화보 2).

지금도 자신의 머리를 정치적 흉벽 위에 거의 내놓지 않는 사람들은 부패한 독재자들에 대한 용감하고 원칙적인 반대자라고 생각되는 이들을 펀드는 경향이 있다. 그들의 이야기는 '부역자'들의 이야기보다 더 흥미롭고, 어떻든 암살 위협을 받거나 '악동들' 때문에 혼란에 빠진 통치자들의 곤경을 동정하는 것은 어쩐지 내키지가 않는다(다만 누구도 황제가 죽기 전까지는 그에 대한 음모를 믿지 않았다는 도미티아누스 황제의 불평은 더 진지하게 받아들여야 할 것이다). 반란자들을 동정하게 되면 1인 통치에 대한 중대한 저항의 흔적은 거의 없다는 사실을 잊기가 쉽다. 물론 개별 통치자들의 범죄와 악행에 대한 대규모 저항이나 1인 통치의 일부 측면에 대한 불만은 있었지만 말이다.

황제 체제에 대한 저항을 조금이라도 포착할 수 있는 마지막 순간은 41년이었다. 아우구스투스가 죽은 지 30년도 채 되지 않았고, 그 이후 황제는 겨우 두 명이었다. 그중 두 번째 황제인 칼리굴라가 불만을 품은 근위대 병사들에게 암살된 뒤, 원로원에서는 옛 공화국의 '자유'로 돌아갈 것을 요구하는 감동적인 연설이 있었다. 그러나 그 연설로는 어림도 없었다. 어떤 식으로든 구체제로 돌아갈 수 있는 시기는 지나갔다. 클라우디우스가 이미 새 황제로 선포됐고, 연설자의 웅변은 그가 칼리굴라의 두상이 들어 있는 도장반지를 끼고 있는 것이 발견되면서 금세 빛을 잃었다. 그것은 얼마나 비非공화국적인가? 몇몇 비현실적인 철학자나 브루투스와 가이우스 카시우스Gaius Cassius(카이사르 암살자들)의 초상을 벽로 장식에 넣은 회고적 몽상가의 공상을 제외하면 그 연설이 로마에서 어떤 식으로든 1인 통치를 뒤엎자는 실질적인 요구를 들을 수 있었던 마지막 순간이었다. 아우구스투스가 만든 체제는 로마 시대 나머지 기간 동안 지속되었다.

또한 황제 휘하의 모든 의원들이 이 말의 전쟁에 가담한 것은 아니라는 사실 또한 잊기 쉽다. 타키투스는 특유의 냉소로 원로원의 두 주요 집단을 가려냈다. 하나는 대체로 무능한 반대자들이다. 귀족 정서와 거창한 몸짓으로 가득 차 있지만 실천이나 정치적 양식이 별로 없는 사람들이다. 또 하나는 겁쟁이, 아첨꾼, 그리고 자신들의 자유를 기꺼이 팔아 부와 정치적 성공을 사는 사람들이다.

플리니우스의 경우는 현대 역사가들에 의해 흔히 소심한 아첨꾼 가운데 하나로 묘사됐다(그리고 분명히 겁쟁이 의원들은 황제에게 아첨을 했다). 그러나 그는 자신이 알고 있던 유일한 정치 체제에서 살아가고 이력을 쌓은 사람으로 보아야 할 것이다. 분명 그는 원로원과 제국 정부에서 자신이 맡은 역할에 전반적으로 만족했으며, 두 달짜리 집정관에 임명된 것을 기뻐했을 것이다. 그는 트라야누스의 친구가 되고 아첨과 솔직한 대화 사이에서 능숙하게 줄타기를 하며 황제를 둘러싼 풍속희극에 적응할 수 있다는 것에 긍지를 가졌을 가능성이 매우 높다. 한편으로 그에게 황제가 어떤 존재여야 하는지(그리고 무엇을 해야 하는지)도 날카롭게 상기시켜주면서 말이다.

플리니우스 같은 사람이 얼마나 많았는지는 알기 어렵다. 부분적으로 그들은 보통 더 시끄럽고 더 불만이 많으며 우리에게 더 매력적으로 다가오는 동료들의 그늘에 가려져 있기 때문이다. 그러나 내가 생각했을 때 원로원 의원 대다수는 대부분의 시간 동안 좋든 나쁘든 프린켑스와 협력할 태세가 되어 있었거나 그것을 즐겼다. '협력자'와 '부역자' 사이, 점잖은 사람과 아첨꾼 사이에는 분명히 가는 줄이 그어져 있었다. 그러나 좋건 나쁘건, 그리고 때때로 수반되는 이중적 사고가 어떤 것이든, 아우구스투스가 만든 체제가 돌아가고 오래 지속된 것은 부분적으로 플리니우스 같은 사람들 덕분이었다.

2

다음 차례는?
승계의 기술

아우구스투스의 후계자들

옥타비아누스(당시에는 그렇게 불렸다)는 악티온 해전에서 안토니우스와 클레오파트라를 꺾고 이탈리아로 돌아온 지 얼마 지나지 않은 서기전 29년에 로마 중심부 부근에 거대한 영묘를 건설하기 시작했다. 이 도시에 세워진 가장 큰 그 무덤(지름 90미터)은 테베레강에서 멀지 않은 곳에 아직도 서 있다. 20세기 초에 그곳은 4천 석 가까이 되는 좌석을 갖춘 '아우구스테오Augusteo'라는 이름의 로마 최고의 연주회장으로 용도가 변경됐으나, 무솔리니가 현대식 증축물을 철거하고 다시 '고대 기념물'로 개조했다.

그 영묘는 전제군주의 권력의 완고한 상징이었고, 출입구에 새겨진 〈업적〉의 내용도 그것을 강조했다. 그 규모만 보아도 이 무덤이 황제의 가까운 가족뿐만 아니라 대를 이은 그 후계자들까지도 수용하려는 의도였음을 숨기지 않고 있다. 이 영묘는 황제가 아우구스투스에서 그치는 것이 아님을 보증 혹은 경고하는 역할을 했으며, 가문의 연속성을 과시하는 것이었다.

| 그림 13 | 아우구스투스 치세 초기에 건설된 그의 영묘는 그의 가문에 대한 야망의 가장 휘황한 상징 가운데 하나였다. 주 출입구에는 그의 〈업적〉이 두 개의 청동 기둥에 새겨져 있었다. 거의 1인 통치에 대한 포고문인 셈이다.

　그러나 그런 과시에도 불구하고 '승계 계획'은 아우구스투스 체제의 가장 분명한 약점이었다. 누가 아우구스투스의 뒤를 이어야 할까? 또는 더 일반적으로 로마 황제의 후계자는 누구에 의해, 어떤 원칙으로, 어떤 후보군에서 선택해야 할까? 아우구스투스 사후 200여 년 동안 20여 명의 황제가 들어서는 과정에서 권력 이행은 언제나 논란과 문제를 야기했고 때로는 암살이 벌어졌다. 54년에 클라우디우스 황제가 네 번째 아내 아그리피나가 준 독이 든 버섯 요리를 먹고 죽었다는 유명한 이야기에서부터 217년 카라칼라 황제가 소변을 보다가 암살자들로부터 공격을 받아 죽었다는 치욕적인 이야기까지 다양하다. 그

러나 로마에서 정권 교체는 불확실성과 갈등의 순간만 만들어낸 것은 아니었다. 앞으로 살펴보겠지만 정권 교체는 또한 역사가 재창조되는 순간도 만들어냈다. 지난 황제들의 명성이 만들어지거나 깨지고, 플리니우스 같은 사람들이 불편한 조정에 직면하는 순간도 있었다. 여기에는 흥미롭고 거의 헤아릴 수 없는 사연과 때로 복잡한 등장인물이 등장한다. 그러나 중요한 것은 세부 내용이 아니라 패턴이다. 승계 문제는 제국의 이야기의 핵심이며, 로마 통치자들이 지금까지 어떻게 평가되고 기억되느냐에 관한 것이다.

언제나 운이 좋았던 아우구스투스도 그런 의미에서는 이례적인 불운을 연속해서 맞았다. 우선 그와 아내 리비아는 둘 다 이전의 배우자에게서 아이들을 낳았지만 아무도 살아남지 못했다. 따라서 그는 후손들 가운데서 후계자를 찾기 위해 외동딸 율리아나 누이 옥타비아의 가족, 그리고 리비아의 전남편의 아들들에 의존해야 했다. 오늘날 이 첫 번째 황실 가문에 부여된 일반적인 합성 칭호 '율리우스-클라우디우스'는 아우구스투스 가문의 '율리우스'와 리비아의 전남편 티베리우스 클라우디우스 네로의 '클라우디우스'를 딴 것이다. 그러나 계승자로 선택한 사람이 차례차례 죽고 마지막으로 남은 사람은 리비아의 아들 티베리우스였다. 그가 공식적으로 아우구스투스에게 입양돼 서기 14년에 아우구스투스가 죽자 두 번째 황제 자리에 올랐다(화보 5).

일부 로마 작가들은 현대의 소설가들처럼 리비아가 이 모든 것을 꾸몄고, 독약을 쓰는 특별한 기술이 있어 아우구스투스의 '불운'에 중요한 역할을 했다고 추측했다. 심지어 그가 좋아하는 옷에 리비아가 독을 발라 티베리우스에게로 승계되는 과정을 매끄럽게 했다는 소문도

율리우스-클라우디우스 가문 가계도

아우구스투스 자손들의 상호관계를 하나의 표로 정리하는 것은 거의 불가능하다. 그러나 이 가계도(단순화한 것이다)는 첫 번째 황제 가문의 승계의 복잡성과 어려움을 잘 보여주고 있다.

C. 율리우스 카이사르

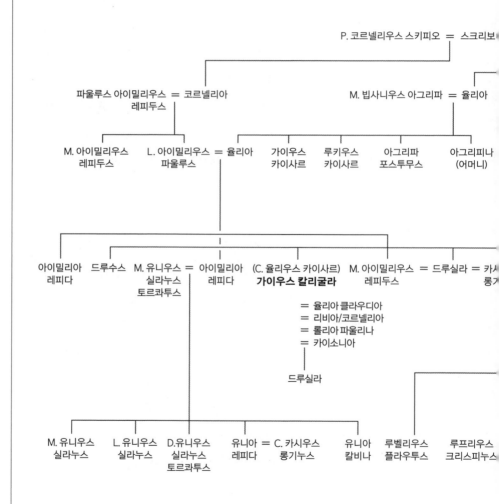

P. 코르넬리우스 스키피오 = 스크리보니아

파울루스 아이밀리우스 = 코르넬리아
레피두스

M. 빕사니우스 아그리파 = 율리아

M. 아이밀리우스   L. 아이밀리우스 = 율리아   가이우스   루키우스   아그리파   아그리피나
레피두스   파울루스   카이사르   카이사르   포스투무스   (어머니)

아이밀리아   드루수스   M. 유니우스 = 아이밀리아   (C. 율리우스 카이사르)   M. 아이밀리우스 = 드루실라 = 카시우스
레피다   실라누스   레피다   **가이우스 칼리굴라**   레피두스   롱기누스
                      토르콰투스
                                                = 율리아 클라우디아
                                                = 리비아/코르넬리아
                                                = 롤리아 파울리나
                                                = 카이소니아

                                                    드루실라

M. 유니우스   L. 유니우스   D.유니우스   유니아 = C. 카시우스   유니아   루벨리우스   루프리우스
실라누스   실라누스   실라누스   레피다   롱기누스   칼비나   플라우투스   크리스피누스
                          토르콰투스

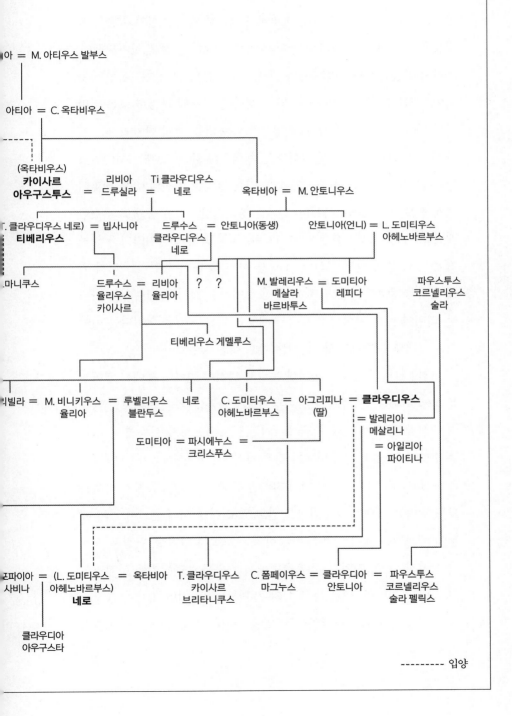

.... 아 = M. 아티우스 발부스

아티아 = C. 옥타비우스

(옥타비우스)
**카이사르
아우구스투스** = 리비아
드루실라 = Ti 클라우디우스
네로   옥타비아 = M. 안토니우스

T. 클라우디우스 네로) = 빕사니아
티베리우스   드루수스 = 안토니아(동생)
                   클라우디우스
                   네로   안토니아(언니) = L. 도미티우스
                                                  아헤노바르부스

...마니쿠스   드루수스 = 리비아
            율리우스   율리아   ? ?   M. 발레리우스 = 도미티아
            카이사르   메살라   레피다
                                     바르바투스   파우스투스
                                                            코르넬리우스
                                                            술라

티베리우스 게멜루스

...빌라 = M. 비니키우스 = 루벨리우스 네로 C. 도미티우스 = 아그리피나 **클라우디우스**
       율리아   블란두스   아헤노바르부스   (딸)
                                                          = 발레리아
           도미티아 = 파시에누스 =   메살리나
                    크리스푸스   = 아일리아
                                                          파이티나

...파이아 = (L. 도미티우스 = 옥타비아 T. 클라우디우스 C. 폼페이우스 = 클라우디아 파우스투스
사비나   아헤노바르부스)   카이사르   마그누스   안토니아   코르넬리우스
         네로   브리타니쿠스   술라 펠릭스

클라우디아
아우구스타

--------- 입양

있었다. 누가 알겠는가? 고대 세계에서 고약한 맹장염 환자와 중독 환자를 구분하거나, 독살과 이질의 효과를 구분하는 것은 불가능했다. 이런 주장들의 뒤에 어떤 음모론, 험담, 여성 혐오, 근거있는 가설의 조합이 있었는지는 추측만 할 수 있을 뿐이다. 하지만 분명한 것은 리비아가 자기 아들이나 손자가 제위에 오르는 일을 쉽게 만들었다는 지목 또는 비난을 받은 황실 여성의 긴 목록 가운데 첫 번째 여성이었다는 사실이다. 아그리피나의 독이 든 버섯 요리는 자신의 아들 네로의 승계를 보장했다고 추측됐다. 218년 엘라가발루스의 승계도 비슷한 패턴을 따른 것으로 통상 이야기됐다. 그의 할머니와 어머니가 짧은 '방해자'의 통치 이후 자신의 가족 중 한 명을 다시 제위에 올리기 위해 불만을 품은 병사들과 함께 꾸민 일이라는 것이다. 사실이든 아니든, 리비아 이후 여성이 막후에서 제왕을 만드는 일을 꾸몄다는 이야기는 고대와 현대의 역사 서술에서 상투적인 것이었다.

그러나 로마의 승계를 둘러싼 논란과 그것이 권력 구조에서 열어놓은 분열 뒤에는 불운, 독약병, 야망이 있는 어머니와 할머니보다 훨씬 더 근본적인 것이 있었다. 근대 유럽 군주들은 '장자 상속제'를 따르는 경향이 있었다. 가장 나이가 많은 자식(또는 전통적으로 가장 나이가 많은 아들)이 자동적으로 아버지의 자리를 물려받는 것이다. 장자 상속은 모두가 다음 차례가 누구인지를 알고 있고 이에 대해 논란이 없기 때문에 매끄러운 권력 이행을 보장한다는 장점이 있었다. 단점은 승계자가 기질, 능력, 정치적 지원 측면에서 권좌를 물려받기에 부적합할 수 있다는 것이다. 새로 즉위한 권력자가 성실하지만 따분한 행정가이든, 씀씀이가 헤픈 호색가이든, 법을 무시하는 10대이든 참고 견뎌야 했다.

로마의 제도는 그런 고정된 원칙이 없었다. 가족 내 상속이든(많은 재산이 그저 장남에게 넘어가는 것이 아니었다) 정치적 승계이든 마찬가지였다. 이에 따라 누가 권력과 지위를 물려받을 것인지에 대해 훨씬 유연성이 있었고, 원칙적으로 부적합하거나 인기가 없는 사람을 걸러낼 수 있었다. 그러나 그것은 비싼 대가를 치러야 했다. 권력이 이행될 때마다 싸움이 일어날 가능성이 컸고, 더욱 흔하게는 자리를 차지하는 과정에서 몇 년씩 경쟁과 다툼이 이어질 수 있었다.

아우구스투스의 개혁은 경쟁하는 군대가 서로 다른 승계 후보를 지원하는 위험성을 상당히 제거했지만, 파벌싸움을 중단하지는 못했다. 심지어 한 승계자가 두드러진 경우에도 실제로 누가 그를 황제로 만들었는지는 분명하지 않았다. 재임 중인 황제가 스스로 선호하는 승계자에게 '카이사르' 칭호를 주고 통상적인 것보다 빨리 집정관 자리에 앉히며 기타 여러 가지 명예와 장식품을 주는 것이 흔한 관행이 됐다. 예를 들어 단명하고 어렸던 아우구스투스의 후계자 두 명은 '로마 청년의 지도자'(심지어 황제)라는 뜻의 프린켑스 유벤투티스princeps iuventutis라는 칭호를 받았다. 그러나 옛 지배자가 죽으면 암시적인 승계 약속을 다른 사람들이 현실화하거나 현실화를 거부할 수 있었다.

그런 이유로 대부분의 치세는 새 황제 또는 황제 후보자가 근위대, 병사들, 도시 주민들에게 돈을 뿌리고 원로원에 존중과 키빌리타스의 약속을 남발하는 것으로 시작됐다. 반드시 그렇지는 않았지만 모든 일이 순조롭게 돌아가면 그 대가로 원로원은 권력 이행을 공식 승인하고, 사람들은 적어도 복종을 하며, 병사들은 열렬하게 새 황제에게 갈채를 보냈다.

그런 뒤에도 흔히 '정보 조작'이라 부를 만한 단결된 움직임이 있었던 듯하다. 황제를 분명하고 불가피하며 무엇보다도 신이 선택한 사람처럼 보이도록 만들기 위한 것이었다. 그것이 우리가 고대 황제들의 전기에서 아직도 읽을 수 있는 모든 조짐과 예언(꾸며냈을 가능성이 더 높은)의 핵심이었다. 독수리(황제 권력의 고전적인 상징)가 어느 날 우연히 클라우디우스의 어깨 위에 앉았다거나, 안토니누스 피우스가 황제가 되리라는 조짐이 나타나기 훨씬 전에 여사제가 이 미래의 황제를 '임페라토르'로 '잘못' 불렀다거나 하는 식이다. 기본 규칙은 권력을 차지할 자격이 박약할수록 기미와 징조가 더욱 강력하고 과장돼야 한다는 것이었다. 네로가 죽은 뒤 내전을 거쳐 69년에 황제가 된 베스파시아누스는 이전 통치자들과 직접적인 연결고리가 없는 외부인이었는데, 거의 성경에 나올 만한 기적을 행한 것으로 알려졌다. 그는 제위에 오르기 위해 로마로 가던 도중 이집트에서 맹인에게 자신의 침을 발라 눈을 뜨게 해주었으며, 절름발이를 만져주어 걸을 수 있게 했다는 것이다. 이런 이야기는 황제와의 부족한 연줄을 보완하는 한 방법이었다.

정상으로 가는 길

로마에서 1인 통치가 시작되고 250년 동안 황제들은 여러 가지 다른 모습, 규모, 색채를 띠었다. 그들은 모두 지배층의 상위 계층에서 나왔고, 한 명을 제외한 나머지는 원로원 의원이거나 그 아들이었다. 예외적인 한 명은 엘라가발루스의 전임자 마크리누스Macrinus였다. 그는 217년에 카라칼라가 소변을 보는 도중 굴욕적으로 살해당한 정변 이후에 1년 남짓 통치했다. 성공한 법률가, 고위 행정관, 사병 출신의 직업군인이 아닌 마크리누스조차도 근위대 지휘관이었기에 제위에 오를 기회를 잡을 수 있었다. 그러나 이들 황제는 갈수록 출신이 다양해져서 우리가 다루는 시대의 끝 무렵에는 북아프리카, 이베리아, 시리아가 '고향'인 사람들이 제위에 올랐다. 4세기의 한 역사가는 96년 도미티아누스가 죽은 뒤 "모든 황제가 외국인"이었다고 완전히 정확하지는 않지만 날카롭게 지적했다.

이러한 변화의 뒤에는 로마 상류층의 다양성이 증가했다는 사실이 있다. 로마 사회생활 및 정치생활의 특징적인 모습 가운데 하나는 속주의 지배층이 점차 본국의 지배층으로 편입되고 있었다는 것이다. 2세기 말에 원로원 의원들 중에는 가족의 뿌리가 그리스, 이베리아, 갈리아, 북아프리카에 닿는 사람들이 있었다(벽지인 브리타니아 속주는 우리가 아는 한 원로원 의원을 한 명도 배출하지 못한 유일한 곳이었다). 상류층이 다양해지면서 제위에 오르는 사람 역시 다양해졌다. 이에 따라 '로마인'과 '외국인' 사이의 구분이 갈수록 희미해졌다. 2세기 초의 트라야누스와 하드리아누스는 이베리아에 뿌리를 둔 첫 통치자들이었다. 둘 다 이베리아 토착민은 아니고 이탈리아 출신 정착자의 후손이었다. 반세기 뒤에 북아프리카 출신으로 처음 황제가 된 셉티미우스 세베루스는 원로원 의원이자 군인이었으며, 어머니는 이탈리아 귀족 출신이고 아버지는 렙티스 마그나 출신의 부유한 현지인이었다. 그의 아내 율리아 돔나는 엘라가발루스의 외할머니의 동생으로, 시리아 에메사의 군주 및 사제 집안 출신이었다. 미래 권력에 대한 예언(당연히 나중에 만들어진 것이다) 가운데 하나로서 율리아의 별점에는 왕과 혼인할 운세가 나왔다고 한다.

　전통적 귀족은 이러한 다양성을 언제나 환영하지는 않았다. 하드리아누스가 제위에 오르기 전에 그의 '촌스러운' 혹은 '지방색의' 억양 때문에 다른 원로원 의원들로부터 비웃음을 샀다는 이야기에는 강한 편견이 엿보인다. 이 때문에 그는 웅변술을 배웠다고 한다. 수십 년 뒤 셉티미우스 세베루스가 항상 '아프리카 억양'이었고 특정 종류의 아프리카 콩을 매우 좋아했다는 주장에서도 그런 편견을 발견할 수 있다(그의 고향 요리에 대한 냉소는 좋아하는 음식이 으깬 완두콩과 돼지비계 튀김인 것으로 유명한 총리에게 영국의 지도층이 보인 경멸과 다르지 않다). 심지어 세베루스의 여동생이 라틴어를 거의 못했으며, 이 때문에 여동생이 로마로 자신을 찾아오면 곧바로 고향으로 돌려보내고 '부끄러워했다'는 주장도 있었다. 의심할 여지 없이 이와 비슷한 태도는 엘라가발루스의 '이국적인' 종교 혁신에 관한 이야기의 일부에도 나타난다. 모두 그가 시리아 출신임을 과장하고 개탄하는 내용이었다. 그가 에메사에서 사제직에 있었던 것은 분명하지만, 동방의 신전에 은둔하다가 발탁되어 로마 황제가 된 것이 아니라 이미 어린 시절 상당 세월을 이탈리아와 서방에서 보냈었다. 역사에서 흔히 그랬듯이 로마의 외국인 혐오와 문화적 편견은 민족적 다양성과 바깥 세계에 대한 개방에 동반한 것이었다. 그러나 한 가지는 분명하다. 실제 통치자들은 우리가 오늘날 박물관 진열대에서 다 비슷비슷한 흰색 대리석 황제의 흉상들을 보며 상상하는 것보다 훨씬 다양했고 갈수록 더 다양해졌다는 것이다.

이 사람들이 제위에 오르게 된 과정은 그들의 출신 만큼이나 다양하다. 소수의 운 좋은 사람들은 선택된 후계자 역할에서 곧바로 현직 통치자 역할로 넘어갔다. 그러나 모두가 그런 것은 결코 아니었다. 매우 드물게는 내전에서 '마지막 남은 도전자'인 경우도 있었다. 69년 베스파시아누스와 193년 셉티미우스 세베루스가 그런 경우였다. 아니면 그저 적절한 시기에 적절한 장소에 적절한 사람이 있었을 뿐인 경우도 있었다. 41년 클라우디우스가 그런 경우였는데, 그는 조카 칼리굴라가 암살된 뒤 장막 뒤에 숨어 있다가 근위대에게 발견됐다. 당시에 내세울 만한 후보가 없었기 때문에 그는 황제로 선포됐다. 반세기 뒤 도미티아누스의 암살 이후 나이 든 네르바Nerva가 권좌에 오른 것은 같은 주제의 변주였다. 음모자들의 사전 제위 제안에 몇몇 다른 후보자들이 단호하게 거절 의사(아마도 승낙했다가 음모가 실패할 경우 너무 위험하다고 생각했을 것이다)를 밝힌 뒤 네르바가 승낙 의사를 밝힌 처음이자 유일한 사람이었다. 그러나 아마도 가장 지저분한 승계는 결국 193년 셉티미우스 세베루스의 승리로 끝난 내전의 도중에 아주 잠깐 황제가 됐던 디디우스 율리아누스의 경우일 것이다. 그는 이 자리를 얻기 위해 돈을 낸 것으로 알려졌다. 새 황제가 즉위한 후 하사한 보상에 만족하지 못한 근위대가 자신들의 지원을 경매에 부쳐 최고액 입찰자를 밀기로 한 것이다.

같은 시기에 권좌에 앉는 것이 오직 한 명이 아닌 경우도 있었다. 우리는 지금 로마 황제를 1인 통치자로 생각하고 있다. 나는 그렇게 얘기해왔고, 앞으로도 그럴 것이다. 그러나 그것은 오해의 여지가 있는 단순화다. 두 사람이 함께 제위에 올라 황제 권력을 공동으로 보유한 경우도 있었기 때문이다(나중에는 더욱 흔해진다). 이미 서기 1세기 초의 한 기록은 티베리우스가 자신의 종손인 칼리굴라와 어린 손자 티베리우스 게멜루스Tiberius Gemellus를 공동 후계자로 삼으려고 계획했음을 시사하고 있다. 그렇다면 그 계획은 실행되지 않은 것이다. 칼리굴라는 단독으로 황제가 됐고, 손자는 오래 살지 못했다(165쪽). 공동 통치 계획은 161년 안토니누스 피우스의 사후에 실행에 옮겨졌다. 마르쿠스 아우렐리우스와 루키우스 베루스Lucius Verus가 공동 황제가 돼서 169년에 베루스가 죽을 때까지(의붓어머니가 굴 요리에 독을 넣어 제거했다는 설이 있지만, 아마도 대유행병 때문이었을 것이다) 함께 통치했다. 또한 셉티미우스 세베루스는 그의 치세 후기에 아들 카라칼라와 함께 통치했고, 카라칼라는 211년에 아버지가 죽자 동생 게타Geta와 공동 통치를 했으나 그 기간은 짧았다. 이 경우에 공동 통치는 가족의 분쟁을 해결하는 쉬운 해답이 아니었다. 1년도 되지 않아 카라칼라는 어머니의 무릎에 매달린 게타를 죽였다고 한다.

　황제 권력으로 가는 여러 갈래의 길 가운데 이전 통치자의 친아들이라는 것은 분명히 가장 유리한 점으로 보였다. 218년 엘라가발루스를 제위에 올린 정변 지도자들이 그가 전전 황제 카라칼라의 사생아라는 소문을 퍼뜨린 것도 그 때문이었다. 이것은 이 불쌍한 아이에게 한때 그의 '아버지'가 입었을 옷을 입히고 이름도 그에 맞추어 변경함으로써 보완되었다. 몇 년 뒤 알렉산데르 세베루스의 지지자들은 자신들의 제위 후보자에 대해 정확하게 똑같은 주장을 했다. 다만 우리가 아는 한 옷 입히기는 없었다. 그러나 황제 권력이 꼭 직접적인 혈통을 따라 전해지리라고 예상하지는 않았으며, 많은 경우가 생물학적인 상속은 아니었다. 생물학적 아들이 자기 아버지를 계승한 것은 황제의 통치가 100년도 더 진행된 서기 79년 티투스Titus 황제가 베스파시아누스의 뒤를 이었을 때에야 이루어졌다. 그런 일은 이후 100년 동안 일어나지 않다가 180년에 콤모두스가 생물학적 아버지 마르쿠스 아우렐리우스를 승계할 때 다시 일어났다.

여기서 생물학적인 부분에 대한 강조는 중요하다. 제위 승계의 중심은 언제나 입양 제도였고, 그것이 황제의 가장 가까운 가족을 넘어서 더 넓은 범위의 후계자 선택을 가능하게 하면서도 여전히 가족 사이의 권력 이전을 유지할 수 있게 하기 때문이다. 추적이 가능한 한 가장 멀리까지 올라가 보면 로마에서의 입양은 오늘날의 입양과는 다른 기능을 했다. 로마에서 입양은 친아들이 한 명도 남아 있지 않을 때 재산과 가문 이름의 연속성을 보장하는 수단이었다(당시에는 태어난 아이의 절반이 열 살을 넘기지 못했다). 입양된 사람의 대다수는 아이나 소년이 아니라 성인 남성이었고, 흔히 친부모가 아직 살아 있었다.

입양은 처음부터 1인 통치 체제에 내재되어 있었다. 최초의 로마 황제 가문은 율리우스 카이사르가 누이의 손자 옥타비아누스를 입양함으로써 시작됐고, 아우구스투스는 불운한 여러 조카, 손자, 기타 공자들을 입양해 자신의 후계자로 삼도록 지정했다. 200여 년 뒤에 엘라가발루스는 분명 조언을 받고 정확하게 같은 방식으로 자신의 위치를 공고히 하고 가문의 연속성을 확보하고자 사촌 알렉산데르 세베루스를 입양했다(그는 '새 아버지'보다 겨우 네 살 정도 어렸다). 다시 말해 입양은 통치 황제의 친아들이 아닌 가까운 친척과 친지들을 승계 후보로 점찍어 핵심 집단의 잠재적 경쟁자들보다 우위에 두기 위해 자주 이용한 방법이었다. 이것은 셉티미우스 세베루스가 193년 내전을 통해 권력을 잡은 뒤 이 과정을 완전히 뒤집었을 때 논리적이면서도 터무니없는 결론에 도달했다. 그는 자신의 제위에 대한 권리 주장을 강화하기 위해 뒤늦게 자신이 10여 년 전에 죽은 전전 황제 마르쿠스 아우렐리우스의 양자라고 선언했다. 이 '자가 입양'에 대해 어떤 사람은 재치 있는 다음과 같은 반응을 내놓았다. "카이사르여, 아버지를 찾으신 것을 축하드립니다."

그러나 1세기 말에서 2세기의 대부분이 흘러간 시기까지 80여 년 동안에 입양은 더욱 체계적으로 이용됐다. 네르바를 시작으로 자식이 없던 황제들은 줄줄이 자신의 후계자를 더 넓은 가족 집단이나 완전히 밖에서 입양했다. 그 추동력의 일부는 필요성이었을 것이다. 적합성 여부는 차치하고 가까운 혈족 상속자가 없었기 때문이다. 하지만 입양이 어느 정도는 생물학적 아들이나 가까운 친척이 없는 것을 가리기 위한 요식행위에 불과했으나, 수십 년 동안(그리고 이 책이 초점을 맞추고 있는 시기의 거의 3분의 1의 기간 동안) 입양은 제위 승계의 핵심에 있는 지도 원리로 승격됐고, 심지어 능력 있는 황제를 세우기 위한 수단으로 옹호됐다. 플리니우스의 감사 결의에서 그는 트라야누스가 제위에 오른 방식을 분명하게 찬양했다. 네르바가 그를 아들이자 이 일련의 '입양' 황제(오늘날에는 때로 그렇게 부르기도 한다)의 첫 인물로 선택한 것을 말이다. 플리니우스는 "모든 시민을 통치할 사람을 그들 모두 중에서 선택한다는 것"은 자랑스러운 일이라고 말했다. 선택은 그저

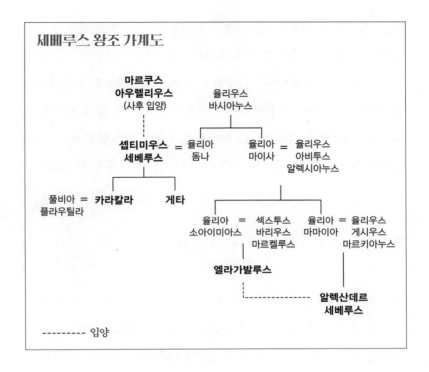

세베루스 왕조 가계도

마르쿠스
아우렐리우스
(사후 입양)

셉티미우스 = 율리아   율리아 = 율리우스
세베루스   돈나   마이사   아비투스
                                   알렉시아누스

풀비아 = 카라칼라   게타
플라우틸라

율리아 = 섹스투스   율리아 = 율리우스
소아이미아스 바리우스   마마이아 게시우스
         마르켈루스   마르키아누스

엘라가발루스

알렉산데르
세베루스

---------- 입양

우연한 출생이나 그의 표현대로 아내가 출산하는 아무나보다 좋은 황제를 보장하는 방법이었다.

마찬가지로 황제로 발탁될 가능성이 전혀 없는 대다수의 시민들에 대한 로마 상류층 특유의 무관심을 발견하기는 어렵지 않다. 플리니우스에게 "모든 시민"은 "나와 같은 모든 시민"을 의미했다. 그러나 그의 요점은 분명하다. 생물학적 유전은 로마 세계를 통치할 사람을 선택하는 방법으로는 만족스럽지 않았다는 것이다. 18세기의 에드워드 기번도 틀림없이 이에 동의했을 것이다. 그는 《로마제국 쇠망사》에서 (그리고 솔직히 말하자면 플리니우스와 같은 정도의 선택적 외면을 통해) 네르바와 그 아래로 180년에 죽은 마르쿠스 아우렐리우스까지 이르는 역대 '입양' 황제들의 치세를 세계 역사 전체에서 "인류의 상황이 가장 즐겁고 번영한" 시기로 꼽았다. 이 '즐거운' 시기는 마르쿠스 아우렐리우스의 친아들 콤모두스가 살아남아 아버지의 뒤를 이어 황제 자리에 오르면서 끝이 났다. 셉티미우스 세베루스가 콤모두스 암살 이후 다시 입양 원칙으로 되돌아간 것은 새로이 택한 기괴한 사후 비틀기였다.

의심의 문화

현대 역사가들은 언제나 다양한 승계 이야기의 '공식 판본'과 새 통치자의 권좌 등극의 일부 불편한 균열을 은폐하기 위해 만들어진 새 정권의 선전물들을 즐겨 분석했다. 클라우디우스가 우연히 장막 뒤에 웅크리고 있다가 발견됐으니 그가 얼마나 무고한지, 혹은 얼마나 놀랐는지에 대해 의문을 품은 사람이 나뿐만은 아니다. 이 이야기는 그가 전임자 칼리굴라 살해와 아무런 관련이 없는 듯이 보이도록 만들기 위한 영리한 연극 같은 것이 아니었을까? 그리고 승계자 선택에 관한 플리니우스의 고상한 생각에도 불구하고 고대 기록의 행간을 읽어보면 네르바가 서기 97년에 트라야누스를 입양한 것은 요즘으로 치면 마치 권총을 자기 머리에 겨눈 것과 같다는 강한 암시가 보인다.

때때로 작가들은 권력자가 바뀔 때 막후에서 무슨 일이 일어났는지에 대해 더 공개적인 의문을 표시했다. 《아우구스투스의 역사》의 저자는 완전히 날조된 한 주장을 이야기한다. 트라야누스는 자신이 네르바로부터 선택받은 지 20년 뒤에 하드리아누스를 자신의 아들이자 후계자로 입양했다고 한다. 전하는 이야기에 따르면 트라야누스가 죽었을 때 그의 아내는 누군가를 시켜 트라야누스의 대역을 맡게 했고, 마치 그가 임종 침상에서(아마도 장막 뒤에서) 말하는 것처럼 희미한 목소리로 하드리아누스를 후계자로 선택했다고 밝히게 했다는 것이다. 이와 아주 흡사했던 것이 아우구스투스 사후에 리비아가 지휘했다고 하는 소련식의 뉴스 통제였다. 역사가 타키투스에 따르면 리비아는 자신의 아들 티베리우스가 현장에 도착할 때까지 죽은 황제의 건강에 관한 낙관적인 소식들을 계속 발표했다. 그렇게 해서 옛 황제의 죽음과 새 황제의 즉위를 동시에 발표할 수 있었고, 아무런 불편한 간극이 없었다.

나는 이 모든 것이 사실이라고 생각하지는 않지만, 사실이든 아니든 이런 이야기들은 제위 승계의 순간을 둘러싼 불안과 불확실성을 보여 준다. 새 황제 등극의 길을 열기 위한 옛 황제의 살해에 관한 이야기들도 마찬가지다. 첫 황가인 율리우스-클라우디우스 가문만 보더라도 아우구스투스에서 네로까지 부자연스러운 죽음 또는 적어도 급작스러운 종말에 대한 의혹이 없는 황제는 단 한 명도 없었다. 단지 반공개적인 칼리굴라 암살이나 군대의 반란에 처한 네로의 강요된 자살만을 이야기하는 것은 아니다. 아우구스투스가 리비아에 의해 살해됐다거나 클라우디우스가 독이 든 버섯 요리를 먹고 죽었다는 소문과 함께, 이 가문의 다른 구성원인 티베리우스는 그의 후계자 칼리굴라의 심복에 의해 병상에서 질식해 죽었다고 몇몇 로마 작가들은 이야기한다. 그 뒤를 이은 플라비우스Flavius 가문 역시 마찬가지다. 물론 카시우스 디오의《로마 역사》에는 유일하게 베스파시아누스가 범죄에 의해 죽었다는 주장이 있지만 그것도 강력한 부인에 부닥쳤다.

기번은 우리가 아는 한 여러 '입양' 황제의 죽음을 둘러싸고 그런 주장은 없었다고(마르쿠스 아우렐리우스와 공동 황제였던 루키우스 베루스의 경우를 제외하고) 지적했을 가능성이 매우 높다. 보다 급진적인 입양 제도가 어쨌든 문제를 해결했다고 주장이라도 하는 듯이 말이다. 나는 그럴 리가 없다고 생각한다. 우선 2세기 황제들의 삶과 죽음에 관해서는 1세기 황제들에 비해 소문이든 뭐든 증거가 더 적다. 그러나 트라야누스의 아내가 정말로 하드리아누스 입양과 관련해 그런 속임수를 썼든 아니든, 범죄나 기만에 대한 의혹이 종식된 것처럼 보이지는 않는다. 오히려 그것은 통치 황제가 죽는 상황에서 입양 후계자 선택의 막후 음모로 옮겨갔다. 핵심 주체가 누구이든 로마의 황제 승계는 언제나 의심의 문화 속에서 허우적거렸다.

승자가 쓴 역사

승계 문제는 궁궐 회랑이나 죽어가는 황제의 침대를 훨씬 넘어서서 영향을 미쳤고, 아직도 우리가 로마의 통치자들을 어떻게 평가할지를 부분적으로 결정한다. 정권 변화 과정의 갈등과 다툼에 대해 깊이 생각하지 않는다면 로마제국의 역사를 이해할 수 없다. 이는 로마 황제들이 후대에 어떻게 기억됐는지, 그리고 무도한 칼리굴라나 네로에서부터 고결한 트라야누스나 마르쿠스 아우렐리우스에 이르기까지 '선' 또는 '악'으로서 그들의 평면적이지만 다양한 평판이 어떻게 만들어졌는 지를 설명하는 데 도움이 된다. 물론 이런 고정관념은 간편하고 흔한 만큼이나 오해의 소지가 있다(《아우구스투스의 역사》에 나오는 엘라가발루스 전기는 '선'과 '악'에 속하는 과거 황제들을 나열하는 것으로 시작해 '에메사 출신의 어린애'가 그중 어디에 속하는지에 대해 전혀 의심의 여지를 남기지 않는다).

실제로 황제들은 현대의 군주, 대통령, 총리들과 마찬가지로 그런 단순한 범주에 속하지 않았다. 어떤 통치자도 모든 사람을 기쁘게 하지 못한다. 우리는 언제나 물어야 한다. 누구의 시각에서 선하고, 어떤 기준으로 악한가? 그럼에도 불구하고 로마제국 문화의 한가운데에서 발원한 고정관념은 제위에 있던 자의 자질을 정확하게 반영한 것이라기보다는 그들의 이야기를 전하는 사람들의 관심을 반영한 것이었다. 그 한 가지 요인은 앞서 보았듯이 해당 황제가 역사서 작가들과 얼마나 잘 지냈느냐 하는 것이었다. 빈민층이나 일반 병사들 사이에서 인기가 어떠했든 간에, 수도 상류층과의 미묘할 수 있는 관계를 잘 관리한 지배자는 긍정적인 평가를 받을 수 있었다. 승계자의 이해관계나 승계 상황은 더욱 중요했다. 통상적인 로마 황제 이야기는 아주 특별한 유형의 '승자가 쓴 역사'였다.

한 가지 기본 원칙은 자신이 선택한 후보가 제위에 오른 경우 선대 황제는 매우 호의적인 명성을 얻었다는 것이다. 새 통치자는 자신을 왕좌에 앉게 해주고 자신의 통치권의 바탕을 이루는 전임자를 명예롭게 하는 데 많은 투자를 하게 마련이다. 때로 이 투자는 선대 황제를 신으로 숭배하고 신전, 사제, 공물을 바치는 일로까지 나아가기도 했다. 많은 현대의 관찰자들이 진지하게 받아들이기 어려워하는 로마제국 사회의 특별한 측면이다(이에 대해서는 10장에서 더 자세히 다룰 것이다). 일반적으로 이것은 옛 황제의 이미지와 명성을 관리하는 문제였다. 그런 일이 전혀 없지는 않았겠지만 이것은 말 잘 듣는 역사가를 고용해 옛 황제에 대한 호의적인 기록을 쓰게 하는 식의 조악한 행위를 의미하지는 않는다. 보통은 신중한 기념, 선택적 기억, 그의 수상쩍은 행동에 대한 호의적인 평가가 미묘하게 조합되는 일이었다. 간단한 사례를 들자면, 모든(또는 거의 모든) 로마 황제는 정적을 제거하기 위해 사형, 살해, 자살 강요를 사용했고, 성공적인 이미지 관리는 이것이 공포 통치가 아니라 반역에 대한 합법적이고 적절한 대응으로 보일 수 있게 확실히 하는 것이었다.

그리하여 '좋은' 황제들이 등장했다. 1세기에 베스파시아누스의 뒤를 이어 후계자로 점찍은 그의 아들 티투스가 평화적으로 제위에 올랐다. 그러나 베스파시아누스가 통치를 잘했든 잘못했든, 티투스의 지위는 합당한 아버지의 아들이자 합당한 후계자라는 데 있었기 때문에 그는 베스파시아누스의 긍정적인 모습을 홍보하고 심지어 만들어내는 데 지대한 관심을 가졌다. 같은 논리로 2세기에 줄줄이 나온 입양 황제들은 거의 불가피하게 자신이 승계되도록 공식 '선택'한 사람의 명성을 높이는 일에 매달렸다. 그 입양이 아무리 분명치 않고 날조된 것이라도 말이다. 기번은 이 시기를 인류의 전 역사에서 가장 즐겁고 번영을 누린 때라고 단언했지만, 이는 그가 로마제국의 일반 주민과 세계의 나머지 지역 사람들을 무시한 것일 뿐만 아니라 황제들이 전임자들의 시대를 그렇게 '보이게' 하려고 얼마나 많은 투자를 했는지를 간과한 것이었다.

황제가 암살되거나 정변의 희생자가 된 경우에는 정반대였다. 고대이든 현대이든 암살이 발생하는 이유는 여러 가지다. 원칙에 입각한 반대 때문일 수도 있고, 개인적인 원한이나 이기적인 야심 때문일 수도 있다. 역사를 통틀어 '좋은' 사람도 살해당하고 '나쁜' 사람도 살해당했다. 그러나 그것이 어떤 상황이었든, 그리고 각각의 경우가 옳았든 글렀든 공개적인 다툼, 정변, 음모(여기서 나는 몰래 옷에 독을 묻힌 일을 말하는 것이 아니다)를 통해 제위에 오른 사람들은 자신의 통치권을 정당화할 수밖에 없기 때문에 전임자들이 당한 일이 필연적인 결과였다고 강변해야 했다. 가장 극단적인 경우에는 새 정권이 타도된 황제의 조각상을 파괴하고 공공 기록에서 그 이름을 삭제하기도 했다. 때로는 암살이 '예언'되고 신이 이를 허락한 것으로 보이는 적당한 징조가 나중에 떠돌았다. 예컨대 96년에 말하는 까마귀가 로마 유피테르 주 신전 지붕 꼭대기에 앉아 요긴하게도 깍깍 울었는데, 그것이 도미티아누스의 죽음을 예언한 것으로 받아들여졌다고 한다. 거의 언제나 뒷공론, 정보 조작, 주장은 '공식 선언'이 됐다. 유명한 원로원 의원의 미심쩍은 죽음은 나중에 모두 황제의 가학성 탓이라고 했고, 관대한 행위는 낭비벽으로 재해석됐으며, 칼리굴라가 말을 가지고 한 빈정거림과 같은 신랄한 농담이나 날카로운 풍자는 모두 악의적인 창피 주기나 광기의 징후로 둔갑했다. 그 결과 우리는 그 황제들이 괴물이었기 때문에 암살당했다는 인상을 갖게 된다. 그러나 그들은 암살당했기 때문에 괴물로 만들어졌을 가능성 역시 똑같이 높다.

여기서 현대에 이루어진 수정의 함정에 빠지지 않는 것이 중요하다. 나는 등에 칼을 맞은 황제가 모두 실제로는 엄청나게 왜곡된 (부당한 인

| 그림 14 | 이름 지우기. 운명의 여신 포르투나(첫 줄에 나온다)에게 바쳐진 이 헌사에서 게타 황제의 이름이 그가 살해된 뒤 끌로 깎여 나갔다. 이름 지우기는 타도된 지배자를 그저 잊는 것으로 그치지 않는다. 돌 중간을 가로지른 명확한 파손은 그의 몰락을 거의 축하하고 있다.

신공격 및 물리적 공격의 희생자이자) 강직한 정치가였다는 시시한 주장을 하려는 것이 아니다. 그들 가운데 일부는 매우 불쾌한 자였을 수도 있고, 제국 궁정이라는 디스토피아의 세계에서 어떤 황제든 우리의 개념으로 '좋은' 더군다나 '훌륭한' 사람이었다고 상상하기는 어렵다. 나의 요지는 이 통치자들이 생전에 궁궐 담장 뒤의 권모술수에서, 로마

상층부의 방심할 수 없는 정치에서, 제국의 나머지 주민들을 대하는
데서 어떻게 행동했든 간에 그들의 사후 명성의 상당 부분은 언제나
그 후계자들에 의해, 그리고 때로 복잡한 승계 상황에 의해 결정됐다
는 것이다.

이하의 장들에서는 황제의 악덕과 미덕에 대한 고정관념이 우리에
게 무엇을 말해줄 수 있고 그들은 왜 그런 모습이 됐는지에 의문을 품
고, 그 일부에 틈을 내어 그 너머를 살펴볼 것이다(네로가 죽은 뒤 그의 무
덤을 자주 꽃으로 장식했던 사람들은 아마도 흔히 이야기되는 것처럼 그가 폭군이
라고 생각하지 않았을 것이다). 핵심은 분명하다. 한 황제의 뒤를 이어 제
위에 오른 사람이 그가 어떤 과정을 통해 그 자리에 올랐는지는 수백
년에 걸친 역사적 전통에서 그 전임자가 어떻게 기억되고 묘사되는지
에서 절대적으로 중요했다는 것이다.

재조정의 기술: 플리니우스의 과거

그러나 이 모든 것에는 어떻게 역사가 쓰이고 다시 쓰이느냐 하는 문
제보다 중요한 것이 있고, 불안한 통치자, 교묘한 독살자, 야망 있는 후
계자, 충성스럽거나 불충한 하인 등 가장 핵심에 있는 집단이 이행의
순간에 직면한 직접적인 위험 이상의 것이 있었다. 로마식 정권 교체
에 수반된 까다로운 재조정은 옛 정통성을 대체한 과거의 새로운 변
형으로, 정치와 행정 관련자 모두에게 강력한 파급효과를 미쳤다. 적
어도 수도에서는 말이다. 승계 상황은 로마나 속주의 평범한 사람들

에게 아주 큰 영향을 미치지는 않았다. 일부 사람들에게 반가운 현금 지원이 있었을 뿐이었다. 누가 제위에 올랐고 어떻게 올랐는지는 브리타니아 가장 깊숙한 지역의 사람들에게는 거의 관심 밖의 일이었다. 그러나 로마시와 더 넓은 권력의 회랑에서는, 보다 먼 엘리트 계층에까지도 지저분한 승계의 결과로 인한 분명한 파급효과가 있었다.

한 황제에서 다음 황제로 넘어가면서 플리니우스처럼 충성스럽거나 협조적인 원로원 의원들(내가 주장했듯이 거의 대다수가 그런 부류였을 것이다)은 새 황제에게 맞추고 때로는 옛 황제와 분명하게 거리를 두기 위해 스스로 변신을 해야 했다. 193년에 카시우스 디오는 그 방법을 설명했다. 그는 어느 단명한 새 황제에게 인사하기 위해 궁궐에 갔는데, "표정을 꾸며서" 이전 황제에 대해 느끼는 슬픔을 감추었다고 한다(이는 분명 매우 성공적이어서 새 황제는 그가 속으로 다른 감정을 품고 있음을 눈치채지 못했다). 하지만 다시 한번 〈찬양 연설〉을 보면 이 행동의 변신을 좀더 생생하게, 그리고 거기에 개재된 일부 절충, 절반의 진실, 필사적인 재조정을 더욱 분명하게 볼 수 있다. 최근의 두 정권의 변화를 배경으로 한 이 연설은 플리니우스의 이상적인 통치자상에 대한 변화만큼이나 한 황제로부터 다른 황제로의 권력 이동에 대해 많은 것을 말해준다.

플라비우스 가문의 마지막 황제인 도미티아누스는 플리니우스가 감사 결의를 하기 불과 4년 전인 96년에 살해됐다. 궁궐 사람들과 황제의 아내가 관여한 음모였고, 아마도 몇몇 원로원 의원 역시 주변에 있었던 듯했다. 그것은 많은 사람들이 긍정적으로 여긴 암살이 아니었다. 그 시기에 많은 사람들이 긍정적으로 본 암살은 없었다. 한 미심쩍은 이야기는 어떤 철학자가 여행하다가 일부 병사들이 살해에 항의해 폭동을 일으키려 하는 것을 알고 무방비로 부근 제단으로 뛰어 올라가 도미티아누스를 비난해서 봉기를 막았다고 전한다. 이 이야기는 허구일 수도 있지만 정변에 대한 상반되는 반응이 있었다는 징표 가운데 하나이며, 또한 로마의 웅변술에 흔히 생각하는 것보다 더 다채로운 측면이 있음을 드러내는 것이기도 하다. 병사들은 그의 주장에 흔들린 것일까, 아니면 그의 행동에 흔들린 것일까?

도미티아누스의 뒤를 이은 나이 들고 자식이 없는 네르바는 곧바로 원로원의 인준을 받았다. 불과 15개월에 그친 그의 재위 기간은 거의 황제 공백기나 마찬가지로 보였겠지만 말이다. 네르바는 죽을 때까지 자신을 몰아내려는 최소 한 차례의 시도를 견뎌냈으며, 성공한 원로원 의원이자 군인인 트라야누스를 후계자로 입양(누가 추진했는지는 알 수 없다)한 것에 의지했다. 트라야누스가 플리니우스의 〈찬양 연설〉의 초점이 된 것은 새 황제 치세 불과 2년 만이었고, 도미티아누스가 암살된 지 4년 만이었다.

그러나 여기서 그는 도미티아누스와 함께 주목을 받았다. 트라야누스가 연설 속의 영웅이었다면 도미티아누스는 기억할 만한 악역이었다(그림 7, 8). 플리니우스가 묘사한 도미티아누스는 오만한 폭군, 지독한 사기꾼, 도둑, 살인자였다. 다른 사람 사유지의 "모든 웅덩이, 호수, 목초지"에 탐욕스러운 손을 뻗치고, 로마의 가장 유명한 인물들을 제거하기 위해 마구 칼날을 휘둘렀다. 원로원 의원이나 그들의 재산은 안전하지 않았다. 그들은 모두 괴물의 소굴에서 벌어지는 식사 초대에 대한 공포, 그의 비밀경찰이 날조한 기소에 대한 공포, 불길하게

문 두드리는 소리의 공포 속에서 살았다. 〈찬양 연설〉은 내가 설명해 온 재조정 과정의 일부였음은 너무도 분명하다. 도미티아누스 생전에 그에 대한 무슨 칭찬이 돌아다녔든(일부 찬미가 아직도 남아 있으나, 흔히 '실없는 아첨'으로 일축된다), 플리니우스의 비난은 그런 종류의 것은 무엇이든 흐릿하게 만들고 새로운 정통성을 만들려는 의도에서 나온 것이었다. 여기서 폭군 도미티아누스는 살해당해 마땅한 것으로 간주되고, 더 중요하게는 네르바와 트라야누스가 정당하고 적법한 황제로 간주되는 것이었다.

정작 플리니우스는 도미티아누스와 어떤 관계였을까? 그의 연설을 얼핏 보면 그 자신은 폭군의 희생자이고 '반대파'의 골수분자라는 인상을 받기 쉽다. 분명히 그가 매우 공들여 만들고 틀림없이 많은 편집이 이루어진 '사적인' 서신 일부는 그런 인상을 준다. 그는 그 편지들을 대중에게 유포했고, 필사에 필사를 거듭하는 통상적인 과정을 거쳐 우리에게까지 전해졌다. 서기 79년 베수비오 화산 분출과 외숙의 죽음(그의 외숙은 화산 폭발 현장에서 너무 가까운 곳에 있었다)에 관한 그의 유명한 기록도 그중 하나에 들어 있다. 다른 편지들은 좀더 노골적으로 정치적이다. 거기에는 그의 '친구들'이 도미티아누스 치하에서 사형에 처해지고 추방됐음을 언급했으며, 새 정권하의 안전한 처지에서 돌아볼 때 "같은 운명이 나에게도 드리워져 있었다고 의심할 만한 이유"가 있다고 주장했다. 한 편지는 심지어 도미티아누스가 죽은 뒤 그의 책상에서 플리니우스를 반역죄로 고발하는 문서가 발견됐다고까지 적고 있다. 그가 가까스로 피했다고 생각하지 않을 수 없는 내용이다.

실상은 전혀 그렇지 않다. 플리니우스의 이력에 관해서는 이례적으로 많은 증거가 남아 있다. 본인이 쓴 것도 있고, 그의 전 이력을 통해 운 좋게 발견된 것도 있다. 이것들은 본래 그의 고향인 이탈리아 북부 코뭄(오늘날의 코모)에 전시됐지만 복잡한 과정을 거쳐 중세에 밀라노의 한 무덤을 만드는 데 재사용됐다. 반대파였다는 그의 주장은 무의미하다. 이 자료들을 보면 그가 도미티아누스 치세에 정말로 잘나갔다는 것이 분명하다. 황제의 은혜를 입어 정치적 사다리를 올라가 주요 관직을 꿰찼다. 〈찬양 연설〉의 마무리 부분에서 그는 스스로 이를 인정했다. 매우 좋지 않은 시기였던 도미티아누스 치세 말년에 그의 이력이 중단됐다고 주장하며 황급히 빠져나가고 있기는 하지만 말이다. 이 연설과 나중의 필기본의 일부 목적은 암살된 황제에 대한 협력과 관련해 플리니우스 자신의 위치를 재정립하고 도미티아누스 이후의 세계에서 자신을 재창조하려는 것이었던 듯하다.

학자들은 플리니우스가 이로 인해 얼마나 가혹하게 평가받아야 하는지를 놓고 끝없이 논쟁을 벌였다. 그는 얼마나 위선적이었는가? 얼마나 진실을 가렸는가? 그가 관직에 있던 시기를 약간 수정해야 함에도 불구하고, 그가 치세의 일부 최악의 국면에 개입하지 않았다는 주장을 인정할 수 있는가? 플리니우스는 냉소적인 부역자였다가 나중에 자신의 흔적을 덮으려 한 사람인가, 아니면 차선의(더 나쁘지는 않은) 정권에서 최선을 다한 사람인가? 최근에는 그를 열렬하게 비방하는 사람도 있고(그는 "어떤 (…) 포악한 정권하에서라도 이력을 이어갔을 것이다"), 그가 줄타기를 한 것에 대해 동정적으로 평가하는 사람도 있다. 그러나 더 중요한 점은 플리니우스 혼자가 아니었다는 것이다. 이것은 그저 개인적인 곤경이 아니었다.

| 그림 15 | 네르바 황제의 금화. 그의 두상이 그의 공식 칭호 IMP(ERATOR) NERVA CAES(AR) AUG(USTUS)에 둘러싸여 있다. 뒷면에는 '공적 자유'의 여신이 새겨져 있다. 틀림없이 도미티아누스의 치세 이후 네르바의 새 시대를 상징하려는 의도였을 것이다.

역사가 타키투스 역시 도미티아누스가 그의 치세에 발탁한 사람이었고, 나중에 비슷한 방향 전환을 했다. 그는 황제가 전복되자 격렬한 비판자가 돼서, 그가 거의 언제나 반대파의 일원이었던 것 같은 인상을 준다. 플리니우스의 연설을 들었던 원로원 의원들 역시 같은 궁지에 직면했을 것이다. 그들 대다수는 도미티아누스 치하에서 어떤 특별한 위험에도 처하지 않았고 황제가 자신의 적(그는 '반역자'라고 지칭했을 것이다)을 공격하는 데 사용했을 어떤 반역 재판의 희생자도 되지 않았기 때문이다. 그들은 실제로 재판관이고 배심원이었기에 전 과정의 공모자였다. 그들이 나중에 내키지 않는 참여였다고 아무리 주장하더라도 말이다. 플리니우스가 진실을 말하지 않는다는 것을 그들이 알았다 해도 그에게 이의를 제기했을 것 같지는 않다. 그들도 마찬가

지였기 때문이다. 여기에는 20세기 중반 유럽의 교묘한 정치적 연출과 일부 유사성이 있다. 한때 나치에 부역했던 일부 사람들이 저항 세력의 비밀 이력을 조작했고 그 뒤에 숨었다. 로마에서는 정치권의 모든 사람들이 분주하게 재조정을 하고 변명거리를 날조하고 바뀐 상황에 적응했다. 그러다가 새로운 황제가 들어섰지만 등장인물은 거의 같았다. 제국의 시작부터 문제가 많은 제위 승계 작업 이후에는 흔히 재조정이라는 거북한 일이 뒤따랐다.

네르바와의 식사

서기 97년 네르바 황제가 주최한 한 작은 식사 자리에서 있었던 일부 재치 있는 응답에서 바로 이 점에 대한 지적이 정확하게 나왔다. 플리니우스가 자신의 편지에서 이야기한 것인데, 그도 손님 가운데 하나였을 것이다(다만 그는 분명하게 그렇다고 하지는 않는다). 그의 설명에 따르면 대화 도중 얼마 전에 죽은 로마 원로원 의원 카툴루스 메살리누스 Catullus Messalinus 이야기가 나왔다. 메살리누스는 맹인이었고, 크게 출세했으며(집정관을 두 번 역임했다), 도미티아누스의 '하수인' 가운데 하나로 악명이 높았다. 이에 해당하는 라틴어 단어 '델라토르delator'는 비공식적인 '비밀경찰'이나 '밀고자'(현대의 모든 공포스러운 함의를 지닌)에서부터 사적인 고발자까지, 돈을 바라고 황제의 더러운 일을 할 용의가 있는 사람을 의미하는 은어였다.

어느 순간에 네르바는 메살리누스의 피 냄새 나는 전과에 관한 험담에 푹 빠져 있던 손님들에게 물었다.

"그가 아직 살아 있다면 어떻게 됐을 것 같소?"

그러자 좌중에 있던 유니우스 마우리쿠스Junius Mauricus(도미티아누스 치하에서 추방됐던 사람)가 빈정거렸다.

"우리와 함께 밥 먹고 있겠죠."

플리니우스는 마우리쿠스의 대답이 용감하다고 칭찬했다. 특히 그 자리에는 메살리누스와 같은 종류의 명성을 가진 손님이 적어도 한 명 이상 있었기 때문이다. 그러나 대다수의 현대 비평가들은 통상 황제의 질문이 너무도 순진하다며 일축해왔다.

나는 그렇게 생각하지 않는다. 오늘날 네르바가 허수아비 통치자라고 생각하는 것이 아주 쉽다. 그는 제위에 1년 남짓 있었고, 누구를 조종하기보다는 조종당하는 쪽이었다. 그러나 네르바는 사실 1세기의 중요한 생존자 가운데 하나였다. 그 자신은 65년에 정변 시도(세네카가 연루된 음모)가 있었을 때 이를 네로 황제에게 알린 유용한 밀고자였으며, 69년 단명한 황제 가운데 하나였던 오토Otho와 친족 관계였으며, 베스파시아누스와 도미티아누스 치세에 두 번 집정관을 역임한 인물이었다. 그는 자신의 질문에 대한 대답이 무엇인지 정확히 알고 있었다. 그리고 손님들은 그 대답이 자신들 모두에게 해당된다는 것을 알고 있었다. 마우리쿠스가 용감해서 그런 것이 아니었다. 그는 로마의 정권 교체에 관한 핵심적인 진실과 거기서 살아남는 법을 현명하게 요약했다. 그리고 그는 성공적으로 살아남은 사람들에게 그 이야기를 했다. 황제도 그중 한 명이었다.

그리고 그는 이 이야기를 식사 자리에서 했다. 이 자리는 다른 어느 곳에서보다 황제를 더 생생하고 상세하게 살필 수 있는 곳이고, 황제 통치의 긴장이 가장 분명하게 나타나는 곳이며, 황제의 관대함의 여부를 알아볼 수 있는 곳이었다. 따라서 황제의 실제 모습을 먼저 가까이서 살펴볼 곳은 원로원 청사나 전쟁터가 아니라 식당이다.

3

실력자들의 식사

검은색 식사

플리니우스가 네르바 황제와 친밀한 식사를 하기 몇 년 전인 서기 80년대 말에 전임 황제 도미티아누스는 로마의 저명인사들을 식사에 초대했다. 이는 역사가 카시우스 디오가 상세히 기록했다. 도미티아누스는 고대 작가들이 다양한 각도에서 식탁에서의 습관에 대해 가장 많이 묘사한 황제 가운데 하나다. 디오는 플리니우스의 기록에 나오는 무례한 '트림'과는 아주 다르게 마음에 들지 않는 음식을 뒤적거리는 황제의 모습을 그려낸다. 하지만 좀더 오싹하다.

　이야기에 따르면 손님들이 가보니 황제의 식당은 완전히 검은색으로 장식돼 있었다. 심지어 그들이 기댈 식당 소파조차도 검은색으로 칠해져 있었고, 시중드는 벌거벗은 남성 노예도 시커멨고, 그들의 자리는 각자의 이름이 꼼꼼하게 새겨진 모조 묘비로 표시되어 있었다. 디오에 따르면 음식은 통상 죽은 자에게 공물로 바치는 부류의 것이었고, 접시도 검은색이었고, 황제는 죽음에 관한 이야기만 했다. 저녁의 끝 무렵에 손님들에게 집으로 돌아가도 된다는 허락이 떨어졌다.

그러나 잠시 뒤에 문을 두드리는 소리가 들렸고, 손님들은 모두 이제 죽었구나 하고 생각했다. 그런 일은 일어나지 않았다. 바깥에서 기다리고 있던 것은 도미티아누스가 보낸 짐꾼 무리였다. 한 명은 각 손님의 모조 묘비(은으로 만든 것이었다)를 들고 있었고, 다른 사람들은 식탁에 놓았던 값비싼 접시들을 들고 있었다. 그리고 마지막 선물로 그들의 시중을 들었던 노예가 들어왔다. 검은 칠을 씻어내고 잘 차려입은 모습이었다.

사건이 발생하고 100여 년 뒤에 글을 쓴 디오가 이 이야기를 어디서 들었는지, 또는 그것이 지어낸 공상과는 얼마나 거리가 있는지 알 수는 없다. 그러나 이는 매우 시사적이다. 현대의 독자들은 노예를 쉽게 상품화하는 데 충격을 받을 것이다. 이 '소년들'을 포장해서 한 주인이 다른 주인에게 선물로 보내는 것은 비인간화에 관한 가장 분명한 표지일 것이다. 이것은 수십 년 뒤에 마르쿠스 아우렐리우스의 공동 통치자 루키우스 베루스가 시도했다고 전해지는 식사 후 '시혜' 행위였다. 베루스는 시중을 들던 '멋진 소년들'과 함께 값비싼 접시, 술잔, 유리 제품, 그리고 그들이 먹었던 이국적인 죽은 동물 일부의 살아 있는 표본을 손님들에게 주었다. 그러나 디오에게 이 이야기는 손님들의 굴욕과 공포가 유혈 사태 없이도 심지어 시혜를 가장해 나타날 수 있다는 실례였다. 궁궐에서 식사하는 것이 얼마나 두려웠을까? 황제는 식사하면서 얼마나 심하게 행동할 수 있었을까?

세계 역사에서 회식, 특히 왕, 귀족, 기타 거물이 초대한 회식이 권력 다툼에서 역할을 하지 않거나 모든 종류의 사회적·정치적·계급적 불안에 관심을 집중시키게 하지 않는 사회는 없다. '함께' 먹는다는 단순한 사실이 내포하는 관념적인 평등성과 초대자의 우월성 및 식단이나 좌석 배치의 미묘하거나 그리 미묘하지 않은 차별에 의해 실제로 나타나는 불평등 사이에는 언제나 충돌이 있다. 식탁의 맨 끝에 앉은 사람은 한가운데 앉은 사람과 평등함을 거의 느끼지 못한다. 엘라가발루스는 덜 중요한 손님에게 좋지 않거나 먹을 수 없는 음식을 준 최초의 로마인은 아니었다(솔직히 말하자면 케임브리지대학에서도 식사를 할 때 나는 교수로서 '상석'에 앉아 '아래'의 학생들보다 더 좋은 음식과 술을 먹었다).

초대자 입장에서도 위험하기는 마찬가지다. 위신을 잃을 수도 있고 얻을 수도 있기 때문이다. 로마 황제들도 다른 사람들과 마찬가지로 적대적인 관찰자들이 자신의 근사한 시혜를 속된 낭비로, 또는 간단한 식사를 인색한 행위로 해석하는 일을 당해야 했다. 황제의 사치스러운 식사는 고대에 흔한 일이었고 예측이 가능했다. 한 번의 연회에 전 재산을 날리고, 금실로 짠 냅킨(하드리아누스가 처음 만들었다고 한다)을 쓰고, 값비싼 접시를 사용했다. 그래서 제위를 이어받은 사람은 그것들을 팔아 군사원정 비용에 쓰고, 이를 통해 자신이 즐거움보다는 일에 전념한다는 것을 과시했다. 그러나 티베리우스는 남은 음식을 다음 날 잔치에 내놓고 구운 수퇘지를 통째로 내놓는 대신 절반만 내놓아 낭비를 최소화했기 때문에 구두쇠이며 타산적인 사람으로 비쳤다.

나는 이미 여러 차례 황제의 식사 이야기를 했다. 로마 작가들이 자주 그런 상황의 황제들을 상상했고, 또 평가했기 때문이다. 좋고 나쁜 황제의 자질은 원로원 청사에서만이 아니라 식당에서도 평가됐다. 초대자, 친구, 미식가, 연회 애호가로서 황제의 행동은 미덕과 악행의 증거로서 해석되고 재해석됐다.

도미티아누스의 검은색 식사의 진실이 무엇이든, 이 이야기가 얼마나 다르게 전달'될 수 있는지'는 조금만 생각해보아도 알 수 있다. 멋있고 재미있는 가장 연회 이야기가 될 수도 있고, 죽음에 직면해보는 실천철학 연습이 될 수도 있다. 실제로 네로의 가정교사(그리고 마지막에는 희생자)였던 세네카는 자신의 한 철학 소논문에서 죽음에 대한 연습의 중요성을 강조했으며, 매일 식사 자리를 앞으로 있을 자신의 장례식을 나타내는 연극 공연으로 바꿔놓은 한 원로원 의원을 언급했다. 환관이 "그가 살다 갔네, 그가 살다 갔네" 하는 노래까지 불렀다. 세네카조차도 이것은 좀 지나치다고 생각했다. 그러나 그것이 도미티아누스의 의도였다면 완전히 방향을 잃은 것이었다.

황제의 식사는 그의 세계와 이 책의 몇몇 가장 큰 주제들, 가학성에서부터 관대함, 사치에서부터 공포까지를 특히 잘 보여주는 렌즈다. 황제의 식당은 황제 및 그와 함께 식사를 하는 사람들에게 즐거운 장소인 동시에 위험한 장소였다(독살은 요리와 엄청나게 긴밀한 관계에 있다). 그곳에서는 로마의 사회 질서가 드러나기도 하고 불편하게 뒤집히기도 했다. 우리는 또한 때로는 재미있고 때로는 혼란스러운 고대의 일화 속에 묻혀 있는 여러 가지 생생하고 흥미롭고 중요한 세부 정보들을 발견할 수 있다. 식기류를 훔치려는 유혹을 떨치지 못한 손님도 있었고, 유리 술잔을 깨서 식인 뱀장어 연못에 던져질 위기에 처한 노예도 있었다. 이런 이야기의 상당수는 아마도 오늘날 타블로이드지와 잡지에 실리는 왕실 인사나 저명인사에 대한 떠도는 이야기나 마찬가지로 문자 그대로의 진실과는 거리가 있을 것이다. 의심스러울 정도로 비슷한 이야기가 서로 다른 황제에 대해 전해지고 있다. 같은 문제와 갈등을 바탕에 깔고 거듭 이야기된다. 그렇기 때문에 그 이야기들은 식탁에서든 다른 장소에서든 '황제'(특정 개인이 아닌 황제 일반)가 어떻게 상상되었는지에 대해 현존하는 최고의 증거들 가운데 일부를 제공한다.

그러나 연회 자리가 로마 황제들의 생활 및 생활방식을 보여주는 좋은 장소인 이유는 이데올로기와 상상을 넘어 실제로 살았던 황제의 모습을 상상할 수 있게 해주기 때문이다. 아직도 황제가 주관했던 사치스러운 연회 장소의 일부에 가볼 수 있고, 고고학 유물과 몇몇 목격담을 그곳에서 연회를 열었던 통치자들과 대조해볼 수 있다. 몇몇 장소에서 우리는 "네로(또는 도미티아누스나 하드리아누스)가 여기서 식사를 했다"라거나 "리비아 황후가 여기서 식사를 했다"라고 확실하게 말할 수 있다. 흔히 그저 '리비아의 정원 그림 방'으로 언급되는 동·식물에 대한 매우 사실적인 그림은 아우구스투스 아내의 한 교외 별장에 있는 식당 장식의 일부였다(화보 4). 그 외에도 우리는 때로 황제, 그의 가족, 그의 상류사회 손님을 넘어서 이 환대를 가능하게 한 사람들의 모습도 일부 볼 수 있다. 묘비에 자기네의 직업에 대해 기록한 요리사와 시식시종, 그리고 온갖 종류의 식사 시간 예능인들이 그들이다. 이것은 황제를 그의 처소에 돌려놓고 그의 정권을 뒷받침하는 궁궐의 다른 사람들에 대해 알아볼 수 있는 기회다. 황제의 세계는 식당에서 시작된다.

로마인들의 식사 장소

고대 로마를 배경으로 하는 거의 모든 영화에는 익숙한 연회 장면이 나온다. 남자와 여자들이 함께(다른 많은 고대 문화권이나 현대의 일부 문화권에서와 달리 남녀가 뒤섞여 음식을 먹었다) 팔꿈치를 괴고 긴 소파에 비스듬히 기대서 노예가 주는 음식과 술(통상 포도주에 때로 구운 겨울쥐를 곁들인다)을 먹는 모습이다. 이 경우 영화의 묘사가 완전히 틀린 것은 아니다. 적어도 부자들의 경우는 그렇다(가난한 사람들은 식당 탁자에 앉아 음식을 먹었을 가능성이 훨씬 높고, 지금 대다수의 사람들이 은식기 잔치에서 하는 것처럼 기댄 자세를 하고 먹지는 않았을 것이다).

이런 고대의 모습이 가장 잘 보존된 유적은 79년 베수비오 화산 폭발로 파묻혔던 폼페이에서 발견됐다. 그곳의 일부 실내 장식은 즐겁고 취기가 오른 로마식 식사에 대한 그림이 그려져 있으며(화보 11), 많은 저택에는 특징적인 식당이 아직 남아 있다. 일부는 따뜻한 날씨에 야외에서 즐길 수 있도록 정원 끝에 만들어졌다. ㄷ자 모양으로 고정된 석조 소파는 각기 세 명이 기댈 수 있으며, 못과 분수 등으로 둘러싸인 가장 사치스러운 공간이었다. 앞으로 알게 되겠지만 로마 상류층은 찰랑거리거나 떨어지는 물의 모습 및 소리를 감상하며 훌륭한 식사를 하는 것을 좋아했다. 다른 사람들은 '클리나이klinai'라는 이동식 목제 소파가 있는 실내에서 식사했다. 역시 ㄷ자 모양인 이 소파의 통상적인 위치는 모자이크 바닥에 표시돼 있었을 것이다(그 표시 덕분에 그 방의 주된 용도를 알 수 있다). 이 모든 식사 공간은 보통 트리클리니움triclinium으로 불렸다. 글자 그대로 해석하면 '세 개의 소파'라는 뜻이다.

| 그림 16 | 폼페이 '에페베Ephebe의 집'의 정원 식당. 석조 소파(아마도 사용할 때는 푹신한 방석을 깔았을 것이다)가 뒤쪽 벽 분수 앞에 설치돼 있다. 위의 덩굴시렁에는 본래 초목이 뒤덮여 그늘을 만들어주었다.

로마와 다른 곳들의 대부호들은 식당 시설의 규모, 화려함, 정교함에서 폼페이의 지방 귀족을 능가했지만 기본 구조는 유사했다. 한 방에 여러 개의 트리클리니움, 즉 소파 세트가 있어 초청자가 여덟 명[한세트인 세 개의 클리나이에 주인과 함께 앉을 수 있는 손님의 수]으로 제한받지 않고 많은 손님에게 식사를 대접할 수 있었다. 즐길 수 있는 사치의 수준은 다양했다. 율리우스 카이사르와 동시대인인 한 귀족은 여러 개의 등급별 식당을 갖고 있었고, 각각은 이름이 따로 있었다고 한다. 우리가 알고 있는 한 식당은 '아폴로'였고, 나머지도 아마 마찬가지로 젠체하며 다른 신들의 이름을 붙였을 것이다. 그가 어디에서 먹을지 방

의 이름만 말하면 아랫사람들이 내놓을 음식의 질과 거기에 드는 예산에 대해 금세 알아차렸을 것이다.

100년쯤 뒤에 플리니우스는 한 편지에서 자신의 시외 사유지 가운데 하나의 구조에 대해 이야기했는데, 돈만 있다면(그리고 무분별한 과시 취향이 있다면) 분수와 연못 같은 수도 시설이 식사의 흥취를 얼마나 돋울 수 있는지를 이야기했다. 그의 땅 일부에는 덩굴시렁으로 그늘진 여름철용 식당이 있었다. 시렁 아래에는 소파가 약간 다르게 ㄷ자 모양이 아닌 반원형으로 배치되었으며, 정면에는 여러 개의 분수가 있고 소파 아래에서 뿜어내는 물이 흘러드는 못을 곧바로 내려다볼 수 있었다. "위의 소파에 기댄 사람들의 무게에 의해 뿜어져 나가는 듯" 하다고 플리니우스는 설명했다. 건너편에 있는 노예가 배나 새 모양의 작은 접시 위에 음식을 올려 연못에 띄워 보내면 손님들이 그중 맛난 음식을 꺼내 먹었다. 아마도 누군가는 손이 닿지 않는 곳에서 멈춰버린 접시를 가져오는 방법을 알고 있었을 테지만, 플리니우스는 그런 실질적인 문제에는 관심이 없었던 듯하다.

궁궐에서의 식사

황제들은 대부호들을 능가했다. 로마의 궁궐은 식사를 위해 건설됐다. 연회실이 여러 개나 있었고, 그중에는 기묘하고도 놀라운 식사 장소도 있었다. 그런 곳들은 영화에 나오는 약간 납작한 소파와 통상적인 배경을 훨씬 뛰어넘는 것이었다.

고고학자들은 수에토니우스에 따르면 단순한 사치에 공학적 경이를 추가해 "지구처럼 밤낮으로 돌아가는" 곳인 네로의 식당 흔적을 확실하게 찾아내지 못했다. (노력을 하지 않은 것은 아니었다. 유적을 찾아내고 그 작동 방식을 재구성하기 위한 가장 최근의 시도는 위층에 회전하는 식당이 들어가고 그 아래에는 물로 움직이는 장치가 들어갔을 수도 있고 그렇지 않을 수도 있는 탑 같은 구조물의 잔해에 초점을 맞추었다.) 그러나 그들은 네로가 분명히 손님들에게 식사를 대접한 로마 팔라티노 언덕의 황제 사유지 가운데 한 곳을 찾아낼 수 있었으며 지금도 접근이 가능하다. 그곳은 지금 공장제 벽돌과 콘크리트에 불과하지만, 황제와 그 친구들이 소파에 기대고 있을 때 그 주위에 있었던 사치스러운 것들(분수와 대리석 바닥에서부터 그림이 그려진 천장까지)을 일부 상세하게 재구성할 수 있을 만큼 장식의 흔적들이 남아 있다고 첫 발굴자들이 기록해 놓았다.

그곳은 후대 궁궐 구조물이 그 위에 지어진 토대에 우연히 보존된 방이다. 고고학적으로 거의 틀림없이 네로 치세 전반기, 64년에 발생한 로마 대화재 이전으로 거슬러 올라가며, 그 이후의 더욱 극적인 건축 구조물인 유명한 도무스 아우레아Domus Aurea(황금 궁전) 이전으로 추정된다(196~203쪽). 18세기 초에 발견된 이후 그곳은 흔히 낭만적으로 아우구스투스의 아내인 '리비아의 목욕탕'으로 잘못 알려졌다. 거기에 있는 많은 급수 배관들 때문이었다. 그러나 그곳은 리비아 황후의 전성기보다 반세기 뒤에 건설됐고, 물은 플리니우스의 별장에서처럼 목욕과는 전혀 상관이 없고 식사를 위한 배경일 뿐이었다. 그곳은 푹 꺼진 마당에 위치하고 노천이지만 쾌적하게 햇볕이 들지 않는 트리클리니움이었다.

| 그림 17 | 2019년 일반에게 재개방된 날에 사람들이 이제 약간 어두워진 네로의 지하 식당을 살펴보고 있다. 이곳은 주요 손님들이 자기네 식사 자리에서 바라봤을 잘 꾸며진 '무대'의 잔해를 보여준다. 한쪽 끝에 벽돌 위 대리석 외면의 작은 부분이 복구돼 본래 모습을 어느 정도 떠올릴 수 있게 해준다. 물이 벽 위의 구멍에서 쏟아져 내려왔을 것이다. 지상으로 올라가는 계단 하나가 방문객 앞에 보인다.

  두 개의 계단 중 하나로 내려가면 자주색 반암 기둥으로 지탱된 식당으로 이어지며, 그곳에 주요 손님들을 위한 소파들이 놓여 있었다. 이 소파들은 극장 뒤쪽 벽을 모방해 만든 다색 대리석의 고급스러운 외면을 향하고 있었고, 좁은 무대가 설치돼 그 위에서 시, 음악, 1인 재담을 공연하고 심지어 철학 토론까지 할 수 있었다. 그러나 관심의 중심은 언제나 무대 위에서 떨어지는 폭포수였다. 넘친 물이 결국 바닥 높이의 웅덩이로 모였다가 또 다른 못으로 흘러가 식사 장소 아래에서 손님들 사이를 휘감아 흐르도록 복잡하게 만들어졌다. 중앙 식사

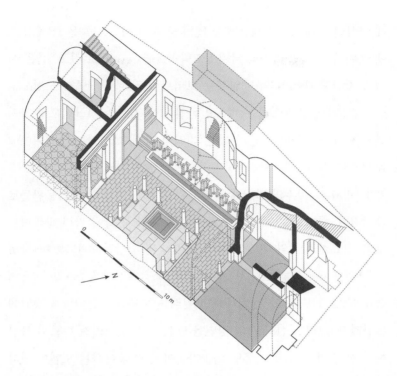

| 그림 18 | 네로의 트리클리니움(그림 17) 복원 모형. 중앙의 '무대'에는 위의 수조로부터 물이 흘러드는데 그 물의 일부는 다시 기둥으로 둘러싸인 중심 식당으로 흘러간다. 그곳에는 작은 못 주위에 세 개의 소파가 놓여 있었을 것이다. 화려하게 장식되고 역시 물이 흘러드는 양쪽의 부속실은 다른 손님들을 수용했을 것이다. 그곳으로 들어가는 계단 두 개가 양쪽 끝에 있었다.

공간 양쪽에는 각기 작은 폭포가 있는 다른 방들이 있고, 이곳에는 더 큰 연회를 위해 더 많은 소파를 놓을 수 있었다. 공간의 전체 길이는 약 30미터였고, 폭은 10미터를 약간 웃돌았다.

식당의 장식은 최고급이었다. 그러나 오늘날 유적지에 남아 있는 것이 너무 적어서 당시의 분위기를 살리기 위해 현대의 방문자들에게 가상현실 헤드폰이 제공됐다. 옆방 중 한 곳의 그림들은 18세기 초에 우여곡절 끝에 나폴리 국가고고학박물관MANN으로 갔고, 같은 시기에 발견된 대리석 외면 일부는 보퍼트 공작 헨리 스쿠다모어Henry Scudamore가 잉글랜드 중부 배드민턴에 있는 자신의 시골집으로 가져갔으나 그가 그곳에 만들려 했던 '대리석 방'에 쓰이지는 못했다(공교롭게도 네로의 식당에서 나온 일부 돌이 여러 해 뒤에 배드민턴의 예배당 장식을 위해 사용됐다). 이후의 발굴에서 발견된 것 상당수는 인근 박물관들로 옮겨졌다. 하지만 기둥 위의 도금한 기둥머리, 천장에 박힌 반짝이는 보석, 절묘한 장식의 대리석 바닥, 값비싼 벽의 상감(아마도 연회에서 유흥객들의 또 다른 활동을 암시하는 듯한, 다채로운 소형 대리석 무용 인형이 들어간 매력적인 장식 같은)을 상상해보면 원래는 눈부신 모습이었을 것임에 틀림없다. 그리스 신화 속의 장면을 담은 그림이 그려진 판들과 복잡한 천장 장식은 18세기 유럽 미술가들이 가장 좋아하는 모델이 됐다(화보 18). 일부 고고학자들이 주장했듯이 그림 속 장면들이 꼼꼼하게 암호화된 네로 궁정의 역사에 대한 언급이라는 생각은 지나친 상상일 것이다. 그러나 헤라클레스가 프리아모스를 트로이의 왕으로 추대하는 것과 같은 일부 장면은 로마의 황제 권력과 승계에 대한 신화적 비유로 이해할 수 있다.

네로의 손님들이 이 값비싼 동굴에서 식사하기 위해 계단을 걸어 내려오는 동안 염려, 명예, 경탄, 불안이 어떤 식으로 조합된 심정이었을지, 또는 벽의 장식을 보고 무슨 생각을 했을지는 상상만 할 수 있을 뿐이다. 아무런 목격 기록도, 고대의 묘사도 남아 있지 않다. 그러나 멀지 않은 곳에 한때는 더욱 사치스러웠을 황제의 식당이었지만 지금은 인상적이지 않은 유적이 남아 있다. 이에 대해 당대의 반응을 엿볼 수 있다. 바로 1세기 말에 푸블리우스 파피니우스 스타티우스Publius Papinius Statius가 쓴 70행 가까이 되는 시다. 그는 궁정 핵심과 연줄이 있는 당대 주요 시인이었으며, 스스로 수백 년 전 그리스의 호메로스나 100년 전 아우구스투스 황제의 후원을 받았던 로마의 베르길리우스의 '현대판'이라고 뽐내던 인물이었다.

스타티우스는 도미티아누스와의 식사에 초대받았고, 자신의 시에서 이 일을 묘사했다. 연회는 네로 시절의 층 위에 지어진 새 궁궐의 가장 큰 건물에서 열렸다. 그의 주장에 따르면 그가 궁궐 연회에 참석한 것은 그때가 처음이었고, 그것을 즐겼다고 한다. 그 자리는 친구들 사이의 사적인 야회夜會가 아니었고, 로마의 주요 인사가 대거 모이는 국가 연회에 해당하는 자리였다. 스타티우스가 탁자 천 개가 차려졌다고 쓴 것은 과장일지 모르지만, 황제의 배포에 대해 어느 정도 감을 잡을 수 있게 해준다. 연회 장소는 오늘날에도 팔라티노 언덕에서 그 흔적을 찾을 수 있는 거대한 방들(209쪽 10번, 11번, 12번, 14번) 중 하나이거나 그 이상이었을 것이다. 여기에는 잘려나가고 제거되지 않은 장식이 아주 조금 남아 있다. 현재 방들은 대체로 평면도 윤곽 수준으로 남아 있고, 약간의 포장 부분과 벽 일부의 뼈대였던 벽돌들이 드러나 있다. 그 중 하나(14번)는 가로-세로 각기 대략 30미터 규모다. 옆에는 필수 요소인 분수가 있고, 본래 30미터 이상(최근의 재구성에 따르면)의 높이로 솟아 있었다. 이는 로마 건축 편람에 제시된 대형 식당 설계와 부합한다. 다른 방들은 쉽게 여러 세트의 소파를 놓을 수 있었을 것이다. 연회에 사용되지 않을 때는 아마도 다른 용도로 쓰였겠지만 말이다.

스타티우스의 시는 그 방들이 한때 손님으로 가득 차 있던 모습을 그려보는 데 도움이 된다. 시는 경외심, 아첨, 자기과시가 정교하게 섞인 작품이며 때로 풍자가 번뜩인다. 초대자와 그 측근들에 대한 일부 찬양은 적어도 요즘 사람이 보기에는 아무리 궁정시라고 해도 서투르게 꾸며지거나 전혀 성의가 없는 것처럼 보인다.

나는 별들 사이에서 유피테르와 함께 기대어 있다고 느끼네.
(…)
내 인생의 메마른 시절은 지났네.
오늘은 내가 태어난 첫날, 이곳은 내 인생의 출발점
내가 소파에서 즐겁게 바라볼 사람이
세상의 지배자, 복속된 세계의 지배자
위대한 부모, (…)
당신인가요?

어쨌든 스타티우스는 이 행사에 대해 암시를 준다. 황제는 관심의 중심이었다. 플리니우스가 말한 '트림'이나 디오가 말한 가장 연회 주최자가 아니라, 손님들 앞에서 그리고 그들의 숭모하는 시선 속에서 홀로 고독하게 주재하는 거의 신적인 존재였다. 압도적으로 광대한 환경과 벽의 화려함은 이 행사에 적절한 배경을 제공했다. 지금은 실망스러울 정도로 칙칙한 벽돌은 본래 로마 세계 전역에서 가져온 검은색과 분홍색, 푸른색과 연초록색 등 여러 색깔의 대리석으로 덮여 있었으며, 제국의 가상 지도 역할을 했다. 스타티우스는 그중 둘을 지

| 그림 19 | 이 평범한 벽돌 구조물은 한때 도미티아누스궁의 거대한 식당의 수도 시설의 일부였다. 본래는 대리석을 겉에 씌워 손님들이 물 흐르는 소리를 즐길 수 있게 했을 것이다. 그림 20의 오른쪽 아래에 보인다.

목하며 이렇게 썼다.

　저기 리비아의 산과 트로이의 산이
　경쟁하듯이 번쩍이고 있네.

　또한 시가 완전한 아부로 그치는 것을 막은 풍자의 번뜩임 가운데 하나로, 대리석 장식 너머까지 뻗친 경쟁이 있었음을 암시하고 있다. 스타티우스와 다른 손님들도 "경쟁하듯 번쩍이며" 모두가 최선을 다해 군중 사이에 있는 황제의 주의를 끌고자 노력했다.

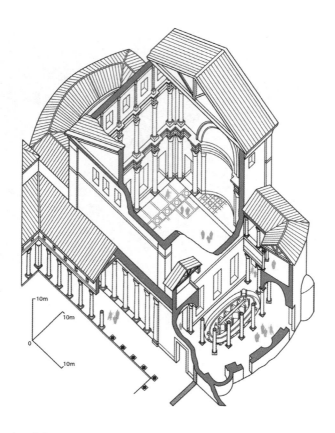

| 그림 20 | 플라비우스궁의 가장 인상적인 식당(틀림없이 다른 용도로도 쓰인)의 재구성 모형. 지금은 남아 있지 않은 위층과 지붕을 보여주고자 했다(209쪽 14번).

아마도 이 시인은 바로 주의 끌기를 해냈을 것이다. 일부 현대 비평가들은 이 시의 일부가 미리 준비됐고 스타티우스는 행사의 끄트머리에 일어서서 "복속된 세계의 위대한 부모"를 향해 낭송했으리라고 추측했기 때문이다(그리고 그것은 추측에 지나지 않는다). 자기선전이 과장된 감사 편지와 결합된 공연이었다.

다른 곳에서의 식사?

로마의 궁궐은 웅장했지만 황제의 환대 장소로 비교적 작은 한 부분일 뿐이었다. 이탈리아 전역과 그 너머의 도시와 시골에서 우리는 황제가 한때 손님을 초대했던 수십 군데의 식당 유적을 더 찾아낼 수 있다. 때로는 고대의 제왕 유람선에 해당하는 것에도 있었다. 칼리굴라가 로마 교외 40킬로미터쯤 떨어진 곳에 있는 경승지 네미호에 만든 두 개의 호화로운 유람선 같은 것이다. 이 물 위의 식당은 숙박 시설, 연회 및 식사 장소, 모자이크 바닥, 선상 목욕 시설까지 갖추었다(화보 6). 그러나 시외에 있는 다른 황제의 육상 정규 주거지에는 사치스럽고 때로 복합적인 유흥 장소가 갖추어지지 않은 곳이 없었다. 티볼리에 있는 마구 뻗어나간 하드리아누스의 사적 도시에서는 식당들이 온갖 종류의 창의적인 건축 환경에 세워졌다. 호수 안의 인공 섬에도 있고, 경마장을 본떠 설계한 '경기장 정원'에도 있었다.

그중 가장 유명한(그리고 오늘날 가장 사진이 많이 찍히는) 곳은 이른바 '카노푸스Canopus'였다. 이곳은 최고의 조각 작품들로 둘러싸인 긴 물 웅덩이로, 이집트 나일강 삼각주의 유명한 카노푸스 수로를 떠올릴 수 있도록(《아우구스투스의 역사》의 하드리아누스 전기에서 슬쩍 언급한 것이 그렇게 시사한 것으로 받아들여졌다) 설계된 것이었다(225쪽 9번, 226쪽). '수로'의 한쪽 끝은 어떤 웅장한 건축물에 의해 그늘이 져 있었고, 황제와 그 친구들은 여러 높이로 복잡하게 놓인 소파에 기댔다. 그 옆에는 폭포가 흘렀다. 손님들은 음식 일부를 플리니우스가 묘사한 방식대로 건너편에서 작은 배에 실어 띄워 보낸 것을 받았다. 옆쪽에는 세

개의 간이 화장실이 있어 누구도 용변을 위해 멀리 갈 필요가 없었다. 화장실은 수돗물이 들어오고, 대리석과 모자이크로 호사스럽게 장식됐다.

때로 황제는 연회를 열기 위해 자신의 사유지 너머 다른 장소를 간단히 징발했다. 심지어 나무들조차 그의 지배로부터 자유롭지 못했다. 칼리굴라가 자신의 '둥지'라고 불렀던 버즘나무 가지에서 연회를 열었다는 이야기를 믿을 수 있다면 말이다. 여기에는 열다섯 명의 손님과 시중드는 사람들이 참석했다고 한다. 분명히 도시의 대표적인 건물들은 일시적으로 황제의 식사를 위해 전용될 수 있었고, 콜로세움도 그중 하나였다. 오늘날 이 유적을 찾는 방문객들은 이곳에 아우성치는 군중이 가득 들어차서 경기장 안의 불쌍한 인간과 동물을 죽이라고 외치는 모습을 상상한다. 때로는 그랬을 것이다(7장에서 보겠지만 꼭 그렇게 많은 '아우성'이 있었던 것은 아니었다). 그러나 적어도 한 번은 이곳이 황제가 수천 명의 고마운 시민들에게 식사를 대접하는 장소로 쓰였다. 살육의 장이 아니라 황제가 베푸는 연회장이었다.

그 행사는 도미티아누스가 주최한 또 하나의 연회였다. 공화국까지 거슬러 올라가는 오랜 전통을 따른 것으로, 중요 인물이 자신의 관대함을 과시하기 위해 사람들에게 대량의 식사를 제공했다. 예를 들어 율리우스 카이사르는 로마의 어느 곳에서 (다소 믿기 어렵지만) 2만 2천 개의 트리클리니움이 동원된 대중 잔치를 열었다고 한다. 세 개의 소파로 이루어진 트리클리니움 하나에 아홉 명씩 앉을 수 있으므로 총 19만 8천 명이 식사를 한 셈이다. 도미티아누스는 좀 수수한 규모였다. 콜로세움의 수용 능력을 합리적으로 평가하면 5만 개의 자리를 만

| 그림 21 | 티볼리에 있는 하드리아누스 사유지의 가장 놀라운 식당. 아마도 고대 이집트의 명소 가운데 하나인 카노푸스 수로의 영향을 받았을 것이다. 조각품으로 둘러싸인 물웅덩이 건너로 그늘진 지역이 보인다. 이곳에서 황제와 그 손님들이 식사를 했을 것이다. 그림 40도 참조.

들 수 있다. 그러나 이 생각은 어떤 식으로 선택했든 높은 원로원 의원에서부터 거리의 사람에 이르기까지 모든 계층의 로마인들이 원형경기장에 모여 식사를 즐긴다는 것이었다. 자신의 자리에 앉아서(소파가 아니라) 이 행사를 주관하는 황제가 돈을 낸 음식을 먹는 것이다. 음식과 함께 경기장 바닥에서는 공연이 벌어졌다. 검투사나 야생동물이 아니라 서로 맞선 여자와 난쟁이 집단들 사이의 연출된 싸움(현대인이 보면 불쾌할지도 모르지만)과 때로 음악가와 예인들의 외설스러운 공연도 있었다. 땅거미가 지자(이 행사는 12월에 열렸다) 모든 곳에 횃불이 밝혀져 밤이 다시 낮으로 바뀌었다.

이 행사에 대한 묘사 하나가 스타티우스의 다른 시에 나온다. 그는 자신이 여기에 참석했음을 내비쳤다. 그는 이 모든 것의 계획과 빈틈 없는 구성에 놀라워했다.

보라, 좌석의 모든 구역을 지나
또 다른 (심부름꾼) 무리가
화려하고 산뜻하게 등장한다.
앉은 손님 수만큼이나 많은 수가
어떤 이들은 빵 바구니, 흰 냅킨, 고급스러운 음식을 나르고
또 다른 이들은 취하게 하는 포도주를 넉넉히 가져온다.

스타티우스는 더 화려한 몇몇 묘기에 대해서도 이야기한다. 견과류, 과자, 과일, 대추야자 등 첫 음식이 손님들 머리 위 높은 곳에 뻗어 있는 그물과 줄에서 그들의 자리로 말 그대로 쏟아져 내렸다(화보 7의 폼페이의 그림에 더 작은 규모로 포착돼 있는 연회의 장난이다). 그런 놀라운 광경이 스타티우스가 심술궂은 농담 몇 마디를 보태는 것을 막지는 못했다. 처음에 맛난 음식이 쏟아지는 것은 인상적이었지만, 종종 위험하다고 그는 주장했다. 떨어지는 과일 중 어떤 것은 익지 않았고, 그게 하필 내게 떨어지면 불쾌하게 얻어맞게 되기 때문이다(그는 '강타', 라틴어로 콘투디트contudit라고 말한다).

이 이야기는 나중에 엘라가발루스가 식사 시간에 뿌려댄 꽃잎 소나기 이야기와 비슷한 면이 있다(다만 결말은 좀 낫다). 엘라가발루스의 장미 꽃잎은 천장에서 서서히 뿌려져 손님들이 질식해 죽게 만들었다.

도미티아누스의 딱딱한 사과와 배는 그저 약간의 불쾌한 혹과 타박상을 남겼을 뿐이다. 그럼에도 이 이야기는 하늘에서 떨어진 황제의 시혜 이야기의 한 사례였다.

차림표에는?

스타티우스의 과장된 기록에서도 콜로세움에서 제공된 음식은 고급 도시락에 술과 간단한 안주 정도였음이 분명해 보이고, 교묘한 묘기는 아마도 부족한 식사 양을 벌충하기 위해 곁들였을 것이다. 손님이 수만 명에 이른다면 그 이상 어떻게 가능할지 알기 어렵다. 다른 경우에 트라야누스의 간단한 식사부터 사치스러운 '과시적 요리'까지 다양한 음식을 황제가 제공했을 것이다. 차림표상의 가장 풍성한 요리에 관한 이야기는 전 세계의 복잡한 고급 요리에 대한 생각을 반영한다. 여기에는 비싸고 구하기 어려운 재료가 포함되며, 종종 실제와는 다른 것처럼 보이게 만드는 방식과도 결합된다(현대로 치면 '완전히 설탕만으로 만든 백조' 트릭 같은 것이다).

엘라가발루스와 다른 미식가 황제들이 좋아했다고 알려진 여러 진미들도 마찬가지였다. 예를 들어 비텔리우스 황제는 요리를 담은 커다란 접시 때문에 '미네르바의 방패'라고 알려진 음식을 좋아했다고 한다. 아마도 강꼬치고기 간, 꿩과 공작의 뇌수, 홍학의 혀, 칠성장어 내장으로 만든 요리였던 듯하며, 그 재료들은 동쪽의 파르티아와 서쪽의 이베리아에서 전함으로 특별히 들여온 것들이었다.

그런 조합의 아주 허구적인 모습이 한때 네로 황제의 친구였고 나중에 그 희생자가 되는 페트로니우스Petronius가 1세기에 쓴 소설 《사티리콘Satyricon》에 나온다. 노예 출신의 엄청난 부자 트리말키오가 연 풍성한 잔치의 절정에서 물고기, 거위, 그 밖의 새 종류들을 잘 섞은 것처럼 보이는 요리가 나오는데, 재미있는 것은 사실 이 요리가 돼지고기로만 만든 것이라는 농담을 한다. 이러한 농담의 상당 부분은 사실이라기보다는 상상이었고, 의심할 여지 없이 이따금씩 벌어지는 큰 연회를 반영한 것이었지만, 황제의 방 안에서 소비된 것들에 대한 외부인들의 전형적인 환상에 의해 과장되었다. 특별하지 않은 대부분의 경우에 황제의 주방에서 만든 요리가 보다 현실적인 것이었으리라고 생각하는 데는 충분한 이유가 있다.

《사티리콘》에서 허구의 요리사들이 해냈던 화려한 재주는 차치하고라도, 이런 복잡한 요리를 로마의 궁궐에서 정기적으로 준비했다고 보기는 어렵다. 예를 들어 이스탄불 톱카프 궁전의 커다란 조리실 같은 규모의 주방은 없었다. 공정하게 말하자면 전근대 사회의 어느 지역에서도 상류층 집에서 주방은 눈에 잘 띄지 않는 곳에 있었다. 주방은 냄새, 소음, 연기 때문에 중심 식당에서 멀찍이 떨어져 있었다. 식탁에 식은 음식이 올라올 수밖에 없더라도 그랬다. 그리고 통구이를 비롯한 많은 요리가 옥외에서 만들어졌다. 트리말키오의 노예 하나가 현관 계단에 앉아 콩깍지를 까는 삽화는 이런 방향을 가리킨다.

그렇지만 팔라티노에서 아직 중요한 조리 시설이 발견되지 않은 것은 당혹스러운 일이다. 시외의 황제 주거 일부에서 발견된 것들조차도 이른바 고급 요리와는 부합하지 않는다. 넓은 공연장이 있는 티볼리의 하드리아누스 별장에서 확인된 주방은 모두 초라하고 규모가 작다. 카프리섬 티베리우스의 별장에 한 줄로 늘어선 몇 개의 솥이 많은 인원을 위해 요리를 했음을 말해주지만, 식재료를 빻고 채워 넣고 자르고 섞고 밀어서 펴고 맛을 내는 복잡한 요리를 위한 장소가 부근에 없고 적당한 지표면도 발견되지 않는다.

음식이 소비된 방식은 복잡한 요리에 대한 의심만 더할 뿐이다. 어떤 종류의 음식을 손님들이 반쯤 누운 상태에서 현대의 포크 같은 것을 쓰지 않고 한 손만으로 쉽게 먹을 수 있을까? 연습을 하더라도 말이다. 어쨌든 거창한 고급 음식은 수시로 준비돼, 손님들에게 강한 인상을 심어주기 위한 성대한 의식과 함께 들여왔을 것이다. 그것이 완전한 상상이 아니라면 비텔리우스의 '미네르바의 방패'에서 제시된 장면이다. 그러나 그렇게 거창하게 들여온 다음에는 한입 크기의 조각으로 잘린 뒤 손님들에게 제공되거나 작은 접시에 담아 건너편으로 띄워 보냈다. 그렇다면 로마제국의 연회는 영국의 고기, 감자, 채소의 조합보다는 에스파냐의 전채요리 타파스에 더 가까웠을 것이다.

계단 아래

이런 식사들이 실제로 얼마나 푸짐했든, 우리는 그것을 가능하게 했던 일부 남자와 여자의 모습을 놀랍도록 분명하게 포착할 수 있다. 온갖 예측과 불안을 안고 계단을 내려가 네로의 연회장으로 들어갔던 손님들이 아니라, 손님들에게 내놓기 위해 술과 음식이 담긴 쟁반을 들고 힘들게 같은 계단을 내려가고 식사 후 더러운 접시를 수거해 다시 힘들게 계단을 올라갔던 사람들이다. 로마 상류층의 식사는 황제가 초대한 것이든 플리니우스 같은 자들이 초대한 것이든 수백(어쩌면 수천) 명의 노예가 필요했다는 것은 분명한 사실이다. 소파에 기대 있었던 사람들보다 훨씬 많았다. 앞으로 살펴보겠지만 로마 궁궐 운영의 거의 모든 측면은 노예 노동 또는 해방노예(자유가 주어졌거나 자유를 샀지만 '휘하 인력'으로 남아 있는 모든 남자와 여자들)의 노동에 의존했다.

그러나 우리는 여기서 더 나아가, 황제의 식사 뒤에 숨겨진 구조, 관련된 다양한 직무들, 심지어 여기에 예속된 사람들 일부의 삶에 관한 약간의 구체적인 사실들을 더 채울 수 있다. 이는 부분적으로 스타티우스 같은 사람들이 가끔씩 그들을 주시했기 때문에 가능한 일이다. 그는 한쪽 눈으로는 콜로세움에서 "산뜻하게 등장"하는 심부름꾼과 궁궐 식당의 "노예 무리"에 주목했다. 더욱 도움이 되는 것은 그들 또는 그 가족들이 묘비에 기록한 작은 정보의 조각들이다. 그 덕분에 그들의 목소리 일부를 들을 수 있다.

이들 기념물에서 받는 압도적인 인상은 위계가 잡혀 있고 세부적으로 전문화된 궁궐의 주방 세계와 흔히 보이지 않는(그들이 말 그대로 계단 아래에 머물러 있었기 때문이거나, 그들이 존재하지만 사회적으로 '주목받지 않았기' 때문에) 하인 무리에 대한 것이다. 황제 집안의 요리사, 주방 관리자, 집사, 잔심부름꾼, 포도주 관리자, 특정 종류의 빵을 만드는 일류 제빵사, 시식시종, 초대 담당자나 식탁 냅킨 담당자(로마식 식사를 즐기는 것은 얼굴과 손을 닦을 수 있느냐에 달려 있음을 일깨워주는)에 대한 기념물들이 남아 있다. 심지어 특히 비교秘敎적인 식후 공연 예인들의 기념물도 있다. 그들은 로마 상류층의 식사와 연결되는 음악가, 시인, 유명 철학자들과는 아주 다른 부류였다. 여흥의 일부로서 많은 '재담꾼'(실제 인물이든 아니든)이 로마 작가들에 의해 언급됐다. 코프레아이coprae(직역하면 '작은 놈'이라는 뜻이다)로 알려진 익살꾼 같은 사람들이다. 이 중 가장 흥미로운 인물은 그의 기념 명판으로만 알려져 있는 남자다. 그는 황제의 노예였고(이름은 알 수 없다), '황제의 손발' 가운데 하나였다. 그가 유명한 이유는 티베리우스 황제 집안의 '흉내쟁이'였기 때문이다. 그는 "처음에 변호사 흉내 내는 법을 터득"했다. 티베리우스의 식사 자리에서(다른 어디서 이 공연이 펼쳐질 수 있었겠는가?), 노예가 우아한 자유인 법률가 흉내를 내고 웃음을 유도해 분위기를 띄웠다는 결론을 피하기는 어렵다.

직물 관리자나 틈새의 희극 배우까지 책임이 세세하게 규정된 전문적인 기반 구조는 부분적으로는 황제의 권력에 대한 과시였고, 이는 다른 부유한 로마 가정에서 더 작은 규모로 모방되었다. 예를 들어《사티리콘》에서 트리말키오가 자신의 노예를 등급에 따라 '부서'를 나누고 한 노예에게 '요리 부서'에서 '심부름 부서'로 강등시키겠다고 위협하는 장면이 익살스럽게 묘사된다. 하지만 묘비 또한 흔히 잊힌 사람들을 잠시 주목할 수 있게 해준다. 그리고 그것들은 황제 집안의 노예와 해방노예들이 (착취에 대한 그들의 분노가 어느 정도였든) 이 노동 서열에서 정체성을 찾았음을 시사한다.

2세기 중반 황제 궁정의 해방노예였던 티투스 아일리우스 프리미티부스Titus Aelius Primitivus는 그런 사람들 중 한 명이었던 것 같다. 그와 그의 아내 아일리아 티케Aelia Tyche(황제의 또 다른 해방노예)가 자신들을

| 그림 22 | '아르키마기로스'(주방장)로 표현된 티투스 아일리우스 프리미티부스와 그의 아내 아일리아 티케의 기념물. 첫 행의 'Aug(usti) Lib(ertus)'는 그가 '황제의 해방노예'임을 나타낸다. 글의 두 번째 부분은 무덤에 대한 침범을 우려하며 '요리사 집단'(오른쪽에 분명하게 보이는 'collegium cocorum'이다)의 역할을 언급하고 있다.

위해 주문한 우아하게 새겨진 기념물은 그를 평범한 '코쿠스cocus'(요리사)라고 표현하지 않고 '아르키마기로스archimagiros'라고 찬양한다. '주방장'에 해당하는 희귀한 그리스어 단어다.

또 다른 한 명은 티베리우스 클라우디우스 조시무스Tiberius Claudius Zosimus다. 해방노예로서 황제의 음식을 맛보는 일을 했던 '프라이구스타토르praegustator', 즉 시식시종이었다. 음식의 질을 보는 것이 아니라 독이 들었는지를 미리 확인했다. 그는 두 곳에 기념물을 남겼다. 한 곳은 도미티아누스의 군사원정에 따라갔다가 죽은 독일이었다. 조심성이 많은 황제들은 암살에 대한 이 첫 번째 방어선 없이는 아무 데도 가지 않았다(다만 우리가 아는 한 조시무스는 독 때문에 죽은 게 아니었다). 또 하나는 로마에서 그를 위해 세운 것이었다. 그의 아내 엔톨레의 "훌륭한 남편"이자 딸 에우스타키스의 "사랑하는 아버지"로서였다. 두 글은 모두 그가 평범한 '시식시종'이 아니었음을 강조한다. 그것은 기념물에 단순히 '아우구스투스의 시식시종'으로 표현되는 코에투스 헤로디아누스Coetus Herodianus(이름 뒷부분은 또 하나의 '인간 선물'이었음을 시사하는데, 기독교 성서의 유명한 헤롯 1세가 로마 황제에게 보낸 것이다) 같은 하급 노예가 하는 일이었다. 조시무스는 그보다 높은 사람이고, 이 기념물은 그가 '시식시종장'이었다고 주장한다.

이들 기념물은 또한 황제의 식당과 주방 노동자들의 공동체에 대해 좀더 단서를 준다. 글의 일부는 예를 들어 요리사의 콜레기움collegium(직원 조직과 사교 클럽 중간의 어떤 모임) 또는 시식시종의 콜레기움을 언급한다. 일부는 심지어 그들이 어떤 형태의 금융 자산도 가지고 있었음을 내비친다. 프리미티부스의 기념물에 적힌 규정은 위반 시 벌금으로 처벌하며, 팔라티노 요리사 콜레기움에 지불하도록 되어 있다. 그러나 그 밖에 궁궐 주방의 계단 아래 일상생활의 분위기에 대해서는 제대로 알기 어렵다. 가장 다채로운 관람은 플루타르코스가 2세기에 쓴 마르쿠스 안토니우스(옥타비아누스의 경쟁자로, 서기전 31년 악티온 해전에서 그에게 패했다)의 전기에서 할 수 있다. 이 이야기의 배경은 로마가 아니고 안토니우스가 클레오파트라와 함께 머물렀던 이집트 도시 알렉산드리아의 궁궐이다. 그곳의 조리 시설은 결코 초라하지 않았던 듯하다.

| 그림 23 | 이 중요한 비석은 해방노예 티베리우스 클라우디우스 조시무스를 기념해 로마에 만들어졌다. 그는 도미티아누스를 따라 독일에 갔다가 죽었다. 그의 서열상 위치는 3~4행에 나온다. 프로쿠라토리 프라이구스타토룸procurat(ori) praegustatorum('시식시종의 장')이다. 이 기념물을 주문한 그의 아내와 딸은 마지막 네 줄에 이름이 나온다.

　플루타르코스는 할아버지에게서 들은 이야기이며 할아버지의 친구가 실제로 그 궁궐 주방을 본 적이 있다고 설명한다. 그곳에서 할아버지 친구는 최소 여덟 마리의 멧돼지가 꼬챙이에 꿰여 구워지는 것을 보았다. "왜 이렇게 많이 굽나요?" 그는 물었다. 정말로 그렇게 많은 인원이 식사를 하는 건지 궁금해하자 요리사 중 한 명이 설명했다. "아니요, 열두 명뿐입니다." 그들이 정확히 언제 식사를 할지 모르기 때문에 요리사들은 멧돼지를 서로 다른 시간에 굽기 시작해 식사가 언제 시작되더라도 잘 익은 상태로 내놓는다는 것이었다. 이 이야기는 음식

준비 작업이 대단히 전문화되어 있고, 아울러 주방에서 일하는 사람들에게 남는 음식이 매우 많았음을 암시한다. 물론 그것은 또한 제왕들의 과소비와 낭비를 보여주는 상투적인 이야기이기도 하다. 이 이야기는 셰익스피어의 눈에도 띄었고, 그는 《안토니우스와 클레오파트라》에서 이렇게 언급했다. "멧돼지 여덟 마리를 구웠는데, (⋯) 사람은 열두 명뿐이라고? 그게 사실이야?"

오늘날에도 비슷한 상황이 이어지고 있다. 버킹엄궁에서는 계속 부인했지만, 찰스 왕세자(지금 왕)는 아침에 달걀 일곱 개를 삶게 했다고 한다. 약간씩 시간을 달리해 그가 먹고 싶을 때 딱 알맞게 익은 것이 하나 있도록 말이다. 왕실에 관한 소문은 그렇게 되풀이된다.

다시 한번 우리는 황제의 음식에 대한 일상적인 실제 현실과 제왕의 식사에 대한 허구적 상상을 갈라놓는 경계선에 있다. 그 경계선은 물론 분명하지 않고 환상과 현실 사이에는 불확실한 '무인지경'이 있다. 온갖 종류의 과장, 반쪽짜리 진실, 뒷공론 등에 걸쳐 있는 곳이다. 따라서 이제 우리가 살펴야 할 것은 식사의 '이데올로기'다. 식탁의 황제에 대해 나오는 이야기의 진실, 반쪽짜리 진실, 또는 완전한 허구(실제로 구분하기가 불가능하다) 속에서 떠오르는 이데올로기다. 내가 앞으로 다시 전달하려는 이야기의 일부는 문자 그대로의 진실일 수는 없지만, 황제의 식사와 그것이 어떻게 상상됐는지에 관한 다른 종류의 진실을 풀어놓을 것이다.

권력의 공연장

연회의 뒤에 있는 생각 하나는 황제를 장면의 중심에 놓고 구경거리로 삼는 것이었다. 심지어 하드리아누스 별장의 카노푸스에서처럼 그가 '사적으로' 식사를 하더라도 트리클리니움의 배경은 흔히 황제가 적어도 가상으로 전시되고 있음을 의미했다(현대의 관광객들은 이 카노푸스에서 사진을 많이 찍으니 어떤 면에서 그 메시지를 제대로 파악한 것이다). 같은 주제가 네로의 지하 트리클리니움의 모습을 좌우했다. 그 무대 장치는 식후 공연자들의 공연을 위한 장소를 제공했을 테지만, 장식의 주요 부분으로서 식당 자체의 '연극성'을 드러내기도 했다.

어떤 경우에 황제는 정말로 구경거리가 되기도 했다. 17세기에 부유한 방문객 무리가 베르사유궁에 가서 루이 14세의 연회를 구경한 것처럼(그 수가 너무 많아서 소매치기도 나타났다고 한다), 네미 호숫가에 군중이 몰려와 칼리굴라가 배에서 식사하는 모습을 구경하는 것을 쉽게 상상할 수 있다. 그리고 그러한 과시적 생각은 도미티아누스가 도시의 중요한 대중 공연 장소 중 하나인 콜로세움을 '구경거리로서 연회'를 벌이는 장소로 용도 변경한 것과, 네로가 도시의 한 공연장을 수상 식당 겸 파티장으로 바꾼 이야기의 배후에 있었을 것이다. 네로는 어떻게든 건물이 물에 잠기게 하고 지금은 인공호수가 된 곳에 자신과 손님을 위한 뗏목을 만들게 했다고 한다. 황제와 손님들은 화려한 깔개와 방석에 기대 게걸스레 음식을 먹어댔고, 아마도 주변의 물가에서는 다른 사람들이 일시적으로 들어선 선술집과 청루를 찾거나 그냥 서서 그 모습을 구경했을 것이다.

군중 속의 남녀들이 난투극을 벌여 많은 사망자가 나왔다는 주장을 포함해서 이 중 상당수는 순전히 공상일 가능성이 높다. 그러나 공상이든 아니든 중요한 것은 식사 중인 황제가 '구경거리가 되는 사람'으로 여겨졌다는 것이다. 3세기의 알렉산데르 세베루스는 큰 연회를 주최하면 자신이 공연장에서 식사를 하는 느낌이라고 말했을 때 스스로 무슨 말을 하고 있는지 알고 있었다.

　그러나 전시된 것은 황제만이 아니었다. 황제의 식사 이야기에서 로마 세계의 사회적·정치적 체제와 심지어 '실체적' 체제에 대한 하나의 전망이 시사되었고, 또한 논의되고 의문시됐다. 그것은 아우구스투스가 그의 식사 자리에 해방노예를 절대로 초대하지 않았다는 수에토니우스의 주장에 들어 있는 분명한 요지였다. 많은 사람이 식사하는 대중 행사를 제외하고 황제의 식탁에서는 초대된 손님과 하인 및 잔심부름꾼 사이에 엄격한 구분이 유지되고 있었다. 전자는 자유민으로 태어난 사람들이었고, 후자는 노예 또는 해방노예였다. 그것은 인간을 '섬기는 자'와 '섬김을 받는 자'로 구분한 것이었다.

　비슷한 구분은 식사 자리에서 펼쳐지는 일부 '여흥'에서도 강조됐다. 로마에서 약 60킬로미터 떨어져 있는 안토니누스 피우스와 그의 양자 마르쿠스 아우렐리우스의 시골 사유지에서 최근 발굴된 한 흥미로운 식당은 포도주를 만드는 시기에 상류층 손님들에게 특별한 추억을 제공했던 듯하다. 마치 무대 위에서 작업이 이루어지는 것처럼 약간 높은 곳에서 포도를 밟아 으깨는 데 사용되는 장소가 바로 내다보였기 때문이다. 이는 상류층 손님들과 노예 노동자들 사이의 거리를 강조했다. 노예들은 이제 노동자로서 구경의 대상으로 바뀌었고, 취한 손님들에게 자신들이 마시는 와인이 어디서 오는지 상기시켜주고 전통적으로 순박한 농촌의 분위기를 우아한 식사 자리 바로 가까이로 가져다주었다(조금 의식적인 것이었다).

더 흔하게는 황제의 식사 자리에서 난쟁이와 장애인들(청각장애 또는 시각장애가 있는 사람들)이 공연을 했는데, 수백 년 뒤 유럽 궁정에서 '유행'되었다. 그들은 호기심이나 '재미'의 대상으로 취급됐고, 오늘날 우리에게는 불쾌한 농담의 희생자로 여겨진다. 그러나 그들이 지닌 의미는 무엇이었을까? 부분적으로 그들 역시 식사의 위계질서에서 중요한 역할을 하고 있었다. 주변부 하층민들의 비정상적인 신체는 그들이 '즐겁게 해주는' 황제, 왕, 신하들 같은 사람들의 신체가 온전함을 드러내는 효과를 냈다. 상류층의 실재하는 신체의 불완전성은 더 불완전한 것으로 간주되는 사람들의 존재로 인해 가려졌다. 적어도 상상 속에서는 황제와 함께 식사하는 사람은 자유민으로 태어났고, 완전하고 세련되며 로마의 용어로 '정상적인' 신체를 타고난 사람으로 간주되었다.

물론 '나쁜' 황제들은 이 모든 것을 그릇되게 생각했지만, 그들이 규칙을 어긴 방법에 대한 이야기는 동일한 기본 원칙을 드러낸다. 자신이 좋아하는 말을 초대했다는(거기에 '정상적인' 인체라는 건 없었다) 칼리굴라는 도시의 가장 저명한 몇몇 사람들에게 자신의 식탁 시중을 들게 했다는 주장도 있었다. 수에토니우스가 쓴 전기의 라틴어가 아주 분명하지는 않기 때문에 이들 원로원 의원 출신 급사들이 "손에 냅킨을 들고" 있었는지 또는 당혹스러울 정도로 노출이 심한 "투니카 tunica(겉옷)를 올려 입고" 있었는지는 알 수 없다. 하지만 어느 쪽이든 상류층에게는 굴욕 그 이상이었다. 그런 행위는 역할을 뒤집음으로써 연회의 사회적 질서라고 생각됐던 것을 뒤죽박죽으로 만들었다. 또 다른 종류의 역할 전도는 엘라가발루스가 식사 때 소파에 탈장인 사람 또는 외눈박이, 어떤 특징이 있는 사람 여덟 명을 함께 앉힌 이야기에서도 드러났다. 이것은 확실히 고약한 장난이었고, 또한 손님을 규정하는 기준으로 생각됐던 신체적 완벽함에 대한 개념을 약화시켰다. 오늘날에는 흔히 일부 미치광이 황제들의 광기 어린 변덕(사실이든 허구든)을 반영한 것으로만 생각되는 이런 이야기들은 사실 '권력자의 식사'라는 틀 안에서 상징적인 논리를 지니고 있다.

이는 일부 과장된 이야기들에서도 발견되는 논리다. 그런 이야기들은 '나쁜' 황제들이 황실 식사의 원칙을 무시하는 것이 아니라 그것을 극단화하려 했으며, 그 과정에서 사회적 규칙이 얼마나 강하게 강제될 수 있는지(또는 강제돼야 하는지)에 대한 의문을 제기했다. 가장 과장된 축에 속하는 것이 콤모두스 황제 이야기다. 그는 한 연회에서 "커다란 은 접시 위에 겨자를 바르고 서로 뒤얽힌 두 곱사등이를 올려놓았다." 이것은 식사 자리로 옮겨온 기형 전시회를 넘어서는 것으로, 잔치에서 비정상 신체의 관념을 로마인의 시각에서도 극한까지 밀고 나갔다. 불구자에게 식사 자리의 예능인 노릇을 하게 하는 것도 문제이지만, 그들에게 양념을 뒤집어씌우고 접시 위에 올려 놓아 실제 음식인 것처럼 전시하는 것은 완전히 다른 문제였다.

비슷한 성격의 다른 이야기들은 황제들이 '초대자로서' 권력을 남용한 것을 야만스럽게 드러냄으로써 권력의 적절한 한계에 대한 의문을 제기했다. 예를 들어 칼리굴라는 어느 공개 연회에서 시중든 노예를 가학적으로 처벌해 비난을 받았다. 이 노예는 어느 소파에서 은 조각을 훔쳤다는 혐의를 받았다. 황제는 처벌로 그의 두 손을 자르고 목에 줄을 매어 손님들 사이에 끌려 다니도록 했다. 그의 목에는 범죄를 설명하는 팻말을 걸었다.

로마 세계에서 잔인성의 경계는 매우 다양했고, 고대의 일부 통상적인 처벌과 응징의 형태는 현대적 기준으로 볼 때 충격적이다. 그러나 거기에 한계가 전혀 없었다는 얘기는 아니다. 괴기 공상물에 가까운 이런 식사 자리의 이야기들은 황제가 적법하게 정말로 어디까지 할 수 있는지를 논의하는 한 방법이었다. 절대권력은 제한을 가하거나 적어도 숨겨지는 것이 낫다는 결론을 내릴 수밖에 없다.

거의 비슷한 일이 아우구스투스 황제의 또 다른 식사 자리에서 있었다고 한다. 식인 뱀장어가 나오는 유명한 사건으로 황제가 손님으로 참석한 연회에서 있었던 일이다. 엄청나게 부유한 그의 친구 푸블리우스 베디우스 폴리오Publius Vedius Pollio가 나폴리만에 있는 그의 별장으로 황제를 초대했다. 황제를 접대하는 것, 즉 "답례로 초대"하는 것에는 흔히 단점이 있었다. 바로 막대한 비용이 든다는 점이었다. 한 이야기에 따르면 네로는 한 친구에게 식사 자리를 마련하게 했다. 거기서는 모든 손님이 비단 터번을 두르게 했다. 이 잔치에는 400만 세스테르티우스sestertius가 들었는데, 이는 원로원 의원 두 명의 재산을 합친 규모에 해당하는 액수였다. 이 수치가 과장된 것이고 상징적인 숫자('수백만')인 측면도 있지만, 어쨌든 정말로 큰 지출을 의미하는 것이었다. 불편함 또한 그에 못지않게 심각했다. 공화국의 정치가 마르쿠스 툴리우스 키케로는 서기전 45년에 독재관 율리우스 카이사르(2천 명의 병사들과 잡다한 식객들을 데리고 나타났다)를 접대한 뒤 풍자를 담은 절제된 표현으로 이 연회와 대화가 즐거웠다고 말하면서도 서둘러 다시 하지는 않을 것이라고 말했다. "한 번으로 충분"하다는 것이었다. 아우구스투스는 그렇게 많은 수행원을 데리고 오지는 않았겠지만, 폴리오는 분명히 깊은 인상을 남기고 싶었을 것이다.

이야기에 따르면 이 잔치에서 폴리오의 노예 하나가 값비싼 유리 술잔을 떨어뜨려 깨뜨렸다. 주인이 곧바로 가한 처벌은 죽음이었다. 치명적인 뱀장어가 있는 못에 던지는 것은 순종하지 않는 노예에게 폴리오가 즐겨 가하는 처벌 방법이었다. 그러나 이번에는 희생자가 자신을 잡고 있던 사람들을 뿌리치고 나와 주빈에게 덜 잔인한 죽음을 애걸했다. 뱀장어가 사람을 잡아먹을 수는 없다는 사실과 이 이야기의 출처가 분명하지 않다는 사실은 도덕성의 힘만 강조할 뿐이다. 아우구스투스의 반응은 그 노예를 해방시키고 폴리오의 나머지 유리 제품을 그 주인이 보는 가운데서 모조리 깨뜨리고 못을 메워버리라고 명령한 것이었다. 그는 폴리오에게 이렇게 말했다. "네 술잔 하나가 깨졌다고 해서 그것이 인간의 창자를 찢어발길 이유가 되느냐?" 그러나 아우구스투스 자신도 겸손한 식사 습관으로 오점 없는 기록을 남긴 것은 아니었다. 그가 신성 모독적이게도 아폴로 신으로 분장한 것으로 보이는 한 가면 연회는 악명이 높다. 하지만 여기서 그는 (전능한) 절제의 대변자, 식사 자리의 즐거움 유지의 대변자 노릇을 했다.

이 일화는 또한 황제와 식탁에 둘러앉은 상류층 사이의 충돌로 우리를 데려간다. 가짜 음식 이야기에서 보았듯이 손님들이 모두 동등하지는 않았다. 황제의 연회는 많은 로마인이 가장 생생하게 황제의 권력을 목격하는 곳이었다. 그리고 통치자와 귀족들이 서로 맞서고 있다고 생각되는 곳이었다. 이 경우에는 베디우스 폴리오가 스스로의 위치를 확인했다.

먹다가 죽기

여기에 대해 너무 섬뜩하게 생각할 필요는 없다. 모든 원로원 의원들이 도미티아누스의 검은색 식사 자리(그 뒤에 숨은 진실이 무엇이고 그 의도가 어떻든 간에)에서 오싹한 느낌을 받았지만, 황제가 누구이든 자신들이 궁궐에서 사교적인 저녁을 보냈음을 열심히 자랑하는 플리니우스 같은 사람들도 틀림없이 있었다. 예를 들어 수에토니우스는 베스파시아누스가 젊은 시절에(68~69년 내전을 거쳐 제위에 오르기 훨씬 전에) 원로원에서 칼리굴라의 초대에 감사를 표하고, 아마도 다른 의원들이 모두 이를 확실히 알도록 하기 위해 자리에서 일어섰다고 주장한다. '속주' 사람인 한 국외자가 황제의 식사의 한 자리를 사려고 했다는 이야기도 있다(식사 자리의 가치를 보여주려는 것만큼이나 이 사람의 열의에 찬 아첨을 보여주려는 황제의 허영심의 징표로서 이야기됐다). 중요한 것은 황제와 밥을 먹는 것, 특히 친밀하게 식사하는 것이 손님들에게 권력의 중심에 있다는 느낌이 들게 하고 그의 말에 귀 기울일 수 있게 한다는 것이다. 현대의 정치 지도자들과 식사하는 것과 별반 다르지 않다. 명예로운 자리가 황제의 연회 친구에게 돌아갔다거나 중요한 결정이 연회의 식탁 주변에서 이루어졌다는 고대의 주장들이 현대에도 나오고 있다.

식사 자리에서 이루어지는 청원의 고전적인 사례 중 하나가 칼리굴라가 예루살렘 신전에 세우려고 계획한 자신의 황금 조각상(뻔뻔하게도 유대인의 종교적 감수성을 범하는 것이었다)과 관련한 것이었다. 결국 칼리굴라가 죽고 나서야 해소된 이 복잡한 이야기의 한 주장에 따르면, 칼리굴라가 그 조각상 건립을 재고하도록 설득한 계기가 된 것은 당시 유대 왕으로 로마 황실과 가깝게 연결됐던 아그리파 1세가 주최한 값비싼 식사 자리였다고 한다.

그러나 황제의 연회에 대한 이미지는 또한 지울 수 없을 정도로 위험한 것이기도 했다. 그것은 현대 영국 소설에 시골 별장이 단골로 나오는 것만큼이나 전형적인 로마의 범죄 장면에 자주 등장했다. 클라우디우스가 독이 든 버섯 요리를 먹고 죽었든, 루키우스 베루스가 독이 든 굴을 먹고 죽었다는 소문이든 말이다. '시식시종'이라는 존재 자체는 그 일부분이었다. 그들은 황제와 그의 가까운 가족을 독살의 위협으로부터 보호했을 테지만, 동시에 참석한 모든 사람들에게 조심하지 않으면 음식을 먹고 죽을 수 있음을 일깨워주었다. 그들은 의심의 문화를 뒷받침했다. 때로 이것은 약간 희극조를 갖는다. 예를 들어 콤모두스는 가장 비싼 요리 일부에 인간의 변을 섞는 것으로 유명했다. 그것이 죽음에 이르게 하지는 않았지만 손님들로서는 그리 유쾌한 일은 아니었다. 그러나 시식시종이 최선을 다했음에도 불구하고 식사가 죽음을 불러온 이야기는 많았다.

가장 의미심장한 이야기는 어린 황자 브리타니쿠스Britannicus의 죽음에 관한 것이다. 열세 살의 그는 서기 55년 궁궐에서 식사를 하다가 죽었다. 이때는 네로 치세 초기였고, 클라우디우스 황제의 친아들이었던 이 소년은 제위의 잠재적 경쟁자였기 때문에 새 정권으로서는 제거하는 것이 최선이었다(클라우디우스의 뒤를 이은 네로는 그의 후처의 아들로 양자였다). 역사가 타키투스는 이 장면을 생생하면서도 세부적인 내용은 틀림없이 상상을 동원해 묘사했다(그는 사건 이듬해에 태어나 분명히 현장에 없었다. 따라서 그가 어떻게 정보를 얻었는지는 알 수 없다). 그의 설명에 따르면 브리타니쿠스는 성인 참석자들의 소파에서 약간 떨어진 어린이용 식탁에 앉아 있었다. 네로 측 독살자들은 시식시종을 피하기 위해 그가 마실 뜨거운 음료가 아니라 그것을 식히는 데 사용하는 냉수 주전자에 독을 넣었다. 음료는 미리 맛을 보지만 냉수는 그렇지 않았다(아무도 맹물을 의심하지 않았다). 소년은 곧 쓰러졌고, 네로는 간질 발작이라고 설명했다. 아마도 실제로 그랬을 수도 있고, 그것이 물로 살해했다는 공상을 차단하는 한 방법이었을 수도 있다. 그러나 이 설명은 화장용 장작을 미리 준비했다는 사실로 인해 약간의 타격을 입었다. 적어도 타키투스는 그렇게 주장했다. 그는 이 일의 석연치 않은 점을 밝히는 데는 아무런 관심이 없었다.

그러나 가장 오싹한 부분은 다른 손님들의 반응에 대한 타키투스의 기록일 것이다. 그들 가운데 일부는 공포에 질려 뛰어다님으로써 자기네의 의심을 드러냈다. 다른 사람들은 자기 자리에 그대로 있었지만 네로에게서 눈을 떼지 못했다. 상황을 올바르게 이해한 유일한 사람은 브리타니쿠스의 누이 옥타비아였다. 그녀는 노골적인 황실 혼인으로 이복오빠인 네로의 부인이 돼 있었다. 옥타비아는 감정의 동요를 드러내지 않고 그저 아무 일도 없었다는 듯이 계속 음식을 먹었다. 타키투스는 이 대목에서 황제의 식당이 위협적인 이유는 바로 앞에서 동생이 쓰러지더라도 진짜 감정이나 의심을 표명할 수 없다는 것에서 드러난다고 주장했다.

티베리우스 치세에 황실의 한 공주가 추방된 것은 의심을 너무 분명히 드러냈기 때문이었다. 자신의 남편의 죽음에 황제가 관여했다고 여겨 그와 갈등을 겪고 있던 공주는 황제가 준 사과를 먹는 것을 망설여, 사과가 손을 타지 않았나 두려워하고 있다는 인상을 주었다. 공주는 이후에 식사에 초대받지 못했고, 얼마 지나지 않아 추방됐다. 이 이야기는 너무 완벽해 믿기지 않을 정도다. 의심스러울 정도로 비슷한 이야기가 젊은 티베리우스 게멜루스에 대해서도 전해진다. 그는 새 황제 칼리굴라와 공동 통치자 후보로 거론됐기 때문에 황제와의 식사를 경계할 이유가 있었을 것이다. 수에토니우스에 따르면 그가 숨 쉴 때 약 냄새가 계속 났는데, 실제로는 기침약이었지만 해독제 냄새로 해석됐다. 그의 음식에 독이 들었더라도 중화시키기 위해 해독제를 먹었다는 것이다. 그 혐의는 자살하라는 명령을 받기에 충분했다. 사실이든 아니든 중요한 것은 황제의 연회가 스스로 죄에 빠져 치명적인 결과를 가져올 수 있는 장소로 쉽게 상상됐다는 것이다.

좋은 초대자와 나쁜 초대자

하지만 황제와 상류층 사이의 식사 시간이(그것이 말 없는 다수의 감사, 친밀감, 아첨이든, 현대와 고대의 대다수 작가가 강조한 분노, 은밀한 가학, 변덕스러운 잔인성이든) 그대로 죽음과 유혈로 이어지지는 않았다. 트리클리니움의 공포는 누군가 실제로 죽은 뒤에야 생기는 것이 아니었다. 도미티아누스의 검은색 식사가 보여주듯이 그것은 고약한(또는 역효과를 낳은) 농담, 차별적인 말, 계산된(또는 인지된) 모욕 등으로 인해 생길 수도 있었다. 수십 개의 일화가 있는데, 흔히 화려하고 구체적인 정보로 포장돼 있지만 모두가 기본적으로 같은 문제에 초점을 맞추고 한 통치자에게서 다음 통치자에게로 넘겨줄 수 있다. 황제의 연회는 얼마나 (적어도) 개념적으로 평등성을 갖춘 자리였을까? 식사 자리의 황제는 어느 정도나 '우리 가운데 하나'였을까? 무엇이 황제를 좋은 초대자 또는 나쁜 초대자로 만들었을까?

황제의 좋은 행동에는 때로는 아우구스투스가 원로원 의원 한 명 한 명의 이름을 부르며 맞이하고 작별했다는 이야기들에 나오는 것과 같은 정중함이 포함되었다. 미심쩍은 사과에 대한 티베리우스의 지독한 유감이 어떠했든 간에, 그는 집정관을 문에서 맞이하고 연회가 끝나면 식당 안에 서서 손님들에게 일일이 작별을 고해 찬사를 받았다. 어떤 황제는 손님이 저지른 작은 잘못에 대한 관용이나 재치 있는 처벌로 호평을 받았다. 예를 들어 손님 중 하나가 황금 잔을 훔쳤을 때(현대의 호텔과 식당에서도 일어나는 흔한 비행) 클라우디우스의 "절제로 희극적인 반전이 일어났다"라고 플루타르코스는 말했다. 이튿날 그 사람이 식사 자리에 다시 나타났을 때 그에게만 도기에 담긴 음식이 제공된 것이었다. 비슷한 이야기로 율리우스 카이사르는 제빵사가 손님들의 것과 달리 그의 빵만 더 고급으로 만들었다고 해서 처벌했다고 한다. '하인'에 대한 권력 행사를 주인과 손님 사이의 평등성 주장과 깔끔하게 결합시킨 것이다.

그러나 동시에 황제들이 귀족들의 콧대를 꺾어버리는 것으로 유명한 것도 바로 이 식사 자리에서였다. 때로는 그것이 음식과 술을 먹는 양의 차이에 불과했는데, 알렉산데르 세베루스는 손님이 술 한 잔을 마실 때 다섯 잔을 마셨다고 한다(지금보다는 덜하지만 로마에도 주량에 대한 과시가 있었다). 그러나 더 큰 위험도 있었다. 모임과 인사의 형식을 매우 따졌던 티베리우스는 식후 퀴즈 놀이의 답을 알아맞힌 사람과 관계를 끊었다(그리고 나중에 그에게 자살 명령을 내렸다). 이 황제는 그날 자신이 읽은 것에 대한 문제를 내는 버릇이 있었고, 운 나쁜 희생자는 미리 궁궐 사람들을 통해 티베리우스의 독서 목록을 입수해 그를 이기려고 했다.

정치권력을 성적 권력으로 바꾼 황제들도 있었다. 예를 들어 칼리굴라는 식사 도중 손님의 아내를 침대로 데리고 들어갔다가 나와서 좌중에게 그 여성의 '재주'에 대해 좋지 않은(또는 호의적인) 평가를 함으로써 여성과 그 남편을 모두 욕보였다고 한다. 그 이야기가 사실이라면 특히 여성들에게는 남녀가 함께하는 식사의 평등성에 대한 단점 중 하나로 느껴졌을 것이다.

그러나 가장 인상적인 일화는 웃음과 농담에 초점을 맞추는데, 관용적인 유머의 표시가 아니라 황제가 귀족들을 상대로 한 무기로 그것들을 사용한다(그들과 함께 웃는 것이 아니라 그들을 비웃는 것이다). 칼리굴라가 식사 자리에서 자신은 언제든 원하는 때에 집정관의 목을 벨 수 있다고 빈정거린 것은 과도한 자만심의 징표이자 원로원 의원들의 잠재적인 취약성의 징표였다. 더욱 불편한 것은 칼리굴라의 명령에 따라 눈앞에서 아들이 사형에 처해지는 것을 본 로마 귀족의 이야기다.

황제는 아침에 아들의 처형을 겪은 아버지를 그날 저녁 식사에 초대했다. 그러고는 엄청난 친근감을 보이며 이 불쌍한 귀족에게 웃고 농담을 할 것을 강요했다. 마치 가장 '자연스러운' 인간의 반응과 감정까지도 통제할 수 있다는 투였다. 자식을 잃은 아버지는 도대체 왜 여기에 동조했을까? 한 로마 작가가 날카롭게 지적했듯이 "그에게는 또 다른 아들이 있었기 때문"이었다.

이런 이야기 속의 권력 관계는 겉으로 드러나는 것보다 더 복잡하다. 그 근원이 무엇이든, 그것이 실제로 어떻게 남용됐든 우리에게 전해 내려온 이야기의 대상은 물론 황제 자신이었다. 그것들은 황제를 상대로 한 논거의 일부로서, 그리고 이것이 유포돼 거듭 이야기되면서 어떻게 행동하면 안 되는지에 대해 역대 통치자에게 날리는 경고일 뿐 실제로 그렇게 행동했다는 큰 증거는 되지 않는다. 아들을 잃은 아버지를 동정하면서 독자들은 황제가 이론상 선택해 휘두를 수 있는 권력에 대해 유감스럽게 생각한다. 그리고 이야기는 잠재적으로 지독한 초대자의 모습에 잠재적으로 지독한 황제의 모습을 겹쳐놓음으로써 더욱 복잡해진다(그 반대도 마찬가지다).

그 복잡성의 일부는 황제의 마지막 식당 하나에 요약돼 있다. 화려한 해변을 배경으로 하고 많고도 혼란스러운 조각품들로 장식돼 있던 곳이다. 초대자와 손님 사이, 황제와 손님 사이의 문제성 있는 관계를 되돌아보지 않고는 그곳에서 많은 사람들이 식사를 했을 것이라고 생각하기는 어렵다.

폴리페모스의 동굴

이 식당은 1957년 로마와 나폴리 사이의 작은 마을 스페를롱가 부근 해안에서 재발견됐다. 이것은 앞서 보았던 수상 시설보다 더 대담하게 바다의 인공 섬 위에 식사용 소파를 놓을 수 있는 받침대 형태로 되어 있었는데, 천연 동굴에 면해 있고 동굴에서 수천 점의 조각품 잔편이 발굴됐다. 이 중 많은 것이 현대에 짜맞춰져 한때 동굴 안을 장식했던 여러 가지 대리석 조각품들이 복원됐다. 신화적인 트로이 전쟁과 호메로스의 서사시 《오디세이아》(고대 그리스에서만큼이나 고대 로마 귀족에게도 중요한 고전)에서 가져온 주제들을 바탕으로 한 조각들이다. 그 착상은 식사 손님들을 배를 이용해 섬으로 데려가 음식은 건너편에서 물에 띄워 보내주고, 초대자들이 조각품이 가득한 동굴을 돌아보며 감상할 수 있도록 하는 것이었을 듯하다. 서쪽으로 해가 질 때 극적인 조명이 동굴을 밝혀주었을 것이다.

이곳은 서기 26년 티베리우스 황제가 식사 도중 용케 빠져나온 그곳이었을 가능성이 매우 높다. 그는 이탈리아 남부로 가다가 스펠룽카Spelunca('동굴')라는 시골 주거지의 한 천연 동굴에서 식사를 했는데, 이때 입구의 바위 일부가 무너져 그곳에 있던 몇 명이 죽었다. 이름 자체가 연결 가능성을 상당히 높여준다(스펠룽카가 스페를롱가로 변했을 것이다). 그러나 이 이야기가 사실이 아니라 할지라도(조각상들도 더 후대의 것일 수 있지만), 큰 별장에 딸려 있는 이 최신식 동굴 식당이 황제의 재산의 일부였다고 상상하는 것은 너무나도 그럴듯하다.

하지만 조각상들은 정확히 무엇을 묘사했을까? 여러 가지 '서사적

| 그림 24 | 스페를롱가의 동굴. 전경은 식사 장소와 소파가 위치하는 바닥이고, 손님들이 바라다볼 그 너머 천연 동굴은 트로이 전쟁과 오디세우스의 여행에서 가져온 주제들을 묘사한 많은 조각품들로 장식되어 있었다.

인' 장면들이 있었다. 오디세우스가 아킬레우스의 시신을 수습해 트로이 전쟁터에서 나오는 모습, 오디세우스가 트로이를 떠나 고향인 그리스의 이타카섬으로 돌아오는 도중 그의 배를 부숴버리겠다고 위협하는 거대한 스킬라 등이다. 그러나 구성의 초점은 오디세우스의 또 다른 귀향 모험, 바로 외눈의 식인 거인 폴리페모스의 눈을 찌르는 장면에 있었다. 《오디세이아》에 나오는 이야기는 오디세우스가 그의 동료들과 긴 여행 도중 폴리페모스의 섬에 상륙해, 그가 양을 돌보러 간 사이 그가 사는 동굴에 들어갔다는 내용이다. 돌아와서 침입자들을 발견한 폴리페모스는 그들 가운데 몇 명을 먹어버렸다. 그러자 오

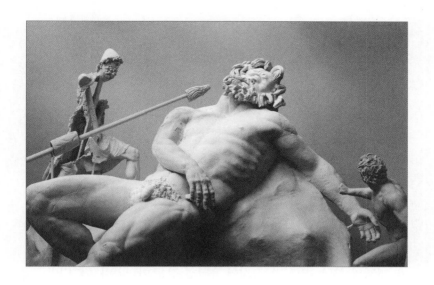

| 그림 25 | 호메로스의《오디세이아》에 나오는 폴리페모스가 눈을 찔리는 이야기를 묘사한 스페를롱가 동굴 조각품의 중요 부분. 동굴이 무너질 때 부서진 조각상에서 나온 잔편들을 조합하는 것은 어려웠지만, 일부는 원래의 것이고 일부는 현대의 것으로 재구성한 이 복원물은 그 구성에 대한 합리적인 이해를 가능하게 한다. 오디세우스 일행이 술에 취해 널브러진 거인의 눈알을 빼내고 있다.

디세우스는 부하들을 더 잃지 않고 탈출하기 위해 거인에게 술을 먹였고, 그가 곯아떨어지자 뜨거운 쇠막대기로 그의 외눈을 꿰어내 눈을 멀게 했다.

　이것은 문화 충돌과 '문명'의 양면성에 관한 의미심장한 이야기이다. 우리는 어느 쪽일까? 자신의 집이 침입당한 식인 거인일까, 아니면 영리하게 선원들의 목숨을 살린 지도자일까? 이른바 폴리페모스의 '야만성'과 오디세우스의 그리스 '문명' 사이에는 무엇이 놓여 있을까? 그리고 이 이야기에 나오는 신화적인 동굴을 재현하기 위해 실제 동굴을 이용한 것은 대단한 시각적 자신감이었다.

그러나 섬의 트리클리니움에서 이 장면을 바라보는 사람들에게는 그 이상의 의미가 있었다. 오디세우스와 폴리페모스 신화의 중심에는 수많은 황제의 식사 이야기에서 제기된 초대자와 손님에 관한 문제가 있었다. 그 이야기는 살인이 메뉴에 오르고 음식에 독이 들어가는, 환대의 위험성을 드러내는 이야기였다. 여기서는 술이 결국 초대자 스스로를 파멸시켰는데, 그는 치명적인 것만큼이나 취약했다. 이것은 신화 속 최악의 연회였다.

스페를룽가 동굴은 폴리페모스 이야기를 담은 가장 상상력이 풍부한 황제의 식당이었지만, 그것이 유일한 것은 아니었다. 어떤 면에서 이 장면은 황제가 주최하는 식사의 대명사가 됐다. 폴리페모스 조각상은 어느 시기엔가 하드리아누스 별장 카노푸스의 방에도 설치됐다. 또 하나가 로마 교외에 있는 도미티아누스 별장에 아마도 식사에 사용됐을 방에 있었다(184쪽). 또 다른 하나는 나폴리만의 해안에 있었다. 클라우디우스 황제가 개발한 별장의 호사스러운 환락가였다. 손님들은 사실상 인공 동굴 안의 못 주위에서 소파에 기댔고, 그 한쪽 끝에는 거인에게 포도주를 권하는 오디세우스의 조각상이 놓여 있었다. 이곳은 1980년대에야 수중에서 완전히 발굴됐다. 최근의 한 가설은 이곳이 네로가 자신의 어머니 아그리피나에게 마지막 식사를 대접한 식당이라고 주장했다. 그날 밤 네로는 어머니를 죽였다.

만약 그렇다면(그리고 그것은 낙관적인 이론이지만 불가능한 것은 아니다) 우리는 아그리피나가 이 조각상들이 상징하는 위험에 관해 생각했을지가 궁금할 뿐이다. 설사 그렇지 않더라도 이 방들의 설계자는 손

| 그림 26 | 나폴리만 바이아이에서 한 수중고고학자가 클라우디우스의 식당에 있는 폴리페모스 관련 조각품 가운데 하나를 건져내고 있다. 오디세우스의 일행 가운데 하나의 모습이다.

님들에게 많은 생각할 거리를 제공했다. 어떤 사람들은 자신의 잔치가 고도로 문명화된 것이라며 안도감을 느꼈을 것이다. 그 영웅담에는 분명히 없는 부분이었다. 좀더 주의 깊은 사람들은 자신들에게 반영된 긴장, 곤궁, 불안의 기미를 보았을 것이다. 식사 자리의 위험(실제의 것이든 상상 속의 것이든)은 식당의 장식에 요약돼 있었다. 우리에게 특히 스페를롱가는 황제의 식사라는 복잡한 혼합물을 떠올리게 하는 곳이다. 조직적인 도전(거의 탁 트인 바다에서 건너편의 손님들에게 띄워 보내는 작은 배들을 상상해보라)에서부터, 황제의 식탁(물에 떠 있든 아니든)에 초대받기 위해 아첨하는 손님들의 즐거움을 거쳐, 폴리페모스의 경우처럼 황제의 환대가 드러내는 황제 권력의 음침한 배후의 의미까지

말이다.

이제 식당을 벗어나서 궁궐 전체로 이동하면 우리는 더 넓은 화폭
위에서 그것을 볼 수 있다.

4

궁궐 안에 있는 것?

칼리굴라의 원대한 구상

서기 40년, 칼리굴라 황제는 로마의 이집트 속주 도시 알렉산드리아의 파벌들 사이에서 판정을 내려야 했다. 그곳에서는 외국인 혐오, 유대인 박해, 지역 공민권을 둘러싼 분쟁, 의도적이든 의도적이지 않았든 사태를 악화시키는 속주 총독 등 여러 요소가 뒤얽혀 그리스인 공동체와 유대인 공동체 사이의 폭력을 유발했다. 양쪽은 황제를 설득하기 위해 로마에 대표단을 보냈다. 양쪽 대표단이 황제 앞에 나타났을 때 무슨 일이 있었는지에 대해서는 한 유대인 대표가 생생한(그러나 자기중심적인) 목격 기록을 남겨 일부를 알 수 있다. 그는 칼리굴라와의 만남보다는 히브리어 성서와 까다로운 신학 문제에 대한 논의로 더 잘 알려진 박식한 철학자 필론이었다.

그 자리는 양쪽 대표단 모두에게 불편할 수밖에 없었다. 그들은 같은 자리에서 각자의 주장을 제시하라는 요구를 받았다. 황제는 그들에게 몇 달을 기다리게 한 뒤에야 한 번 만나주었고, 그들은 이미 이탈리아 남부로 그를 따라갔지만 성과를 거두지 못한 경험이 있었다(이 모든 불편함, 비용, 만남을 주선하는 데 필요한 내부 정보나 연줄은 6장에서 다시 다룰 것이다). 이듬해 초에 황제가 암살되기 전에 어떤 결정을 내렸다는 흔적은 없다.

황제를 직접 만난 짧은 시간 동안 유대인들은 칼리굴라의 냉담한 조롱의 대상이 됐다. 필론의 표현에 따르면 폭압적 위협의 희생자였다. 황제는 그들의 종교와 식사 습관을 들먹이며 그들을 다그치고 찔러댔다. "당신들은 왜 돼지고기를 먹지 않나?" 그는 어느 순간 이런 질문을 했고, 그리스인들은 폭소를 터뜨려 황제의 참모들에게 질책을 받았다. 필론은(내가 보기에는) 정확한 지식도 별로 없이, 황제 면전에서는 친한 친구가 아니라면 미소 짓는 것도 위험하다고 주장했다.

그러나 유대인들의 사려 깊은 대답도 그들의 주장에 도움이 되지는 않았다. 그들이 서로 다른 문화권은 서로 다른 관습과 금제를 가지고 있다고 열심히 설명하자(황제가 인정하지 않았을 초보 인류학 강의였다), 그 대표단 가운데 한 명이 좋은 사례로 많은 사람들이 양고기를 먹지 않는다고 지적했다. 이 말은 칼리굴라의 웃음을 이끌어냈다. 그도 분명히 양고기를 좋아하지 않았고, 아마도 이 문제를 뭉개려 하는 듯했다. 그는 이렇게 받아넘겼다. "놀라운 일이 아니야. 그건 정말로 맛이 없어."

양쪽에 대한 또 다른 모욕은 황제가 이 문제에 온전히 신경을 쓰고 있지 않다는 것이었다. 그는 다른 문제를 우선시하고 있음을 분명하게 드러냈다. 이 자리는 공식 청문 자리가 아니었고, 양측 대표단은 황제가 여러 건물, 남녀 숙소, 마당 등의 소유지를 점검하며 수리가 필요한 곳을 찾아내고 집에 대한 여러 가지 개선책을 제시하는 동안 그를 따라다녀야 했다. 한번은 유대인들이 끼어들어 이야기를 하는데, 황제가 그들의 말을 끊고 큰 방의 창문에 대해 지시를 했다. "빛은 차단하지 않되 바람과 뜨거운 햇볕을 막기 위해" 투명한 돌을 끼우라는 것이었다. 다음 방에서 그는 다시 그들의 말을 끊고 돌아서서 벽에 어떤 "원작 그림"을 걸라고 지시했다. 필론은 이런 식의 우회를 기록하면서 분명히 칼리굴라가 알렉산드리아 유대인의 심각한 고충보다는 하찮은 실내장식에 관심을 두고 있다고 비판했다.

하지만 그의 기록은 또한 황제를 그가 사는 건물 중 하나의 구조와 직접 연결시키고 그의 큰 구상을 가늠할 수 있는 희귀한 기회를 제공한다. 사실 이 특별한 황제 사유지의 일부는 금세기 초에 발굴됐다. 오늘날 큰 기차역에서 멀지 않은 곳이다. 그리고 최근 이 유적지에서 문을 연 박물관은 거기서 발견된 것의 일부를 전시하고 있고, 황제의 발자취를 따라갈 수 있게 해준다.

이 장은 황제의 식당에 국한됐던 시야를 넓혀 하인들의 회랑에서부터 관상용 호수까지, 값비싼 공예품부터 로마 세계 전역에서 수집한 진기한 골동품까지 황제의 재산을 전반적으로 살펴보고, 놀라운 사실도 언급한다(예수의 십자가 처형과 관련된 가장 오래된 유물이 로마 팔라티노 언덕 일부 황제의 노예 처소에서 발견됐다는 것을 아는 사람은 많지 않다).

한 가지 의문은 황제들은 어디서 살았고 그들은 무엇을 '집'이라고 불렀느냐다. 나는 현장 및 지면 위의 유적에 주목하면서 로마의 궁궐이 본래 어떻게 생겼고 그곳에서 무슨 일이 일어났으며, 시간이 흐르는 동안 황제의 주거지가 어떻게 변화했는지를 재구성해보려 한다. 아우구스투스의 주거지는 100년 뒤 황제들의 주거지와 비슷했을까? '궁궐'이라는 개념은 언제부터 생겨났을까?

벽돌과 회반죽을 넘어서는 질문들도 있다. 궁궐은 황제와 그 권력에 대해 무엇을 말해줄까? 그 구조 안에는 허풍스러운 과시(또는 똑같이 허풍스러운 겸손) 외에 어떤 야심찬 주장이 들어 있을까? 이 건물들은 어떤 충돌을 일으켰을까? (수에토니우스가 인용한 이름 모를 한 고대 낙서가는 이 도시에 지은 네로의 거대한 새 건물을 풍자해 "시민들이여, 여기서 나가라. 로마는 한 사람의 집으로 변해가고 있다"라고 썼다.) 황제들 자신은 어떻게 보았을까? 도미티아누스는 자신이 지나가는 전용 주랑柱廊 벽에 반사석을 붙였는데(그의 뒤에서 무슨 일이 일어나고 있는지, 뒤에서 누가 다가오고 있는지를 볼 수 있게), 집 안에서의 위험을 감지한 것은 그 혼자만이었을까?

이 장의 끝에는 마지막 기항지로서 치밀하게 건설된 전체 로마 세계의 소우주이자 황제 세계의 축소 복제품으로, 동시에 거의 두 가지 역할을 했던 황제의 주거지 하나를 찾아가 볼 것이다.

집과 정원

칼리굴라가 분주하게 재설계하고 있던 건물은 로마 중심부에 있는 팔라티움palatium(그것이 위치하고 있던 팔라티노 언덕에서 유래한 말이다), 즉 궁궐이 아니었다. 대다수의 군주들은 몇 개의 거처를 옮겨 다녔고, 로마 황제들도 예외가 아니어서 이탈리아 곳곳에 수십 개의 황제 사유지가 흩어져 있었다. 칼리굴라가 알렉산드리아에서 온 앙숙 대표단들을 만난 곳은 사실 황제가 소유한 여러 교외 호르투스hortus(정원, 농장) 가운데 하나였다. 그곳은 도시 중심에서 몇 킬로미터 떨어진 끄트

180

머리에 있었다(13쪽, '고대 로마' 지도).

이들 사유지는 단순한 정원이 아니라 별장과 누각, 숙소와 여흥 시설은 물론 연회장과 정교한 수도 시설도 갖추고 있었다. 여기에는 또한 미술 작품들이 가득했다. 서기 40년에 황제가 설치하고자 했던 "원작 그림"과 투명 창문은 그 일부였다. 고고학자들은 수백 년에 걸쳐 이들 호르투스 유적지에서 수백 점의 조각품과 기타 보물들을 발굴했다. 섬세하게 깎은 수정, 한때 벽이나 가구에 박았던 상감 무늬와 보석(화보 20), 그리스와 이집트에서 수집하거나 약탈해 로마 시대에는 이미 골동품이 됐을 조각상, 그리고 어디선가 발견된 로마 황제 자신의 가장 요란한 조각상 일부(그림 56) 같은 것들이었다.

이들 정원의 목적은 도시 중심부에서보다 좀더 여유롭고 활달한 생활방식을 제공하면서도 대도시 중심부에서 벌어지는 일에 쉽게 대응할 수 있도록 하는 장소를 제공하는 것이었다. 즉, 시골 사유지와 도시 권력 중심지의 편리한 조합이었다.

대다수의 호르투스는 본래 공화국 말기 또는 초기 황제들의 재위기에 로마의 대부호 귀족들이 건설한 것이었고, 이들은 계속해서 초기 소유자의 이름을 갖고 있었다. 예를 들어 칼리굴라가 알렉산드리아 사람들의 분쟁에 집중하지 못하고 정신이 팔려 있던 곳은 라미아 호르투스였다. 그 첫 소유주였던 티베리우스 황제의 친구 루키우스 아일리우스 라미아Lucius Aelius Lamia의 이름을 딴 곳이었다.

그러나 서기 1세기 후반이 되면 이런 종류의 사유지는 모두 "황제의 수중에 떨어졌다." 넓은 마음으로 선물한 것에서부터 노골적인 강탈까지 여러 가지 경로를 통해서였다. 그 과정에서 도시는 중심부의 팔라티움과 함께 거의 황제의 호르투스로 둘러싸이게 됐고, 좋은 땅이 차곡차곡 황제 휘하에 들어왔다. 그중 일부는 아마도 부분적으로 개방돼 일반 대중이 녹지와 호화로운 개발지를 잠깐 볼 수 있도록 허용됐을 것이다. 그러나 대다수의 사람들이 비좁은 집과 더러운 빈민굴에 살거나 한뎃잠을 자는 인구 100만의 도시에서 황제가 도시 지역의 광대한 면적을 차지한 것은 그의 권력을 입증하는 한 요소였다.

황제의 호르투스는 나폴리만과 황제의 사유지인 카프리섬까지 뻗은 주거지 연쇄의 시작일 뿐이었다. 그곳은 지금보다 고대 세계에서 더욱 고급스러웠는데, 어떤 면에서는 귀족들 사이의 토지 소유 방식을 따른 것이었다. 플리니우스는 로마의 집과 함께 최소 네 곳에 시골 사유지를 갖고 있었다. 황제의 재산은 더 크고 폭넓은 규모였다. 역대 황제가 이전 황제의 재산을 물려받고 심지어 계속해서 더 많은 재산을 일구었기 때문에 사유 재산은 시간이 지나면서 더욱 늘었다. 로마 주변 지역(오늘날의 라치오주)에서만 약 30곳의 황제 주거지가 확인돼 영국 왕실이 가장 풍족했을 때의 토지 소유를 훨씬 능가했다.

그중 일부 유적은 18세기 '그랜드투어Grand Tour'[영국 등 유럽 상류층 자제가 사회에 나가기 전에 문물을 익히기 위해 이탈리아 등지로 가던 여행] 또는 그 이전부터 수백 년 동안 관광 명소로 이용되어 왔다. 티볼리에 있는 하드리아누스의 별장도 그중 하나다.

카프리섬에 있는 여러 개의 황제 별장도 마찬가지다. 이곳은 티베리우스가 서기 26년부터 은거해 생의 마지막 10년을 보낸 것으로 악명이 높다. 수영장에서 섹스 게임을 벌였다느니 정적을 벼랑 끝에서 밀어 죽였다느니 하는 후대의 많은 이상한 소문의 무대였다. 수에토

| 그림 27 | 황제의 호르투스 가운데 하나인 살루스티우스 호르투스horti Sallustiani에서 발견된 서기전 5세기의 그리스 조각상. 니오베(자신이 레토 여신보다 자식을 더 많이 낳았다고 자랑하다가 자녀가 모두 죽임을 당하는 벌을 받았다)의 자녀 가운데 하나의 모습이다. 이 조각상이 언제 어떻게 로마로 왔는지, 전리품인지 골동품 무역을 통한 것인지는 불확실하다.

니우스에 따르면 이 섬에서 황제가 주로 거주하던 곳에는 색정적인 그림으로 뒤덮인 침실과 성적인 안내 책자를 비치한 도서실이 있었다. 기력이 떨어진 연회 손님들에게 자극이 필요한 경우를 대비한 것

이었다. 현대의 고고학자들은 이른바 주지육림보다는 수조水槽에 더 관심을 가졌고, 경치는 좋으나 물이 없는 노출 바위에서 정원, 수영장, 목욕탕에 충분한 물을 공급할 수 있었던 당시 기술공들의 능력에 감탄했다.

다른 곳들은 덜 유명하거나 현재 접근하기가 어렵지만, 다양한 이유로 똑같이 주목할 만하다. 로마에서 아피아 가도를 따라 몇 킬로미터 떨어진 곳에 있는 콤모두스의 농장은 규모 면에서 티볼리에 있는 하드리아누스의 사유지와 맞먹는다. 너무 커서 한때는 하나의 도시라고 여겨졌다(하드리아누스의 별장이 '베키아 티볼리Vecchia Tivoli', 즉 '옛 티볼리'로 불렸듯이 그곳은 '베키아 로마'로 불렸다). 이곳은 현재 퀸틸리우스 별장으로 알려져 있다. 본래의 부유한 소유자 퀸틸리우스 형제를 제거한 뒤 "콤모두스의 손에 떨어졌기" 때문이다.

네로의 별장 가운데 하나는 그 극적인 배경 때문에 유명했다. 그 별장은 수도 바깥 80킬로미터쯤 되는 현대의 수비아코 부근의 그림 같은 산에 지어지고 황제의 건축가들이 골짜기에 제방을 쌓아 인공 호수를 조성함으로써 풍취를 높였다(그리고 별장에서 보이는 경치를 더 좋게 만들었다).

그곳에서 멀지 않은 곳에 있는, 도미티아누스가 소유한 별장 중 가장 유명하고 호사스러운 시골 '은신처'는 마찬가지로 경치가 좋은 곳인 알바노호가 내려다보이는 거대한 인공 단구 위에 건설됐으며, 황제가 돈으로 살 수 있는 로마인의 온갖 편의시설을 갖추었다. 외눈박이 폴리페모스가 등장하는 조각이 있는 동굴까지 있었다. 최근까지 이곳은 다른 대다수의 황제 사유지보다 출입이 어려웠다. 그곳이 대

| 그림 28 | 카프리섬에 남아 있는 것 가운데 가장 큰 티베리우스 별장의 항공사진. 본래 면적은 7천 제곱미터 이상이었다. 위쪽 반원형 부분에서는 나폴리만 건너편을 볼 수 있고, 중심 수조는 여기 보이는 건물 중앙에 위치해 있다.

체로 카스텔 간돌포Castel Gandolfo의 교황 사유지인 여름 별장 경내에 있었기 때문이었다. 르네상스 이래 가톨릭교회 고위층은 로마 황제들이 즐겼던 이곳의 풍광을 똑같이 즐기고 있었다. 그러나 별장의 대지와 유적은 이제 대중에게 다시 개방됐다.

| 그림 29 | 교황이 로마의 유물을 찔러보고 있다. 교황 요안네스 23세가 카스텔 간돌포에 있는 도미티아누스의 별장에서 나온 로마 시대 유물 일부를 살펴보고 있다.

이런 곳은 더 많고, 그중에는 여러 호화로운 해변 별장도 있다. 스페를롱가에 있는 티베리우스의 별장, 바이아이 해안에 있는 클라우디우스의 별장, 안치오에 네로가 건설해 해변을 내려다보고 있는 커다란 저택(오늘날 안치오는 로마 황제의 저택보다는 2차 세계대전에서의 안치오 상륙으로 더 유명하다) 같은 것들이다. 3세기의 역사가 카시우스 디오는 이들 사유지 외에도 정말로 많은 시골 휴양지들이 있다고 썼다. 그는 적어도 자신의 시대에 팔라티움이라는 명칭은 황제가 사는 모든 곳에 붙여진 이름이라고 설명했다. 다시 말해 이탈리아반도는 궁궐 천지였다.

오늘날 우리가 그곳들을 궁궐이라고 확신할 수 있는 것은 부분적으

| 그림 30 | 라미아 호르투스에서 나온 납관. 이 관의 주문자(또는 제작자)가 클라우디우스 황제 가문의 노예 또는 해방노예임을 확인할 수 있는 글자가 새겨져 있다. 'Claudi Caes(aris) Aug(usti)'라는 이름이다.

로 그 규모와 사치스러움 덕분이다(황제들이 때로는 수수한 생활방식을 보여주는 쪽을 택하고, 아주 드물게는 퀸틸리우스 별장처럼 부유한 지주들이 거대한 규모로 건설하는 경우가 있기는 하지만). 그리고 부분적으로는 일부 유적이 남아 있는 고대 문헌의 묘사와 부합하기 때문이다. 티베리우스의 카프리에서의 생활에 대한 기록과 이 섬의 가장 웅장한 별장을 연결하는 것은 충분히 그럴듯한 일이다. 그러나 고대 제조업자와 건축업자들의 습관 또한 예기치 못한 방식으로 특정 유적을 특정 황제의 이름과 연결시키는 데 도움을 주었다. 왜냐하면 그들이 미래 고고학자들의 관심을 염두에 두기라도 한 것처럼 벽돌과 납 수도관에 정확한 제

조 날짜뿐만 아니라 재산 소유자, 설치를 맡은 관리, 또는 제조 작업 관리자의 이름까지 찍어놓았기 때문이다. 그 덕분에 일부 경우 황제와의 연관성이 분명하게 드러난 것이다. 예를 들어 로마 동쪽 80킬로미터쯤(수비아코에 있는 경치 좋은 네로의 휴양지에서 멀지 않은 곳이다)에 있는 산에서 발굴된 대저택을 트라야누스의 시골 사유지로 분명하게 밝힐 수 있는 것은 관에 적힌 이름들 때문이다.

일어난 일과 장소

그러나 이들 주거지의 내부 배치를 살펴보면서 방들이 어떤 용도로 사용됐는지를 알아내고, 생활방식을 재구성하고, 또는 적어도 우리의 상상 속에 사람들을 다시 집어넣어 보면 상황은 더욱 모호해진다. 베르사유궁이나 기타 근대의 궁궐을 해독하는 데 도움을 준 설명이 붙은 설계도나 상세한 안내서 같은 것이 남아 있지 않기 때문이다. 그리고 그저 일부의 사례에서만 허물어진 형태에서 방의 기능을 추측할 수 있다. 앞 장에서 보았듯이 붙박이 소파나 바닥에 표시가 있는 식당 같은 경우에 말이다.

목욕 시설과 화장실(쉽게 알아볼 수 있음)은 또 다른 사례다. 이는 때로 예상할 수 있는 것보다 더 중요한 결론으로 이어진다. 예를 들어 티볼리에 있는 하드리아누스 별장의 일인용과 다인용 화장실은 황제와 귀족 손님들이 주로 사용한 공간과 일하는 사람들이 사용한 공간을 밝혀내는 데 도움이 됐다. 아랫사람들은 윗사람들만큼 사생활이 보장되지 않았다.

그리고 모든 것은 주택 건축에 관한 현대의 가정들을 고대에 적용할 수 없다는 사실로 인해 더욱 복잡해진다. '황제의 침실'을 찾는 것은 의미가 없다. 이유는 간단하다. 로마의 집에는 침실이 없었기 때문이다. 로마의 귀족들은 쿠비쿨룸cubiculum이라는 곳의 소파에서 잠을 잤을 것이다. 그러나 쿠비쿨룸은 우리가 흔히 말하는 의미의 '침실'이 아니었다. 그것은 사적이고 은밀한 방이었다. 잠을 자거나, 사랑을 나누거나, 가까운 친구를 접대하거나, 일을 꾸미거나, 황제라면 특별히 민감한 소송을 처리하는 곳이었다.

따라서 이 장에서는 황궁의 내부에 대해 전통적으로 붙여져서 버리기에는 너무 익숙해진 이름들을 자주 사용하겠지만, 그것은 잘해야 낙관적인 추측일 뿐이며, 최악의 경우에는 처참한 오도일 것이다. 그 극단적인 사례 중 하나가 아마도 본래 아우구스투스의 친구이자 조언자였던 가이우스 마이케나스Gaius Maecenas가 소유했다가 황제에게 유증된 황제 호르투스 가운데 한 곳의 유적지에 남아 있는 건물일 것이다. 이 건물은 1870년대 건설 공사 도중 재발견된 이후 '마이케나스 강당'으로 알려졌다. 반원형의 계단식 좌석이 툭 트인 방 또는 공연 공간을 마주 보고 있는 것처럼 보이기 때문이었다. 마이케나스는 유명한 예술 후원자였고, 지금은 때로는 황제의 비공식 '문화 대신'으로 불리기도 한다. 이곳이 그가 자신의 후원을 받는 문인 일부를 선보이는 곳이었고, 심지어 베르길리우스가 아우구스투스의 후원을 받아 쓴 로마 건국에 관한 대서사시 《아이네이스》의 주요 부분을 엄선된 관객에게 공연한 곳이었다고 상상하기 쉬웠다. 솔깃하기는 하지만 아마도

| 그림 31 | 공연이라는 주제의 또 다른 변형을 선보이는 오늘날의 '마이케나스 강당' 내부. 최근의 한 '예술 포럼' 모임에서 본래 인공 폭포였던 뒤쪽 부분이 무대로 사용되고, 청중은 식사용 소파가 놓여 있었을 공간에 앉았다.

아닐 것이다. 계단식 좌석으로 보이는 것은 거의 확실하게 또 하나의 폭포를 위한 배경이었고, '공연장'은 아마도 이동식 소파가 있는 식당이었을 것이다.

　이하에서 나는 이런 식의 착오를 살피며 더 나은 해석을 시도할 것이다. 출발점은 로마 팔라티노 언덕에 있는 원래의 팔라티움, 그리고 그것이 어떻게 해서 느슨하게 연결된 개별 주택의 단지에 불과하던 것(우리의 개념으로 전혀 '궁궐'이 아닌)에서 좀더 익숙한 궁궐 형태의 복잡한 저택으로 발전했는지에 관한 이야기다. 그리고 티볼리에 있는 하드리아누스의 사유지를 자세히 살펴보는 것으로 마무리할 것이다. 그곳에 있던 로마 황제의 주거지 가운데 가장 거창한 곳이었으며, 그곳에서 발굴된 수백 점의 조각 작품에서부터 지하 통로와 심지어 화분까지 살펴볼 것이다.

팔라티노 언덕 위의 집

팔라티노 언덕의 역사는 로마의 권력 변화에 대해 많은 것을 말해준다. 그곳은 로마 도시가 건설된 일곱 개(또는 그 이상의) 언덕 가운데 하나였으며, 황제들의 지배가 시작되기 전인 서기전 1세기 중반에 로마 정계 거물들의 본거지였다. 여기서 로마의 일종의 민주주의 아래서 권력, 영향력, 시민들의 표를 다투었던 경쟁자들이 옆집 이웃으로 살았다. 그들이 살던 집은 터무니없는 금액에 주인이 바뀌었고, 때로는 불편할 정도로 서로 가까웠다. 지붕을 조금 높게 고쳐 이웃집에 햇빛이 들지 못하게 하는 것은 식은 죽 먹기였다. 겉으로 보기에 이 집들은 그다지 인상적이지 않았을 것이다. 적어도 현대 서구 사람들의 눈에는 말이다. 전통적인 로마의 집은 안쪽을 향해 안마당 주위에 지어졌고, 외면에는 비교적 품을 들이지 않았다. 그러나 경쟁 관계에 있는 집주인들은 거의 정치에서 경쟁하듯이 건축에서도 경쟁을 했다. 내부 주랑 현관에 기둥을 몇 개나 설치할 것인지, 비싼 수입 대리석을 사용할 것인지 아니면 평범한 현지의 돌을 사용할 것인지, 또는 수수한 생활방식을 따르며 사치를 배격하는 시늉을 할지 말지가 위신 경쟁에서 중요했다.

　팔라티노의 매력은 부분적으로 공화국 로마의 정치 행위와의 근접성에 있었다. 포룸과 원로원 건물은 언덕에서 걸어서 내려가 불과 몇 분 거리에 있었다. 말을 타고 조금만 가면 됐다. 키케로는 팔라티노의 자기 집에서는 온 시내를 내려다볼 수 있고, 마찬가지로 온 도시가 자신을 볼 수 있다는 것을 자랑스럽게 여겼다. 이 집들은 그 주인들에게 좋은 전망을 제공하고 동시에 그들을 두드러져 보이게 했다. 하지만 팔라티노 언덕은 신화 및 역사와도 중요한 관계가 있었다. 로마시의 창건자 로물루스가 이 터에서 첫 정착지를 건설했다. 4세기에 여전히 볼 수 있었던 흙벽 오두막은 상징적으로 중요한 가짜였으며, 로물루스가 수백 년 전에 살았던 곳으로 주장됐다. 로마인들이 마그나 마테르Magna Mater('위대한 어머니') 신전을 세운 곳도 팔라티노였다. 마그나 마테르는 서기전 3세기 말 한니발에게 패할 뻔했던 로마인들을 구한 것으로 유명했다. 이 존경받는 여신은 신의 계시에 따라 지금의 튀르키예에서 들여왔다고 한다. 스스로 거세한 악명 높은 환관 사제가 모시고 왔다.

　로마에서 1인 통치가 시작되고 100년쯤 지난 1세기 말에 팔라티노의 풍광은 극적으로 바뀌었다. 역사 유적과 신전은 그대로였다(제국 역사의 대부분의 기간 동안 황제의 거처 부근에 종교적 환관 집단이 살았다는 사실은 별로 지적되지 않았다). 그러나 귀족들의 집은 사라졌고, 언덕의 대부분은 하나의 궁궐이 차지했다. 새 정치 체제의 가장 생생한 표시 가운데 하나로서 황제는 옛 귀족들을 전통적인 위신의 구역에서 몰아냈다. 전략적 구매, 징발, 강탈, 또는 그저 '적대적 환경'을 통해서였다. 변화의 상징성은 분명했지만, 그것은 또한 점진적이었다. 귀족들은 거의 곧바로 언덕의 주거 구역을 황실에 내주기 시작했다. 아우구스투스 치세에 시작된 일이었고, 율리우스 카이사르는 이와 아무런 관련이 없었다. 그러나 우리가 이해하는 개념의 궁궐은 하룻밤 사이에 건설된 것이 아니었다.

로마 작가들은 초기 황제들의 팔라티노 주거지들에 대해 그들의 주거 형태를 그들의 성격 및 평판과 일치시키려는 과정에서 많은 이야기를 했다. 아우구스투스는 낡은 전통주의의 행진에 영리하게 전제군주 권력의 표지를 결합한 것으로 평가됐다. 그는 한때 '평범한' 로마 귀족이 소유했던 '평범한' 집에서 살았다고 한다. 사치스러운 대리석 장식을 하거나 바닥에 공을 들이지 않았고, 가구도 소박했다(수에토니우스는 자신이 40년 동안 같은 방에서 잤다고 주장했다. 여름이건 겨울이건, 똑같이 낮고 평평한 소파에서 말이다). 그리 평범하지 않았던 것은 집의 '앞마당'이었다. 아우구스투스의 〈업적〉에 따르면 그곳은 월계관과 기타 유사한 영예로 장식됐으며, 심지어 '조국의 아버지'라는 말이 새겨져 있는 등 평범한 내부 장식과 좀 달랐다. 반세기 뒤 칼리굴라의 이른바 과도함은 그의 팔라티노 주거지의 과도함과 부합했다. 그것은 호르투스 건물의 새로운 창문을 훨씬 넘어서는 것이었다. 수에토니우스의 주장에 따르면 칼리굴라의 집 '앞마당'은 어쨌든 유서 깊은 옛 카스토르-폴룩스 신전에 만들어졌고, 신전은 팔라티노 언덕 발치의 포룸에 있었다. 이것은 그의 과대망상과 불경의 결합의 징표였다. 전해지기로 그는 자주 신전의 두 신 조각상 사이에 앉아 경배를 받고자 했다고 한다.

문제는 언제나 이런 기록들(또는 이데올로기적 투사)을 남아 있는 고고학적 증거와 어떻게 연결시킬 것인가였다. 팔라티노의 초기 제국 시기는 특히 탐구하기 어렵다. 후대의 로마 궁궐의 토대가 이전에 있던 것을 거의 말살해버렸기 때문이다(네로의 식당은 희귀하게 살아남은 흔적 중 하나다). 르네상스기 조경의 백미였던 파르네세Farnese 정원터 일부가 남아 있는 곳은 당연히 현대의 광범위한 발굴을 막았다. 남아 있는 카스토르-폴룩스 신전에 붙어 있는 포룸의 칼리굴라 집의 '현관'의 흔적을 찾으려는 기발하지만 의문스러운 몇몇 시도는 차치하고, 우리가 확실하게 말할 수 있는 것 대부분은 부정적이다. 특히 실망스러운 것은 화려하게 장식된 서기전 1세기 저택들의 유적(현재 '아우구스투스궁'과 '리비아궁'으로 알려져 있고 팔라티노 일대 관광지의 인기 있는 곳)이 어쩌면 아우구스투스가 살던 곳이 아닐 수도 있다는 것이다. 그는 거의 확실하게 팔라티노를 접수한 초기에 이 저택들을 소유하게 됐지만, 새로운 아폴로 신전(그가 아우구스투스라는 이름을 쓰기도 전인 서기전 28년에 완성됐다)을 짓기 위해 이곳을 파괴하고 도로 메웠다. 지금 우리가 찾아가는 곳은 늘 이야기를 듣는 것처럼 황제의 응접실이 아니고 어떤 공화국 고관 저택의 지하실이 있던 곳이다. 그 위에 새 신전과 그 주랑 현관의 기단이 건설됐다.

사실 아우구스투스 주거지의 모든 물리적 흔적은 아마도 후대에 지어진 건물들 아래에 영원히 묻혀졌을 것이다. 그러나 1인 통치 초기에 황제들이 어떤 집에 살았느냐에 대한 의미심장한 암시가 뜻밖의 자료에 남아 있다. 서기 41년 팔라티노에서 일어난 칼리굴라 암살에 대한 기록으로, 1세기 말 유대인 역사가 요세푸스가 그리스어로 쓴 것이었다. 그는 적어도 이 살인이 일어나던 때에는 거대한 단일 저택을 상상해서는 절대 안 되고('신전 자리에 지은 현관' 이야기가 무엇을 의미하든), 사유지가 확대되면서 그것이 점차 언덕에 있던 집들 대다수를 집어삼켰다고 봐야 한다고 분명히 밝혔다. 그중 일부는 개축되고 일부는 합쳐지거나 통로로 연결됐지만(그 일부 흔적이 남아 있다), 대다수는 독립 건물로 남았다.

칼리굴라는 사유지 안의 '한적한 오솔길'에서 살해됐다고 요세푸스는 말한다. 그는 습격당할 때 황제 전용 목욕탕으로 가고 있었고, 그 길은 지름길이었다. 일을 해치우자마자 자객들은 "근처 게르마니쿠스 궁"으로 달아났다. 게르마니쿠스는 "방금 그들이 죽인 자의 아버지"였다. 그런 뒤에 아마도 그곳의 배치에 익숙하지 않은 독자들(우리까지 포함해서)을 위해 요세푸스는 설명을 조금 더 이어간다. 그는 이렇게 썼다. "궁궐은 하나의 부지에 있었지만, 그것은 여러 황실 성원에게 속하는 각각의 건물들로 이루어져 있었다. 그 건설자의 이름을 딴 건물들이었다." 그리고 다음 황제가 되는 클라우디우스가 장막 뒤에 웅크리고 있다가 근위병들에게 발견됐다는 보다 낯익은 이야기(103쪽)의 변형에서 요세푸스는 새 황제가 또 다른 한적한 '오솔길'을 내려온 뒤 계단을 올라가 피신했다고 말한다.

아우구스투스와 그와 가까운 후계자들의 주거지에 대해, 통합된 구조물이 아니라 '복합 시설'의 측면이 더 강한 구조물로 상상하려면 약간의 노력이 필요하다. 범위를 넓힌 황실의 개개인은 독자적으로 자신의 저택과 가족이 있었다. 이 여러 건물들이 아무리 화려하게 장식됐든(일부는 틀림없이 아주 화려하게 장식됐을 것이다), 어떤 권력의 상징이 그 외관을 눈에 띄게 했든, 얼마나 많은 건장한 경호병이 출입구와 컴컴한 통로를 감시했든, 그곳은 느슨하게 연결된 사유지의 복합체였다. 후대에 출현하고 영화 세트장과 좀더 간소한 고고학적 재현에서 낯익은 형태의 단일 건물이 아니었다(화보 9).

　네로는 즉위 초에 이 배치를 바꾸기 시작했다. 역시 고고학으로 해석하기 어렵지만 우리가 이미 탐색한 우아한 식당은 거의 확실하게 이 급격한 첫 번째 재개발 시도의 일부였을 것이다. 파르네세 정원 아래 묻힌 일부 유적도 마찬가지다. 이곳이 '티베리우스궁'으로 불리는 것은 혼란을 더하는데, 티베리우스 황제와는 아무런 관련도 없기 때문이다(초기 단지에서 이곳이 그의 가족의 집터였으리라는 것을 제외하면). 네로 치세인 서기 64년에 일어난 로마 대화재는 결정적인 전환점이 되었다. 화재가 팔라티노를 포함한 도시의 상당 부분을 처참하게 파괴했기 때문이다. 아마도 그곳에 남아 있던 개인 집들이 모두 파괴됐을 것이고, 이에 따라 첫 번째 용도가 정해진 최신 도시 중심의 '궁궐'을 건설할 길이 열렸다. 이것은 황제가 어떻게 살아야 하느냐 하는 새로운 문제를 촉발했고, 황제의 주거지가 어떻게 되어서는 안 되는지에 대한 본보기가 되었다.

인간답게 살기

이 건물은 네로의 도무스 아우레아(황금궁전)였다. 수에토니우스에 따르면 그곳은 너무도 커서 팔라티노 언덕에서부터 1.5킬로미터 떨어진 에스퀼리노 언덕에 이르는 모든 땅을 차지했다. 그곳에는 높이 35미터가 넘는 황제의 조각상이 있었고, 그 부지에는 인공 호수가 있었는데 "바다에 더 가까운 모습"이었다. 에스퀼리노 언덕에 있는 이 궁궐의 '부속 건물' 중 하나는 500여 년 동안 이 도시에 대한 고고학과 관광의 초점이었다(나중에 그 위에 지어진 로마 공중목욕탕의 토대 높이에 보존됐고, 부분적으로 도장이 찍힌 벽돌로 인해 정확한 시기가 밝혀졌다). 16세기 초에 라파엘로와 그 제자들은 천장에 뚫은 통로를 따라 이 유적 안으로 기어 들어가 자신들이 본 것을 꼼꼼하게 그렸다. 때로는 그들이 매우 감탄한 그림들 위에 자신의 이름을 끄적거리기도 했다. 현대의 방문객들은 좀더 수월하게 유적을 둘러볼 수 있다. 잔해와 안을 채웠던 것은 이제 대체로 치워졌고, 고대의 지면 높이에서 안전모를 쓰고 걸어 들어갈 수 있다. 그리고 거의 원래의 높이까지 남아 있는 전시실과 회랑을 돌아다닐 수 있다.

이곳은 지금도 궁궐 같은 '느낌'이 든다. 사실 화려한 장식은 대부분 사라졌지만, 한때 맨 벽돌 벽을 덮었던 대리석 표면과 빈 방을 장식했던 조각품들을 재현하기 위해, 현대의 방문객들에게 가상현실 헤드폰을 지급한다. 남아 있는 치장 벽토와 그림은 라파엘로가 보았을 때에 비해 덜 눈부시다. 그리고 식당과 폭포 시설 외에 이곳에서 발굴된 100여 개가 넘는 방의 용도는 대부분 알 수 없다.

그러나 일부는 화려한 치장이 없더라도 그 규모가 놀라움을 자아낸다. 식사를 위한 장소였을 가능성이 높은 커다란 팔각형의 방 하나는 현대 건축사가들에 의해 정말로 혁신적인 구조이며 수백 년 로마 건축의 바탕을 마련한 벽돌과 콘크리트 사용의 엄청난 발전으로 대서특필됐고, 그것은 맞는 이야기였다. 오늘날 우리는 길고 높은 회랑에 경탄하며 숨을 몰아쉬는데, 여기에서는 16세기 미술가들에게 깊은 인상을 심어준 장식 일부가 두드러진다. 사실 여기의 대부분은 하인들의

| 그림 32 | 남쪽에서 본 도무스 아우레아 일부의 가설적 복원. ① 포룸 쪽에서 들어오는 도무스 아우레아 주 출입구, ② 거대한 네로 조각상이 있는 현관, ③ 호수(나중의 콜로세움 터), ④ 팔라티노의 네로의 건물들, ⑤ 남아 있는 궁궐 부속 건물, ⑥ 클라우디우스 신전, ⑦ 키르쿠스 막시무스(대경기장).

통로였다.

이곳은 네로의 도무스 아우레아에서 실질적으로 남아 있는 유일한 부분이다. 팔라티노 언덕과 다른 지역에서 약간의 고고학적 흔적이 발굴되기는 했지만 말이다. 조금이라도 더 상세하게 알기 위해 황제가 죽은 뒤에 쓰인 탐탁지 않은 기록에 의존해보면, 거의 대부분 궁궐의 사치스러움과 비뚤어진 재주를 강조한다. 이해하기 힘든 회전 식당에서부터 손님들에게 향수를 퍼붓는 숨은 배관까지, 또는 인공 호수를 둘러싸고 있는 인공 농촌 지역(숲, 포도원, 경작지, 동물이 있는) 같은 것이다.

때로 현장의 증거는 이들 기록과 배치된다. 예를 들어 수에토니우스는 그 '호수'가 18세기 영국의 근대적인 시골 저택의 기발한 착상(양¥까지 갖춘)의 네로 시대 버전인 듯이 묘사한다. 그리고 그는 어떤 자연스러운 상태의 디스토피아적 전복(엘라가발루스식의)을 암시한다. 시골이 황제의 변덕에 의해 도시 한가운데에 심어졌다는 것이다. 사실은 전혀 그렇지 않았다. 발굴된 약간의 잔편들은 이 '호수'가 초원의 풍광에 들어 있는 자연 속의 어떤 모습을 모방한 것이 아니라 사실은 대리석 주랑 현관에 둘러싸인 형식적이고 네모진 도시의 웅덩이(석제 수조)임을 거의 분명히 했다.

전체적으로 많은 의문이 풀리지 않은 채 남아 있다. 이 궁궐이 얼마나 넓었는지는 잘 알 수 없다. 로마가 '한 사람의 집'이 되고 있다는 낙서를 포함해 글로 쓰인 모든 증거는 그 규모와 도시를 집어삼킨 것을 강조하고 있지만 그 경계는 알 수 없다. 현대의 추정치는 40만 제곱미터(집과 정원을 합친 버킹엄궁의 대략 두 배 규모다) 이상에서부터 믿기 어려운 160만 제곱미터까지 다양하다. 또한 그 배치가 어떠했는지도 알수 없다. 궁궐은 분명히 거대한 단일 건물은 아니었다. 그러나 팔라티노에 있는 부분들이 에스퀼리노 언덕의 잔존 부분과 어떻게 연결돼 있었는지, 그리고 이 사유지의 특정 부분에 일반인들이 어느 정도 드나들 수 있었는지에 대해서는 알려진 것이 없다. 그 궁궐은 심지어 네로가 죽을 때까지도 완성되지 않았다. 이 사업을 위해 부지를 정리해준 화재는 64년 여름에 일어났고 네로는 그로부터 4년이 되지 않아 자살을 강요받았으니, 그사이에 모든 것이 완성됐다면 불가능할 정도로 빠른 건설 공사가 이루어졌어야 한다. 남아 있는 날짜가 찍힌 몇몇 벽돌은 일부 건물 공사가 네로가 죽은 뒤 베스파시아누스 치세에도

| 그림 33 | 한때 네로의 연회장이었던 도무스 아우레아의 팔각형 방. 조명은 주로 천장에 뚫린 구멍에서 쏟아졌다. 작은 부속실 중 하나에는 필수적인 분수가 있었다. 원래의 장식은 치장 벽토, 유리 모자이크, 그리고 아마도 반구형 지붕을 덮었던 덮개 같은 것들이 있었을 것이다.

계속되고 있었음을 확인시켜준다.

이 궁궐은 로마 도시 경관에서 이전에는 전혀 볼 수 없었던 것이었지만, 로마 작가들이 떠들었던 것보다는 덜 사치스러웠다. 네로가 죽은 이후인 내전 기간에 도무스 아우레아의 어느 처소에서 잠깐 살았던 비텔리우스 황제는 그곳이 수용력이 떨어지고 시설도 변변치 않다며 비웃었다고 한다(물론 이 이야기는 네로가 기준을 낮춰 잡은 것에 대해서가

| 그림 34 | 도무스 아우레아의 궁궐 규모에 대한 일별. 복원 전문가가 프레스코 벽화(그곳을 탐사한 16세기 미술가들에게 깊은 인상을 준)에서 작업을 하고 있다.

아니라 비텔리우스의 터무니없는 기대를 비판하려는 의도였을 듯하다). 그러나 그 정확성을 떠나서 수에토니우스 등이 쓴 이 궁궐에 대한 적대적인 기록은 황제가 어디에서, 어떻게 살아야 하는지에 관한 근본적인 갈등과 논쟁이 있었음을 말해준다. 그 거대한 규모에 대한 강조는 누가 도시를 '소유'했느냐 하는 문제를 제기했다. 황제인가, 아니면 로마 시민인가? 이 문제는 네로가 자신의 새 주거지의 터를 정리하기 위해 스스로 불을 질렀다는 주장에 의해, 그리고 그가 로마의 이름을 네로폴

리스('네로의 도시')로 바꿀 계획을 세웠다는 소문에 의해 도드라졌다.

어쨌든 로마의 전제군주를 위해 어떤 형태의 주거지가 적절했을까? 아우구스투스의 (가짜) 검소함과 네로의 (과장된) 사치 사이에 어떻게 구분선을 그을 수 있을까? 황제가 사는 집은 황제의 권력에 대해 무엇을 드러냈을까? 네로는 도무스 아우레아 덕분에 "마침내 인간답게 살기 시작했다"고 말했다는데, 이는 단순히 남을 의식하지 않는 과대망상을 드러낸 것이 아니었다. 여기에 깔려 있는 문제는 로마 황제가 어떤 종류의 '인간'이었느냐 하는 것이었다.

69년에 네로 이후 새로운 황실 가문의 첫 번째 통치자가 된 베스파시아누스는 아주 다른 유형의 건축물을 후원함으로써 그 문제 일부에 대해 응답했다. 그는 네로의 호수 터에, 유대인 반란을 진압하고 예루살렘 신전을 파괴하면서 얻은 막대한 이득을 사용해 당시 그저 '암피테아토룸Amphitheatre'(원형 경기장)으로 알려진 것을 건설했다. 이곳이 콜로세움으로 불린 것은 나중의 일이었다. 도무스 아우레아가 사라진 지 수백 년 뒤까지도 그 부근에 서 있던 거대한 네로 조각상에서 이름을 딴 것이었다(477~480, 482~483쪽). 베스파시아누스의 메시지는 분명했다. 네로가 개인 재산으로 만들었던 도시 공간을 공공의 이용과 대중의 즐거움을 위해 되돌리고 있다는 것이었다. 이를 지지하는 한 시인이 콜로세움이 10년에 걸친 공사 끝에 서기 80년에 공식 개장한 것을 축하하며 기뻐했듯이 "로마는 스스로를 회복했다." 네로가 정말로 무슨 생각을 했든, 그를 로마인들로부터 로마를 훔친 황제로 제시하는 것은 다음 황실 가문으로서는 편리한 일이었다.

그러나 네로의 후계자들은 도무스 아우레아 전체를 곧바로 버리지는 않았다. 그들의 생각이 어떠했든, 도시 중심부에는 황제가 들어가 살 다른 궁궐이 없었다. 비텔리우스는 그가 수도에 있던 짧은 기간 동안 '수준 이하'의 시설에서 견뎌야 했다. 베스파시아누스는 자신이 도시 변두리에 있는 황제의 호르투스에 머물기를 선호한다는 것을 알리고 네로의 호수를 대중의 여흥을 위한 장소로 바꾸겠다는 거창한 시도를 했으나, 도무스 아우레아의 미완성 부분을 마무리 짓고 그 일부를 사용했다. 그러나 20년이 지나기 전에 그 대부분은 사라지거나 후대의 개발에서 인정받지 못한 채 통합되었다.

베스파시아누스와 그 아들들인 티투스와 도미티아누스는 팔라티노 언덕에 새 궁궐을 세우기 시작했다. 궁궐은 결정적으로 그 너머의 도시 안으로 확대되지는 않았다. 다만 화려함의 측면에서 도무스 아우레아가 그랬던 것처럼 '우리 가운데 하나'인 통치자의 주거지라고 보기는 어려웠다. 이 궁궐은 도미티아누스 치세에 완공됐고(그가 늘 그 뒤의 주요 지휘자로 보였다), 1세기 말 이후 로마 역사의 나머지 기간 동안 황제의 단골 주거지가 됐으며 이는 로마 작가들에 의해 반복적으로, 그리고 엄청나게 과대 선전됐다. 암피테아토룸의 개장을 광고한 시인은 그 궁궐이 피라미드를 무색케 했다며 "전 세계에서 이보다 더 멋진 곳은 없다"라고 말했다. 이곳은 스타티우스가 식사하러 갔던 곳이고, 그 유적은 방문객이 팔라티노 언덕에서 아직도 볼 수 있다(그중 일부는 개방되어 있다).

언덕 위에서 무슨 일이?

우리는 고대 로마 세계의 다른 어떤 건물보다 이 궁궐의 내부 또는 외부에서 무슨 일이 일어났는지에 대해 더 많이 알고 있다(플리니우스가 감사 결의를 했던 포룸의 원로원 청사가 유일한 실질적 경쟁자다).

제국 역사의 큰 사건 상당수가 이곳에서 일어났다. 황제가 추대되고 폐위됐으며, 음모가 꾸며졌고, 포고가 나왔다. 서기 96년, 도미티아누스는 자신의 궁궐 쿠비쿨룸(거실)에서 칼에 찔려 치명상을 입었다. 그는 스스로 의뢰한 건물에서 몇몇 부하에게 살해당했다. 100년 뒤, 190년대의 내전 기간 동안 잠시 통치했던 페르티낙스 또한 쳐들어온 성난 병사들에 의해 '집에서' 칼에 찔려 죽었다. 《아우구스투스의 역사》에 따르면 그들은 "궁궐 주랑 현관을 통과한 뒤 '시킬리아Sicilia'와 '케나티오 요비스Cenatio Iovis'(유피테르 연회장)라는 곳에 도착했고, 그곳에서 주거지의 '안쪽'에 있는 황제를 찾아냈다." 황제는 그곳에서 "길고도 심각한 이야기"를 했지만 그들을 설득하지는 못했다. 페르티낙스의 문제점 중 하나는 늘 그가 병사들의 마음을 '얻지' 못했다는 것이었다. 트라야누스가 제위에 오른 98년에는 좀더 즐거운 일도 있었다. 그의 아내 플로티나가 '궁궐 계단'에 서서 군중에게 연설을 했다. 플로티나는 전통주의자들에게 좋게 받아들여졌을 겸손을 뽐내며(여성이 대중 연설을 하는 것은 희귀한 경우였고, 그리 좋게 받아들여지지 않았을 것이다) 자기 남편의 권력으로 인해 변하지 않겠다고 약속했다. 그녀는 이렇게 말했다. "나는 내가 여기 왔을 때와 똑같이 어느 날 떠나게 되기를 바랍니다. 똑같은 여성으로서 말입니다."

로마 문헌들은 팔라티노궁 안의 일상적인 일에 대해서도 약간의 암시를 제공한다. 정규적인 식사(분명히 손님 대다수에게 '매일'이 아니었을 것이다)부터 대부분의 아침에 일어나는 통제된 '저택 공개'까지 말이다. 전문적으로 '살루타티오salutatio'(인사)로 불리는 이 행사는 황제들이 처음 시작한 것은 아니었다. 공화국의 거물들은 흔히 친구와 아랫사람들에게 덕담을 하면서 하루를 시작했다. 도시의 귀족들은 황제의 통치하에서도 계속 그렇게 했다. 그러나 황제들은 이 관행의 방식과 규모를 바꾸었다. 그들의 '인사'는 언제나 로마 상류층의 선택된 사람으로 제한됐다. 경의를 표하기 위해 온 그들은 자신들이 시민의 평

| 그림 35 | 팔라티노궁의 중심 부분은 황폐해져서 현장에서 알아보기 어렵다. 사실 이 사진에서 가장 놀라운 부분은 르네상스기 정원의 건물인 카시노 파르네세Casino Farnese다.

등과 통치자에 대한 복종을 얼마나 잘 조화시킬 수 있는지 보여줄 기회(또는 의무)를 가졌다. 그러나 적어도 이론상으로는 일반인들도 황제에게 '인사'를 하고, 원하는 도움이나 시혜를 청하기 위해 이야기할 수 있었을 것이다(301~302, 313~314쪽).

이런 대중 모임은 황제에게는 힘든 일이었을 것이다. 2세기 중반 나이가 지긋했던 안토니누스 피우스는 미리 자신이 좋아하는 마른 빵으로 배를 채워놓았다고 한다. 오로지 그 일을 할 체력을 보강하기 위해서였다. 한편 황제를 찾아온 사람들 쪽에서는 오래 기다릴 각오를 해야 했다. 결국 운 좋게 만나는 사람 속에 끼일 수 있게 되더라도 말이다. 역시 2세기 중반의 한 박식가는 궁궐 바깥(아레아 팔라티나area Palatina, 팔라티노 광장)이나 앞마당(베스티불로vestibulo)에서 서성거리던 사람들 틈에 있던 상황을 묘사했다. 그들은 "황제에게 경의를 표할 기회를 기다리는 거의 모든 계층의 남자들"이었다. 이 박식가를 포함한 군중 가운데 일부 지식인들은 라틴어 문법이나 로마법의 역사에 관한 난제들을 여봐란 듯이 토론하며 시간을 보냈다. 우리는 그런 유형의 사람들을 알고 있다.

팔라티노궁에 대한 풍부하고 때로는 기발한 이런 묘사에도 불구하고 우리가 오늘날 현장에서 보는 것은 실망스러운 수준의 고고학처럼 생각될 수 있다. 상세한 배치도는 얼핏 볼 때 나타나는 것보다 더 풀기 어렵다. 그 이유는 부분적으로 핵심 지역 일부가 완전히 발굴되지 않았고, 퍼즐에서 일부 빠진 부분이 있기 때문이다. 또한 오래전에 파괴된 건물의 위층이 어떤 모습이었는지 알기 어렵기 때문이기도 하다('위층은 어땠을까?'는 모든 고전기를 대상으로 하는 고고학의 가장 까다로운 문제

중 하나다). 하지만 무엇보다도 이 궁궐이 언제나 '진행 중인 작업'이었기 때문에 어려움이 발생한다.

궁궐은 수백 년에 걸쳐 같은 계획을 중심으로 개선되고 확장되고 수리되고 재건됐다. 64년의 화재가 팔라티노에 있는 건물들을 파괴한 마지막 사건은 아니었다. 예를 들어 192년에는 문서고를 포함한 궁궐의 많은 부분이 소실됐다. 그리고 궁궐은 되풀이해서 새롭고도 예측할 수 없는 요구에 적응했다.

한 이야기에 따르면 3세기 초에 전체 건물들은 별도의 두 구역으로 나뉘었다. 셉티미우스 세베루스의 아들들이자 공동 통치자로 제위를 이어받은 카라칼라와 게타가 서로를 적대하는 것에 대처하기 위해서였다. 공동 점유의 기괴한 사례로서, 그들은 같은 전면 출입구를 사용했지만 양측 사이에 있는 내부의 문들은 폐쇄했던 것으로 보인다. 이 모든 것의 결과는 지금 우리가 보는 거의 이해할 수 없는 서로 다른 시기에 지어진 구조물(그리고 보완물)들의 복합체다. 19세기 초에 조지 바이런이 절망했던 대로 벽 천지였고, 이런 느낌은 이후 다른 많은 방문자들이 거듭 표명했다.

그렇다면 이 궁궐에 대한 현대의 일부 기록이 우리가 '모르는' 것들의 목록이 돼버린 듯하거나, 고대 작가들이 이야기한 것과 우리가 현장에서 포착할 수 있는 것 사이의 메울 수 없는 간극에 붙잡혀 있는 것도 아마 놀라운 일은 아닐 것이다. 이는 단순히 도미티아누스가 죽음을 맞이했던 쿠비쿨룸을 밝혀내지 못하거나 페르티낙스의 자객들이 밟았던 길을 표시하지 못하는 문제만은 아니다. '유피테르 연회장'은 스타티우스가 식사를 했던 곳의 일부일 가능성이 매우 높지만, '시킬리아'라는 이름 또는 별명으로 불린 곳은 완전히 오리무중이다. 우리는 심지어 카라칼라와 게타가 마지못해 공유했던 궁궐의 정문이나 우쭐대는 학자들이 대기하던 '팔라티노 광장'이나 플로티나가 군중에게 연설했던 계단이 어딘지도 잘 모른다.

따라서 공식적인 살루타티오가 실제로 어떻게 이루어졌는지는 거의 추측의 영역에 속한다. 사람이 많이 모이는 경우에는 큰 '방'(다른 경우에는 식당을 겸하는) 일부가 '인사'에 사용됐을 가능성이 높아 보인다. 그러나 이 의례 연출(사람들이 어떻게 황제가 있는 곳으로 들어가고 나오는지에 관한)을 재구성하려는 현대의 시도 대부분은 얼핏 보기에 불가능할 정도로 건물 주위를 돌고 좁은 통로와 계단을 오르내리는 것을 상상했다. 더욱 안갯속인 것은 궁궐의 관리 또는 업무 기능을 수행했던 장소의 위치다. 노예들은 어디에서 살았을까? 서기나 회계원, 세탁 요원들은 어디에서 일했을까? 저장실과 수송 부서와 마구간은? 오늘날 우리가 생각하는 의미의 '사무실'이 있었을까? 있었다면 어디에 있었을까?

그러나 이런 대답할 수 없는 질문들에 빠져 허둥대다 보면 이 궁궐 유적이 우리에게 무엇을 말해줄 수 있는지에 대한 요점을 놓친다. 첫 번째는 그 위치다. 황제가 옛 귀족들을 그들이 좋아하는 구역에서 몰아냈다는 것은 이미 이야기했다. 그러나 궁궐의 위치는 더 큰 상징적인 영향을 미쳤다. 팔라티노 언덕의 한쪽에서는 이 도시의 옛 정치 중심지였던 포룸이 내려다보인다. 원로원 청사가 있는 곳이고, 한때 시민들이 모여 투표를 하던 곳이며, 공화국의 거물들이 군중에게 연설을 하던 곳이다. 1세기 말 이후 어느 때라도 원로원 청사에서 걸어 나

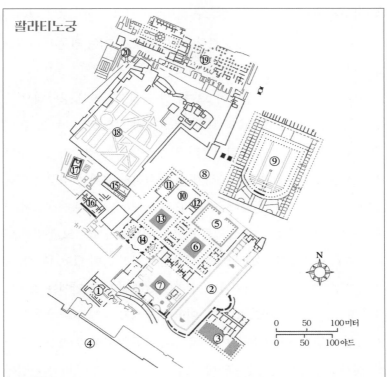

팔라티노궁

1. 현재 파이도고기움paedogogium으로 알려진 하인 구역
2. 경기장 정원
3. 이른바 세베리우스궁(그러나 초기 국면은 플라비우스 황실 가문까지 거슬러 올라간다)
4. 키르쿠스 막시무스(대경기장)
5. 현관 추정지
6. 못이 있는 안마당
7. 정원이 있는 안마당(아래층)
8. '팔라티노 광장' 추정지
9. 본래 정원 구역, 나중에 엘라가발루스 신전 부지
10. '아울라 레기아Aula Regia'(황제의 대청)
11. '바실리카'
12. '라라리움Lararium'(가족 수호신 사당)
13. 못이 있는 안마당
14. 식당(아마도 고대 작가들에게 '유피테르 식당'으로 알려진 곳일 듯)
15. 전통적으로 '리비아궁'으로 알려진 공화국 시대의 집
16. 전통적으로 '아우구스투스궁'으로 알려진 공화국 시대의 집
17. 마그나 마테르 신전
18. 티베리우스궁(이전의 황제 주거 구역으로 지금은 대체로 파르네세 정원이 들어선 곳)
19. 로마 포룸
20. 포룸에서 팔라티노로 가는 경사로

이 단순화한 설계도는 서로 다른 시대를 뒤섞고 많은 불확실성을 무시한 것이지만, 그래도 배치의 복잡함을 드러내고 있다. 설계도의 설명은 건물 일부에 대해 통상적인 이름을 사용했지만, 서로 다른 방들의 기능은 대체로 추측에 의존하고 있다.

와 위쪽을 보면 우뚝 솟은 황제의 주거지가 시야를 압도했을 것이다 (지금도 상당 부분 그렇다). 이제 권력이 어디에 있는지는 의문의 여지가 없었다.

언덕의 다른 쪽에서 궁궐은 로마인의 문화생활과 상상력에서 똑같이 중요한 기념물을 내려다보고 있었다. 키르쿠스 막시무스, 즉 대경기장이다. 도시의 이른 시기부터 정기적인 전차 경주가 벌어졌던 이곳은 콜로세움에 가려져 우리가 잘 인식하지 못하는 경향이 있다 (360~371쪽). 그러나 남쪽에서 팔라티노 언덕을 올려다보면 궁궐과 경기장이 함께 보였을 것이다. 그들 사이의 연결은 중요했고 분명한 의미를 지니고 있었다. 바로 황제는 사람들과 함께 집에 있고, 대중오락의 한가운데에 있다는 것이었다. 심지어 궁궐의 마당 안에는 소규모 경주로처럼 보이는 곳도 있었다. 이곳은 황제가 자기 집에서 개인적으로 전차 경주를 즐기는 곳이 아니었다. 이곳은 사실 주랑 현관과 열주, 꽃과 분수가 있는 정원이었다. 모두 경기장 '설계도에 따라' 건설된 것이었다. 이 '경기장 정원'은 로마 귀족들의 조경 설계에 단골로 들어가는 시설이었다. 플리니우스는 장미와 손질한 회양목 울타리가 있는 자신의 경기장 정원(그의 한 교외 별장에 있었다)을 자랑스러워했고, 하드리아누스 황제는 식사를 위한 설비를 갖춘 비슷한 공간을 갖고 있었다(143~144쪽). 그러나 이곳 팔라티노에서 축소판 경기장은 지척의 거리에 있는 대중오락 장소를 떠올리게 하는 역할을 했을 것이다.

두 번째 요점은 궁궐 배치의 복잡성 자체다. 설계가 뒤섞이고 서로 다른 시기에 세워진 벽들이 많아 지금은 너무 혼란스럽다는 과장된 인상을 주는 그곳은, 여전히 미로처럼 서로 다른 높이에 배치돼 있고,

| 그림 36 | 팔라티노 경기장 정원은 본래 주랑 현관으로 그늘을 제공하고 조각품들로 장식하며 분수대로 풍취를 높인 곳이었다. 우리가 생각하기에 산책을 하며 대화하고, 운동을 하며 시간을 보내는 곳이었다.

가라앉은 마당과 솟아오른 방, 막다른 길과 구불구불한 길이 있다. 탁 트인 공간, 내부 정원, 어둡고 복잡한 통로가 뒤섞여 있다. 이는 설계에 대해 조금이라도 알고자 하는 오늘날의 사람들에게 좌절감을 안긴다.

그러나 미로 같은 궁궐은 유용한 면이 있었다. 세계 각지의 왕궁들은 안전장치로서 매우 복잡한 배치를 사용했다. 18세기에 일본에 갔던 한 유럽인 여행자는 도쿄의 황성인 에도성江戸城에 "수많은 교차점과 서로 다른 해자 및 성벽"이 있어 "그 평면도를 파악할 수 없었다"라고 말했다. 버킹엄궁도 대체로 비슷하다. 고대 로마에서도 건축은 아마도 외부인이 방향 감각을 잃도록 의도적으로 설계되어 궁궐 안에서 혼자서는 길을 찾을 수 없었을 것이다. 그들이 위해를 가하려 했든 아니든 말이다. 또한 아침에 황제에게 인사하기 위해 사람들이 몰려오는 것은 안전을 위협할 수 있는 일로 인식됐을 것이다. 클라우디우스는 토가 안에 무기를 숨겼는지 확인하기 위해 방문객들의 몸수색을 한 유일한 황제가 아니었다. 로마의 한 반대파 인사는 아우구스투스가 원로원 의원들을 몸수색하기 위해 한 사람씩 차례대로 다가오게 했다고 말했다('우리 가운데 하나'라는 황제의 이미지와는 배치된다). 그리고 살루타티오에서 황제 앞으로 그들을 데려가기 위해 "수도 없이 돌아가는" 길을 지나게 했다는 말이 사실이라면 내 생각에 그것은 한 고고학자가 주장한 것처럼 궁궐의 장려함을 과시하기 위해서가 아니라 방향감각을 잃게 하려는 전략이었을 것이다.

그러나 여기에는 또 다른 측면이 있다. 이 미로는 황제를 방문하는 사람들이 길을 헤매게 함으로써 그들을 통제했던 것만큼이나 황제 자신을 가두어놓았다. 이 때문에 황제는 가족, 노예, 참모, 호위병 등이 충성스럽든 그렇지 않든 그들에게 휘둘렸다. 클라우디우스가 방문객의 몸을 수색한 것은 외부인의 위험성을 우려했기 때문일 것이다. 도미티아누스가 주랑 현관 벽을 반사석으로 덮어 뒤에서 누가 다가오는지 알 수 있도록 했을 때에도 내부의 위험에 대해 걱정했을 것이다. 궁궐은 황제들이 자랑스럽게 전시되는 곳이었다. 이곳에서 황제는 손님을 맞고, 연회를 열거나 사적으로 식사하고, 존경을 표하러 오는 사람들에게 과시했다. 궁궐은 또한 황제에게 가장 위험한 곳이기도 했다. 율리우스 카이사르가 원로원 회의에서 공개적으로 살해된 것은 거의 이례적인 일이었다. 거의 대다수의 암살된 황제는 궁궐에서 살해됐다. 이곳은 음식에 몰래 독을 탈 수 있고, 단검을 사용할 수 있는 곳이

| 그림 37 | 포룸에서 팔라티노궁으로 이어지는 구불구불한 경사로. 구부러진 곳마다 경비병이 배치되어 오르내리는 사람들을 통제했을 것이다.

었다. 칼리굴라는 궁궐 안에서 이동하던 중에 불만을 품고 달려든 근위병 두 명에게 살해되었고, 도미티아누스와 페르티낙스도 궁궐에서 칼에 찔렸다. 콤모두스는 192년 자신의 목욕탕에서(다른 기록에는 침대

에서) 그의 개인 훈련사에게 교살당했다. 가장 극단적인 경우는 211년 게타의 피살이었다. 고대의 작가들은 끔찍한 이야기를 전한다. 궁궐을 나누어 차지하는 방식이 결국 무너진 뒤 카라칼라가 병사들을 시켜 동생을 찔러 죽이게 했다는 것이다. 동생은 안전을 위해 팔라티노의 어머니 처소에서 어머니에게 매달려 있었다. 사실이든 아니든 이 사건은 궁궐이 황제에게 화려한 새장이었다는 사실을 잘 보여준다. 그곳에서는 아무도 생명을 보장받을 수 없었다.

팔라티노에는 이런 분위기를 아직도 느낄 수 있는 곳이 딱 한 곳 있다. 궁궐로 가는 경사로로 도미티아누스 치세에 건설됐고, 포룸에서 언덕 꼭대기와 바로 궁궐로 이어지는 곳이다. 약 11미터 높이의 좁은 회랑이 있고, 경사면에 구불구불 이어져 있으며, 본래는 일곱 번 구부러져 있었다. 평범한 방문객도 이곳이 얼마나 위협적이었을지 쉽게 상상할 수 있다. 모퉁이를 돌아 누가 다가오고 있는지 볼 수 없었고, 무장한 경비병이 구부러진 곳마다 배치되었을 것이다(길을 따라 설치된 간이 화장실은 아마도 그들이 사용했을 것이다). 황제 역시 모퉁이를 돌아 누가 오고 있는지 알 수 없었기에 그러한 장소에서의 안전은 무장 경호병의 충성심에 달려 있었다. 여기서 우리가 느끼는 공포는 스타티우스가 궁궐 연회에서 느낀 흥분, 트라야누스의 너그러운 저택 공개에 대한 플리니우스의 열광, 플로티나가 계단에서 한 사려 깊은 연설에 대한 중요한 평형추다.

복원의 기술

이 경사로는 오늘날 보이는 것처럼 본래는 황제의 거주지라기보다는 창고처럼 초라해 보였을 것이다. 이곳 역시 당시에는 지금 보이는 맨 벽돌에 대리석을 입히거나 치장 벽토를 발라 더 사치스럽고 장엄한 인상을 주었을 것이다. 그것은 고대 팔라티노궁의 모습을 그려내는 데 필요한 상상력의 작업을 상기시켜주는 한 가지 예일 뿐이다. 많은 고고학자와 도해자들은 이 문제를 해결하기 위해 꼼꼼하게 남아 있는 증거들을 분석해 경사로보다 훨씬 부실하게 보존된 건물 일부에 대한 복원도를 내놓았다(화보 9). 그러나 이런 복원도들은 얼마나 정확하게 원본의 분위기, 양식, 효과를 포착했을까? 황제 궁궐의 인상을 얼마나 잘 전달하고 있을까?

복원도는 대부분의 고고학적 재현이 그렇듯이 황제부터 세탁부에 이르기까지 사람에 대한 부분이 조금 부족하다. 다음 장에서는 이들에게 다시 초점을 맞추려 한다. 여기서는 기껏해야 건물에 완전히 지배되는 소수의 보잘것없는 사람들만이 보인다. 그러나 파시스트 독재, 탈근대 미학, 할리우드 영화의 조합과 같은 거대한 건축적 맥락도 심각한 오해를 불러일으킨다. 이는 궁궐의 개방되고 드러나 있는 부분('계단 아래'를 재현하는 일에는 아직 아무도 관심을 보이지 않는다)을 설비가 없고 객관적으로 결점이 없는 곳으로 보는 것이다. 사치 때문에 이런 부분조차 더 지저분하고 어수선했을 것이라고 생각할 충분한 이유가 있는데도 말이다. 그곳은 메아리가 울리는 빈 방이라기보다는 알라딘의 동굴과 같은 보물 창고에 가까웠다.

상상력을 발휘해 드러난 벽에 회반죽, 칠, 대리석을 다시 입히는 일은 비교적 쉽다. 또한 거기에 걸려 있었을 그림, 조각품, 귀한 미술품을 다시 상상하는 것도 비교적 쉽다. 호르투스들과 티볼리에 있는 하드리아누스의 사유지에서 발견된 고고학 자료들은 궁궐에 조각품이 많았고 그 장식의 양식에 대한 약간의 암시를 제공한다. 상감한 마루와 절묘한 모자이크판에서부터 로마의 돈으로 살 수 있는 최고의 걸작에 이르기까지 말이다. 그리고 오늘날 서구의 박물관에서 전시되고 있는 일부 미술 작품들은 거의 확실히 한때 황제의 사유지에 있었던 것이다. 다만 어떤 작품인지 정확하게 집어낼 수 없을 뿐이다. 박물관의 이름표는 과연 얼마나 많은 현존 로마의 걸작이 황제의 소유였는지를 분명히 밝히지 않고 있다. 그러나 티베리우스 황제의 가족을 묘사한, 높이 30센티미터가 넘는 특대형 카메오 조각품(마노, 대리석 등에 돋을새김을 한 장식품)이 다른 어느 곳에 있었다고 상상할 수 있겠는가? 그 조각품은 여러 정권하에서 이리저리 옮겨 다녔겠지만, 분명히 황제의 사유지 어딘가에 속한 것이었다(화보 17).

고대의 작가들은 특정 황제가 소유했던 보물 목록을 통해 그림을 완성하는 데 도움을 준다. 집정관 플리니우스의 외숙(박식한 백과사전 저자로, 플리니우스는 본래 그의 이름인데 조카와 구별하기 위해 보통 대大플리니우스로 불린다)은 트로이 사제 라오콘이 뱀에 휘감겨 질식사하는 유명한 조각이 한때 티투스 황제의 궁궐에 있었다고 적었다. 그는 또한 티베리우스가 서기전 4세기 그리스의 화가 파라시오스의 그림을 특히 좋아해서 자신의 쿠비쿨룸(거실)에 걸어놓았다고 기록했다. 그 그림은 스스로 거세한 키벨레(팔라티노의 그의 궁 옆에 있는 신전 마그나 마테르에 해당한다)의 사제를 그린 것이었다. 어떤 그림이고 그가 어떻게 구했는지는 알 수 없다. 대부분의 고대 그림이 그렇듯이 이 그림은 오래전에 사라졌다. 그러나 로마 돈으로 600만 세스테르티우스의 가치가 있었는데, 많은 원로원 의원들의 전 재산보다 많은 액수였다. 티베리우스가 이 그림을 소유하게 된 것은 좋은 미술품에 대한 그의 열정 또는 탐욕 때문이었다. 그는 로마의 어느 공중목욕탕 밖에 서 있던 한 그리스 골동 조각품(서기전 4세기의 것)을 좋아해서 그것을 자기 주거지로 옮겨놓고 그 대신 다른 것을 내주었다. 그러나 극장에서 관객들이 "우리 조각품을 돌려달라"라고 외치며 시위를 하자 그는 돌려주지 않을 수 없었다. 이것은 '도무스 아우레아 문제'의 축소판이었다. 황제가 도시의 '공적' 미술품에 대한 '사적' 소유권을 얼마나 주장할 수 있고, 주장해야 하는지에 대한 문제였다. 다른 황제들이 궁궐의 보석과 약간의 금·은 식기 공공 신전에 넘겨주는 시늉을 한 것은 아마도 비슷한 비난을 모면하기 위해서였을 것이다. 전해지는 이야기에 따르면 알렉산데르 세베루스는 귀한 식기류를 너무 많이 처분하는 바람에 큰 연회를 열 때면 친구들에게서 빌려야 했다고 한다.

그러나 궁궐의 본래 모습을 복원하려면 미술품과 사치품 그 이상을 생각해야 한다. 우리는 가구, 조명, 향로, 부드러운 천, 벽걸이 장식으로 돌아갈 필요가 있다(도무스 아우레아의 발굴 부분에서 내부 출입구에 돌쩌귀 문의 흔적이 보이지 않는 것은 이 문들이 휘장으로 '닫혔음'을 의미한다). 우리는 설계의 좀더 특이한 요소를 염두에 둘 필요가 있다. 셉티미우스 세베루스는 자신의 탄생과 관련된 별무리를 궁궐의 한 천장에 그렸고, 알렉산데르 세베루스는 애완동물을 사육하기 위해 조류 사육장을 만들어 (한 믿을 수 없는 과장된 평가에 따르면) 2만 마리의 비둘기, 오리, 닭, 자고새 등등을 길렀다. 아우구스투스의 동물 마스코트는 비교적 수수했던 듯하다. 맛있는 우유를 생산하는 염소를 좋아해 가는 곳마다 데리고 다녔다고 한다.

우리는 또한 골동품, 선물, 기념품과 제국 전역에서 궁궐로 와서 거대한 '진품실珍品室'을 채운 수집품들도 기억해야 한다. 이 중 일부는 전쟁에서 약탈한 전리품이었다. 서기 70년에 미래의 황제 티투스가 이끈 로마 군대가 예루살렘 도시와 그 신전을 파괴한 뒤에 당시 황제였던 그의 아버지 베스파시아누스는 모든 보물을 새 '팍스Pax'(보통 '평화'로 번역하지만 '평정'에 더 가깝다) 신전에 보관했다. 아마도 모세오경 두루마리였을 '율법'과 예루살렘 신전의 자줏빛 벽걸이만이 예외였고, 후자는 궁궐에 설치했다. 수백 년 전 정복의 전리품으로 로마로 오게 된 그리스 미술의 걸작 일부도 분명 새 신전으로 들어갔을 것이다. 그러나 다른 '진품'은 자연의 경이로움이거나 그런 경이로움을 모방한 가짜였다. 황제들은 제국의 경이로움을 적극적으로 수집했고, 신민들은 넉넉한 보상을 기대하며 진기한 표본을 한정 없이 기부했다.

여러 황제 소유지의 기괴하고 놀라운 일들에 관한 언급이 있다. 아우구스투스는 카프리섬에 있는 별장에 최근 '세계 최초의 고생물학 박물관'이라 불리는 것을 만들었다. 수에토니우스는 이에 대해 "거인의 뼈로 알려진, 육지와 바다의 큰 짐승 뼈 같은 오래되고 희귀한 것으로 유명한 것들의 모음"이라고 했다. 로마 교외에 있는 황제의 정원에는 커다란 엄니 하나가 보관돼 있었는데, 신화 속의 그리스 영웅 멜레아그로스가 잡은 거대한 '칼리돈의 멧돼지'의 엄니라고 했다. 이 엄니는 아우구스투스가 그리스의 한 사당에서 가져왔고, 2세기에는 황제의 '진품 관리자'들이 관리했다. 그러나 이 중 일부는 바로 팔라티노궁으로 오게 됐다.

온갖 종류의 고대의 '경이로움' 목록에 거론된 흥미로운 한 사례는 하드리아누스의 노예였던 사람이 수집한 것인데, 반인반마의 켄타우로스라고 했다. 수집자인 플레곤Phlegon에 따르면 이것은 아라비아 산악의 한 군주가 잡아서 황제에게 선물하기 위해 이집트 속주에 전달했고, 그곳에서 그대로 보냈던 것으로 추정된다. 그러나 그 가련한 짐승은 죽었고, 방부 처리된 뒤 로마로 전달되었다. 로마에서는 처음에 궁궐에서 그 짐승을 전시했다. 2세기가 되면서 끄트머리가 너덜거리고 냄새가 나서 황제의 지하실이나 저장고로 치워버렸을 것이다(플레곤은 그 짐승을 보고, 상상했던 것과 크기가 사뭇 달라 약간 실망했다). 제국의 경이로운 것들과 놀라운 것들이 황제의 궁궐로 모여들고 있는 듯했다.

그러나 궁궐 장식에서 가장 놀라운 것은 엄니나 켄타우로스의 이빨 같은 여러 가지 자연 또는 신화 속의 진품보다는 팔라티노의 한 궁궐에서 발견된 이상한 낙서다. 회반죽이 칠해진 벽에 그것을 긁어놓은 것이 남아 있었다. 이곳은 키르쿠스 막시무스(대경기장)를 내려다보는 안마당 주위의 여러 개의 방인데, 1세기 말부터 사용됐고 350군데 이상의 낙서로 뒤덮여 있었다. 이 방들의 정확한 용도는 알 수 없지만, 궁궐의 과시적인 부분보다는 '하인'의 영역에 속하는 것이 분명하다. 10여 차례 나오는 "아무개가 파이다고기움paedagogium(학교)을 떠났다"라는 구절은 이곳이 '노예 훈련학교'(파이다고기움이라는 단어가 지녔을 법한 의미 중 하나다)였을 가능성을 시사한다. 그렇다면 이 특별한 낙

| 그림 38 | 팔라티노의 하인 거처에서 발견된 회반죽 위에 긁은 기독교 예배자에 대한 풍자(왼쪽)와 이를 재구한 선화線畫(오른쪽). '농담'이 조잡한 그리스어로 쓰여 있는데, 상대의 이름 '알렉사메노스'로 시작해 '너의 신을 경배하라'(또는 어쩌면 '그의 신을 경배한다')로 이어진다.

서는 노예가 학교를 '졸업'한 것과 관련된 기록일 것이다. 덜 그럴듯한 추측이지만 노예 감옥, 병원, 막사, 궁궐 의상실(의류 제품을 나열한 또 다른 낙서 때문에) 등으로 보는 의견도 있다.

 어떻든 그 낙서가 유명한 이유는 아주 독특하고 훨씬 더 내용이 분명한 어떤 낙서 때문이다. 바로 예수의 십자가 처형 장면을 풍자한 그림이다. 이것은 전혀 놀라운 일은 아니다. 바울로 성인은 황제의 집안이 기독교의 온상이라고 주장했다. 이 낙서가 그 놀라운 증거를 보여준다. 당나귀 머리를 한 예수가 십자가에 못 박혀 있고, 아래에 기도하는 사람이 있다. 그리스어로 된 설명은 "알렉사메노스Alexamenos, 너의 신을 경배하라"라고 되어 있다. 이것은 아마도 한 기독교도 노예에 대한 농담을 의도한 듯하며, 보통 추측하듯이 이 낙서가 2세기 말의 것이라면 전 세계 곳곳에 남아 있는 십자가 처형에 관한 가장 이른 묘사 중 하나이며, 아마도 가장 초기의 작품일 것이다.

궁궐의 그 많은 값비싼 장식들이 거의 흔적도 없이 사라졌는데 가장 놀라운 잔존물 가운데 하나가 대충 휘갈긴 낙서라는 것은 분명히 역설적이다. 아마도 한 노예가 급진적인 소수 종파(결국 황제들도 여기에 뛰어들게 된다)에 속한 다른 노예에게 마구 총질을 해댄 것으로 추정된다.

하드리아누스의 세계

또 다른 역설은 일부(아마도 여러) 로마 통치자들이 팔라티노에서 보낸 시간이 비교적 적었다는 것이다. 즉위부터 암살까지 중요한 일들이 그곳에서 벌어졌고, 도시의 정치 지형에서 그곳이 핵심적인 위치를 차지하고 있으며, 팔라티노궁과 그 주인에 대한 시인들의 과도한 찬사에도 불구하고 대다수의 황제들이 도시 중심부에서 멀리 떨어진 주거지를 따로 소유하는 것은 로마에서 아주 흔한 일이었다. 그 주거지는 물려받았거나, 자신의 기호에 맞게 개조했거나, 아예 처음부터 새로 만든 것들이었다.

티베리우스가 치세 마지막 10년 동안 카프리섬의 별장에서 은거한 것은 다른 곳에 근거지를 둔 가장 악명 높은 사례에 지나지 않는다. 베스파시아누스는 로마에 있을 때 교외 호르투스를 선호했을 뿐만 아니라 여름에는 사비나 산지에 있는 가족의 별장에서 지내곤 했다. 3세기에 알렉산데르 세베루스는 나폴리 부근 바이아이 휴양지에 최신식의 해변 궁궐을 지어 건축주 황제의 긴 대열의 마지막을 장식했다. 그는 이곳을 자신의 어머니 이름을 따서 율리아 마마이아Julia Mamaea라고 불렀다고 한다. '응석받이'로서 자신의 명성을 강조하기라도 하듯이 말이다.

교외 별장의 매력 중 하나는 실용성이었다. 돈이 있는 사람들은 뜨거운 여름 동안에 로마를 떠나 산과 해안을 찾았다. 그러나 또 다른 이유는 분명히 팔라티노의 화려한 새장을 떠나 도시 바깥에서 누리는 다른 방식의 생활이었다. 때로 그것은 그 자체로 의혹을 불러일으켰다. 티베리우스가 카프리섬으로 떠났을 때 그가 엿보는 눈을 피해 자신의 기괴한 습관을 충족시킬 곳을 찾았다는 억측이 나왔다(아울러 장기간 자리를 비움으로써 로마를 모욕하는 것이기도 했다).

그러나 시골 별장에서의 황제의 생활에 대한 더 유익한 이해는 젊은 마르쿠스 아우렐리우스의 서간집에서 얻을 수 있다. 그가 가정교사 마르쿠스 코르넬리우스 프론토Marcus Cornelius Fronto와 주고받은 편지다(284~286쪽). 아직 20대 초반이었던 이 미래의 황제는 식당에 앉아서 사람들이 포도를 밟아 으깨는 모습을 볼 수 있는 바로 그 사유지에서 하루를 어떻게 보냈는지 묘사하는 편지를 썼다. 그는 일찍 일어나 농업에 관한 글을 읽고, 인후통 때문에 목을 축이고, 양부 안토니누스 피우스가 치르는 희생제에 참석하고, 포도를 따고, '엄마'와 함께 소파에 앉아 오래 잡담을 하고, 목욕을 한 뒤 포도 으깨기에 대해 "시골뜨기들이 언쟁"하는 모습을 보며 저녁을 먹고, 잠자리에 들었다. 이런 일상이 진지한 국정과 마리 앙투아네트가 재미로 소 젖 짜는 일을 하는 것 사이의 정확히 어디쯤에 해당하는지 알기는 어렵다.

어쨌든 통치 황제인 안토니누스 피우스 본인에게는 달랐을 것이다. 살루타티오(비록 규모는 작았지만)에서부터 법률 문제에 이르는 황제의 업무는 그가 어디에 있든 계속됐다. 심지어 카프리섬의 티베리우스조차 수영장에서의 섹스는 일상적인 행정 업무보다 부차적인 일이었을 것이다. 황제의 별장은 단순히 사적인 은신처가 아니라 또 다른 업무 장소라는 의미에서 '궁궐'이었다.

젊은 마르쿠스 아우렐리우스는 시골 사유지에서 아침에 자신의 아버지에게 "경의를 표했다salutare"라고 언급했다. 플리니우스는 한 편지에서 자신이 트라야누스의 어느 해변 사유지에 가는 것을 얼마나 좋아했는지를 설명한다. 그곳에서 그는 황제와 다른 고문들이 난해한 법률 문제를 해결하는 데 도움을 주었다. 그들이 사건들을 판결하는 데는 사흘이 걸렸다(그리고 매일 간단한 저녁 식사를 했다). 군 장교 부인이 남편의 하급자와 바람을 피운 사건(남편으로부터 용서를 받았으나 추방됐다), 황제의 전 노예가 피고인 중 한 명인 사건으로 위조된 유언장을 둘러싼 분쟁(트라야누스는 그에게 호의를 베풀지 않으려고 무척 애를 썼다고 플리니우스는 주장한다), 오늘날 튀르키예의 해안에 있는 고향에서 먼 길을 와서 자신을 변호한 에페소스 출신의 남자에 대한 특정되지 않은 날조된 주장들(주장은 기각됐다) 같은 것들이었다.

한편 돌에 영구적으로 새겨져 제국의 도시들에 공개된(그래서 현존하고 있는) 황제의 결정 또는 황제가 쓴 공식 편지의 사본은 흔히 '어디서' 그 결정이 내려졌는지 또는 그 편지를 썼는지가 적혀 있다. 이것은 사실상 황제의 주소록이나 일기에 해당한다고 할 수 있다. 예를 들어 서기 82년 7월 22일 도미티아누스가 이웃한 두 도시 사이의 토지 분쟁을 판결한 것은 "알바노에서"였다. 지금의 카스텔 간돌포에 있는 그의 알바노 산지 별장이다. 40여 년 뒤인 125년 8월 말 또는 9월 초(날짜의 일부만이 남아 있다)에 하드리아누스는 그리스 도시 델포이와 그 사제회에, 사절이 가져온 편지를 받았음을 확인하는 편지를 썼다. 황제의 답장은 사본의 잔편이 지금까지 델포이에 보존돼 있는데, "티부르에 있는" 별장에서 썼다고 분명하게 말하고 있다.

"티부르에 있는" 황제의 별장은 지금 우리가 "티볼리에 있는 하드리아누스 별장"으로 알고 있는 곳이다. '티볼리'는 옛 지명 '티부르'가 변한 것으로, 로마에서 30여 킬로미터 떨어져 있다. 이 사적인 도시에는 극장, 목욕탕, 열주, 도서관, 정원, 주거 구역, 노예 숙소, 여러 식당 등이 있었고, 본래의 면적은 120만 제곱미터 이상이었다. 그리고 이곳은 다른 도시의 황제 사유지들과 달리 후대에 새로 지어진 건물들로 뒤덮이지 않았다. 현대의 고고학 유적지는 불과 40만 제곱미터 정도만을 차지하고 있는데, 천 개 가까이 되는 방의 흔적을 볼 수 있다. 대체로 발굴되지 않은 나머지 구역은 이웃한 들판 아래에 묻혀 있다.

이 사유지는 수십 년에서 수백 년에 걸쳐 점차 확장되는 "진행 중인 일"이 아니었다. 별장은 종합적인 설계, 자본 투자, 체계적인 공급사슬, 인간의 노동력으로 이룬 놀라운 위업으로, 단일한 계획에 따라 하드리아누스 치세 단 몇 년 동안에(날짜가 찍힌 벽돌로 분명히 알 수 있다) 건설됐다. 138년에 그가 죽은 뒤에도 황제의 궁궐로 계속 사용됐지만(이 유적지에서 후대 황제들의 조각상이 발견된 것을 달리 어떻게 설명할 수 있겠는가?), 본래의 개념은 결코 변하지 않은 듯하다. 이 별장은 거의 패러

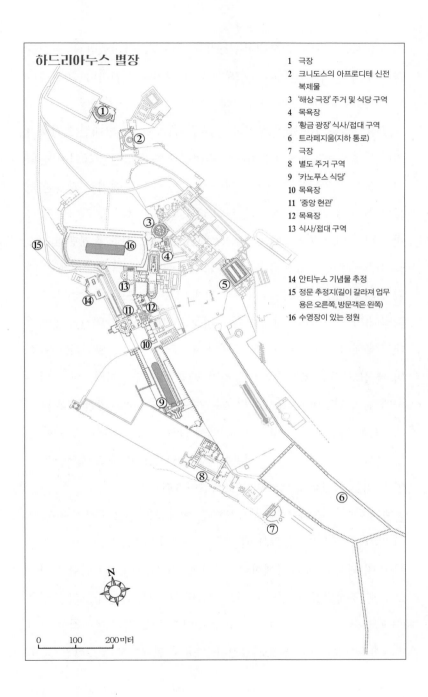

하드리아누스 별장

1 극장
2 크니도스의 아프로디테 신전
   복제물
3 '해상 극장' 주거 및 식당 구역
4 목욕장
5 '황금 광장' 식사/접대 구역
6 트라페지움(지하 통로)
7 극장
8 별도 주거 구역
9 '카노푸스 식당'
10 목욕장
11 '중앙 현관'
12 목욕장
13 식사/접대 구역

14 안티누스 기념물 추정
15 정문 추정지(길이 갈라져 업무
   용은 오른쪽, 방문객은 왼쪽)
16 수영장이 있는 정원

N

0   100   200미터

디에 가까운 규모로 하드리아누스가 완성한 창조물이었다. 물론 그는 많은 곳을 돌아다녔기 때문에(8장) 그가 여기에서 얼마나 오래 또는 자주 머물렀는지는 분명하지 않다.

그 규모만큼이나 놀라운 것이 이 사유지를 뒤덮은 방대한 조각품과 기타 미술품으로, 4세기에 이곳이 버려졌을 때 잊혔던 것들이다. 유럽과 미국 박물관들의 고전기 걸작 상당수는 나중에 여기서 발굴한 것들이다. 로마 카피톨리노 박물관의 대표적인 전시품 중 하나인 절묘한 수반 위의 비둘기 모자이크(화보 10)도 그렇고, 한때 스웨덴의 크리스티나 여왕이 소유했고 지금은 마드리드 프라도 미술관에 있는 여덟 점의 대형 무사Mousa 조각상과 현재 미국 캘리포니아 말리부의 게티빌라 박물관에서 가장 중요한 자리를 차지하고 있는 약간 공상적인 대리석 헤라클레스 조각상도 그렇다. 이 유적지에서 출토된 400여 점의 꽤 잘 보존된 조각품들이 알려져 있고 티볼리의 저장고에는 다른 수백 점의 잔편이 쌓여 있지만, 더 많은 것이 아직도 발굴되고 있다. 대부분은 귀한 골동품이나 식민지에서 약탈한 것이 아니라 단일한 종합 설계에 따라 (흔히 이전의 걸작을 모방하거나 변형해) 새로 제작한 것들이다. 이는 산업적 규모의 미술품 생산이었다.

예를 들어 '카노푸스 수로' 주변에는 손님들을 즐겁게 하기 위해 여러 가지 중요한 조각품들을 배치했다. 아테네 아크로폴리스의 여인상 기둥 네 개를 그대로 복제한 것, 서기전 5세기 그리스의 원형을 바탕으로 한 부상당한 두 명의 아마존(여전사) 조각상, 고전기 그리스 신들(아레스, 아테나, 디오니소스), 그리고 분수대 역할을 겸하는 대리석 악어(입에서 물이 뿜어져 나왔다)도 있었다. 사유지 전체에서 두드러진 것 중

| 그림 39 | 1500년 무렵 발견된 하드리아누스 별장의 무사 조각상 두 점. 본래 개인 전용 극장의 무대를 장식했는데, 지금은 마드리드 프라도 미술관에 있다. 17세기에 철저하게 복원됐고, 새로운 속성이 주어져 개별적으로 알아볼 수 있게 됐다. 왼쪽은 천문의 무사 우라니아, 오른쪽은 서정시의 무사 에라토다.

하나는 이집트 미술이었다. 이시스와 기타 신들의 조각상, 이집트 사제와 숭배자들의 조각상, 파라오를 꼭 닮은 동상 등이 있었다. 하드리아누스는 관광차 이집트에 간 적이 있었고, 그곳에서 사랑하는 남자 친구를 잃었다. 안티누스라는 젊은 노예였는데, 130년에 그들의 '휴가' 중에 알 수 없는 이유로 나일강에 빠져 죽었다(그가 스스로 들어갔는지, 누가 떠밀었는지는 의문으로 남았다). 그가 죽은 뒤 이 별장을 장식하기 위해 하드리아누스가 주문한 수십 점의 안티누스 조각상 가운데 일부

가 이집트 신의 모습인 것은 결코 우연이 아니다. 미학적으로 그것을 좋아했는지, 그가 죽은 장소를 암시한 것인지, 그가 신의 반열에 올랐다는 선언인지는 알 수 없지만 말이다(그림 41).

어떤 의미에서 티볼리는 시골의 도무스 아우레아였다. 르네상스 이래 그곳을 뒤져 손을 타지 않은 로마 세계의 유물이나 우리가 박물관에서 찬탄하는 고대의 보물들을 손에 넣을 수 있는 기회를 찾았던 미술가와 수집가들은 분명 그렇게 생각했다. 라파엘로의 제자인 조반니 다우디네Giovanni da Udine는 도무스 아우레아의 벽에 자신의 이름을 새긴 인물인데, 티볼리의 치장 벽토에도 자신의 서명을 남겼다. 그러나 그의 별장이 심하게 과장해 네로의 궁궐만큼 컸다는 추정치에도 불구하고 하드리아누스는 그것을 잘 넘겼다. 그 이유는 하드리아누스의 후계자가 안토니누스 피우스라는 행운을 누린 데다(후계자가 그에 대한 호평을 이끌어내기 위해 투자를 했다), 건축물에 대한 그의 과대망상은 로마시가 아닌 보이지 않는 곳에 있어 안전했기 때문이다. 어쩌면 그는 겨우 무사히 넘어갔는지 모른다. 일부 비판자들은 여기서 '티베리우스 문제'를 발견했다. 후대의 한 로마 작가가 말했듯이 "그가 어린 소년들을 성적으로 학대했다는 험한 소문이 생긴 것"은 하드리아누스가 시골에 은거하고 그곳에서 사치에 탐닉했기 때문이었다. 고대에는 황제가 시민들의 눈에 띄지 않으면(카프리에 있든 티볼리에 있든) 좋지 않게 보는 법이었다.

하드리아누스 별장에 대한 고고학적 연구는 우리에게 황제의 주거지와 가정생활의 일상적인 관리에 대한 흥미로운 세부 정보들을 제공한다. 이는 낡은 포도주와 기름을 담는 암포라를 화분으로 재활용했

| 그림 40 | 아테네 아크로폴리스에 있던 서기전 5세기 에레크테이온의 조각상을 바탕으로 한 여인상 기둥(여성의 모습을 한 받침 기둥이다) 네 개가 줄지어 선 모습. 하드리아누스는 여행 중에 이것을 보았을 테지만(398~402쪽), 본래 신의 사당에서 가져온 이 조각품들은 그의 별장에서 식당의 사치스러운 장식품으로 바뀌었다.

던 황실 정원사의 기술에 이르기까지 다양했다. 가장 놀라운 발견 중 하나는 5킬로미터에 이르는 땅굴이었다. 그 한 부분인 '사다리꼴' 구역에서만 2만 세제곱미터에 이르는 단단한 기반암을 파냈다. 땅굴의 주된 목적은 아마도 노예들이 위에 사는 상류층 사람들의 눈에 띄지 않게 하려는 것일 가능성이 있다. 사유지 정문 아래쪽에 '일꾼 통로'를 따로 두어 위쪽의 더 넓은 길로 통행하는 상류층 방문객들의 눈에 띄지 않게 했듯이 말이다(225쪽 15번). 그러나 다른 창의적인 용도 또한 제시됐다. 얼음 저장고나 지하 수레 대기소 같은 것들이다. 이 통로의

| 그림 41 | 하드리아누스 별장에서 발견된 안티누스 조각상(현재 루브르 박물관에 있다). 이 젊은이는 이집트인의 외양(독특한 머리장식을 보라)을 하고 있다. 여기에서는(다른 곳에서도 마찬가지지만) 안티누스와 이집트의 오시리스 신 사이의 유사성이 의도됐을 것이다. 이집트 신화에 따르면 오시리스는 나일강에 빠져 죽었다가 나중에 재탄생했다.

일부는 분명히 수레가 이동할 수 있을 만큼 넓었고, 방문객들의 수레를 보관할 수도 있었다.

티볼리에서도 막대한 양의 자료들이 남아 있지만 이 별장이 일반적으로 어떻게 운영됐는지, 또는 (다시 한번) 방들의 용도가 무엇이었는지를 알아내는 것은 여전히 불가능에 가깝다. 이곳에 관한 유일한 고대 기록은 《아우구스투스의 역사》의 하드리아누스 전기인데, 황제가

| 그림 42 | 하드리아누스 별장의 전시실과 연회장 아래에 하인들의 왕래를 위해 만든 지하 통로. 하인들과 시설들이 황제와 손님들의 눈에 띄지 않게 해주었다.

별장의 여러 부분을 세계의 유명한 장소의 이름을 따서 불렀다는 이야기만 전한다. 아테네에 있던 아리스토텔레스의 철학 학교 리케이온, 플라톤의 아카데미아, 카노푸스, 심지어 하데스(저승) 같은 것들이다. 그러나 이 기록은 하드리아누스가 죽고 200여 년 뒤의 작가가 쓴 것이라 상상을 배제할 수 없고, 그 이름 중 하나라도 남아 있는 건물들과 설득력 있게 연결하려는 학술적 노력은 거의 시도되지 않았다. 유일한 예외는 카노푸스와 우리가 이미 탐사해본 식당 사이의 연결인데, 일부 고고학자들은 그 점에 대해서도 미심쩍어한다. 나머지에 대해서는 현대에 비정比定, 재비정再比定, 논쟁의 긴 역사가 있다.

이전 세대 학자들이 도서관이라고 여겼던(하드리아누스가 책을 좋아하는 유형이라고 생각했다) 곳은 오락 장소로 다시 분류됐다. 황제 근위대의 막사는 객실로, 객실은 막사로 재해석됐다. 심지어 새로이 신중하게 발굴된 구역도 논란이 됐다. 주거지 정문 부근의 이집트를 흉내 낸 건물(대추야자를 심은 흔적도 있었다)은 20세기 말에 발견됐는데, 일부 고고학자들은 그저 '이집트화' 장식의 좀더 큰 일부로 보았고 어떤 이들은 안티누스가 묻힌 곳이라고 보았다. 그의 시신을 나일강에서 옮겨와서 애인의 별장에 매장했다는 것이다. 그 자체로 이 장소에 대한 광범위한 의문이 제기된다. 이 장소는 그 규모에도 불구하고 '평범한' 장소였을까? 아니면 적어도 로마 상류층의 누구나 돈과 자원만 있다면 지을 수 있는 종류의 주거지였을까? 우리는 키케로와 플리니우스를 비롯한 다른 부유한 로마인들이 때로는 자기 집 정원에 지중해 동부의 '이국적인' 지명을 붙인 것을 알고 있다. 그렇다면 이것은 로마 별장의 매우 극단적인 예에 불과한 것일까? 아니면 매우 개인적이고 독특한 사업으로 하드리아누스의 삶과 열정을 벽돌과 대리석으로 재현한 것일까? 그가 사랑했던 안티누스까지 포함해서 말이다. 한 고고학자가 최근 지적한 대로 이것은 "황제의 꿈"이었을까? 아니면 이 세 가지 모두를 합친 어떤 것이었을까?

하드리아누스의 '별장'에 대해 나는 오랫동안 골몰했고 다른 무언가가 있다고 확신한다. 우리는 이미 팔라티노궁 식당을 로마 세계 전역에서 채취한 대리석으로 장식한 것이 제국의 핵심부에서 그 지리와 넓은 판도를 떠올리게 하는 한 방법이었음을 살펴보았다. 먼 속주의 자연의 경이로움을 황제가 사는 곳에 전시하는 것은 또 다른 방법

| 그림 43 | 크니도스의 아프로디테 사당을 베낀 것으로 보이는 하드리아누스 별장의 복제 신전. 뒤쪽에 유명한 나체 조각상의 한 변형이 보인다.

이었다. 티볼리의 황제 궁궐은 그런 관념을 더욱 밀고 나갔다. 그것은 이 사유지의 여러 공간에 다른 유명한 장소의 이름을 가져다 붙였다고《아우구스투스의 역사》의 저자가 언급했을 때 암시된 것이었다. 이는 또한 유명한 걸작들을 복제해 이곳을 채운 것에 의해서도 암시됐다. 이집트의 불가사의, 서기전 5세기 아테네의 중요 부분, 심지어 현대 튀르키예 해안 크니도스에 있는 유명한 아프로디테 신전을 즉석에서 볼 수 있는 복제물도 있었다. 그리스 조각가 프락시텔레스의 유명한 조각상을 꼭 빼닮은 것까지 갖추었다(원본은 고전기 세계 최초의 실물

크기 여성 나체 조각상으로 유명했다).

하드리아누스는 아마도 여행하면서 이들 걸작 상당수를 보았을 것이다. 그러나 여기에는 단순한 관광 기념품 이상의 것, 부유한 사람의 테마파크를 넘어서는 것이 있다. 라스베이거스나 디즈니랜드와의 비교를 완전히 떨쳐버리기는 어렵지만 말이다(일꾼 구역과 이동 통로가 있는 지하 세계는 디즈니랜드에서와 마찬가지로 위쪽의 환상 세계에 이바지하기 위해 설계된 것이다). 하드리아누스 별장은 하드리아누스 제국의 축소판이었다. 티볼리에서 그가 떠들어낸 요점은 황제가 로마 세계의 중심에 있다는 것이었다. 제국은 그의 궁궐이었고, 궁궐은 그의 제국이었다.

5

궁궐 사람들:
궁정의 황제

클라우디우스 에트루스쿠스의 아버지

로마 궁궐의 회랑에 대해 누구보다도 잘 알았던 사람이 스타티우스의
또 다른 과장된 시의 주인공이다. 이번에는 황실 사람이나 공식 연회
의 당당한 주최자가 아니고, 노예로 태어나 로마의 역대 통치자를 수
십 년 동안 섬기고 황제의 재정 부문 수장인 라티오니부스rationibus(회
계장)가 된 사람이다. 사실 그의 이름은 알 수 없다. 200행이 넘는 스타
티우스의 긴 시는 서기 92년 아버지가 죽은 티베리우스 클라우디우
스 에트루스쿠스Tiberius Claudius Etruscus를 위로하기 위해 보낸 것이었
다. 우리에게 시의 주인공은 '클라우디우스 에트루스쿠스의 아버지'로
알려져 있다.

　스타티우스는 대다수의 로마 독자에게도 난해했을 화려한 양식을
사용한다. "여덟 차례의 루스트룸lūstrum이 두 번 지나는 동안(루스트룸
은 고대 로마에서 5년마다 행한 재계식齋戒式으로 80년(5×8×2)이라는 얘기다)
행복한 세대가 지나갔다" 같은 식이다. 그는 화려한 양식과 풍부한 신
화적 암시로 그 아버지의 이력을 재검토한다. 그는 튀르키예 해안의

스미르나(현 이즈미르)의 노예 출신으로 로마의 티베리우스 집안에 팔렸고, 그곳에서 역대 황제들의 "흉금을 터놓는 친구"가 됐다. 그는 칼리굴라의 '극지 빙원'(일명 게르마니아) 원정에 동행했고, 클라우디우스에 의해 승진했으며, 베스파시아누스 치세에 재정 책임자가 되기에 이르렀다. 시인이 과장했듯이 그 자리는 다음과 같은 것을 관장했다.

> 금이 매장된 광산에서 이베리아가 산출하는 모든 것
> (…) 아프리카에서 거두는 것
> 전부가 모아지고 (…)
> 북방의 바람, 사나운 동방, 흐린 남방이 가져오는
> 모든 것 (…)

동시에 그는 사회 계층의 사다리를 계속 올라갔다. 티베리우스에 의해 노예에서 해방됐고, 원로원 의원 집안의 여성과 혼인했으며, 베스파시아누스에 의해 공식적으로 '에퀴테스equites'(기사) 신분이 주어졌다. 이 계급은 로마에서 세나토르senator(원로원 의원) 다음이었다. 성공은 성공을 부르는 듯했다. 그러다가 도미티아누스 치세에 일이 틀어졌다. 스타티우스는 긴 해변 휴가로 포장하려고 애썼지만, 이 성공한 궁궐 관리자이자 오랜 생존자는 서기 82년 또는 83년에 자리에서 쫓겨나 이탈리아 남부로 추방됐다. 7~8년 뒤에 귀환을 허락받은 그는 돌아온 뒤 곧 죽었다. 아흔 살에 가까운 나이였다.

클라우디우스 에트루스쿠스의 아버지는 우리를 제국 궁궐의 장막 뒤로 데려간다. 그곳은 어떤 측면에서는 신분 이동의 세계였다. 여기서 노예로 태어난 사람이(나중에 궁정에서 쫓겨나기는 했지만) 황제들과의 친분 덕분에 로마 귀족의 반열에 들게 됐다. 그러나 그것은 조건부 신분 이동이었다. 스타티우스는 시의 첫머리에서 자신이 명예롭게 한 사람의 낮은 출신을 '결함' 또는 '불명예'라고 드러내놓고 이야기한다. 그리고 한 번도 그의 이름을 이야기하지 않는다. 그것은 그 아버지가 로마 노예제의 결정적인 특징이었던 '사회적 존재감'의 결핍을 전혀 떨쳐버리지 못했다는 투였다. 그의 승승장구와 명성에도 불구하고, 그리고 시의 주인공임에도 불구하고 그는 여전히 '무명씨'였다(지금도 마찬가지다).

이곳은 또한 모험과 위험의 세계였다. 대부분의 현대 역사가들이 이 인생 이야기에서 끌어낸 교훈은 로마제국의 궁정 생활이 얼마나 불안한가 하는 것이었다. 황제의 하인이나 친구는 언제든지 궁정이나 수도에서 떨려날 수 있었다. 통치자가 교체되거나, 내정의 방향이 바뀌거나, 개인적인 적의가 튀어나오거나 하면 그랬다. 앞으로 보겠지만 그것은 절대적으로 진실이었다. 황제 주변은 항상 위험이 존재하는 곳이었다. 하지만 이 아버지의 이야기에는 다른 교훈들도 있다. 그가 추방되기 10여 년 전에 죽었다고 생각해보자. 그렇다면 우리는 그가 보여준 복무의 연속성에 초점을 맞추었을 것이다. 역대 통치자를 위해 일했고, 심지어 황실 가문이 바뀐 뒤에도 마찬가지였다. 그리고 우리는 거의 황제에 대한 찬양만큼이나 대단한 말로 칭송될 수 있는 충직한 궁궐 관원의 이미지를 떠올릴 것이다. 진실은 제국 궁궐이 위험한 독사의 소굴이자, 자객의 은신처이자, 수많은 남녀들(노예든 자유민이든)이 자신의 삶을 살고 일을 해내고 친구를 사귀며 짝을 찾는 곳이었다는 것이다. 그들이 착취당하는 것에 대해 불평을 했든 자신의 일에 대한 긍지를 가졌든(또는 둘 다였든) 말이다.

나는 제국 궁궐의 풍경에, 그곳에서 살거나 일했던 또는 그 앞문을 자주 지나갔던 사람들을 다시 등장시키고자 한다. 우리가 '사무실 업무'(로마의 '사무실'이 어떤 것인지 알 수 있다면)라고 부를 만한 일을 하는 사람, 황제의 재정 부서, 도서관, 서기실, 문서고에서 일한 사람들은 그 중요한 일부일 뿐이다. 궁궐에는 황제 자신에서부터 가장 미천한 미용사와 청소원까지, 이득을 노리는 시인에서부터 제국 근위대를 지휘하거나 도시의 급수 시설을 감독하는 실력자들까지 살고 있었다. 그들 가운데 오직 일부만이 로마의 관찰자들 및 비평가들의 관심을 끌었다. 특히 전통적인 상류층이 보기에 황제와의 친밀성을 이용해 '분수를 넘어선' 노예와 해방노예들, 거듭 교활한 음모자나 독살자로서 권좌 뒤에서 권력을 농단하는 것으로 그려진 황제 가족의 여성들, 헌신적인 친구에서부터 착취당한 희생자까지, 그리고 황제와 동침한 기타 사람들 등이 그러했다. 이제 우리가 어떻게 이 사람들과 그들이 한 일에 가까이 접근할 수 있을까? 어떻게 황제의 눈을 가까이에서 볼 수 있을까? 우리는 왜곡, 선전, 칭찬, 비난을 걷어내고 한 인간을 온전히 파악할 수 있을까?

로마 궁궐 안에서 일어난 일들은 흔히 로마인들 스스로도 베일에 싸인 알 수 없는 것으로 치부해왔다. 그리고 부분적으로는 그 때문에 궁궐 생활에 관한 오싹한 상상이 번성했다. 그러나 우리는 실제로 '집에서의' 황제에 관한, 사회 위계의 바닥에서 꼭대기에 이르는 광범위한 목격자의 관점을 가지고 있다. 로마의 교훈담 작가인 파이드루스

Phaedrus(시인이자 이솝 작품의 번안가)는 한때 제국 궁정의 노예였을 가능성이 매우 높으며, 하층민 문학의 가장 대표적인 작품인 그의《우화집 Fabulae Aesopiae》에는 황제와 시종들이 때로는 동물로 변장한 채 등장한다. 철학자 에픽테토스는 황제의 해방노예의 노예(로마의 복잡한 착취 구조를 보여준다)였고, 권력의 본질에 관한 이론을 정리할 때 자신의 궁궐 경험에서 가져온 사례들에 의존했다. 사회적 서열의 더 위에 있던 사람은 황제의 전기 작가 수에토니우스였다. 그는 트라야누스와 하드리아누스의 서기실에서 여러 해 동안 일했고, 권력 회랑의 뒷공론을 직접 경험했다. 마르쿠스 아우렐리우스, 콤모두스, 셉티미우스 세베루스의 의학 조언자였던 어의 갈레노스는 황제들의 신체적 문제점에 대한 증상 기록을 보존하고 황제의 의약품실의 보관품도 잠깐 보여주었다. 맨 꼭대기의 마르쿠스 아우렐리우스는《자성록》에서 궁궐 생활에 관한 약간의 훌륭한 성찰과 때로는 믿기 어려운 묵상을 제시했는데, 예컨대 자신은 "호위병과 번쩍거리는 옷"을 없애고 일반 시민에 가까운 생활을 하기를 원한다고 주장했다.

궁정 문화

황제의 궁정은 때로는 악평을 받았고, 경쟁과 위선과 아첨의(더욱 심하게는 책략과 음모와 살인의) 온상으로 자주 비난받았다. 그곳은 자기중심적인 소우주가 될 수 있었다. 궁정은 자랑스럽게 핵심 집단에 받아들여지거나 수치스럽게 배제되는 것이 너무도 중요한 곳이었으며, 세련

| 그림 44 | 마르쿠스 아우렐리우스 동상. 지금은 카피톨리노 박물관에 있지만 2세기 이래 최근까지도 여러 곳의 야외에서 대중에게 전시됐다. 411, 475쪽 참조.

된 예법에 의한 통치가 경험이 없고 경솔한 사람들을 드러나게 하거나 저지하는 곳이었으며('나이프와 포크를 잘못 쓰는 것'은 아주 사소한 사례일 것이다), 누구도 마음속의 말을 하지 못하는 곳이었다. 이곳에서 중요한 것은 오로지 통치자에게 얼마나 가까이 있는가와 남들에게 그렇게 보이는가였다. 궁정 관습은 군주가 자신에게 가까운 사람들과 경쟁자들을 통제하는 기제의 일부였다.

그러나 여기에는 또 다른 측면이 있다(역사에 대서특필되는 경우는 드물지만). 궁정은 또한 전제정치가 성공적으로 작동할 수 있게 한다. 그것은 조언자, 군주가 통치할 수 있게 돕는(아무도 홀로 통치할 수는 없다) 홍보원과 친구, 황제와 바깥 세계 사이의 여과기(또는 중개 조직) 노릇을 하는 사람들을 제공한다(왕에 대한 접근은 궁정 요원들에 의해 감시된다). 세련된 예법은 휘하 사람들뿐만 아니라 통치자도 속박하는 여러 가지 규칙을 제공한다. 그리고 그 오만과 실없음은 언제나 궁궐 담장 안팎으로부터의 풍자적인 비판에 취약하다.

'집에 있는' 로마 황제를 둘러싼, 그리고 그의 아울라$_{aula}$(궁정)를 구성하는 사람들의 복합적인 구색은 그 패턴에 잘 들어맞는다. 그들은 수백 명에 이를 정도로 매우 많았다. 화장실 얘기로 돌아가 보면, 네로의 호사스러운 식당 부근에서 발굴된(그러나 식당과 직접 연결되지는 않는) 40개의 변기는 얼마나 많은 사람들이 궁궐 주변에서 돌아다녔는지를 보여주는 생생한 지표다. 그리고 그들은 '매우' 혼성적이었다. 마르쿠스 아우렐리우스는 《자성록》에서 100여 년 전 아우구스투스 황제의 궁정을 구성한 사람들의 목록 일부를 나열했다. 이 목록은 황제의 가족("그의 아내, 딸, 손자, 의붓아들, 누이, 사위 아그리파, 그리고 다른 친척들")부터 "집안 하인"들과 "친구들"(입주 철학자 아레이오스와 그의 문화적 스승 가이우스 마이케나스의 이름을 특별히 언급했다)을 비롯해 그의 "의사들"과 "점쟁이들"까지 아울렀다.

마르쿠스 아우렐리우스는 거기서 멈출 필요가 없었다. 그는 황제 측근의 다른 구성원들에 대한 언급을 얼마든지 이어갈 수 있었을 것이다. 난쟁이와 어릿광대, 점성가와 점쟁이, 군 장교와 호위병(아마도 이들

| 그림 45 | 팔라티노 네로 궁궐(도무스 아우레아 이전)의 변기들. 아마도 상류층 손님들이 아니라 노예와 기타 하인들이 사용했을 것이다. 좌석 앞의 수로에는 맑은 물이 흘러 거기에 빤 해면 막대로 엉덩이를 닦았다.

모두는 '가사 인력'이라는 포괄적인 범주로 묶을 수 있을 것이다)부터 교실에 꽉 들어찰 정도의 젊은이들(일부 황실 여성들이 즐겨 주위에 거느렸던 벌거벗은 노예 소년들이든, 인질과 전리품으로 잡혀온 외국 왕실의 자손이든, 그곳에 머무는 선택된 로마 상류층 자제든)까지 말이다. 예를 들어 티투스 황제는 자신의 아버지가 제위를 주장하기 전인 클라우디우스 치세 동안에 궁정에서 양육됐다. 그리고 55년에 '내부 집단' 사이에 벌어진 악명 높은 범죄의 목격자가 됐다. 그는 자신의 어린 친구 브리타니쿠스가 쓰러져 죽었을 때 그 식사 자리에 있었고, 특별한 어린이용 식탁 바로 옆에 앉아 있었다. 브리타니쿠스는 이복형 네로의 명령으로 독살된 것으로 추정

244

된다(163~164쪽). 이곳은 어른과 노인의 세계였을 뿐만 아니라 유아와 청소년의 세계이기도 했다. 사실 황제의 호의의 부스러기를 찾아다니는 일부 노인들은 유아와 크게 다르지 않다고 에픽테토스는 냉소적으로 결론지었다.

물론 궁정에 있던 모든 사람이 같은 대우를 받은 것은 아니었다. 그곳에 살았던 노예들(그들의 처소가 어디였든)은 분명히 플리니우스 같은 사람들, 또는 다른 어느 고위층 '친구 겸 관원'과는 아주 다른 궁궐 생활을 경험했을 것이다. 상류층은 아침에 경의를 표하거나 저녁에 식사에 참석하기 위해 가마에 실려 다녔다(이곳은 베르사유궁 같은 입주형 궁정이 아니었고, 고위층 신하들은 궁에 살지 않았다). 그러나 지금 남아 있는 궁정문화에 대한 로마인들의 설명은 세계의 거의 모든 전제정에서 발견할 수 있는 군주 주변의 생활에 관한 표준적인 견해들을 반영하고 있다.

핵심적인 문제는 언제나 그렇듯이 "누가 들어가고 나갔느냐", "황제가 '지지'와 '반대'를 어떻게 표했느냐"였다. 원로원 의원이자 도덕가이자 뻬딱한 무리의 일원이었던 트라세아 파이투스Thrasea Paetus는 네로의 득녀를 축하하는 자리에 다른 원로원 의원들과 함께 오지 말라는 노골적인 통보를 받았다. 이것은 분명한 메시지였다. 때로는 한마디 말로 충분했다. 일찍이 아우구스투스 치세에 제위 승계 계획에 관한 정보를 부주의하게 누설한 황제의 한 친구가 어느 날 아침 경의를 표하기 위해 와서 평소처럼 인사했다. "좋은 아침입니다, 카이사르." 그러자 아우구스투스는 간단히 대답했다. "잘 가게, 풀비우스." 이 이야기의 요점은 황제의 재치를 보여주려는 것이지만, 이러한 일축은 친구(이제는 아닌)가 충분히 눈치챌 만큼 가시가 돋쳐 있었다. 그는 곧바로 집으로 돌아가 자살했다.

정교한 예법 규정은 지위와 호의를 판단하는 미묘한 방식을 제공했다. 궁궐에 있는 모든 사람은 누가 일어서고 누가 앉아야 하는지, 언제 그래야 하는지 알았다(또는 곧 배웠다). 티베리우스는 식사 손님들에게 작별 인사를 하기 위해 그저 일어서는 것만으로 동의를 얻어냈다. 키스하는 관례는 좀더 미묘한 것이었다. 우호적인 인사로서 키스를 하는 것은 적어도 상류층 남자들에게는 표준적인 로마인의 관습이었고, 궁정에서는 키스를 너무 많이 해 한때는 전염성 포진을 막기 위해 금지되기도 했다. 가장 핵심적인 문제는 황제와의 키스 인사를 가지고 친밀도를 자랑할 수 있느냐 '여부'였다. 플리니우스는 〈찬양 연설〉에서 자신이 트라야누스와 키스하는 사이임을 꼼꼼하게 상기시켰고, 네로가 그리스를 방문했다가 돌아왔을 때 원로원 의원들에게 키스하지 않았다는 소식이 들리자 그가 의원들을 모욕한 것으로 간주됐다. 오스쿨룸ōsculum(입맞춤)은 중요했다.

그러나 '어떻게' 키스했느냐, 신체의 어느 부위에 했느냐는 의미를 더 추가했다. 입술과 뺨에 키스하는 것은 (거의) 평등하다는 신호였다. 황제가 얼굴이 아니라 손에 키스하라고 내밀면 자신의 우월성을 내세우는 것으로 받아들여졌다. 근위대 장교 카시우스 카이레아Cassius Chaerea가 칼리굴라를 암살하게 된 이유 중 하나는 그가 황제로부터 손에 키스하라는 요구를 받았기 때문이라고 여겨진다(칼리굴라가 동시에 무례한 몸짓을 한 것이 모욕을 가중시키기는 했겠지만). 무릎과 발에 키스하는 것은 더욱 고약했다. 로마인들에게 그것은 동방의 폭정을 나타냈고,

'나쁜' 황제들을 규정하는 데 도움이 되는 표준적인 비난 중 하나였다. 칼리굴라 역시 음모에 연루됐다가 사면받은 사람에게 발을 뻗어 키스를 요구했다고 비판을 받았다. 물론 황제 지지자들은 그가 키스를 하라는 게 아니라 금과 진주로 장식된 멋진 신발을 보여주려는 것이었다고 주장했지만 말이다(이런 몸짓이 얼마나 해석하기 어려운지를 보여주는 사례다). 거의 200년 후인 235년 알렉산데르 세베루스 암살 이후 제위에 오른 막시미누스 트락스Maximinus Thrax('트라케인')는 무릎 키스는 받아들였지만, 그보다 낮은 높이의 키스는 선을 그으며 다음과 같이 강조했다고 한다. "어떤 자유민도 내 발에 키스하지 않았으면 좋겠군."

물론 일부 자유민은 정확히 그렇게 한 것으로 보인다. 황제가 폭군임을 드러내 보인 동시에 아첨하며 복종했다는 혐의를 받았기 때문이다. 아첨을 더욱 심화시킨 가장 당혹스러운 이야기의 주인공은 69년 내전 동안 잠시 통치했던 비텔리우스 황제의 아버지 루키우스 비텔리우스Lucius Vitellius였다. 수에토니우스가 "아첨에 엄청난 재능이 있는 자"로 짓궂게 묘사한 루키우스는 클라우디우스 황제의 아내 메살리나의 신발을 가지고 다니며 수시로 거기에 키스함으로써 황제에게 아부했다고 한다.

이 모든 것(말 그대로 진실이든 환상을 드러낸 것이든)은 오늘날의 우리에게는 좀 우스꽝스러워 보이지만, 로마인들 역시 궁궐 생활의 가식적인 관습과 그 바탕에 있는 실없음을 즐겨 조롱했다. 플리니우스는《서간집Epistulae》에서 트라야누스의 한 시골 사유지에 가서 황제를 도와 까다로운 법률 사건을 판결했음을 자랑스럽게 썼을 것이다. 그러나 대략 같은 시기에 로마의 인기 풍자가 유베날리스(로마인들의 제한된 야망에 대해 '빵과 서커스panem et circenses'라는 말을 만들어낸 인물이다)는 또 다른 황제의 고문 모임을 조롱했다. 그는 도미티아누스 치세를 돌아보며 순전히 상상으로 만들어낸 한 모임을 언급했다. 이제는 죽은 황제가 알바노 호수를 내려다보는 그의 별장에 지인들을 불러 모았다. 유베날리스의 150행이 넘는 시에서 손님들은 황제의 요구에 따라 어떤 큰 문제에 대한 조언을 내놓기 위해 초조하게 허둥거렸다. 그런데 그 문제라는 것이 전쟁, 평화, 법, 정치 등과 하등 관계가 없는, 아드리아해에서 잡혀 산을 넘어 수송돼 시골 별장에 있는 황제에게 선물로 들어온 큰 물고기(넙치)를 어떻게 요리하면 좋겠느냐는 것이었다.

이 이야기는 부분적으로 '상류층의 삶'의 따분함에 대한 풍자다. (거대한 넙치를 도대체 어떻게 하지? 답: 아주 커다란 솥을 만들게 하고, 제국 궁궐에 상주 도공陶工 작업장을 둬야 합니다.) 그러나 그것은 또한 측근 신하의 입에서 나오는 번지르르한 과장된 언사를 겨냥한 것이기도 하다. 알바노 별장의 상상 속 무리에는 카툴루스 메살리누스도 있었는데, 그는 몇 년 뒤 네르바의 식사 시간 회상의 대상이 됐다(121~122쪽). 넙치 논쟁에 대한 그의 기여는 그 공허함을 잘 요약하고 있다. 이 큰 물고기에 대한 그의 찬탄은 매우 감동적이었지만, 사실 그는 눈이 완전히 멀어 자신이 칭송하고 있는 물고기를 볼 수도 없었을뿐더러 심지어 그게 어디에 있는지도 몰랐다. 유베날리스는 그가 왼쪽을 보며 물고기를 찬양했지만 실제로는 "그의 오른쪽에 놓여" 있었다고 말했다. 이 이야기는 황제 궁정의 기만적인 언설에 대한 도덕적 교훈이었다. 엘라가발루스의 궁궐에서 보았듯이 모든 것은 보이는 그대로가 아니며, 여기서의 칭찬은 말 그대로 맹목적인 것이었다. 그러나 이 알쏭달쏭한 시에서 유베날리스가 스스로에 대해서도 약간의 풍자를 했다는 의구심을 떨쳐버리기는 어렵다. 그는 황제가 죽은 뒤에는 '자유로운 발언'을 하기가 쉽다고 독자들에게 상기시키고 있기 때문이다(실제로 그는 시의 마지막 몇 줄에서 도미티아누스의 유혈 암살로 빠르게 이동한다). 살아있는 황제 앞에서, 또는 황제에 대해, 그가 누구이든, 선하든 악하든, 자유로운 발언을 하는 것은 언제나 쉽지 않은 문제였다.

그러나 로마 작가들이 궁정의 작동 방식에 대해 가장 유감스럽게 여긴 것은 국가 권력이 단 한 사람(황제)과 가까운 정도에 따라 결정된다는 사실이었다. 그들이 보았듯이 불가피하게 부패가 뒤따랐다. 로마인들에게 "연기를 판다"라는 말은 꼭대기에 있는 사람에 대한 영향력을 행사하는 일을 뜻하는 일상적인 표현이 됐다. 연기가 피어오르는 것만 봐도 불이 났다는 것을 알 수 있듯이 배후에 더 많은 약속이 이루어졌음을 강하게 암시하는 말이었다. 그러나 그 바탕에 있는 것은 로마인들의 삶에서 오래된 사회적·정치적 확실성이 더욱 근본적으로 뒤집혔다는 인식이었다.

공화국 시절에는 적어도 공식적으로는 권력과 위신이 자유민 남성 시민들에 의해 공개적으로 선출된 남성 고위층의 손에 있었다. 그는 원로원에서 함께 공개적인 토론을 했다. 이런 전통적 제도 가운데 일부는 황제의 통치하에서도 유지됐다. 다만 황제 자신의 그늘 아래에 어색하게 있었다. 그러나 궁궐은 이제 새로운 권력의 원천이 됐다. 역대 황제들이 원로원의 권위를 존중한다고 거듭 주장했음에도 많은 사람들이 중요한 정치적 결정은 사적으로 내려진다고 의심했다. 인력이 상당히 중첩되는 것은 사실이었다. 원로원 의원 다수는 동시에 측근 신하로서 이중의 감투를 쓰거나 그것을 자처했다. 포룸의 원로원 청사에서 팔라티노로 올라가고 다시 내려오는 길은 틀림없이 붐볐을 것이다. 그러나 황제 주위에서 권력은 아주 다르게 측정됐다. 누가 황제에게 접근할 수 있고, 황제가 누구의 말을 듣느냐가 중요했다. 이것이 근접성의 힘이었고, 이에 따라 원로원의 어떤 고관보다도 황제의 아내, 노예, 연인이 우위를 차지할 수 있었다(그리고 때로는 그랬다). 심지어 정교한 예법과 궁정의 허례의 기능 중 하나는 전통적인 고위층의 상대적 무력함을 가리기 위한 것이라는 주장도 가능하다. 이 점은 유베날리스의 넙치 시에도 암시돼 있다('물고기' 하나 가지고 그 모든 의식과 진지한 토론을?). 반면에 예컨대 황제의 이발사는 하루에 20분씩 단둘이서 만났기 때문에 자신의 문제를 황제에게 직접 제기할 수 있었다.

로마 작가들이 전통적인 정치적 위계의 '반대쪽' 끝에 있는 사람들이 궁정에서 행사하는 영향력을 상상하거나 묘사한 글이 수십 편에 이른다. 예를 들어 수에토니우스는 난쟁이 어릿광대가 반역죄로 고발한 사람의 기소를 허락받기 위해 궁궐 식사 자리에서 적절한 재담으로 티베리우스를 압박했고, 결국 자신의 요구를 관철하는 것을 직접 목격했다고 주장했다. 티베리우스가 처음에는 어릿광대의 주제넘은 말을 질책했다는 수에토니우스의 기록은 이 이야기를 또 다른 방식으로 전할 수 있음을 시사하지만 말이다.

그러나 궁궐의 권력에 대한 분노는 황제 측근에 대한 현대의 논의에서 여전히 두드러지게 등장하는 두 집단으로 집중됐다. 한쪽은 황제의 노예 및 해방노예 일부이고, 다른 한쪽은 황제의 아내, 여자 친척, 잠자리를 함께하는 여자와 남자들이다. 많은 황제들의 뒤에는 해방노예의 불길한 모습이 맴돌며 그의 주인을 지배하고 훨씬 더 큰 권력을 휘두르며 훨씬 많은 돈과 명성을 얻는 것으로 생각됐다. 거의 대다수의 황제 뒤에는 교활한 여성이 있고, 때로는 무서운 방식으로 배후 조종을 했다고 여겨졌다.

노예 사회

로마와 기타 지역에 있던 제국의 궁궐들은 노예 사회였다. 수천 명의 노예와 그만큼의 '해방'노예가 거주하며 일을 맡고 관리했다. 일부는 삭막한 로마식 용어로 '국산'이었고, 나머지는 고대의 인간 무역을 통해 획득했다. 그리스 세계 출신의 일부 고대 관찰자에게는 아주 이상하게 보였지만, 로마인들이 많은 노예, 적어도 가내 노예를 해방시킨 것은 로마 사회의 특징적인 모습이었다(들판이나 광산에서 일한 노예 노동자는 매우 다른 대우를 받았다). 그러나 이들 남녀 해방노예들은 통상 과거의 주인에게 어떤 형태로든 의존하면서 계속 연결돼 있었다. 제국 궁정에서는 노예와 해방노예가 함께 궁궐 조직의 기본적인 바탕을 제공했으며, 자유민 거주자나 방문자보다 몇 배나 많았다.

클라우디우스 에트루스쿠스의 아버지에 대한 스타티우스의 찬양시 같은 고대 문헌들은 때로는 이런 남녀들을 조명했다. 그들 역시 그냥 벽에 휘갈기거나 묘비에 새겨 넣는 등 자신들의 말을 남겼다. 예를 들어 십자가 처형에 대한 풍자가 발견된 팔라티노의 노예 처소에는 350개 정도의 낙서가 남아 있다. 여기에는 약간의 만화도 있고, 예상할 수 있듯이 남근의 모습도 가끔 보인다. 그러나 대부분은 단순한 '서명'이 며, 가끔씩 자신의 직업을 적었다. '이아니토르ianitor(문지기) 마리누스', '오피페르opifer(응급 처치 요원) 에우페무스' 같은 식이다. 우리는 이들 대다수가 노예였다고 확신할 수 있다. 단서는 이름을 단 하나, 가끔 둘 을 썼다는 것이다. 자유민 시민은 보통 셋이었다. 그러나 일부는 심지 어 'VDN'이라는 약어를 추가해 자신의 태생을 일부러 적었다. 베르나 도미니 노스트리verna domini nostri, 즉 '우리 주인님/황제의 국산 노예' 라는 말이다. 그러나 79년 베수비오 화산 분출 직전에 소도시 헤르쿨 라네움의 커다란 집 화장실 벽에 쓰인 낙서만큼 의미심장한 것은 팔 라티노에 없었다. "티투스 황제의 (노예) 의사 아폴리나리스는 여기서 시원하게 쌌다Apollinaris medicus Titi imp(eratoris) hic cacavit bene." 이 낙서는 티투스의 한 노예가 다녀갔다는(그리고 익살을 부렸다는) 생생한 증거다. 현대 학계의 일부 냉소주의자가 의심했듯이 황제의 의사가 쓴 것이 아니라 현대 서양의 '킬로이 다녀감'(2차 세계대전 때 미군 사이에서 유행했 던 낙서) 같은 고대 로마 화장실 농담의 상투적인 표현일 수도 있지만 말이다.

더 많은 정보는 그들의 묘비에서 얻을 수 있다. 3장에서 탐구한 주 방과 음식 준비 부서에서 일한 사람들에 관한 기념물은 거의 로마에 남아 있는 4천여 개의 비문 가운데 일부일 뿐이다. 이는 황제의 가내 와 더 광범위한 관리 분야에서 일한 노예 및 해방노예를 기념하기 위 한 것이다. 이를 통해 노예 공동체의 내부 위계에 대해 엿볼 수 있다. 예를 들어 '1급 개인 서기'는 '2급 개인 서기'보다 높다. '시식시종장'이 일반 '시식시종'보다 지위가 높은 것과 마찬가지다. 또한 황제와 그 가족이 의존하고 있는 담당 업무에 대한 세밀화를 파노라마처럼 보여주는데, 이는 황제의 지위(모든 작은 일에 전담 노예를 두는 것은 권력과 특권의 표지였다)를 보여주는 동시에 불편한 압박도 보여준다. 분명 상류층 궁정 예법만큼이나 번거롭고 이해하기 까다로운 관습이 있었을 것이다. 트라야누스가 '공석에서 입는 옷'을 관리하는 해방노예와 '사적인 자리에서 입는 옷'을 관리하는 사람이 구별되었고, '정원 장식 담당자'와 일반 '정원사'가 하는 일도 구분되어야 했다.

팔라티노의 초기 궁궐 안 리비아의 처소에서 일했던 남녀들은 특히 잘 알려져 있다. 대체로 황후의 일꾼들이 묻힌 공동묘지에 그들의 기념물 수십 개가 보존돼 있었기 때문이다. 그들의 일이 의미하는 바가 언제나 분명한 것은 아니다. 우리는 황후의 '손가방 담당자'(라틴어 명칭 카프사리우스capsarius가 실제로 '아마 제품 상자 담당자'를 의미하는 것이 아니라면), '안과 의사'를 포함해 매우 다양한 노예 및 해방노예 의사들, '의료 감독자'와 두 명의 산파(리비아는 물론이고 다른 일꾼들의 출산도 보살폈을 것이다), 그리고 온갖 종류의 가사 담당자를 알 수 있다. 가사 담당자에는 '은제품 관리인', '미용사', '마부', '목수', '황후의 예복 담당자'(또는 '황후 옷의 염색 담당자'), '수선 및 바느질 담당자', '가구 관리 담당자', '창문 닦이'(또 다른 번역에서는 '거울 제작자') 등이 있었다. 심지어 아홉 살에 죽은 프로소파스라는 해방노예(이례적으로 일찍 해방된 셈이다)도 있었는데, 그는 비문에 델리키움delicium으로 묘사됐다. '귀염둥이' 또는 좀더 세부적인 의미에서는 황실의 일부 여성들이 과시용으로 거느리던(또는 착취한, 또는 총애한, 또는 셋 모두인) 벌거벗은 아이들 무리 중 하나였다. 프로소파스는 귀염둥이 이상의 존재로 살지는 못했다.

노예와 해방노예는 다양한 가내 업무와 함께 더 높은 관리직을 맡았다는 사실이 로마와 기타 지역에 기록돼 있다. 클라우디우스 에트루스쿠스의 아버지는 황제의 재정 부문 수장이었고, 그 휘하에서 일하는 많은 수의 노예를 거느렸을 것이다. 다른 많은 사람들이 여러 분야에서 일했고, 궁궐 관리는 그렇게 분담이 이루어졌다. '청원 부문a libellis', '라틴어 서기 및 그리스어 서기ab epistulis Latinis/Graecis', '연회 부문a voluptatibus', '도서관 부문a bibliothecis' 같은 것들이다. 더 먼 곳에는 다른 황제 사유지의 일이나 더 광범위하게는 속주 관리의 일에 대해 황제에게 보고한 노예들도 있었다.

1세기의 주목할 만한 인물 중 한 명은 티베리우스의 노예 무시쿠스 스쿠라누스Musicus Scurranus였다. 묘비에 갈리아에 있는 황제의 재정을 관리하는 '재정관'으로 묘사된 사람이다. 그는 로마에서 죽었고(아마도 잠깐 들렀거나 재정관에서 물러난 뒤였을 것이다), 이곳에서 그의 노예(즉 노예의 노예, '하위 노예')들이 그의 기념물을 세웠다. 하위 노예는 모두 열여섯 명으로, 업무 대리인 한 명, 서기 세 명, 요리사 두 명, 의사 한 명, 옷장 관리자 한 명, 은제품 관리자 두 명, 업무가 특정되지 않은 아마도 그의 배우자였을 여성 한 명 등이었다. 이는 황제의 노예들이 단일한 동종 범주를 형성하지 않았음을 강력하게 시사하는 또 하나의 사례다. 일부는 다른 노예들에 비해 차별 대우를 덜 받았을 것이다.

비문은 때로는 기념의 대상인 사람이 맡았던 직무를 간단히 나열해, 사회적 서열의 바닥에 있는 사람에 대해서도 최소한의 약전略傳을 재구성할 수 있게 해준다. 한 '시식시종'은 이어서 '식당 감독자'가 됐고, 그 뒤 경기, 급수, 그리고 마침내 황제의 군사비 지출을 감독하는 부서

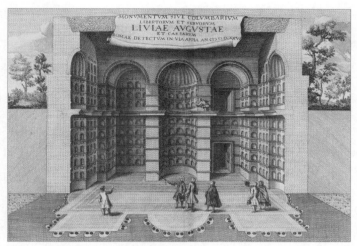

| 그림 46 | 18세기에 복원한 리비아 식솔들의 공동묘지와 그들의 골분을 식별하기 위한 작은 명판 일부. 콜로라토르colorator(가구 관리 담당자) 안테로스Anteros, 오르나트릭스 ornatrix(의상 담당자) 아우크타Aucta, 타불라리우스 임무니스tabular(ius) immun(is)(은퇴한 회계원) 파시크라테스Pasicrates, 또 다른 임무니스(은퇴자).

들의 재정관을 역임했으며 그 과정 어디에선가 해방됐다. 그 서열에서 더 내려가면, 헤롯 1세 왕이 황제에게 보낸 '인간 선물'로서 로마에 왔을 코에투스 헤로디아누스(152~153쪽)의 기념판에 적힌 몇 마디 글

에서 그가 궁궐의 시식시종에서 도시 끄트머리에 있는 황제의 호르투스(유락 정원) 중 하나의 사유지 관리인이 됐음을 알 수 있다. 이것이 코에투스가 원했던 승진이었는지 아니면 그저 명령에 따라 짐을 싸서 옮겨간 생애의 또 다른 삽화였는지는 알 수 없지만 말이다. 하지만 파이드루스의 우화 중 하나에는 노예의 열망이 무력하다는 암시가 있다(그가 해방노예였다면 더 잘 알았을 것이다). 티베리우스의 한 시골 별장의 문지기였던 어느 노예의 이야기다. 그는 해방되고자 하는 희망을 품고 황제가 정원을 한 바퀴 산책할 때 그의 비위를 맞추고자 했다. 울타리를 정리하고, 먼지가 날리지 않도록 황제가 가는 길 앞에 물을 뿌렸다. 티베리우스는 걸려들지 않고 이렇게 빈정거렸다. "미안해, 친구. 그 정도로는 해방되기에 부족하군." 파이드루스는 아첨이 무익하다는 교훈을 들려주고자 이 이야기를 썼다. 이는 노예의 무력함에 대한 교훈이기도 했다.

  '재정 부문', '연회 부문', '청원 부문' 같은 번역 용어는 이 전문화된 노동력이 현대의 '행정 조직'에 가깝다는 인상을 주기 십상이다. 물론 약간의 유사성이 있다. 예를 들어 이들 고위 관리 일부가 그들의 직위에서 장기간 일한 것은 한 황제에서 다음 황제로 넘어가면서 행정의 연속성을 제공했다. 그러나 현대적 의미의 관료제를 규정하는 규칙, 합리적인 조직, 승진 원칙의 흔적은 거의 없다. 파이드루스 우화의 또 다른 교훈은 노예의 승진은 황제의 기분에 달려 있지 어떤 체계적인 것에 의존하지 않았다는 것이다. 어떤 면에서 황제의 가정 관리는 새로운 양식의 행정이라기보다는 전통적인 로마의 개인 가정 관리를 크게 확대한 것이었다. 로마 상류층의 가장 부유한 사람들은 통상 수백

| 그림 47 | 무시쿠스 스쿠라누스의 비문은 그의 이름으로 시작한다. "티베리우스 카이사르 아우구스투스의 노예 무시쿠스 스쿠라누스." 그리고 끝에는 이 기념물을 세운 그의 노예 명단이 3단으로 정리돼 있다. 분명하게 읽을 수 있는 이름은 요리사 두 명이다. '요리사 티아수스Tiasus cocus'(T와 I가 겹쳐 있다), '요리사 피르무스Firmus cocus'이다. 아마도 그의 배우자였을 여성은 오른쪽 아래의 '세쿤다Secunda'이다.

명의 노예를 두었고, 때로는 전문화된 역할을 맡겼다. 그리고 수백 년 동안 해방노예를 그들의 정치와 사업의 대리인으로 이용했다. 황제는 그 전통을 따르고 있었다. 그러나 황제의 지위, 명예, 제도가 흔히 그렇듯이 그의 가내 조직은 옛것과 새것이 섞인, 배타적이고 황제적인 것이었다. 가장 분명한 징표는 네로 치세에 제위 경쟁자로 여겨지던 아우구스투스의 직계 후손 두 명을 상대로 일으킨 사건이다. 그들의 죄목 중 하나는 집안에 궁궐의 것과 같은 일을 맡고 같은 칭호로 불리는 해방노예들을 거느렸다는 것이 있었다. '회계 부문a rationibus', '청원 부문', '서기' 같은 것들이었다. 중요한 것은 이 칭호와 그 뒤에 있는 관리

구조(물론 모두 공화국에 뿌리가 있지만)가 이제는 황제의 권력만을 나타내는 신호로 보일 수 있다는 것이었다.

오만과 편견

상류층 로마 작가들이 가장 큰 비난을 퍼부은 것은 제국 궁궐의 그런 명칭을 갖고 있는 부서들을 담당한 해방노예나 황제의 수석 '개인 서기'('쿠비쿨라리우스cubicularius'는 통상 '시종'으로 다소 이상하게 번역되지만, '황제의 쿠비쿨룸에서 황제가 한 일을 살피는 사람'의 직무를 더 잘 표현하는 명칭은 '개인 서기'다)를 맡은 사람들이었다. 황제의 일꾼 가운데 지위가 낮은 자는 단지 황제와 가까이 있다는 이유만으로 주군에게 부당한 영향력을 행사한다는 고약한 불평을 듣기 십상이었다. 예를 들어 해방노예였던 에픽테토스는 "자기 일에 쓸모가 없는" 구두장이 노예를 팔아버린 주인에 관한 교훈적인 이야기를 했다. 그 노예는 황제 집안에 팔려가 황제의 구두장이가 됐다. 이제 예전 주인은 "쓸모가 없던" 그 노예에게 머리를 조아려야 했다. 다음과 같은 에픽테토스의 심술궂은 질문은 이 이야기의 요점을 담고 있다. "황제가 자신의 요강을 맡기면 사람이 금세 똑똑해지는 것은 어째서인가?" 그러나 가장 생생한 묘사는 궁궐의 노예와 해방노예 가운데 요강 담당자보다 훨씬 더 높은 지위에 있던 소수의 사람들에 관한 것이다.

재정 부문 수장이었던 클라우디우스 에트루스쿠스의 아버지는 운 좋게도 스타티우스의 찬양시의 대상이 됐다. 다른 상황에서라면 스타티우스가 꼽은 것과 같은 덕목으로 칭찬받았을 사람들 대다수가 남아 있는 기록에서 악의적으로 공격당하거나 경멸적으로 조롱당했다. 사적·공적 영역에서 그들이 부적절한 영향력을 미쳤기 때문이다. 마르쿠스 안토니우스 팔라스Marcus Antonius Pallas는 가장 유명한 사례다.

그는 클라우디우스 황제 어머니의 해방노예였고, 클라우디우스 에트루스쿠스의 아버지의 라티오니부스(회계장) 선임자였다. 클라우디우스 황제에게 네로의 어머니 아그리피나를 네 번째 아내로 맞아들이도록(다른 조언자들은 생각이 달랐다) 설득한 것이 바로 그였다고 한다. 그리고 그는 원로원에서 채택한, 까다로운 로마 특유의 법적 지위 문제 중 하나의 해법을 만들어낸 것으로 공개적으로 인정받기도 했다. 그 문제란 노예와 동거하는 자유민 여성을 어떻게 대우할 것인가였다(그가 판단하기에 그 문제는 노예의 주인이 인정했는지 여부에 달려 있었다). 이 모든 공로로 인해 팔라스는 많은 보상을 받았다. 공식적인 시혜와 사적인 부정 이득으로 재산을 축적했다. 그가 이집트에 소유하고 있던 재산 일부는 그곳의 파피루스에서 발견된 토지 등록 기록에도 나와 있다. 심지어 전통적인 로마인의 편견에 더욱 거슬리게도 그는 노예로 태어났으면서도 명예로운 프라이토르(법무관) 자리에 올랐다. 원로원 의원이 차지할 수 있는 관직 중 집정관 바로 다음가는 자리였다. 팔라스가 죽고 반세기 뒤에 플리니우스는 한 편지에서 로마 교외에 있는 그의 무덤을 발견한 일에 대해 묘사했다. 그 비문은 원로원이 투표를 통해 그에게 법무관 자리를 주었다고 자랑했다. 팔라스는 나중에 네로에게 쫓겨났지만, 이 "쓰레기 같은 것", "더러운 것"에게 그런 고위직을 준 것은 "웃기는" 일이라고 플리니우스는 한탄했다. 그는 웃어야 할지 울어야 할지 알 수 없다고 말했다.

　이런 식으로 비판을 받은 황제의 해방노예는 팔라스뿐만이 아니었다. 또 다른 사람은 칼리굴라의 개인 서기 헬리코Helico였다. 그는 황제와 함께 목욕을 하고 식사를 하고 공놀이를 했으며, 필론에게는 짜증나게도 알렉산드리아의 분쟁에서 유대인들을 반대하고 그리스인들의 편을 들었다. 콤모두스의 개인 서기이자 2세기 말 근위대의 반+공식 지휘관이었던 클레안데르Cleander도 마찬가지였다. 그에게는 집정관 자리를 돈을 가장 많이 내는 사람에게 팔았다는 소문이 있었다. 어느 정도의 오물은 이런 사람들을 용인하거나 부추긴 것으로 보이는 전통적인 상류층 사람들에게도 묻어 있었다. 플리니우스는 원로원이 팔라스에게 영예를 안긴 것에 실망했을 것이다. 그러나 그것은 클라우디우스의 아내 메살리나의 신발을 자기 토가 주름 안에 넣고 다닌 그 원로원 의원에 비하면 아무것도 아니었다(247쪽). 그는 또한 집 안의 종교 사당에 팔라스와 황제의 또 다른 해방노예의 황금 소조각상을 비치해 웃음거리가 됐다. 그러면 이 유명한 해방노예들은 왜 그런 맹비난을 촉발했을까?

　문제의 일부는 황제가 처한 실무적인 이중 굴레였다. 그는 제국을 운영하는 데 필요한 행정 업무를 수행해줄 일꾼들이 필요했다. 원로원 상층부는 속주를 통치하거나 옛날 방식으로 레기오(군단)를 지휘하는 것을 좋아했다. 하지만 황제의 명령에 따라 궁궐에서 사무를 보는 것은 아주 달랐다. 게다가 귀족이 권력의 밀실 막후에 자리 잡게 하는 것은 제위 경쟁자들에게 유리한 위치를 제공하는 것으로 보였을 것이다. 해방노예는 복무와 복종의 위계 속에서 전통적이고 편리한 해법을 제공했다. 플리니우스가 팔라스의 비문에서 본 미덕 중 하나는 "그의 주인에 대한 순종과 충성심"이었고, 그것은 평균적인 원로원 의원들이 보여줄 수 있는 미덕이 아니었다. 그러나 불가피한 결과는 소수의 해방노예에게 훨씬 높은 지위에 있는 사람들에 대한 권력 비슷한 것을 주는 것이었다. 일부 황제들은 그 대신에 원로원 의원 바로 아래에 있는 자유민 출신의 기사 계층(에퀴테스)에게 의존함으로써 사회적 긴장을 완화하고자 했다. 특히 이들에게 궁궐의 여러 행정 분야를 맡겼다. 예를 들어 에퀴테스인 수에토니우스가 트라야누스와 하드리아누스 아래서 '전속 서기a studiis', '사서장a bibliothecis', '서기장'으로 일하게 된 것이다. 이런 직위들은 그의 이력서에 적혔고, 한때 그의 동상 아래에 놓였을 돌에 새겨졌다. 100년 전에 마찬가지로 해방노예의 아들이기는 했지만 에퀴테스 신분이었던 시인 호라티우스는 아우구스투스의 서기로 일해달라는 제안을 받았지만 거절했다. 그러나 해방노예가 제국 궁정에서 주요 '공무 직위' 일부를 차지하지 않은 시기는 없었다.

황제의 노예들이 촉발한 논란은 단순한 속물근성 문제를 넘어서는 것이었다. 로마에서 노예를 대규모로 해방시키는 관행이 그렇게 해방된 사람들에 대한 고약한 편견과 함께한 것은 사실이었다. 페트로니우스가 그의 소설 《사티리콘》에서 많은 노예를 거느리고 저속한 연회를 좋아하는 부유한 해방노예 트리말키오를 비하적으로 묘사한 것은 그저 하나의 명백한 사례일 뿐이다. 그러나 여기에는 더 많은 것이 걸려 있었다. 이들 황제의 고위 해방노예에 대한 공격은 뒤죽박죽인 1인 통치의 약점을 드러내는 것이었고, (그들이 보기에) 사회의 '자연스러운'

질서가 전제정에 의해 뒤집힌 데 대한 상류층의 불안을 표시하는 것이기도 했다. 한 가지 큰 질문은 궁정에서 누가 누구의 노예인가 하는 것이었다. 자유민으로 태어난 상류층이 노예 및 해방노예의 노예로 전락했는가? 이것이 바로 타키투스가 네로의 어느 해방노예의 요란한 여행("많은 마차 행렬을 이끌고 간")을 묘사했을 때의 요점이었다. 이 해방노예는 서기 60년대 초 부디카Boudicca의 반란 이후 브리타니아의 정세를 조사하기 위해 파견되었다. 적들은 이를 농담이라고 생각했다. "그들에게 자유의 불길은 여전히 타오르고 있었고, 그들은 아직 해방노예의 권력을 맞닥뜨리지 않았다. 그리고 그들은 그런 큰 전쟁을 마친 로마의 장군과 그 군대가 노예 계급에게 복종해야 한다는 것에 깜짝 놀랐다." 타키투스에게 (여기서나 다른 곳에서나) 자유에 대한 사랑 같은 구식의 로마의 미덕이 이제 야만인들 사이에서만 존재한다는 것은 제국의 역설 가운데 하나였다.

그러나 황제 자신에게도 시사하는 바가 있었고, 그가 어디서 예속과 자유의 판단을 조화시켰는지 하는 문제도 있었다. 스타티우스는 클라우디우스 에트루스쿠스의 아버지에 대한 찬양시에서 이 해방노예의 명예가 전체 우주의 사회적 위계 속에서 어떻게 조화를 이룰 수 있을지를 고민하고 이 문제와 씨름했다. 그는 세계의 모든 사람이 황제에게 복종하며 황제는 신에게 복종한다고 주장했다. 그러나 또 다른 생각은 일부 황제가 자신의 노예 및 해방노예에게 휘둘렸으리라는 것이었다. 플리니우스는 〈찬양 연설〉에서 트라야누스 이전 황제들을 되돌아보며(그리고 트라야누스에게도 경고를 하며) 그런 생각을 단호하게 요약했다. "대다수의 황제는 신민들의 주인이지만, 해방노예의 노예였다.

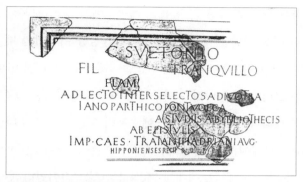

| 그림 48 | 수에토니우스의 이력을 적은 새김글 파편이 1950년 히포레기우스(오늘날의 알제리 안나바) 유적지에서 발견됐다. 아마도 본래 이 전기 작가의 동상 아래에 있었을 이 새김글은 그가 이 도시와 어떤 특별한 인연이 있음을 암시하고 있다. 유명한 방문자이거나 은혜를 베푼 자였거나 가족을 통한 인연이 있었을 것이다. 위의 재구성은 굵은 선으로 남아 있는 조각들을 표시하며 빠진 부분을 채우고자 했으며, 아래는 남아 있는 몇 개의 파편이다. 얼핏 보면 그렇게 적은 것을 바탕으로 그렇게 많은 부분을 복원할 수 있을 것 같지는 않지만, 직책 또는 자리를 차례로 나열하는 이런 형태의 새김글은 매우 정형화된 것이고 사라진 부분에 무엇이 있었을지 추측하는 것은 그리 어렵지 않다. 여기에는 법관 임명과 시간제 성직에 대한 언급이 있는 듯하다(예를 들어 FLAM(EN)은 흔한 성직 칭호다). 그러나 가장 놀라운 점은 그가 궁궐 행정에 복무한 데 대한 언급이 거의 완전하게 보존됐다는 것이다.《아우구스투스의 역사》를 통해 그가 아브에피스툴리스ab epistulis(서기장)로 일했다는 것은 이미 알려져 있었다. 이 새김글은 그가 '황제의 사서'인 아비블리오테키스a bibliothecis(여기서는 bybliothecis로 썼다)와 아스투디이스a studiis(내가 보기에 일종의 '전속 서기'이지만, 연구 업무를 가리키는 것일 수도 있다)도 역임했음을 밝히고 있다.

(…) 무력한 황제의 가장 큰 징표는 해방노예가 강력하다는 것이다." 실제로 이러한 관념은 로마 통치자들의 특성을 이야기할 때 당연한 것이었다. 모든 황제는 해방노예 일꾼들에게 의존했다. 몇 년 뒤 플리니우스는 그의 편지 하나가 보여주듯이 자신이 통치하는 속주에서 서성거리며 트라야누스의 한 해방노예로부터 오는 지시를 기다렸다. 그러나 '나쁜' 황제에 대한 자동적인 정의 하나는(그 뒤에 있는 진실이 무엇이든) 그가 자신의 해방노예에게 '지배당한다'는 것이었다. 단순히 궁궐이 노예 사회라는 데 그치는 것이 아니었다. 노예제는 황제의 권력을 이해하고 논의하고 비판하는 방법을 제공했다.

황제와 함께 침대에

황제와 함께 침대에 들거나 그렇게 강요받는 노예도 있었다. 황제의 연인 가운데 가장 악명 높은 인물은 10대 후반의 나이에 나일강에 빠져 죽은 하드리아누스의 젊은 노예 안티누스였다. 여기서 문제는 황제가 안티누스와 어울리면서 아내에게 충실하지 않았다는 것이 아니다(로마의 상류층 대다수는 황제든 아니든 혼인한 남성의 정절을 약간 이상하게 보았을 것이다). 또한 동성 간의 관계도 곤란한 것으로 보지 않았다. 남성이 낮은 신분의 어린 남자와 적극적으로 성적 관계를 맺는 것은 로마 세계에서는 아무런 문제가 되지 않았다. 문제는 안티누스가 죽자 하드리아누스는 (일부 로마 작가들이 보았을 때 마치 여성처럼) 슬픔을 가누지 못했다는 것이다. 그는 이 젊은이를 신으로 만들고, 그를 기려 안티누폴리스('안티누스의 도시')라는 도시를 만들었으며, 세계에 그의 조각상이 흘러넘치게 했다. 티볼리에서 기념한 것은 새 발의 피였다. 흘러넘쳤다는 것은 아우구스투스와 하드리아누스 본인의 조각상을 제외하면 황제 '가족'의 일원보다도 안티누스의 조각상이 더 많이 남아 있다는 뜻이다. 이것은 황제가 노예에게 예속된 것처럼 보일 수 있는 또 하나의 암시였다.

그러나 군주의 성생활은 언제나 까다로운 역사적 영역이다. 실생활에서 그것은 따분하고 평범하며 불만스러운 것이었을 수 있다(누가 알겠는가?). 그러나 통치자의 성적 일탈은 대다수 신민의 그것에 비해 더 화려하며(군주는 나머지 사람들보다 더 매력적인 짝과 더 거창한 섹스를 한다), 통치자의 성격은 그가 침대에서 벌이는 일에 반영된다고(초법적인 군주는 초법적인 섹스를 한다) 생각하는, 고대 로마 이전까지 거슬러 올라가는 오랜 전통이 있다. 동시에 궁궐 '바깥'에 있는 사람들이 궁궐 '안'의 성적인 세계에 대해 하는 이야기는 부분적으로 더 광범위한 불안이나 불만, 아니면 대리상상이 발현된 것이다. 현대의 유명인에 대한 뒷공론과 마찬가지로 통치자의 성생활에 관한 논쟁과 상상은(흔히 받아들일 수 있는 것과 없는 것, 믿을 수 있는 것과 없는 것 사이의 느슨한 경계를 넘나든다) 성도덕과 성역할이라는 문제를 일반적으로 강조한다. 그 결과 궁궐은 남성과 소년, 여성과 환관 등 온갖 유형의 애인으로 가득 차 있고, 부부간의 관계를 훨씬 넘어서는 것으로 상상됐다.

그것은 분명히 로마에서는 사실이었다. 하드리아누스는 독특한 경우가 아니었다. 1인 통치의 첫 250년 동안 과장된 성적 행동, 무절제, 탈법의 소문과 관련되지 않은 로마 황제는 거의 없었다. 때로는 황제의 짝으로 선택된 사람의 아름다움이 평범한 시민은 비교할 수 없을 정도로 뛰어나서 문제가 되었다. 예를 들어 2세기에 루키우스 베루스의 애인 판테아Panthea('가장 성스러운')는 그리스 미술과 문학에 나오는 최고의 아름다움의 조합으로 당대의 글 두 편에 언급됐다(찬양이기도 하고 풍자이기도 했다). 그의 머리는 크니도스에서 나온 유명한 아프로디테 조각상과 비교되었고(233쪽), 코는 파르테논 신전의 대표 조각가 페이디아스의 아테나 조각상과 비교되는 식이었다. 마치 황제의 연인이 인간의 상상력이 거의 미치지 못하는 곳에 있기 때문에 알려진 최고의 미술 작품을 동원해 묘사해야 한다는 듯이 말이다. 다만 현대의 일부 비판자들은 이것이 좀더 전복적인 반제국주의적 의제가 아닌가 하고 의심했다. 로마 황제의 연인이 정복되고 약탈된 그리스 걸작에 비추어 묘사되고 분석되고 쪼개지고 다시 조합됐다는 듯이 말이다.

다른 이야기들은 무절제의 덜 바람직한(우리가 보기에 그렇게 생각되는) 부분에 초점을 맞춘다. 예를 들어 아우구스투스는 순결한 처녀와 자는 것을 특히 좋아했다고 한다. 고대의 소문에 따르면 그의 아내 리비아가 그를 위해 준비시키고 궁궐로 데려온 사람들이었다. 반면에 트라야누스는 플리니우스가 전달한 건전한 이미지에도 불구하고 어린 소년들에게서 손을 떼지 못한 것으로 알려졌다(요즘 말로 포식자였다). 4세기 황제 율리아누스는 그 주장을 잘 알고 있었다. 그가 전임자들에 대해 쓴 풍자문에서, 황제들이 로마의 신들을 대면하게 됐는데 유피테르 신은 트라야누스가 주변에 있으면 어린 남자친구 가니메데스를 잘 챙기라는 충고를 들었다고 썼기 때문이다. 트라야누스가 훔쳐갈지 모른다는 의미였다. 그러나 이런 이야기에서 더욱 깊은 요점을 찾아낼 수 있다. 우리는 이미 엘라가발루스의 성전환 요구가 이 황제의 디스토피아적이고 '부자연스러운' 세계에 대한 공격만큼이나 성별의 가변성에 대한 갈망이 반영되었을 수도 있다는 점을 보았다. 네로의 젊은 노예 스포루스Sporus의 이야기도 마찬가지다. 황제는 죽은 아내를 꼭 빼닮은 그를 거세시키고 아내로 삼았다. 이는 분명히 네로의 변태성을 생생하게 보여주는 것으로서 이야기됐다. 이들은 또한 혼인 자체에 관한 더 큰 논쟁을 불러왔다. 황제는 노골적으로 법을 무시한 것인가, 아니면 과거의 한계에 근본적으로 도전한 것인가? 이들 문제는 어떤 면에서 스타티우스의 혼란스러운 시의 바탕에 깔려 있을 것이다. 이 시에서 그는 도미티아누스가 '총애한' 에아리누스Earinus('봄철')라는 아주 기이한 이름으로 불렸던 환관을 찬양했고, 동시에 황제가 정당하게 거세를 금지했다고 칭찬했다. 그는 정확히 무엇을 이야기하려고 한 것일까?

황제의 연인들에 관한 진실이 무엇이든, 그들은 개인 이발사나 요강 담당자보다 황제에게 더 가까이 있었고 따라서 영향력을 미칠 가능성이 훨씬 높았다. 베스파시아누스의 오랜 연인이었던 해방노예 안토니아 카이니스Antonia Caenis는 그러한 친밀함 덕분에 이득을 얻었다고 여겨지는 이들 중 한 명일 뿐이었다. 카이니스는 대가를 받고 속주 총독 자리에서부터 성직까지 모든 종류의 관직을 팔고 황제의 허락을 받아내기 위해 베개송사를 벌여 로마의 대부호가 됐다고 한다. 카이니스나 그와 비슷한 다른 사람들이 영향력을 미치긴 했지만 황제와 가장 가까운 집단의 권력 사용 및 남용에 관한 고대의 가장 지속적인 이야기는 애인, 미소년, 환관을 중심으로 한 것이 아니었다. 더 주목을 받은 것은 황제의 정식 아내, 어머니, 여자 형제, 딸이었다. 그들이 저질렀다는 독살, 음모, 근친상간, 간통, 살인, 반역은 도착된 욕정, 거세, 사내답지 못한 애착 이야기보다 더 관심을 끌었다.

아내와 어머니

무정하고 가학적인 리비아, 클라우디우스의 방탕한 세 번째 아내 메살리나, 셉티미우스 세베루스의 위풍당당한 아내 율리아 돔나는 황궁에서 가장 유명하거나 악명 높은 세 여성이었다. 일부 덕망 높은 여사제를 빼고는 로마에서 여성이 어떤 공식적인 집행권을 가진 적은 없었다. 심지어 '황후'나 황제의 '배우자'로서 공식 역할도 없었다(리비아와 율리아 마마이아 사이 약 서른 명의 아내와 어머니들 가운데 일부에게는 '아우구스타Augusta' 칭호가 주어졌는데, 이는 '아우구스투스Augustus'의 여성형이다). 그러나 궁궐 생활을 탐구한 고대와 현대의 작가들은 종종 황제의 여자 관계에 집착했다. 그들은 이 여성들이 정치와 가문에 영향을 미친 일에 분노했다. 그들은 이 여성들의 파렴치한 간통, 음란함, 또는 좀더 완화된 표현을 쓰자면 짜릿한 로마 세계에서의 그녀들의 삶을 개탄했다(또는 군침을 흘렸다).

　궁정이 권력을 행사하고자 하는 여성들이 판치는 곳이라는 생각은 거의 고대의 고정관념이었다. 때때로 그 여성들은 몰래 승계를 조종하는 일에도 관여했다. 리비아는 잔혹한 조종자의 전형적인 사례였다. 소문에 따르면 아들 티베리우스가 제위에 오르는 데 방해가 되는 모든 사람을 조직적으로 제거했으며, 카시우스 디오에 따르면 그녀가 아들을 제위에 올린 사실은 공공연하게 이야기됐다. 그러나 리비아는 많은 황제의 아내 중 첫 번째에 불과했다. 메살리나에 이어 클라우디우스의 아내가 된 아그리피나는 자기 아들 네로를 위해 같은 일을 했다고 전해지며(그림 84), 트라야누스의 아내 플로티나는 덜 잔인하지만 하드리아누스의 승계를 매끄럽게 하기 위해 영리한 아마추어 연극을 꾸몄던 것으로 추정되고, 알렉산데르 세베루스는 어머니 율리아 마마이아 덕에 제위에 올라 말 그대로 '응석받이'임을 드러냈다고 한다.

어떤 때는 좀더 일반적으로 그들의 사악하거나 교묘한 권력 장악이 이야기되기도 했다. 그들은 막후에서 권력을 장악하기도 했고, 위험스럽게 중앙 무대에 나서기도 했다. 근친상간 소문은 아들인 황제에 대한 일부 어머니들의 영향력을 포착했다. 네로에 대한 아그리피나의 영향력이나 카라칼라에 대한 율리아 돔나의 영향력이 대표적이었다. 여성이 공식적인 정치적 역할에서 배제된 세계에서 마찬가지로 충격적인 것은 그들 가운데 일부가 교묘하게 정치 최전선으로 들어간 방법이었다. 아그리피나는 두꺼운 커튼으로 자신의 모습을 완전히 가리고 금녀 구역인 원로원의 회의를 엿들었다는 소문이 있었고, 때로는 공식 대표단을 환영하는 연회에서 분명히 한 자리를 차지하거나 차지하기 위해 노력했다. 타키투스는 네로의 측근 중 한 명이, 아그리피나가 상단의 황제 옆에 오르지 못하게 하는 방법을 찾아냈다는 이야기를 전한다. 100년쯤 뒤에 율리아 돔나는 카라칼라의 업무 서신을 통제했다고 한다. 그런 행동은 아마도 남성 해방노예에게 책임을 맡기는 것보다 더 로마 상류층의 예법에 어긋났을 것이다.

이것은 그들에 대한 다른 더 꺼림칙한 혐의, 즉 부적절한 사람과 부적절한 곳에서 이루어진 과장된 성적 접촉 이야기와 함께 진행되었다. 궁궐 여성 중에는 로마의 역사를 통틀어 가장 악명 높은 일부 성적 범죄자가 있었다. 그들은 현대 미술, 영화, 소설에서 여전히 탕녀蕩女, 간부姦婦, 색정광으로 등장한다. 아우구스투스의 딸 율리아는 로마시의 옛 정치 중심지였던 포룸의 로스트룸rōstrum('연단') 위에서 연인들과 잠자리를 함으로써 최고의 모욕을 통한 최고의 즐거움을 느꼈다고 한다. 사실 여부를 떠나서 이 소문은 옛 정치 체제와 새 체제 사이의 관계에 대한 불편한 이미지를 떠올리게 했다(옛날에 웅변가들이 사람들에게 연설을 했던 곳에서 황제의 딸이 섹스를 했다…). 수십 년 뒤에 메살리나는 수도를 돌아다니며 잠을 잤다고 한다. 조카보다 더 묵직한 도학자였던 대大플리니우스의 백과사전에 실린 이야기에 따르면 메살리나는 심지어 악명 높은 매춘부와 하루 동안 누가 더 많은 남자와 섹스를 할 수 있는지 내기를 해서 이겼다고 한다. 마르쿠스 아우렐리우스의 아내 파우스티나는 그 전통을 이어받은 것으로 보인다. 황제의 아내이자 어머니 중 한 명인 파우스티나(안토니누스 피우스와 혼인한 또 다른 파우스티나의 딸이다)의 거친 상대와의 섹스에 대한 명성은 거의 메살리나와 맞먹을 정도였다. 심지어 철학적인 아버지와 달리 검투사 경기의 열렬한 추종자였던 콤모두스가 사실 파우스티나의 검투사 애인 중 한 명의 생물학적 아들이라는 이야기도 있었다. 그러나 또 다른 이야기도 있었다. 더 이상하고 선정적인 기록은 파우스티나가 죽은 검투사의 피를 바르고 황제에 의해 임신이 됐다고 주장했다. 한 검투사에 대한 자신의 열정을 황제에게 고백한 뒤에 말이다. 고대의 과학 이론에 따르면 피를 바른 것만으로도 콤모두스가 '검투사의 특성'을 가지기에 충분했다.

이런 이야기 가운데 얼마나 많은 것이 어느 정도나 사실일지는 논란의 여지가 있다. 그것은 확인하기 어려울 수밖에 없다. 예를 들어 율리아 돔나가 카라칼라의 일에 직접적인 영향을 미쳤다는 독자적인 증거는 율리아가 에페소스에 보낸 편지(그곳의 돌에 새긴 것이 아직 남아 있다) 한 장이다. 편지는 "자신의 가장 귀여운 아들"에게 잘 말해주겠다고 에페소스인들에게 약속하는 내용인 듯하다. 그러나 그것이 황제의 서신을 직접 관리했다는 증거가 되기에는 터무니없이 부족하다. 그리고 파우스티나가 어떤 짓을 했든 마르쿠스 아우렐리우스는 아내가 죽은 뒤 공들여 슬픔을 표시하고 사후에 거창한 명예를 부여했다. 그중 하나가 아내가 죽은 도시의 이름을 파우스티노폴리스 Faustinopolis('파우스티나의 도시')로 바꾼 것이었다.

어쨌든 굵직한 주제들은 이 여성들의 삶에 대한 편파적인 관점만 제공한다. 그들의 이야기의 다른 측면은 고대 작가들의 기록에 남지 못했다(그리고 현대 작가들의 기록에도 그리 자주 들어가지 못했다). 그러나 진실은 대다수의 로마 상류층 여성 및 다른 지역의 전통 왕가의 여성들과 마찬가지로 그들은 기본적으로 왕가의 게임의 전당물이었다는 점이다. 그들은 아주 어린 나이에 혼인을 했다. 가계도상의 느슨한 가지를 묶어두기 위한 것이었고, 당사자들은 그 문제에 발언권이 거의 또는 전혀 없었다. 로스트룸에서 성행위를 했다는 율리아는 열네 살에 고종사촌 마르켈루스와 혼인했다. 그를 제위 상속자로 점찍기 위한 것이었다(그러나 열여섯 살에 남편이 죽어 곧바로 다른 황실 연줄을 따라 두 번 재

| 그림 49 | 마르쿠스 아우렐리우스의 아내 '파우스티나 아우구스타'Faustina Augusta'의 두상이 새겨진 주화. 뒷면은 여성과 아이들을 보호하는 여신인 유노 루키나Juno Lucina의 모습이다 (매우 적절하게 아이 셋과 함께 있다). 여기에는 파우스티나에 관한 꺼림칙한 뒷공론의 흔적이 없다.

혼했다). 100년쯤 뒤에 악명 높은 파우스티나는 불과 여덟 살 때 승계 계획을 뒷받침하기 위해 스무 살 이상 연상인 마르쿠스 아우렐리우스와 약혼했다(아직 혼인하지는 않았다). 한편 파우스티나의 열네 명의 자녀 가운데 한 명인 어린 루킬라Lucilla는 열네 살에 아버지와 공동 황제인 루키우스 베루스와 혼인했다. 아마도 협력관계를 강화하기 위해서였을 것이다.

이 황실 여성들이 쓴 확장된 기록이 남아 있다면 우리는 다른 시각을 얻을 수 있을 것이다. 그들 가운데 일부가 회고록을 쓴 것으로 알려져 있지만, 남아 있지 않다. 내가 보기에 네로의 어머니 아그리피나의 자서전이 소실된 것은 고전 문헌의 큰 손실 가운데 하나에 속한다. 그 결과로 이 여성들의 삶의 진실과 남성 작가들의 미심쩍은 공상 사이의

272

어디에 선을 그어야 할지 알 수 없게 됐다. 남성 작가들은 황제와 왕들, 대통령과 총리들이 밀실에서 내린 결정을 설명하기 위해 언제나 음모를 꾸미는 여성이라는 상투적 수단을 사용했다. 낸시 레이건, 체리 블레어, 캐리 존슨 등이 입증할 수 있듯이 '아내 탓'은 여전히 권력의 회랑에서 발생한 특이한 사태에 대한 준비된 설명이다.

여성과 권력?

그런 불확실성에도 불구하고, 제국 궁정에서 여성의 역할과 중요성이 로마에서 이전에 보던 것과는 달랐으며 그들에 관한 이야기는 전부 사실은 아닐지라도 황제의 세계와 궁정의 몇몇 중요한 불안과 갈등을 가리키고 있음은 너무도 분명하다.

우선 황실 여성들은 공식적인 권력이 없었지만 로마의 다른 어떤 여성들이 그랬던 것보다 더 눈에 띄었다. 공화국 귀족 집안의 여성들은 전통적으로 (예컨대) 고전기 아테네의 상류층 여성들보다 더 많은 자유를 누렸다. 경제적, 사회적, 법적 권리에서도 마찬가지였다. 그러나 공적인 영예나 칭호는 없었고, 도시를 장식하는 여성들의 조각상(주로 과거의 반신화적인 인물)도 얼마 되지 않았다. 그러한 상황이 궁정의 주요 여성들로 인해 완전히 바뀌었다. 그들은 공개적으로 황제 가족의 일원으로서, 그리고 황실 가문 연속성의 보증자로서 찬양을 받았다. 그들의 두상은 주화를 장식하기 시작했다. 그들의 조각상이 한때 도시를 지배했던 남성들의 대리석·청동 조각상 옆에 놓였다(459~470쪽). 신전에서부터 그늘을 만드는 열주에 이르기까지 그들의 후원 아래 세워진 건축물들에 그들의 이름이 붙여졌다(물론 재정이나 구상에서 그들이 실제로 얼마나 개입했는지는 확실하게 알 수 없다). 그리고 그들에게는 통상 남성과 연결됐던 여러 가지 특권과 명예가 주어졌다. 경기장의 특별석, 일부는 평소 남성 고관을 따라다니는 하인 겸 경호원인 릭토르lictor의 고용, 때로 황제에게 적용됐던 화려한 별칭들('육지와 바다의 주인' 같은 것들이다)과 거의 맞먹는, '아우구스타' 이외의 많은 경칭 사용 등이 그것이다. 성생활이 저급하든 아니든, 마르쿠스 아우렐리우스의 아내 파우스티나는 과장되고 근엄한 군대식 별칭 '마테르 카스트로룸Mater Castrorum'(병영의 어머니)으로 불렸다. 카시우스 디오의 주장에 따르면 리비아가 죽자 일부 숭배자들은 그녀를 '조국의 어머니'로 불렀다. 황제의 칭호인 '조국의 아버지'를 본뜬 것이었다. 다시 말해서 전제정은 일부 여성들에게 로마의 도시 공간 및 상징적 공간에서 눈에 띌 수 있는 영역을 열어놓았다. 이곳은 이제 더 이상 남성 전용이 아니었다. 이것은 로마에서 1인 통치가 가져온 가장 큰 혁명 가운데 하나였다.

실로 황가의 여성들은 이전에 로마의 어떤 여성들이 가졌던 것보다 더 큰 영향력을 행사했다. 다시 말하지만, 그들이 로마의 통치자를 쥐고 흔들 가능성을 제공한 것은 부분적으로 근접성의 힘이었다. 121년에 트라야누스의 미망인 플로티나는 하드리아누스에게 편지를 써서 아테네의 한 철학학교 교장의 임명 규정을 바꿔달라고 청해 승낙을 받았다. 이로써 로마 시민이 아닌 사람도 그 자리에 임명될 수 있게 되었다. 그 학교는 플로티나의 편지 사본을 돌에 새겨 사람들이 볼 수 있게 했다. 아우구스투스 치세 초기에 한번은 리비아가 그리스 도시 사모스를 대신해서 남편에게 잘 말해주고자 했다는 것이 알려져 있다(나중에 율리아 돔나가 에페소스인에게 약속했던 것과 비슷한 일이었다). 사모스인들은 면세 혜택을 원했다. 아우구스투스는 "내 아내가 그대들을 대신해 아주 적극적이다"라고 그들에게 편지를 썼다(이 편지도 돌에 새겨져 공개됐다). 그러나 여기에는 반전이 있다. 같은 편지에서 아우구스투스는 그럼에도 불구하고 사모스인들의 요청을 분명하게 '거부'했던 것이다. 이것은 리비아가 자신이 좋아하는 도시 중 하나에 대해 관심을 가지는 것은 인정하지만, 아우구스투스 또한 자신의 흔들리지 않는 독립성을 공개적으로 주장한 것이었다.

이 조심스러운 줄타기는 황제 자신으로부터 직접 나온 다른 문서들에서도 발견된다. 고대와 현대의 역사가들의 해석과 재구성 뒤에서 황제들의 실제 발언은 황실 여성들의 권력에 관한 교묘한 애증의 병존을 암시한다. 가장 흥미로운 문서 중 하나는 거의 확실히 119년에 하드리아누스 황제가 자신의 장모이자 양부 트라야누스의 생질(누이의 딸)이기도 했던 마티디아Matidia를 위해 쓴 조사弔辭의 일부다(이 경우는 조사의 내용을 새긴 돌이 남아 있지 않지만, 다행히도 16세기에 만들어진 몇몇 필사본이 남아 있다). 하드리아누스는 트라야누스에 대한 마티디아의 헌신, 길고도 정숙한 미망인 생활, 그녀의 아름다움, 어머니로서의 자질, 도와주는 자세, 고운 마음씨를 칭찬하고 이어서 이렇게 말했다. "그녀는 자제력이 강해 내게 아무것도 청하지 않았고, 내가 요청받았으면 하는 많은 것도 요청하지 않았습니다. (…) 그녀는 내가 이 자리에 있는 것을 즐기기를 원했지, 그것을 이용하려 하지 않았습니다." 하드리아누스가 언급한 내용은 대다수 로마 귀부인의 전통적인 미덕에 맞춘

것이었다. 마티디아는 성실하고 아름답고 어머니다운 조력자였다. 그러나 장모가 자신이 실제로 그런 요구를 해주기를 바랐음에도 어떤 호의도 요구하지 않았다는 번거로운 문장은 아우구스투스가 사모스 인들에게 보낸 편지에서와 같은 줄타기를 보여준다. 이는 그의 장모가 잠재적인 권력을 가지고 있었음을 보여주는 동시에 그것을 활용하지 않았음을 주장하고 있다.

비슷한 접근은 티베리우스 치세인 서기 20년에 원로원에 의해 이루어졌다. 그들은 황자 게르마니쿠스 살해와 반역 혐의로 재판에 넘겨진 한 남자의 사건을 심리하고 있었다. 그의 아내도 함께 기소됐고, 노인 리비아가 친구로서 그 아내를 위해 개입했다고 한다. 역사가 타키투스는 100년 뒤에 사건의 전모를 매우 과장되게 기록했다. 하지만 이 사건에 대한 원로원의 판결 또한 몇몇 사본으로 보존됐다. 동판에 꼼꼼하게 새긴 것인데, 대부분 1980년대 말 에스파냐에서 불법적인 발굴을 통해 발견됐다(중요한 단편들은 골동품 시장에 처음 나타났다). 타키투스는 리비아가 이 문제에 개입하는 것에 대한 반대가 있었음을 솔직하게 언급하며 리비아의 막후 권력에 대한 또 하나의 사례로 제시한다. 반면에 원로원 기록은 리비아의 역할을 공개적으로 인정하면서도 분명히 불안해하면서 그것을 정당화하고 있다. 그들은 피고의 아내의 무죄를 선고하면서 자신들이 리비아의 주장을 고려했다고 설명했지만, 리비아가 자신의 영향력을 자주 사용하는 것은 아니라고 밝혔다. "리비아가 원로원에 요구하는 것에 대해 큰 영향력을 행사하는 것은 당연하고 합당하지만, 그녀는 그 권력을 매우 삼가서 사용한다." 궁궐 여성들이 영향력을 발휘할 가능성(그리고 실제로 발휘한 사실)을 인정한 것, 그리고 그것을 경시하거나 그 거북함을 감추려 한 것을 거듭 발견할 수 있다.

하지만 이 여성들의 많은 성적 일탈의 배후에 있는 것은 무엇일까? 아마도 부분적으로 고대와 현대의 고위층의 성에 대한 환상에 의해 추동됐을 것이고, 부분적으로는 일부 여성들이 실제로 자기들에게 부과된 성적 제약을 거부했기 때문일 것이다. 환상과 현실은 때때로 겹치기도 한다. 그러나 파우스티나와 검투사를 둘러싼 소문들은 구체적인 황실 가문의 불안을 드러낸다. 여성의 간통 가능성은 '아버지의 아들'이 실제로 '아버지의 아들'이 아닐 수도 있다는 불안정성의 가능성을 열어놓았고(로마뿐만 아니라 다른 대부분의 전근대 사회에서도 마찬가지다), 이는 기성 질서, 가부장적 혈통, 적법한 승계를 위협했다. 파우스티나가 검투사의 피를 발랐다는 자유분방한 상상은 로마 과학에 대한 흥미로운 통찰 이상의 것을 제공한다. 이는 로마의 정보 조작 전문가나 이야기꾼들이 통치자의 부권父權을 방어하러 나설 태세가 되어 있었음을 그대로 보여준다. 입양은 있을 수 있지만, 간통으로 낳은 자식이 승계하는 것은 전혀 다른 얘기였다.

그러나 믿기 어려운 이야기들은 차치하고, 황실의 간통은 중요한 반역죄로 간주됐다. 궁궐 내부의 음모론에서 빠지지 않는 것이 황제의 아내나 황실 여성이 부적절한 사람과 동침했다는 얘기였다. 티베리우스의 치세에 갈수록 사악해지고 있던 근위대장 세이아누스 Lucius Aelius Sejanus가 황제를 타도하고 스스로 권력을 잡겠다고 계획한 것은 티베리우스 조카와의 간통과 함께 이루어진 것이었다. 20년 후, 메살리나가 클라우디우스의 명령에 따라 죽음에 이르게 된 것은 다른 귀족 연인 중 하나와 음모를 꾸몄기 때문이었다. 황제의 해방노예 하나가 그들이 정변을 일으키려 한다고 귀띔했을 때 클라우디우스는 겁에 질려 거듭 이렇게 중얼거렸다고 한다. "내가 아직 황제야? 내가 아직 황제야?"

통치자의 가문 안에서 황제의 여성 친척들은 승계를 보장하는 데 이바지하는 동시에 그것을 방해하는 위협이 됐다. 간통 및 배신은 언제나 일어날 수 있었다. 아우구스투스의 딸 율리아는 분명히 이 불안을 암시하고 있었고, 그래서 미연에 방지했다. 400년 뒤 그녀의 농담을 모은(또는 날조한) 작은 선집에 따르면 율리아는 남편의 아이를 임신했을 때만 연인들을 만났다고 이기죽거렸다. "나는 짐칸이 꽉 찼을 때만 승객을 태웁니다."

어떤 의미에서 해방노예의 돌출에 관한 공포와 마찬가지로 이런 이야기의 바탕에 있는 것은 여성들에 대한 우려라기보다는 황제에 대한 우려였다. 황제의 권력은 여성들의 성관계, 성적 취향, 음모에 의해 언제든 손상될 가능성이 있었다.

육신을 가진 황제

우리가 아는 로마 황제의 이미지는 복합적이고 중층적인 구조물이다. 분명한 역사적 증거, 조작된 내용, 정치적 창작물과 재창작물, 권력에 대한 환상, 로마인의(그리고 약간은 현대인의) 불안에 대한 투사의 화려한 조합이다. 이런 이미지 때문에 '진짜' 황제를 파악하기 어렵다. 우리는 이미 엘라가발루스의 사례에서 별난 통치자의 성벽으로 이야기된 것들이 부분적으로 전제정의 타락을 포착하려는 시도에서 나온 것임을 보았다. 마찬가지로 황제의 식사 이야기는 때로 황제의 정성 들인 연회나 트라야누스의 간단한 식사에 대한 직접적인 경험을 반영하지만, 그 이야기들은 또한 권력과 소비가 어떻게 서로 만나느냐에 관해 우리가 아직도 갖고 있는 질문에 대한 추론적인 대답이기도 하다.

제국의 통치자가 무엇을 먹는지 상상할 수 있을까? 황제가 먹는 음식은 우리가 먹는 것과 비슷하지만 다만 조금 더 사치스러울 뿐일까, 아니면 복잡성과 비용의 차원이 완전히 다른 것일까? 우리가 황제만큼 돈과 권력이 있다면 무엇을 소비하게 될까? 황제의 식단(또는 우리가 그렇게 생각하는 것)은 황제와 황제의 권력에 대해 무엇을 말해줄까? 또는 다른 방향으로 가보자면, 우리가 누구를, 어디서든, 어떤 식으로든 연인으로 선택할 수 있다면 누구를 고르게 될까? 간단히 말해서 로마인들의 공유된 공포, 편견, 희망, 전제, 열망 같은 관념 세계로 들어가는 가장 분명한 방법 중 하나는 로마인들이 황제의 모습을 어떻게 구성했는지에 대해 더 깊이 생각하는 것이다. 그들은 자신들의 통치자를 어떻게 표현하고 또는 창작했을까?

그러나 조작과 고정관념 너머의 황제에 대해 호기심을 갖지 않는 것 또한 불가능하다. 일반적인 인간의 모든 다양성과 약점을 갖고 있는, 궁궐 한가운데 앉아 있는 현실 속 인간의 모습을 볼 수 있을까? 그들이 식사 자리를 마련하거나, 살루타티오에서 원로원 의원들과 인사를 나누거나, 아침에 면도를 하면서 노예 이발사와 잡담을 할 때 말이다. 복종, 속임수, 디스토피아의 궁정문화 안에서 통치자가 된다는 것은 어떤 것일까? 아첨이 아첨꾼을 수치스럽게 한다는 것을 이해하기는 쉽다. 그것이 영리한 풍자로 이야기되는 경우에도 말이다. 우리는 스스로를 더 기꺼이 전제군주의 위치가 아니라 약자의 위치에 놓는다. 그러나 아첨을 받는 사람 역시 희생자다. 아무도 자신에게 진실을 말하지 않는다는 것을 아는 사람이 된다는 것은 어떤 기분일까?

이 개별 통치자들의 개성에 관한, 그리고 권좌에서 보는 시선에 관한 호기심이 일부 20세기 소설의 고전을 만들어냈다. 로버트 그레이브스는 《나는 클라우디우스다》에서 현학적이고 굼뜨지만 영리한 클라우디우스에 대해 썼고, 마르그리트 유르스나르는 《하드리아누스의 회상Mémoires d'Hadrien》에서 경계선의 평화주의 성향(2세기 중반보다는 20세기 중반의 관념에 더 가까운)을 지닌 꿈꾸듯 신비로운 황제에 대해 썼다. 거의 같은 맥락에서 한 유명 역사가는 20년 전에 기발하면서도 교묘한 글을 썼는데, 그는 죽은 셉티미우스 세베루스가 저승에서 황제로서의 삶을 돌아보는 것을 상상했다. 이런 식이었다. "황제가 되는 것의 실질적인 문제는 다른 사람들의 기대, 아첨, 야심, 거짓말의 올가미에 걸렸다는 느낌이다." 그러나 허구 또는 허구가 섞인 것을 빼면 궁궐과 그 너머에 있던 사람들과 그들의 삶에 대한 관점에 얼마나 가까이 다가갈 수 있을까?

한 가지 특별한 점에서 우리는 그들 신체의 가장 은밀한 구석에 아주 가까이 다가갈 수 있다. 문제의 황제들은 거의 2천 년 전에 죽었지만, 우리는 그들에게 내려진 진단 일부와 처방된 약물을 알고 있다. 마르쿠스 아우렐리우스, 콤모두스, 셉티미우스 세베루스의 의사로 일했던 사람이 기록을 남겼기 때문이다. 이 사람은 클라우디오스 갈레노스로, 129년에 지금의 튀르키예에 있던 페르가몬에서 태어난 로마 시민이었다. 그는 건축가의 아들로 철학과 의학을 공부했고, 고향에서 검투사들의 의사로 일하다가 160년대에 로마로 옮겨갔다. 그곳에서 그는 주목받는 의사이자 과학자가 되어, 강의를 하고 공개 동물 해부를 하고 책과 연구 논문을 쓰고 황궁 거주자를 포함해 여러 부류의 환자를 치료했다.

갈레노스의 기록은 고전 문헌의 가장 잘 보존된 비밀 중 하나였다. 남아 있는 그의 그리스어 원어 저작은 스무 권이 넘으며, 그중 3분의 1 이상이 아랍어, 시리아어, 히브리어, 라틴어 초기 번역본으로 보존됐다. 이 유산은 후대 유대교도, 기독교도, 이슬람교도 학자들에게 의학적 관심의 대상이 됐고, 그들은 중세와 그 이후까지 갈레노스의 저작을 베끼고 연구했다. 이는 현전하는 모든 고대 그리스어 문헌의 약 10퍼센트에 해당하며, 헤로도토스와 투키디데스부터 에우리피데스와 아리스토파네스에 이르는 서기전 5세기의 훨씬 유명한 고전 문헌들보다 양도 몇 배 더 많다. 갈레노스는 이해하기 어려운 과학 이론을 많이 세웠을 뿐만 아니라, 생생한 자전적 소품문小品文도 풍부하게 제공한다. 예컨대 그는 자신의 동물 절개와 생체 해부를 때로는 거북할 정도로 상세하게 묘사한다. 한번은 큰 코끼리를 절개했는데, 코끼리의 심장에 뼈가 들어 있다는 것을 보여주기 위해서였다(그럴듯하지만 틀린 얘기였다). 이 기관을 적출한 이들은 궁궐의 주방 사람들이었는데, 그들은 이것을 이국적인 진미로서 요리할 생각이었거나 단지 과학에 도움을 주기 위해 자신들의 도살 기술을 발휘했을 수도 있다.

다른 곳에서 갈레노스는 로마에서의 생활에 대해 이야기한다. 최근에 재발견된 글 〈슬픔을 피하는 것에 대하여Perí Alypías〉가 대표적이다. 2005년 그리스의 한 수도원 도서관에서 박사 과정 학생이 이전에는 눈에 띄지 않았던 15세기 원고 사본에서 발견했다. 도시의 대화재, 제국 전역의 파괴적인 전염병, 192년 마지막 날의 콤모두스 암살 등으로 재난과 정치적 혼란이 덮친 직후인 193년에 쓴 글로, 상실과 비탄의 심리를 반영하고 있다(갈레노스의 귀중한 소유물과 저작 사본 일부가 화재로 인해 소실됐다). 갈레노스는 도미티아누스 암살 이후 플리니우스가 했던 말과 아주 비슷하게, 자신의 환자였던 최근 피살된 황제로부터 거리를 두기 위해 조심하고 있었다. 그는 플리니우스와 마찬가지로 어쩔 수 없이 측근 신하가 되었을 뿐이며 심지어 콤모두스로부터 직접적인 위협을 받았다고 주장한다. "나는 아무런 잘못이 없는 다른 사람들처럼 무인도로 보내질 것으로 예상했다." 그러나 갈레노스가 쓴 글들에서 가장 놀라운 것은 황제의 증상과 치료에 대해 자세히 쓴 부분과 그가 흘끗 본 황제의 약장藥欌에 관한 기록이다.

갈레노스는 초기에 젊은 콤모두스의 편도선염을 성공적으로 치료한 뒤 176년에 마르쿠스 아우렐리우스를 치료한 사실을 특히 자랑스럽게 여겼다. 이 황제는 처음부터 치명적인 열병을 앓는 것으로 보였고, 설사 때문에 밤을 꼴딱 새웠다. 입주 가정의들은 황제에게 휴식과 귀리죽을 처방했지만, 곧 상태가 너무 심각해지자 갈레노스를 불러 전문가 의견을 들어야 한다는 결정이 내려졌다. 갈레노스는 황제의 고집에 따라 진맥을 한 뒤 기름진 음식으로 인한 배탈이라고 결론지었다. 귀리죽은 도움이 되지 않았다고 봐야 했다. 환자는 기뻐했고(그는 "그거야!"라고 세 번 외쳤다), 갈레노스의 처방으로 금세 회복했다. 항문

좌약의 초기 형태였던 값비싼 연고를 직장에 발랐고 저렴한 대안으로 후추를 친 포도주를 마셨다.

약은 황제의 섭생에 분명히 긴요했고, 갈레노스는 몇 가지 고도의 혼합물을 책임졌다. 가장 유명한 것이 테리아카theriac로, 마르쿠스 아우렐리우스와 그 이전 몇몇 황제들이 독과 몇 가지 간단한 질병에 대처하기 위해 마련해둔 일상적인 예방약이었다. 셉티미우스 세베루스의 치세에 갈레노스는 이 약에 관한 기술적인 논문을 써서 64가지 재료를 정리했다. 아편(마르쿠스 아우렐리우스는 그것 때문에 곤란한 순간에 조는 것이 아닐까 의심했다)과 뱀고기(뱀은 전문적인 궁궐 땅꾼이 특별하게 잡았다고 갈레노스는 주장했다)도 그 약에 들어 있었다. 갈레노스는 또한 토론 과정에서 콤모두스가 테리아카의 하루 복용량을 어기고 또 다른 중요한 재료의 황실 비축분을 팔아버렸다고 불평했다. 인도산 육계와 마르쿠스 아우렐리우스가 "야만인의 나라"로부터 선물로 받은 계수나무였다. 그 결과 셉티미우스 세베루스가 테리아카 요양법으로 돌아가기로 결정했을 때 갈레노스는 궁궐에서 아주 오래되고 썩은 줄기밖에 찾을 수 없었다. 50년쯤 전 트라야누스와 하드리아누스 시절의 것이었다.

갈레노스는 매우 다른 형태로 궁정에서의 생활과 작업을 제시한다. 창고의 저장품에서부터 황실 환자들의 질병에 대해 견해가 다른 의사들과 그가 선택한 약의 부작용으로 졸음에 빠지는 황제까지 말이다. 이 박식한 의사가 자신의 유명한 환자들을 찔러보고 진맥하고 목구멍을 들여다보면서 그려낸 것보다 더 가까이에서 황가의 모습을 전할 수는 없을 것이다. 그러나 그것은 여전히 관찰자의 관점이지 황제 본인의 관점은 아니다. 따라서 핵심 인물은 언제나 마르쿠스 아우렐리우스였고, 그의 상세한 개인 서신 상당수가 우리에게 전해지고 있다. 남아 있는 《자성록》도 마찬가지다.

황제의 관점에서

갈레노스의 작업보다 더 잘 간직된 비밀은 북아프리카의 웅변가이자 이론가 마르쿠스 코르넬리우스 프론토가 황실 제자(프론토는 139년부터 마르쿠스 아우렐리우스의 가정교사를 지냈다)를 비롯한 여러 사람들과 주고받은 편지다. 이 편지들은 또 다른 놀랍고도 운 좋은 재발견 이야기이다. 19세기 초에 말 그대로 후대 문서 아래에서 발견됐기 때문이다. 다시 말해서 7세기 수도원에서 프론토 서간의 이전 양피지 사본(당시에 아주 구식이 됐다)을 세척하면서 본래의 글자들이 제거됐고, 양피지를 재활용해 초기 기독교 교회의 공의회 의사록 사본을 만드는 데 사용됐다. 그러나 재발견자들이 알아차렸듯이 새 문서 아래에서 원래 서신들을 간신히 알아볼 수 있었다(양피지를 세척했지만 글자를 완전히 제거하지 못했다). 이것이 본래 서한집의 대략 절반 정도에 해당했고, 거기에 마르쿠스 아우렐리우스가 황제가 되기 전과 후에 쓴 80여 편의 편지가 있었다.

이들은 19세기의 독자들에게는 실망스러운 것으로 드러났다. 프론토는 아마도 자신의 서신이 널리 유포될 가치가 있다고 생각했던 듯하며, 한 가지 주요 주제는 가정교사라는 그의 역할에 걸맞게 언어의 올바른 사용이었다. 내용은 라틴어 용법에 대한 기술적인 논의를 다루고 있다. 예를 들어 '양치질하다'인 '콜루에레colluere'와 '마루를 닦다'인 '펠루에레pelluere' 사이의 차이 같은 것이다. 이것은 틀림없이 그가 마르쿠스 아우렐리우스를 가르쳤던 수업 내용을 반영한 것이다. 때로는 교장 선생님 같은 꾸중도 있었다. 학생들이 사람이 많은 데서 툴툴거린다고 한탄하는 것 같은 경우다. 그러나 그들 서신의 다른 두 가지 측면은 모두 흥미로우면서도 혼란스럽다.

첫 번째는 질병과 증상 공유에 관한, 거의 갈레노스와 맞먹는 명백한 집착이다. 프론토와 마르쿠스 아우렐리우스가 주고받은 편지들에는 특별한 내용이 언급되지 않는다. 이런 식이다.

"주군께서는 밤새 어떠셨습니까? 저는 목이 좀 아팠습니다. (…)"
"나는 밤새 열이 나지 않고 지나간 듯하고, 잘 먹고 있소. (…) 목이 아프다는 말을 듣고 걱정하는 내 심정을 알아주오."
"목이 아픈 것은 아주 심하지만 발의 고통은 나아졌습니다."
"목이 나아졌다는 소식을 들으면 분명히 내가 회복되는 데도 도움이 될 거요. (…) 나는 오늘 더 많이 먹었지만, 아직 속이 좀 좋지 않소."

이것이 2세기 로마 상류층 문화의 몸에 대한 일반적인 관심의 반영인지(우리는 오늘날 당대의 한 지적인 웅변가 아일리우스 아리스티데스Aelius Aristides가 전적으로 자신의 병, 증상, 시도된 치료에 대해서만 이야기한 여섯 권짜리 책을 읽을 수 있다), 상류층의 건강염려증의 한 사례인지, 또는 어쩌면 양쪽이 조금씩 섞인 것인지는 확신하기 어렵다.

두 번째로 똑같이 놀라운 점은 가정교사와 황제 제자가 주고받은 편지 중 일부는 건조한 문법 수업과 함께 분위기가 매우 감상적이고 거의 관능적이라는 것이다. 마르쿠스 아우렐리우스는 한 편지를 이렇게 마무리했다. "안녕, 내 생명의 숨결이여. 당신이 이렇게 써서 보내준다면 나는 당신에 대한 사랑으로 불타오르지 않을까요?" 그는 서기전 5세기 아테네의 유명한 동성애적 열정을 되짚어 언급하며 또 다른 편지를 마무리한다. "소크라테스는 파이드로스(로마의 우화 작가 파이드루스 아님)에 대해 내가 당신을 보고 불태운 것보다 더 큰 욕망을 불태우지 않았소. (…) 안녕, 하늘 아래 나의 가장 소중한 사람, 나의 보물이여." 프론토는 똑같이 대답했다. "안녕히, 카이사르여. 나를 그렇게 가장 사랑해주오. 나는 당신이 쓴 모든 단어의 작은 글자 하나하나에 흠뻑 빠져 있습니다." 일부 현대 독자는 이런 표현을 보고 마르쿠스 아우렐리우스와 그의 교사가 연인 관계였다고 해석했다. 또 어떤 사람들은 사랑의 짝이 아니라 가까운 친구 사이의 과장되고 야단스러운 표현으로 받아들였다(이런 토로 가운데는 프론토의 아내에 대한 따스한 언급 또한 많음을 근거로 둔다). 그렇다면 이런 식의 표현은 궁궐의 상류층 사이에서 통용된, 마치 키스를 나누는 것(246쪽)과 같은 사적이고 일반적인 표현의 일부였을까? 아니면 프론토와 마르쿠스 아우렐리우스가 선택한 의사 소통 방식에서 특히 장난스럽고 가식적이며 거의 동성애자의 교태에 가까운 방식이었을 뿐일까? 이런 수수께끼는 《자성록》에 의해 제기되는 여러 수수께끼의 맛보기에 불과하다.

몇몇 로마 통치자들은 회고록을 쓴 것으로 알려져 있다. 가장 이른 것이 로마에서 전제정으로 넘어가는 시기의 율리우스 카이사르가 갈리아 원정 및 그 후의 내전에 관해 쓴 자기중심적이고 정치적으로 자기변명적인 기록이다. 카이사르의 회고록과 달리 대부분은 후대에 전해지지 않았다. 가장 개인적인 자서전의 흔적을 남긴 것은 아우구스투스다. 그는 그 책을 자신의 무덤 바깥에 세우려는 의도로 쓴 꾸밈없는 〈업적〉과 별도로 썼다. 그리고 로버트 그레이브스와 마르그리트 유르스나르의 소설 배후에 있는 문학적 자만심의 일부는, 그들이 사라진 클라우디우스와 하드리아누스의 회고록을 복원했다고 주장하는 것이다. 4세기 율리아누스의 토로(영리한 풍자에서부터 방종한 신비주의까지) 이전에 황제가 쓴 것으로 유일하게 남아 있는 자세한 1인칭 기록은 마르쿠스 아우렐리우스의 《자성록》(또는 《명상록》)이다.

이 책은 현대의 베스트셀러로, 빌 클린턴 전 미국 대통령이 이 책을 침대 맡 탁자에 두고 읽었던 것은 유명한 얘기다. 한 정보원에 따르면 이 책은 기독교 성서를 제외하고 "그에게 가장 큰 영향을 미친" 책이었다. 그리스어 원전을 100여 쪽의 얇은 책으로 번역한 이 책은 철학적 성찰, 자립을 위한 조언("불가능한 일을 추구하는 것은 미친 짓이다", "미래의 일로 골치를 썩일 필요가 없다"), 그가 좋아하는 인용구 약간(고대 로마 황제의 이국적인 권위로 그리스 문헌들에서 모은 것)이 조합된 것이다. 책의 기원은 생각하는 것만큼 분명하지 않다. 황제가 정확히 언제, 또는 왜 인생과 도덕에 관한 자신의 수상隨想을 글로 쓰기로 결심했는지는 알 수 없다. 누가 글을 편집하고 정리하고 대중에게 유포할 생각을 했으며, 이 책의 원래 제목이 무엇이었는지도 알 수 없다(나중에 여러 가지 현대적 이름들이 만들어졌다). 그리고 책의 철학적 통찰에 대해서는 논란이 있다. 일부 현대 학자들은 《자성록》이 고품질의 윤리적 성찰이며 스토아 철학의 영향을 많이 받았다고 평가했다. 또 다른 학자들(고백하자면 나도 그중 한 명이다)은 철학적으로 뻔한 이야기를 모은 글에 지나지 않는다고 보고, 읽지는 않고 사놓기만 하는 책 가운데 하나로 평가한다. 솔직히 다음과 같은 훈계는 클린턴이나 다른 독자들만큼 내게 와닿지 않는 듯하다. "자기 내면으로 침잠하라. 합리적으로 향하는 마음의 본질은 올바른 행동, 그리고 그와 함께 찾아 오는 평화로 충족된다." 그러나 이런 의문은 제쳐두고, 이 책이 우리를 허구가 아닌 실제의 권좌의 시각으로 더 가까이 데려갈 수 있을까?

어떤 면에서는 분명히 그럴 것이다. 철학과 함께 황제로서 마르쿠스 아우렐리우스의 인생에 대한 직접적인 관찰이 겨우 네댓 쪽에 불과하지만 말이다. 예를 들어 그는 맨 처음에 자신에게 가장 많은 가르침을 준 남자들(그리고 어머니)과 그들이 보여주고 가르쳐준 특별한 자질들을 나열한다. 프론토는 자신에 대한 언급이 얼마나 짧은지 알았다면 틀림없이 실망했을 것이다(1인 통치의 작동에서 시샘·변덕·위선의 역할에 대한 인식, 그리고 전형적인 귀족이 얼마나 인간애가 부족한지를 가르쳐준 것으로 요약돼 있다). 단연 가장 긴 언급은 그의 전임자이자 양부인 안토니누스 피우스의 차지였다. 신들이 가르쳐준 교훈에 할애된 것과 거의 맞먹었다. 마르쿠스 아우렐리스는 몇 단락에 걸쳐 그의 뛰어난 미덕을 나열했다. 공허한 명예에 대한 경멸, 근면함, 친구에 대한 배려(예를 들어 외출할 때 그들을 배종시키지 않았다), 비판에 대한 포용력, 단순한 생활방식 등등.

다른 곳에서 마르쿠스 아우렐리우스는 아첨과 궁정의 과도한 겉치레 및 의례를 비판했다. 그는 "스스로 '카이사르화'하지 않았나 살펴보라"라고 독창적인 그리스어 조어를 사용해 자신을 다독였고, 겸손함을 잇달아 드러내면서 스스로를 "원숙한 나이의 한 남자, 정치가, 로마인, 통치자"이자 때가 되면 기꺼이 죽을 사람으로 규정했다. 그가 좋아하는 인용구 모음에는 황제라면 특히 공감할 만한 말들이 있다. 고전적인 그리스 시에서 그는 이런 구절을 인용하기도 했다. "좋은 일을 하면서도 악평을 듣는 것은 군주의 운명이다."

황제가 직접 쓴, 때로는 고백적인 이런 관찰들을 읽으면서 전제군주라는 부러울 것 없는 위치에서 그리스 시 구절에 고개를 끄덕이는 그의 모습을 상상하는 것에는 특별한 무엇이 있다. 그러나 동시에 좀 실망스러우면서도 놀라운 부분도 있다. 바로 황제의 역할에 대한 마르쿠스 아우렐리우스의 분석이 그다지 '놀랍지 않다'는 것이다. 그는 플리니우스나 다른 여러 상류층 로마 작가들에게서 발견할 수 없는 황제의 좋은 행동에 대해서는 거의 언급하지 않는다. '우리 가운데 하나'가 되는 것의 중요성에서부터 아첨에 대한 혐오를 동반한 절제와 적절한(과도하지 않은) 관용의 발휘까지 말이다. 심지어 그렇게 사적인 글에서 승계상의 문제나 그의 지배에 대한 위협을 언급하지 않고, 불충실하다고 소문난 그의 아내 파우스티나에 대해서도 몇 마디에 그쳤다. "매우 순종적이고 다정하며 꾸밈이 없다"는 입에 발린 찬사다. 섹스에 관한 유일한 언급은 "나는 베네딕타Benedicta나 테오도투스Theodotus를 건드리지 않았다"는 알쏭달쏭한 말뿐이다. 두 사람은 아마도 황실의 노예였던 듯하다.

아마도 이는 마르쿠스 아우렐리우스 같은 황제들과 플리니우스 같은 상류층 사람들이 좋은 황제란 어떤 것인가에 대해 비슷한 견해를 공유하고 있었다는 의미인 듯하다. 이는 또한 파우스티나의 간통이 후대 조작의 산물이며 그 아들 콤모두스를 폄훼하기 위해 유포됐음을, 또는 적어도 그 남편은 전혀 몰랐음을 암시한다. 그러나 나는 마르쿠스 아우렐리우스의 명백히 사적인 성찰조차도 실제로는 여전히 황제가 정말로 어떠했는가를 드러내는 것만큼이나 숨기고 있을 가능성이 높다고 본다. 그가 직접 쓴 책을 읽어도 그는 여전히 우리로부터 숨어 있다. 다시 말해서 이 장에서는 노예와 하인에서 연인과 아내까지 황궁 사람들을 살펴봤지만, 황제에게 최대한 가까이 다가가 보아도(심지어 황제 주치의의 눈을 통해 보아도) 그는 여전히 손이 닿지 않는 곳에 있다. 그가 정확히 누구인지 아는 것은 불가능하다.

그것은 로마 작가 파이드루스가 이야기한 또 다른 우화의 요점이기도 하다. 그는 제국 궁정 노예였기에 황제와 그의 이미지에 대해 많은 것을 알고 있었다. 그것은 상상 속의 원숭이 나라에 관한 이야기이다. 그 나라에 거짓말을 하는 사람과 진실을 말하는 사람이 왔다. 우두머리 원숭이는 이들에게 자신이 신하들에게 둘러싸인 황제라고 주장한다. 거짓말쟁이는 그에게 맞장구를 쳐서 거짓말에 대한 보상을 받는다. 반면에 참말쟁이는 이 황제가 사실은 원숭이라고 말해 정직한 대답을 한 대가로 갈기갈기 찢긴다. 이 우화가 주는 교훈은 여러 가지다. 이것은 물론 현대의 동화 〈벌거벗은 임금님〉의 다른 버전이다(누가 감히 황제에게 그가 벌거벗었다고 말할 수 있겠는가?). 이는 또한 궁정에서의 아첨 또는 정직함의 이득과 위험을, 그리고 권력의 핵심에 놓여 있는 속임수를 보여준다. 그러나 이 우화는 황제가 정말로 어떤 '존재'였는가에 대한 불확실성을 이야기한다. 로마인의 상상 속에서 원숭이는 동물 세계의 가장 중요한 배우였다. 그렇다면 황제는 그저 한 배우일 뿐이었을까? 그리고 황제를 '가장'하고 있는 사람(또는 원숭이)과 진짜 황제 사이의 차이점은 무엇일까? 가장한 황제일지라도 진짜 황제와 마찬가지로 남에게 해를 끼칠 수 있는 것이다. 파이드루스는 분명히 그것을 알고 있었다.

다음 장들에서는 다른 경로를 통해 로마 황제에게 접근하고자 한다. 우리는 서로 다른 상황에서 움직이는(그리고 움직인다고 상상되는) 황제를 살필 것이다. 로마 안이나 바깥에서 일하거나 노는 황제다. 편지에 답장하고, 적과 싸우거나 신들의 세계에 들어가고, 경기를 관람하고, 유언을 하는 황제 말이다. 그러나 우선 문서 업무를 보는 황제부터 살펴보자.

6

일하는 황제

편지 쓰기

플리니우스가 집정관을 지내고(그리고 그런 영광을 준 트라야누스 황제에게 열렬한 감사 결의를 하고) 10년 뒤에 그는 역시 트라야누스에 의해 현대 튀르키예의 흑해 연안에 있던 비티니아-폰토스 속주 총독으로 임명되었다(로마 이전의 두 왕국을 잘라낸 영토여서 합성 명칭으로 불렸다). 대다수의 원로원 의원이 정부에 '임용'되는 것은 산발적인 일이었고, 플리니우스는 집정관을 지낸 이후 상근 직책을 맡지 않았다. 대신에 그는 공공 법정에서 변론하고, 원로원 회의에 참석하고, 까다로운 법률 문제에 관해 황제에게 조언하고, 104년에서 106년 사이에 "테베레강 하상과 강둑 및 도시 하수시설 감독자"(홍수 예방과 하수도를 감독하는 행정직으로, 직접 일을 하기보다는 전략을 다루며 아마도 기간제였을 것이다)를 한 것으로 파악된다. 그 모든 것이 110년 무렵에 바뀌었다. 그는 2년 동안(정확한 시기는 알 수 없다) 로마에서 2400킬로미터 떨어진 곳에 부임해 제국 동부의 그리스어를 사용하는 속주를 통치했다. 이번에는 분명히 직접 하는 일이었고, 상근직의 골치 아픈 일이었다.

트라야누스는 비티니아-폰토스를 '문제' 지역으로 여기고 있었던 듯하다. 그가 플리니우스에게 지방정부의 부패와 잠재적으로 위험한 정치 결사 등 잘못된 것들에 대해 살펴보라는 구체적인 지시를 내렸기 때문이다. 플리니우스가 이를 어떻게 다루었는지는 매우 상세히 알려져 있다. 황제와 그의 '현장 요원' 사이에 오간 100여 통의 업무 서신이 플리니우스의 보다 문학적인 서간집의 부록으로 보존돼 있기 때문이다. 본래 파피루스나 밀랍 서판에 쓰였던 이 편지들은 제국의 이 지역에서 로마인 총독의 책상 위에 올라온 약간의 문제들(파괴된 도수관, 매장에 관한 규정, 골치 아픈 철학자들)을 보여줄 뿐만 아니라 황제에게 어떤 종류의 정보가 전달되었는지도 보여준다. 동시에 그가 '자신의' 세계 반대편에서 나온 질문과 요구에 어떻게 대응했는지도 볼 수 있다. 이 편지들은 우리를 곧바로 제국의 미결 서류함으로 데려간다.

때때로 거기에는 방금 플리니우스의 제안을 조심스럽게 승인한 황제의 질문도 있었다. 프루사의 시민들에게 공공 목욕탕 재건을 허락해도 좋을지 총독이 묻는다. 황제는 세금을 올리지 않고도 할 수 있다면 허락하라고 답한다. 새로운 기독교 종파에 대해서는 어떨까? 그들을 처벌할지 플리니우스는 묻는다("그들의 완고하고 집요한 비타협적인 태도"는 분명히 처벌을 정당화한다). 그러라고 트라야누스는 답한다. 그러나 적극적으로 죄인을 찾거나 익명의 정보원의 말을 믿지 말고, 익명의 편지도 무시하라고 덧붙인다(538쪽). 때로는 플리니우스의 야심차거나 무모한 계획에 황제가 찬물을 끼얹기도 했다. 운하를 건설해 호수와 바다를 연결함으로써 속주의 수송 기반시설을 개선하려는 그의 계획에 대해 실무에 밝은 트라야누스는 깜짝 놀란다. 그는 그것의 최종 결과가 그저 호수의 물을 다 퍼내는 것일 뿐이라고 지적한다. 플리니우스가 지역 소방대를 만든다는 분명히 합리적인 생각을 전했을 때도 놀라기는 마찬가지였다. 절대 안 된다는 답이 돌아왔다. 여기에는 황제의 약간 냉랭한 현실정치 또는 불안이 묻어 있었다. 트라야누스는 이렇게 주장한다. "이것은 바로 속주에서 동요를 일으킨 것과 같은 종류의 조직이오. 우리가 거기에 무슨 이름을 붙이든 그들은 곧 정치적 압력단체로 변할 거요." 황제는 대신에 물동이와 소화 장비를 더 쉽게 구할 수 있게 만들자는 제안을 한다. 또 다른 상황에서는 황제가 조급함의 기미를 드러낸다. "알아서 결정하면 될 것 같소"라고 총독의 사소한 걱정에 대해 상투적인 대답을 반복해서 말했다. 그리고 적어도 한 번 이상 플리니우스는 로마에서 건축기사나 측량사를 속주로 보내달라고 부탁했는데(헐어빠진 건물을 평가하거나 공공건물 공사가 계약 기간에 맞춰 완공됐는지 점검하기 위해서였다), 트라야누스의 의례적인 대답에는 약간의 노기가 담겨 있었다. "그곳에서도 분명히 그런 사람을 구할 수 있지 않겠소? 찾아보면 틀림없이 많을 거요."

물론 이 서신 왕래는 겉으로 보이는 것과 달랐을 수 있다. 황제가 모든 편지를 직접 쓰지는 않았을지도 모른다. 현대의 군주, 대통령, 총리들과 마찬가지로 로마의 통치자들은 서기가 쓴 상투적인 편지에 서명만 하거나 고개를 끄덕였을 것이다. 다음과 같은 편지는 그 분명한 사례다. "친애하는 플리니우스, 그대의 편지를 보고 그대 휘하의 병사들과 지방민들이 얼마나 마음을 다하고 기쁘게 내 즉위 기념일을 축하해주었는지 알게 돼서 매우 기쁘오." 회사 말단 직원이 급하게 온라인에 올린 표준적인 감사의 말 같은 것이었다. 당시의 느린 배달 속도를

감안하면 플리니우스의 질문 일부에 대한 대답은 실제로 적용하기에
는 너무 늦게 왔을 수도 있다. 그리스의 지식인이자 건강 염려증 환자
인 아일리우스 아리스티데스의 환상에서 황제가 보낸 편지는 "날개
달린 배달부가 가져온 듯이 금방 도착했다." 실제로는 로마와 플리니
우스가 부임한 속주 사이에서 오간 편지는 말을 탄 사람이 전달할 경
우 대략 두 달이 걸렸다. 플리니우스는 답을 받기까지 최소 넉 달을 기
다릴 여유가 없을 경우에는 때로는 황제가 촉구한 대로 "스스로 결정"
했을 것이다. 중앙의 세세한 관리는 부분적으로 환상이었다.

　그러나 남아 있는 서신들은 그래도 공손한 총독이 중앙의 지휘부에
끊임없이 문의했음을(또는 아마도 마침내 답이 왔을 때 자신이 이미 한 일을
정당화할 수 있기를 희망하면서 그저 만약의 경우를 대비하고자 노력했음을) 놀
랍도록 생생하게 보여준다. 황제의 입장에서는 플리니우스에게 그 일
을 맡기고 세세한 관리(라는 환상)를 즐기면서 동시에 그 일에서 빠지
는 모습을 보여준다. 서신들은 또한 행정의 규모와 궁궐로 쏟아져 들
어온 우편 행낭의 양을 어림할 수 있게 해준다.

　플리니우스는 우리가 아는 한 업무 서신 선집을 광범위한 독자에게
유포한 유일한 총독이었다. 그것이 그의 서간 선집 제10권이 됐다. 그
는 아마도 이 편지들이 자신이 직무에 충실했음을 보여주고 황제와의
친밀감(트라야누스는 언제나 "나의 친애하는 플리니우스"라고 썼다)을 자랑할
수 있는 좋은 방법이라고 생각한 듯하다. 물론 때때로 황제의 질책을
받는 모습을 보여주는 대가를 치러야 했다. 하지만 제국의 40개 속주
총독들은 서한집을 만들지는 않았더라도 플리니우스와 상당히 비슷
한 일을 하고 있었고, 모두 로마의 본부에 정기적으로 편지를 보냈을

것이다. 대충 계산해보면, 플리니우스가 만약 평균적인 빈도로 편지를 쓰고 본래 쓴 편지들 가운데 추측컨대 유포시킬 것으로 4분의 1 정도를 선별했다면 속주 총독들이 보낸 편지가 매일 열두 건 이상이 황제에게 도착했다는 얘기가 된다. 모두가 꼭대기에 있는 사람에게 보고를 하고 답해주기를 기대하는(아일리우스 아리스티데스가 좀더 현실에 가깝게 표현한 대로 "지도자를 기다리는 합창단처럼") 내용이었다. 그리고 그것은 역시 황제와 서신을 나누고 있었을 다른 고관과 군 지휘관 등을 고려하지 않은 것이었다.

현실적인 어려움은 많았고 오래 지연되기도 했지만, 이것은 '서신에 의한 통치'였다. 프론토는 마르쿠스 아우렐리우스에게 황제의 중요한 직무 중 하나는 "전 세계에 편지를 보내는" 것이라고 말함으로써 이를 산뜻하게 요약했다.

이 장은 트라야누스와 플리니우스가 주고받은 편지에서 단서를 얻어 편지 쓰는 사람, 정책 결정자, 행정가로서의 황제라는 생각을 더 깊이 파고든다. 그것은 대체로 식사 자리에서 기댄 상태가 아니라 책상 앞에 꼿꼿이 앉은 황제와 관련된 것이었다. 그리고 로마 세계를 움직이는 데 어떤 종류의 업무가 필요하고 만능의 통치자라는 이미지가 어떻게 궁궐 행정의 현실에 어울리는지를 묻는다. 황제는 일상 행정 업무를 얼마나 직접 처리했을까? 어떤 종류의 문제가 누구로부터 그에게 전달됐을까? 그들은 상황을 개선하기 위해 급진적으로 나선 적이 있을까, 아니면 그저 일이 굴러가게 하다가 위기가 생기면 그때야 처리했을까? 그 모든 비용은 어떻게 됐을까?

이 과정에서 우리는 황제의 '사무실', 즉 로마 권력 최전선에서 나온 귀중한 일부 문서에 초점을 맞출 것이다. 이는 의사 결정과 시행된 통치에 관한 기술적인 행정 기록으로, 연구실 밖으로는 좀처럼 나오기 힘든 또 다른 부류의 문서들이다. 우리는 고대의 일부 법률 편람에 나오는 건조한 산문을 뒤져 거기에 실린 인간의 이야기를 찾아낼 것이다. 그리고 제국의 평범한 사람들이 통치자에게 무엇을 기대했고, 그들이 언제, 왜 황제에게 의존했는지를 살펴볼 것이다.

업무를 처리하는 황제를 살펴보는 것은 로마인들의 공포, 불안, 불만을 찾아낼 수 있는 귀중한 기회를 제공한다.

책임은 내가 진다

제국 통치의 기본 원칙은 황제에게 책임이 있다는 것이었다. 조언, 승인, 행동에 관한 요청이 황제에게 쇄도했다. 플리니우스 같은 사람뿐만 아니라 지역 공동체와 로마 세계 전역의 개인들로부터 요청이 들어왔다. 억울한 일, 불만, 문제 또는 법률 사건은 원칙적으로 황제에게 편지를 보내기에 하찮은 것은 아니었다. 황제는 어디에 있든, 로마에 있든 밖에서 이동 중이든 그에게 무언가를 원하는 사람들에게 둘러싸여 있었을 것이다. 군대에서 출세 사다리를 오르기 위한 도움이든, 잃어버린 유산의 반환이든, 이웃 도시에 빼앗긴 땅의 회복이든 말이다. 115년에 안티오크(현대 튀르키예의 안타키아)에서 지진이 발생했을 때 사상자가 많이 나온 이유 중 하나는 트라야누스가 그곳을 동방 전쟁의 사령부로 사용하면서 머물렀고, 소송 사건과 청원 편지를 들고 온 사람들로 가득 찼기 때문이었다.

　이제는 칼리굴라를 따라다니며 황제가 알렉산드리아에서 일어난 분쟁에 관심을 갖게 하려고 애쓴 필론에게 동정심을 느끼기가 쉽다. 그러나 생각의 절반은 칼리굴라에게도 할애해야 할 듯하다. 그는 1500여 킬로미터 밖의 도시에서 온 서로 다투는 파벌들에게 시달리는 대신에 자기 사유지를 점검할 약간의 시간을 원했다. 청원자들이 가져온 문제에 대해 황제는 거의 관심이 없었다. 칼리굴라는 어떻게든 그의 주목을 끌려고 하는 사람들에게 짜증이 난 유일한 황제도 아니었다. 3세기 그리스의 작가이자 지식인이며 율리아 돔나의 친구였던 필로스트라토스는 안토니누스 피우스와 셀레우키아(현대 튀르키예에 있던 또 다른 도시)에서 온 대표단의 일원이었던 한 남자와의 만남을 이야기했다. 그는 황제가 듣지 않고 있음을 알아차리고는 소리를 질렀다고 한다. "제 말 좀 들어보세요, 카이사르!" 카이사르는 날카롭게 대답했다. "나는 듣고 있고, 당신이 누구인지도 알고 있어. 매일 머리칼을 손질하고 이를 닦고 손톱 손질을 하고 향수 냄새를 풍기는 사람이잖아." 대표단이 어떤 성과를 거뒀는지는 알 수 없으나, 상황을 추측하기는 어렵지 않다.

　매일 수십 혹은 수백 명의 사람들이 황제가 자신에게 관심을 가져주기를 원했다. 자신들의 요청이 받아들여질 것으로 확신하는 대표단과 사절은 그중 일부에 불과했다. 제국 전역의 로마 관리들과 황제가 있는 곳이라면 어디든 자신의 요청을 심부름꾼에게 들려 보낼 돈과 확신을 가진 공동체나 개인으로부터 오는 편지들도 마찬가지였다. 현대 튀르키예의 에페소스 출신의 한 남자가 셉티미우스 세베루스와 카라칼라를 쫓아 브리타니아까지 갔다는 새김글에서 알 수 있듯이 사람들이 황제를 찾으려는 의지는 대단했을 것이다. 황제가 궁궐에서 공개적인 '인사'를 주재하고 있을 때나 가마를 타고 거리에 나왔을 때, 또는 어떤 지방 도시에 나타났을 때 그의 손에는 작은 파피루스 문서인 리벨루스 libéllus(탄원서)들도 들려 있었다. 이것은 보통 사람들이 통상적으로 황제에게 접근하는 방법이었다. 각 리벨루스에는 어떤 종류의 요청이 적혀 있었고, 그 아래에 간단한 황제의 대답을 적어 공개 게시판에 꽂아 놓으면 청원자가 읽어보고 그대로 베껴서 고향으로 가지고 갔다. 이 과정은 통상 며칠이 걸렸고, 결정이 게시될 때까지 초조하게 드나들어야 했다. 아주 가끔은 바로 답을 줄 것이라는 암시를 주기도 했다. 역시 필로스트라토스가 쓴 허구 속의 한 만남에서 베스파시아누스는 청원 하나를 받고 곧바로 모인 사람들 앞에서 낭독한 것으로 묘사됐다. 그것은 당혹스럽게도 청원자와 그 친구들에게 돈을 달라는 노골적인 요청이었다. 그 의미는 단호한 '거절'이 나올 것이라는 얘기였다.

황제 앞에는 본인이 내려야 할 공식적인 법적 결정도 줄줄이 기다리고 있었다. 물론 로마 세계에서 황제가 판결을 내리는 역할을 하는 유일한 사람은 아니었다. 그의 역할은 공화국으로 거슬러 올라가는 다른 관리와 배심원의 법률적 역할 위에 더해진 것이었다. 황제는 제국 전체의 상소법원에 해당하는 역할을 했다. 또한 통상의 사건에서 자신이 응당 해야 할 몫 이상을 하고자 애썼다. 로마의 포룸과 제국의 다른 도시 지역에서든 자신의 궁궐 안에서든(황제의 별자리로 장식된 방은 셉티미우스 세베루스가 자주 재판을 열던 곳이었다) 마찬가지였다. 어떻게 비교적 평범한 사람들이 자신의 사건에서 황제에게 판사 역할을 맡길 수 있었는지는 수수께끼다. 아마도 끈기와 연줄(궁궐의 누군가를 건너 건너 아는)의 조합이었을 것이다. 일부 황제는 분명 다른 황제들보다 법률 관련 업무를 처리하는 데 더 열심이었을 것이다. 클라우디우스는 특히 열심히 일하기로 유명했는데, 그조차도 때로는 열의를 잃어 재판 도중 잠이 드는 바람에 변호인이 큰 소리로 이야기해 황제를 깨워야 했다고 한다. 클라우디우스가 곤란한 순간에 잠드는 것은 사실 판에 박힌 농담 같은 것이었다. 그가 식사 도중 잠이 들자 조카 칼리굴라가 황궁 입주 익살꾼, 즉 '작은 놈'(151쪽)을 시켜 채찍으로 깨우게 한 일도 있었다.

청원에 대한 황제의 답변 중 일부는 로마제국 전역의 돌에, 청동판에, 또는 파피루스에 새겨져 지금까지 전해진다. 그리고 발굴을 통해 더 많은 수가 계속해서 발견됐다. 어떤 것들은 로마의 법률 편람에 들어갔다. 황제의 말은 사실상 법이고 까다로운 문제에 관한 황제의 답변은 법적인 판단 기준이었기 때문이다. 예를 들어 한 편람에는 아프리카 속주 총독이 제기한 특히 가슴 아픈 사건에 관한 질문에 공동 황제 마르쿠스 아우렐리우스와 루키우스 베루스가 한 답변이 들어 있다. 총독은 주인의 손아귀에서 벗어나기 위해 살인죄를 거짓 자백한 자포자기한 노예를 어떻게 해야 하느냐고 물었다. 황제들의 해법은 이랬다. 노예를 팔아 주인에게 보상을 하고, 이 노예를 그에게 돌려보내지 말라는 것이었다. 이 판단은 아마도 장래의 선례가 됐을 것이다.

이 모든 일이 황제의 시간을 정확히 얼마나 빼앗았는지는 알 수 없다. 베스파시아누스는 죽는 순간까지 대표단을 접견했다고 하는데, 이 이야기는 그의 악명 높은 일중독을 보여준다. 한 파피루스 잔편에 따르면 셉티미우스 세베루스와 카라칼라는 199~200년 사이에 이집트에 갔을 때 하루에 네댓 개의 리벨루스를 받았고, 또 다른 파피루스에 따르면 몇 년 후 위계상 한참 아래인 이집트 총독은 하루에 600개를 받았다고 되어 있는데, 어느 것이 더 전형적이었는지에 대한 단서는 없다. 그러나 어느 것이 평균에 가깝든, 때로 황제가 제국의 헌신적인 고민 상담사라는 인상은 실제로 그렇게 단순한 것일 수는 없다. 우선 황제의 대답은 흔히 형식적이었다. 콤모두스는 많은 청원에 대해 똑같은 답변을 해서 비판을 받았지만, 우리가 가진 증거는 그런 표준 답변이 상당히 흔했음을 시사한다. 그 밖에도 이탈리아 바깥의 공동체에서 온 청원에 대해 자주 내려진 대답은 해당 로마 속주의 총독에게 들고 가라는 지시와 함께 그냥 돌려보내는 것이었다.

이런 경향에 대한 완벽한 사례는 불가리아에서 발견된 긴 새김글에서 볼 수 있다. 현지 촌민 무리가 238년 황제 고르디아누스 3세 Gordianus III 에게 한 청원을 상세히 전하며 이어 황제의 답변(새김글의 전문은 로마의 아마도 편리한 공공 게시판이었을 '트라야누스 목욕장 주랑 현관'에 게시된 황제의 답변을 베꼈다고 적혀 있다)을 싣고 있다. 청원자들은 애처로운 자기네 마을 이야기를 했다. 좋은 온천이 있고 인기 있는 시장에서 가까운 스캅토파라라는 이 작은 마을은 지나가는 로마 병사들과 관리들이 공짜로 음식, 술, 숙박, 연회를 요구하는 바람에 반복적으로 시달려왔다. 견디다 못한 그들은 "우리에게 가해지는 폭력 때문에 조상 대대로 살아온 고향을 떠날" 생각을 하고 있었다. "그래서 우리는 무적의 황제께 청원합니다. (⋯) 모든 사람이 자신의 경로를 고수하고 다른 마을을 떠나 우리에게로 와서 우리의 비용으로 식량을 제공하도록 강

| 그림 50 | 로마 황제의 '문서 업무' 일람. 이것은 셉티미우스 세베루스와 카라칼라가 이집트에서 들었던(물론 아직 소년이었던 카라칼라는 중요한 역할을 하지는 못했을 것이다) 사건 명부의 시작 부분이다. 제목 아래의 문서는 이것이 체육관에 게시된 대답들의 사본이라고 말하고 있다. 위쪽의 읽기 힘든 3행에는 분명히 실수로 처음에 누락됐던 황제들의 공식 이름과 칭호를 추가해 넣었다. 자세한 내용은 315쪽 참조.

제하지 말도록 명령해주시고, 자격이 없는 사람들이 우리에게 숙소를 요구하지 못하도록 명령해주소서." 160여 행에 이르는 그리스어 문서로 촌민들의 사정을 나열한 뒤에 이어진 고르디아누스의 답변은 라틴어로 단 네 줄이었다. 돌아가서 해당 속주의 총독에게 청해 문제를 해결하라는 것이었다. 궁궐에서 쉬운 해법은 나오지 않았다. 청원자들이 할 수 있는 일은 황제의 대답을 근거로 지방 당국이 문제를 신속하게 처리하게 하는 것뿐이었다. 그것이 아마도 그들의 목표였을 것이다.

누가 무엇을 썼나?

답변이 형식적이든 아니든(그리고 모두 형식적인 것은 아니었다), 황제는 청원의 홍수를 처리하는 데서 많은 사람의 도움을 받았다. 비공식적 전문가 무리로부터 법률적 조언을 받기도 했다. 플리니우스나 도미티아누스의 넙치 문제를 해결하기 위해 나타난 풍자시 속의 측근 신하들 같은 사람이었다(마르쿠스 아우렐리우스와 루키우스 베루스가 '거짓 자백 사건'에 대해 혼자 고민했다고 상상할 필요는 없다). 그리고 궁궐 조직에도 핵심 부서들이 있었는데, 라틴어 서기, 그리스어 서기, 청원 부서 등이었다.

스타티우스의 또 다른 시는 도미티아누스 휘하의 라틴어 서기 수장을 칭찬한다. 그는 클라우디우스 에트루스쿠스의 아버지 같은 유형의 사람으로, "궁궐에서 가장 힘든 일을 하는" 서신 교환망의 통제국을 차지하고 있는 것으로 그려졌다. 시인은 그가 메르쿠리우스 신보다도 더 많은 서신을 처리한다고 농담한다. 이 신들의 전령사는 날개 달린 신발이 있어 빠른 편지 전달이 가능했다. 그러나 이 부서의 소관은 그런 일의 '처리'라는 실무적 차원을 넘어 확대됐을 것이다. 받아쓰기를 하고(일부 답변의 말미에 쓴 '확인'이라는 말이 아마도 이를 시사하는 듯하다), 황제가 "거절하라"라고 한마디만 하면 최종 시안을 만들고 그 이상의 일을 했을 것이다. 앞서 이미 '트라야누스'가 비티니아-폰토스에 있는 부하에게 보낸 답변 몇 가지를 살펴봤는데, 황제가 관여할 필요는 없었을 것이고 전적으로 서기가 작성했을 가능성이 높다. 스캅토파라 마을 사람들의 이야기에 덧붙일 이야기는 그들이 청원서를 보냈을 때 고르디아누스가 불과 열세 살이었다는 사실이다. 그는 그들의 어려움에 대해 읽지도 않았을 것이고, '자신의' 답변을 쓰는 것은 소관 밖의 일이었을 것이다.

어떤 황제도 모든 청원 편지에 일일이 답장하지 않았다는 것은 분명하다. 예를 들어 셉티미우스 세베루스 휘하의 한 그리스어 서기 수장은 어느 박식한 숭배자로부터 세계 최고의 편지 대서인이라는 찬사를 받았다. 명료성과 양식적인 기교가 뛰어날 뿐만 아니라 배우나 좋은 대필 작가처럼 통치자를 대신해서 쓰는 편지에서 황제의 특성을 잘 포착하고 있다는 것이다. 그리스어 편지는 특수한 사례였을 것이다. 황제가 두 언어를 사용할 수 있다고 하더라도 정확한 그리스어 표현을 위한 조언은 필요했을 것이다. 그러나 한때 이런 부문을 이끌었던 (수에토니우스도 한동안 그랬다) 다른 법조 및 문학계의 주요 인물들이 단지 서기와 필사생으로만 나날을 보냈다고 생각할 수는 없다. 하지만 누가 어떤 것을 썼고, 황제의 이름으로 나온 문서 가운데 얼마나 '많은' 것이 아랫사람들의 대필이었는지는 확실히 알 수 없다.

관행은 계속 변했을 것이다. 특히 황제가 부지런한가 게으른가, 통제형인가 위임형인가, 국내에 있는가 군사원정 중인가, 경험 없는 10대인가 오래 재위하고 나이 든 정치가인가에 따라서 달랐을 것이다. 어떤 경우든 대필, 편집, 초안 작성, 윤문의 경계는 언제나 분명치 않았다. 그러나 누가 정말로 편지를 '썼느냐'만큼 중요한 것은 누가 그것을 썼다고 '인식되느냐'였다. 대다수의 사람들에게 그것은 황제였다.

황제의 새 펜

로마인의 상상 속에서 통치자는 언제나 난봉꾼인 만큼이나 항상 펜을 쥐고 있는 사람이었다. 마르쿠스 아우렐리우스에게 "전 세계에 편지를 보내는" 일에 대해 조언한 프론토와 마찬가지로, 로마인들의 생각 속에는 황제가 식사를 하거나 군대를 지휘하거나 큰 잘못을 저지르는 모습뿐만 아니라 서류와 보고서와 편지를 처리하는 모습도 있었다. 그런 측면은 율리우스 카이사르의 기억에 남는 삽화들에도 포착됐다. 전차 경기장에서 편지와 청원을 처리하거나(나중에 마르쿠스 아우렐리우스가 시도한 수법) 군사원정 중에 과시적으로 여러 가지 일을 동시에 한 것(말을 타고 가면서 두 서기에게 동시에 받아쓰기를 시켰다) 같은 경우다. 이것은 또한 하드리아누스의 이야기에도 포착돼 있다. 그는 '아버지'가 죽고 나서 열한 달 뒤에 태어난 아기를 친자로 볼 수 있느냐 하는 문제를 판결하기 전에 의학 교과서를 보며 직접 연구하기 위해 잠시 자리를 떴다. 그가 돌아와서 내놓은 답은 '그렇다'였는데, 고대의 과학적 지식으로도 대단히 틀린 판결이었다.

'읽기' 역시 황제의 이미지의 일부였다. 황제가 자신에게 온 편지를 어떻게 읽고 대응하느냐를 보는 것은 좋은 성격 진단법이었다. 분명히 문서 업무에 열심일 것 같지 않은 칼리굴라는 유대 총독의 편지를 검토하면서 크게 화를 냈던 것 같다. 자신이 듣고 싶지 않은 조언이 들어 있었기 때문이다(자신의 조각상을 예루살렘 신전에 설치하기 전에 다시 한번 생각해보라는 청원이었다). 아우구스투스 황제는 자신이 직접 읽은(그러지 않았다면 그가 어떻게 잘못을 적발해낼 수 있었겠는가?) 긴급 보고에서 무

신경한 철자 오류를 범한 어떤 총독을 해임했다고 한다. 이는 그가 아는 체를 했다는 징표이기도 하지만, 위선의 기미를 보여주는 것이었다. 그 자신이 철자를 잘못 쓰는 사람이었다고 알려졌기 때문이다. 좀 더 고결한 사례로 마르쿠스 아우렐리우스는 스미르나(현대의 이즈미르)에서 지진으로 인한 피해를 묘사한 편지를 읽으면서 눈물을 흘렸다고 한다. "그는 '서풍이 천벌과도 같이 이 도시에 불었다'라는 구절을 읽으면서 종이 위에 눈물을 쏟았다." 그러고는 곧바로 그곳을 복구할 자금을 주겠다고 약속했다.

하찮은 스틸루스stilus(첨필), 즉 로마의 금속 펜이 황제를 상징하는 장식품 중 하나였다는 사실은 아마도 놀라운 일은 아닐 것이다. 황제는 항상 손에 스틸루스를 들고 있는 모습으로 상상됐다. 율리우스 카이사르가 자객들의 단검에 맞서 스스로를 지키고자 했을 때도 스틸루스를 가지고 있었다. 도미티아누스가 파리를 꿰뚫는 고약한 취미의 무기로 선택한 것도 스틸루스였다. 잔혹한 '펜에 의한 부상'을 다룬 갈레노스의 짧은 글모음에 따르면 하드리아누스가 화가 나서 스틸루스로 한 노예의 눈을 찔렀다. 그는 나중에 후회하며 그 노예에게 보상으로 어떤 선물을 원하느냐고 묻자 노예는 간단하게 대답했다. "내 눈을 돌려주세요." 좋은 쪽이든 나쁜 쪽이든 펜과 황제는 함께했다.

물론 이러한 가정은 황제가 받아쓰기를 시키지 않는 한 그들 역시 실제로 펜을 가지고 쓴다는 것이었다. 심지어 내부 집단의 몇몇 사람들이 더 잘 안다고 하더라도 일반적으로 황제의 '이름'으로 나오는 말은 황제의 말이고, 황제가 쓴 것으로 받아들여졌다. 항상 똑같은 답변을 내놓아 비판을 받은 것은 콤모두스의 서기가 아니라 황제 자신이었다.

황제의 답변이 제국 전역의 도시들에서 그렇게 흔하게 돌이나 청동에 새겨진 것도 그래서였다. 실제로는 소수만이 그 글을 읽을 수 있었지만(현대의 한 공통적인 추측으로는 제국 남성의 문자 해득률은 20퍼센트였다), 그것은 황제 자신을 드러내는 방법이었다. 그것은 또한 황제의 말(직접 썼든 받아쓰게 했든)이 그가 실제로 한 것이 아니라는 공개적인 암시가 조금이라도 나오면 그것이 황제에 대한 무기로 사용될 수 있었던 한 가지 이유다. 그것은 거의 그의 통치 권리를 부정하는 듯이 보였다. 예를 들어 젊은 네로는 가정교사 세네카가 지은 자신의 양부 클라우디우스에 대한 조사를 읽어 '차용 연설'(타키투스의 재기 넘치는 표현이다)이 필요한 최초의 황제라고 폄훼당했다. 율리아누스 황제는 같은 방식으로 트라야누스에 대해 비열한 농담을 즐겼다. 트라야누스가 너무 게을러서 친구인 루키우스 리키니우스 수라Lucius Licinius Sura에게 자신을 위해 연설을 쓰게 했다는 것이다(플리니우스가 이야기한 너무도 성실한 트라야누스의 모습과는 아주 다른 견해다). 황제로부터 답장을 받았을 때 작성자를 당연히 황제로 여겼다는 것은 황제 문화의(그리고 책임이 어디에 있느냐 하는 또 다른 변형물의) 또 다른 중요한 허구였다. 황제는 '황제'의 글이나 말 그 자체였다.

바닥에서 위로

황제가 개인 또는 더 흔하게는 지역 공동체의 청원에 대한 답변을 기록한 새김글은 인자하고 성실한 통치자의 이미지를 보여준다. 예를 들어 작은 이탈리아 도시 팔레리오의 청동판에 게시된 도미티아누스의 말은 이웃 도시 피르뭄과의 오랜 토지 분쟁에서 팔레리오의 손을 들어주는 판결을 내렸음을 보여준다. 이는 황제 또는 그 휘하의 누군가가 수십 년 전 아우구스투스가 내린 판결을 찾아내 사건을 해결한 듯하다. 북아프리카의 한 작은 공동체에서 전시된 또 다른 긴 문서는 한 소작농 무리의 승소를 전하는 콤모두스의 답변을 기록하고 있다. 그들은 현지 로마 관리 및 그 공범에게 착취당했다고 황제에게 호소했다(소작료를 올렸을 뿐만 아니라 한 무리의 병사들을 보내 그들을 두들겨 팼다). 어떤 곳에서는 전체 기록들이 대중에게 전시될 수 있도록 새겨졌다. 예를 들어 현대 튀르키예에 있던 도시 아프로디시아스(아프로디테 여신의 이름을 땄다)에서는 이 지역으로 들어오는 입구의 한 벽이 돌에 새긴 문서들로 뒤덮여 있다. 그것은 황제, 원로원, 기타 로마의 지도자들에게서 온 편지였고, 그중에는 일부(그 이상은 알 수 없다) 담뱃세 면제를 요청하는 아프로디시아스 사절에게 준 하드리아누스의 긍정적인 답변도 있었다.

이 모든 것으로부터 제국은 만족한 고객 천지라는 인상을 받기가 아주 쉽다. 황제가(또는 그 이름으로) 분쟁을 해결해주고 사건을 판결하고 사람들의 청원을 들어주었다. 분명히 그런 사람들은 있었고, 그런 소문이 많이 났다. 하지만 증거는 성공한 쪽에 유리하도록 상당히 왜곡됐다. 청원이 거부됐거나 험한 대우를 받은 사람들은 자신의 실패를 글로 써서 알리는 선택을 하지 않았다. 피르뭄 사람들은 도미티아누스가 팔레리오 사람들의 손을 들어주었을 때 황제의 판결을 새기는 선택을 하지 않았다. 사모스 사람들을 대신해 개입하려던 리비아의 실패한 시도에 대해 우리가 알고 있는 이유는 딱 하나, 아우구스투스의 편지 사본이 공개됐기 때문이다. 사모스 사람들과 경쟁관계였던 아프로디시아스 사람들이 의심할 여지 없이 기뻐하며 공개한 것이다. 그리고 스캅토파라 사람들이 자신들의 청원과 황제의 답변을 전면적으로 공개했다는 단순한 사실은 그들이 바란 것이 기껏해야 지역 당국의 '신속한 처리'였음을 시사한다.

 게다가 로마제국에서 문제를 안고 있던 대다수의 사람들은 이런 수준까지 가는 실패를 겪지는 않았을 것이다. 어떤 문제를 갖고 있든 로마 세계의 주민 대다수에게는 직접 황제를 만날 가능성이 언제나 현실보다는 신화에 더 가까웠다. 필론이 경험했듯이 연줄이 좋고 기략이 있으며 아주 의지가 굳은 사람이라 해도 미꾸라지 같은 통치자에게 자신의 사정을 설명하는 것은 매우 어려운 일이었다. 심지어 학식이 있는 사람조차 황제를 설득하는 과정에서 느끼는 불안이 남아 있는 고대의 지침서들에 반영돼 있다. 이런 책들은 어떻게 하면 되는지에 대한 상세한 조언을 담고 있다. 예를 들어 자연 재해를 입은 도시가 황제로부터 구호물자를 받으려면 어떻게 말해야 할까? 답은 황제의 동정심을 찬양하고, 신들이 고통에 빠진 사람들을 돕기 위해 그를 이 땅에 보냈다고 말하며, 도시의 파괴를 생생하게 묘사하고, 눈물로 황제의 자비를 청하는 전체 주민들을 떠올리게 해야 한다는 것이다. 그러나 이런 식의 복잡한 이야기는 개인이나 공동체에게는 그림의 떡이었다. 그 과정에서 이들을 가로막는 온갖 실무적인 어려움은 말할 것도 없었다.

| 그림 51 | 아프로디시아스의 이른바 '문서의 벽' 일부. 이것은 이 도시와 로마 당국 사이의
관계를 공개적으로 과시한 것이다. 대체로 황제가 보낸 편지 사본을 돌에 새긴 형태다.

　황제가 자기네 지역을 지나갈 때를 이용하는 것은 비교적 쉬웠을 것
이고, 많은 사람들이 그렇게 했다. 그래서 안티오크에서는 사상자가
많았다. 그러나 먼 지방에서 로마에 있는 황제에게 호소하는 것은 전
혀 다른 문제였다. 때로는 지방 당국이 적극적으로 이를 저지했다. 그
들은 일을 '내부적으로' 처리하도록 묶어두는 것을 선호했다. 총독은
사람들이 자신들의 문제를 황제에게 전달하는 것을 막으려 해서는 안
된다는 법률 편람에 인용된 알렉산데르 세베루스의 결정에서도 그런
암시를 읽을 수 있다. 황제에게 직접 청원하는 데는 많은 시간과 돈이
필요했다. 아마도 왕복에 몇 달이 소요됐을 것이다. 간단한 리벨루스
가 황제의 손에 들어가기까지 수도에서 일이 어떻게 작동되는지에 대
한 확신과 지식도 필요했다. 어디서 그것을 할 수 있지? 어떻게 접근

할 수 있나? 심지어 궁궐의 정문이 어디란 말인가? 한번은 아우구스투스가 공개 '인사'에서 머뭇거리며 청원을 하려는 사람과 농담을 나누었다고 한다(황제는 잠깐 손을 내밀었다가 뒤로 빼는 시늉을 했다). "당신은 코끼리한테 한 푼 주려는 것 같은데?" 이 이야기는 고대 작가 중 한 명 이상이 황제의 익살스러움을 잘 보여주는 예로 인용했다. 또한 절차에 익숙하지 않은 청원자의 두려움을 잘 포착하고 있다.

나는 명백히 평범한 사람들이 로마에 있는 황제에게 제출한 명백히 평범한 많은 사건들이 실은 그렇게 평범하지는 않았으리라는 강한 의심이 든다. 때로는 겉으로 보이는 것보다 더 많은 문제가 걸려 있었을 것이다(그것이 아우구스투스에게 회부된 크니도스 마을의 우발적인 요강 살인 사건에 대한 나의 육감이다). 때로는 요청을 가져오는 사람들이 완전한 국외자는 아니고 황제 측근이나 그 주변의 연줄을 통해 쉽게 올 수 있었다는 점은 분명하다. 스캅토파라 사람들의 청원에도 그 점이 약간 드러나 있다. 이 외딴 마을이 수도에 목소리를 전할 수 있었던 것은 마을 사람 중에 로마 거주자가 있었기 때문이었다. 새김글이 전문에서 분명히 밝히고 있듯이 청원을 제출한 사람은 스캅토파라 출신으로 그곳에 사유지를 가지고 있지만 당시 황실 근위대에 근무하고 있던 자였다.

그러나 이들이 보이는 것보다 좀더 '특별'할 수 있다 하더라도, 황제와 로마의 하급 관리에게 제출된 사건 일부는 역사에서 언제나 숨겨졌던 제국의 주민들이 직면한 문제들이 어떤 것이었는지를 볼 수 있게 해준다. 꼭대기에 있는 사람의 시각을 통해 우리는 서열의 반대쪽 끝에 있는 사람들의 어려움과 절망을 일별할 수 있다. 때때로 그것들은 적의 공격으로 암소가 죽은 일(33쪽)부터 이웃의 땅으로 새 사냥을

314

나가는 일을 둘러싼 충돌까지 흥미롭고 매력적이고 다채롭다(당사자들은 전혀 그렇지 않겠지만 현대의 독자에게는 그렇다). 보다 흔하게 청원은 과세, 상속, 질병, 부채 같은 훨씬 일상적인 문제로 귀결된다. 200년 셉티미우스 세베루스와 카라칼라가 이집트에서 한 답변 열세 가지 가운데 두 가지는 대출과 관련된 것이었고, 세 가지는 상속, 두 가지는 과세, 한 가지는 아이에 대한 후견권, 또 한 가지는 질병을 이유로 법적 의무를 면제받을 수 있는지 하는 문제였다. 나머지 "주어진 결정을 따르라" 같은 대답은 본래의 질문이 무엇이었는지에 대한 단서가 없다. 그러나 수백 년에 걸쳐 소란스럽게 대중의 불평을 야기하고 반복적으로 황제의 행동(또는 적어도 선의의 주장)을 촉구한 특별한 문제는 공식적인 수송 '체계'였다. 서신으로 통치되는 로마 세계에서 우편 업무는 가장 논쟁이 치열한 문제 중 하나였다.

플리니우스의 규정 위반

기본적으로 이것은 적은 인원으로 방대한 제국의 기반시설을 운영하다 보니 생기는 문제 중 하나였다. 세계 역사에서 군대를 제외하고 그렇게 적은 수의 관리를 두고 운영한 제국은 없었다. 중국의 제국은 로마에 비해 스무 배 많은 고위 행정관을 두었다. 따라서 아우구스투스 치세 때부터 공식 수송 및 통신은 대체로 하청을 주었다. 제국의 한 지역에서 다른 지역으로 전갈과 사람을 이동시키는 것이든, 죄수나 돈, 황제의 공연을 위한 야생동물을 이동시키는 것이든 마찬가지였다. 적법한 인가를 얻은 로마인은 여행 중에 지나가는 지역 공동체로부터 간단히 동물, 수레, 숙소, 접대를 요구할 수 있었다. 허가증 위조, 내야 할 요금 지불 거부, 규정을 넘어서는 서비스 요구, 일반적인 혹사 행위 같은 악용 가능성은 분명히 있었다.

제국의 많은 공동체에게 이것은 일상적인 제국의 착취의 첨단이었다. 거친 술고래 특사가 마을에 나타나면 어떤 사태가 전개될지 상상하기는 어렵지 않다. 이는 스캅토파라 사람들의 불평 중 하나이기도 했다. 수백 년 동안 지방에서는 항의했고, 황제는 응답하려고 애썼다. 예를 들어 129년에 하드리아누스는 지방 주민에 대한 열악한 처우를 자신이 직접 목격했고(그의 말은 1990년대에 불가사의하게 튀르키예의 한 수집가의 손에 들어온 새김글에 보존됐다), 문제를 완화하기 위한 여러 가지 규정을 다시 부과했다고 주장했다. 허가를 받지 않은 사람에게는 수레를 주지 말고, 사람과 동물을 위한 모든 음식은 돈을 지불해야 하고, 눈 때문에 길이 보이지 않을 때를 제외하고는 현지 안내인을 요구할 수 없다는 등의 내용이었다. 수십 년 전에 네르바는 이탈리아 안에서 그러한 징발을 폐지했고, 이 조치는 당시 주조된 주화에 기념됐다. 거기에는 노새 두 마리가 즐겁게 풀을 뜯고 있고 그 뒤에는 뒤집힌 수레가 있어 더 이상 관리 수송이 필요 없음을 나타내고 있다.

이 베히쿨라티오vehiculatio('징발 수송') 이야기는 황제 권력의 한 변형을 드러낸다. 그들은 확실히 신민의 청원을 듣고 응답했던 것으로 보인다. 그러나 5세기까지도 정확히 같은 문제에 대해 반복적으로 개입했던 것을 보면 완전히 해결되지는 않았던 것 같다. 어쨌든 그들은 자기들의 이해관계에 맞으면 기꺼이 못 본 체했다. 플리니우스와 트라

| 그림 52 | 네르바 치세에 발행된 주화. 이탈리아에서 징발 수송 제도가 폐지된 것을 찬양하고 있다. 즐겁게 풀을 뜯는 노새 두 마리 뒤에 수레에서 나온 장대와 마구가 보인다. "이탈리아에서 베히쿨라티오가 폐지됐다"라는 글귀가 이를 분명하게 알려준다.

야누스의 서신 선집의 맨 마지막에 있는 한 편지에서 총독은 자신이 아내에게 공식 허가를 내주었다고 쓰고 있다. 총독의 아내는 할아버지가 돌아가시자 이탈리아에 가고자 했는데, 그런 사적인 방문 허락은 규정에 없는 내용이었다. 그는 나중에 황제에게 특별 허가를 소급해서 내달라고 청한다. 대답은 "물론이오, 나의 친애하는 플리니우스."였다. 꼼꼼하고 정확하게 쓰려고 노력한 100여 통의 편지 모음의 마지막 것에서, 플리니우스가 여행 허가 규정을 어긴 것을 트라야누스가 흔쾌하게 수용하는 모습을 보여주는 것은 약간 실망스럽다. 학대를 근절하고 싶다는 황제들의 주장은 그 정도에 그치는 것이었다.

솔선수범

황제의 우편 행낭 크기를 보면 황제의 업무(직접 처리하든 자신의 이름으로 남을 시키든)가 거의 전적으로 바깥에서 쏟아져 들어오는 요청에 대응하는 데 있었음을 알 수 있다. 일부 현대 역사가들도 그렇게 주장한다. 그들은 황제가 적극적이기보다는 수동적이었다고 본다. 모든 것을 통제하는 전제군주의 거창한 이미지와 달리 로마 세계의 통치자는 실제로 편지에 답을 하고, 임시 땜질을 하고, 남의 말을 들어주고, 항상 계급이 높든 낮든 누구라도 접근이 가능하도록 보이게 하는 일에 일에 더 주력했다는 것이다. 그러한 견해는 일리가 있다. 모든 정부는 부분적으로 수동적이고(많은 입법이 불평에서 출발한 것이다), 오만하게 세상을 변화시키는 만능의 황제 이미지는 그가 스틸루스나 구술에 매여 있다고 보는 것보다 더 오해의 소지가 있다. 마찬가지로 오해의 소지가 있는 것은 황제나 그 조언자들이 만드는 '정책'이 현대 정부의 장기 전략 개념에서 이루어진다는 생각이다. 그것은 아마도 아우구스투스의 경우에도 마찬가지였을 것이다. 1장에서 보았듯이 그는 로마에서 1인 통치를 확립해 후대의 어떤 통치자보다 더 '통합된' 변화 계획을 만들어냈다. 적어도 처음에는 거의 확실하게 수백 년 이어지는 전제정의 상세한 원형을 고안하는 것만큼이나 자신의 단기적인 생존에 관심을 기울였다. 그는 임시변통으로 하다가 대체로 나중에 돌아보니 전략가가 된 것이다.

그러나 아우구스투스의 뒤를 이은 황제들은 그저 편지를 기다리는 데 그치지 않았다. 프론토는 마르쿠스 아우렐리우스에게 황제의 업무에 대해 조언을 했는데, 그 목록에는 편지를 보내는 일 외에도 "외국 민족의 왕들에게 압박을 가하고"(이에 대해서는 8장에서 다시 살펴볼 것이다), "무엇이 공공의 이익인지를 원로원에서 논의"하고, "부당한 법을 개정"하는 것 등이 나열돼 있었다. 황제는 "공공의 이익을 위해" 크고 작은 모든 종류의 문제(심지어 로마 간이식당의 차림표까지)에 관련돼 있었다.

때때로 이것은 서기 60년대 초 브리타니아 속주의 로마 하급 관리이자 내부 고발자에 대한 의미심장한 이야기에서처럼 문제 해결에 관한 문제로 나타났다. 그는 황제에게 편지를 써서, 부디카의 반란 이후 속주 총독이 항복한 반란자들을 너무 야만적으로 다루었다고 불평했다. 이것은 먼 속주에서 황제에게 보낸 수천 통의 편지 중 하나였지만, 여기서 중요한 것은 그 뒤에 일어난 일과 일련의 결정이었다. 당시 네로 황제는 이 편지에 반응을 보여 자신의 해방노예인 폴리클리투스Polyclitus를 파견해 무슨 일이 일어나고 있는지, 그리고 그가 총독과 재정 담당자 사이의 균열을 해결할 수 있는지 알아보게 했다. 그는 해결할 수 없었다. 결국 네로는 총독을 쫓아낼 수 있는 적당한 기회(체면이 깎이는 작은 해상 사고였다)가 생기자마자 그를 좀더 유화적인 사람으로 교체했고, 새로운 총독이 사태를 진정시켰다.

이 모든 과정이 타키투스에 의해 아주 부정적인 왜곡을 담아 이야기됐다. 그가 보기에 하급 관리는 애초에 총독에 관한 이야기를 하지 말았어야 했다. 폴리클리투스는 유용한 협상가이기는커녕, 브리타니아의 로마인들에게는 공포스러운 인물이었고 적들에게는 놀림감이었다. 적들은 해방노예에게 그런 책임을 맡기는 것이 웃기는 일이라고 생각했다(261~264쪽). 그리고 유화적인 후임자는 그저 게으른 사람으로, "자신의 나태한 활동 부족을 고결한 평화의 기치 아래 은폐"했다.(나는 타키투스가 후임자의 이름 '투르필리아누스Turpilianus'가 대략 '부끄러운'이라는 의미임을 독자들이 알아차리기를 기대했을 것이라고 확신한다). 그러나 타키투스의 적대감 아래에서 황제나 그의 고문들의 일부 효과적인 행동과 적절한 판단으로 이루어진 임명을 쉽게 식별할 수 있다. 유감스럽게도 반란자들에게 대응하기에는 너무 늦었지만 말이다. 틀림없이 모든 임명이 아주 적절한 판단으로 이루어진 것은 아니었고, 일부 속주 총독들이 '정말로' 왜 선택됐는지에 대한 악의적인 소문은 많았다. 미래의 황제 오토는 그의 아내와 네로가 가까워진 뒤 이베리아의 한 속주 총독으로 보내졌다거나, 더욱 공상적인 얘기로는 카라칼라가 마음에 안 드는 사람들을 날씨가 몹시 춥거나 더운 속주로 보냈다는 것 따위다. 일반적으로 후원, 개인적 선호, 아부는 임명과 승진에서 능력만큼이나 영향력이 있었다. 그러나 브리타니아의 경우에 적어도 로마의 관점에서는 체제가 잘 돌아간 것이었다.

다른 시대에는 황제의 재결(거세 금지에서부터 주요 남녀 인사들에 대한 고약한 풍자 금지와 혼욕 단속에 이르기까지)의 힘이 실질적이기보다는 상징적인 것이 아닐까 의심하지 않을 수 없다. 특히 간이식당 식단표의 경우에는 사실일 가능성이 높다. 서기 1세기 이후 역대 황제들이 만든 규정들은 로마 시내의 술집과 포피나(즉석식품 판매점)에서 팔 수 있는 것과 팔 수 없는 것을 명기했다. 수에토니우스에 따르면 티베리우스는 "빵과 과자를 금지하기까지" 했다. 카시우스 디오에 따르면 클라우디우스는 "삶은 고기"와 더욱 당혹스럽게는 "뜨거운 물"(아마도 당시

| 그림 53 | 부디카 반란 이후의 내부 고발자는 브리타니아에서 죽었다. 커다란 그의 비석 (폭이 2미터가 넘는다) 일부가 19세기에 런던에서 발견됐다. 나중에 로마의 이 도시 방어 시설에 재활용된 것이었다. 타키투스는 내부 고발자의 이름이 율리우스 클라시키아누스 라고 했다. 이 기념물에서는 세 번째 행에 '율리우스 알피누스 클라시키아누스Julius Alpinus Classicianus'라는 더 완전한 형태를 보존하고 있다. 그의 출신지가 갈리아임을 시사하는 이름 이다. 아마도 그런 이유로 그는 브리튼 사람들에게 동정적이었을 것이다.

로마에서 물은 술과 혼합하는 핵심 재료였기 때문일 것이다) 판매를 금지했고, 네로는 "채소 및 완두콩 수프"를 제외하고 끓인 것은 모두 금지했다. 마지막으로, 역시 디오에 따르면 베스파시아누스는 콩을 제외한 모든 것을 엄단했기 때문에 그 규정이 지켜졌다면 간이식당 문화는 매우 침체되었을 것이다.

규정이 제대로 지켜지지 않았던 것이 거의 확실하고, 아니면 아주 우연히만 지켜졌을 것이다. 악덕 술집 주인 고발에 대한 두어 건의 모호한 언급이 있지만, 경찰대(그에 가장 가까운 것이 야경대 겸 소방대였다)가 없는 100만 인구의 도시에서 그런 규정은 엄격하거나 체계적으로 강제될 수 없었을 뿐만 아니라 심지어 심각하게 받아들여지지도 않았을 것이다. 입법의 기능은 그때나 지금이나 범법자를 처벌하는 것만큼이나 가치관을 전시하는 것일 수도 있다. 여기서 핵심 요지는 위반자를 찾아 체포하는 것이 아니라 황제가 로마 세계를 세세하게 관리하고 그가 검약에 몰두하고 있음을 드러내는 것이었다. 적어도 부자들이 아니라 포피나에 드나드는 평범한 사람들의 검약에 말이다(으레 그렇듯이 이중 기준에 따른 것이다).

로마의 가장 공식적인 복장 양식이었던 토가(오늘날의 약식 연회복인 턱시도처럼 일상적인 의복이 아닌 좀더 격식 있는 의복)를 입지 않은 남자는 포룸에 들어갈 수 없다는 아우구스투스의 재결 뒤에 그와 비슷한 배경이 있었을 것이다. 황제는 이를 원로원의 하급 관리인 아이딜리스 aedilis에게 단속 책임을 맡겼다고 한다. 그러나 정말로 포룸 입구에서 경비원이 복장을 검사했을까? 의심스럽다. 이것은 '멋 부리기'와 '구식 표준'에 관한 훨씬 일반적인 메시지였다.

연단 위의 클라우디우스

그러나 때로는 황제들이 큰 변화를 추진해 실제적이고 실용적인 효과를 가져온 경우도 있었다. 심지어 그런 변화가 어떤 방식으로 정당화되는지도 볼 수 있다. 한 사례는 서기 48년 "갈리아 유력자들"의 청원으로 시작됐지만 큰 논쟁으로 발전했던 것인데, 알프스산맥 북쪽의 프랑스 지역인 갈리아코마타('장발 갈리아') 출신의 남자들에게 로마에서 정치적 직위를 가지고 원로원 의원이 될 수 있게 하자는 제안이었다. 클라우디우스 황제는 이를 지지했다. 타키투스의 기록에 따르면 제안의 반대자들이 황제에 대해 반론을 폈으며(이탈리아에는 원로원을 채울 남자가 부족하단 말인가? 그리고 갈리아인들은 어쨌든 로마의 전통적인 적이 아니었는가?) 이어 클라우디우스가 연설에 나서서 표심을 갈리아 지지 쪽으로 돌려놓았다. 황제의 연설은 대체로 먹히기 마련이었다. 그것이 쉬운 일이기는 했지만, 로마의 정치적 특권을 제국 전역으로 점차 확대하는 큰 발걸음이기도 했다.

그러나 이 결정을 특히 흥미롭게 만드는 것은 클라우디우스 연설의 전문이 청동판에 꼼꼼하게 새겨져 갈리아의 도시 루그두눔(리옹)에 자랑스럽게 전시됐다는 사실이다. 이곳에서 그 상당 부분이 16세기에 재발견됐다(그림 2). 클라우디우스의 주장에는 지금도 우리가 읽을 수 있는 것처럼 바탕에 깔린 논리가 있다. 외부인을 끌어들이는 것은 언제나 로마의 관습이었으며 갈리아는 율리우스 카이사르의 정복 이래 흔들리지 않고 충성스러웠다고 그는 주장했다. 그러나 장황한 이 연설의 세부 내용을 보면 황제에게서 설득력 있는 주장을 찾고자 하는 사람들은 깜짝 놀라게 된다.

남아 있는 문서의 절반 이상은 클라우디우스가 외국인을 환영하는 로마의 전통을 보여주기 위해 원로원을 상대로 난해하고 혼란스럽고 아귀가 맞지 않는 역사 강의를 하는 것으로 채워진다. 예를 들어 그는 500여 년 전인 서기전 6세기로 거슬러 올라가 거의 신화에 가까운 '에트루리아계' 로마 왕 세르비우스 툴리우스Servius Tullius에 대해 이야기한다(여기서는 그의 말을 조금 정리했다).

우리 작가들의 말에 따르면 세르비우스 툴리우스는 전쟁 포로 오크레시아Ocresia에게서 태어났고, 에트루리아 작가들의 말에 따르면 그는 한때 카일리우스 비벤나Caelius Vibenna의 가장 충직한 친구로서 그의 모든 모험에 함께했습니다. 그는 에트루리아를 떠난 뒤 운명의 변화에 쫓겨 카일리우스 군대의 모든 잔병들과 함께 카일리우스 언덕(현대 이탈리아어로 첼리오 언덕)을 점령했습니다. 그 언덕의 이름은 자신의 지도자 카일리우스의 이름을 딴 것입니다. 그의 에트루리아 이름은 마스타르나Mastarna였는데, 자신의 이름을 바꾼 후 내가 말한 바로 그 이름으로 불렸고, 왕국을 다스려 국가에 막대한 이익을 가져왔습니다.

연설은 계속되고, 더욱 이상해진다. 어느 순간 그는 알아듣는 사람이 별로 없는 허무한 농담을 한다. "우리는 이미 원로원에 루그두눔 출신의 사람을 가진 것을 후회하지 않습니다." 아마도 그의 아버지가 그곳 속주 총독으로 있을 때 자신이 그 도시에서 태어났음을 이야기한 것으로 보인다. 횡설수설이 이어지고 어느 순간 그는 멈추고 요점을 이야기해야 한다고 생각했다. "바로 지금이야, 클라우디우스. 네 연설이 어디로 향하는지 의원들에게 이야기해야 해." (현대의 일부 비평가들은 이것이 실수로 본문에 들어간, 더 이상 참지 못한 한 의원의 탄성이 아닌가 생각했다.) 여기에는 '차용 연설'은 없었다. 차라리 있었으면 나을 뻔했다.

324

그러나 아마도 이 새김글은 리옹의 많은 상류 도시민이 실제로 멈춰
서서 읽는 것이라기보다는 그들의 대의에 대한 황제의 지지의 상징이
라는 측면이 더 강했던 듯하다.

　이것이 황제의 입에서 나온 전형적인 연설이라고 생각할 이유는 없
다. 느리고, 나이 들고, 그리 이해력이 높지 않고, 다만 에트루리아의
역사에 관한 책을 쓴 부지런한 학자라는 것이 클라우디우스에 대한
현대의(그리고 부분적으로 고대의) 고정관념인데, 이를 믿는다면 그에게
서 이런 식의 일을 기대할 수 있을 것이다. 그럼에도 불구하고 남아 있
는 다른 황제들과 그 가족들의 다른 연설에는 리옹 서판에서 읽을 수
있는 것과 크게 다르지 않은 요소들이 있다. 알렉산드리아에 도착해
약간의 향수병을 고백했던 젊은 황자 게르마니쿠스의 연설이든, 아니
면 하드리아누스가 북아프리카 병사들의 훈련 모습을 본 뒤 그들에게
했던 뻣뻣한 축사("여러분은 딱딱하고 굵은 자갈밭에 참호를 팠고, 그것을 골
라 평평하게 했습니다", 428쪽)든 말이다. 이 이야기들은 모두 황제의 말이
때로는 우리가 상상하는 것보다 더 평범했던 것임을 일깨워준다.

시민권 혁명

실망스럽게도 로마 황제가 도입했던 가장 급진적인 개혁의 배경을 설
명하는 데 도움이 되는 말은 평범하건 평범하지 않건 간에 전혀 없다.
212년, 카라칼라 황제는 노예가 아닌 로마제국의 모든 주민, 아마도 3
천만 명 이상에게 단번에 완전한 로마 시민권과, 상속에서 계약까지

이르는 모든 법적 권리와 지위를 함께 부여했다. 이는 아우구스투스가 도입한 혁명적인 변화 계획의 일부는 아니었지만, 하나의 입법으로서 첫 번째 황제의 어떤 개별적 조치보다도 더 큰 영향을 미쳤다. 이제부터 제국의 모든 자유민은 동일한 기본권을 공유했다. 통치자(시민)와 피통치자(비시민) 사이의 법적 차이는 하룻밤 사이에 사라졌고, 근본적인 수준에서 그들을 평등하게 만들었다. 3세기 중에 호네스티오르honestior('보다 명예로운 자')와 후밀리오르humilior('보다 비천한 자') 사이의 새로운 구분이 어떤 사람들을 다른 사람들에 비해 더 우대하게 만든 것은 사실이다. 그럼에도 이것은 로마 역사상 최대의 시민권 부여였다. 세계 역사를 통틀어도 그랬을 가능성이 높다.

상세한 입법 내용과 무엇이 이를 추동했는지(150년 전 클라우디우스가 호소했던 '통합'의 전통 외에)는 알 수 없다. 대략 그 시기의 일부 파피루스가 카라칼라의 칙령을 인용하고 있는 듯하며("따라서 나는 로마 세계의 모든 사람에게 로마 시민권을 주겠다"), 카시우스 디오의 책과 법률 편람에 몇 건의 간단한 언급이 있다. 그러나 우리는 시민권을 둘러싼 논점이 어떤 것이었는지에 대해서는 추측(고대에 약간 있었고 현대에는 많이 나왔다)만 할 수 있을 뿐이다. 그는 세계 시민권의 환상을 품었다는(또는 일부에서 그렇게 생각하는) 알렉산드로스 대왕의 신화를 흉내 낸 것일까? 그는 동생 게타를 잔인하게 죽인 뒤 인기를 얻고자 했던 것일까? 심지어 시민권 부여는 카라칼라 자신의 작품일까? 수백 년 뒤의 작가들은 그 유명한 '괴물'이 그런 긍정적인 개혁을 추진했다는 것을 상상할 수 없었고, 대신에 안토니누스 피우스나 마르쿠스 아우렐리우스가 한 것으로 생각했다. 아니면 이 모든 것이 재정적인 방편이었을까? 디오와 그를 인용한 에드워드 기번은 이 명예가 속주 주민들에게도 시민만이 내던 세금을 내게 하기 위한 구실이었다고 주장했다. 특히 상속세와 노예가 해방될 때 그 가치에 대해 내는 세금이 그러했다는 것이다.

이것은 로마 역사 전체에서 가장 큰 '블랙홀' 가운데 하나다. 아마도 무엇보다도 우리는 이 황제가 시민권을 이탈리아 사람들과, 더 넓게는 제국 사람들에게 어떻게 제시했느냐에 관한 단서를 놓치고 있다. 소문은 어떻게 퍼졌을까? 수혜자들은 어떻게 자신들의 새 지위를 알게 됐을까? 나는 카라칼라가 클라우디우스처럼 모든 사람에게 역사 강의를 했을 것이라고 생각하지는 않지만, 누가 알겠는가?

맨 밑바닥

카라칼라의 개혁이 재정적 목적에 의해 추동됐다는 주장은 가능성이 매우 낮다. 그것이 당대에 나온 거의 유일한 설명임에도 불구하고 말이다. 제국 정부가 이 시기에 얼마나 쪼들렸는지에 대해서는 증거가 엇갈린다. 주화는 순수한 귀금속의 비율이 갈수록 줄어 들었지만(주화의 품질 저하는 언제나 로마의 재정적 어려움을 보여주는 지표다), 몇몇 고대 작가들은 카라칼라의 아버지인 셉티미우스 세베루스가 죽을 때 제국 금고는 그 이전 어느 때보다도 건전한 상태였다고 말한다. 설사 황제가 돈에 쪼들렸다고 해도 약간의 세금을 더 걷기 위해 빈자들을 포함해 3천만 명 이상의 제국 주민에게 완전한 로마 시민권을 주는 것은 땅콩을 까기 위해 커다란 쇠망치를 휘두르는 격이었다. 돈을 모으는 다른 방법도 있었다. 그러나 그것은 황제와 돈에 대한 의문을 불러일으킨다.

로마제국의 경제는 제멋대로 뻗어나간 알 수 없는 '체제'였다(그리고 분명히 현대 경제의 개념 속의 '체제'는 아니었다). 그것은 부분적으로 고도로 연결돼 있었으며, 거의 세계의 원형이나 마찬가지였다. 로마 세계 일대에 원시적인 공용 통화가 있었고, 보편적으로 알아볼 수 있고 인정되는 금·은·동의 화폐 단위가 있었다. 대량생산의 초기 사례로서 스코틀랜드에서 사하라까지 로마 세계 전역에 퍼진 몇몇 상품들(특히 도기)도 있었다(로마의 광택나는 홍도紅陶를 알제리 박물관 선반과 스코틀랜드 접경 하드리아누스 장성에서 볼 수 있다). 그리고 공업적 생산과 장거리 운송망이 이루어졌다는 몇몇 강력한 암시가 있다. 로마에서 지금도 올라갈 수 있는 '몬테 테스타초Monte Testaccio'(깨진 도기의 산)로 알려진 작은 산은 사실 고대 쓰레기 더미의 잔해다. 2세기에서 3세기 사이에 이베리아에서 로마로 수입된 올리브기름 암포라(대형 단지, 약 60리터 용량) 5천 300만 개 이상의 깨진 파편으로 이루어졌다. 그린란드 빙모氷帽의 깊은 시추공에 대한 최근의 과학적 분석으로 인해 그마저도 가려졌는데, 여기서는 로마의 채광 작업으로 인해 생긴 오염의 흔적을 보여주고 있으며, 산업혁명 이전의 것으로는 가장 심한 상태였다.

그러나 제국 주민 대다수는 여전히 소규모 생계농이었고, 대부분의 생산은 지역 또는 가내 생산이었다. 조금이라도 공업적 '진보'의 바탕이 되는 기술 혁신은 거의 없었고, 가끔씩 존재하는 물방앗간 수준을 넘어서지 못했다. 은행 및 신용 업무를 위한 금융기관도 별로 없었고, 경제 이론도 거의 없었다. 로마인들은 심지어 '경제'에 해당하는 단어도 갖지 못했고, 틀림없이 '성장'이 무엇인지도 몰랐을 것이다. 그들이 어떻게 부를 축적했는지는 수수께끼로 남아 있다(고대의 '침대 밑'에 해당하는 것을 제외하고는). 미래를 위한 재정 계획은 기껏해야 초보 수준이었다. 로마의 브리타니아 점령의 득실에 관한 고대의 한 분석이 우리가 얻을 수 있는 가장 수준 높은 것이다. 새로운 속주의 정복과 유지에 필요한 군사비 지출이 조세 수입으로 메워질 수 있을 것인지 그리스 작가 스트라본(아우구스투스 또는 티베리우스 시대에 지리학 겸 인류학 책을 썼다)은 물었다. 그의 대답은 "아니오"였다. 그러나 이것은 여전히 기본적인 손익 계산에 지나지 않는 것이었다.

다시 말해, 궁궐 행정의 최우선 과제는 모든 국가 지출에 필요한 돈

| 그림 54 | '몬테 테스타초'(깨진 도기의 산)에 파인 한 도랑은 그것이 정확히 무엇으로 만들어졌는지를 보여준다. 바로 수많은 깨진 암포라다. 쓰레기 '더미'는 아마도 옳지 않은 표현일 것이다. 도기 조각들은 산뜻한 층을 이루어 상당히 꼼꼼하게 배치됐다.

을 충분히 가지고 있느냐 혹은 주조할 수 있느냐였다. 돈은 무엇보다도 군대를 위한 것이었다. 군대가 연간 수입의 절반 정도를 사용했다. 그러나 여러 가지 다른 주요 경비도 있었다. 사람들의 봉급, 20만이나 되는 로마 시민에게 무상으로 배급하는 곡물(그리고 나중에는 올리브기름), 때로는 대규모로 이루어지는 건설 공사(완전히 새로운 항구 또는 플리니우스의 작은 수로를 무색하게 하는 거대한 배수 시설), 로마 도시문화의 중요한 부분인 공연, 행사, 전시 같은 것들이었다. 이 모든 것의 자금을 대기 위한 수입은 제국 소유의 귀금속 광산에서부터 노골적인 강탈에 이르기까지 다양한 곳에서 확보되었다. 그러나 주축은 편의에 따라 만들고 로마 세계 전역에서 서로 다른 방식으로 거둔 다양한 세금의 조합이었다. 관세, 도로 통행료, 인두세, 항만 이용료, 재산세 같은 것들이었다. 대부분은 현금으로 징수했지만, 일부는 '현물'로 받았다. 현물은 이집트의 곡물 같은 것이었는데, 이 곡물은 수도에서 배급됐다. 로마 세계 일대에서 노예나 검투사 판매에 대한 세금 또는 노예 해방에 대한 세금은 로마 특유의 새로운 세금이었지만, 일부 속주에서 로마의 세금은 로마 이전 체제에서 있었던 것을 조정한 것이었다.

수입과 지출이 균형을 이루지 못하면 가끔씩 세금을 올리는 것 외에 '제도적인' 해결책이 딱 하나 있었다. 주화의 중량이나 금속 함량을 줄이는 것이었다. 2세기 후반까지 1인 통치 150년 동안에 은화의 가치가 단지 20퍼센트 감소하고 금화는 그 폭이 더 작았다는 사실은 이 기간에 재정이 건전했고 위기는 전반적으로 단기에 그쳤음을 시사한다. 따라서 여러 황제들의 과대망상적 과소비가 제국을 파산지경으로 몰았다는 이야기는 과장된 것이다. 3세기에 들어서서 셉티미우스 세베루스의 금고 상태가 보고되었음에도 불구하고, 그리고 그 원인이 무엇이든(군사 활동 증가, 대규모 전염병 유행 등) 사태는 매우 달라졌을 수 있지만 그것은 카라칼라의 결정에 대한 설명으로는 적절하지 않거나 설득력이 없다.

세계 최고의 부자

황제의 모습은 항상 고대 제국의 재정에 관한 모든 논의 위를 맴돈다. 이 중 일부는 결국 개혁의 개별적인 때로는 특이한 요소가 된다. 예를 들어 세탁업 및 제혁업의 핵심 요소인 소변에 대한 베스파시아누스의 세금은 아직도 '화장실'에 해당하는 구식 프랑스어 단어 '베스파지엔vespasienne'으로 기억되고 있다(만약 그런 세금을 거뒀다면 실제로 어떻게 부과됐는지에 대해서는 아무런 단서가 없다). 이탈리아에서는 더 이상 포도나무를 심어서는 안 되고 속주의 포도나무는 절반을 뽑아내야 한다는 도미티아누스의 잠정 재결은 현대 역사가들 사이에서 논란이 되는 문제다. 이것은 곡물 재배를 되살리기 위한 진지한 시도였을까, 이탈리아 포도주 산업을 보호하기 위한 조치였을까, 아니면 '기본으로 돌아가기' 운동에 가까운 어떤 것이었을까? 보다 일반적으로 로마 문헌의 전통적인 고정관념은 '나쁜' 황제를 방탕하고 상스럽고 욕심 많은 사람으로(또는 이 셋을 조합한 것으로), 그리고 '좋은' 황제는 분별 있고 너그러운 사람으로 제시한다.

　재정적 책임과 절제의 과시는 황제 이미지의 일부였다. 예를 들어 티베리우스가 속주 주민들에 대한 착취를 거부한 것은 그의 자랑거리였다. 그는 일부 총독들이 자기네 속주에서 세금을 올리고 싶어 하자 이렇게 대답했다고 한다. "좋은 목자는 양의 털을 깎지, 산 채로 가죽을 벗기지 않는다." 절제에는 분명히 이익이 있었다. 티베리우스는 확실히 양 떼의 털을 전혀 깎지 않아야 한다고 말하지 않았다. 그러나 그는 '말을 행동으로 보여주는' 자신의 표어에 맞게 살았다. 그는 튀르키예의 몇몇 도시들이 지진으로 파괴되자 그들에게 5년 동안 대부분의 세금을 면제해주었다. 한편 페르티낙스는 전임자의 사치품을 공개적으로 매각함으로써 자신의 청렴함과 이전 정권의 사치를 대비시킨 여러 로마 황제 중 한 명이었다. 그는 콤모두스의 사치품을 경매에 부쳤고, 그 수익금을 병사들에게 상여금으로 주었다. 《아우구스투스의 역사》는 믿기 어려운 판매 물품 목록을 전한다. 남근 모양의 잔, 햇볕을 피하고 산들바람을 쐴 수 있도록 조절이 가능한 좌석이 달린 마차 등은 실제 물품 목록이라기보다는 황제의 무절제에 관한 환상에 가까워 보이는 내용이다.

그러나 이런 고정관념은 황제 권력의 핵심에 있는 돈과 재물의 중요성, 그리고 통치자와 신민 사이의 관계의 중요성을 과소평가하는 경향이 있다. 군대의 힘, 정치적 통제, 상류층과의 미묘한 줄다리기는 확실히 황제 통치의 바탕이 됐다. 황제가 로마 세계에서 단연 최고의 부자이고 최대의 지주라는 단순한 사실 역시 마찬가지였다. 그의 부는 명목상 '국가'의 자금과 개인 재산의 영역 넘나들기가 갈수록 구조화되면서 늘어났다. 그것은 또한 선물, 상속, 몰수를 통한 재산의 꾸준한 증가에 의해, 그리고 새로운 가문의 사람이 황제 자리에 오를 때마다 그들의 개인 재산과 소유 토지가 황제의 재산 목록에 추가됨으로써 증가했다. 황제의 지위는 재산을 가진 모든 사람의 것을 집어삼켰다. 궁궐과 기타 황제의 별장 외에, 제국 전역에 통치자와 그와 가까운 친족이 소유하고 있는(또는 그의 "손아귀에 떨어진") 땅뙈기와 광산이나 대리석 채석장 같은 상업적 재산이 있었다.

예를 들어 이집트에서는 파피루스에 적힌 문서가 토지 소유 현황을 더 정확하게 추적하는 데 도움을 주는데, 황제 가족의 재산이 수도 없이 많았다. 리비아가 손자 게르마니쿠스의 가족과 공동 소유한 거대한 상업적 파피루스 습지, 네로의 스승 세네카가 보유했다가 나중에 티투스 황제에게 넘어간 여러 마을의 땅 같은 것들이다. 속주의 어떤 지역들에서는 고대의 토지 조사에서 그 절반이 황제의 재산임이 드러났다. 이집트는 특별한 사례일 수 있지만, 그렇게 특별한 것도 아니었다. 그리고 로마 세계 곳곳에 있는 새김글이나 고대 작가들이 우연히 남긴 글에서 황제 사유지에 대한 수많은 언급을 볼 수 있다. 콤모두스에게 어려움을 호소한 소작농들은 사실 황제의 소작농이었다(그래서 호소하기가 쉬웠을 것이다). 네로는 북아프리카에서도 많은 땅을 몰수했던 것 같다. 그중 일부는 100여 년 뒤에도 여전히 그의 이름('네로 농장')을 달고 있었고, 황제의 재산 목록에 들어 있었다. 소유한 제조업체도 많았다. 로마 인근의 넓은 점토 채취장에서 생산된 벽돌에 새겨진 도장은 그곳이 마르쿠스 아우렐리우스의 어머니와 여동생의 소유였음을 보여준다.

따라서 황제는 로마 세계를 '통치'했을 뿐만 아니라 그와 그의 가족이 로마의 상당 부분을 '소유'했다. 소작료의 형태로, 농산물 및 공산품의 형태로 이 재산에서 나오는 수입은 황제의 주요 소득 원천이었다. 그들은 또한 제국 일대에서 황제와 그의 '팀'에게 다른 종류의 존재감을 제공했다. 황제의 일꾼(관리자, 노예, 해방노예)은 이탈리아에서 궁궐 사업체를 운영했다. 그러나 그들은 일부에 불과했다. 이 광범위한 재산들은 상당한 수에 이르는 황제의 피고용인과 하인들에 의해 운영됐을 것이다. 그들은 제국의 방대한 영토에서 또 하나의 황제의 발판이었다.

현금 흐름

황제의 재산에는 보다 적극적인 측면도 있었다. 황제의 돈(그것을 얻는 것과 쓰는 것 모두)은 신민들, 특히 이탈리아 신민들과의 관계에서 없어서는 안 될 요소였다. 이것은 통상적인 시혜의 '미덕'을 넘어서 흔히 군주 및 군주국과 관계된 것이었다. 아우구스투스가 자신의 〈업적〉에서 이 측면을 매우 두드러지게 주장했듯이, 단순히 사람들에게 공연, 행사, 음식, 공공 편의시설만이 아니라 돈을 주는 것은 황제의 임무의 일부였다. 칼리굴라는 이것을 지나치게 시행했다고 대다수의 로마 상류층 관찰자들이 암시했듯이, 그는 포룸에 있는 한 건물 지붕으로 올라가 아래에 있는 사람들에게 주화를 던져주기도 했다(콜로세움에서 있었던 도미티아누스 소풍의 선물 세례에서 보았듯이 로마 권력자들은 높은 곳에서 선물을 뿌리는 것을 좋아했다). 그러나 어떤 면에서 칼리굴라의 몸짓은 규범을 화려하게 과장해 황제와 신민들 사이의 관계가 돈을 선물하는 것으로 요약될 수 있다는 기본적인 메시지를 훌륭하게 포착한 것일 뿐이었다. 통치자들은 살아 있는 동안 언제나 가난한 원로원 의원에게, 거지에게, 유망한 시인에게 돈을 주었다. 흔히 그들이 죽은 뒤에도 유언을 통해 더 많이 주었다. 아우구스투스는 그의 재산에서 한 부유한 로마 속주의 연간 세수에 해당하는 액수를 로마 사람들에게 나누어 유증했다. 그들은 심지어 돈을 나누어주는 일을 담당하는 디스펜사토르dispensator(분배자)라는 자리를 두었다.

아우구스투스에 대한 일화가 잘 보여주듯이 돈이 최고였다. 이야기에 따르면 황제는 노예 합창단의 공연을 보고 나서 돈을 주지 않고 대신 각자에게 양식이 될 곡식을 주었다. 얼마 뒤에 아우구스투스는 그 합창단을 다시 불렀다. 합창단 소유주는 이렇게 대답했다. "죄송합니다, 카이사르. 그들은 바쁩니다. 지난번에 주신 곡물을 가느라 맷돌에 매달려 있습니다." 소유주의 관심이 무엇이었든(노예 합창단이 얼마나 많은 밀가루나 돈을 받았는지는 추측만 할 수 있을 뿐이다), 이 이야기의 요점은 아우구스투스가 비판을 받을 용의가 있었고 황제는 현금을 주는 사람으로 '상정'돼 있음을 강조하는 것이었다. 베스파시아누스가 돈을 청하는 청원자에게 창피를 주었다는 이야기에서 그 청원자는 어떤 의미에서 요청을 제대로 한 것이었다. 잘못된 부분은 그가 직접 돈을 요구해 주도권을 가져감으로써 황제의 권력을 찬탈했다는 것이었다.

당연하지만 황제 역시 돈을 받았다. 황제의 통치에 대한 울분에 찬 불평 가운데 하나는 부유한 로마인들이 유언을 통해 자기 재산의 상당 부분을 황제에게 물려줄 것이 기대되거나 강요(때로는 선택)됐다는 것이다. 그것은 황제에게 매우 수지맞는 일이었고(티베리우스는 전담 '상속 서기'인 헤레디타티부스hereditatibus를 두었는데, 그만 그런 것은 아니었을 것이다), 여기에는 협박과 강제와 때로는 선의 등 온갖 방법을 동원했을 것임이 틀림없다. 한쪽 끝에는 '나쁜' 황제들에 대한 비난이 있다. 유언에 자기 이름을 넣으라고 고집할 뿐만 아니라 상속을 노리고 유증자의 죽음을 적극적으로 재촉하기까지 한 사람들이다. 다른 쪽 끝에는 플리니우스가 〈찬양 연설〉에서 한 트라야누스에 대한 만족스러움이 있다. 트라야누스가 정말로 자기 친구들에게서만 유증을 받았다는 것이다. 물론 이것이 실제로 황제에게는 더 유리한 행동 방침일 것이라는 그의 주장이 선의와 이기심 사이의 경계가 얼마나 모호할 수 있는지를 보여주지만 말이다. 그는 이렇게 설명했다. "사람들이 황제를 상속자로 지정하도록 강요받지 않고 스스로 선택할 수 있다면, 황제의 명성뿐만 아니라 그의 재산도 더욱 생산적이고 결실이 풍부해질 것입니다." 그러나 얼마나 많은 압박이나 그보다 더 심한 것이 가해지든, 황제의 권력이 그 밑바탕에 있었다. 상류층의 부를 심지어 그들의 사후에도 통제할 수 있는 것이 황제의 권력이었다.

그리고 그것은 로마 주화에 새겨진 황제의 두상에 또 다른 의미를 부여한다. 율리우스 카이사르의 이 혁신은 제국 전역의 신민들의 지갑 속에서 딸랑거리며 황제의 모습을 어느 곳에서나 볼 수 있게 했을 뿐만 아니라, 황제의 권력이 부분적으로 돈 속에 깃들어 있다는 강력한 진술이 되기도 한 것이다.

정상의 어려움?

로마의 황제들이(또는 그중 일부가) 정말로 열심히 일했는지는 알 수 없다. 어쨌든 '근면'의 의미는 문화권마다 다르다. 베스파시아누스가 죽는 순간까지 근면을 과시한 것을 제쳐놓고는 수에토니우스가 묘사한 그의 통상적인 하루 일상에 대한 상세한 내용을 쉽게 해독할 수 없다. 그는 동트기 전에 일어나 편지와 급전을 읽고, 그런 뒤에 신을 신고 외투를 걸치면서(전기 작가의 요점은 노예가 옷을 입혀주지 않았다는 것이었다) 동시에 친구 및 동료들과 인사했다. 업무를 처리한 뒤에는 산책을 하고 휴식을 취했으며, 섹스를 하고, 그런 뒤에 목욕을 하고 밥을 먹었다. 그가 언제 무엇을 했는지 콕 집어내기에는 모호한 '그런 뒤에'가 정말로 너무 많다. 카시우스 디오가 나중에 셉티미우스 세베루스의 일정을 묘사한 글에서도 거의 마찬가지다. 그 역시 동트기 전에 일어났는데, 그는 아침 산책을 하면서 제국의 이해관계에 대해 논의했다. 법률 사건을 다루고, 그런 뒤에 승마를 하고, 약간의 운동을 하고 목욕을 했다. 식사를 하고 낮잠을 잔 뒤 또 일을 하고 토론을 하고 다시 목욕을 하고 그런 일과가 이어졌다. 이것이 우리가 알 수 있는 명백한 황제의 하루 시간표다. 그러나 우리가 이 두 황제를(또는 다른 누구라도) '근면한 사람'으로 판단하더라도, 근면함이 반드시 그들의 자랑이 되는 것은 아니다. 세계의 가장 잔인한 몇몇 독재자들도 우리 개념으로는 '일벌레'였다.

요점은 황제와 그의 '업무' 사이의 관계가 여전히 애매모호해서 파악하기 어렵다는 점이다. 우리는 황제의 이름으로 발송된 편지가 정말 황제가 직접 쓴 것인지 알 수 없지만, 그것은 온갖 종류의 불확실성과 수수께끼 속에서 그저 하나의 요소일 뿐이다. 내가 '사무실', '책상'이라고 간단하게 표현한 말은 황제가 편지를 어디에서 어떻게 썼는지 (앉아서일 수도 있지만 기대서일 수도 있다)에 대해 우리가 아무것도 모른다는 사실을 숨기고 있다. 우리는 하나하나의 행동 방침을 위한 모든 논거들이 황제와 그 휘하 사람들 또는 고문들 사이에서 어디서 또는 어떻게 검토됐는지를 거의 알지 못한다. 타키투스는 클라우디우스의 아내 메살리나가 처형된 뒤 그가 누구와 혼인해야 하느냐에 관한 논의를 황제의 강력한 세 해방노예 사이의 싸움으로 음울하게 제시하지만, 그것은 그들의 영향을 받은 클라우디우스의 무력함에 대한 타키투스의 관점의 일부일 뿐이다.

황제들이 직면하게 될 업무를 위해 어떻게 훈련받았는지에 대한 단서도 거의 없다. 우리는 세네카가 젊은 네로에게 〈관용론De Clementia〉을 써서 보냈고 프론토가 (더 광범위한 철학자 및 지식인 집단이 있지만) 마르쿠스 아우렐리우스에게 웅변술을 가르쳤음을 알고 있다. 웅변술은 글쓰기와 연설을 중시하는 사회에서 매우 유용했다. 그러나 그 뒤에 이 사람들이 어디서 궁궐 또는 제국이 어떻게 움직이는지에 관한 추가적인 실용 지식을 얻었는지는 추측의 문제다. 나는 클라우디우스 에트루스쿠스의 아버지 같은 사람들로부터 얻었을 것으로 추정한다. 황제가 이런 식으로 힘든 일에 내몰린 유일한 사람이라는 얘기는 아니다. 우리가 아는 한 플리니우스가 비티니아-폰토스의 문제를 해결하기 위해 파견됐을 때, 그가 가장 마지막으로 해외에 나간 것은 거의 30년 전 시리아에서의 군 복무 때였다.

하지만 확실한 사실은 문서 업무가 황제의 생활과 이미지에 매우 핵심적이었다는 것이다. 속주와의 사이에서 오간 편지, 답신, 판결, 정기적인 보고서 같은 것들이다. 우리는 또한 황제를 떠올릴 때 항상 그 독특한 펜을 든 모습과 함께 돈 더미도 생각해야 한다. 쌓아놓고, 강탈하고, 지붕에서 뿌려대고, 자신의 두상을 새긴 주화 같은 것들 말이다.

7

여가 시간에는?

사람들이 하는 놀이

콤모두스 황제는 열렬한 아마추어 검투사이자 야생동물 사냥꾼이었다고 한다. 너무도 열정적이어서 일부에서는 그런 열정이 그의 어머니의 연인이자 콤모두스의 친아버지라는 소문이 있던 투사로부터 물려받은 것이라는 의혹을 품기도 했다. 192년 궁궐 정변에서 자신의 훈련사에게 살해되기 몇 주 전에 콤모두스는 콜로세움에서 14일 동안 피비린내 나는 공연을 열었다. 그 자신이 공연의 인기 연기자 가운데 한 명이었다. 공연을 직접 본 카시우스 디오에 따르면 황제는 첫날 곰 100마리를 죽이는 것으로 잔혹행위를 시작했다. 이것은 그의 용맹성보다는 조준의 정확성을 입증하기 위한 것이었다. 그는 동물들과 가까이에서 마주치는 위험을 감수하기보다는 '경기장'(이에 해당하는 영어 'arena'는 그곳을 덮은 '모래'를 의미하는 라틴어 '하레나harena'에서 유래했다) 위에 특별히 만들어놓은 안전한 통로에서 창을 던져 동물을 죽였기 때문이다. 그 이후부터 그는 아침마다 경기장 바닥으로 내려갔지만 덜 위험한 동물이나 이미 그물에 갇힌 야수만 상대했다. 가엾은 호랑

| 그림 55, 56 | 두 콤모두스의 모습. 왼쪽은 리들리 스콧의 영화 〈글래디에이터〉에서 경기장에서 싸우는 콤모두스의 역을 맡은 호아킨 피닉스다. 오른쪽은 고대의 조각상으로, 헤라클레스의 모습을 한 콤모두스다. 손에 곤봉을 들고, 머리에는 사자 가죽을 썼으며, 헤스페리데스 가운데 하나가 가꾼 열매인 황금 사과를 들고 있다(490, 516쪽).

이, 하마, 코끼리 같은 것들이었다. 황제는 오후에는 몸 풀기 운동을 했다. 역시 위험성은 없었다(디오의 표현으로는 '아이들 장난'이었다). 그는 목검으로 무장하고 전문 검투사와 시범 경기를 벌였는데, 검투사의 무기는 막대기 하나였다. 콤모두스는 항상 그랬듯이 승리하고 나서 황제의 자리로 돌아가 그날 나머지 시간 동안 '진짜' 싸움을 관람했다.

황제가 타조의 머리를 잘라 앞줄에 앉아 있던 디오 등 원로원 의원들에게 와서 위협적인 웃음을 지으며 흔들어댄 것이 바로 이런 행사 자리에서였다(85쪽). 그의 충동적 행동이 냉소를 담은 것이었다는 이 역사가의 주장은 분명 당시 원로원의 저항이나 경멸의 표시를 일부

344

반영한 것이었지만, 일반적으로 14일 전체의 '기행'에 대한 그의 조롱 섞인 기록은 황제들이 신임을 잃거나 폐위되고 죽은 뒤에 흔히 벌어지는 말의 전쟁의 전형이었다. 디오가 어떻게 왜곡했든 콤모두스는 경기장에서 기술에 능숙했던 것으로 인식됐다. 이것은 영화 〈글래디에이터〉의 기억에 남는 주제 가운데 하나였다. 이 영화는 다른 현대 영화에서 시도했던 것보다 검투사의 싸움을 더 정확하고 생생하게 재현했다(험악한 싸움은 다소 순화했다). 그러나 콤모두스가 남들이 보지 않는 데서 정말로 검투사로서 싸웠다는 이야기(때로는 상대를 죽였고, 어떤 때는 상대의 코와 귀만 베었다), 그가 죽인 코뿔소와 기린 등 수많은 다른 동물들에 관한 이야기, 직접 검투사 막사에 머물렀던 일에 관한 고대의 이야기도 많다. 심지어 그가 암살되지 않았다면 집정관을 죽이고 자신이 그 자리를 차지해 검투사 복장을 한 집정관으로 등장했을 것이라는 가공적인 소문까지 있었다. 콤모두스가 관중석에서 경기를 구경하는 것을 넘어서 직접 검투사 시합을 즐긴 유일한 황제는 아니었다. 하드리아누스도 그랬고, 칼리굴라도 마찬가지였다. 칼리굴라는 진짜 단검으로 무장한 채 모형 검을 든 전문 검투사를 죽였다고 한다(이 이야기에 담긴 한 가지 메시지는 황제가 경기 규칙을 따를 것이라고 생각해서는 안 된다는 것이다).

로마 작가들은 황제들이 우리가 말하는 '여가 시간'을 어떻게 보내는지에 대해 억측을 하는 경우가 많았다. 어떤 면에서 이는 고대와 현대의 다른 군주들의 세계에도 적용될 수 있는, 오해의 소지가 있는 이야기다. 군주의 생활에서 일과 여가 사이의 경계는 언제나 모호하다. 어떤 상황에서든(침대에서든 전쟁터에서든, 원로원에서든 경기장에서든) 황제가 하는 모든 일은 연회의 경우에서 보았듯이 필연적으로 그의 통치 성격을 반영했다. 그러나 문서 업무, 원로원에서의 연설, 또는 법적 사건 판단과 그가 공식 업무에서 벗어났을 때 선택한 일 사이에는 차이가 있었다. 로마의 용어는 여기서 현대적 의미와 정확하게 부합하지는 않지만, 그래도 보통 '여가'로 번역되는 '오티움otium'과 그 반대의 '업무'인 '네고티움negotium' 사이에 뚜렷한 대비가 존재한다. 전자는 '스스로의 시간을 통제할 수 있을 때 하는 것'이고, 후자는 '스스로 시간을 통제하지 못하는 상태에서 해야 하는 것'이다.

우리가 황제의 오티움에 대해 알고 있는 일들은 예측할 수 있는 것에서부터 궁금하고 모호하거나 암시적인 것에 이르기까지 다양하다. 황제들은 문학과 웅변술을 진지하게 공부하고, (사적으로) 시를 쓰고 곡을 연주하고, 권투·씨름·달리기·수영 같은 건전한 운동을 하고, 그림을 그리는 모든 경우에 자주 칭송을 받았다. 지금은 이들이 점잖은 수채화 화가라고 상상하기 어렵지만, 하드리아누스, 마르쿠스 아우렐리우스, 알렉산데르 세베루스는 그런 재주 또는 그 비슷한 것을 갖고 있었다. 일부는 좀더 특이한 취미를 가지고 있었다. 티베리우스는 자신이 최근 읽은 글을 바탕으로 식사 손님들에게 까다로운 질문을 했을 뿐만 아니라, 잘 모르는 신화의 시시콜콜한 부분에 대해 집착적이고 과도한 관심을 갖고 전문가들에게 묻곤 했다. "그리스 신화에 나오는 헤카베의 어머니 이름이 뭐였지?" 티투스는 분명히 다른 사람의 필적을 흉내 내는 또 다른 재주가 있어 위조범을 떠올리게 했다. 다른 황제들의 소일거리는 좀더 나쁜 측면을 드러냈는데, 도미티아누스가 혼자서 파리를 고문한 것이나, 네로와 루키우스 베루스와 콤모두스의 밤

중 소란 같은 것도 그랬다. 그들은 후대의 몇몇 왕 및 군주들과 같은 방식으로 날이 어두워지면 변장을 하고 시내에 나가 밑바닥 생활을 경험하고 싸움을 하고 싶어 했다고 한다. 클라우디우스는 다른 많은 황제들과 마찬가지로 게임을 좋아하고 도박에도 관심이 많아 그에 관한 책을 쓰기도 했다. 여기서 그 이면에 있는 불편한 질문은 전제정 자체가 얼마나 도박성이 있었느냐 하는 것이다. 그것은 율리우스 카이사르가 서기전 49년에 루비콘강을 건너고 1인 통치로 이어진 내전을 시작했을 때 이미 암시한 것이었다. 그는 이런 유명한 말을 했다. "주사위는 던져졌다Alea iacta est." 제국은 도박판이었을까?

그러나 고대에는 검투사 경기에서부터 전차 경주와 극장 공연까지 다양한 대중오락에 가장 큰 관심이 집중됐고, 황제의 역할은 열렬한 애호가, 너그러운 주최자, 이따금씩 공연 참여자 사이를 왔다 갔다 했다. 지금은 이 모든 오락을, 흔히 유베날리스의 '빵과 서커스'라는 적절하지만 공허한 표어로 한데 뭉뚱그리는 경향이 있다. 황제 통치하의 게으른 로마 대중에게 제공된 미끼와 기분 전환을 풍자적으로 요약한 것이다(이 표어는 이후 국가 서비스, 은전, 식량 공급에 반대하는 사람들이 사용하는 고전적인 표어가 되었다). 그러나 오락은 실제로 각각 성격이 매우 달랐다. 향유자도, 역사적·종교적·문화적 전통도 달랐다. 그리고 이 사실은 황제가 '여가' 때나 군중 앞에 섰을 때 어떻게 행동해야 하고 하지 말아야 하는지에 대한 여러 논쟁을 촉발했다. 그 논쟁의 일부는 고대의 보수적인 평자들의 도덕적 분노에 지나지 않는 것으로 보일 수 있다("황제가 어떻게 스스로 '배우'가 되어 그 자신과 우리의 위신을 떨어뜨릴 수 있는가?"). 더 자세히 보면 황제가 무대에 나서는 것에 대한 판에 박힌 불평이 사실은 살아남은 로마의 1인 통치의 문제점에 대한 가장 날카로운 분석이었음을 드러낸다.

경기장에서 최고의 자리

콜로세움에서 황제의 통상적인 자리(그가 통로에서 동물을 잡으려 할 때가 아니라)는 타원형 경기장의 긴 쪽 가운데 하나의 중앙에 위치했다. 여기서 황제는 때로 며칠씩 이어지는 공연 프로그램을 관람했다. 흔히 동물을 죽이고(또는 동물들을 몰아 서로 죽이게 하고), 여러 가지 가학적인 방식으로 죄수를 처형하고(나중에는 "기독교도를 사자에게" 던져주거나 더 심한 것으로까지 나아갔다), 검투사들끼리 싸워 때로는 죽음에 이르게 하는 것이었다. 황제석은 경기장에서 가장 좋고 넓은 자리였다. 다만 그 자리는 오늘날 남아 있지 않아서 얼마나 사치스러웠는지 알 수 없다. 그곳에서 황제는 아래쪽 경기장의 광경을 보았을 뿐만 아니라 5만 명 정도 되는 관중 대다수를 분명하게 볼 수 있었다. 그들은 엄격한 신분 서열에 따라 좌석이 배정돼 있었고, 남성 시민들은 법으로 정해진 공식 토가를 입었다. 이곳에서는 아우구스투스의 포룸에서의 느슨한 규칙과 달리 복장을 엄격하게 단속해서 토가를 입지 않으면 들어갈 수 없었다.

콜로세움에서는 돈을 내고 더 나은 자리에 앉을 기회가 없었다(어쨌든 입장료는 아마도 무료였을 것이다). 로마의 위계질서에서 자신의 신분에 맞는 자리에 앉아야 했다. 사실상 사회 체제의 축도였다. 기본적인

| 그림 57 | 남아 있는 유적에서 콜로세움의 자기 자리에 앉아 있는 황제를 상상하기는 어렵다. 타원형의 두 긴 쪽의 중앙에는 특석이 있었고, 황제는 아마도 그중 하나, 즉 팔라티노 쪽에 있는 자리를 차지했을 것이다(사진 왼쪽에 약간 보인다). 경기장 바닥(부분적으로 복원됐다) 아래에는 사람과 동물을 지하로부터 대중이 볼 수 있는 곳으로 들어올리는 기계가 있었다.

체계는 원로원 의원들이 경기장에서 가장 가까운 앞줄에 앉아 경기를 가까이에서 볼 수 있었고(경기장과 너무 가까워서 때로는 편치 않은 자리이기도 했다), 에퀴테스가 바로 그 뒤에 앉고, 그런 식으로 사람들은 갈수록 비좁고 경기장 무대에서 먼 자리에 앉았다. 경기장에서 50미터 이상 떨어진 맨 꼭대기 층은 가난한 사람들과 여성, 노예의 몫이었다. 황가의 여성을 빼고 학살 장면이 잘 보이는 자리에 앉은 여성은 고위 여사제인 베스타 신녀들뿐이었다. 그들은 앞줄 가까운 곳에 배정된 자리를 차지했다. 원형 경기장을 채운 사람은 흔히 상상하듯이 피를 요구하는 통제되지 않은 군중이 아니라, 대단히 질서가 잡히고 격식에 맞

게 옷을 차려입은 사람들이었다. 어떤 영화도 이를 포착하지 못했다. 그들은 미친 군중이라기보다는 현대의 오페라 관객에 더 가까웠다. 그리고 그들은 황제석에 앉아 있는 황제에게 줄지어 앉은 '그의' 사람들, 주로 그의 부하들은 일별할 수 있게 해주었다.

로마시에서는 이런 형태의 대중 공연이 거의 전적으로 황제와 연결됐다. 검투사 시합의 기원은 규모가 작고 사적인 것이었다. 서기전 3세기 귀족 장례식의 일부로 시작된 것으로 보이며, 부자들이 주최한 연회에서 식후의 기분 전환을 위해 때로 이런 경기가 제공됐다. 제국 전역에서 이것은 동물 사냥과 함께 로마 세계의 '오락'의 특징적인 형태로서 확산됐다. 통상 지역 거물들이 후원했으며, 사설 검투사단과 훈련장도 갖추었다. 그러나 수도에서 검투사 경기는 통치자가 마련하는 대표적인 구경거리 중 하나가 됐으며, 규모도 매우 컸다.

초기에 공연은 다양한 장소에서 즉흥적으로 펼쳐졌다. 율리우스 카이사르는 포룸에서 야생동물을 사냥했고, 아우구스투스는 때때로 비어 있는 투표청을 검투사 시합 장소로 개조했다. 이 도시에서 처음으로 세워진 특정 목적을 위한 상설 '원형 경기장amphitheater'(보통의 '극장theater'과 달리 좌석이 빙 둘러 설치돼 중앙의 경기장을 완전히 둘러쌌기 때문에 이런 이름이 붙여졌다)은 아우구스투스의 새 건물 계획의 일환으로 그의 심복 가운데 하나가 후원한 것이었다. 100년 뒤에 베스파시아누스와 티투스 부자는 함께 더 큰 일을 벌였다. 그들은 유대와의 전쟁에서 얻은 전리품을 콜로세움 건설에 투입했다. 이곳은 사람들이 즐길 수 있는 장소로서, 네로의 도무스 아우레아의 준사유 공원이었던 곳에 전략적으로 자리를 잡았다. 한편 검투사는 갈수록 황제의 재력에 의해

350

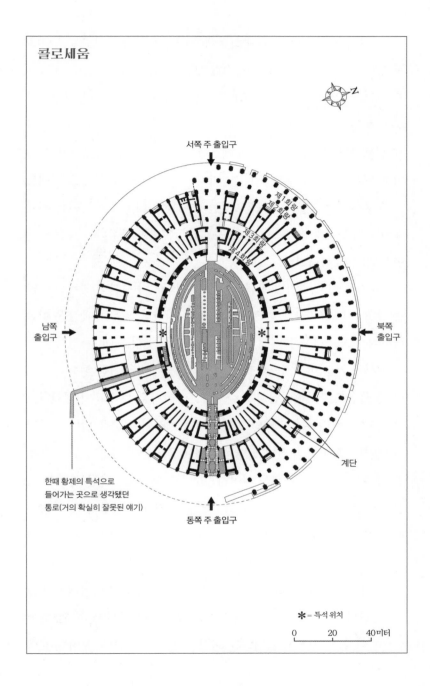

콜로세움

서쪽 주 출입구

제1층 관람석
제2층 관람석
제3층 관람석
제4층 관람석

남쪽
출입구

북쪽
출입구

계단

한때 황제의 특석으로
들어가는 곳으로 생각됐던
통로(거의 확실히 잘못된 얘기)

동쪽 주 출입구

✳ = 특석 위치

0   20   40미터

소유되고 훈련됐으며, 그의 수하들에 의해 동물이 포획되고 수송됐다. 황제가 공연을 베풀고 자금을 댔다(규모가 작은 경우에는 황제의 승인을 받은 사람들이 공연을 주최했다). 역대 황제들은 자기네가 내놓은 구경거리와 살육을 자랑했다. 아우구스투스는 그의 치세 동안 1만 명의 검투사를 선보였고, 티투스는 단 하루에 5천 마리의 동물을 죽였으며, 트라야누스는 123일에 걸쳐 1만 1천 마리의 동물을 학살했고, 그 밖에도 많다. 카시우스 디오는 이런 과장된 수치를 그대로 받아들이는 것에 대해 독자들에게 조심스럽게 경고했지만, 뽐내며 과장하는 것도 중요한 일 가운데 하나였다.

황제가 이런 구경거리에 대해 너무 열광하거나 충분히 열광하지 않는 것 사이의 균형을 잡는 일은 분명히 어려웠다. 일부 황제들은 이런 행사의 혐오스러운 폭력에 대해 문제를 제기했다. 네로는 원형 경기장 행사에 가장 미적지근했던 황제 중 한 명이었다. 그는 행사를 열고 단 한 사람도, "심지어 범죄자 한 명도" 죽이지 않은 경우가 있었다고 한다. 네로는 다른 치명적인 공연에서 곡예사가 공중을 날다가 바닥에 떨어져 그 피가 자신에게 튀는 바람에 즐거울 수가 없었다. 마르쿠스 아우렐리우스도 폭력을 싫어하기로 유명했으며, 《자성록》에서 자신은 이런 공연들이 '지루했다'고 다소 고상하게 주장했다. 늘 똑같기 때문이었고, 살육은 더 많은 살육을 불러왔기 때문이었다. 사실 그의 치세인 177년에 제국 전역에서 검투사 판매에 대한 세금이 폐지됐을 때 그 명분 가운데 하나는 제국의 금고가 "인간의 피로 더럽혀지지 않아야" 한다는 것이었다. 그러나 그의 반대가 실용적인 것이기보다는 이론적인 쪽에 치우쳐 있었다는 의심을 지우기 어렵다. 적어도 도덕

적 거리낌이나 끝없는 지루함 때문에 그가 검투사 공연을 중지했다고
는 생각하지 않는다. 검투사 공연이 매번 피를 흘리는 것은 아니었기
때문이다.

이런 공연의 폭력은 소름 끼치는 것이었다. 이를 현대 역사가들이
그랬던 것처럼 군중심리, 도착된 로마의 군국주의, 의례적인 죽음의
탐구의 관점에서 설명한다고 해도 최종 결과는 무시무시한 것이었다.
검투사 경기가 실제로는 우리가 상상하는 것만큼 자주 일어나지 않았
음을(정말로 큰 공연은 여러 해 간격을 두고 이루어졌다) 지적하는 것은 공포
를 누그러뜨리는 데 별 도움이 되지 않는다. 희생자 수가 실제로는 흔
히 생각되는 것보다 적었으리라는 사실 역시 마찬가지다. 황제가 뭐
라고 자랑하건 간에 그 공연은 심지어 많은 하마나 기린을 로마로 수
송해오기 위해 황제가 들인 자원보다도 더 많은 것을 필요로 했을 것
이고, 훈련된 검투사는 죽음으로 끝나는 정규적인 경기에서 '낭비'하
기에는 너무도 귀중했다. 그러나 잔인성 자체는 지금은 설명이 어렵
지만 경기장에서 일어난 일에 대한 냉정한 논리는 탐지할 수 있다. 이
런 행사들은 단지 로마 사회의 위계를 자세히 보여줄 뿐만 아니라 더
욱 근본적인 구분을 드러냈다. 관중인 '우리'와 경기장에서 싸우고 고
통을 받고 죽는 '그들' 사이의 구분이다.

여기서 공연하는 사람은 배제된 자, 저주받은 자, 혐오되는 자, '외국
인'이었기 때문이다. 이들은 당연히 (완전한) 로마인은 아니었다. 검투
사는 흔히 노예이거나, 유죄 판결을 받은 죄수로서 처벌로 싸움을 선
고받은 사람들이었다. 심지어 자원한 자유민도 서명하는 순간 시민의
권리와 특권 일부를 상실했다. 물론 여기에 나오는 가장 희귀하고 가

장 악명 높은 동물들은 낯설고 위험한 자연계의 극단을 떠올리게 했다. 그곳을 정복하거나 길들이는 것은 로마의 운명이었다(많은 관중이 그렇게 생각했을 것이다). 관중이 폭력을 보며 개인적으로 어떤 본능적인 즐거움을 느끼거나 느끼지 않거나 이런 경기는 또한 로마 권력의 행사를 상징하는 것이었다. 그저 공식 복장을 하고 앉아 공연을 보는 것만으로 관중은 로마 및 로마인의 지배를 경험하고 그 안에서 자신의 위치를 과시하는 셈이었다.

때로 검투사 경기와 동물 사냥 사이의 중간에 행해진 사형에도 비슷한 점이 있었다(나중에 기독교도들이 경기장에서 순교한 것은 그 일부였다). 역사적으로 많은 사회는 사회의 가장 근본적인 원칙을 조롱한 사람들에 대한 공개 처형을 그 원칙을 강화하는 강력한 방법 중 하나로 사용했다. 사소한 범죄를 관음증적 구경거리로 전환시킨 불과 수백 년 전 영국의 무시무시한 교수대 처형은 그 한 사례일 뿐이다. 그러나 로마 원형 경기장에서는 더욱 무서운 비틀림이 있었다. 이러한 처형 중 일부는 신화와 전설 속의 유명한 죽음을 재현하는 것으로 연출되었던 것이다. 예를 들어 화형은 장작더미 위에서 산 채로 불태워진 헤라클레스를 흉내 낸 것으로 볼 수 있다. 네로에게 자신의 피를 튀긴 '곡예사'는 불행한 희생자 중 하나로서, 태양에 너무 가까이 날아갔다가 죽은 신화 속 이카로스의 역할을 했을 수 있다. 유죄 판결을 받은 사람은 그저 처형됐을 뿐만 아니라 섬뜩하게도 "스스로의 파멸을 상징하는 별"이 됐다.

이 '치명적인 모방'은 틀림없이 서기 80년 콜로세움 낙성 때 티투스 황제가(베스파시아누스는 콜로세움이 완공되기 전에 죽었다) 지켜보는 가운데 등장했으며, 이 전체 행사는 마르쿠스 발레리우스 마르티알리스 Marcus Valerius Martialis가 짤막한 시를 지어 경축했다. 마르티알리스는 네로의 공원이 공공 용도로 전환되었음을 열렬하게 선포하는 것으로 그치지 않았다. 그는 개장을 묘사하면서 자신의 손을 태운 전설 속의 로마 영웅을 재현한 일, 이카로스의 아버지 다이달로스가 뱀에게 물려 죽은 것을 흉내 낸 일, 그리고 지역 민간전승의 유명한 악역인 강도 라우레올루스Laureolus가 야생 곰에게 찢겨 죽은 것을 흉내 낸 일을 축하했다. 마르티알리스는 이 마지막 장면을 포착해 경기장의 희생자에 대해 썼다(살인자인지 도둑인지 방화범인지 그는 의문을 표시했는데, 누가 정확히 알겠는가?).

자신의 창자를 스코틀랜드 곰에게 내주고,
토막 난 사지는 아직 살아 있지만 피가 뚝뚝 떨어지고,
그의 전신에는 남아 있는 것이 없었다.

오늘날, 가학적 폭력 자체와 마르티알리스가 축시에서 이를 미화한 것 중 어느 것이 더 혐오스러운지는 알 수 없다. "남아 있는 것이 없는 전신"이라는 구절은 시인이 자부심을 느꼈을까 두렵다.

황제는 이 모든 것을 감독하는 사람이었다. 그는 단장이자 중요한 안무가였다. 실제 작업은 수많은 궁궐 노예들(그들은 '자신들'이 장벽의 어느 쪽에 속한다고 생각했을까?)이 했을 테지만 말이다. 황제가 비용을 댔고, 궁극적인 권력을 드러낸 것도 황제였다. 그가 패배한 검투사를 살릴 것인지 죽일 것인지에 대한 최종 결정권자였다. 하지만 그보다 더

중요한것은, '치명적인 흉내'에서 황제는 범죄자에게 굴욕을 안기고 그들을 비하하는 것으로 그치지 않고, 거의 신화와 전설을 경기장의 세계에서 말 그대로 살리거나 죽일 수 있다는 주장을 내세우고, 그것을 '진실'로 만들겠다고 주장했다는 것이다. 마르티알리스는 자신의 시 마지막 행에서 라우레올루스에 관해 이렇게 말했다.

(그저) 이야기에 불과했던 것이
(진정한) 처벌이 됐구나.

그렇다면 콤모두스 황제는 도대체 왜 자신의 특석을 떠나 경기장 바닥의 비참하고 혐오스러운 세계로 직접 들어간 것일까?

무대 공포증

그 대답 중 하나는 검투사의 이미지에는 언제나 양면이 있었다는 것이다. 검투사는 한편으로 공식적으로 멸시되고 소외되고 권리를 박탈당했으며 국가 폭력의 희생자였다. 다른 한편으로 그들은 로마인의 문화적 상상력을 사로잡았다. 경기장 투사의 모습은 때로 로마 작가들에게 죽음을 앞둔 용감성의 상징으로, 철학자들에게는 도덕적 투쟁의 은유로, 그리고 남성의 성적 능력의 상징으로 사용됐다('검투사'에 해당하는 라틴어 '글라디아토르gladiator'는 '글라디우스gladius를 가진 투사'를 의미하며, '글라디우스'는 '칼'과 구어에서 '음경'을 동시에 의미했다). 콤모두스의 어

356

머니 파우스티나가 검투사와 불륜을 저질렀다고 비난받았지만 로마 귀족 여성 가운데 그런 사람이 더 있었다. 그것은 판에 박힌 이야기였다. 예를 들어 2세기 초에 유베날리스는 불편할 정도로 여성 차별적인, 더 구체적으로는 혼인의 단점에 대한 풍자를 하면서 한 원로원 의원의 방종한 아내를 겨냥했다. 그 아내는 남편과 자식을 버리고 한 검투사와 함께 이집트로 달아났다. "그 검투사는 코에 큰 혹이 있었고, 눈에서는 더러운 고름이 흘러나왔다. 그러나 중요한 것은 그가 검투사였다는 것이다." 이것은 또 하나의 로마판 하층민과의 연애였다.

　이 이야기는 아마도 현실보다는 상상 쪽에 가까웠을 것이다. 아내가 검투사와 함께 도망친다는 생각은 실제 간통이 있었다기보다는 귀족 남성들의 끔찍한 공상에 더 가깝지 않았나 하는 의심이 든다(그리고 어떤 면에서 그것이 유베날리스의 요점일 것이다). 어쨌든 검투사의 이미지는 너무도 자극적이어서 로마 원로원은 상류층이 경기장에 나가 싸우는 것을 분명하게 거듭 금지했다. 서기 19년에 내려진 그런 포고의 원문 일부가 남아 있다. 1970년대에 이탈리아 중부에서 발견된 청동판에 세나토르와 에퀴테스 및 그 자손들이 검투사로 싸우거나 무대에 등장하는 것을 금지하는 매우 상세한 일련의 규정이 새겨져 있었다. 심지어 그들이 경기장에서 "종속적인 자격으로" 보조적인 역할을 맡는 것을 금지하는 규정도 있었다. 다시 말해서 누구도 그저 검투사를 '돕는다'는 명분으로 규정을 우회할 수 없었다. 로마 작가들이 검투사에 열광한 황제들을 언급할 때는 흔히 그들이 꼭 허용되는 한도 안에 있었음을 보여주는 데 관심을 가졌다. 예를 들어 아우구스투스는 에퀴테스들을 검투사로서 싸우게 했지만, 수에토니우스는 이것이 그런 일을 공식적으로 금지하기 전이었음을 강조했다. 다른 황제들은 직접 싸우기도 했지만, 단지 사적으로 싸우거나 젊은 시절의 훈련 겸 운동 방법의 일부로서만 싸웠다. 콤모두스의 경우에 달랐던 것은 그의 열의가 아니었다. 용인되는 것과 용인되지 않는 것 사이의 조심스러운 균형 잡기에서 그가 선을 넘었다는 것이었다. 그의 경우조차도 셉티미우스 세베루스는 나중에 콤모두스가 경기에 나서는 것을 반대한 원로원의 위선을 비난했다. 그는 "당신들 가운데 아무도 검투사로서 싸우지 않았는가? 그렇다면 당신들 중 누군가가 그의 방패와 황금 투구를 사들인 것은 어찌 된 일이란 말인가?"라고 말하며 콤모두스 암살 이후 그의 유품과 함께 검투사 장비가 판매된 일을 언급했다.

그러나 그 이상의 것이 있었다. 경기장과 그 질서정연한 위계의 논리는 일반 대중을 자신의 자리에 머무르게 하는 방법만은 아니었다. 그것은 황제 역시 자기 자리에 머무르게 했고, 그가 판단받을 수 있는 틀을 제공했다. 규제가 많은 체제가 흔히 그렇듯이, 이곳은 규칙 '유지'의 세계인 것만큼이나 실제에서든 상상 속에서든 규칙 '파괴'의 세계였다. 황제가 원형 경기장에서 중대한 일탈로 비난을 받는 것은 단순히 심상한 일시적 잔혹 행위 때문이 아니었다. 더 큰 문제는 이런 전복 행위가 현장의 논리를 거꾸로 세우는 것으로 보였다는 것이다. 그것은 법을 뛰어넘는 황제 아래서 뒤집힌 세계의 전망을 포착하는 또 다른 방식이었다. 그 무엇도, 그 누구도 있어야 할 자리에 있지 않았다. 그것이 황제가 자신의 특석을 경기장 바닥과 교환해 가장 낮은 행위자의 일원으로 나타난(아니면 네로에게 그런 소문이 있었듯이 앞줄의 지정석에 앉은 원로원 의원들에게 무대로 나가서 투사가 되라고 요구 또는 강요한) 일에 담긴 함의였다.

콤모두스가 스팀팔로스의 사람을 먹는 새를 죽인 헤라클레스라도 되는 듯이 관중석을 향해 화살을 난사할 계획을 세웠다는 소문이나 공상은 더욱 복잡한 사례였다. 여기서 신화를 재현하는 것은 유죄 판결을 받은 죄수가 아니라 황제 자신이었고, 동시에 관중과 희생자/연기자의 역할은 위험스럽게 뒤집혀야 했다. 자신의 좌석에서 안전하게 학살을 관람해야 할 사람들이 오히려 화살을 맞아 죽을 위험에 처했다. 네로가 사석에서 위계를 더욱 극적으로 뒤집었다는 기괴한 소문도 있었다. 그는 동물 가죽을 뒤집어쓰고 말뚝에 묶인 사람들의 성기를 공격하는 '일종의 놀이'를 했다고 한다. 여기서는 거의 황제가 말 그대로 야수가 된 것이었다.

그러나 경기장의 황제에 관한 가장 큰 의문은 이것이었다. 누가 공연의 진짜 주인공이고, 누가 관중의 관심을 받았을까? 공식적으로는 황제 자신이어야 했다. 그러나 불가피하게 대부분의 시간 동안 관중의 눈은 황제석에 있는 이에게로 향하지 않았다. 그 눈은 죽을 가능성을 염두에 두고 싸우는 검투사와 야수 사냥꾼에게로 향했다. 매 장면마다 황제는 거의 틀림없이 모든 관중의 시선을 받고 있는 투사들에게 관심을 빼앗겼다. 칼리굴라는 한 검투사가 특히 열광적인 갈채를 받자 노골적으로 불평했다고 한다. 그는 이렇게 소리쳤다. "세계를 통치하는 사람들이 어떻게 고귀한 나의 존재보다 검투사에게 더 열광한다는 말인가?" 그러나 그는 이런 불평을 하기 위해 자리에서 급히 일어서다가 토가 자락을 밟는 바람에 황제석 계단 아래로 넘어졌다고 한다. 황제의 고민은 정상적인 자기 위치를 지켜 관심을 빼앗기는 것을 감수할 것이냐, 아니면 경기장으로 내려가(아니면 그저 큰 소리로 불평해) 관심을 되찾을 것이냐였다. 후자는 규칙을 깨고 동시에 어리석어 보이게 만드는 일이었다.

콤모두스를 많이 동정하기는 어렵다. 로마 작가들은 우리가 그에게 동정심을 느끼지 못하게 하는 데 큰 기여를 했다. 그러나 우리는 디오의 기록을 잠시 잊고 제자리를 벗어나 원형 경기장 한가운데 있으면 어떤 느낌이 들지 생각해봐야 할 듯하다. 애처롭게 원로원 의원들을 향해 타조의 머리를 흔드는데, 그들은 모두 월계수 잎을 우적우적 씹으며 황제를 경멸하고 있음을 숨기지 못하고 있었다. 콜로세움은 꼭대기에 있는 사람에게는 외로운 곳일 수 있었다.

경기장에서의 하루

훨씬 덜 외로운 곳은 키르쿠스 막시무스, 즉 '대경기장'이었다. 팔라티노 언덕 발치의 계곡을 차지하고 있는 긴 형태의 경기장으로, 제정 시대에 전차 경주와 경마가 주로 벌어진 장소였다. 특히 상설 원형 경기장이 건설되기 전에는 때로는 검투사와 동물 사냥꾼의 경기 장소를 겸했다. 이곳은 황궁과 너무 가까워 연결 통로가 개설돼(아마도 트라야누스 치세였을 것이다) 황제와 그 휘하 사람들이 남의 눈에 띄지 않고 곧바로 경기장에 들어갈 수 있었다. 한번은 사람들이 이튿날 행사를 보기 위해 미리 자리를 잡으려고 한밤중에 쏟아져 들어오기 시작했는데, 그 소리가 시끄러워서 칼리굴라가 잠을 잘 수 없었다. 그는 병사들을 보내 이들을 처리하게 했지만, 이들을 내보내기 위한 진압 과정에서 여러 사람이 살해됐다고 전해진다. 거의 200년 뒤 엘라가발루스에 대해서도 거의 같은 이야기가 전해지지만, 이 경우에는 전형적인 공상적 반전이 있었다. 그는 병사들을 보낸 것이 아니라 뱀을 풀었는데 "많은 사람들이 뱀에 물리거나 그저 달아나다가 부상을 당했다"고 한다.

키르쿠스 막시무스는 6세기에 버려져 거의 사라졌다. 그곳은 점차 현대 도시에 의해 잠식당했는데, 그중 하나가 바로 그 위에 있던 19세기의 대형 가스 공장이었다. 그러다가 이 유적지는 1930년대 무솔리니의 고고학 사업의 일환으로 정리돼 공원으로 탈바꿈했다. 좌석의 외관은 한때 그곳에 무엇이 있었는지 알려주기 위해 흙 둔덕으로 사본을 만들었다(경주로 바닥은 사실 현대의 지면에서 거의 10미터 아래에 묻혀 있다). 지금 그곳에 가보면 다소 쓸쓸한 분위기를 풍긴다. 매우 제한된 발굴만이 이루어졌고, 본래 그곳이 어떤 모습이었는지를 조금이라도 알려면 모자이크 바닥 위의 여러 고대의 그림들이 최고의 안내자다(화보 22). 한때 중앙 분리대(놀라운 보물 전시장이었다)에 놓였다가 르네상스기 교황들에 의해 발굴돼 다른 곳에 전시됐던 일부 미술 작품들도 있다. 반면에 콜로세움은 분명한 이유로 현대의 상상력을 지배했다. 그 대부분은 아직 남아 있고, 로마 중심부의 거대한 교통섬 한가운데 있어 놓칠 수 없다. 이는 그곳에서 순교한 기독교도들(대체로 이 책에서 다루는 이후의 시기다)을 기억하는 순례의 장소로서 이탈리아에서 가장 많은 관광객을 끌어들이는 곳이며(바깥에 검투사 모형까지 있어 돈을 내면 사진을 찍을 수 있다), 복제에 복제를 거듭해 수많은 현대의 축소판 기념품으로 만들어져 거의 모든 지역의 선반, 벽난로, 냉장고를 장식하

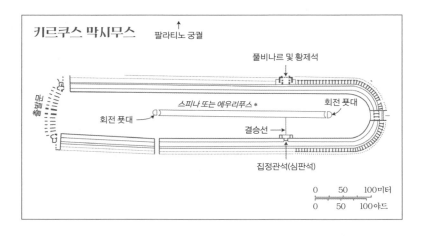

평면도에서는 거의 드러나지 않지만, 키르쿠스의 중앙 분리대는 가장 반향을 일으키는 곳 중 하나였다. 스피나spina(문자적 의미는 '등뼈') 또는 에우리푸스euripus('좁은 수로'를 뜻하는 그리스어 에우리포스euripos에서 온 말)로 알려진 이곳에는 인상적인 유물과 미술 작품이 있었다.

고 있다.

　그러나 고대 세계에서는 키르쿠스가 관심을 독차지했다. 콜로세움보다 훨씬 큰 그 경기장은 콜로세움 경기장의 열두 배 큰 규모였고, 네 필 또는 그 이상의 말이 끄는 전차 10여 대가 중앙 분리대(스피나 또는 에우리푸스로 알려진) 양쪽에 있는 500미터의 경주로를 오르내리며 경기를 펼쳤다. 콜로세움의 수용 인원이 5만 명이었던 데 비해 이곳은 15만에서 25만 명 사이의 관중을 수용할 수 있었다. 그 범위의 상한선은 오늘날의 최대 규모 축구장 수용 능력의 두 배를 넘는다. 그리고 이곳은 콜로세움보다도 훨씬 자주 사용됐다. 4세기 중반의 달력에 따르면(경기 횟수는 시간이 지나면서 늘어났다) 경기는 연간 64일 동안 열렸고,

| 그림 58 | 팔라티노 궁궐 건너편에서 바라본 키르쿠스 막시무스의 모습. 두 장소가 얼마나 가까이 연결돼 있는지를 보여준다. 아래 오른쪽은 두 경주로 사이의 회전 지점이며, 출발문 은 다른 쪽 끝에 있다. 회전 지점 부근에 있는 탑은 중세의 것이다.

정규 검투사 싸움은 단 10회였다.

경주는 더 오랜 역사를 가지고 있었다. 전차 경주와 경마는 본래 도 시의 전통적인 종교 축제의 일부였고, 오늘날 어떤 세속적 이미지를 가지고 있든(대중적 숭배보다는 대중 운동 경기 쪽에 가깝다) 언제나 신들과 긴밀한 연관을 맺고 있었다. 예를 들어 아우구스투스는 〈업적〉에서 자신이 키르쿠스에 새로운 전망대 또는 사당(전문적인 라틴어 용어로는 풀비나르pulvinar)을 건설했다고 적었다. 이곳에는 마치 신상들이 공연 을 보고 있는 것처럼 안치됐다. 로마 신화에 따르면 초기 로마인들이 이웃 사비니인들을 속이고 그 딸들을 납치해 로마인들의 아내로 삼은 것은 바로 도시가 건설된 직후 미래의 키르쿠스 부지인 이곳에서 열린 종교 축제 동안이었다(이른바 '사비니 여성 약탈'이다). 첫 번째 상설 키르쿠스 건물은 200년 뒤 같은 자리에 세워졌다고 한다. 이 도시에 상설 원형 경기장이 들어서기 500년 전이었다.

종교는 경주를 엄숙한 일로 만들지 않았다. 그것과는 거리가 멀었다. 이곳은 콜로세움의 위계 잡힌 세계가 아니었다. 우선 관중의 분리가 덜했다. 세나토르와 에퀴테스가 앞줄 좌석을 차지했고 아우구스투스가 여기서도 토가를 입어야 한다고 결정했지만, 남자와 여자가 함께 앉아서 관람했다. 로마 시인 오비디우스는 심지어 《연애의 기술Ars amatoria》에 수록한 풍자시에서 키르쿠스가 연인을 만드는 데 좋은 장소라고 농담했다. 그는 이 장소의 에로틱한 측면에 대한 역사적 배경을 제시하기 위해 '사비니 여성 약탈'을 가볍게(또는 무미건조하게) 인정하고 나서 이렇게 조언한다. "여자 옆에 앉아도 아무도 뭐라 하지 않아./ 한껏 붙어 나란히 앉아 비벼대야지." 고대의 일부 묘사들(분명히 대체로 못마땅해하는 지식인들의 것)은 이곳이 정말로 군중이 난폭해질 수 있는 곳임을 시사한다. 중앙 분리대 주위를 통상 일곱 바퀴 도는 동안 경쟁자들이 양쪽 끝에서 급히 돌아가는 모퉁이를 빠져나가고 선두에 서기 위해 끝까지 싸우는 동안에 말이다. 플리니우스는 경멸의 수준이 비교적 낮았다. "다 큰 남자들이 아이처럼 행동한다." 100년 뒤의 기독교도 작가 테르툴리아누스는 원형 경기장의 관중보다 대경기장의 관중에 대해 더 매서웠다. 그는 그들의 열광, 맹목적 열정, 광기, 비명, 저주가 악마의 작용이라고 보았으며, 또 다른 요소인 도박(우리가 아는 한 검투사 경기에서는 나타나지 않는다)을 지적했다. 흥분은 네 개의 경쟁하는 지지자 기반에 의해 엄청나게 강화됐다. 고대의 지지자 동호

| 그림 59 | 지금 로마 포폴로 광장에 있는 오벨리스크는 한때 키르쿠스 막시무스의 중앙 분리대에 서 있었다. 서기전 2천년기 말엽에 이집트에서 채석되고 깎아낸 것으로, 아우구스투스 황제의 명령에 따라 로마로 가져왔다.

회 같은 것으로, 서로 다른 마방馬房 출신의 기수단을 응원했다. 그들은 서로 다른 색깔의 투니카를 입었고, 아마도 전차 역시 색깔이 달랐을 것이다. '청색단', '녹색단', '홍색단', '백색단'이었다. 도미티아누스는 '황색단'과 '자색단' 둘을 추가하고자 했지만, 이들은 인기가 없었다. 플리니우스는 다시 무덤덤하고 오만하게 질문을 제기했다. 도대체

왜 이렇게 '색깔'을 가지고 호들갑을 떠는가?

큰 판돈

황제가 경주에 관여하는 것은 익숙한 종류의 줄타기와 관련된 행위였다. 전차 경주와 마방 관련 기반시설에는 콜로세움 공연에 비해 더 많은 사적인 돈이 들어갔지만, 황제들은 너그러운 후원자로 보이기 위해 세심하게 신경을 썼다. 추가적인 경주의 비용을 대고, 우승자 상금을 올리며, 키르쿠스를 확장·개선하고 손상되면 보수를 했다. 예를 들어 안토니누스 피우스는 위쪽 좌석 일부를 떠받치는 기둥이 경기 도중에 무너져 《아우구스투스의 역사》에 따르면 1천 112명이 사망한 사고가 나자 재빠르게 수리했다. 통치자는 이런 행사를 진지하게 생각하면 칭송을 받았다. 키르쿠스에 있는 시간에 밀린 편지를 뒤적거리는 것은 좋은 생각이 아니었고, 계속 있기 어려우면 아우구스투스가 그랬듯이 황제가 정중하게 자리를 뜨는 것이 나았다. 그가 앉는 곳은 중요했다. 플리니우스는 다른 곳에서 경기장 위에서 벌어지는 일에 대해 경멸을 표했지만, 〈찬양 연설〉에서 트라야누스가 사람들과 "같은 높이에서", 그들 속에서, 일반석에서 관람했음을 자랑스러워했다. 그러나 그것은 일반적인 황제의 자리가 아니었다. 그들은 통상 풀비나르(방석 소파)에 신상神像들과 함께 앉았다. 그것이 어쨌든 황제석 역할을 겸했다. 따라서 민주적인 것이 아니고, 보통 사람들과 같은 높이가 전혀 아니었다.

물론 전차 경주에 대한 황제의 열정은 신중하게 계산돼야 했다. 몇 몇 황제는 전문적인 전차 기수(그들은 상당한 상금을 받을 수 있고 대중적인 인기도 누렸지만, 검투사와 거의 마찬가지로 사회적인 낙오자였다)를 흉내 냈다고 한다. 그러나 황제들은 대체로 도시의 사적인 경기장에서, 또는 외국의 경기장에서 더 많이 전차를 몰았다. 카라칼라는 게르마니아나 메소포타미아(현대의 이라크)에서 경주를 했다고 하며, 네로는 그리스의 경주에서 공개적으로 경쟁을 했다. 카시우스 디오에 따르면 콤모두스조차 달이 없는 어둠 속에서만 전차를 몰았기 때문에 사람들이 볼 수 없었다.

　그러나 전차 경주는 황제에게 고민거리를 안겼다. 황제는 지지자 집단의 경쟁에 어떻게 맞추어야 할까? 그의 존재가 경쟁을 왜곡했을까? 도시에서 가장 힘센 사람이 한쪽을 지지하면 흥미를 떨어뜨렸을까? 대다수의 황제들은 녹색단 지지자였다. 비텔리우스와 카라칼라만이 청색단을 지지해 다른 황제들과 다른 선택을 했다. 비텔리우스는 심지어 황제가 되기 전에 궁정의 또 다른 청색단 지지자의 영향력 덕분에 군 지휘관 자리에 올랐다는 소문이 있었다. 황제들이 편애로 인해 사악해진 이야기가 많다. 예를 들어 군중이 다른 경쟁 팀을 너무 열렬하게 지지하자 칼리굴라는 그들에게 위협적으로 돌변해 이렇게 호통쳤다고 한다. "로마인들의 목을 하나만 남겨야겠다."(그들 모두를 단숨에 참수하고 싶다는 속내를 내비친 것이다.) 비텔리우스는 몇몇 무고한 지지자들을 죽였다고 한다. 그들이 청색단을 비방한 뒤였다. 그러나 지지자가 되는 것은 다른 방식으로 황제와 그의 이미지에 영향을 미칠 수 있었다. 자신이 응원하는 팀에 대한 열정이 일반 사람들조차도 우스꽝스러운 극단으로 몰아갈 수 있다는 것은 고대에 흔한 일이었다. 대플리니우스는 백과사전에서 홍색단 전차 기수의 화장을 위한 장작더미에 몸을 던진 한 지지자의 죽음을 이야기한다. 갈레노스는 자기네가 좋아하는 말의 똥 냄새를 맡아 우승 후보자들을 제대로 먹였는지 판단하려 했던 지지자(또는 훈련사)들을 언급한다. 황제의 열의도 규모가 더 크기는 했지만 역시 이런 식이었고, 통치자가 경기에 관심을 가질 때 과연 얼마나 위험해질(또는 우스꽝스러워질) 수 있는지를 보여주었다.

경주마 인키타투스Incitatus('맹렬한')에 대한 칼리굴라의 열정은 동물을 식사에 초대하거나 동물을 집정관으로 만들겠다고 위협하는 수준을 훨씬 웃돈다. 그것은 보다 일반적으로 전차 경주에 대한 황제의 과도한 열광의 중요한 부분이었다. 칼리굴라는 지나치게 인키타투스에 홀딱 빠진 나머지 경기 전날 밤에 병사들을 마방에 보내 아무도 말의 잠을 방해하지 못하게 했다고 한다. 뿐만 아니라 말에게 대리석 마구간, 상아 구유, 자줏빛(황제의 색깔) 담요, 그리고 온갖 종류의 기타 사치품(집, 가구, 별도의 노예)을 주었다. 칼리굴라가 그 정도까지 나아간 유일한 사람은 아니었다. 루키우스 베루스는 자신이 좋아하는 말 볼루케르Volucer('날개 달린')를 궁궐로 데려오게 해서 자줏빛 담요를 덮어주고 보리 대신 건포도와 견과류를 먹이게 했다. 그는 심지어 이 말의 축소판 황금 조각상을 만들게 해서 가지고 다녔으며, 나중에는 특별한 무덤까지 만들어주었다. 콤모두스는 페르티낙스Pertinax('끈질긴')라는 말에 비슷하게 푹 빠져 있었다. 한번은 키르쿠스에서의 행진을 위해 이말의 말발굽을 금빛으로 칠했고, 등을 채색 담요가 아니라 금빛 가죽으로 덮어 다른 말들보다 도드라져 보였다. 이는 황제도 다른 지지자들과 마찬가지로 어디서 멈춰야 할지를 몰랐다는 뜻이다.

　그러나 키르쿠스 막시무스에서 또 다른 전율을 제공한 것은 관중의 수, 그리고 통치자와 신민들 사이의 극적인 만남이었다. 로마에는 개인 또는 작은 대표단이 아니라 집단으로서 시민이 황제에게 자신들의 생각을 전달하는 공식적인 제도가 없었다. 따라서 황제가 참석하는 큰 모임은 넓은 범위의 사람들에게 반대하고 항의하고 청원하고 요구할(요컨대 황제의 '주목'을 끌) 기회를 제공했다. 그런 일은 때로는 콜로세움에서도 일어났다. 한번은 이곳에서 하드리아누스가 대중의 요구에 직접 답하지 않고 전령을 통해 대응해 위험을 떠안기도 했다. 앞으로도 보겠지만 때로는 도시의 더 작은 공연장에서 그런 일이 일어날 수도 있었다. 그러나 통치자와 피통치자 사이의 단연 가장 크고 가장 중요한 만남의 장소는 키르쿠스 막시무스였다. 이곳에는 도시 전체 주민의 거의 4분의 1이 모일 수 있었고, 황제를 보고 그의 말을 들을 수 있었다. 황제가 다수의 사람들 앞에 가장 자주 모습을 드러내는 곳이기도 했다. 하루 '휴가'를 얻어 경기장에 가는 것은 황제에게 하루의 정치가 될 수 있었다. 그리고 군중에게도 마찬가지였다.

　유대인 역사가 요세푸스는 이 논리를 매우 분명하게 파악했다. 로마인들이 황제에게 원하는 바를 말할 수 있는 곳은 경기장 부근이었고, 그들의 요구를 들어주는 것은 황제의 관심사였다고 그는 설명했다. 이런 일이 얼마나 자주 있었는지는 알 수 없다. 그러나 내가 추측하기에 그런 일이 있을 경우 황제는 군중의 요구를 대부분 들어주었을 것이다. 화가 나거나 압박을 가하는 수십만 군중(그들은 수가 많으니 안전하다고 생각했다) 앞에서 명예롭게 거절하거나 타협하는 것을 협상할 여지는 거의 없었기 때문이다. 로마 작가들이 자주 언급하는 것은 황제가 불명예스럽게 거부를 하는 경우와 반대편에서 숫자가 그들이 생각했던 것만큼 안전하지 않았던 경우다. 예를 들어 요세푸스의 언급은 서기 41년 키르쿠스에서 칼리굴라에게 감세를 해달라는 요구로 인해 촉발됐다. 황제는 그들의 요구를 '거부'했고 병사들을 보내 핵심 항의자들을 체포해 죽였다(나머지는 곧 잠잠해졌지만, 그들이 이후의 경주에 열심히 집중했으리라고 생각하기는 어렵다). 그것은 사납고 고압적인 군중 통제 형태였지만, '허락'을 하지 않으려면 그 상황에서 선택할 수 있는 유일한 방법이었을 것이다.

키르쿠스 막시무스가 황제로부터 양보를 얻어내는 장소라는 관념은 심지어 황제가 나오지 않았을 때에도 일어나는 항의로 번져 나갔다. 193년의 내전에서 디디우스 율리아누스(카시우스 디오에게 "표정을 꾸미게 한" 사람, 116쪽)가 잠시 권좌에 올랐을 때 군중은 그를 상대로 시위를 하며 비어 있는 키르쿠스에서 24시간을 보냈지만, 결국 너무 배가 고파서 집으로 돌아갔다. 이곳은 런던 트라팔가 광장과 비슷하게 편리한 개방 공간이었지만, 또한 사람들의 목소리와 밀접하게 연관돼 있는 곳이기도 했다.

190년 콤모두스 치세에 경주가 벌어지고 있는 동안 일어난 시위는 더욱 암울한 결과를 낳았다. 이 시위는 해방노예 클레안드로스Kléandros 탓으로 여겨지던(사실이 아니었음) 기근의 와중에 일어났는데, 그는 황제의 개인 비서로 궁정에서 엄청난 영향력이 있다고 생각된 인물이었다. 그날 일정의 일곱 번째 경주 직후에 벌어진 잘 조직된 시위에서 한 무리의 아이들이 '겁 많은' 한 여성(나중에 여신으로 떠받들어졌다)의 뒤를 따라 경주로로 뛰어나가 클레안드로스에 반대하는 구호를 외쳤고, 그러자 나머지 군중이 따라 외쳤다. 그 자리에 콤모두스가 없었기 때문에 시위자들은 뛰쳐나가 그의 교외 사유지인 퀸틸리우스 별장에서 그를 찾아내고는 클레안드로스의 처형을 요구했다. 이 이야기를 전한 디오는 겁에 질린 콤모두스가 양보를 해서 처형된 클레안드로스의 머리를 막대기에 꽂고 거리를 행진하게 했다고 주장한다. 하지만 이 이야기는 황제에게 흔히 운신의 폭이 얼마나 좁았는지를 상기시켜주는 또 하나의 사례다. 요세푸스의 말대로, 요구를 들어주는 것이 일반적으로 황제에게 이익이었다.

이런 만남에 많은 것이 걸려 있었기 때문에 키르쿠스 경주가 어떤 황제에게는 종말의 시작을 표시할 수 있었다는 것도 놀라운 일은 아니다. 칼리굴라가 군중에게 가한 공격은 그의 암살을 자극한 요인 중 하나로 생각됐다. 그러나 음산한 죽음의 예감은 황제가 경기장에서 성공을 거둔 경우에도 숨어 있을 수 있었다. 결국 콤모두스는 페르티낙스에 대한 열정을 후회했을 것이다. 이 경주마는 키르쿠스의 다른 지지자들로부터도 열렬한 외침과 환영을 받았다. 그들은 이렇게 외쳤다. "페르티낙스다! 페르티낙스다!" 그러나 이 외침은 앞으로 일어날 일의 전조이기도 했다. 콤모두스 암살 직후 곧바로 황제임을 선언한 사람의 이름 또한 페르티낙스였기 때문이다. 이 시점에서도 "페르티낙스다!"라는 외침은 "그러면 좋을 텐데" 하는 투덜거림으로 받아들여졌다고 한다. 이 이야기가 사실이든 아니든(그런 모든 전조가 그렇듯이 아마도 나중에 상황에 꿰맞춰 꾸며내거나 변형시킨 조작이었을 것이다) 경주가 통치자에게 미치는 위험성과 동시에 즐거움을 잘 포착하고 있음은 분명하다.

황제의 연기

일반적으로 로마인은 오늘날 잘 알려진 대로 피비린내 나는 광경과 전차 경주에 열광하는 것만큼 온갖 종류의 연극에 열심이었다. 그러나 극장은 황제에게 또 하나의 위험한 장소일 수 있었다. 아우구스투스 치세의 막바지에 도시에는 세 개의 상설 야외극장이 있었고, 수많은 임시 또는 즉석 공연장도 있었다. 그곳에서 익살극에서부터 비극과 고전 그리스 연극의 재현까지, 1인 희극과 광대놀이에서부터 발표회(언어 또는 노래)에 이르기까지 다양한 공연이 펼쳐졌다. 키르쿠스 경주는 공식적인 종교 축제에 부속됐고, 어떤 것들은 좀더 사적인 기획이었다.

극장은 다른 오락용 건물들에 비해 수용 규모가 훨씬 작았다. 가장 큰 극장은 이른바 '마르켈루스 극장'이었다. 율리우스 카이사르가 건설을 시작하고 아우구스투스가 완공했는데, 그의 후계자 후보 중 하나였지만 일찍 죽은 생질의 이름을 땄다. 그 유적은 16세기에 호화 주택으로 개조되었고, 지금은 고급 아파트가 들어서 있다. 이 극장조차도 기껏해야 2만 명의 관객을 수용했을 것이고, 아마도 그보다 2천 명은 적었을 것이다. 그러나 작은 수용 능력을 상쇄하는 것은 연극 공연이 다른 공연들에 비해 훨씬 빈번했다는 것이다. 키르쿠스 경주가 연간 64일 열렸다고 한 4세기 달력은 이곳에서 연극이 101일 동안 공연됐음을 보여준다.

콜로세움의 엄격한 분리 원칙이 극장에서도 적용된 것으로 보인다. 남성과 여성이 분리됐고, 무대를 향한 반원형 좌석은 계급 순으로 앉도록 정해졌다. 세나토르는 공연 무대에서 가장 가까운 자리에 앉았다. 황제가 통상적으로 앉은 곳은 그리 분명하지 않다. 이 도시의 어느 극장도 좌석 부분이 남아 있지 않기 때문이다. 그러나 황제는 분명히 관객들이 볼 수 있었고, 마찬가지로 그들의 요구를 전달하는 대상이 됐다. 티베리우스가 공중목욕탕 바깥에 있던 고대 그리스 조각상을 자기 집으로 가져갔다가 관객의 항의를 받고 어쩔 수 없이 돌려주겠다고 한 곳이 바로 극장이었다. 아우구스투스는 마르켈루스 극장 개관 때 모두가 보는 앞에서 약간의 수모를 당했다. 이때 그는 원로원 의원들과 함께 공연 무대 주위에 있었을 것이다. 그는 로마인들에게 익숙한 실제 '옥좌'와 비슷한 정교한 접이식 의자 셀라쿠룰리스sella curulis를 사용하고 있었기 때문이다. 그런데 당혹스럽게도 이 의자의 이음매가 부러지면서 황제는 뒤로 나자빠졌다.

극장 공연에서 가장 특이한 것은 황제에 대한 풍자적 비판이 대본에 들어 있거나 용감한 연기자에 의해 즉흥적으로 연기되고 관객들도 그것을 즐겼다는 것이다. 권력자에 대한 조롱의 자유는 극장의 리켄티아licentia('자유' 또는 '허가') 가운데 하나였다. 심지어 황제의 면전에서 말이다. 가장 꼼짝 못할 최고의 농담 중 하나는 네로 치세의 한 뮤지컬에서 다투스Datus라는 이름의 연기자에게서 나왔다. 당시 나돌았던 소문에 따르면 네로는 그의 양부인 클라우디우스 황제 독살의 공범이었고 자기 어머니를 바이아이에서 부서지기 쉬운 배에 태워 보내 공해에서 물에 빠져 죽게 하려고 했다(네로는 어머니가 수영을 할 줄 안다는 것을 계산에 넣지 못했는데, 실제로 그의 어머니는 헤엄을 쳐서 해안에 도착했다. 그 이후 공격조를 보내 어머니를 살해했다고 한다). 다투스가 부른 노래에

| 그림 60 | 마르켈루스 극장 외관. 위쪽은 르네상스기에 추가됐다. 전경의 세 기둥은 아폴로 신전에 있던 것이며, 이 신전 역시 아우구스투스 치세에 건설됐다.

는 "아버지 안녕히, 어머니 안녕히"라는 구절이 들어 있었다. 그는 이 구절을 노래할 때 손동작까지 더했다. 처음에는 (독을) 마시는 척했고, 다음에는 헤엄치는 척했다. 100년 뒤에 마르쿠스 아우렐리우스는 두 명의 배우가 무대에서 자신의 아내 파우스티나의 연인이라고 생각되는 사람 중 하나의 이름을 가지고 시답잖은 말장난을 하는 것을 참고 들어야 했다. 연극 속의 한 인물이 그의 아내의 연인 이름이 뭐냐고 다른 사람에게 물었다. "툴루스 툴루스 툴루스" 이렇게 대답하자 첫 번째 사람이 다시 말했다. "무슨 말이야?" 그러자 대답이 뒤따랐다. "내가 세 번 말했어. 툴루스라고." 예측 가능한 탄성을 자아내는 이 농담은 파우스티나의 연인의 이름이 테르툴루스Tertullus, 말 그대로 '세 번(테르ter) 툴루스'라는 의미였다.

황제에게 문제는 이런 조롱에 어떻게 대응하는 것이 최선이냐 하는 것이었다. 그것은 오해하기가 쉬웠다. 칼리굴라는 한 작가가 아마도 황제에 대한 표현 가운데 중의법을 썼다는 이유로 그를 산 채로 불태워 죽였다고 한다. 그러나 마르쿠스 아우렐리우스는 분명히 테르툴루스의 이름을 이용한 조롱을 들으며 인내심 있게 자리를 지키고 죄인을 처벌하지 않아 많은 칭송을 받았다. 그는 마치 익살꾼이나 아내가 자신을 가지고 놀도록 허용한 듯했다. 그런 면에서 줄타기를 가장 잘한 황제는 네로였다. 그는 농담을 받아들일 수는 있지만 호락호락한 사람은 아님을 보여주었다. 그는 건방지게 독약을 마시고 헤엄을 치는 흉내를 낸 다투스를 죽이지는 않았지만, 추방했다.

그러나 네로는 또한 무대를 둘러싼 큰 논란, 즉 황제로서의 역할과 연기를 하고 공연을 하려는 그의 개인적 열정과 어떻게 조화시킬 것인가에 대한 문제의 중심에 섰다. 검투사나 전차 기수와 마찬가지로 배우도 사회적으로 멸시를 당했지만 동시에 화려하고 성적 매력이 있는 유명인이었다. 예를 들어 클라우디우스는 극장에서 왜 배우 므네스테르Mnester가 공연을 하지 않느냐는 야유를 받았으나 참아냈다고 한다. 므네스테르가 궁궐에서 클라우디우스의 당시 아내 메살리나와 즐기고 있다고 많은 사람들이 생각하고 있던 때였다. 그리고 경기장의 투사와 마찬가지로 로마 상류층에는 무대에 서보고 싶어 하는 사람이 많아서 그들이 그러지 못하게 막는 일이 필요하다고 생각됐다. 그러나 이런 원칙을 가장 노골적으로 깼다고 생각되는 사람이 바로 네로였고, 그는 수백 년 동안 '배우 황제'로 기억됐다.

상투적인 이야기에 따르면 이 모든 것은 사적으로 시작됐고, 그러나 점진적이었다. 네로는 나폴리에서 처음 공연에 나섰는데, 불길하게도 그가 출연한 직후 극장이 무너졌다. 로마에서는 음악회에 출연해(정규 출연진의 일부가 아니라 소규모 배경 출연진을 거느린 단독 연기자였다) 노래를 부르고 수금을 연주했다. 네로의 출연과 무대에서의 야망에 관한 다채롭고 흥미로운 일화는 수도 없이 많다. 그는 화려한 배역을 맡아 남자와 여자 역할을 모두 연기했는데, 그중 가장 악명 높은 것은 '출산하는 카나케' 역이었다(자기 오라비의 아이를 낳은 뒤 자살한 그리스 신화의 '여걸' 역이었다). 그는 신화 속의 왕과 폭군에 관한 온갖 주제들도 소화했다. '장님이 된 오이디푸스'나 '어머니를 죽인 오레스테스' 등이었다. 그는 관객을 확실하게 통제했다고 한다. 그가 연기 중일 때는 아무도 극장을 떠날 수 없었다. 어떤 사람은 심지어 빠져나가기 위해 죽은 척했다고 하며, 어떤 여자는 좌석에서 출산을 해야 했다. 미래의 황제 베스파시아누스는 네로의 공연 중에 방심한 틈을 타서 자리를 떠났다. 네로의 공연에 대한 관심은 점점 통치에 대한 관심을 능가했던 듯하다. 그가 치세 말년에 갈리아의 반란을 진압하기 위한 기동부대를 준비할 때 가장 중요시한 것은 무대 설비를 수송하기 위한 수레의 확보였다. 가장 유명한 일화는 그가 로마의 대화재를 공연 기회로 바꾸었다는 것이다. 그는 안전한 거리에서 이를 보며 수금에 맞추어 트로이 파괴를 주제로 한 노래를 불렀다. '로마가 불탈 때 수금 켜기'의 원조였다.

이 이야기의 일부는 명백한 과장이다. 베스파시아누스가 황제 측근에서 거리를 두었다면 그 배제는 오래가지 않았을 것이다. 그는 금세 유대 독립전쟁 진압의 주요 지휘관으로 임명됐기 때문이다. 네로가 대화재 동안 무슨 일을 했든, 그 이후 그가 후원한 구제 조치(집을 잃은

사람들을 위해 자신의 땅을 개방하기도 했다)가 이례적으로 효과적이었음은
잘 확인된 사실이다. 심지어 적대적인 고대의 비판자들도 이를 인정
했다. 어쨌든 그러한 공연 일부는 아마도 꽤 인기가 있었던 듯하다. 고
대와 현대의 작가들이 여기저기서 강박의 기미를 집어넣어, 자유의지
로 그곳에 갔을 수 있었음에도 "많은 사람이 강제적으로 참석"했음을
시사해 어두운 인상을 주는 것은 너무도 쉬운 일이다. 그러나 왜곡 또
는 과장이든 아니든, 네로의 공연에 대한 이런 이야기들은 한 황제의
나쁜 행동이나 폭압적 경향에 관한 분노를 훨씬 넘어서는 것이었다.
로마 작가들은 배우가 된 황제의 함의를 탐구하면서 영리하게도 관심
을 1인 통치의 문제점과 불만 쪽으로 돌렸다.

엘라가발루스의 공상적 디스토피아 세계에서 보았듯이 로마 전제
정의 가장 혼란스러운 문제는 무엇이 진실인지 어떻게 인식할 수 있
느냐, 또는 황제의 세계에서 자신이 보고 들은 것을 믿을 수 있는지 도
대체 어떻게 알 수 있느냐 하는 것이었다. 무대에서의 진실과 허구에
는 특별한 왜곡이 생긴다. 우선 네로의 공연 이야기 일부에서 "자신이
아닌 누군가인 척하는" 일은 배우의 몫이 아니라 관객의 몫이었다. 그
들은 도망치기 위해 죽은 척하거나 (베스파시아누스가 아니라면) 즐기는
척해야 했을 것이다. 황제가 배우가 되면 다른 모든 사람 역시 강제로
배우/위선자가 돼야 했던 것이다.

그러나 황제인 네로와 그가 연기한 무대에서의 역할 사이의 까다롭
고 변화하는 경계에 대한 문제 또한 있었다. 그가 한 가장 유명한 역할
일부는 분명 그 자신의 삶과 공명共鳴이 있는 것이었다. '장님이 된 오
이디푸스'(신화에 따르면 자신의 어머니와 혼인했음을 알고 스스로 자기 눈을 찔

렀다)는 분명히 네로가 자기 어머니 아그리피나와 근친상간을 저질렀다는 주장과 일치한다. 그리고 다투스의 농담과 그리 다르지 않게 '어머니를 죽인 오레스테스'는 네로가 나중에 어머니를 죽였다는 이야기를 떠올리게 했다. 그러한 일치는 그의 무대 의상에 의해 증폭됐다. 고대의 전통에 따라 그는 연기를 위해 가면을 썼지만, 그의 경우에 가면은 배우들이 보통 쓰는 매우 양식화된 제품이 아니라 때로 자신의 모습을 알아볼 수 있게 만들어졌다고 한다. 여자 역을 맡을 경우에는 당시 배우자 모습의 가면을 썼다. 다시 말해서 그는 자신의 얼굴을 본뜬 가면을 쓰고 신화 속의 가장 유명한 어머니 살해자 역할을 연기했다. 그러니 현실의 황제와 무대 위 배역 사이의 차이를 어떻게 말할 수 있겠는가? 황제는 언제나 연기를 하고 있었던 것일까? 달리 말해, 150년 뒤 그리스 지식인 필로스트라토스Philostratos가 말했듯이 무대에서 폭군 역할을 연기하고 실제 삶에서 폭군이 되고 싶어 하는 배우와, 네로처럼 실제 삶에서 폭군이면서 무대에서 폭군 연기를 하고 싶어 하는 사람의 차이는 무엇일까?

이 가장과 가식의 문제는 네로가 밤에 변장을 하고 허름한 술집, 하층민, 말다툼, 그리고 그보다 더한 것을 찾아다녔던 '여가' 시간 가운데 하나의 이야기에 가장 생생하게 포착돼 있다(수에토니우스는 그의 피해자 일부가 하수구에 처박혔다고 주장한다). 이 특별한 밤에 율리우스 몬타누스Julius Montanus라는 이름의 무고한(그리고 다른 일로는 알려지지 않은) 원로원 의원에게 재미로 한 장난이 끔찍하게 잘못되었다. 그는 아내와 함께 외출을 했는데, 가발을 쓰고 철저하게 변장한 네로가 거리에서 그의 아내에게 상스럽게 추파를 던졌다. 그러자 몬타누스는 황제를 두

378

들겨 패서 그의 눈가에 시퍼런 멍이 들게 했다. 디오는 자기식으로 이야기를 전하면서 몬타누스가 그냥 조용히 있었으면 아무 일이 없었을 것이라고 지적한다. 그러나 로마의 많은 사람들이 황제에게 간밤에 무슨 일이 일어났는지 알게 됐고, 뒤늦게야 그게 황제였음을 알아차린 불운한 원로원 의원은 사과 편지를 썼다. 그것은 큰 실수였다. 황제는 편지를 읽고 툭 뱉었다. "그래, 그자가 네로임을 알면서도 두들겨 팼단 말이지." 그 반응을 전해 들은 몬타누스는 더 나쁜 일이 생길 것을 우려해 자살했다. 이 이야기의 논리 속에서 그의 죄는 그 행위를 통해 진짜 황제에게 오점을 안긴 것이었다.

미소년 사냥

콤모두스가 콜로세움의 통로에서 동물에게 화살을 쏜 것은 사냥꾼 '흉내'를 내는 것에 불과했다. 그러나 로마의 오락에서 동물을 죽이는 것은 또 다른 측면이 있었다. 트라야누스와 하드리아누스 같은 일부 황제들은 원형 경기장이 아니라 야외에서(말을 타든 걸어서든) 사냥하는 것을 특유의 소일거리로 삼았다. 그중 적어도 한 경우는 로마시의 조각상으로 남았다. 황제가 사자, 멧돼지, 곰 한 마리씩을 잡은 모습이다. 그러나 황제의 이 특별한 오락은 용감성, 남자다움, 매력의 추구에 관한 온갖 연상에도 불구하고, 그리고 규모가 크고 반대자가 될 수 있는 관객이 없음에도 불구하고 역시 평판을 해칠 수 있는 위험성이 있었다.

로마에서 사냥은 상반된 이미지를 지녔다. 한쪽 사람들은 동물들을 특수한 울타리 안 또는 사냥터로 몰아넣어 사냥꾼을 위한 고정 표적으로 만들어놓고(콤모두스에게 희생된 동물들과 그리 다르지 않다) 사냥하는 '동방' 폭군들의 관행은 비난했지만, '진짜 남자'가 하는 '진짜 사냥'의 기술과 위험성은 인정했다. 다른 사람들은 야외에서 사냥하는 것이 전투를 위한 좋은 군사 훈련인지 아니면 그저 기분 전환을 위한 것인지 의문스러워했다. 그들은 그저 재미를 위해 죽이는 것이라면 왜 구태여 야외로 나가야 하느냐고 생각했다. 그저 경기장에서 관람하면서 "숲을 헤치고 달리느라 다리가 온통 긁히지 않고 온전하게 보존"하는 것이 나을 텐데 말이다. 사냥 방식도 아주 다양했다. 플리니우스는 당연히 진지한 학구파였기에 멧돼지 사냥을 나갈 때도 필기도구를 지참했다. 잊기엔 너무 아까운 생각이 떠오를 경우에 얼른 적기 위해서였다.

사냥은 대체로 대중의 눈길이 미치지 않는 곳에서 이루어졌지만, 사냥 방식은 황제의 성격과 자질에 대해 많은 것을 말해줄 수 있었다. 어느 땐가 역시 학구파였던 젊은 마르쿠스 아우렐리우스는 프론토에게 보낸 편지에서, 사냥에서 돌아와 자신이 잡은 것을 실제로 보지 않고 사냥 복장을 벗어버린 다음 두 시간에 걸쳐 로마의 고전적인 연설을 읽는 데 몰두했다고 설명한다(분명히 그 스승이 듣고 싶어 했을 이야기였다). 아우구스투스는 분명히 '대형 사냥감'을 쫓는 사냥꾼이 전혀 아니었고, 오후의 조용한 낚시질을 더 좋아했다. 그리고 도미티아누스와 트라야누스가 각기 어떻게 사냥을 했는지에 대한 대비는 플리니우스가 〈찬양 연설〉에서 그들의 악덕과 미덕을 드러내는 또 하나의 방법을 제공했다.

플리니우스에 따르면 트라야누스의 기분 전환은 혼자 걸어서 밖으

| 그림 61 | 하드리아누스가 사냥하는 모습을 담은 돋을새김판. 이전의 다른 기념물에 있던 것을 재활용해 315년에 완공된 콘스탄티누스 개선문에 들어가 있다. 여기서는 하드리아누스와 그 일행이 멧돼지를 사냥하는 모습을 보여준다. 하드리아누스(말을 탄 주인공)의 얼굴이 콘스탄티누스와 닮은 모습으로 다시 조각됐지만, 배경의 안티누스(왼쪽에서 두 번째)는 알아볼 수 있다.

로 나가 높은 산을 오르고 굴에 있는 짐승을 사냥하거나, 동물들을 낮은 지대에서 몰아내 농민이 입을 수 있는 피해를 막는 것이었다. 그것은 거의 근무 시간에 했던 일을 퇴근 후에 하는 것이나 마찬가지였다. 로마를 그 적으로부터 방어하고 시민을 보호하는 일이었다. 반면에 도미티아누스는 그의 알반 사유지 사냥터에서 거의 어떤 식으로든 잡은 동물을 죽이는 것을 즐겼다. 수에토니우스는 그가 무의미하고 고약하게도(그러나 조준은 잘했다) 그 희생자들의 머리에 화살을 두 발씩

쏘아 한 쌍의 뿔처럼 보이게 했다. 그리스 지식인으로 크리소스토모스Chrysóstomos('황금의 입')라는 별명을 가진 또 한 명의 디온은 이를 더욱 분명하게 표현했다. 그가 싫어하는 일부 황제들은 여가 시간에 무대 위에서 훌쩍거리며 울거나(여기서 그는 네로를 염두에 두었다) 아무런 힘도 들이지 않고 개인 사냥터에 몰아넣은 사냥감을 죽이러 갔다. 트라야누스 같은 좋은 황제는 자신을 더 강하고 더 용감하고 더 싸움에 준비가 되게 만드는 종류의 활동에서 기개를 보여주었다.

플리니우스의 주장은 황제가 자신만의 시간에 무엇을 하기로 선택했느냐가 그를 가장 잘 보여준다는 것이었다. 그러나 트라야누스의 사냥에 대해 그가 목소리를 높여 방어했다는 것은 트라야누스가 옳다고 모든 사람이 생각하지는 않았음을 시사한다. 분명히 그의 후계자 하드리아누스의 사냥 열정에 대해서는 온갖 종류의 논란과 걱정이 있었음을 탐지할 수 있다.

하드리아누스는 바로 로마의 그 조각품들뿐만 아니라 로마 세계 곳곳에 자신의 사냥 흔적을 남겼다. 그는 오늘날 튀르키예 서부에 하드리아누테라이Hadrianoutherae('하드리아누스의 사냥')라는 이름의 도시를 건설했는데, 그곳 사냥 원정이 성공적이었기 때문이다. 그는 이 도시의 주화에도 사냥 복장으로 등장했다. 그리스에서 곰을 죽인 뒤 그는 '그것의 가장 좋은 부위'를 사랑의 신 에로스에게 바쳤다. 그는 거북할 정도로 감상적인 헌정사(돌에 새겨져 지금도 남아 있다)에서 에로스의 어머니 아프로디테의 은총을 자신에게 내려달라고 이 신에게 청한다. 몇 년이 지난 130년에 하드리아누스는 이집트에서 남자친구 안티누스와 함께 사냥을 나갔는데, 당시 이집트의 시인 판크라테스Pankrates

가 이 일을 정성껏 그리스어 시로 적어 기념했다. 이 시인은 오로지 운 좋게도 황제가 이를 발견하고 기뻐한 덕분에 기억됐다. 그 시의 4행이 수십 년 뒤 편집된 문학 선집에 인용돼 전해졌지만, 거의 틀림없이 같은 시에서 나온 것으로 보이는 30여 행이 이집트 파피루스 파편에서 발견됐다.

이 시는 하드리아누스와 안티누스의 사냥을, 북아프리카 시골의 넓은 땅덩이를 파괴하고 있던 사자와의 엄청난 대결로 끌어올렸다. 하드리아누스가 먼저 청동 창으로 사자를 맞혔으나, 부상을 입은 사자는 여전히 날뛰면서 입에 거품을 물고 이를 갈면서 땅을 마구 찼기 때문에 먼지가 뿌옇게 일어나 햇빛을 가렸다. 하드리아누스는 의도적으로 약간 빗나가게 창을 던졌다. 안티누스가 얼마나 정확하게 던지는지 알고 싶었기 때문이다. 현실 속의 사냥에 대한 묘사라기보다는 호메로스를 연상시키는 과장되고 거창한 표현은 심지어 이 '사랑스러운' 젊은이에게 신의 혈통까지 부여한다. 그는 "헤르메스 신의 아들"로 불렸다. 두 사람 중 누가 결국 사자를 죽였는지는 알 수 없다. 시의 그 부분이 남아 있지 않기 때문이다. 그러나 남아 있는 낭만적인 필치와 약간의 깊은 학식의 과시를 통해 이집트 훈련에 그 선명한 홍색을 부여한 것은 땅에 떨어진 사자의 피였음을 알 수 있다. 물론 그것이 이 시에서 유일한 낭만적 필치는 아니다. 판크라테스는 사냥을 단순한 전투에서의 용감성과 지구력의 상징이 아니라 성적 추구의 은유로 보는 오랜 고대의 주제(아직도 '사냥 중'이라는 문구에서 그렇듯이)를 따라 하드리아누스의 표적이 흉포한 사자에 못지않게 사랑스러운 안티누스임을 내비친다.

고대의 독자들이 '사냥에 나선' 황제를 어떻게 생각했는지는 추측만 할 수 있을 뿐이다. 그러나 하드리아누스의 사냥에 대한 열의가 일부 사람들의 눈에는 지나친 것으로 보였다는 증거가 있다. 예를 들어《아우구스투스의 역사》는 심지어 트라야누스가 보기에도 너무 지나쳤음을 시사한다. 트라야누스는 젊은 시절 이베리아에 있던 하드리아누스를 로마로 소환했다고 하는데, 그곳에서의 사냥 기회를 박탈하기 위해서였다. 그리고 내가 보기에 역시 지나친 것은 하드리아누스가 좋아했던 사냥용 말 보리스테네스(드니프로강의 옛 이름으로, 그 말이 아마도 여기서 왔을 것이다)의 비석에 새긴 시도 마찬가지다.

그리스와 로마에는 지도자들이 자신의 말에게 명예를 주는 오랜 전통이 있었다. 고전적인 사례가 알렉산드로스 대왕과 그의 전마 부케팔로스다. 그는 동방 원정 중에 이 말을 최대한의 예의를 갖춰 매장했다. 칼리굴라와 다른 경주마광 황제들은 이에 비해 약간 평범해 보였다. 그들이 직접 타지 않고 키르쿠스 막시무스의 경주로를 달리는 말에만 매우 흥분했다. 사냥용 말을 소유한 하드리아누스는 알렉산드로스에 조금 가까웠다. 그러나 17세기 비석(그것은 이후에 사라졌다)에서 인용돼 알려진 이 16행의 짧은 시는 황제가 쓴(물론 그가 아랫사람에게 쓰게 한 것이 아니라면) 감상적인 졸작으로서 매우 한심한 수준이다. 그 시는 라틴어의 묘미를 포착해 "나는 듯이 빠르게 달리는 (…) 카이사르의 군마"를 상찬한다. 심지어 "그 입술에서 날려 (…) 맨 뒤의 꼬리까지 날아가는" 말의 침에 대한 찬사도 들어 있다. 시는 보리스테네스가 마침내 매장돼 "그 사지가 고생하지 않고 (…) 여기 땅속에 누워 있네"라고 마무리했다. 시라고는 하지만 현대의 연하장 수준이었다.

그러나 황제의 이 문학적 노력을 당황스러울 정도로 한심하게 보든 아니면 좀더 너그럽게 말에 대한 애정의 순진하지만 감동적인 표현으로 보든, 이는 '좋은' 황제와 '나쁜' 황제 사이의, 잘 해낸 사람과 그러지 못한 사람 사이의 경계가 얼마나 허물어지기 쉬운지를 상기시켜주는 중요한 사례다. 만약 이 시가 칼리굴라가 인키타투스를 위해 지었거나, 경주마 볼루케르에게 근사한 장례식을 치러준 루키우스 베루스 또는 콤모두스가 페르티낙스(사람이 아닌 말)를 위해 지은 것이라면 고대와 현대의 작가들은 아마도 이를 황제의 사적 열정 속에 있는 광기의 징표로 다루었을 것이다.

하드리아누스가 '그의 말'을 어떻게 명예롭게 했는지를 보자. 사실 우리는 최악의 경우 이를, 여기서뿐만이 아니라 다른 데서도(그 모든 안티누스 조각상을 생각해보라) 일을 침소봉대하는(황제만이 그렇게 할 수 있다) 황제가 쓴 어설픈 졸작으로 보는 경향이 있다. 그것이 사냥터에서든 무대에서든 경기장이나 콜로세움에서든 마찬가지다.

그러나 하드리아누스에게 사냥은 말에 대한 관심 이상의 것과 관계되는 그의 해외 경험의 한 부분이었다. 안티누스와 함께 이집트에서 했던 사냥은 더욱 긴 해외 원정 동안에 일어났고, 그 원정은 이제 살펴보겠지만 약간의 비극적인 희생자를 내고 상당히 다른 목표를 시야에 둔 것이었다.

8

해외로 나간 황제

노래하는 조각상

하드리아누스와 안티누스는 130년에 큰 사자를 사냥하고 두 달이 채
되지 않아 배를 타고 나일강을 따라 항해를 떠났는데, 대부분 관광 여
행이었던 것으로 보인다. 그들은 황제의 부인 사비나와 사비나의 시
인 친구 율리아 발빌라를 포함해 많은 사람과 동행했다. 율리아는 로
마 시민이자 동방의 공주였다. 이는 한편으로 고대의 제트족jet set〔세계
여행을 일삼는 부자들의 사교 집단〕이 가동되는 것이었고, 한편으로 군대
식 수송 작전이기도 했다.

　여행에 나선 지 약 2주 만에 안티누스가 강물에 빠져 죽은 미스터리
한 사건은 휴가 분위기를 망쳤을 것이다. 그럼에도 불구하고 그들은
상류로 계속 나아가 이집트에서 가장 유명한 절경 중 하나에 도착했
다. 고대의 테바이(현대의 룩소르) 바로 바깥 나일강 기슭에 세워진 높이
18미터의 한 쌍의 조각상이었다. 이곳은 지금도 관광객을 가득 실은
버스가 오가며, 아마도 옛날의 모습과 별 차이가 없을 것이다.

　이들은 본래 하드리아누스 시대로부터 1500년 전에 이집트를 통치

| 그림 62 | 이집트 룩소르 교외의 멤논 거상. 하드리아누스의 관광 여행 이후 거의 2천 년이 지난 오늘날에도 여전히 관광객을 끌어들이고 있다. '노래'하는 것은 오른쪽 조각상이다.

했던 파라오 아멘호테프 3세의 모습으로 만들어졌지만, 어느 시기에 영웅 멤논(트로이 전쟁에서 싸웠다는 전설 속의 에티오피아 왕)으로 정체성이 재설정됐으며, 오른쪽의 인물은 기적을 일으키는 능력이 있는 것으로 여겨졌다. 아침에 이 조각상은 때로는 자연적인 휘파람 소리 같은 것을 냈다. 이 소리가 태양의 열기로 인해 돌에 균열이 생겨 나는 것이든, 아니면 의심 많은 한 고대 작가가 생각했듯이 현지의 일부 사기꾼들이 만들어낸 것이든, 멤논이 내는 소리라는 주장은 계속해서 있어왔다. 그의 어머니인 새벽의 여신 에오스를 향한 노래라는 것이다.

하드리아누스 일행이 130년 11월 중순에 이곳에 온 것은 확실하다. 사비나가 조각상의 왼쪽 다리에 그리스어로 "하드리아누스 황제의 아내"인 자신이 멤논의 목소리를 들었다는 구절을 새겼기 때문이다. 오늘날 아테네 필로파포스 언덕에 있는 눈길을 끄는 기념비로 더잘 알려진 발빌라(그녀가 자신의 오빠 가이우스 율리우스 필로파포스를 기념하기 위해 세운 것)는 그곳에서의 경험을 바탕으로 그리스어 시 네 편을지어 역시 같은 다리에 새겼다. 이것은 지위가 있는 두 왕족의 고립적인 문화 파괴 행위가 아니라 현지의 관습 비슷한 것이었다. 이 조각상에는 고대의 관광객들이 주문한(그들이 직접 새겼다고는 볼 수 없다) 새김글 100여 개가 아직도 남아 있다. 이곳뿐만이 아니었다. 하드리아누스의 일행이었을 가능성이 높은 또 다른 로마 귀부인은 자신의 오라비의 죽음을 슬퍼하는 라틴어 시 몇 편을 대피라미드에 새겼다. 이는 600여 킬로미터 하류인 카이로 교외의 피라미드 역시 황제의 여정에들어 있었음을 시사한다.

사비나의 한 줄짜리 시와 마찬가지로 여전히 명확하게 읽을 수 있는 발빌라의 시는 이 방문이 완전히 성공적이지는 않았음을 드러낸다. 첫날은 조각상이 소리를 내지 않았다. 그러나 발빌라는 짐짓 태연한 자세를 보였다. 그 조각상이 "사랑스러운 사비나가 다시 돌아오도록" 유혹하려고 "까탈스럽게" 굴었다고 주장했다. 이튿날은 더 좋은 소식이 있었다. "강대한 하드리아누스의 힘에 겁을 먹은" 멤논이 황제와 귀부인들을 위해 공연을 했다. 이 이야기는 놀랄 만큼 현대적인 관광 경험의 신기한 고대판을 일별할 수 있게 해준다(물론 이 조각상이 수백 년 동안 가짜든 진짜든 소리를 내지 않았음은 지적해두어야 하지만).

이 시들은 황제 일행인 다른 사람들에 대해서는 아무런 암시도 주

| 그림 63 | 율리아 발빌라가 자신의 오라비 필로파포스를 위해 아테네에 세운 기념비. 율리아는 그를 동방의 왕족이자 로마의 시민 겸 집정관(트라야누스 치세, 플리니우스보다 몇 년 뒤에 지냈다)으로 기렸다.

지 않는다. 거의 세 사람(황제, 사비나, 발빌라)만 그곳에 간 것처럼 보인다. 친구, 측근 신하, 일꾼, 경호원, 기타 식객 등을 합쳐 수행원이 아마도 족히 수백 명은 됐을 텐데 말이다. 이런 황제의 방문은 그들이 지나가는 연도에 있는 지역 공동체들에게 커다란 기회를 제공했다. 평범한 사람들은 황제를 직접 만나 은혜를 구하고 그에게 청원할 귀중한 기회를 얻었는데, 이때 이집트인들에게는 완전히 새로운 도시(그들이

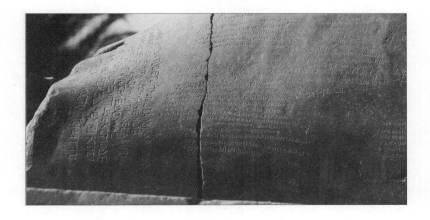

| 그림 64 | 노래하는 거상의 왼쪽 다리. 균열 왼쪽에 발빌라의 시 중 하나가 새겨져 있다. 여기서는 90도 각도로 보인다.

원했든 원하지 않았든)가 주어졌다. 안티누스가 익사한 곳에 그를 기념해 하드리아누스가 건설하게 한 것으로, 안티누폴리스('안티누스의 도시')로 불리게 됐다. 그러나 황제를 만날 기회에는 대가가 따랐다. 황제 일행을 모시는 부담, 노고, 먹이고 접대하고 재우고 수송하는 막대한 비용은 대체로 해당 지역에 떨어졌을 것이기 때문이다. 그것은 통상적인 여행 허가증을 가진 사람들로 인해 겪는 불편함을 훨씬 뛰어넘는 것이었다.

우리는 약간의 파피루스 파편과 깨진 도기 조각(고대의 포스트잇 같은 것이었다)에 휘갈겨 쓴 글 덕분에 하드리아누스의 도착에 대비한 준비 과정의 일부를 알 수 있다. 준비는 여러 달 전부터 시작됐고, 규모가 상당히 컸다. 특히 많은 것을 알 수 있는 문서 하나는 129년 말 두 지방 관리 사이에서 오간 메시지다. "곧 있을 황제의 방문"에 대비해 비축한 식량에 대해 언급하고 있다. 이 파피루스는 심하게 손상됐지만 두 관리가 다룬 것만 해도 방대한 규모였음을 여전히 볼 수 있다. 어린 새끼 돼지 372마리, 양 2천 마리(좀더 보수적인 문서 복원이 시사하는 바로는 200마리), 보리 6천 킬로그램, 덜 익은 올리브 90킬로그램, 건초 3천 묶음 등등이다. 그 의미를 확실하게 파악하기는 어렵다. 이 관리들이 황제의 체류 기간 또는 수행원의 수를 너무 올려 잡았거나 너무 안전하게 잡았을 수 있다. 그러나 이것은 소수의 특별 손님과 그의 가족 및 친구들을 위한 식량 목록은 아니다. 이것은 제국 궁정 거의 전체가 여행에 나섰음을 뜻한다.

그리고 이것은 커다란 문제 몇 가지를 제기한다. 황제들은 이런 여행을 얼마나 자주 다녔을까? 그들은 어디에 갔을까? 그 모든 것은 어떻게 조직됐을까? 관광과 문화 여행에서부터 승리했든 패배했든 군사원정과 먼 군사 기지의 병사들을 위한 격려 방문에 이르기까지 황제들을 이탈리아 바깥으로 끌어들인 것은 무엇이었을까?

이동 중의 하드리아누스

하드리아누스는 여느 황제 못지않게 제국을 순회했다. 호기심, 근질거리는 발, 제국을 알고 싶은 열망 등 그를 움직이는 것이 무엇이었든 그는 모든 곳에 갔다. 이집트 방문은 휴가를 위해 바다 건너로 후딱 간 것이 아니었다. 이것은 그가 수 년간 이탈리아를 떠나 제국 일대를 돌아다닌 두 차례의 긴 여행 중 두 번째 여행의 일부일 뿐이었다. 첫 번째 여행은 121년에 시작됐다. 그는 게르마니아, 갈리아, 브리타니아(그곳에서는 '그의 장성'이 건설되고 있었다), 이스파니아까지 갔다가 돌아서서 지중해 반대쪽 끝에 있는 시리아까지 4천 킬로미터를 여행했다. 그런 뒤에 오늘날의 튀르키예와 그리스에 갔다. 그는 마침내 125년 여름에 고국으로 돌아왔다. 그 사실이 티볼리 별장에서 서명해 돌에 새겨진 편지에 기록되어 있다(224쪽). 두 번째 여행은 128년에 시작됐고, 130년에 나일강을 거슬러 여행할 때는 이미 북아프리카, 그리스, 현대의 튀르키예, 예루살렘, 가자를 방문한 뒤였다. 그는 134년 여름에 다시 이탈리아로 돌아왔지만(로마에서 서명한 또 다른 편지가 이를 입증한다), 그전에 그리스, 튀르키예, 그리고 아마도 유대를 재방문했다. 우리는 하드리아누스가 로마나 티볼리의 궁궐에서 제국을 통치하는 모습 못지않게 '이동 중'인 모습을 떠올려야 한다. 브리타니아에서 시리아까지 가는 여정은 말과 마차를 타거나 배를 타고 가는 느리고 성가시며 종종 불편한 '전진'이었을 것이다. 그 결과 그가 방문하지 않은 로마제국의 속주는 거의 없었다.

이 여행에 대해서는 온갖 종류의 수수께끼가 남아 있다. 정확한 경로는 그에 대한 현대의 자신만만한 지도들(나의 것을 포함해) 대부분이 암시하고 있는 것보다 더 그리기가 어렵다. 그가 갔으리라고 꽤 확신할 수 있는 고정된 지점들은 약간 있지만(그의 전기나 남아 있는 새김글에서 언급되고 있기 때문에), 그가 그 지점들 사이를 어떻게 지나갔느냐를 이해하는 것은 흔히 점들 사이를 연결하는 일에 불과하다. 우리는 이동 중인 궁정과 남은 행정부 사이에서 몇 년 동안에 걸쳐 제국 운영에 대해 어떻게 조정이 이루어졌는지는 추측만 할 수 있을 뿐이다. 예

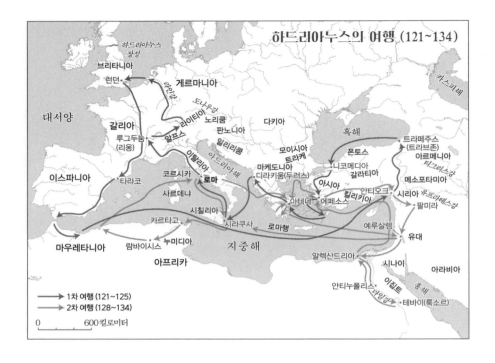

이동 중의 황제. 그가 정확하게 어디에 들렀고 언제 갔는지는 분명하지 않지만, 이 지도는 하드리아누스가 그의 치세 동안에 여행한 범위를 알 수 있게 해준다.

를 들어 플리니우스 같은 자는 자신이 쓴 편지를 어디로 보냈을까? 황제가 어디 있는지 알 수 없다면 어떻게 '서신에 의한 통치'가 가능했을까? 게다가 우리는 이동하는 궁정에 정확히 어떤 사람들이 있었는지 거의 알지 못한다. 사비나(남편의 여행 일부에 동행했지만 전부는 아니었다)부터 신분이 낮은 일꾼과 병사들에 이르기까지 말이다. 루키우스 마리우스 비탈리스Lucius Marius Vitalis라는 이름의 10대는 우리가 그럴싸하게 확인할 수 있는 몇 안 되는 지원 인력 중 한 명이다. 그의 어머니가 세운 묘비는 그가 예술 및 문화에 대한 학습 능력이 뛰어나서(그가 어머니에게 그렇게 말했을 것이다) 근위대에 들어갔고 하드리아누스를 따라 로마를 떠난 뒤 돌아오지 못했다고 적었다. 그는 여행 중에 죽었는데, 17년 55일을 살았다고 묘비는 기록하고 있다.

이 모든 것은 단순한 관광만이 목적이 아니었음을 가리킨다. 관광이 일부 포함되긴 했겠지만 말이다. 하드리아누스가 고른 목적지 중 일부는 북방 속주 브리타니아 방문처럼 군사적 목적이 있었다. 130년대에 반란을 일으킨 유대인과의 전쟁 때 최전선을 방문한 것 역시 그런 경우였을 가능성이 높다. 때때로 우리는 그가 속주 도시들의 정치에 적극적인 관심을 표하고(또는 간섭하고) 그곳의 부자 및 권력자들과 친교를 맺었음을 알 수 있다. 그가 노예 안티누스와 처음 사귀게 된 것은 아마도 이런 여행에서였을 것이다. 그는 현대의 정치가들이 신중하게 사진 찍을 기회를 살피는 것처럼 서로 다른 배경 앞에 자신의 모습을 드러내는 데 열심이었을 것이다. 그러나 결정적으로 그는 로마 세계 여러 지역에 대리석으로, 벽돌로, 콘크리트로 자신의 흔적을 남기는 일을 하고 있었다. 어떤 면에서 이들 여행은 티볼리에서 그가 한 일의 판박이였다. 그곳에서 그는 자신의 사유지를 거의 제국의 축소판처럼 건설했다. 이동 중에도 그는 로마 세계에 '하드리아누스'를 말 그대로 박아 넣고 있었다.

그는 가는 곳마다 새로운 건물을 주문하고 재건을 후원했다. 극장, 원형 경기장, 신전, 교량, 도수관導水管, 체육관, 항만 시설, 새로운 도시 같은 것들이었다. 그가 아무것도 없는 곳에서 도시를 건설한 유일한 황제는 아니었지만, 자신의 연인이 죽은 곳에서(안티누폴리스), 또는 자신이 성공적인 사냥을 한 곳에(하드리아누테라이) 새 도시를 건설해 매우 분명하고 개인적인 선언을 했다. 소규모의 때로는 엉뚱한 개입도 있었다. 심지어 퇴락한 무덤도 그의 주목을 피하지 못했다. 이집트에서 그는 율리우스 카이사르의 적이었던 폼페이우스의 무덤을 단장하고 그곳에 자신이 지은 기념시를 다시 새겨 넣었다고 한다(이 기념물은 셉티미우스 세베루스도 잘 알고 있어서 수십 년 뒤에 그곳을 방문했다). 그리고 우리는 다른 대여섯 군데에도 비슷한 대우를 받은 기념비가 있음을 알고 있다. 그는 서기전 5세기 아테네의 카리스마 있는 독불장군 정치가(그리고 철학자 소크라테스의 제자다) 알키비아데스의 무덤 복구에 돈을 대고 새로운 조각상을 세워 기렸으며, 트로이 전쟁의 신화적 투사 헥토르와 아이아스가 묻힌 곳을 표시했다고 하는 기념물을 수리했다. 이런 일들은 어떤 면에서 소소한 건설 공사였지만, 더 큰 메시지는 모든 로마제국의 역사, 문화, 영웅, 신화가 하드리아누스의 자비로운 보호와 통제 아래 들어왔다는 것이었다.

하지만 우리는 하드리아누스와 아테네의 이야기를 통해 그의 제국 내 특정한 공동체와의 관계를 확대경으로 살펴볼 수 있다. 아테네는 전형적인 도시가 아니었다. 이곳은 지중해 세계에서 가장 유명한 문화, 예술, 지식의 중심지였지만, 2세기 초에는 운이 없었고 과거의 영광에 기대어 살아가고 있었다. 그리고 이곳은 하드리아누스가 재위 기간 동안 로마와 티볼리를 제외하고 다른 어느 곳보다 몇몇 부유한 주민의 손님으로서 가장 긴 시간을 보낸 곳이었다. 이는 이탈리아 바깥에서 그의 후원의 극단적인 사례였다. 그는 황제이자 아테네 시민(아테네인들이 미래에 대한 날카로운 안목으로 제위에 오르기 전에 부여한 영예였다)으로 활동하면서 이 도시의 운세 회복에 착수했기 때문이다. 그는 여러 가지 새로운 종교 축제를 만들고, 감세와 지역 금융에 대한 정밀 점검에서부터 올리브기름 무역 재편과 아테네 시민권 규정에 대한 미봉에 이르기까지 광범위한 시정 개혁에 자신의 이름을 붙였다. 그가 이 일에 실제로 얼마나 참여했는지와는 상관없이 말이다. 그러나 가장 과시적인 것으로 그는 건설 공사를 후원해 도시의 모습을 이전에 어떤 개인이 했던 것보다 더 근본적으로 바꿔놓았다. 서기전 5세기에 아크로폴리스의 파르테논 신전 같은 획기적인 기념물을 만들어낸 페리클레스를 능가했다. 지금도 아테네에 남아 있는 기념물은 하드리아누스의 것이 페리클레스의 것보다 많다.

오늘날에도 그가 만든, 그래서 전체에서 가장 큰(파르테논 신전 바닥 면적의 대략 두 배) '올림피아 제우스'의 신전 유적을 찾아볼 수 있다. 서기전 6세기에 건설이 시작됐는데, 거의 650년 동안 완공되지 못한 채로 있다가 마침내 하드리아누스에 의해 마무리됐다. 많은 축하가 쏟아졌고, 개관식에서는 그가 좋아하는 그리스 지식인 가운데 한 사람의 열렬하고도 긴 연설이 있었다. 황제는 이를 장식하기 위해 온갖 종류의 사치품과 진기한 것들을 주문했다. 그중에는 거대한 금빛과 자줏빛으로 된 신상과 인도에서 특별히 가져온 뱀(아마도 로마의 세계적인 힘과 영향력을 상징하기 위해서였을 것이다)도 있었다. 자신을 묘사한 네 개의 실물보다 큰 조각상이 입구에 서 있었고(아마도 황제와 신 사이의 분명한 연결을 표시했을 것이다), 더 많은 작은 조각상들이 건물 주변 곳곳을 채웠다. 그의 새 도서관 겸 예술회관은 마찬가지로 사치스럽고 심지어 더 컸다. 이 명물에 완전히 반한 한 고대 작가에 따르면 이것은 본래 도금

| 그림 65 | 올림피아 제우스 신전 유적. 수백 년 전에 지어지기 시작한 것을 하드리아누스가 마무리했다. 그 영광스러운 상태는 오래 지속되지 못했다. 하드리아누스 이후 불과 100년쯤 지나고 나서 그리스가 침공당할 때 파괴되어 이후 완전히 복구되지 못했다.

된 천장, 장식적인 연못, 여러 색깔의 대리석 기둥 100개로 장식돼 있었다(현재는 상당히 휑한 유적에서 그런 모습을 거의 느낄 수 없다). 그리고 강의 교량과 도수관, 목욕탕과 체육관 등 실용적인 것에서부터 과시적인 것까지 많은 사업들이 있었다.

이 같은 후원과 위세의 대가로 아테네인들은 하드리아누스에게 온갖 종류의 시민적 영예를 부여했다. 그들은 자신들의 날짜 체계 가운데 하나를 조정해 그가 이 도시에 온 시기로부터 기산하게 했고(그들은 이제 때로 '하드리아누스 첫 왕림 이후 15년' 같은 식으로 연도를 표시했다), 지

| 그림 66 | 아테네에 있는 보다 규모가 작은 하드리아누스의 기념물 가운데 하나가 이 오래된 도시와 하드리아누스의 '새로운' 개발 모두를 찬양하고 있다. 아치의 한쪽에는 "여기는 테세우스의 옛 도시 아테네입니다"라는 새김글이, 다른 쪽에는 "여기는 테세우스가 아니라 하드리아누스의 도시입니다"라는 새김글이 있다. 그러나 하드리아누스와 신화 속의 왕이자 이 장소의 건설자인 테세우스 중 누가 우선일까?

역의 세관과 기관들에 새로운 이름('하드리아니스')을 붙였다. 이에 대한 통상적인 설명은 황제의 관심에 아테네인들이 얼마나 고마워했는지 보여준다는 것이다. 많은 사람들은 틀림없이 고마워했다. 그러나 일부 사람들은 양면적이었다는 의혹을 배제하기 어렵다. 부분적으로 이 관

대함은 대가를 치러야 했다. 황제는 분명히 이들 사업에 자신의 돈 일부를 쏟아부었지만, 지역의 거물들에게도 많은 돈을 내놓게 했다. 장려와 강제 사이의 어느 지점이었다. 그리고 황제와 그의 수행원들에게 거처를 제공하고 접대해야 하는 사람들에게 황제의 방문은 좋기도 하고 나쁘기도 했을 것이다. 이 모든 것에는 '시혜'만큼이나 '탈취'의 느낌도 있었을 것이다. 공개적인 새김글들은 하드리아누스가 전설적인 이 도시의 창건자 테세우스 왕을 대체하거나 적어도 능가했다고 주장했으며, 그의 초상은 아테네에서 가장 성스러운 공간 중 하나인 파르테논 신전 안에 전시됐다. 황제가 도시를 발전시키는 것과 그 전통 및 문화적 명성을 이용해 자신의 이미지를 높이는 것은 종이 한 장 차이였다.

나쁜 짓을 하는 황제?

하드리아누스는 이동 거리, 들인 시간, 영향력의 측면 모두에서 '여행 중인 황제'라는 개념을 최대한 밀어붙였다. 그러나 어떤 면에서 그의 이동은 대다수의 황제들이 이런저런 형태로 했던 이동의 더 극단적이고 더 정교한 형태로 볼 수 있다. '이동 기피형' 황제가 있었던 것은 사실이다. 예컨대 안토니누스 피우스는 치세 동안에 한 번도 이탈리아 바깥으로 나간 적이 없다. 그리고 이탈리아 바깥 출신의 황제가 점점 늘면서 '이동 기피'의 의미도 좀 달라졌다(그들의 본거지는 어디란 말인가?). 그러나 로마의 통치자 대다수는 제위에 오르기 전이든 후든 어느 정도의 '해외' 여행을 했다. 하드리아누스와 아주 비슷한 목적이었다. 사실을 알아보고, 영향력 있는 지역 인사들과 친밀한 관계를 맺고, 전선의 병사들을 만나고, 휴양을 위한 관광을 하는 것이었다.

그러나 종종 평판을 해칠 위험이 있었고, 황제가 열심히 휴가를 떠나는 것은 여러 가지 방식으로 해석될 수 있었다. 예를 들어 티베리우스가 아우구스투스의 치세 몇 년 동안 로도스섬에 가 있었던 것은 아내에게 골이 났거나 아내를 피한 것으로 흔히 생각됐다. 그러나 다른 무엇보다도 서기 66년부터 67년까지 16개월에 걸친 네로의 그리스 방문은 로마 작가들로부터 당혹스러운 광대짓, 과대망상적인 행동, 무의미한 실력 행사의 연속이라는 조롱을 받았다. 황제가 왜 해외에 나가지 말아야 되는지에 대한 좋은 사례였다. 네로는 그리스의 모든 주요 행사(올림픽 경기 같은 것들)에서 경기에 나서는 데 매우 열심이어서, 그의 체류에 맞추어 행사 일정을 조정하고 예술 경연이든 운동 경기든 그가 참여하는 모든 경기에서 그가 이길 수 있도록 조작했다고 한다. 한 악명 높은 경우에 그는 자신이 몰던 수레에서 떨어져 완주하지 못했음에도 불구하고 상을 받았다. 좁은 코린토스 지협을 통과하는 운하를 판다는 그의 이른바 무분별한(그리고 곧 포기한) 계획도 마찬가지였다고 한다. 2세기에 쓰인 한 기록에 따르면 그는 직접 이 공사의 개시를 알렸다. 먼저 몇몇 바다의 신들을 향해 노래한 뒤 황금 곡괭이로 땅을 세 번 치는 의식을 거행했다. 수에토니우스는 황제가 첫 삽을 뜬 흙 바구니를 자신의 어깨에 지고 날랐다는 좀더 자세한 이야기를 전했다.

같은 방문에서 그가 현대 그리스의 남부에 해당하는 아카이아 속주에 '자유'(세금 면제 포함)를 준 것도 자신의 관대함을 스스로 과시하는 모습이었다. 이스트미아 제전(역시 코린토스에서 열렸다) 기간에 공들여 치러졌을 의식에서 황제가 직접 그리스의 새로운 자유를 선언했다. 이 의식에서 그가 한 연설 내용이 남아 있다. 그리스어로 돌에 새겨졌는데, 나중에 중세 교회 건설 공사에서 재활용돼 보존됐다. 사실 그 내용은 지금 보면 당황스러울 정도로 과장이 심하다.

그리스의 신사 여러분, 내가 여러분에게 주는 선물은 전혀 예상하지 못했을 것입니다. 나의 관대함에서 희망할 수 없는 것은 없습니다. 나는 여러분이 요청하려는 생각조차 하지 못했던 큰 선물을 하게 돼서 기쁩니다. (…) 다른 지도자들은 도시를 해방시켰지만 오직 이 네로만이 전체 속주에 자유를 주었습니다.

이 여행에는 아마도 받아들일 수 있는 것과 받아들일 수 없는 것 사이의 경계선을 넘나드는 측면이 있었을 것이다. 특히 네로는 대중의 경기에 직접 참여했다. 다른 로마 통치자들은 그저 관중석에서 보는 것만을 즐겼는데 말이다. 이것은 현지인들에게 까다로운 문제를 안겼다. 자신들의 통치자가 경기에 직접 참여했는데 상을 어떻게 주어야 하느냐는 문제였다. 경기 조작에 관한 이야기가 사실이라면 그들의 직설적이고 이해할 수 있지만 궁극적으로 어리석은 해법은 그저 황제가 모든 경기에서 이기게 해주는 것이었다. 그러나 여러 가지 측면에서 네로의 여행은 아마도 이 분노가 담긴 기록들이 시사하는 것보다 훨씬 덜 우스꽝스럽고 덜 비정상적이었을 듯하다. 이 모든 기록은 여러 해 뒤에 쓰였고, 또 일부는 그가 어리석고 동시에 폭군이었음을 보여주려는 의도가 들어 있었다.

우선 이 황제가 스스로 전체 속주에 자유를 준 첫 '지도자'라고 자랑했지만, 250여 년 전인 서기전 196년에 공화국의 한 장군이 바로 그런 일을 했다. 네로가 선언했던 바로 그곳에서 그리스의 자유를 선언했다(결코 우연일 수 없다). 그는 분명히 그런 일을 한 첫 번째 '황제'였지만, 더 넓은 의미에서의 첫 번째 '로마 지도자'는 아니었다. 게다가 지협을 가로질러 지금 우리가 코린토스 운하(1893년에 완성됐다)라고 부르는 것을 건설하려 한 그의 계획은 꼭 그렇게 미친 짓만은 아니었다. 그런 안전한 해운의 지름길은 이전에 율리우스 카이사르 같은 이들도 탐구했던 실용적인 수단이었다. 그리고 역사는 네로가 옳았음을 입증했다. 그러나 플리니우스가 비티니아-폰토스에 운하를 건설하는 계획을 트라야누스에게 이야기했을 때 발견했듯이, 로마 세계에서 야심 찬 토목 공사는 언제나 무분별한 어리석음(네로 황제의 경우에는 과대망상)으로 매도될 위험을 안고 있었다.

거의 모든 것은 이런 방문들이 어떻게, 누구에 의해, 어떤 의도로 기록되는가에 달려 있었다. 역시 말을 기념하는 시의 경우와 마찬가지로 하드리아누스의 현란한 몸짓이 네로에게 보였던 것과 같은 적대감으로 다루어질 수 있음을 아는 데는 많은 상상이 필요하지 않다. 네로가 신전의 문을 실물보다 큰 자신의 조각상 네 개로 장식하고 그 안에 인도 뱀을 가져다놓았다면 무어라고 했을까? 그것은 유명인에게 홀린 경탄이 결코 아니었다. 네로의 그리스에 관한 계획을 광적인 낭비가 아니라 시혜(실제로 그런 경우들이 있었다)로 보는 것도 충분히 가능한 일이다.

넓은 의미에서 네로의 그리스 방문은 예컨대 수십 년 전 황자 게르마니쿠스의 이집트 방문과 별 차이가 없지 않은가 하는 강한 의구심이 든다. 타키투스가 보기에 게르마니쿠스는 정말로 유산 탐방을 하고 있었다. 그러나 그는 또한 알렉산드리아에서 크게 주목을 받았다. 그는 곡물 가격을 낮추었고, 경호원 없이 시중을 돌아다녔으며, 할머니에 대한 그리움을 고백한 바로 그 연설에서 이 도시의 장려함에 대해 열심히 칭찬했다. 도시의 장려함에 대해서는 "나의 할아버지 아우구스투스의 아량 덕분에" 향상됐다고 꼼꼼하게 덧붙였다. 그런 뒤에야 그는 피라미드에서부터 고대 테바이(그곳에서 그는 특별한 역사 강의를 들었고, 한 늙은 사제가 그에게 이집트 상형문자를 번역해주었다)와 물론 유명한 노래하는 조각상 같은 명소를 찾기 위해 나일강을 거슬러 올라가는 여행을 시작했다. 타키투스에 따르면 이 여행에 거부감을 보인 것은 티베리우스 황제였다. 게르마니쿠스는 황제의 허락 없이 이집트로 갔고, 그가 문제를 일으키거나 비위를 맞출 것이라는 의구심이 있었다. 로마시는 이집트의 밀에 크게 의존했기 때문에 아우구스투스는 로마의 고위 인사들이 이 속주를 방문하려면 황제의 승인을 받아야 한다는 규정을 만들었다. 아마도 그들이 곡물 수송을 막고 수도를 굶주리게 해서 항복을 받아내 권력을 차지하려는 유혹에 빠질 수 있기 때문이었을 것이다.

그런 황제의 방문에 대한 현지인의 반응은 별개의 문제였다. 하드리아누스의 경우와 마찬가지로 여행에 나선 황제를 열렬히 환영했다는 증거가 많다. 네로가 속주의 자유를 선포한 것에 대해 그리스인들이 감사를 표하는 내용이 황제의 말이 적힌 돌에 보존돼 있다. 그리고 그것은 마찬가지로 과장돼 있다. 네로는 "그리스인들의 머리 위를 비추는 새로운 태양, (…) 역사 속에서 그리스인들을 가장 많이 사랑한 황제"로 환영을 받았다. 그리고 알렉산드리아에서 게르마니쿠스가 한 연설을 기록한 파피루스에 따르면 이 가련한 사람은 때로 군중이 환호성을 지르고 '행운'을 비느라 계속 방해하는 바람에 말을 이어가기가 어려웠다. 이런 반응이 사실이었든 아니었든(그리고 물론 현지인들이 공개적으로 한 말은 자신이 느낀 것과는 달랐을 수 있다), 황제나 황족과 해외 공동체들 사이의 어떤 만남은 양쪽 모두에게 '만족감'을 주었다는 인상을 갖게 한다.

그러나 모든 도시에서 모든 사람이 황제의 방문을 유치하기 위해 열심이지는 않았으리라고 의심하는 것은 현대의 냉소적인 역사가들뿐만이 아니다. 분명한 불만의 기색도 이따금씩 발견할 수 있다. 서기전 22~21년의 겨울에 이제 막 '아우구스투스'라는 새 이름을 얻은 옥타비아누스가 그리스에 있을 때 마찰을 초래한 것은 부분적으로 그와 마르쿠스 안토니우스 사이의 내전(당시 아테네는 안토니우스 편이었다)에 대한 적대감의 여파였을 것이다. 아크로폴리스에 있는 아테나 여신의 조각상이 기적적으로 온몸을 돌려 로마 쪽을 향했고, 로마 방향으로 피를 토했다고 한다. 아우구스투스는 현명하게도, 아테네를 버리고 대신에 인근의 아이기나섬에 머물기로 결정했다. 마찬가지로 아우구스투스가 알렉산드로스 대왕의 유적을 찾은 이야기에서도 그에 대한 부정적인 왜곡을 볼 수 있다. 그는 이집트에 있을 때 사당에 보존돼 있던 알렉산드로스의 시신(아마도 미라로 만들어져 있었을 것이다)을 가져오라고 했고, 그것을 만져보려고 애를 쓰다가 시신의 코를 부러뜨렸다고 한다. 요점은 일부 로마 통치자들은 이전 '영웅들'의 무덤을 복구하고 개선했지만, 또 어떤 통치자들은 그것을 망가뜨렸다는 것이다. 황제의 방문은 언제나 환영을 받지는 않았다.

공급과 생존

황제의 방문은 흔히 방문지 쪽에 엄청난 부담을 주었다. 엘리자베스 시대 잉글랜드에는 여왕과 그 일행이 오는 것을 두려워한 사람들이 있었다. 그들을 접대하는 비용 때문에 파산할 지경이었기 때문이다. 심지어 걱정에 싸인 한 하급 귀족은 1600년에 여왕의 오른팔에게 여왕이 오지 않게 해달라고 사정하는 편지를 쓰기도 했다. 분명 아테네와 마찬가지로 로마의 여러 속주에는 황제와 그 일행이 와서 머무르는 것을 반기는 동시에 두려워한 부자들이 있었다. 황제 일행은 말 그대로 부자들의 재산을 몽땅 먹어치웠다. 그러나 황제 방문을 꺼리는 가장 큰 이유는 평범한 사람들에게 떨어지는 부담과 비용 때문이었다. 궁정이 어디로 이동하더라도 마찬가지였다.

구태여 여기에 주목한 로마 작가는 거의 없었다. 카시우스 디오는 카라칼라가 자신이 방문 중인 곳에 새 경마장과 원형 경기장을 짓도록 요구했을 때 현지 상류층의 부담을 언급했고, 그리고 엘라가발루스가 수레 600대(믿을 수 없게도 매춘부들로 꽉 차 있었다고 한다)의 일행을 이끌고 돌아다녔다는 주장은 로마인들의 상상 속에 있는 황제의 여행

규모를 시사한다. 그러나 황제의 방문이 현장에서 어떤 모습이었는지를 보여주는 것은 로마령 이집트의 파피루스들로 지방 관리들의 서류함에서 곧바로 나온 문서들이다. 임박한 하드리아누스의 도착에 대한 준비(372마리의 돼지와 나머지 모든 것들)는 현지인들에게 떨어진 부담의 한 사례일 뿐이다. 다른 문서들은 230년대 알렉산데르 세베루스와 그의 어머니의 방문을 내다보면서(그 방문이 실제로 있었는지는 알 수 없다), 모든 물자 징발이 합법적이고 투명한 방식으로, 큰 도시들에 공개적으로 전달된 정확한 요구에 따라 이루어져야 한다고 강조했다. 같은 방문 예정에서 행정 사다리의 더 아래쪽에서 나온 한 파피루스에는 자신이 황제 일행을 위해 돼지 40마리를 준비했다고 말하는 한 마을 관리의 보고가 들어 있다. 그 무게는 모두 합쳐 2천 리브라인데 마리당 대략 17.5킬로그램이다. 아주 어린 돼지였거나, 아니면 고대의 돼지가 보통 300킬로그램이 넘는 현대 유럽의 가축에 비해 훨씬 작았을 것이다(고고학적 증거가 이를 시사한다).

그러나 황제의 방문이 임박했을 때 막후에서 진행된 일의 가장 생생한 증거는 알렉산드리아 남쪽 약 600킬로미터의 도시 파노폴리스(현대의 아흐밈)에서 나온 파피루스 서류 뭉치다. 이 경우에 방문이 예상된 황제는 284년에서 305년까지 재위한 디오클레티아누스Diocletianus였다. 지방 관리 임명과 지연된 회계 등을 다룬 기타 여러 공식 문서들 가운데 이 서류 뭉치는 한 특정한 지역 관리의 미결 서류함을 보여준다. 그는 황제의 도착을 대비한 모든 준비를 갖추고자 애쓰며 온갖 걱정을 담은(또는 성질을 부리는) 편지를 행정 조직의 상-하부로 보냈다.

행간을 읽어보면 이 불운한 사람(이름은 알 수 없고 '지역 행정관'을 의미하는 스트라테고스strategos라는 그리스어 직명만 있다)은 인내심의 한계에 도달했던 듯하다. 그는 하급자들을 다그치며 압박을 가하고 있었다. 그는 꾸물거리고 있는 아우렐리우스 플루토게네스Aurelius Plutogenes라는 이름의 지방 의회 의장에게 이렇게 썼다. "다행스럽게도 다가오는 황제의 방문을 준비하기 위해 (…) 나는 귀하에게 말하고 또 말했소. 가능한 한 빨리 도시에 올 정예부대를 위한 공급품 관리자와 감독자를 선정하라고 말이오." 그로부터 2주 뒤 그는 같은 사람에게 다시 연락했다. 이번에는 배고픈 병사들을 먹일 빵을 준비하는 데 필요한 제빵소에 대한 걱정을 늘어놓았다. "이것은 긴급히 필요한 사항이오. 나는 귀하가 통상적인 방식으로 긴급하게 감독자를 임명할 것을 요구하오. 매우 공정하게 제빵소 수리와 그곳에서 일할 제빵사 충원을 감독할 사람을 말이오." 그는 동시에 상사에게도 편지를 썼다. 지연의 전적인 책임을 확고하게 플루토게네스에게 떠넘겼다. "저는 수집과 분배가 원활하게 돌아가도록 하기 위해 그에게 곡물 수집자, 분배자, 관리자를 따로따로 임명하라고 요구했습니다. 그러나 그는 다른 체계를 사용해서 군대의 공급사슬을 저해하고 악화시켰습니다." 이 일에 필요한 선박의 개장 문제는 더욱 고약하다고 그는 설명했다. 수선을 시작하기 위해 감독자를 임명하라고 요구하자 플루토게네스는 "배짱을 부리며 대들고 자기네 도시는 그런 고생을 할 필요가 없다고 대답"했다는 것이다. 우리는 "다행스럽게도 다가오는 황제의 방문"(이 서류 뭉치에서 자주 반복되는 구절이다)이 거의 모든 경우에 그것을 조직하고 공급하는 일을 맡은 사람들의 인내력을 시험하고 신경을 곤두서게 했으리라고 상상해야 할 것이다.

전쟁에 나간 황제

황제가 이탈리아 밖으로 나가는 것은 다른 무엇보다도 전쟁 때문이었다. 관광, 방랑, 사실 조사, 홍보 활동 등을 능가했다. 그들의 공식 칭호 중 하나인 임페라토르imperator(여기서 '황제'를 의미하는 영어 'emperor'가 나왔다)는 문자적으로 '군 지휘관'을 의미했다. 그리고 전투 장면 속 통치자의 모습은 로마와 로마 세계 일대 어느 곳에서나 발견됐다. 성공적인 군사원정 이야기를 과시하며 황제 자신의 모습을 강조하는 트라야누스와 마르쿠스 아우렐리우스의 기둥이 그렇고, 고급 갑주를 차려입은 수많은 통치자의 대리석 조각상이 그렇다. 말을 탄 마르쿠스 아우렐리우스의 유명한 고대 청동상도 마찬가지다. 그 조각상은 수백 년 동안 카피톨리노 언덕의 르네상스기 광장의 중심적인 장식물이었다(그림 44). 그는 지금 매우 평화롭게 보이겠지만, 본래 거기에는 말발굽 아래 짓밟혀 죽어가는 이민족의 모습이 있었다는 것을 알면 아주 다른 메시지를 읽을 수 있다. 그것은 분명 다른 쪽에 있는 사람들이 그를 보는 방식이다. 서기전 2세기 이후에 만들어진 이상한 유대교 및 기독교 문서 모음들(예언적이기도 하고 로마의 권력에 대한 공격이기도 하다)에서 로마 황제는 반복적으로 적을 죽이는 사람으로 그려졌다. 그의 상징은 '사람 죽이는 전쟁'이었다.

로마인들의 논리에 따르면 훌륭한 황제는 당연히 훌륭한 장군이었다. 통치자의 위상을 떨어뜨리는 가장 쉬운 방법 중 하나는 전쟁터에서의 능력을 조롱하는 것이었다. 한 전형적인 사례는 아마도 실패로 끝났을 서기 40년의 브리튼섬 침공 원정 때의 칼리굴라 이야기다.

그는 영국해협의 해안에서 아직 정복되지 않은 섬을 바라보며 전열을 가다듬고 나팔을 울린 뒤 병사들에게 군사적 영광을 위해 전진하는 대신 해변의 조가비를 주우라고 명령했다. 이 이야기는 사실일 수도 있고 아닐 수도 있다. 그 명령은 의도적이거나 실수로 오해한 결과일 수 있다. 창의적인 현대의 일부 학자들은 라틴어 용어에 대한 혼동 때문이라고 주장했는데, 황제는 사실 조가비를 주우라고 한 것이 아니라 '배'를 타거나 '막사'에 들어가라고 명령했다는 것이다. 그러나 진실이 무엇이든 이 이야기는 되풀이해서 회자되었다. 이유는 분명했다. 통치자인 칼리굴라가 용감성을 무력화하고 자기 병사들에게 하찮고 거의 여성적인 일을 하게 만들어 그들을 당혹스럽게 만든 사람으로 보이게 하려는 것이었다. 칼리굴라는 장군을 놀림감으로 만들었다.

그러나 황제의 군사적 역할은 보이는 것처럼 그렇게 단순하지 않았다. 여기서도 로마의 통치자들은 미묘한 줄타기를 해야 했다. 1~2세기는 크게 팽창한 시기가 아니었다. 해외의 정복 영토라는 측면에서 제국은 수백 년 전 1인 통치가 시작되기 오래전인 서기전 3세기에서 서기전 1세기 사이에 대체로 형성됐다. 이집트를 포함한 광대한 마지막 영토는 아우구스투스 치세 초에 제국에 추가됐다. 그리고 서기 9년에 현대 독일의 오스나브뤼크 부근 토이토부르크 숲 전투에서 궤멸적인 패배를 당한 이후 아우구스투스는 제국의 팽창을 더 이상 추진하지 않기로 결심했던 듯하다. 이 전투에서 아마도 2만 명이나 되는 로마 병사가 죽었을 것이다(고대 전투의 사상자 추산은 '아마도'가 붙지 않기는 어렵다). 그는 심지어 후계자 티베리우스에게 "제국은 현존 국경선 안으로 제한돼야 한다"라는 명시적인 서면 조언을 남겼다. 그는 굴욕적

| 그림 67 | 하드리아누스는 적어도 상징적으로는 전쟁을 위해 무장했다. 그는 코로나 키비카corona civica('시민관')라 불리는 오크나무 관을 썼는데, 이 관은 전투에서 동료 시민의 생명을 구한 사람에게 주어지는 영예였다.

인 전쟁을 치른 이후 아마도 군사적 자원이 이미 너무 넓게 산개돼 있고 그것을 유지하는 데 너무 많은 비용이 든다고 판단한 듯하다. 로마 전제정의 창설자 중 한 명이 남긴 명확한 메시지는 미래의 황제들이 무분별하게 제국의 규모를 늘리는 것은 현명하지 않다는 것이었다.

이것이 아우구스투스의 후계자들에게 그래도 약간의 빛날 기회를

| 그림 68 | 트라야누스 기둥의 다키아 전쟁 부분. 중앙의 황제가 자기 앞에 있는 병사들에게
연설을 하고 있고, 그의 뒤에서는 로마 병사들이 강을 건너고 있다.

제공했다. 그는 전쟁 반대를 주장한 것은 아니었다. 제국 바깥으로부
터 오는 위협에 저항함으로써 얻는 영광이 언제나 있었다. 마르쿠스
아우렐리우스의 기둥은 그런 저항 원정 가운데 하나를 기리고 있다.
도나우강 너머의 부족들이 가한 압박에 대한 저항이었다. 영광은 로
마 영토 안의 폭동과 반란을 진압하는 데서도 얻을 수 있었다. 예를 들
어 하드리아누스는 130년대 유대인들의 반란을 잔인하게(그의 입장에
서는 '단호하게'라고 표현했을 것이다) 진압한 공적을 주장할 수 있었다. 어
떻든 제국의 '경계'는 현대의 지도에 나타나는 단순한 선이 결코 아니
었다. 그것은 훨씬 더 유동적이었다. 로마제국의 힘과 통제력은 실제
로는 공식적인 속주의 한계를 훨씬 넘어서까지 미치고 있었고, 흔히

| 그림 69 | 마르쿠스 아우렐리우스 기둥에 나오는 장면들은 이전의 트라야누스 기둥에 있는 장면보다 더 잔혹해 보인다. 이 장면은 로마인들이 게르만족 마을(독특한 오두막이 보인다)을 공격하는 모습으로, 여자와 아이들이 탈출을 시도하고 있다.

'경계선'이라기보다는 '경계 지역'이었다. 브리타니아의 하드리아누스 장성은 그 외관에도 불구하고 로마의 영토와 영향력의 끝을 표시하는 것이 아니었고, 그것은 훨씬 북쪽까지 미쳤다. 장성은 경계표지라기보다는 로마의 해당 지역의 지배에 대한 과시적인 주장이었다. 따라서 넓은 의미에서 아우구스투스의 조언을 준수하면서 한편으로 여전히 영향권 내에 있던 지역을 제국의 속주로 공식 편입하거나 새로운 영토를 로마의 실질적이지만 간접적인 통제 아래로 두는 위신을 구가하는 일은 가능했을 것이다. 압박만 하면 로마의 꼭두각시가 될 용의가

| 그림 70 | 에페소스의 한 돋을새김 조각에 새겨진 판에 박힌 로마의 승리 장면. 패배한 '이민족'(전형적인 '이민족'의 바지를 입었다)이 말 위에 축 늘어져 있다. 그 뒤에 로마 병사의 모습이 일부 보인다.

있는 외국 왕은 많았다.

그렇지만 바탕에는 두 가지 생각의 충돌이 깔려 있었다. 현재의 영토를 고수하려는 위험 회피 입장과, 영광은 군사적 팽창에서 온다는 전통적인 견해 사이의 충돌이다. 후자는 '한계 없는 제국'(베르길리우스가 그의 서사시 《아이네이스》에서 유피테르 신의 입을 빌려 한 말을 인용)을 소유하는 것이 로마의 운명이라는 지속적인 대중의 환상이었다. 다시 말해서 사실상 보초 근무를 서는 경찰력이었던 레기오들의 총사령관이라는 황제의 이미지와, 공화국 시절로 거슬러 올라가는 전통적인 로마의 용감한 장군(갈수록 커져만 가는 팽창 과정의 전투에서 병사들을 이끄는 사람)이라는 황제의 이미지 사이의 충돌이었다. 동시에 '위대한' 정복자가 되지 않은 채 어떻게 '위대한' 로마인이 될 수 있단 말인가? 황제가 제국을 확장해야 한다는 생각은 절대로 폐기된 적이 없었다.

전투복 차림의 황제의 조각상은 이 균열을 미봉하는 데 한몫했다. 그 조각상들은 군사 지도자로서의 그의 역할을 단순히 '기념'한 것이 아니라 그것을 '대체'하는 것이었다. 대리석으로 만든 모든 중무장 흉갑과 군복 '치마'는 황제가 그런 복장은 실제 생활에서는 잘 입지 않는다는 사실을 숨기는 데 도움을 주었다. 마찬가지로 2세기 중반 안토니누스 피우스 치세에 만들어진, 다소 상투적인 어떤 '이민족'에 대한 로마의 승리를 묘사한 에페소스(현대의 튀르키에에 있었다)의 거창한 조각들은 틀림없이 이 시기에 그런 전쟁이 벌어지지 않았다는 사실을 가리기 위해 설계된 것이었다. 상투적인 것은 이민족에 대한 묘사 자체였다. 그러나 또한 1~2세기에 로마제국의 전체적인 크기는 비교적 변하지 않고 분명히 오래 지속되지 않았지만 황제에게 과장하고 축하할 수 있는 승리를 선사한 일련의 원정이 있었음도 발견할 수 있다. 그 원정들은 군사적으로 '헛된 일'이었다. 양쪽 모두에 그러한 '헛된 일'에 불가피하게 수반되는 수많은 생명의 손실을 안기는 일이었다.

승리했다!

지금 어느 황제가 군사 작전에 나서기로 결정한 과정을 복원하기란 불가능에 가깝다. 궁궐 비서 조직에는 예컨대 재정이나 청원 담당 부서와 같은 전쟁 담당 부서는 없었다. 그리고 언제나 로마의 '성공'을 이론적으로 설명하고자 하는 현대의 일부 군사학 분석가들의 바람에도 불구하고 중·장기적인 군사 '정책'의 조그마한 기미도 없었다. 제국의 '거대 전략' 같은 것은 더욱더 없었다. 거기에 가장 가까운(그러나 아주 가깝지는 않다) 것은 아우구스투스가 했다는, 제국은 "현존 국경선 안으로 제한돼야" 한다는 조언이었다.

제국 전역에서 그날그날 일어나는 군사 작전 대부분은 반응적인 것. 제국 행정의 다른 수많은 결정과 마찬가지로 군사와 관련된 결정은 대체로 문제가 일어났을 때 그에 대응해서, 또는 아주 지역적인 일을 추구하기 위해 속주 총독이나 야전의 부대 지휘관이 내렸다. 이 가운데 황제에게 직접 묻고 결정을 내리는 경우는 거의 없었다. 틀림없이 많은 편지가 궁궐로 발송됐다. 플리니우스가 트라야누스에게 보고하고 조언을 청한 것과 거의 비슷한 방식이었다. 그러나 군 지휘관들은 통상 대답으로 무슨 명령이 내려오는지를 기다릴 여유(몇 달이 걸릴 수도 있었다)가 없었다. 황제와 그의 고문들이 어떤 식으로든 통제를 했다면 그것은 대체로 간접적인 것이었다. 몇 가지 일반적인 지시를 내리고, 휘하 지휘관들의 선택을 사후에 비준하거나 비준하지 않고, 병사들을 제국의 한 지역에서 다른 지역으로 이동시키는 것을 허가하고, 현장의 인력을 채용하거나 해고하는 등의 방식이었다. 네로가 부디카의 반란 이후 사태를 악화시키고 있던 브리타니아 총독을 교체한 것은 그에 완벽히 들어맞는 사례다.

일반적인 패턴에서의 예외는 황제가 직접 개입하거나, 전선 또는 그 근처에서 미리 계획된 것처럼 보이는 일련의 눈에 띄는 군사작전에서 나타났다. 이러한 작전들은 적어도 부분적으로는 그의 대중적 이미지에 이바지하기 위해 설계된 것이거나, 그것을 염두에 두고 사후에 쓰인 것이었다. 그중 가장 의미심장하고 매우 결과가 달랐던 두 사례가 서기 43년에 시작된 클라우디우스의 브리튼섬 정복과, 멀리 페르시아만까지 이르렀고 117년에 트라야누스가 사망하면서 막을 내린 그의 동방 원정이었다.

클라우디우스는 서기 41년 칼리굴라 암살 이후 제위에 올랐고, 어떤 요행이나 막후의 술책이 그의 선출을 이끌었든 간에 그는 기대하지도 않았고 가능성도 없었던 선택이었다. 통상적인 표현에 따르면 그는 나이 든 숙부로서 어떤 승계 계획에서도 제외됐다고 모두가 생각하던 사람이었다. 수에토니우스는 심지어 클라우디우스가 아직 어렸을 때 아우구스투스가 리비아에게 쓴 편지들을 인용하는데(수에토니우스가 편지를 어디서 발견했는지는 알 수 없다), 여기서 황제는 이 소년이 문제아임을 개탄한다. 아이가 공직을 맡을 수나 있을지 아우구스투스는 의문스러워했다. 그를 경기장의 황제석에 들이지 말아야 할까? 그를 어떻게 해야 할까? 이런 배경에서 새 황제가 이 일을 감당할 수 있다는 주장을 뒷받침하는 한 가지 방법은 무용의 옛 전통을 받아들여 '정복을 하는' 것이었다. 브리튼섬은 특히 매력적인 목표물이었다. 몇 가지 그럴듯한 침략의 구실을 만들어내기는 했지만 그곳은 제국의 안전을 전혀 위협하지 않는 곳이었다. 그러나 로마인들의 상상력 속에서 그곳은 '대양'(지금 사용하는 '영국해협'에 비해 더 공포스럽게 들리는 명칭이다) 건너편에 있는 신비롭고 매력적이며 위험한 오지였다. 그곳은 세계의 끝에 있는 최후의 변경이었다. 피부에 파란 물감을 들이고, 빵과 밀이 아니라 우유와 고기를 먹으며, 동물 가죽을 입는 낯선 사람들이 사는 곳이었다. 브리튼 사람들은 또한 이미 서기전 50년대 율리우스 카이사르의 시도와 아마도 칼리굴라의 시도('조가비 사건'이 있었던 그때)를 모두 물리친 바 있었다. 따라서 이곳은 새 황제에게 전임자들을 능가하며 존재감을 드러낼 절호의 기회였다.

진격 부대의 총지휘관은 고위 세나토르이자 전직 집정관인 아울루스 플라우티우스Aulus Plautius였다. 군대 파견에는 수송과 식량 공급에서부터 장비, 숙영, 통신과 적절한 시기를 택하는 데 이르기까지 복잡한 병참 활동이 수반되었음이 틀림없다. 카시우스 디오에 따르면 병사들이 처음에는 세계의 한계 너머로 위험을 안고 가는 일을 내켜하지 않았고, 클라우디우스가 격려 연설을 하라고 보낸 궁궐 소속 해방노예의 말도 잘 먹히지 않았기 때문에 온갖 종류의 지연이 있었다. 병력은 네 레기오를 통틀어 대략 2만 명이었다. 그중 하나는 미래의 황제 베스파시아누스가 지휘했다. 황제가 되려는 그의 야망이 드러나기 훨씬 전이었다(율리우스 카이사르를 제외하면 브리튼섬에 발을 디딘 최초의 로마 황제였다).

클라우디우스는 나중에 로마에서 달려왔다. 그는 초기 점령의 마지막 단계에 맞춰 도착했다. 원정에서 그가 한 역할에 대해서는 서로 다른 기록들이 유포됐다. 디오는 아마도 관변의(그리고 많은 사람들이 믿은)

자료를 바탕으로 기록한 듯하다. 그는 플라우티우스가 어려움에 빠져 결국 황제에게 도움을 청했으며, 결정적인 전투에서 승리하고 부족들의 항복을 받아낸 것은 클라우디우스가 도착하고 나서였다고 썼다. 고대와 현대의 다른 대다수의 작가들은 플라우티우스를 로마 승리의 유일한 기획자로 묘사했다. 클라우디우스는 그저 승리를 자기 것으로 주장하기 위해 마지막 순간에 코끼리 무리(아마도 쓸모없었겠지만 두려움은 불러일으켰을 것이다)를 이끌고 나타났다. 황제는 그 뒤 곧바로 로마로 돌아갔고, 그곳에서 받은 영예 가운데 '브리타니쿠스Britannicus'라는 새 이름이 있었다. 그는 자신의 어린 아들에게도 이 이름을 붙였다. 로마에 정복된 민족에게는 자기네의 이름이 그 정복자들의 이름과 칭호에 들어가는 것이 수백 년을 거슬러 올라가는 전통적인 치욕이었다. '아프리카누스', '아시아티쿠스', '게르마니쿠스' 같은 식이었다. 심지어 카라칼라 황제는 동생 게타를 죽인 뒤 '게티쿠스Geticus'로 불려야 한다는 은밀한 농담도 있었다.

승리를 축하하기는 했지만 로마의 입장에서 브리타니아는 엄청나게 자원을 소모하는 곳임이 드러났다. 그곳을 정복하는 것은 그 가치에 비해 더 많은 돈이 들 것이라는 지리학자 스트라본의 비관적인 경제적 평가는 옳았다. 어떻든 '정복'이 정말로 무엇을 의미했는지는 불분명하다. 시골에 사는 대다수의 브리튼 사람들의 삶은 크게 달라지지 않았다. 도시, 저택, 그리고 타키투스가 냉소적으로 말했듯이 라틴어와 토가라는 새로운 상부구조가 있었지만 말이다. 그러나 병사와 돈이라는 형태로 막대한 비용이 들어가고 지속적인 유격전 아니면 공공연한 반란이 일어나 로마인들은 5세기 초까지 섬의 일부만을 차지할 수 있었다(결코 섬 전체를 통제하지는 못했다).

브리튼 정복은 클라우디우스보다 50년 뒤 트라야누스 황제의 가장 눈에 띄는 몇몇 정복들과는 달랐다. 그것은 얻었다가 거의 곧바로 상실했다. 트라야누스는 부분적으로는 남아 있는 기둥(여전히 로마시 중심부에서 '임페라토르'로서 황제의 모습을 수백 개의 장면으로 보여주고 있다) 덕분에 오늘날 로마의 모든 통치자 가운데 가장 전투적이고 팽창을 지향했던 황제 중 하나로 생각되고 있다. 어떤 면에서 그것은 사실이었다. 그는 재위 시기의 대략 절반을 이탈리아 밖에서 보냈고(그는 어떤 면에서는 하드리아누스에 거의 맞먹는 '여행자'였다), 그가 많은 땅덩어리를 속주로 공식 병합했기 때문에 그의 치세는 흔히 제국이 최대의 판도를 지녔던 시기로 기록된다고 일컬어졌다. 그러나 그것은 그저 '순간'이었다. 트라야누스의 정복지 일부는 한껏 과시됐지만 금세 상실되고 말았다. 즉, 군사적 영광 자체를 위한 정복이었다.

기둥 자체는 2세기 벽두의 다키아(현대의 루마니아)를 상대로 한 그의 전쟁을 기념하고 있다. 그 기둥은 지금 멋지게 외따로 서 있지만, 본래는 그의 넓은 '포룸'(시장, 도서관, 주랑 현관, 개선문, 그리고 묶이고 사로잡힌 다키아인들을 묘사한 수많은 조각품이 있는 다목적 복합 공간이었다)을 구성하는 한 요소일 뿐이었다. 포룸은 트라야누스의 승리와 새로운 로마 속주 다키아의 창설을 축하하기 위해 건설했는데, 분명히 제국 팽창의 옛 전통에 입각한 것이었다. 이 포룸은 수백 년에 걸쳐 황제의 무용을 매우 효과적으로 홍보했다. 그러나 그것은 축하하는 것 못지않게 가리는 것이 있었다(틀림없이 그런 목적으로 설계됐다). 250년이 지난 지금도 여전히 로마를 방문하는 고위 인사들의 '필수 관광 명소'가 된 이 과장된 건축물을 보면 트라야누스가 다키아에서 기본적으로 도미티아누스의 이전 작업을 계속 추진한 것 외에는 별로 한 것이 없다는 생각, 새 속주는 어떻든 이미 로마의 통제 아래 있던 지역을 가지고 만든 것이라는 생각(꼭두각시 왕이 더 이상 꼭두각시 노릇을 하지 않겠다고 한 뒤였다), 그리고 축하를 위한 포룸은 축하 대상이던 속주보다 훨씬 더 오래 유지됐다는 생각(다키아 속주는 3세기에 로마인들에 의해 버려졌다)을 할 수는 없을 것이다.

113년에 시작된 트라야누스의 동방 정복과 현대의 이라크 지역에서 거둔 파르티아인들에 대한 승리는 더욱 극단적이고 당혹스러운 과장의 사례이고, 황제의 이미지 만들기와 실제 군사적 현장 사이의 충돌의 사례다. 이들 원정의 배경에 대해서는 고대 세계부터 시작해 오랜 논쟁이 있었다. 카시우스 디오는 트라야누스가 다름 아닌 영광을 위한 욕망에 떠밀렸다고 생각했다. 다른 이들은 좀더 관대한 태도를 보이며 다키아에서와 같은 몇 가지 문제의 정리가 필요하다고 지적했다. 분명하지 않은 로마의 통제 지역과 믿을 수 없는 꼭두각시 통치자 같은 것들이 그것이었다(다만 디오는 이 모든 것이 그저 구실이었다고 판단했다). 또한 중국 서쪽에서는 동방에서 유일하게 중요한 경쟁 강국이었던 파르티아 제국을 상대로 한 승리에서 얻을 수 있는 강력한 정치적 자산도 있었다. 파르티아는 서기전 53년에 크라수스가 패해 참수당한 이후 단속적斷續的인 적이었고, 트라야누스가 승리하기만 하면 눈에 띄는 홍보 효과를 거둘 터였다. 그러나 그 원인이 무엇이고 날짜와 경로 등 논란이 있는 세부 내용이 어떠했든, 사건의 윤곽은 너무도 분명했다.

현대의 일부 역사가들이 8만 명(브리튼 침공을 사소한 충돌로 여기기에 충분한 규모다)으로 추정한 전투 부대를 이끈 트라야누스와 휘하 장군들은 제국의 동쪽 끝으로부터 치고 이동하는 공격을 개시했다. 고대 메소포타미아 지역을 지나 116년에 현대의 바그다드 바로 남쪽인 파르티아 수도 크테시폰을 점령하고 완전히 새로운 세 개의 로마 속주를 만들었으며, 그 뒤 페르시아만 연안에까지 도달했다. 영예는 당연히 따라왔다. 황제에게는 '파르티쿠스Parthicus'라는 또 하나의 이름이 주어졌고, 그의 성공은 주화에 자랑스럽게 묘사됐다(화보 14). 그 자신은 승리를 알렉산드로스 대왕의 승리에 비견했다. 로마의 장군들이 즐겨 한 일이었다. 그러면서 알렉산드로스의 발자취를 따라 멀리 인도까지 갈 수 있을 만큼 젊지 않음을 한탄했다('한계 없는 제국'?). 그러나 그가 서기전 323년에 그의 영웅이 죽은 바빌론의 그 장소로 순례 여행에 나섰을 때, 이 지역에서의 서방 세력(또는 간섭자)이 흔히 그러하듯이 모든 것은 이미 흐트러지고 있었다. 이른바 정복됐다는 영토에서는 반란이 일어났고(그것은 결국 치고 이동한 것이었다), 트라야누스 자신은 호되게 앓았다. 그는 플로티나와 함께 로마로 돌아오던 도중에 죽었고, 전해지는 이야기를 믿는다면 플로티나가 권력 승계를 결정했다. 후계자가 된 하드리아누스가 취한 첫 번째 행동 가운데 하나는 새 속주들을 간단히 포기하는 것이었다. 이들 지역이 로마제국의 일부였던 기간은 2년이 채 되지 않았다.

자기 과장의 희생양이 된 트라야누스의 이미지는, 허례허식이 없고 세부 사항에 대한 세심한 주의와 소박한 식사를 하는 모습 등으로 묘사한 플리니우스의 현실적인 관점과 어색한 대조를 이룬다.

무리 가운데 하나

황제가 전쟁에 대한 열의를 과시하는 것은 단순히 군사적 영광을 얻거나 쟁취하기 위한 시도만은 아니었다. 그것은 또한 스스로를 자기 병사들과 같은 위치에 놓기 위해 설계한 것이기도 했다. 로마의 권력과 안전은 궁극적으로 드러났든 드러나지 않았든 힘을 바탕으로 한 것이고, 병사들의 충성스러운 지원을 유지하는 것은 황제가 절대적으로 가장 먼저 챙겨야 할 일이었다. 2세기경 제국 전체의 병력은 40만 명 안팎에 이르렀다. 황제로서는 군대가 자신에게 등을 돌리는 것이 악몽이었다. 이 때문에 황제는 막대한 액수의 돈을 계속해서 후한 봉급과 연금에 쏟아붓고 때때로 가욋돈을 주기도 했다. 그러나 충성은 또한 마음에 달려 있는 것이어서, 충성심을 효과적으로 얻기 위해 황제는 자신을 '콤밀리티오commilitio'('같은 군인', '전우')로 내세울 필요가 있었다. 플리니우스가 〈찬양 연설〉에서 트라야누스가 콤밀리티오처럼 행동한다고 칭송하면서 동시에 임페라토르임을 이야기한 것은 또 하나의 줄타기였다. 또는 '황금의 입' 디온이 트라야누스에게 한 말처럼, 통치자가 자신의 제국을 보호하기 위해 위험에 빠진 사람들에 대해 알려고 하지 않는다면 그는 자신을 도와 양 떼를 지키는 사람들에 대해 알지 못하는 양치기와 같으며, 이는 야생동물을 들여보내기 십상인 행위였다.

　황제가 '같은 군인'이 되는 방법은 여러 가지였다. 그렇다고 실제로 전투에, 백병전에 나서야 했다는 얘기는 아니다. 심지어 황제가 명목상으로 군대를 이끌고 있는 경우에도 마찬가지였다. 고대 전투의 경험을 복원하는 것은 거의 불가능하다. 아마도 거창한 고대의 기록이 시사하는 것보다 규모가 훨씬 작고 더 혼잡했을 것이다. 또 전쟁터에서 죽은 사람보다 감염된 상처 때문에 나중에 죽은 사람이 더 많았을 것이다. 그러나 대중적인 이미지야 어떻든 공화국의 유명한 장군들과 마찬가지로 황제가 직접 전투에 투입되지는 않았다. 예를 들어 아우구스투스는 서기전 31년 악티온 해전에서 용감하게 배의 "고물에 우뚝" 서서 싸움의 한가운데에서 부대를 지휘했다는 베르길리우스의 유명한 묘사가 있다. 그러나 실제로는 다른 기록들이 분명히 밝히고 있듯이 그의 친구 마르쿠스 아그리파_{Marcus Agrippa}가 실질적인 지휘를 했고, 아우구스투스(당시 옥타비아누스)는 전투장 바깥의 작은 배에서 지켜보았을 뿐 결코 "고물에 우뚝" 서 있지 않았다. 그리고 서기 60년대 말 예루살렘 포위전 때 티투스가 보여준 용감성에 관한 이야기들(적의 화살을 피하고, 수에토니우스가 말했듯이 매번 정확하게 쏘아 열두 명의 적을 죽였으며, 상대편의 압박에 맞서 굳건하게 버텨냈다)은 그가 제위에 오르기 한참 전의 일이었다는 것이 중요하다. 적어도 이런 측면에서 트라야누스의 기둥에 있는 전투 장면은 좀더 정확하다. 이들은 병사들에게 연설하고 종교 의식을 수행하고 포로를 인수하는 황제의 지휘 역할을 보여주지만, 황제는 싸우지도 않았고 돌격을 이끌지도 않았으며 늘 전투용 갑옷을 입고 있는 것도 아니었다.

'무리 가운데 하나'로 보이는 것은 더 중요한 문제였다. 병사들과 조가비 이야기의 진실이 무엇이었든, 칼리굴라는 분명히 어린 시절 자신의 아버지 게르마니쿠스와 함께 군 기지에서 성장한 것이 분명 도움이 됐을 것이다. 그곳에서 그는 꼬마 병정 차림을 했고, 일종의 부대

마스코트 노릇을 했다. 심지어 지금 우리가 일반적으로 알고 있는 그의 이름 '칼리굴라'조차도 그 시절로 거슬러 올라간다. 문자적으로 '작은 장화'를 의미하는 이 이름은 그가 늘 신었던 작은 군화를 가리킨 것이다(이는 칼리굴라 자신이 이 이름을 그다지 좋아하지 않았던 이유를 설명하는 데 도움이 된다). 그러나 일반적으로 황제는 병사들과 함께 있을 때 도와주고 함께하는 것으로 보여야 했다. 여기서도 황제는 '우리 가운데 하나'가 돼야 했다. 로마 상류층과 함께 '우리 가운데 하나'가 되는 것과는 다른 방식이었지만 말이다.

로마 작가들은 이런 면에서 황제에게 무엇이 기대됐는가에 관한 상당히 표준적이고 반복적인 기준을 갖고 있었다. 황제는 병사들의 이름을 알아야 했고, 그들이 아플 때 돌봐주어야 했다(트라야누스는 다키아 전쟁의 어떤 상황에서 자기 옷을 잘라 붕대를 만들어 만점을 받았다). 그는 관을 쓰지 않아야 했고, 일반 병사들과 같은 방식의 숙소를 사용해야 했다. 그는 특식을 받아서는 안 됐다. 위계가 분명한 궁궐 식사와는 정반대로 황제는 다른 병사들과 정확히 똑같은 병영 음식을 먹어야 했다. 예를 들어 하드리아누스는 치즈, 베이컨, 싸구려 포도주를 함께 먹었다. 셉티미우스 세베루스는 식수를 구할 수 없을 때 더러운 물을 앞장서서 마셔 다른 사람에게 모범을 보였다. 이 부분에서 호평을 받았던 카라칼라는 한 발 더 나아갔다고 한다. 자원해서 무거운 레기오 기장을 직접 들었고(좀 작기는 했지만), 해자를 파거나 평범한 나무 접시의 음식을 먹거나 배급 곡물을 직접 갈거나 잿불에 거친 빵을 구웠다.

그러나 이런 지나치게 관대한 일화 외에 황제와 일반 병사 사이의 관계에 대해 우리가 알고 있는 유일한 직접적인 장면은 다시 아프리카 대륙에 간 하드리아누스의 경우일 것이다. 그는 치열한 군사 작전을 수행하지 않는 대신 오랜 군 기지를 시찰했다. 그가 사하라 북쪽 150여 킬로미터에 있는 현대의 알제리에 있는 람바이시스 항구를 찾은 것은 128년으로 그의 두 번째 장기 여행 도중이었다. 그가 안티누스와 함께 대규모 사자 사냥을 하기 몇 달 전이다. 그곳에서 그는 몇몇 군부대가 기동 연습을 하는 것을 점검하고 그들의 성적에 대한 구두 보고를 했다. 그 보고 내용이 나중에 돌에 새겨져 항구의 연병장에 전시됐기 때문에 이를 알 수 있다. 그 연병장에서는 19세기에 고고학자들이 몇몇 돌 조각과 많은 파편들을 재발견했다. 나는 이때 하드리아누스의 방식이 '뻣뻣했다'고 했는데(325쪽), 아마도 이는 좀 불공정한 평가였을 것이다. 지금은 많은 부분이 이렇게 읽힌다. "여러분은 모든 것을 교범대로 했습니다. 여러분은 연병장 안에서 기동 훈련을 했고, 뻣뻣하고 짧은 창을 우아하게 던졌고, 어떤 병사들은 긴 창을 능숙하게 던졌습니다." 심지어 황제가 개인적인 의견을 말하는 부분에서도 어조는 한결같았다. "나는 반격을 좋아하지 않습니다. 내가 모범으로 따르는 트라야누스 황제도 마찬가지였습니다. 기병은 은신처에서 달려 나와야 합니다."

그러나 '뻣뻣하다'는 것은 아마도 요점의 일부일 수도 있다. 이것은 황제가 햄과 치즈를 같이 먹는다는 의미에서 '함께하는' 것이 아니었지만, 그는 병사의 말로 병사들에게 말하고 있었다. 그들이 배웠던 훈련 교범의 원칙을 따랐고, 다만 최소한의 개인적인 변형만이 있었을 뿐이었다. 그의 모범으로서 트라야누스를 이야기한 것은 그의 승리가 아무리 허약한 것이었다고 하더라도 그가 병사들에게 잘 받아들여졌

428

음을 시사한다. 여기서 우리는 황제이자 임페라토르인 하드리아누스
가 병사들을 그의 말마따나 '교범대로' 대했음을 알 수 있다.

승리로 인한 문제

클라우디우스가 기껏해야 상징적으로 전투에 참여했으면서 개선식
을 요구했다고 조롱하기는 쉽다. 하지만 그런 주장은 형식적으로는
옳았다. 황제가 현장에서 어떤 역할을 했든, 심지어 그들이 전선에 나
타났든 나타나지 않았든, 황제는 언제나 공식적으로 총사령관이었고
그런 의미에서 모든 군사적 승리는 황제의 것이었다. 그리고 그것이
고대의 '개선' 의식(그 의식은 그들 도시의 기원 자체와 로물루스 왕의 치세로
거슬러 올라간다고 로마인들은 생각했다)을 황제가 독점하는 것이 형식적
으로 타당한 이유다.

　개선식은 전통적으로 원로원이 가장 큰 승리를 거둔 로마의 총사령
관에게만 부여하는 영예였다. 가장 큰 승리라는 것은 반대편에서 보자
면 가장 많은 피를 흘리는 학살을 이끌었다는 얘기다. 어느 한 원칙은
5천 명의 적을 죽여야 개선식을 할 자격이 주어진다고 분명하게 말한
다. 여기에는 공들인 시가행진, 군중의 환호, 그리고 온갖 종류의 즐길
거리가 있었다. 시인 오비디우스는 이곳이 경기장만큼이나 여자를 낚
기 좋은 곳이라고 생각했고, 그것은 또 다른 의미에서 '정복'이었다. 장
군은 유피테르 신의 복장을 차려입고 특별한 의례용 수레에 섰다. 포
로와 전리품은 그의 앞에서 행진하고, 그의 승리를 세부적으로 전하

는 팻말도 있었다. 율리우스 카이사르가 유명한 구호 "왔노라, 보았노라, 이겼노라Veni, vidi, vici"를 내건 것도 한 개선식에서였다. 병사들은 사령관의 뒤를 따르면서 환호하고 때로는 상스러운 노래를 불렀다. 틀림없이 술도 한잔 걸쳤을 것이다. 이것은 제국의 먼 지역이 수도 한복판에서 전시되는 기회였다. 약탈한 금, 은, 귀중한 공예품은 그 일부에 불과했다. 때로는 먼 지역에서 자라는 나무와 정복한 외국 도시의 모형이나 그림도 행진 대열에 있었다. 공화국의 많은 귀족에게 개선식은 야망의 정점이었다. 개선식을 하는 장군은 그날만큼은 신이 됐다고 느낄 수 있었다.

이 전통은 아우구스투스의 치세에 바뀌었다. 이제 '보통의' 장군에게는 개선식이 허용되지 않았다. 이 영예는 황제(공식적인 총사령관으로서)와 그의 직접적인 상속자로 제한됐다. 일부 현실적인 측면에서 거기에는 장단점이 공존했다. 개선식은 사실 좀 불편한 의식이었다. 수레에 몇 시간씩 서 있어야 하고, 휴식도 없이 시내의 자갈길 위로 수레를 몰아야 했다. 솔직하게 말하기로 유명한 베스파시아누스는 서기 71년 유대인과의 전쟁 승리를 축하하는 개선식이 끝나자 절뚝거리며 수레에서 내려와 이렇게 말했다고 한다. "이 나이에 개선식을 원했다가 톡톡히 배웠네." 셉티미우스 세베루스는 실제로 관절염 때문에 이 영예를 거절했다고 한다. 그러나 새로운 제한은 실제로 싸운 사람이 누구이든 모든 군사적 성공은 황제의 것임을 강조했다(그림 3, 12).

그러나 새로운 형태의 의식 뒤에 숨어 있는 문제를 가릴 수는 없었다. 부분적으로 그것은 일부 사람들에게 황제의 역할과 옛 귀족의 무력화가 조화를 이루지 못한다는 데 주목하게 만들었다. 서기 43년 클

430

라우디우스의 공들인 개선 행진(심지어 그의 아내 메살리나가 작은 수레를 타고 깜짝 등장했다)을 본 사람들은 황제가 군사적으로 성공을 거두었다는 이 공식 연출을 믿었을까? 그들은 클라우디우스가 전장에서 어떤 역할을 했든 그가 영예를 받기에 적합한 사람이라는 것을 수긍했을까? 아니면 이것이 승리에 실제로 공헌을 한 아울루스 플라우티우스가 밀려났다는 분명한 징후로 여겨졌을까? 그러나 이것은 또한 승리가 무엇을 위한 것인가에 대한, 그리고 다시 한번 황제의 통치 위를 떠도는 날조와 속임수에 대한 더 큰 문제를 제기했다.

서기 67년 네로는 그리스에서 돌아왔을 때 로마에서 '유사 개선식'을 벌였다. 자신이 받은 모든 상을 기념하기 위해서였다. 그는 아우구스투스가 군사적 승리를 기념한 개선식에서 사용했던 것과 똑같은 수레를 타고 행진했다고 한다. 수레 뒤를 따르는 병사들을 대신한 것은 그의 지지자 무리였고, 선두의 팻말은 승리한 전쟁이 아니라 그가 참여한 운동 경기 및 예술 경연을 상세히 알렸다. 네로는 통상적인 개선식에서처럼 카피톨리노 언덕의 유피테르 옵티무스 막시무스Jupiter Optimus Maximus('가장 훌륭하고 위대한 유피테르') 신전에서 마무리하는 대신에 수금 연주로 유명하고 적당히 '예술적인' 신인 아폴로 신전으로 향했다. 이것은 개선식이 단순히 군사적인 승리 외에 어떤 종류의 '승리'를 축하해야 하는지에 대한 관념을 재규정하려는 건설적인 시도였을까? 아니면 이 전통적인 의식의 전체 관념(그리고 이데올로기)을 뒤엎거나 조롱하려는 시도였을까? 칼리굴라가 병사들을 조가비 채취자로 바꿔놓은 것에 맞먹는 풍자로서 말이다.

다른 경우에, 심지어 개선식에 대한 전통적인 군사적 정의 안에서도

| 그림 71 | 네로가 발행한 청동 주화. 가장자리를 둘러 이 황제의 공식 칭호 일부가 들어 있다. 중앙은 수금을 연주하는 아폴로 신의 모습이다. 아니면 아마도 아폴로 역할을 하는 네로의 모습인지도 모른다.

어떻게 황제의 행진에서 본 것을 믿고 축하의 대상이 된 승리를 믿을 수 있느냐 하는 예리한 질문이 제기됐다. 칼리굴라와 도미티아누스에 관한 가장 재미있고 신랄한 두 이야기가 전해진다. 둘 다 게르만족을 상대로 승리를 드러내는 개선식을 기념하는(또는 기념하려고 계획한) 것이었고, 이들 승리는 매우 과장됐거나 아니면 전혀 일어나지 않은 일이었다(우리는 아우구스투스의 조언에 직면해 군사적 영광을 얻는 또 다른 방법은 100여 년 뒤의 카라칼라처럼 그저 승리를 조작하는 것이었다는 의혹을 가질 수밖에 없다. 카라칼라는 마찬가지로 파르티아인을 상대로 한 약간의 영웅적인 행위를 날조했다). 하지만 실제로 잡은 포로가 없다면 포로의 행진은 어떻게 한단 말인가? 수에토니우스에 따르면 칼리굴라의 해답은 일부 갈리아인을 게르만인으로 꾸미는 것이었다. 그들의 머리칼을 붉게 물들이

432

고, 그들에게 게르만어 몇 마디를 가르치고 게르만식 이름을 주는 것이었다. 도미티아누스의 해법도 비슷했는데, 다만 몇 가지가 추가됐다. 존재하지 않는 전리품의 자리를 채우기 위해 그는 궁궐 창고에서 가져온 일부 보물을 이용했다. 이 이야기들이 전하는 바는 황제와 관련된 것이라면 개선식에서 두 눈으로 본 것이라도 절대로 믿을 수 없다는 것이다. 행진을 지켜보고 서 있다면 이 모든 것이 가짜가 아닐까 하는 의구심을 떨쳐버릴 수 있을까?

그러나 단연 가장 이상한 경우는 메소포타미아에서 거둔 트라야누스의 승리를 축하하기 위해 117~118년의 어느 시기에 열린 개선식이었다. 이것이 하드리아누스에게 던진 큰 문제는 알기 쉽다. 그는 어떻게 이미 죽은 선임자의 성공적인 원정을 기념하려는 것이었을까? 해답은 죽은 황제의 모형을 아마도 밀랍으로 만들어 수레에 싣고 시내를 행진하는 것이었다. 그리고 이 모든 것은 대체로 얄팍한 영광이었던, 그리고 개선식이 벌어지던 시기에는 이미 포기 과정에 있던 약간의 정복을 축하하기 위한 것이었다. 때로 로마인들이 어떻게 무표정한 얼굴을 유지하고 있었는지 이해하기 어렵다.

9

얼굴과 얼굴

가까운 거리에서

그는 매우 잘생겼고 (…) 맑고 빛나는 눈을 가졌고 (…) 다만 늙어서 왼쪽 눈의 시력이 좋지 않았다. 치아는 틈새가 벌어지고 작고 패어 있었다. 머리칼은 약간 곱슬거렸고 누르스름한 빛깔이었다. 양 눈썹은 맞닿을 정도였다. 귀는 중간 크기였다. 코는 위쪽이 튀어나오고 아래쪽은 구부러졌다. 피부색은 거무스름하지도 않고 창백하지도 않았다. 그는 키가 작았지만 (…) 균형미와 몸매의 대칭성이 그것을 가려주어 키가 작다는 것을 알아챌 수 없었다. 다만 더 큰 사람이 옆에 서 있어서 비교가 되는 경우에는 어쩔 수 없었다. 그는 몸에 점이 많고 가슴과 배에 모반이 있었다고 한다. (…)

수에토니우스가 아우구스투스 황제의 외모를 묘사한 글의 일부다. 로마 통치자들의 얼굴, 신체, 결점에 초점을 맞춘(다만 그들에 대한 일부 의학적 기록과 그리 잘 맞아떨어지지는 않는다) 그의 황제 전기에 나오는 여러 편의 언어적 묘사 가운데 하나다. 그는 칼리굴라에 대해서는 이렇게 썼다.

> 키가 크고, 피부색이 매우 창백하며, 몸매는 균형이 잡히지 않았고, 목과 다리가 매우 호리호리하고, 눈과 관자놀이가 움푹 들어갔으며, (…) 머리숱이 적고, 정수리는 완전히 대머리다.

네로의 뒤를 이어 아주 짧게 재위했던 갈바는 "완전한 대머리에 눈은 푸르고 매부리코"였으며, 심한 탈장이 있어 붕대로도 주체하기 어려웠다. 갈바의 뒤를 이어 잠시 재위했던 오토는 숱이 줄어드는 머리칼을 숨기기 위해 가발을 썼는데, 너무도 잘 맞아 아무도 알아차리지 못했다. 베스파시아누스에 대한 표현은 그가 변을 보기 위해 안간힘을 썼던 것처럼 보이게 만들었다(한 영리한 이야기꾼은 언젠가 그에게 "변을 보시면 농담 한마디 해드리겠습니다"라고 한 적이 있었다). 도미티아누스는 올챙이배였고, 다리가 가늘고 머리숱이 별로 없었다. 그는 심지어 《모발 관리법De cura capillorum》이라는 책도 썼는데, 여기에서 대머리에 익숙해지는 방법을 다루기도 했다. 유감스럽게도 이 책은 현재 전해지지 않는다.

이 모든 것은 로마 통치자들의 외모가 잘 알려져 있었고 잘 기록됐음을 시사한다. 게다가 고대의 작가들은 평범한 사람들이 종종 황제를 가까운 거리에서 보았다는 인상을 준다. 제국 전역에서 청원 편지를 그에게 전달하거나, 그가 야간의 로마 거리에서 장난을 칠 때 마주치거나, 아니면 더 일상적인 상황에서였다.《아우구스투스의 역사》에 나오는 하드리아누스에 관한 이야기는 그가 공중목욕탕에서 완전히 벌거벗은 채 일반인 손님들과 섞여 있었다는 추측을 한다. 황제는 군대에서 알았던 한 퇴역 군인을 만났다. 그는 대리석 벽에 등을 문지르고 있었다. 황제가 그 사람에게 도대체 왜 그러고 있느냐고 묻자 이런 대답이 돌아왔다. "등을 밀어줄 노예가 없기 때문이죠." 그래서 황제는 그에게 노예 몇 명을 주고 그들을 유지할 수 있게 돈도 주었다. 얼마 뒤에 황제가 다시 공중목욕탕에 갔더니 노인들이 죄다 대리석에 등을 비비고 있었다. 이번에는 선물이 없었다. 황제는 그들에게 서로 등을 밀어주라고 말했다.

이 이야기는 황제가 신민을 보살펴주는 모습을 보여주기 위한 것이었다. 아울러 다음과 같은 황제의 현실적이고 익살스러운 상식도 전하는 것이었다. 즉 그는 관대하지만 뻔한 속임수에는 넘어가지 않으며, 잘못을 저지른 이들도 약간의 풍자적인 재치로 대하는 것 이상으로 처벌하지 않는다는 것이었다. 하지만 그 이상의 의미도 있다. 이 이야기는 무감각한 '인간 선물' 증여의 또 다른 사례를 제공하며, 또한 하드리아누스가 노예를 재워주고 입혀주고 먹여주는 데는 돈이 든다는 현실적인 인식을 갖고 있음을 보여준다. 이것은 역시 '무리 가운데 하나'로서 황제의 역할을 드러냈다(그는 군대 시절의 부하를 기억했다). 그러나 이것은 또한 그를 평범한 사람들의 한가운데, 공중목욕탕 안으로 밀어넣었다.《아우구스투스의 역사》에 따르면 그곳은 "그가 자주 여러 사람과 함께 목욕을 하는" 곳이었다.

황제가 신민들에게 가까이 다가간다는 생각은 그의 명성에 근본이 되었고, 그래서 이 주제에 관한 여러 일화와 재담이 생겨났다. 이는 하드리아누스의 면전에 대고 자신의 이야기를 들을 시간이 없다면 "황제 노릇을 그만두라"라고 했다는 평범한 여성의 이야기에 가장 잘 요약돼 있다. 일반적으로 황제를 '만나기 쉽다'는 생각은 상당히 널리 선전됐다. 그러나 현실은 꼭 이데올로기와 부합할 수는 없었다. 실제로는 이탈리아와 제국에 살던 6천만 명의 주민 가운데 극히 일부만이 한 번 정도 황제를 직접 만날 수 있었다.

하드리아누스가 얼마나 자주 공중목욕탕에 갔는지는 추측만 할 수 있을 뿐이다. 그러나 나는 연출된 몇몇 경우를 넘어선다는 것에는 의문을 갖고 있다. 그는 아마도 건장한 경호원 몇 명을 대동했을 것이다. 그리고 그가 모든 황제들 중에서 단연 가장 여행을 많이 한 사람이기는 했지만, 제국 주민 절대 다수에게 몇 킬로미터 이내로 접근한 적이 없었다. 심지어 로마 통치자들이 키르쿠스 막시무스에 나타나 눈에 띄는 특석에 앉아 있거나 군중의 시위에 직면해 있을 때에도 황제의 모습은 대다수의 관중에게 그저 작은 점으로 보였을 것이다. 수십만에 이르는 다른 관중 가운데 한 사람이었다. 너무 멀어서 부분 탈모나 벌어진 이는 볼 수 없었을 것이다.

권력자의 이미지

제국의 대다수 주민들은 황제를 실생활에서보다는 꿈에서 더 자주 보았을 것이다. 사실이 그러했다. 200년 무렵에 쓰인 꿈의 의미에 관한 한 편람(흔히 시와 철학의 '고전적' 대작들에 묻혀 있기는 하지만 고대 세계의 것으로 남아 있는 놀라운 기술 논문 가운데 하나다)에서는 다양한 사례 연구가 황제에 관한 꿈에 초점을 맞추고 있다. 그것은 예컨대 죽음을 암시하는 매우 나쁜 징조일 수 있지만, 일부 해석은 좀더 희망적이다. '황제'(특정한 이름을 대지 않고 '황제'라는 총칭을 썼다)를 발로 차는 꿈을 꾼 남자의 이야기가 있다. 편람의 저자 아르테미도로스Artemidoros에 따르면 이것은 황제의 두상이 들어 있는 금화를 발견하고 밟게 된다는 의미였다. '황제'의 입에서 나온 치아 두 개를 받는 꿈을 꾼 남자의 이야기도 있다. 지크문트 프로이트라면 뭐라고 말했을지 모르지만, 아르테미도로스에게 그 꿈은 좋은 징조였다. 그의 해석은 그가 변론하고 있는 소송 두 건에서 같은 날 승소한다는 것이었다.

그러나 많은 사람들은 황제가 직접 또는 꿈속에서 나타나는 것을 통해 알거나 인식하지 못했고, 한때 로마제국에 넘쳐흘렀던 황제와 그의 가족의 크기와 재질이 다양한 초상을 통해서만 알았다. 큰 조각상들은 주랑 현관, 공공 광장, 법정, 신전을 장식했고, 크기가 작은 것들은 제국 전역의 개인의 집들에 있었다. 그 모습은 주화에, 조각상(대리석, 청동, 은, 그리고 아주 드물게 금으로 된)에, 초상화와 값비싼 카메오 조각과 비싼 귀고리에, 심지어 30미터를 넘는 초대형 조각상에서 발견할 수 있었다. 황제의 이미지는 어디에나 있었다. 무엇보다도 황제를 묘사한 수천 점의 실물 크기 조각상이(말 그대로 수백만 개에 이르는 주화, 값비싼 소품, 작은 골동품을 계산에 넣지 않더라도) 아직 남아 있어 오늘날 전 세계의 박물관 벽에 늘어서 있고, 로마 통치자들에 대한 이미지를 형성하고 있다. 2천 년이 지난 뒤에 우리는 여전히 이 황제들을 두 눈으로 직접 볼 수 있다.

이들 조각상 가운데 수에토니우스의 묘사와 조금이라도 비슷해 보

| 그림 72 | 티베리우스에서 알렉산데르 세베루스까지. 첫째 줄: 티베리우스, 칼리굴라, 클라우디우스, 네로. 둘째 줄: 베스파시아누스, 티투스, 도미티아누스, 네르바. 셋째 줄: 트라야누스, 하드리아누스, 안토니누스 피우스, 마르쿠스 아우렐리우스. 넷째 줄: 루키우스 베루스, 콤모두스, 셉티미우스 세베루스, 카라칼라. 다섯째 줄: 엘라가발루스, 알렉산데르 세베루스.

이는 것은 하나도 없다. 그러니 이 로마 통치자들이 실제로 어떻게 생겼는지에 관한 믿을 수 있는 안내를 제공한다는 측면에서 어느 것이 '옳단' 말인가? 실망스럽지만 나의 최선의 추측은 어느 쪽도 정확하지 않다는 것이다. 우리는 글에 의한 묘사에 너무 쉽게 설득되는 경향이 있다. 거기에 생생한 개별적 특성이 나타나 있기 때문이다. 그러나 수에토니우스가 아우구스투스의 치아나 점에 대해 얼마나 믿을 만하게 알았는지는 의문이다. 그의 전기에는 또한 미심쩍은 경향성이 있다. '좋은' 황제는 '나쁜' 황제에 비해 신체적 결함이 적다는 것이다. 대리석과 청동으로 만든 조각상은 이와 아주 다른 이야기를 전한다(주화 속의 초상도 마찬가지다). 우리는 거기서 간혹 개인적 특성의 기미를 찾을 수 있을 것이다. 그러나 그런 것은 많지 않다. 도미티아누스의 성글어진 머리칼이 그렇게 유명해서 그가 그 주제에 관한 책도 썼다지만 남아 있는 그의 조각상에서는 그런 모습을 떠올릴 수 없다. 여기서 그는 머리숱이 풍성한 모습이기 때문이다(그림 7). 대신에 이것들은 꼼꼼하게 만들어진 권력자의 초상이다. 제위에 있던 개인들만큼이나 '황제라는 존재'를 표현하기 위해, 그리고 앞으로 살펴보겠지만 말 그대로 그 황제를 대신하기 위해 만들어진 것이다. 이것들은 전례가 없을 정도로 황제의 얼굴을 로마 세계 곳곳에 확산시키려는 것이었다.

로마 황제들의 공식적인 초상은 개성이 없고 식상해 보일 수 있다. 두상과 흡사한 신체들이 모두 판에 박힌 아주 따분한 고전주의의 변형이다. 오늘날 많은 사람들이 이들 조각상을 빠르게 지나친다. 그러나 그 분명한 단조로움은 부분적으로 황제들이 권력의 시각언어를 확립하는 데 성공한 결과다. 그것은 로마제국 자체보다도 수백 년 더 이

| 그림 73 | 로마 황제의 복장을 모두 갖춘 영국 왕 조지 1세의 조각상. 1739년 마이클 리스브랙Michael Rysbrack의 작품이다.

어졌고, 오늘날 우리도 그 계승자다. 서방의 역사에서 로마 황제들이 자신들을 위해 만들어낸 이미지를 차용해서 지위를 과시하지 않은 독재자나 군주는 별로 없었다. 우리는 이를 당연한 것으로 여기는 경향이 있다. 그러나 서기전 1세기 말에 그런 모습을 공공장소와 지갑에서 본 사람들에게는 혁명적으로 다가왔을 것이다. 그것은 따분한 판박이가 아니라 '새것의 충격'이었다.

조각 혁명

황제의 이미지 창출과 확산의 혁명은 궁극적으로 처음 1인 통치를 시작한 율리우스 카이사르에게로 거슬러 올라간다. 그는 살아 있는 로마인으로서 주조된 주화에 자신의 두상을 새겨 넣은 최초의 인물에 그치지 않았다. 그는 그렇게 함으로써 신과 신화 속 영웅, 오래전에 죽은 사람만을 주화에 새기는 옛 공화국의 전통을 깼다. 그러나 카시우스 디오에 따르면 그의 조각상을 제국의 여러 도시들과 로마의 모든 신전에 비치한다는 원대한 계획 또한 있었다. 200여 년 뒤의 인물인 디오가 과장을 했다 하더라도 카이사르를 로마 세계 곳곳에서 볼 수 있게 하려는 새로운 계획(대상이 되는 그 자신이 후원했거나 고안한)이 있었던 것으로 보인다. 현대 튀르키예에서 고대 갈리아에 이르기까지, 그의 생전에 만들어져 한때 그의 조각상을 안치했음을 보여주는 새김글이 있는 대좌臺座 20기 이상이 실제로 남아 있다. 그러나 그는 그런 계획이 마무리되기 전에 암살당했고, 그를 묘사한 당대의 조각상은 분명하게 확인된 적이 없다. 어떤 조각상을 콕 집어 율리우스 카이사르의 진짜 얼굴이라고 긍정적으로 주장하는 일은 얼마든지 있었다(심지어 가장 냉정한 고고학자 일부도 이 독재관의 눈을 응시하기를 원하는 듯하다). 실제로 그의 모습이라고 절대적으로 확신할 수 있는 것은 서기전 44년의 일부 주화에 들어간 작은 얼굴뿐이다.

　카이사르의 계획을, 40여 년의 치세에 걸쳐 실천할 기회를 얻은 것은 그의 후계자였다. 이탈리아와 바로 로마 세계 곳곳에서 약 200점의 두상, 흉상, 전신상이 발견됐고, 현재 거의 확실하게 아우구스투스

| 그림 74 | 율리우스 카이사르의 생전에 만들어진 그의 진짜 모습일 가능성이 가장 높은 후보다. 2007년에 프랑스 아를 부근의 론강에서 발견돼 널리 알려졌다. 이 조각이 그의 모습이라는 유일한 증거는 주화 속에 있는 카이사르 초상과의 유사성이다(그림 9).

로 감정됐다. 그 조각들은 대체로 이름이 붙지 않은 채 발견됐고(이들은 아마도 그 신원을 밝혀주었을 대좌로부터 오래전에 분리됐다), 어떤 조각품이 아우구스투스 자신, 또는 그의 후계자 가운데 하나, 또는 황제의 '모습'을 흉내 내는 지방 거물을 나타낼 의도였는지 아닌지는 분명치 않다. 그러나 2세기에 걸친 성실한 고고학 연구(다양한 조각상들을 이름이 붙은 주화의 작은 모습들과 비교하고 또 서로 비교했다) 끝에 이제 논란이

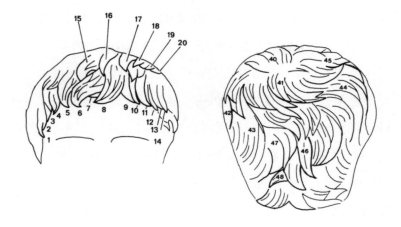

| 그림 75 | 같은 인물을 묘사한 조각상들이 종종 머리칼의 배열에 대한 상세한 비교를 통해
밝혀졌다. 이것은 리비아의 별장에서 발견된 아우구스투스 조각상의 '머리칼 구조'에 대한
도해다(화보 15).

있는 작품은 별로 없다.

특히 두드러진 것은 한때 수백, 수천 킬로미터 떨어진 제국의 서로
다른 지역에 설치됐던 황제의 조각상들이 흔히 디자인에서 미세한 유
사성을 보인다는 점이었다. 심지어 머리칼의 정확한 배치마저도 그러
했다. 이는 그 자체로 조각상들이 어떻게 만들어졌느냐에 대한 좋은
단서다. 많은 것들은 실제로 현지의 돌을 가지고 조각되었기 때문에
세계의 서로 다른 지역에서 만들어졌을 것이다. 그러나 결과물을 서
로 그렇게 유사하게 만들기 위해서는 거의 확실하게 모형을 바탕으로
해야 했을 것이다. 아우구스투스의 '공식 초상'으로 중앙에서 밀랍이
나 찰흙이나 회반죽으로 만들어 보냈을 것이다. 그것 말고는 그럴듯
하게 설명할 방법이 없다. 그러나 그 과정이 얼마나 정확하게 조직됐

는지는 알 수 없다. 그것은 다른 부분에서는 많은 정보가 있음에도 불구하고 궁궐 행정의 작동 방식이 아주 모호한 경우 가운데 하나다. 우리는 이 작업을 누가 지휘하고, 우리가 '선전'에 관한 결정이라고 부를 수 있는 것을 누가 내렸는지 알아내는 일을 시작할 수도 없다. 모형이나 조각품 자체를 누가 만들었는지는 말할 것도 없다. 이 시기가 세계 역사에서 가장 중요한 예술적 변화의 순간 중 하나이지만 현재 남아 있는 아우구스투스의 대리석 및 청동 조각상을 조각한 사람은 한 명도 알 수 없다. 이 세계는 한스 홀바인(아들)과 헨리 8세의 세계, 티치아노와 에스파냐의 펠리페 2세의 세계 같은 유명 예술가와 후원하는 군주의 세계가 아니었던 듯하다. 이곳은 훨씬 이름이 가려지고 장막에 숨겨진 곳이었다.

또한 남아 있는 2천 점가량이 본래의 전체 조각상에서 차지하는 비중이 어느 정도인지도 확실히 알 수 없다. 서기 14년 아우구스투스가 죽을 무렵에 2만 5천에서 5만 점의 그의 조각상이 전시되고 있었다는 것이 가장 널리 받아들여지고 있는 추측인데, 이것이 그 규모를 어느 정도 알 수 있게 해준다. 제국의 어느 지역에 살든 그가 사는 지역 도시에서는(그의 주머니 속 주화에 그려진 것은 생각하지 않더라도) 대리석, 청동, 또는 심지어 은으로 만든 실물 크기의 아우구스투스의 얼굴을 직접 만날 수 있었을 것이다. 이 부분에서 우리는 모든 광고판에서 내려다보고 있는 현대의 독재자들을 생각하지 않을 수 없다. 그와 매우 비슷한 방식으로, 심지어 인쇄와 벽보가 나오기 전이지만 아우구스투스의 존재를 피할 수 없었다.

그러나 혁명은 단지 양적인 것만은 아니었다. 아우구스투스는(또는

448

그에게 조언한 누구라도) 또한 로마의 완전히 새로운 초상화 '양식'을 시작했다. 그의 보다 엄격한 정치적인 변화 일부에 발맞추기 위한 것이었다. 공화국의 상류층은 초상화에서 '결점까지 모두'의 작풍을 추구하는 경향이 있었다. 수척하고 주름지고 노쇠한 모습까지 말이다. 이것이 그들에 대한 정확한 표현이었든 아니든(그것을 확인할 방법은 없다), 그것은 나이와 권위의 힘을 이용했다. 아우구스투스는 그 모든 것을 바꾸었다. 그 자신의 이미지는 서기전 5세기 그리스 조각의 이상화 전통을 돌이켜보았다. 그의 전신상에서 그는 이상적인 고전적 신체를 가진 것으로 묘사됐다. 자세는 제한적이었는데, 토가나 갑옷을 입고 서 있거나, 때로는 말을 탄 모습이었다. 그의 두상은 똑같이 이상적이고 젊은 모습이었고, 그 모습을 치세 40여 년 동안 그대로 유지됐다. 그는 서른 살 때나 일흔 살 때나 조각품 속에서 같은 모습이었다. 권력자의 초상에는 흔히 연령 격차 같은 것이 있다. 예를 들어 엘리자베스 2세 여왕은 주화 속에서 현실에서와 같은 속도로 나이를 먹지 않았다. 그러나 아우구스투스의 경우에는 그 괴리가 이례적으로 심했다.

다시 말해서 여기에는 전통적인 '사실주의'의 기미가 별로 없었다. 아우구스투스는 자신의 초상을 만들기 위해 현대의 군주들이 그러듯이, 그리고 고대의 일부 통치자들(알렉산드로스 대왕은 좋아하는 초상화가를 고용하고 있었다)도 그랬듯이 '앉아' 있지 않았을 가능성이 매우 높다. 또한 그의 조각상은 그의 실제 모습을 알아보는 데 아주 방해가 되는 안내자였을 가능성이 매우 높다. 대신에 그것은 '정치적 사실주의' 양식이었다. 그것은 황제의 로마의 개혁, 과거와의 단절, 프린켑스('지도자')가 되는 것과 '우리 가운데 하나'가 되는 것의 거의 불가능한 조합

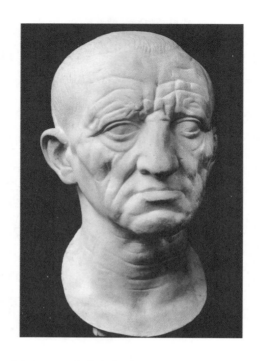

| 그림 76 | 이 조각상의 주름, 파인 뺨, 우악스러운 모습은 서기전 1세기 초 양식의 특징이다. 그것은 틀림없이 후대의 젊고 '고전적인' 황제 초상만큼이나 '권력의 표현'의 성격이 강했다 (이것이 실제로 생활 속에서 가져온 것이라고 생각할 필요는 없다). 그러나 아우구스투스 초상의 가장 두드러진 측면 중 하나는 그들이 '이것과 다르다'는 것이었다.

을 포착한 것이었다. 어떤 로마인도 이전에 이렇게 묘사된 적이 없었다. 그리고 어떤 황제도 실제로 이렇게 보인 적이 없었다.

아우구스투스의 모습(그 뿌리는 율리우스 카이사르가 시작한 것에 있었다)은 이후 수백 년 동안 로마 황제 초상의 본보기를 제공했다. 아마도 아주 짧게 재위한 경우(그리고 심지어 짧게 재위한 황제라도 동작은 빠를 수 있었다)를 제외한 모든 황제의 치세에서 그들의 조각상을 복제하는 같은 과정을 발견할 수 있다. 하드리아누스의 경우에 후기에는 보다 논란이 있는 것들이 있지만 그래도 150점 정도에 이르는 흉상과 전신상이 남아 있다. 아우구스투스 이후 두 번째로 많은 수다. 그의 연인 안티누스의 조각도 100점이나 된다. 그가 세 번째로 많다. 이들 상당수는 통치자의 이미지를 제국 일대에 확산시키려는 중앙 정부의 운동의 일환이었다(또는 안티누스의 경우에는 연인을 기념하려는 하드리아누스의 개인적 욕망의 결과였다). 다른 것들은 지역 주도의 결과일 가능성이 매우 높다. 자신들의 충성심을 보여주고 자기네 도시에 황제를 전시하려 애쓴 공동체들이 만든 것이었다. 그러나 그런 경우에도 공인된 디자인이 있었다. 공동체는 아마도 조각상 제작에 대한 허락을 구했을 것이고, 이에 대해 공식적인 모형을 받았을 것이다. 적어도 그런 일이 일어났으리라고 추측할 수 있다. 하드리아누스의 한 친구가 한번은 흑해 연안 트라페주스(현대의 트라브존)에 있는 황제의 조각상이 "그와 닮지 않았다"고 알리면서 대체물을 보내달라는 편지를 썼다. 내 생각에 그가 말한 것은 황제의 공식 초상과 닮지 않았다는 것이지 황제의 실제 모습과 닮지 않았다는 의미는 아니었을 것이다. 그것은 트라페주스가 '독자적으로 추진'해서 비공식적인 디자인을 사용했다는 뜻이다.

아우구스투스 치세에 만들어져 서기전 1세기 말에서 서기 3세기 초까지 변하지 않은 양식의 측면도 있다. 독립된 조각품에서 황제의 신체 형태는 언제나 거의 동일하다. 모든 통치자는 완전한 비례를 갖춘 모습으로 그려졌고, 똑같이 제한된 범위의 복장과 자세를 하고 있다. 토가를 입었든 전투복을 입었든, 또는 때로 고전기 그리스 미술의 신화 속 영웅이나 신처럼 나체이거나 반라이든 말이다. 잉글랜드의 뚱

| 그림 77, 78 | 황제의 신체를 묘사한 두 표준 견본. 왼쪽은 거의 나체인 루키우스 베루스이고, 오른쪽은 토가를 걸친 티베리우스다. 전투복 차림은 그림 67을 보라.

뚱한 헨리 8세나 갈수록 통통해진 빅토리아 여왕과 달리, 개인적 특성이나 인물을 구별하려는 자세는 없고 확실하게 올챙이배는 없었다. 병사들과 함께 있는 트라야누스나 사냥을 하는 하드리아누스의 경우에서 볼 수 있듯이 돋을새김 조각판에 다양한 자세가 있는 것은 사실이지만 옷과 그 아래의 인물 유형은 거의 변함이 없다. 시간이 지나면서 약간의 변화도 있었다. 2세기에는 1세기에 비해 전투복이 많아지

고 토가가 줄었다. 그러나 기본적으로 드러내 보인 것은 '정형화된 황제'의 신체이지 특정한 개별 통치자의 신체가 아니다. 이 때문에 첫눈에 황제들이 다 똑같아 보이는 것이다. 그들의 신체는 동일하고, 머리 부분만 다를 뿐이다.

아우구스투스의 불로不老 원칙 역시 거의 깨지지 않았다. 초상 속 황제는 분명히 늙지 않는다. 황제의 어린 시절 모습(찾아내기는 어렵지만)을 얻을 수 있는 일부 사례를 제외하면 로마 통치자들은 영원히 즉위했을 때의 나이나 오히려 더 젊은 나이에 머물렀다. 심지어 나이가 지긋한 네르바(서기 96년 도미티아누스의 뒤를 이을 때 예순다섯 살이었다)조차도 주름살이 거의 없다. 이것은 오스카 와일드의《도리언 그레이의 초상》과 거의 정반대다. 그 대상은 영원히 젊음을 유지하는데 초상화 속의 모습은 눈에 띄게 늙어가는 이야기 말이다. 이와 대조적으로 로마 황제들은 육신은 나이를 먹으면서도 초상은 불가능할 정도로 젊음을 유지했다.

그러나 얼굴 자체와 흥미롭게도 그들 수염의 일부 상세한 부분에서는 좀더 복잡하고 변화하는 이야기가 있다. 그것은 한 황제의 조각상을 다른 황제의 것과 어떻게 구분할 수 있는지, 그리고 어떤 경우에는 구분 자체가 가능한지에 관한 문제를 제기한다.

정체성 과시

황제의 초상은 지금 우리가 생각하는 것처럼 개별적인 것이 아니었다. 초상들은 아무리 뚫어져라 쳐다봐도 특정 통치자의 성격이나 조각가가 개별적인 인물로서 그에 관해 무엇을 말하려고 했는지 전혀 감을 잡을 수 없다. 여기에는 정치적인 것 이상의 사악함이나 악행, 타락, 어떤 종류의 미덕에 대한 암시가 전혀 없다. 그러나 종종 그렇듯이 황제를 개별적으로 보지 않고 함께 보는 것은 훨씬 더 많은 것을 알게 해줄 수도 있다. 그림 72는 서기 14년에 즉위한 티베리우스부터 235년에 암살당한 알렉산데르 세베루스 사이에 아주 짧게 재위한 사람들을 제외한 모든 황제의 두상을 한눈에 볼 수 있게 해준다. 그들 사이의 시각적 유사성과 차이는 우리에게 무엇을 말해줄까?

가장 중요한 것은 이들은 한 통치자에게서 다음 통치자로의 승계와 권력 이전을 둘러싼 일부 문제로 되돌아가게 한다는 것이다. 심지어 작은 초상들에서도 선택된 상속자를 유일한 정통 후계자로 인정하게 만드는 한 가지 방법은 그를 후계자가 될 사람처럼 보이게 만드는 것이었음을 분명하게 보여준다. 그리고 새 황제가 제위에 대한 권리를 주장할 수 있는 한 가지 유용한 방책은 전임자를 쏙 빼닮은 것처럼 표현되는 것이었다. 한 닮은꼴에서 다른 닮은꼴로 빈틈없이 권력이 이양되는 것처럼 말이다. 분명히 이런 초상에는 개성을 살릴 여지가 있었고, 많은 조각상에 사용된 칠이 아마도 그것에 도움을 주었을 것이다. 그러나 일반 원칙으로서 황제들은 자신에게 통치할 권리를 준 사람을 모방하게 돼 있었다. 자신의 지위를 아우구스투스와의 긴밀한 관계(티베리우스의 경우처럼 입양에 의해서든 칼리굴라처럼 아우구스투스의 친딸의 자손이라는 점을 통해서든)에 의존했던 서기 1세기 황제들은 공식적인 초상에서 아우구스투스를 모방했다. 이후 서기 2세기에 하드리아누스의

| 그림 79 | 신원을 잘못 파악했을까? 영국 박물관에 있는 이 조각상은 율리우스-클라우디우스 황제들과 후계자들의 전형적인 특징을 반영하고 있지만, 정확히 어느 황제인지에 대해서는 중구난방이다.

뒤를 이어 줄줄이 등장한 입양 황제들은 모두 그 양부이자 전임자와 상당히 비슷하게 보였다. 예를 들어 셉티미우스 세베루스의 공식 초상이 마르쿠스 아우렐리우스의 초상을 본떴다는 것은 놀라운 일이 아니다. 황실의 누군가의 교활한 술책에 의해 사후에 셉티미우스가 그의 양자로 조작됐기 때문이다.

이것은 '한 황제가 다른 황제와 매우 닮았다'는 사람들의 반응을 설명하는 또 하나의 요소다. 사실 그들이 매우 비슷해 보이는 경우는 흔하다. 오늘날 2세기 입양 황제들의 초상 일부를 분별할 수 있는 것은 (또는 분별할 수 있다고 생각하는 것은) 몇몇 전문가들뿐이다. 심지어 전문가들조차도 일부 악명 높은 사례에 대해서는 의견이 일치하지 않는다. 현재 영국 박물관에 있는 한 대리석 두상은 다양한 이름으로 불렸다. 아우구스투스, 칼리굴라, 그리고 젊은 나이에 죽은 아우구스투스의 두 후계자 가이우스 카이사르와 루키우스 카이사르 등이었다. 바티칸에 있는 또 다른 조각상은 아우구스투스, 칼리굴라, 네로, 앞에 말한 젊은 가이우스 카이사르 등으로 판단됐다. 아마도 그것이 요점의 일부였을 것이고, 서로를 구별하려는 고고학자들의 노력에도 불구하고 시조와 그 후계자들과 잠재적 후계자들의 이미지를 모호하게 하려는 의도가 있었을 것이다. '구별 불가능성'은 유용한 무기가 될 수 있었다.

때로는 정확히 그 반대였다. 예를 들어 암살이나 내전 이후 황제가 전임자의 유산으로부터 거리를 두는 한 가지 방법은 자신의 이미지를 완전히 다르게 보이도록 하는 것이었다. 그 교과서적인 사례는 베스파시아누스의 공식 초상이었다. 그는 서기 69년에 권좌에 올랐는데, 네로의 몰락 이후 벌어진 다툼의 최종 승자였다. 베스파시아누스는 거의 모든 측면에서 네로와 다르게 보이는 데 중점을 두었으며, 그가 사치를 좋아하고 과도한 낭비를 일삼았다는 고정관념을 이용(그리고 틀림없이 일부는 조작)했다. 네로의 사적인 유흥 궁궐이었던 도무스 아우레아의 자리에 대중의 오락 장소인 콜로세움을 건설한 것은 그 한 사례일 뿐이었다. 중요한 것으로 주름이 지고 머리털이 좀 성긴 베스파시아누스의 초상은 거의 옛 공화국의 '결점까지 모두' 양식으로 되돌

| 그림 80 | 베스파시아누스는 그의 전통적이고 구식인 이탈리아 혈통을 과시했다. 1세기 후 반의 이 조각상은 과거 가치관으로의 회귀를 시사한다. 네로의 방종과 대조적인 것이었다.

아간 것이었다. 이를 통해 베스파시아누스가 현실적인 부류의 사람이라는 암시를 주고 있다고 상상하기 쉬운 황제의 모습으로 그려졌다. 그러나 실제로 그가 어떻게 생겼든, 그의 외모에 관한 상스러운 농담이 어떤 것이든, 이들 초상이 사실적이라고 생각할 이유는 없다. 이미지의 '현실성'은 인물에 대한 파악보다는 정치적 메시지의 측면이 더 강하다. 이들은 이렇게 말하고 있는 것이다. '새롭게 책임을 맡은 사람은 네로와는 전혀 다르다. 그는 전통적이고 진지하며 옛날식의 가치관을 갖고 있는 사람이다.'

그러나 나열된 황제들의 얼굴에는 더욱 분명한 변화가 존재한다. 117년에 하드리아누스가 즉위하기 이전 150년 동안 황제들과 그 후계자들은 말끔하게 면도한 모습으로 묘사됐는데, 이후에는 수염이 많고 때로는 아주 풍성한 모습으로 그려진다(조각 기법의 찬란한 승리로 간주해야 할 정도로 절묘하게 만들어졌다). 심지어 10대의 엘라가발루스와 알렉산데르 세베루스도 때때로 젊은이에게서 상상할 수 있는 것보다 더 수염이 많은 모습이다.

방금 이야기한 논리에 따르면 하드리아누스의 초상은 그의 양부 트라야누스의 것을 밀접하게 따랐으리라고 예상할 수 있다. 불편할 정도로 어색한 승계였기 때문이다. 그렇다면 왜 갑자기 변화가 일어났을까? 그저 상류층 남자들의 유행에 광범위한 변화가 있었음을 반영한 것이라는 징표는 없다. 그렇다면 이것은 황제의 개인적 외모가 초상화에 드물게 반영되었다가 나중에 유행한 사례일까?《아우구스투스의 역사》의 저자가 하드리아누스가 얼굴의 점들을 가리기 위해 수염을 길렀다고 필사적으로 주장할 때 암시하는 바가 바로 그것이다. 아니면 이 새로운 권력자의 얼굴을 만들어내는 데 좀더 큰 무언가가 걸려 있었을까? 일부 현대 역사가들은 마르쿠스 아우렐리우스가 철학에 대한 관심으로 유명해지기 수십 년 전에 하드리아누스가 이미 '철학자 황제' 또는 '그리스를 사랑하는 황제'의 이미지를 과시했다고 주장한다. '그리스식' 수염을 기르고서 말이다. 그럴 수 있다. 그러나 그를 그리는 데 모범으로 삼은 그리스 원형을 밝혀내는 것은 어려웠고, '철학적 영감을 받은' 두상을 온갖 중무장을 갖추고 흉갑을 입은 황제의 몸과 조화시키는 어려움은 말할 것도 없다. 결국 이 변화는 황제에 관한 미술과 문화의 또 다른 수수께끼로 남았다. 그러나 적어도 한 성인 황제의 두상을 다른 황제의 것과 구분하는 데 도움을 받고자 하는 사람들에게는 유용한 안내자다. 어떤 황제가 말끔하게 면도한 모습이라면 그는 1인 통치의 창시자와 트라야누스 황제 사이의 누군가라고 확신할 수 있다. 반면에 수염이 있다면 그는 하드리아누스이거나 아니면 이후 100년쯤에 걸친 시기의 그의 후계자 가운데 하나다. 심지어 4세기에 들어서서도 대다수의 황제들은 수염을 뽐냈다. 다만 이 후대 황제들의 수염은 덜 무성하기는 했다.

여성들은 어땠을까?

황실 여성의 초상은 남성의 초상보다도 더 혁명적이었다. 이들이 단지 황제들의 초상과 맞먹을 규모는 아니라고 해도(예를 들어 리비아의 조각상은 90점가량이 남아 있는 데 비해 남편 아우구스투스의 조각상은 200점 정도다) 역시 아주 많은 수가 만들어졌기 때문만은 아니었다. 더욱 중요한 것은 이탈리아에서 여성의 초상이 자주, 그리고 공개적으로 전시된 것은 이때가 처음이었다는 점이다(지중해 동부 지역에서는 일부 더 이른 사례가 있었다). 서기전 50년대에 로마 시내에는 여신이나 신화 속 주인공이 아닌 여성의 조각상은 거의 보기 어려웠다. 그로부터 100년 뒤에는 황제의 여성 친척의 조각상을 보지 않을 도리가 없었다. 눈에 보이는 세계가 바뀌어 있었다.

그림 81에 나열된 것은 아우구스투스의 아내 리비아와 셉티미우

스 세베루스의 아내 율리아 돔나 사이의 가장 유명한 황제 가족 여성들 가운데 일부다. 박물관에 갔다가 이를 보고 어리둥절할 사람들에게 역시 털(이번에는 머리칼이다)이 제작 시기와 조각상의 주인이 누구인지를 알려주는 중요한 안내자다. 아우구스투스와 그 직후 후계자들 궁정 여성들의 비교적 요란하지 않았던 머리 모양은 1세기 말이 되면서 말고 또 만 공들인 머리 모양으로 대체됐다. 이는 귀족의 특권의 분명한 표지였고(아무도 그런 머리 모양을 하고 육체노동을 할 수 없었다), 조각상이 화려한 조각 기법보다는 여성들의 실제 머리 모양을 반영한 것이라고 보면 전체 머리 모양은 고대 방식의 가발 붙임으로써 커졌을 것이다. 100년 뒤, 2세기 전반의 좀 수수한 모양을 거친 후 묘사된 율리아 돔나의 초상은 흔히 가발을 쓴 모습이다. 이것은 가장을 하거나 진짜 머리칼이라는 오해를 불러일으킬 의도는 아니었다. 실제로 일부 조각가들은 가발 아래에 삐져나온 '진짜' 머리칼(대리석으로 된)을 보여줌으로써 그 인공성을 적극적으로 드러냈다. 가발의 예술성 자체가 이제 신분의 표시가 된 듯했다.

그러나 머리 모양만 보고 황후라고 단정할 수는 없었다. 예상대로 이 조각상들이 누구의 모습인지를 밝히는 것은 남성 조각상보다 더 어렵다는 것이 드러났다. 로마 세계의 서로 다른 지역에서 발견된 일부 조각상들의 유사성은 이들 역시 중앙에서 보내온 모형에 의존했음을 시사한다. 그들이 어떻게 표현됐느냐에는 '승계 정치'의 요소도 있었다. 셉티미우스 세베루스가 그의 초상에서 꼼꼼하게 마르쿠스 아우렐리우스를 모방한 것과 마찬가지로 그의 아내 율리아 돔나의 모습 역시 때로는 마르쿠스 아우렐리우스의 아내 파우스티나의 모습과 비슷하

| 그림 81 | 로마의 황후들. 윗줄: 아우구스투스의 아내이자 티베리우스의 어머니인 리비아와 클라우디우스의 아내이자 네로의 어머니인 아그리피나(딸). 중간 줄: 도미티아누스의 아내 인 도미티아 롱기나Domitia Longina와 트라야누스의 아내인 플로티나. 아랫줄: 마르쿠스 아우 렐리우스의 아내이자 콤모두스의 어머니인 파우스티나(딸)와 셉티미우스 세베루스의 아내 이자 카라칼라와 게타의 어머니인 율리아 돔나.

게 만들어졌다. 때때로 황실 여성들의 모습은 심지어 관련 있는 황제의 모습을 본떠 만들어진 것으로 보이는 것도 있다. 그들의 공적 지위가 그 황제에 의존하고 있음을 강조하려는 듯이 말이다. 그러나 비교하고 대조할 수 있는 초상이 더 적고, 주화 속의 모습도 많지 않으며, 수에토니우스의 기록에도 없다는(그는 구태여 여성에 관해 묘사하려 하지 않았다) 사실은 신원 확인이 훨씬 덜 정확하다는 것을 의미한다. 풍성한 머리칼로 묘사된 몇몇 조각상은 티투스든 도미티아누스든(한번 골라보시라) 1세기 말 황제의 여성 친척으로 추정되는데, 사실 같은 유행의 머리 모양을 한 '미상의 로마 여성'으로 분류해야 할 가능성이 높다.

이 신원 확인 문제는 이탈리아 북부의 작은 로마 도시 벨레이아에서 발굴된 세 점의 대리석 여성 조각상에 의해 생생하게 드러났다. 그 부근에서 한때 조각상들을 올려놓았을 대좌가 발견됐는데, 거기에 새겨진 글에는 이 중 하나는 리비아이고 나머지 둘은 아그리피나라는 같은 이름의 모녀(어머니는 칼리굴라의 어머니이고, 딸은 클라우디우스의 아내이자 네로의 어머니)라고 적혀 있었다. 그러나 그런 단서가 있음에도 불구하고 너무 비슷해서 누가 누군지 알아내는 것은 불가능하다. 아마도 여기에 담긴 함의는 한 황제의 아내나 어머니의 초상은 다른 황제의 아내나 어머니의 초상과 비슷하다는 의미일 것이다. 여성의 사악한 음모나 부도덕한 성생활에 관한 소문, 그리고 고대 문헌에서 그들 가운데 일부에 대한 음울한 묘사가 어떠하든, 적어도 공개적인 조각품에서 그들은 대체로 충실한 어머니, 아내, 딸로서 각자가 같은 역할을 하고 거의 비슷한 자세와 복장을 한 무리로 나타났다. 그들의 공식 초상은 왕조의 생존에서 여성의 역할을 상징할 뿐만 아니라 일부 천

| 그림 82 | 거의 판에 박힌 듯한 리비아와 두 아그리피나(모녀가 같은 이름)의 조각상. 18세기 이탈리아 북부 벨레이아에서 발견된 황제와 그 가족의 조각상 13점 중에 들어 있었다.

박한 이야기들에 직접 맞서기 위해 설계된 것처럼 보인다. 클라우디우스 황제의 간통을 일삼고 색정광이었다는 아내 메살리나를 묘사한 것으로 보이는 한 유명한 조각상은 아들 브리타니쿠스를 팔에 안은 모습을 보여준다. 온화한 평화의 여신을 묘사한 이전 그리스 조각상을 바탕으로 한 자세다. '여기에는 아무 문제가 없다'는 메시지가 담겨 있다.

적어도 첫눈에 일반적인 유형을 깨고 통상적이고 안전한 고정관념에 도전하는 것으로 보이는 황실 여성의 모습은 아주 가끔씩만 발견된다. 가장 대담한 조각 중 하나가 또 다른 아그리피나(딸)의 조각이다. 튀르키예의 고대 도시 아프로디시아스에서 발견된 대형 조각판에 들어 있는 것이다. 여기서 중요한 것은 아그리피나가 어떻게 생겼느냐가 아니라 무엇을 하고 있는 것으로 묘사됐느냐이다. 아그리피나는 아들 네로에게 월계관을 씌워주고 있다. 그에게 실제로 황제의 권한을 부여하고 있는 듯이 말이다.

이 판은 1세기 중반 일부 아프로디시아스 지역의 귀족이 로마 황제들을 기리기 위해 세운 신전 유적의 주랑 현관에서 발견되었고, 1979년에서 1984년 사이의 발굴에서 고고학자들에 의해 재발견되었다. 이 건물 단지는 수십 점의 조각판과 기타 독립적 조각품으로 뒤덮여 있었다. 지역의 조각가들이 이 야심찬 조각품 사업에 대한 영감을 정확히 어디서 얻었는지, 그리고 로마 중앙의 모형이 어느 정도나 반영됐는지는 확실히 알 수 없다. 그러나 거의 온전하게 남아 있는 60점가량의 조각품(일부는 아직 제목이 새겨져 있는 부분이 떨어져나가지 않아 인물의 신원을 확실하게 파악할 수 있다)은 로마 미술에 관한 20세기의 가장 규모가 크고 중요한 발견 중 하나로 꼽힌다. 다키아인에서부터 크레타까지 로마 세계의 민족과 장소 일부가 불멸의 작품으로 구현됐으며, 그리스-로마 신화 속의 알아볼 수 있거나 알아볼 수 없는 주제들을 모아놓은 것도 있었다. 로마 건설의 주인공 아이네이스가 트로이에서 아버지를 구한 일, 백조로 변신한 제우스가 스파르타 왕비 레다를 강간한 일, 이름을 알 수 없는 벌거벗은 세 주인공의 알 수 없는 개 쓰다듬기 같은 것들이다. 역시 눈에 띄는 것은 로마 1인 통치의 역사와 상징 속에서 가져온 황제와 그 가족이 나오는 여러 장면들이다.

| 그림 83 | 실물보다 약간 큰 메살리나 조각상. 완벽한 어머니의 모습이며, 1세기 중반 로마에서 만들어졌다. 디자인은 분명하게 서기전 4세기 초 케피소도토스Kephisodotos의, 평화의 여신 에이레네가 아들인 부富의 신 플루토스를 안고 있는 그리스 조각을 바탕으로 한 것이다.

이 가운데 아우구스투스가 묶인 포로 위에 의기양양하게 서 있는 모습을 담은 조각판이 있다. 제대로 옷을 걸치지 않은 클라우디우스가 '용맹하게' 브리타니아를 무찌르고 네로가 거의 벌거벗은 여성의 모습으로 묘사된 아르메니아 왕국을 도륙하고 있는 장면에서 그리 멀지

| 그림 84 | 아그리피나가 아들 네로에게 관을 씌워주는 모습. 네로는 서기 54년에 즉위했고, 그 후 몇 년 지나지 않아 어머니를 죽였다. 여기서 새 황제는 관을 쓰기 위해 군모를 벗어 그의 발치에 두었다. 이 판은 로마의 마지막 100년의 조각품으로서는 가장 중요한 발견 중 하나이며, 한때 아프로디시아스(그림 51)의 로마 황제들을 기리는 건물 구내를 장식하고 있었다.

않은 곳에 있다. 아르메니아는 그 '특유의 정복' 또는 '헛된 사업'의 또 다른 사례였으며, 이 경우에 조각판에서는 '직접 참여'하는 모습이 나오지만 황제가 원정에 직접적인 개입을 하지 않았음에도 그에게 군사적 영광을 부여했다. 아그리피나가 말 그대로 자기 아들에게 관을 씌

| 그림 85 | 아프로디시아스의 조각품들에는 브리타니아에 대한 이른 시기의 묘사도 포함돼 있다. 클라우디우스 황제의 희생자로서, 약한 여성으로 묘사된 이 속주는 승리자인 황제에게 짓밟히고 있다(419~421쪽).

워주는 '대관 장면'도 사실에 가깝지는 않다. 실생활에서 그런 의식은 치러지지 않았다. 로마 황제들은 대관식을 하지 않았다. 그러나 상징적으로 이 모습은 네로의 즉위가 그 어머니의 책략 덕분이었다는 일부 로마 작가들의 주장을 태연하게 시각적 형태로 되풀이한 듯하다. 이것은 몇몇 다른 미술 작품에서도 반복됐다. 예를 들어 한 카메오 조

| 그림 86 | 아프로디시아스에서 나온 대관 장면(그림 84)보다 더 작은 조각판. 사방 1미터 이하의 크기다. 그러나 기본적인 발상은 같다. 승리의 여신 차림의 카라칼라의 어머니 율리아 돔나가 아들에게 관을 씌워주고 있다. 그 옆에는 전리품이 있고, 두 명의 포로가 아래에 웅크리고 있다. 현재 바르샤바 국가박물관MNW에 소장된 이 조각판은 아마도 본래 시리아에서 왔을 것이다.

각에서는 아그리피나가 역시 아들에게 관을 씌워주고 있다. 150년 뒤의 다른 조각판에서는 율리아 돔나가 카라칼라를 위해 같은 일을 하고 있다.

　이런 모습을 승계 과정에서 황실 여성의 권위가 좀더 적극적으로 변화했음을 나타내는 하나의 희귀한 실험으로 보고 싶은 생각이 굴뚝같을 것이다. 이것은 통상적인 판박이 미술품들에 나타나는 것과 반대

| 그림 87 | 로마 부근 라누비움에서 나온 높이 2.5미터의 한 조각상이 유피테르의 모습을 한 클라우디우스 황제의 모습을 보여주고 있다. 이 신의 상징인 독수리가 그의 발치에 있다. 그는 본래 오른손에 번개를 들고 있었을 것이다(제주祭酒 잔은 현대에 잘못 복원한 것이다). 그의 오크나무 관은 신과 인간 사이의 경계선에 걸쳐 있다. 오크는 유피테르와 관련이 있는 나무이지만, 오크나무 관은 전투에서 용감하게 싸운 병사들에게 주어졌다.

되는 여성의 정치적 권력과 작용을 용감하게 과시한 것일까? 그렇게 생각하고 싶지만, 확신하지는 못한다.

이들 각각의 조각품에서 황후가 여신의 상징을 지니고 나타나는 것은 큰 차이를 만들어낸다. 아프로디시아스와 카메오의 아그리피나는 둘 다 '행운'의 여신 티케의 코르누코피아cornucopia('풍요의 뿔')를 든 것으로 묘사됐으며(물론 이 상징은 또한 곡물과 농작물의 보호자인 케레스 여신을 떠올리게도 한다), 율리아 돔나는 승리의 여신의 모습으로 나타난다. 특히 여성뿐만이 아니라 황실 인물이 신의 상징을 지닌 채 묘사되는 것은 이례적인 일은 아니었다. 부분적으로 이는 그들에게 신성한 분위기를 부여해 그들을 평범한 인간과 구분해주었고, 그것은 황제의 역할을 신적인 용어로 제시하는 더 광범위한 패턴과 부합했다(이에 대해서는 다음 장에서 살펴볼 것이다). 그러나 그것은 종종 보이는 것보다 더 까다로웠다. 실물보다 큰 클라우디우스 황제의 한 조각상은 유피테르처럼 반라에 무릎에는 이 신의 독수리가 붙어 있는 모습이었는데, 그것은 솔직히 이 황제를 좀 우스꽝스럽게 만드는 대가를 치러야 했다. 아그리피나와 율리아 돔나의 경우에 신의 상징은 황후와 여신의 혼합체에서 진짜 권력이 어디에 있는지 하는 문제를 얼버무린다. 적어도 한 관점에서 여신은 황후를 무색하게 할 뿐만 아니라 그 권위에 대한 어떤 관념도 적극적으로 뭉개버린다. 자기 아들에게 관을 씌워주는 실제 여성(몇몇 여신의 상징을 가짐)은 황제에게 통치 권한을 부여하는 여신(몇몇 실제 여성의 상징을 가짐)에 필적할 수는 없다. 신의 이미지는 황후의 힘을 '키우는' 것이 아니라, 오히려 그 힘을 '숨기는' 것이었다.

주제의 변주

로마 황제와 그의 가족들에 대한 현대의 표준적인 이미지는 한때는 혁명적이었으나 이제는 당연한 것으로 여겨지는 실물 크기 청동 또는 대리석 조각상들에 의해, 그리고 제국 전역에서 나온 주화의 수많은 황제 두상에 의해 규정됐다. 그것들은 고대에도 역시 황제의 이미지를 규정하는 데 중요했으며, 1인 통치의 정치학을 시각적인 형태로 요약하고 있다. 그러나 그것이 전부는 아니다. 로마 세계 전역에서 황제의 모습은 공공 광장과 주랑 현관에만 세워져 있지 않았다. 그들의 모습은 사람들의 집을 장식했고, 그들의 그릇 찬장을 채웠으며, 그들의 옷과 장신구를 장식했다. 장식품의 가격은 천차만별이어서 거의 모든 사람의 주머니 사정에 맞았다. 현대의 연구에서 이들은 황제의 큰 조각상만큼의 관심을 거의 받지 못했다. 솔직히 말하자면 극소수만이 예술적 품격이 높았고, 그중 상당수는 현재 박물관 창고와 지하실로 들어가 눈에 띄지 않는다. 그러나 이들에게 다시 주목하면 황제가 로마 세계에서 '어떻게' 보였고(그리고 상상됐고), '어디서', '어떤 규모'로 보였는지에 대한 좀더 다양하고 다채로운 인상을 얻게 된다.

이들 범위의 맨 꼭대기(그중 일부는 틀림없이 걸작으로 간주된다)에는 세련되고 값비싼 카메오와 보석이 있다. 황실 성원 전체에서부터 핵심적인 개인에 이르기까지 황제의 가족을 소품으로 당당하게 과시한다(화보 5, 17). 그 상당수는 황제 자신이 스스로를 위해 위해 주문했을 것이다(다른 누가 그런 돈을 가졌겠는가?). 이들은 틀림없이 황제의 거주지를 장식하고, 궁궐 연회 식탁을 꾸미고, 특별한 친구나 영향력 있는 외국 사절에게 선물로 주려는 의도였을 것이다. 사회적 서열을 조금 내려가면 값비싼 은그릇들이 이탈리아 상류층 가정에서 통치자의 모습을 보여주었다(그림 12). 그러나 아마도 우리에게 더 직접적으로 와닿는 것은 좀더 수수한 물건일 것이다. 황제를 곧바로 그 신민의 입에 들어가게 하는 과자 틀 같은 것이다(그림 3).

통치자와 그 친척의 작은 초상은 값싼 도기 등잔, 병사들의 갑주, 거울, 해시계 등의 장식과 보통의 가구를 장식하는 데 사용됐다. 셉티미우스 세베루스가 새겨진 귀고리(그림 4)와 함께 안토니누스 피우스의 아내 파우스티나(마르쿠스 아우렐리우스와 혼인한 파우스티나의 어머니)는 한때 로마령 브리타니아 남부 콜체스터 주민들이 즐겨 지녔던 작은 황금 장식판에 들어갔고, 황제 주화(도미티아누스, 트라야누스, 카라칼라, 알렉산데르 세베루스 등)의 '두상'은 수수한 반지에 장식물로 많이 들어갔다. 황제의 가족은 심지어 도박용 탁자에도 등장했다. 특히 아우구스투스의 아내 리비아의 두상은 고대의 보드게임에서 사용된 값싼 도박 도구에 디자인을 제공했다.

현대의 개념으로 이곳은 공식적인 '이미지 관리'의 세계였을 뿐만 아니라, 고대판 냉장고 자석, 대량생산된 손잡이 잔, 손가방에 황제의 얼굴이 들어가 그를 가정과 일상생활의 일부로 만드는 세계였다. 요즘의 일부 왕실 기념품과 달리 이 이미지들은, 아마도 많은 수의 혹은 대부분의 청동이나 대리석으로 된 대중적 초상이 그렇듯이 중앙으로부터 단일한 디자인으로 확산될 수 없었을 것이다. 황실의 관리자들은 황제의 모습이 보통의 가정에서 어떻게 나타나는지 통제할 인력도 의지도 없었다. 그것들은 오직 지방 주도의 결과일 수 있었다. 소규

472

모 사업가들이 수익성 있는 사업에 대한 안목(사람들은 실제로 이런 물건을 사고 싶어 했을 것이다)으로 중앙의 모형을 간접적으로(2차나 3차, 사본의 사본의 사본) 본떠 만든 것이었다. 그것은 결국 오늘날 우리가 그들의 모습을 인식할 수 있는 방법이 되었다. 그리고 분명 우리가 오늘날 발견하는 것보다 양이 많았을 것이다. 하드리아누스의 친구가 트라페주스에서 보았던 '초상'처럼 그것들은 거의 공식적인 유형과는 완전히 독립적이었기 때문이다. 어느 곳에서든 황제의 모습을 독자적으로 만들어내는 것을 막을 방법은 없었다.

바로 그런 일이 로마령 이집트에서도 일어났다. 개인의 가정이 아니라 공공 신전의 장식에서였다. 이집트는 가장 오랜 역사를 가진 로마의 속주였기에 하드리아누스와 기타 황제들은 유산 순방자로서 여행에 나서서 나일강을 거슬러 오르곤 했다. 그러나 한 조각판이, 로마 세계 어디에서나 발견할 수 있는 얼마 남지 않은 아우구스투스 황제의 대형 초상 가운데 하나라고 어느 누가 짐작할 수 있었겠는가? 아우구스투스 시대 이집트 신전들의 외벽에 새겨진 이것은 황제가 고대의 파라오로서 이집트 현지 신들에게 공물을 바치는 모습을 보여준다. 그의 이름(이름이 새겨지지 않았다면 누구인지 알아볼 수 없었을 것이다)은 옆에 상형문자로 '카이사르', '황제', '파라오' 등 여러 가지로 새겨져 있다. 클라우디우스, 네로, 트라야누스, 카라칼라를 포함하여 몇몇 후대 황제들도 이집트에서 같은 방식으로 묘사됐다.

황제들이 실제로 파라오의 복장을 했으리라고 생각할 이유는 없다. 이 조각품들은 로마 통치자가 파라오의 힘을 끌어오려는 시도였을 수 있다. 더 가능성이 높은 것은 이집트인들이 로마 황제의 이미지

| 그림 88 | 로마 황제가 나오는 값싼 장식들의 일부. 왼쪽은 카라칼라 주화가 들어간 반지, 아래는 티베리우스(추정)의 얼굴과 양 옆으로 황실의 두 젊은이가 들어간 유리 장식물, 오른쪽은 아우구스투스와 휘하의 의례를 담당하는 사제를 보여주는 도기 사발의 가운데 부분이다.

를 자기네의 전통적인 표현으로 재창조하려는 시도였다는 것이다. 어느 설명이 맞든 그것은 황제의 이미지가 얼마나 유연할 수 있었는지를 보여준다. 제국 주민 다수는 전투복이나 토가를 입은 자기네 통치자를 상상했겠지만, 일부는 그가 웃통을 벗고 이집트의 전통적인 '이중관'을 쓰고 이집트식 치마인 셴티shenti를 입은 모습으로 그렸을 것이다.

미술 속 황제들의 다양성은 지금은 전해지지 않는 초상들까지 감안하면 더욱 확대된다. 우연히 사라진 것뿐만 아니라 재료의 취약성(또는 재사용 가능성)으로 인해 사라진 모든 범주의 초상을 포함해서다. 깨지기 쉬운 유리는 그 분명한 사례일 것이다. 마찬가지로 청동 조각상이 대리석상에 비해 비교적 수가 적은 것은 대체로 이 금속을 쉽게 녹여 다른 것으로 만들었기 때문이다. 유명한 마르쿠스 아우렐리우스의 청동 기마상(그림 44)은 170년대 이래 줄곧 로마에서 대중에게 전시됐는데, 아마도 중세에는 다른 사람으로 오인되어 살아남았을 것이다. 당시 4세기 초의 황제 콘스탄티누스로 생각됐던 것이다. 그는 기독교를 공인한 로마의 첫 황제였으므로, 이 우연한 착오가 아마도 기독교도 고철 상인과 재활용 업자들을 움츠러들게 했을 것이다. 그러나 고대 미술의 전체 역사에서, 오랜 전통이 있는 휴대용 회화 분야가 가장 큰 손실을 입었다. 회화는 로마 세계에서 조각만큼이나 두드러지고 중요한 예술 형태였다. 그러나 현재 남아 있는 소량의 작품으로는 그것을 상상할 수가 없다. 우리 기록에서 가장 오해를 불러오는 공백이 되고 있는 것은 나무와 아마포 위에 그려진 황제들의 초상이다.

이것들은 한때 어디에나 있었다. 예를 들어 140년대에 프론토는 당시 제자였던 마르쿠스 아우렐리우스에게 편지를 써서 자신이 온 시내에서 마르쿠스의 그림(그의 조각상을 그린 것이지만)을 본다고 했다. "노점과 가게에서, 열주와 입구 통로에서, 그리고 창문에서" 말이다. 재능이 없는 예술가들이 만든 아주 형편없는 미술품이었지만, 그럼에도 불구하고 자신은 볼 때마다 언제나 살짝 입맞춤을 한다고(또는 이 부분의 불확실한 라틴어의 다른 판본에 따라 잘난 체하는 어조를 가미하면 "그것들은 언제나 나를 킥킥거리게" 만들었다) 고상한 체하며 농담을 했다. 시장의 위쪽 끝에 있는 플리니우스의 외숙은 자신의 백과사전에서 틀림없이 황제가 주문했을 그림에 대해 언급한다. 높이가 35미터나 되는 아마포에 그린 특대형 네로 초상이다. 로마 변두리에 있는 황제의 한 호르투스에 전시된 것이다. 종교적 행진에서 운반되거나 군대의 깃발에 들어가고 신전에 안치된 황제 가족의 초상에 대한 언급 역시 많다. 그리고 이것들은 몇몇 황제의 분명한 메시지를 전하는 데 사용됐다. 예컨대 엘라가발루스는 제위 승계 후 로마에 도착하기 전에 동방 사제의 상징물을 완전히 갖춘 자신의 모습을 그린 대형 그림을 보냈다고 한다. 원로원 청사에 눈에 띄게 걸어놓아 의원들이 자신의 이례적인 복장에 익숙해지게 하려는 것이었다. 한때는 황제를 그린 그림이 대리석 조각상만큼이나 많았다.

이들 중 살아남은 사례는 단 하나뿐이다(화보 3). 이것은 지름 약 30센티미터의 둥글고 작은 나무판이다. 식별이 가능한 셉티미우스 세베루스, 그의 아내 율리아 돔나(머리 모양을 보라), 두 사람의 아들 카라칼라가 그려졌고, 한 인물의 모습은 지워졌는데 아마도 카라칼라의 동생 게타인 듯하다. 현재 베를린에 있는 이 판자는 복잡한 역사를 지니고 있다. 이것은 아마도 이집트의 건조한 기후 덕분에 보존됐을 것이다. 그러나 정확히 어떻게 또는 어디서 발견됐는지는 알 수 없다(그 후 20세기에 골동품 시장에 나왔다). 이것은 '아마도' 이집트의 한 신전에서 나온 큰 그림에서 잘라낸 것으로 보이며, '아마도' 파피루스에 적힌 신전 재산 재고 목록에 언급됐을 것이고, '아마도' 200년 무렵 이 황제 가족의 이집트 방문을 기념하기 위해 지역에서 주문했을 것이다.

사정이야 어떻든(그리고 '아마도'는 중요하다), 대다수의 역사가들은 좀 삐딱하게, 남아 있는 세 초상보다 지워진 얼굴에 더 관심을 가지는 경향이 있었다. 아직도 우리가 볼 수 있는 초상은 대다수의 조각상들보다 화려하다. 황제는 풍성한 금관을 쓰고 있고, 율리아 돔나의 장신구에는 진주처럼 보이는 것이 들어 있다. 그리고 언제나 젊은이처럼 보이는 조각상과 대조적으로 황제에게는 은발의 기미가 있다(물론 이런 특징들은 본래 대리석 조각상에 칠해져 있었을 것이다). 그러나 단 하나의 사례를 가지고 많은 결론을 끌어내기는 어렵다. 심지어 예술 작품의 품질에 관해서도 말이다. 한 미술사가는 최근 이 그림이 "비교적 조잡하다"라고 평했고, 다른 전문가는 덜 미덥지만 "이례적인 품질"의 "걸작"이라고 추켜세웠다.

거대한 크기 역시 조각상이 파괴되는 원인이 될 수 있었다. 지금 묘사하기는 어렵지만 로마 통치자와 그 가족 성원들의 거대한 조각상(때로는 실물 크기의 열 배에서 열다섯 배에 이르렀다)은 한때 제국 전역의 도시들에서 흔히 볼 수 있었다. 그리고 그것들 역시 많이 사라졌다. 이 거대한 미술 작품들은 제작 기법의 문제로 인해 손실이 발생했다. 거대한 조각품을 온전히 대리석으로 만드는 것은 거의 불가능했을 것이고, 설사 만든다고 하더라도 일으켜 세우기에는 너무 무거웠을 것이다. 미켈란젤로가 만든 조각상 〈다비드〉는 높이가 5미터 남짓에 불과해 로마의 기준으로는 피라미에 불과했겠지만, 독립적인 조각물로서는 단단한 돌로 만들 수 있는 한계치에 가깝다(대좌가 있는 것은 좀더 쉽다). 이 문제에 직면해서 로마인들이 찾은 해법 중 하나는 틀을 제작해 이용하는 것이었다. 나무나 벽돌로 원하는 크기의 골격을 만들어 몸체로 삼고 거기에 얇은 금속 판(그리고 아마도 교체할 수 있는 직물)을 '입혔'으며 사지만 돌로 깎은 뒤 몸체에 붙였다. 현재 남아 있는 것은 이

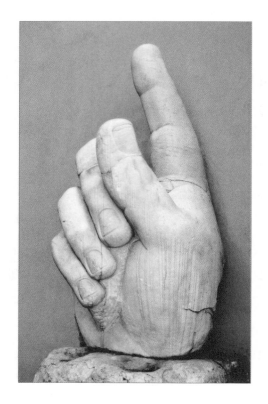

| 그림 89 | 실물의 몇 배는 큰 콘스탄티누스 황제의 손. 4세기 초의 것이다. 황제의 조각상에 남아 있는 대리석 사지 가운데 하나로(발과 머리도 남아 있다), 나무와 벽돌로 만든 틀 위에 올려졌다. 본래는 대좌에 있는 것으로 묘사됐고, 높이는 12미터를 넘었다.

런 사지뿐인데, 그들의 얼굴 잔해 또는 때로 거대한 돌덩어리로밖에 보이지 않는 손발 파편은 본래의 것이 얼마나 인상적이거나 위압적으로 보였을지 가늠할 수 없게 만든다.

다른 해법은 속이 비어 있도록 주조한 청동을 이용하는 것이었다. 청동은 더 가볍고 더 유연했으며, 이들 조각상 가운데 가장 유명한 작품들을 만들 때 선택된 재료였다. 로마의 모든 거상 가운데 가장 유명한 벌거벗은 네로의 도금 청동상(본래 그의 도무스 아우레아의 현관에 서 있었다)이 이 방법으로 만들어졌으며, 그 조각상이 정말로 35미터 이상이었다면 트라야누스 기둥 높이의 대략 4분의 3이었다. 그러나 이런 유형의 조각상은 모두 나중에 녹여 재활용했기 때문에 틀 제작 방식의 조각보다도 적게 남아 있다. 이 거대한 창작물의 영향에 대해 조금이라도 알려면 로마 작가들이 쓴 글에 의존할 수밖에 없다.

시인 스타티우스는 서기 90년 무렵 옛 로마 포럼 한가운데 세워져 있던 거대한 도미티아누스 기마상을 생생하게 보았고, 이를 100여 행의 시로 썼다. 이 기념물은 공식적으로 원로원에서 주문한 것이었다. 황제가 게르만족을 상대로 승리를 거둔 것(아닐 수도 있다)을 기념하기 위해서였다. 발굴에서 발견된 그 '터'의 흔적으로 미루어볼 때 그 기마상은 대좌를 포함해 높이가 약 18미터에 이르렀을 것이다. 시인은 예상대로 과장을 했다. 도미티아누스는 그를 둘러싸고 있는 신전 위로 빛나고, 그의 머리는 순수하고 맑은 하늘에 닿았다고 그는 썼다. 황제는 왼손에 지혜와 전쟁의 여신 미네르바 조각상을 들고 있고("여신은 이보다 더 달콤한 안식처를 고른 적이 없었네"), 그의 말은 놋쇠 발굽으로 붙잡혀 묶인 라인강의 이미지를 짓밟고 있다. 조각상은 "땅과 하늘처럼 오래도록" 남을 것이라고 그는 예언한다.

고대(그리고 르네상스기) 이래로 철근 콘크리트는 조각상의 크기를 극적으로 변화시켰다. 오늘날 구자라트에 있는 세계에서 가장 큰 조각상(인도 법률가 겸 정치인을 묘사했다)은 높이가 180미터를 넘고, 네로의 거대한 조각상을 무색하게 하는(18미터에 불과한 도미티아누스 조각상

| 그림 90 | 1세기 말 또는 2세기 초의 작은 자수정 보석. 용감하게도 네로의 거상을 묘사하려 하고 있다. 벌거벗은 황제가 관을 쓴 모습을 겨우 알아볼 수 있으며, 오른팔은 키舵 위에 올려놓고 있다(다른 자료를 통해 알 수 있다).

은 말할 것도 없다) 조각상이 수십 점 더 있다. 그 상당수는 붓다의 모습이다. 그러나 그 특대형 네로는 여전히 지금까지 만들어진 가장 큰 '보통' 인간의 조각상으로 열 손가락 안에 든다. 스타티우스가 상기시켜 주고 있듯이(우리가 박물관이나 화랑에서 보는 일상적인 크기의 조각상과는 아주 다르게) 많은 로마인은 자기네 황제의 모습을 아주 먼 곳까지 '올려다보는'(아주 멀리) 경우가 있었을 것이다.

조각상 전쟁

도미티아누스의 거대한 조각상이 영원할 것이라는 스타티우스의 예언은 완전히 빗나갔다. 불과 몇 년 안에 흔적도 없이 사라졌기 때문이다. 포룸의 표면 아래 조각상 터의 일부 고고학적 흔적만이 남았다. 황제의 생전에 글을 쓴 스타티우스는 조각상이 도시의 시민 공간에 침입한 것에 대해 약간의 불안감을 칭찬과 함께 내비쳤다. 그는 조각상의 거대한 덩어리가 포룸을 거의 집어삼켰다고 말했다. 땅은 지탱해야 하는 무게 때문에 헐떡거렸다. 그리고 시인이 이 조각상을 그리스인들이 트로이를 점령하기 위해 사용한 신화 속의 트로이 목마와 비교한 것은 양날의 검이었던 듯하다. 도미티아누스의 말은 어느 정도나 로마시에 위험했을까? 그 대답이 무엇이든, 암살된 통치자의 그런 과감한 조각상이 그의 몰락 후 곧 사라진 사실을 이해하기는 어렵지 않다.

　로마 1인 통치의 다른 여러 측면과 마찬가지로 조각상은 약간의 까다로운 줄타기를 수반했다. 아우구스투스는 영리하게 시민의 평등성을 거의 초인간적인 완전체와 결합한 이미지를 만들기는 했지만, 권력의 가시적인 표현은 쉽게 과대망상의 표출로 간주될 수 있었다. 귀금속으로 만든 조각상은 그 분명한 한 가지 사례였다. 그것은 드물지 않았지만 언제나 위험했다. 그리고 많은 경우 오래가지 못했다. 황제는 조각상을 세우는 것만큼이나 그것을 녹여버림으로써 찬사를 얻을 수 있었다. 아우구스투스는 이미 은으로 만든 조각상이 방종의 징표로서 평판에 미치는 위험성을 알았다. 그래서 그는 〈업적〉에서 자신을 묘사한 조각상(아마도 다른 사람들의 기부로 만들었을 것이다) 80점가량을 파괴하고 그 이득을 이용해 아폴로 신에게 선물을 했다고 자랑한 것이다. 마르쿠스 아우렐리우스와 루키우스 베루스도 같은 논리를 따랐다. 남아 있는 새김글에서 볼 수 있듯이 그들은 에페소스에 있는 오래되고 부서진 황제들의 은 조각상을 자기네 모습으로 재활용하는 것을 허락하지 않았다.

거대한 크기도 위험성이 있었다. 황제를 그렇게 초인간적인 크기로 표현하는 것은 그가 '우리 가운데 하나'라는 신화를 깨버릴 위험이 있었다. 일부는 잘 피했다. 로마의 거대한 아우구스투스 조각상에 대한, 그리고 지중해 동부 지역의 여러 도시들이 도시 중심에 티베리우스의 거대한 조각상을 주문했다는 지나가는 언급들이 있었다. 후자는 지진 이후 구제를 제공하는 데서 매우 관대했던 그에게 감사하는 것이었다. 그러나 네로의 35미터짜리 그림의 운명은 위험성을 보여준다. 대플리니우스는 자신의 간단한 묘사에서 이를 완전한 '광기'로 부르고, 그 그림은 곧 불길하게도 번개에 의해 파괴됐다고 말한다(너무 나간 탓에 벌을 받았다고 결론을 내릴 수밖에 없다). 그 두 극단 사이에서 네로의 거대한 청동상 이야기는 줄타기가 잘 이루어졌음을 보여준다.

플리니우스는 이 조각상을 초상화에 비해 훨씬 좋게 생각했다. 그는 조각가 제노도루스_{Zenodorus}(이번에는 그 이름을 안다)가 이것을 만들고 있을 때 그의 작업장에 들어가 보았고, 재능 있는 천재가 만든 뛰어난 미술 작품이라고 판단했다. 그러나 수세기 동안 살아남은 이 조각상은 네로의 방종과 과시를 보여주는 상징의 하나가 되었고, 아마도 고대 로마(그곳에서는 이것이 수백 년 더 유지됐다) 시대 사람들보다 현대 역사가들에게 더 그렇게 비쳤을 것이다. 네로의 몰락(이 조각상이 완성되기 전인지 후인지는 모르지만) 이후 베스파시아누스는 여기에 새로운 머리를 붙일 것을 주문했다고 한다. 황제의 모습이 아니라 태양신의 모습이었다(다만 카시우스 디오에 따르면 일부 관찰자들은 그것이 베스파시아누스의 아들이자 후계자인 티투스라고 주장했다). 이 조각상은 코끼리 스물네 마리가 동원된 하드리아누스 치세의 대규모 수송 작업을 통해 본래의 위치에서 조금 이동했다. 새로운 신전을 건설할 자리를 내주기 위해서였다. 그러나 여전히 그 근처였고, 2세기 말 콤모두스의 모습(헤라클레스처럼 보이게 하려고 곤봉을 추가했다)으로 바뀌었다가 이후 다시 태양신으로 되돌아갔다. 그 조각상이 나중에 어떻게 됐는지는 알 수 없다. 4세기에 마지막 소식이 들렸고, 가장 그럴듯한 추측은 중세 초 어느 시기에 녹여져 재활용됐으리라는 것이다. 그때쯤 이 거상巨像(콜로수스 Colossus)은 그 부근에 있던, 지금 우리가 콜로세움이라 부르는 것에 그 이름을 주었던 듯하고, 그것이 그에 대한 기억을 보존하고 있다.

어떤 의미에서 네로의 거상은 운 좋게 살아남은 것처럼 보일 수도 있다. 도미티아누스의 기마상이 그랬지만 인기 없는 전임자의 죽음이나 교체를 두드러지게 하는(또는 인기가 없었던 전임자로 낙인찍는) 한 가지 방법은 그를 지우는 것이었다. 명백하게 보이는 물리적인 부분에서 말이다. 원로원은 때로는 투표를 통해 공적인 새김글에서 이전 황제의 이름을 지웠다. 그리고 자발적이거나 신중하게 지휘된 운동을 통해 조각상을 끌어내려 폐기하고(상당수가 틀림없이 테베레강에 버려졌다) 그림을 훼손했다. 그런 일이 카라칼라의 동생이자 잠시 공동 통치자였던 게타에게 일어났다. 211년에 그가 살해당한 뒤 지워졌고, 셉티미우스 세베루스의 가족을 그린 판자에 공백 부분이 남았다(판자에 아무도 요점을 놓치지 않도록 하기 위해 대변으로 문지른 흔적이 아직도 남아 있다는 이야기는 현대 학자들이 지어낸 신화다). 그리고 로마와 기타 지역에 있는 여러 조각품군에는 아직 미심쩍은 공백 부분을 쉽게 발견할 수 있는데,

이는 한때 게타가 있었던 자리를 표시한다. 황제의 조각상은 로마 외부의 적들을 위한 목표물이 될 수도 있었다. 남아 있는 아우구스투스 두상으로 가장 유명한 것 중 하나(화보 13)는 그것이 로마에 맞선 저항의 초점이 됐기 때문에 보존됐다. 이 두상은 본래 이집트에서의 황제의 권력을 주장하기 위해 서기전 25년에 만들어진 황제의 여러 조각상 중 하나였는데, 그 두상을 로마의 통제력이 미치는 지역 바깥의 더 남쪽에서 온 습격자들이 떼어 전리품으로 가져갔고, 지금의 수단에 있던 그들의 수도 메로에의 승리의 신전 계단 아래에 묻었다. 이 두상은 거의 2천 년 뒤에 고고학자들에게 재발견됐다. 그들은 제국 영토 바깥의 그렇게 멀리 떨어진 곳에서 로마 황제의 두상이 발견되리라고는 전혀 생각하지 못했다.

네로의 거상이 그렇게 오랫동안 보존된 것은 여러 차례의 개조와 새로운 정체성의 재부여 덕분이었다. 로마인들은 일반적으로 오늘날의 우리에 비해 '조각상 전쟁'에 관해 더 많은 상상력을 발휘했다. 우리는 관심에서 멀어진 누군가의 초상에 대해 단 세 가지의 선택지를 가지고 있다. 없애거나, 내버려두거나, 박물관에 보내는 것이다. 반면에 그들은 단단한 조각상일지라도 '진행 중인 작업'에 더 가깝게 보는 경향이 있었다. 수정하고 다시 새기고 다시 칠할 수 있는 작품이었다. 심지어 새로운 두상으로 바꿀 수도 있었다. 사냥을 하는 하드리아누스와 안티누스를 보여주는 조각판은 4세기에 콘스탄티누스 개선문에 재활용되어 우리에게 전해졌다. 하드리아누스의 얼굴이 이 후대 황제의 '모습'으로 다시 조각됐다(그림 61). 스타티우스에 따르면 거대한 도미티아누스 기마상에서 멀지 않은 곳에 또 다른 조각상이 있었다. 본

| 그림 91 | 여러 황제 조각상들에 대한 상세한 분석을 통해 그들의 정체성이 어떻게 변했는지 그 흔적을 더듬어볼 수 있다. 이 조각상에서 기술공은 머리칼을 손질하고 다듬으며 이마에 주름을 더해 네로를 베스파시아누스로 변모시켰다.

래는 알렉산드로스 대왕을 묘사했지만, 두상이 율리우스 카이사르의 것으로 대체됐다. 이것은 심상한 개조를 넘어서는 것이었다. 이는 카이사르를 말 그대로 알렉산드로스의 위치에 올려놓는 한 방법이었다. 스타티우스는 참지 못하고 약간의 농담을 했다. "그의 목은 자기에게 카이사르의 얼굴이 달려 있는 것을 알고 깜짝 놀랐다."

그것은 언제나 이들 주요 미술 작품들처럼 매우 극적이고 공개적인 것은 아니었다. 규모가 작은 개조와 재조각은 흔히 황제 승계 과정의 일부였고, 남아 있는 수십 개의 초상에서 아직도 추적할 수 있다. 특히 서기 1세기에 그랬지만 그 시기만 그랬던 것은 아니었다. 이 작품들을 자세히 살펴보면 한 통치자를 묘사한 특정한 부분이 그 후계자를 묘사한 것으로 변화했음을 감지할 수 있다. 칼리굴라였던 것이 클라우디우스로 변하고, 네로가 베스파시아누스로 변하고, 도미티아누스가 네르바로 변했다. 여기에는 몇 가지 설명이 가능하다. 그중 하나가 단순한 경제성이다. 옛 황제의 초상을 다시 조각하는 더 싸고 빠른 방법이 있는데(특히 그들 사이의 차이가 어떻든 아주 크지 않은 경우에) 새 황제의 새로운 조각상을 만드는 데 돈을 들일 필요가 있을까? 또 다른 하나는 옛 정권을 지우고 새 정권을 내세우려는 정치적 욕구다. 몰락한 황제의 두상을 깎아 그 후계자의 모습으로 만드는 것은 궁극적인 말살로 해석될 수 있다. 베스파시아누스가 말 그대로 네로를 대체했다는 식이다. 그러나 이는 또한 황제가 얼마나 쉽게 교체될 수 있는지를 드러냈다. 그것은 마르쿠스 아우렐리우스의 경구인 "같은 연극의 다른 배우"를 대리석에 재현한 것이었다.

거울 속의 황제

그렇다면 이 모든 것에서 황제 자신은 어디에 있었는가? 그의 공식 초상(또는 그 가족의 초상들)을 만드는 데서 그가 어떤 역할을 했는지는 알 수 없다. 심지어 그가 '자신'을 그리거나 조각한 예술가를 직접 만난 적이 있기나 했는지도 알 수 없다(다만 내가 생각하기에 네로는 제노도루스를 만났을 것이다). 분명한 사실은 제국의 많은 사람, 특히 황제를 직접 본 적이 없었을 사람들에게 황제는 어떤 의미에서 조각상으로 구현됐으리라는 것이다. 적어도 살아 있는 통치자와 그의 모습 사이에는 상당한 중첩이 있었다. 황제의 조각상은 그의 권력 일부를 나누어 가진 것으로 생각됐다.

초상과 그 대상인 사람 사이(표준적인 전문 용어로 '이미지와 원형' 사이)의 경계선을 어디에 그어야 하느냐의 문제는 거의 모든 문화권에서 직면하는 것이다. 결국 어떤 조각상을 버리고 어떤 것을 남겨둘 것이냐에 관한 논쟁에 기름을 붓는 것은, 그 조각들이 우리에게 공들여 만든 인간의 모습을 지닌 대리석 또는 금속 덩어리 이상의 것이라는 사실이다. 조각은 자기네가 표현하고 있는 사람의 자질과 특성 일부를 구현하고 있다. 로마에서 그 경계선은 훨씬 근본적으로 모호했다. 그것이 네로 사후 이어진 내전에 관한 타키투스의 기록에 실린 짧은 삽화의 요점이다. 경쟁자들이 몇 달 간격으로 등장했다가 사라지면서 서둘러 만든 조각상들도 같은 운명을 겪었다. 이 역사가는 나이 든 갈바가 타도되고 오토로 대체된 뒤 한 군부대에서 일어난 일을 이야기한다. 환호하는 병사들은 도금한 갈바의 조각상을 대좌에서 끌어내리고 그 대신에 오토의 '조각상'이 아닌 살아 있는 오토를 올렸다. 한때 조각상이 놓여 있던 대좌를 잠시 살아 있는 황제가 차지한 것이다. 황제와 조각상은 같았다.

이 모호성은 실제적인 측면과 상징적인 측면이 모두 있었다. 예를 들어 황제의 조각상은 맹세의 증인 노릇을 할 수 있었다. 한 조각상 앞에서 맹세를 하면 됐다. 그들 역시 도움과 지원과 피난처를 호소하는 사람들을 보호할 힘이 있었다. 소플리니우스는 2세기 초 자신의 비티니아-폰토스 속주에서 그 권력을 마주쳤다. 칼리드로모스 Callidromus(이야기의 세부 내용을 감안하면 불편하게도 '잘 달리는 사람'이라는 의미였다)라는 노예와 관련된 복잡한 사건을 처리할 때였다. 이 문제에 관해 플리니우스가 트라야누스에게 쓴 편지에 따르면 칼리드로모스는 이렇게 주장했다. 그는 로마 고위 인사의 노예였는데, 몇 년 전 황제의 다키아 전쟁 동안에 적에게 붙잡혀 처음에 다키아 왕에게, 그리고 이어 파르티아 황제에게 선물로 주어졌다. 그 뒤 탈출해 플리니우스가 통치하는 속주에서 빵집 주인 부부를 위해 일하게 됐다. 다시 한 번 탈출한 그는 이제 황제의 조각상에 보호를 요청했다. 플리니우스는 어떻게 해야 할지 확실치 않았던 듯하며, 이 사람의 이야기를 전적으로 믿지 못하고 있음을 내비쳤다. 그럼에도 불구하고 그는 칼리드로모스를 황제의 '조각상'에서 로마에 있는 '진짜' 황제에게로 보내 판결을 받게 할 계획을 세운다.

그러나 황제 초상의 권력과 황제 자신의 권력 사이의 중첩을 어디까지 밀고 나갈 수 있느냐 하는 성가신 문제가 언제나 존재했다. 예를 들어 누군가가 조각상을 모욕했다면 정말로 통치자를 모욕한 것이라고 간주할 수 있을까? '나쁜' 또는 편집증적인 황제의 한 표지는 이 질문에 대해 그가 '그렇다'라고 대답하는 것이다. 티베리우스는 전임자인 아우구스투스의 조각상 근처에서 옷을 벗거나 심지어 아우구스투스의 두상이 들어간 주화를 가지고 매음굴이나 화장실에 들어가는 것을 사형에 해당하는 죄로 간주했다고 한다. 200년 뒤에 카라칼라는 황제의 조각상이 있는 곳에서 오줌을 눈 사람을 사형에 처했다고 한다. 실

| 그림 92 | 루키우스 베루스의 조각상 중 셋만 골랐다. 특징적인 수염과 곱슬거리는 머리칼을 볼 수 있다. 이것은 로마 교외 아쿠아 트라베르사에 있는 그의 별장에서 나온 것인데, 어떤 의미에서 그의 집은 자신의 화랑이 됐다.

제 황제 앞에서 오줌을 눈 행위로 간주한 것이다. 이런 이야기를 그대로 믿기는 어렵다. 그러나 덧없는 환상인 것도 아니다. 이런 이야기는 '진짜' 황제를 대역이나 모조품과 구별하는 것에 얼마나 많은 것이 걸려 있었는지를 상기시켜준다. 선은 어디에 그어져야 했을까?

그러나 황제 또한 자신의 초상과의 관계에서 훨씬 직접적인 역할을 했으며, 너무 직접적이어서 잊기 쉽다. 우리가 이 초상이 본래 의도한

'대상'이 누구냐, 또는 그저 누가 그를 바라보느냐를 생각할 때 여러 부류의 사람을 생각하게 된다. 황제가 선물로 준 카메오를 소중하게 간직하는 원로원 의원이나 새 황제의 조각상을 주문하는 어느 멀리 떨어진 소도시의 시의원, 통치자의 조각상에 보호를 청하는 노예, 옛 황제의 조각상을 강물에 던져버리는 군중 등등. 우리가 간과하고 있는 한 사람은 중앙에 있는 사람이다. 로마의 통치자와 그 가족은 단순히 그들 초상의 '모델'이 아니었고, 그들 또한 '감상자'였다. 실제로 가장 인상적인 황제 초상의 아주 많은 수는 황제의 사유지에서 발견됐다.

전투복을 차려입고 가상의 청중을 향해 팔을 들어올린 유명한 아우구스투스 조각상(화보 15)은 그의 아내 리비아가 로마 근교에 소유했던 별장에서 나왔다. 정교하게 조각되고 부끄럼 없이 과장된, 머리에 헤라클레스의 사자 가죽을 두르고 손에 곤봉을 든 콤모두스의 반신상(그림 56)은 칼리굴라가 150년 전에 재단장했던 그 황제의 호르투스 지하 저장고에서 발견됐다. 이것은 콤모두스가 죽은 뒤 전시되지 않고 수요를 넘어서는 도미티아누스의 흉상 두 점과 함께 창고에 넘겨졌을 것이다. 2세기 황제 조각상으로서 가장 훌륭한 모음이 16세기에 시작된 발굴에서 발견됐다. 역시 로마 교외의 루키우스 베루스의 별장에서였다. 모두 열여섯 점이었는데, 루키우스 베루스 자신의 조각이 일곱 점 이상이었다. 황제의 권력을 보여주는 화려한 장면들이 있는 많은 카메오 역시 이 궁궐에서 나왔다.

(수에토니우스의 말을 믿는다면) 틈새가 벌어지고 파인 이, 얼굴에 점과 모반이 있었던 아우구스투스는 아내의 별장에 장식된 그의 완벽한 초상을 보며 어떻게 생각했을까. 나이를 먹어가는 황제가 그의 조각상,

카메오, 주화에서 자신의 영원한 젊음을 보며 무슨 생각을 했을지는 추측만 할 수 있을 뿐이다. 그러나 그런 권력자의 초상은 언제나 피통치자에게는 물론 통치자에게도 어떤 메시지를 전하고 있다. 그것들은 성공했든 실패했든 그 신민들에게 충성과 존경을 바치도록 고취할 의도에 그치지 않았다(모든 선전은 부분적으로 희망적 사고다). 그것은 또한 통치자에게 '통치자'로서의 자신을 어떻게 바라보고 믿을 것이냐에 대해 가르쳤다. 제국 전역의 수많은 사람들은 그의 초상을 보면서 황제에 대해 알게 됐다. 그러나 그것들의 목적은 또한 제위에 오른 평범한 사람들(그들도 인간으로서 모든 약점과 불확실성을 갖고 있었다)에게 그가 정말로 '로마의 황제'라는 확신을 주는 것이었다.

10

'나는 신이 되어가는 것 같아'

천국으로 가는 계단

남아 있는 로마 문학의 가장 재미있는 작품 가운데 하나는 클라우디우스 황제가 죽은 뒤 올림포스산을 오르는 모험에 관한 풍자다(나를 폭소하게 만든 유일한 작품이다). 서기 54년 그의 장례식 직후, 로마 원로원은 관행에 따라 죽은 황제가 이제는 신이라고 선언했다. 전담 사제, 공식 예배, 신전까지 갖추었다. 네로의 가정교사였던 철학자 세네카가 쓴 것이 거의 확실한 이 풍자는 그 데이피카티오deificatio(신격화) 과정에서 실제로 무슨 일이 일어났는지를 폭로한다고 주장했다. 이것은 〈아포콜로킨토시스Apocolocyntosis〉('호박으로 만들기' 정도의 의미)라는 발음하기 어려운 제목으로 쓰였다.

이 풍자는 박식하지만 비틀거리는 이 나이 많은 황제(결국 아내 아그리피나에 의해 독이 든 버섯 요리로 살해당했다)가 사실 신의 무리에 끼일 자격이 없다는 것이었다. 그가 올림포스산을 올라갔을 때 그를 맞으러 나온 이들은 그가 하는 말을 한 마디도 알아들을 수 없었다. 헤라클레스가 현장에 오고 나서야 두 사람은 호메로스의 시 몇 구절을 나누었다("고맙게도 천국에 약간의 학자가 있었다"라며 클라우디우스는 감격했다). 그러나 신들은 클라우디우스를 자기네의 일원으로 받아들일지를 결정하기 위해 그곳 원로원 청사에서 비공개 회의를 열기로 했다. "의견은 엇갈렸으나 대체로 클라우디우스에게 유리한 쪽으로 돌아갔다." 그때 아우구스투스 황제(그는 40년 전에 신이 돼 있었다)가 결정적으로 후계자를 반대하는 쪽으로 표의 향방을 돌렸다. 클라우디우스는 대단한 괴물이기 때문에 절대 신들의 일원으로 받아들일 수 없다고 아우구스투스는 주장했다(그는 신들의 원로원에서 처음 연설을 하게 되어 약간 긴장했다). "그는 파리 한 마리 놀라게 하지 못할 것처럼 보이지만, 개가 똥을 누듯 쉽게 사람을 죽이곤 했습니다."

이렇게 클라우디우스에게 신의 공식 지위를 부여한 인간 원로원의 표결에도 불구하고 세네카의 풍자에서 '진짜' 신들은 사흘도 되지 않아 그를 올림포스산에서 추방했다. 그는 여러 다른 악한들과 함께 하계에서 살아야 했고, 적절한 처벌을 받았다. 궁궐 해방노예의 손아귀에 잡혀 있다는 소문이 있었던 이 황제는 말 그대로 그렇게 됐다. 그는 칼리굴라 황제의 한 해방노예의 법률 서기로 영원히 배정됐다.

죽은 황제를 원로원의 투표를 통해 죽지 않는 신으로 만드는 것은 지금 보면 1인 통치 체제의 로마의 종교·정치에서 가장 황당하고 가장 어리석은 측면 중 하나로 보일 수 있다. 즉석에서 불멸성, 신전 일습, 특별 사제, 여기에 수반되는 종교 의식을 부여하는 데서 그들은 정말로 진지할 수 있었을까? 이 모든 것이 조잡한 정치적 곡예였을까? 클라우디우스의 신격화에 대한 세네카의 모욕은 이 과정에 대한 현대의 많은 견해나 초기 기독교도 작가들의 독설과 궤를 같이하는 듯하다. 기독교도들에게 분명히 불완전한 전제군주를 초인간적이고 불멸의 신으로 만든다는 발상 자체는 쉬운 표적이었고, 그것은 로마의 전통 종교에 대한 그들의 비장의 패 가운데 하나가 됐다. 심지어 한 황제도 그것이 죽으면서 할 만한 농담이라고 여겼다. 베스파시아누스가 죽기 직전에 이런 말도 했다고 한다. "이런, 나는 신이 되어가는 것 같아." ('이런'은 약간 고풍스러운 라틴어 'vae'를 적당히 번역한 것이다.)

그러나 이는 얼핏 생각되는 것처럼 어리석은 것이 아니었다. 그것이 신이 창조된 방식, 신이 작동하는 방식 등 신에 대한 로마인의 관념에 비추어 보면 더 의미가 있는 것이었다. 그리고 그것은 고유한 논리를 가진 일련의 정교한 의례의 일부였다. 종교는 황제가 되는 데서, 그리고 황제의 이미지에서 중요한 부분이었다. 죽음도 마찬가지였다. 꼼꼼하게 연출되고 때로는 터무니없이 사치스러운 장례식부터 아직도 로마시에 남아 있는 거대한 황제의 무덤까지 말이다. 날카로운 메시지를 담고 있는 것은 베스파시아누스의 마지막 말뿐만이 아니었다. 임종 장면은 어떻게 황제 노릇을 하느냐(또는 하지 않느냐)에 대한 중요한 교훈을 줄 수 있었다.

마지막 의식

황제들은 온갖 종류의 다른, 그리고 때로는 고약한 환경에서 죽었다. 잔혹한 암살은 언제나 가장 기억에 남는다. 서기전 44년 율리우스 카이사르 암살부터 서기 222년 엘라가발루스의 지저분한 처리와 235

년 그의 후계자 알렉산데르 세베루스에 대한 치명적인 공격(현대의 독일 마인츠 부근에서 부하 병사들에게 살해되었다)까지 말이다. 칼리굴라가 41년에 궁궐 구내 샛길에서 매복자들에게 당하고, 도미티아누스가 96년 자신의 쿠비쿨룸(거실)에서 칼에 찔리고, 카라칼라가 217년 동방 원정에서 소변을 보다가 칼에 찔린 것이 그사이의 중요한(또는 중요치 않은) 몇몇 사건들이다. 이런 폭력적인 종말은 부분적으로 죽음이 한 황제를 권좌에서 떠나게 하고 다른 사람으로 대체하는 유일하게 확인된 방식이었다는 사실에 의해 설명된다. 서기 69년 내전 기간의 한 서투른 퇴위 시도를 제외하면 305년 디오클레티아누스가 퇴위할 때까지 로마의 통치자가 권좌에서 내려온 경우는 자발적이든 아니든 없었다. 정권 교체를 원한다면 죽여야 했다. 그러나 많은 황제는 그래도 침대나 소파에서 죽었다. 종종 독극물에 의해 죽었다는 비밀스러운 소문도 있었지만 말이다. 로마 작가들은 암살 음모의 상세한 내막 못지않게 자기네 황제들의 마지막 질병에 대해서도 호기심을 가졌다. 그래서 우리는 예를 들어 79년 베스파시아누스의 열병을 냉수로 치료하려다가 치명적인 설사를 유발한 일, 98년 네르바가 죽기 직전에 엄청난 땀과 오한이 있었던 일, 161년 안토니누스 피우스가 알프스 치즈를 폭식해 죽음에 이르게 된 일 등을 읽을 수 있다.

불가피하게도 장례식의 형태는 죽음의 상황에 따라, 그리고 죽은 황제에게 인상적인 장례를 치러주는 것이 모든 사람의 이익에 부합하는지의 여부에 따라 달라졌다. 몇몇 암살 희생자는(엘라가발루스처럼 그대로 테베레강에 던져지거나, 율리우스 카이사르처럼 포룸의 즉석 장작더미에 올려져 화장되지 않았다면) 아직 돌아서지 않은 친구와 부하들에 의해 곧바로 화장된 뒤 조용히 매장됐다. 카라칼라의 경우, 그의 유골은 단지에 담겨 안티오크(현대의 튀르키예 안타키아)에 있던 그의 어머니 율리아 돔나에게 전달됐는데, 한 고대 작가에 따르면 그것이 율리아의 자살로 이어졌다. 그러나 이런 경우를 제외하고 로마에는 조절이 가능하지만 표준적인 황제 장례 절차가 있었다. 서기 14년 아우구스투스의 장례식을 위해 처음 확립된 것으로, 옛 공화국 상류층의 독특한 장례 전통을 바탕으로 했다. 죽은 사람에 대한 추도 연설을 한 후 화장하는 것은 그 일부에 불과했다. 시신은 포룸에서 공개 전시됐고(때로 좀 엽기적이지만 서 있는 것처럼 보이게 하려고 받침대로 떠받치기도 했다), 무엇보다도 가장 독특한 것으로 가족 행진이 있었다. 이때 살아 있는 가족은 초상 가면을 써서 가문의 유명한 조상을 체현했다. 그들도 조문객 가운데 있는 것처럼 한 것이다. 그러나 황제의 장례식은 제국에 들어서면서 새로운 변화가 일어났다.

아우구스투스는 서기 14년 8월 19일 로마에서 200여 킬로미터 떨어진 나폴리 근처 놀라에서 자연사했다(리비아가 독살했다는 소문을 믿지 않는다면 말이다). 이후 2주에 걸쳐 그의 시신은 도시에서 도시로 옮겨지며 수도로 향했다. 방부 처리는 미심쩍은 이집트의 관습으로 생각되었기 때문에 당시 이탈리아에서는 아주 드물게만 하고 있었다. 따라서 수에토니우스는 "계절적인 이유 때문에"(여름의 폭염 기간이었다) 밤에 이동했다고 미묘하게 적었다. 그렇지만 로마에 도착했을 때는 황제의 시신이 상당히 부패했을 것이다. 그리고 일주일이 더 가도록 장례식은 치러지지 않았다. 이것이 아마도 시신이 마침내 포룸에서 전시됐을 때 시신은 숨겨져 있고 황제의 밀랍 모형이 모두가 볼 수 있도록 그 위에 놓였던 이유일 것이다.

장례식은 거의 개선식처럼 치러졌다. 죽은 황제의 모형은 개선하는 장군과 마찬가지로 유피테르 신의 복장을 차려입었다. 행렬 속에 또 다른 아우구스투스의 초상이 개선 전차에 실려 전시됐다. 그리고 원로원은 포룸에서 북쪽으로 1.6킬로미터 남짓 떨어진 이른바 캄푸스 마르티우스Campus Martius('마르스 평원')의 화장장으로 가는 경로는 개선 행진의 경로와 같아야 한다는(다만 방향은 반대였다) 포고를 내렸다. 이 것은 승리 행진으로서의 장례식이었고, 로마의 시민적 전통과 노골적인 전제정 사이의 아슬아슬한 줄타기였다.

이것은 또한 황제를 로마 세계의, 그리고 로마 역사 전체의 중심에 두는 의식이었다. 전통적인 장례 방식에 따라 그의 조상들의 모습이 보였지만 이들은 아우구스투스 가문의 직접적인 조상만이 아니었다. 여기서 가면의 형태이든 흉상이든 "어떤 식으로든 유명했던 로마인들"(카시우스 디오의 말이다)은 모두 행진에서 전시됐다. 바로 창건자 로물루스까지 거슬러 올라갔다. 아우구스투스가 "정복한 모든 민족"의 표현물도 있었다. 아우구스투스 포룸에서와 마찬가지로 심지어 율리우스 카이사르의 적수인 폼페이우스 마그누스의 모습까지 등장했다. 마치 1인 통치의 '적들' 역시 회고적으로 아우구스투스의 배경 이야기에 동원된 듯했다. 시신은 가족이 아니라 로마 상류층과 원로원의 관직 보유자들이 운구했다. 모든 시민에게는 애도 기간이 정해졌는데, 여성은 1년이나 됐고 남성은 며칠에 불과했다. 아우구스투스의 경칭 가운데 하나는 '파테르 파트리아라이pater patriae'(조국의 아버지)였다. 장례식은 그 함의를 실제로 보여주었다. 모든 로마의 영웅들은 그의 조

500

| 그림 93 | 트라야누스의 기둥 기단. 그의 묘실을 겸하고 있다. 문 위의 새김글은 기둥의 높이가 거대한 광장을 건설하기 위해 제거된 땅과 맞먹는다고 떠벌리고 있다(광장에서 기둥은 일부에 불과했다).

상으로 간주됐고, 모든 시민은 그의 가족의 일원이었다.

200년 뒤에 역사가 헤로디아노스Herodianós는 그런 의식의 표준 형태에 대한 사례로서 로마에서 있었던 셉티미우스 세베루스의 장례식을 묘사했다. 변한 것은 많지 않았다. 헤로디아노스는 사람들이 과거 로마의 장군과 황제들을 나타내는 가면을 쓴 것을(그러나 그는 그들이 이제 걷지 않고 수레를 타고 이동하는 것으로 묘사했다), 애도가를 부르는 합창대를, 포럼에서 화장장까지의 행진을 언급한다. 그러나 이 기록에서 밀랍 초상은 더욱 두드러진 역할을 했다. 셉티미우스 세베루스는 에보라쿰(현대 영국 중부 요크)에서 죽었고, 그곳에서 화장된 뒤 유골이 로마로 옮겨졌다. 이 장례에서는 시신이, 심지어 부패한 시신조차 없었다. 있는 것이라고는 밀랍 모형뿐이었다. 헤로디아노스에 따르면 모형은 "병자처럼 보이는" 모습으로 일주일 동안 궁궐 현관의 소파에 전시됐고, 원로원 의원 모두가 나왔다. 매일 의사들이 나와 모형 황제를 검사하는 시늉을 하고 상황이 악화되고 있음을 시인한 뒤 마침내 황제가 죽었음을 선포했다. 밀랍 모형은 포럼으로 치워졌다.

개선식 복장을 한 비슷한 모형이 193년 페르티낙스 황제의 공식 장례식에서 사용됐다. 장례는 그가 암살되고 잘린 시신이 매장된 지 석 달 뒤에 치러졌다. 이때는 "잘생긴 소년"이 밀랍 모형 옆에 배치돼 "마치 정말로 누군가가 자고 있는 것처럼 공작 깃털로 파리를 쫓았다." 이것은 트라야누스의 밀랍 모형 개선식을 변형한 것이었다. 여기서 다시 밀랍 인형이 살아 있는 황제를 나타냈다(사실 그는 이미 죽었다). 그러나 추가된 것으로서 셉티미우스 세베루스의 경우에는 모형이 모든 사람이 보는 앞에서 죽어가고 있는 것으로 간주됐다. 살아 있는 의사들이 이 공연(또는 뻔한 속임수)의 일부로서 참여했다.

로마의 (어쩌면 세계의) 역사에서 가장 잊을 수 없는 무덤으로는 트라야누스의 무덤이 상을 받아야 한다. 그가 이곳을 영원한 마지막 안식처로 계획했는지, 아니면 그의 후계자 하드리아누스 휘하 누군가의 번뜩이는 발상이었는지는 알 수 없다. 그러나 현대 튀르키예의 그가 죽은 곳 부근에서 화장한 뒤 트라야누스의 유해는 그의 유명한 기

| 그림 94 | 하드리아누스 영묘는 아직도 로마 중심부의 명소다. 이곳은 산탄젤로성으로서 파란 많은 근대사를 겪었다. 한때 감옥으로 사용돼 급진적 이론가 조르다노 브루노가 수감돼 있었고, 푸치니의 오페라 〈토스카〉의 일부 배경을 제공했다.

념 기둥 바닥의 작은 방에 매장됐고, 나중에 여기에 그 아내의 유골도 들어갔다. 황제가 다키아에서 거둔 성과를 묘사한 그림이 나선형으로 위로 이어지는데, 거의 〈업적〉의 내용을 시각적으로 표현한 듯하다. 맨 꼭대기에는 그의 조각상이 올라갔다(현재 그곳에 있는 베드로 성인의 조각상은 16세기에 교체된 것이다). 다른 어떤 황제의 무덤도 그렇게 특이하지 않았다. 대다수의 황제와 그 가족의 유골은 한두 개의 커다란 영묘에 안치되었다. 로마 세계에서 가장 큰 무덤들이다. 아우구스투스 가족과 자손 20명의 유골 단지와 나중에 네르바의 유골이 추가된 아우

| 그림 95 | 아그리피나(어머니)의 묘비가 그 유골이 들어 있음을 알려주고 있다. 첫 단어 오사ossa는 '뼈'를 의미하는 오숨ossum의 복수형이다. 본래 아우구스투스 영묘에 있었는데, 중세에 곡물 계량기로 재활용되는 바람에 살아남았다.

구스투스의 영묘(그림 13)와, 여러 개의 복잡한 방에 하드리아누스 자신부터 셉티미우스 세베루스와 그 가족까지 대다수의 후대 통치자들의 유골이 안치된(심지어 여기저기 옮겨 다닌 카라칼라의 유골도 결국 여기에 안치된 듯하다) 하드리아누스의 영묘 같은 것들이다. 나중에 산탄젤로 성이라는 새로운 이름으로 교황의 성채로 개조된 이 구조물은 아직도 로마의 테베레강 기슭에 우뚝 솟아 있다.

이들 두 영묘(걸어서 10분 거리다)는 황제 가문과 황제 권력에 대한 한

| 그림 96 | 티투스 개선문의 천장에는 이 황제가 하늘로 올라가는 모습이 묘사되어 있다. 이곳을 올려다보면 황제가 약간 위태롭게 독수리 등에 매달려 아래를 내려다보고 있는 모습이 보인다.

쌍의 놓칠 수 없는 기념물이었다. 둘 다 본래 높이가 40미터가 넘고 (38미터인 트라야누스 기둥보다 높았다), 폭은 대략 90미터였다. 이들 중 세부 모습과 내부 설비 등이 더 잘 보존되고 기록된 후기의 것을 재구성해 보면 장식이 화려했다는 것을 알 수 있다. 하드리아누스의 거대한 조각상이 있었고(그 두상이 아직 남아 있다), 도금한 청동 공작(화보 24) 무리와 청동 황소도 있었다. 특히 화려한 대형 반암관(이를 보면 영묘에 묻힌 사람 가운데 일부는 화장을 하지 않고 매장됐음이 틀림없다)의 뚜껑 하나는

나중에 산피에트로 대성당의 세례반으로 재활용됐다.

그러나 영묘 안에 두거나 외벽에 고정시킨 황제와 그 가족 성원들의 실제 비문은 거의 지나치다 싶을 정도로 소박해 놀라움을 안긴다. 적어도 그것이 남아 있는(또는 초기 골동품 연구자들이 베껴놓은) 것들이 시사하는 바다. 무섭기로 유명했던 칼리굴라의 어머니 아그리피나(어머니)의 묘비는 남성 가족들과의 관계(아무개의 딸, 아무개의 아내 같은) 이외에 본인에 관해서는 아무것도 말해주지 않는다. 티베리우스 황제의 비문 역시 간단하다. 20개 단어 이내로 그의 이력을 요약했다. 그가 거친 관직을 거의 옛 공화국의 용어(사제, 집정관, 군 사령관)로 적었다. 심지어 약간 더 긴 콤모두스(암살당했음에도 불구하고 그 가족과 함께 하드리아누스 영묘에 들어갔다)의 비문조차도 대체로 그의 아버지, 할아버지, 증조할아버지의 이름 등으로 인해 길어졌다. 아우구스투스 영묘 출입문 옆에 새겨진 그의 〈업적〉 외에 여기에는 아무런 과장도, 아무런 세부 이력도 없다. 공화국 전통에 맞지 않는 것은 거의 없으며, 때로 파란 많았던 그들의 삶에 대한 절제된 암시조차 없다. 황제들의 비문은 간략했고 다소 평범했다.

독수리를 풀어라!

로마에서 황제의 화장(실제 시신이든 밀랍 모형이든)은 또 다른 기능이 있었다. 그것은 장례 의식의 일부였을 뿐만 아니라 또한 세네카가 〈아포콜로킨토시스〉에서 풍자했던 것에서 핵심적인 역할을 했다. 바로 일부 로마 황제와 그 가족 일부가 공식적으로 신이 되는 과정이다.

현재(그리고 언제나 마찬가지였다고 나는 생각한다) 황실의 어떤 개인에 대한 신격화(콘세크라티오consecratio라고도 한다)를 정확히 누가 추진했는지 알아내기는 어렵다. 재위 중인 황제의 희망이 그의 전임자 또는 죽은 그의 아내나 자식을 공식적으로 신이 되게 하는 데 중요한 역할을 했을 것이다. 서기 63년 네로의 딸 클라우디아가 태어난 지 겨우 넉 달 만에 죽은 뒤 여신으로 만들어졌을 때, 그 뒤에 황제 말고 다른 누군가가 있었으리라고 보기는 매우 어렵다. 그렇지만 신격화가 그저 황제의 선물만은 아니었다. 원로원의 정식 표결을 거쳐야만 죽은 사람을 새로운 신으로 공식 결정할 수 있었다. 클라우디아의 경우에, 타키투스는 원로원이 비굴한 아첨을 해서 거기에 찬성표를 던졌다고 비난했다. 그러나 아첨이든 아니든 이것은 원로원과 황제 사이의 미묘한 줄타기의 또 다른 측면이었다. 황제가 자신이 죽은 뒤 어둡고 어중간한 하계(대다수의 로마인이 죽은 자들이 가는 곳이라고 생각했다)로 가는 대신 신이 되려는 열망을 가지고 있다면 그 열망은 원로원의 손에 달려 있었다.

황제의 화장용 장작 위에서 일어난 일 역시 중요했다. 헤로디아노스는 나무로 만든 뼈대 주위에 얽어놓은 여러 층의 커다란 구조물에 대해 이야기했다. 불길을 유지하기 위해 안에 마른 나무 토막을 넣었고, 그림, 상아 조각품, 금실로 수놓은 직물을 바깥 둘레에 놓았다. 역시 연기 속에서 사라질 것들이었다. 마지막 순간에 독수리(아마도 아래의 불길에서 벗어나는 것이 기뻤을) 한 마리가 풀려나 하늘로 솟아올랐다. 그 모습이 황제의 영혼을 가지고 신들에게로 가는 것처럼 보였다. 이 장면은 아직도 로마 포룸에 서 있는 티투스 황제의 개선문에 약간 어설프게(황제가 분명히 독수리의 등에 매달려 있다) 묘사되었다.

아기 클라우디아를 위해 그런 일을 했는지는 알 수 없지만, 아우구스투스 화장 때는 독수리를 날렸다고 한다. 그것은 로버트 그레이브스가 《나는 클라우디우스다》에서 이를 이용해 풍자할 수 있는 좋은 기회를 제공했다. 그는 아우구스투스 황제의 장례식 장면을 상상하면서 슬픔에 잠긴 미망인 리비아가 장작더미 꼭대기의 새장에 독수리를 숨겨놓았다고 말한다. 줄을 달아서 적절한 순간에 당기면 새가 풀려날 터였다. 그러나 그것이 제대로 되지 않았다. 그래서 그 가련한 독수리가 불에 타 죽게 하지 않으려고 '담당자'를 불타는 장작더미 위로 올려보내 손으로 새장을 열게 했다. 그러나 '신격화'의 다른 측면들은 고대인과 현대인의 눈살을 찌푸리게 한다. 카시우스 디오에 따르면 무엇보다도, 영혼이 하늘로 올라가는 것을 똑똑히 '보았다'고 맹세할 태세가 돼 있는 목격자가 가끔 있었다. 그것은 부자가 되는 한 방법이었다. 리비아는 아우구스투스가 올라가는 것을 목격했다고 주장하는 사람에게 거금을 주었다고 한다.

이 신격화를 매번 누가 지휘했든, 결과적으로 율리우스 카이사르와 알렉산데르 세베루스(그는 한 칸 건넌 후계자의 노력 덕분에 암살된 지 3년이 지난 238년에 뒤늦게 신격화됐다) 사이에 총 33명의 황제 가족이 신이 됐다. 남자의 경우 디부스divus, 여자의 경우 디바diva가 새로운 공식 칭호가 됐다. 여기에는 17명의 황제(율리우스 카이사르까지 포함)와, 아내, 여형제, 아이, 그리고 트라야누스의 경우에는 그의 생부 및 조카딸까지 포함됐다. 이 중 일부(아마도 '헛된 신격화'라고 부를 수 있을 것이다)는 종교적 숭배에는 거의 아무런 영향도 미치지 못했다. 신이 된 네로의 딸은 신이 된 뒤 곧바로 잊힌 듯하다. 그리고 로마 작가들이 칼리굴라의 죽은 여동생 드루실라 디바에게 주어진 신으로서의 예우를 나열하기는 했지만(남녀 사제 20명, 그 생일에 이 디바에게 바쳐진 연례 축제 등), 그 신성神性에 대한 다른 증거의 흔적으로 남아 있는 것은 거의 없다.

그러나 그들 가운데 일부는 분명히 불멸의 신으로 대접받았고, 사후 수십 년 또는 수백 년에 걸쳐 숭배가 이어졌다. 그중 한 명이 클라우디우스인데, 그는 세네카의 풍자적 공상의 결말과는 상관없이 실제로 강등되거나 천국에서 쫓겨나지 않았고 다른 많은 경우와 마찬가지로 로마 시내에 유명한 그의 신전이 있었다. 율리우스 (카이사르) 디부스, 베스파시아누스 디부스, 안토니누스 (피우스) 디부스 및 그의 아내 파우스티나 디바의 신전이 아직도 로마 포룸에 우뚝 서 있다. 게다가 새 김글에는 이들 황제의 여러 사제들의 이름이 나오고, 디부스와 디바를 위해 고대 숭배의 핵심 활동인 동물 희생제를 수행하는 날짜도 나열돼 있다. 아우구스투스 디부스는 그의 생일인 9월 23일에 그를 기려 도살된 황소를 기대할 수 있었다. 리비아(신으로서의 이름은 아우구스타 디바)는 암소를 받았을 것이다. 동물 수컷은 남성 신에게, 암컷은 여신에게 바친다는 로마의 통상적인 종교 원칙을 따른 것이다.

이런 형태의 숭배는 로마시에서 멀리 떨어진 곳에서도 실행됐다. 여러 속주에서(자발적인 의사였든, 속주 총독이 가볍게 옆구리를 찔러서든, 궁궐의 누군가가 내려보낸 지시였든) 현지 공동체들은 황제를 공경했다. 죽어서 공식적으로 신격화된 황제뿐만이 아니라 때로는 살아 있는 통치자도 신으로 대접했다. 지역의 거물들이 흔히 황제의 지방 사제가 되려고 경쟁했다. 그들에게 바쳐진 새 신전이 모든 곳에 세워졌다. 네로와 아그리피나의 조각판(그림 84)이 있는 아프로디시아스의 건물은 그런 부류의 많은 건물 중 하나였을 뿐이고, 여기에는 오늘날까지 앙카라에 서 있는 아우구스투스에게 바쳐진 신전도 포함된다. 벽에 그의 〈업적〉의 주요 부분이 새겨진 것이 발견된 신전이다. 서기전 9년에 현대 튀르키예의 일부인 동쪽 아시아 속주가 책력을 바꾸어 아우구스투스의 생일을 한 해의 시작으로 삼고 '카이사르'로 부른 달을 둔 것은 그런 총독의 옆구리 찌르기를 따른 것이었다. 이것은 현재 흔히 '황제 숭배'(오해의 소지가 있는 소름끼치는 말이지만)로 알려진 것의 아주 핵심적인 부분이었다.

우리는 이것이 유프라테스강 변의 두라에우로포스(현대의 시리아 경내) 기지에 주둔한 로마군 부대에 정확히 무엇을 의미했는지를 알 수 있다. 1930년대에 이곳에서 발굴된 파피루스는 병사들의 종교라는 세계를 열어놓는다. 이들 관료적인 군대 문서 중 하나는 얼핏 볼 때 생각되는 것보다 더 많은 것을 드러낸다. 220년대의 것인 이 달력은 연중 부대가 공식적으로 치러야 할 종교 의례를 월별로 나열하고 있다. 특히 눈에 띄는 점은 이 의례의 대부분이 어떤 식으로든 황제와 그 가족에 초점이 맞추어져 있다는 것이다. 당시 통치자인 알렉산데르 세베루스의 생애와 치세의 주요 기념일(황제 즉위일, 그의 첫 번째 집정관 취임일 등)을 여러 가지 의식으로 기렸다. 공식적인 신에게만 제공되는 정식 동물 희생 빼고 할 수 있는 것은 다 했다. 그러나 신격화된 그의 전임자들은 정식 희생으로 기려 그들의 생일 또는 즉위를 기념했다. 오랫동안 잊혔던 '헛된 신격화'는 나타나지 않았지만, 셉티미우스 세

| 그림 97 | 두라에우로포스 군기지에서 나온 종교 달력의 한 부분. 정보의 일부분은 아직도 분명하게 알아볼 수 있다. 파피루스 왼쪽 끝의 로마 숫자는 축제 날짜의 일부다. 둘째 줄, 넷째 줄, 다섯째 줄 등에서 읽을 수 있는 '오브 나탈렘ob natalem'('~의 생일로 인한')은 살아 있거나 죽은 황실 가족 성원의 생일을 기념하는 의식을 가리킨다.

베루스, 카라칼라, 콤모두스, 안토니누스 피우스, 파우스티나, 하드리아누스, 트라야누스, 클라우디우스, 아우구스투스 등은 모두 곧바로 율리우스 카이사르까지 거슬러 올라가는 제의를 받았다. 다시 말해서 황실 가문의 첫 신인 율리우스 디부스는 암살당한 지 거의 300년 후에도 여전히 생일에 제국의 먼 동쪽 끝에서 병사 집단으로부터 정기적으로 황소를 받았다. 그들의 종교 달력은 죽은 황제와 산 황제의 달력이었다.

이 황제 숭배는 때로 반동이 있을 수 있었다. 타키투스는 로마령 브리타니아 중심 도시의 클라우디우스 디부스 신전이 네로 치세인 서기 60년대에 부디카가 이끄는 반란을 촉발한 한 원인이었다고 주장했다.

그것이 억압의 상징으로 보였기 때문이다(사제가 돼서 '명예'를 얻으려면 그들이 감당할 수 있는 것보다 더 비싼 대가를 치러야 함을 알게 된 브리튼섬 현지 상류층의 분노를 촉발한 것은 차치하고라도). 그러나 일반적으로 그것은 황제를 제국의 중앙 무대에 올리는 또 다른 방법이었지만, 이번에는 신이라는 존재로서였다.

신은 언제 신이 아닌가?

그렇다면 로마 황제들은 정말로 신이었을까? 또는 더 정확히 말해서 그들 및 그의 가족 가운데 일부는 죽은 뒤에 정말로 신이 됐을까? 그 대답은 분명히 우리가(또는 로마인들이) '신'을 어떤 의미로 받아들이느냐에 달려 있다.

현대의 관점에서 황제 숭배는 매우 부정적인 책략 덩어리로 보일 수 있다. 나는 화장용 장작더미의 속임수에 대해 그리 많이 생각하지 않았다. 그런 속임수를 때때로 쓰지 않는 종교는 별로 없다. 3세기 성인 야누아리우스의 마른 피가 현대 나폴리에서 1년에 세 차례 액체로 변하는 기적의 뒤에 어떤 환상(또는 속임수)이 있든 그것이 그의 명성을 손상시키지는 않는다. 가톨릭교회의 명성에는 말할 것도 없다. 마찬가지로 새장에 가둔 독수리와 관련된 책략(아마도 글자 그대로 받아들이기보다는 변화의 '상징'으로서 받아들일 것을 의도했을 것이다) 역시 꼭 신격화 전체의 진정성을 손상시키지는 않았을 것이다. 더 문제가 되는 것은 인간인 황제가 하늘나라의 신이 되는 이 변화의 뒤에 있는 명백한 정치적 편익이다.

　로마의 제위 승계의 많은 측면이 그렇지만 죽은 황제가 신이 되는 것은 그의 가치보다는 그의 신격화가 후임자에게 얼마나 유용한가에 달려 있었다. 많은 통치자에게 자신의 이름에 '신의 아들'이라는 구절을 더할 수 있게 되는 것은 그들 권력의 휘장에 반가운 추가 사항이었고, 그것은 1인 통치의 맨 처음부터 흔히 자랑스럽게 과시됐다. 거슬러 올라가 그의 양부 율리우스 카이사르를 언급한 '디비 필리우스divi filius(디부스의 아들) 아우구스투스'는 이 첫 황제의 '서명'에서 중요한 부분이었다. 그리고 티베리우스가 서기 37년에 죽었을 때 신격화되지 않은 것은 아마도 그의 후계자이자 종손인 칼리굴라에게 특별히 도움이 되지 않았기 때문일 것이다. 칼리굴라의 통치권은 그의 아버지와 어머니를 거쳐 바로 아우구스투스를 근거로 하고 있었기 때문이다(어머니는 아우구스투스의 외손녀, 아버지는 아우구스투스의 아내 리비아의 손자다). 게다가 클라우디우스 디부스의 큰 신전의 침입에 대한 반동으로 반란을 일으킨 브리튼섬 사람들에 대해 지금 우리가 얼마나 공감하든, 속주에서의 황제 숭배는 흔히 다른 무엇보다도 정치적 충성심의 유용한 초점으로서 권장(또는 강요)된 것으로 보인다. 황제가 자기네 도시에 그를 기리는 신전을 세우게 허락해달라는 일부 속주 시민들의 청을 겸손하게 거절하는 시늉을 한 몇몇 경우가 있기는 하다. 그러나 그런 거절은 신격화라는 평판의 가치를 떨어뜨리지 않게 하는 좋은 방법이었다고 주장할 수 있다.

　황제와 그의 고문들 쪽에서 디부스와 디바 숭배를 촉진하고 신의 용어로 황제 권력을 드러내는 데서 단호한 냉소나 정치적 계산이 없었으리라고 생각할 수는 없다. 그러나 이는 그렇게 단순하지 않았다. 황제 숭배는 이를 보다 일반적으로 로마 종교를 지배하는 원리라는 맥락으로 되돌리면 더 잘 이해할 수 있다(아니면 적어도 농간의 느낌이 덜하고 덜 터무니없어 보일 것이다). 우리(고대의 유대인과 기독교도도 마찬가지다)로 하여금 진지하게 받아들이기 가장 어렵게 만드는 황제 숭배의 여러 측면 가운데 일부는 신이 무엇이고 세상에서 그들의 힘이 어떻게 작동하는지에 대한 로마인들의 전통적인 가정에 훨씬 더 편하게 들어맞기 때문이다.

우선 로마의 종교는 일반적으로 새로운 신들을 환영했다. 서로 다른 여러 가지 형태 모두에서 그것은 '다신교'였다. 그리고 로마 세계 일대에서 단일한 정통 신앙은 없었다. 단 하나의 신이 아니고 여러 신들이 있었을 뿐만 아니라 전체의 수 또한 고정된 것이 아니었고 심지어 알 수도 없었다. 새로운 신은 언제나 인정됐으며, 반면에 어떤 신들은 조용히 잊혔고 심지어 실제로 사라졌다. 로마의 케케묵은 역사를 연구하는 사람들은 시효가 다한 신들을 찾아내는 것을 즐겼다. 그들은 네로의 딸인 클라우디아 디바보다도 대중에게 오래 알려지지 않았을 수도 있었다. 그러나 더 중요한 것은 신격화된 황제라는 맥락에서 이 신들(오래된 신과 새로운 신 모두) 가운데 일부는 본래 인간이었다고 전해진다는 점이다. 예를 들어 헤라클레스는 힘센 인간으로서의 삶을 마친 뒤 화장용 장작더미 위에서 비로소 신이 됐다. 로마의 창건자 로물루스 역시 죽은 뒤에 신이 됐다고 한다.

달리 말하자면 로마인에게 인간의 영역과 신의 영역 사이의 경계는 넘나들 수 있는 것이었고, 상당 부분 모호했다. 어떤 인간은 그 직계 조상 가운데 신이 있는 것으로 생각됐다. 율리우스 카이사르의 가문은 신화 속의 트로이 영웅 아이네이스와 그를 통해 그 어머니인 베누스 여신으로까지 거슬러 올라가는 것으로 유명하다. 카이사르가 로마에 베누스 게네트릭스('어머니 베누스')의 신전을 새로 지은 것은 우연이 아니며, 베누스는 로마 종족과 그의 가문의 '조상'이었다. 그러나 그들만 그런 것이 아니었다. 수에토니우스는 네로 사후에 잠시 통치했던 갈바의 가계도는 유피테르가 아버지 쪽 조상이고 어머니 쪽으로는 파시파에 여신이 조상(위험하게도 불길한 계통으로 생각됐을 것이다)이라고 주장했다. 파시파에는 크레타섬에서 반은 황소, 반은 인간인 미노타우로스를 낳은 여신이었다.

심지어 신화의 세계 바깥에서도 로마에서 이례적인 인간의 능력과 성공은 흔히 신의 용어로 제시되고 이해됐다. 로마의 장군들이 개선식에서 전통적으로 입었던 유피테르 복장은 가장 분명한 사례다. 그것은 마치 그의 명성의 절정에서 그가 신이거나 신이 되기 직전처럼 보인다는 식이었다. 그날 하루뿐이긴 했지만 말이다. 그리스 세계에서도 신의 지위는 인간도 차지할 수 있었다. 로마인들이 무대에 등장하기 오래전에, 알렉산드로스 대왕의 정복 이후 지중해 동부 지역을 장악했던 왕들의 지배를 받아들이는 방법 중 하나는 그들을 거의 신처럼 대하고 숭배하는 것이었다. 이는 유명한 사람들이 신으로 재정의될 수 있다는 기성 종교 전통의 일부였다.

이들이 황제의 신격화 뒤에 있는 것들이었다. 동방에서 황제 숭배의 일부 요소는 거의 확실하게 초기 왕들을 대하는 방식에서 곧바로 나온 것이었다. 로마인들로부터 권고를 받았든 아니든, 현지 공동체들은 어떤 면에서 황제를 대할 때 이전에 자기네를 지배했던 그리스 군주들을 대하듯이 했다. 그리고 아우구스투스의 장례식이 부분적으로 개선식을 본떠 설계됐을 때(아우구스투스 밀랍 모형이 개선식 복장을 했다), 요점은 개선장군과 신의 결합을 이용하는 것이었다. 헤라클레스의 모습을 한 콤모두스의 외양(실생활과 조각상 모두)도 마찬가지다(그림 56). 과대망상이었을지 모르지만, '인간에서 신으로 변한' 헤라클레스는 신이 되기 직전의 로마 황제에게 아주 적절한 본보기였다.

황제 숭배의 매우 정치적인 성격은 전적으로 전통적인 것이기도 했다. 우리가 보기에 황제 숭배를 '비종교적'으로 보이게 만드는 특징의 일부는 로마인들의 눈에 전형적으로 '종교적'이게 만드는 것이었다. 로마에는 '교회'와 '국가' 사이의 구분이 없었고, 종교는 개인의 헌신, 개별적인 믿음, '믿음'의 원리를 바탕으로 한 것이 아니었기 때문이다. 대신에 그것은 로마의 군사적·정치적 성공이 신들을 적절하게 숭배한 덕분이었다는 단순한 원리를 바탕으로 하고 있었다. 또는 뒤집어 말하자면 그들을 적절하게 숭배하지 않으면 국가는 위험해지리라는 것이었다. 개인의 신심은 거의 끼어들 여지가 없었다.

그것은 아우구스투스가 〈업적〉에서 자신이 도시의 82개 신전을 복구했다고 강조했던 이유 중 하나였다. 그 메시지는 자신을 권좌에 오르게 한 내전 이후 그가 로마의 신과의 관계를 회복했다는 것이었다. 이것이, 엘라가발루스가 유피테르 신을 자기네 시리아 신으로 대체한다는 소문이 위험해 보였던 이유 중 하나였다. 그리고 이는 결국 나중에 기독교 박해(로마의 입장에서는 '처벌')의 바탕 논리를 제공한다. 당국자들 사이에서는 기독교도들의 전통적인 신들에 대한 전면 거부가,

| 그림 98 | 로마의 은 세공사 또는 환전상 집단이 셉티미우스 세베루스를 기려 만든 아치에 새겨진 희생제 장면. 옷깃으로 머리를 감싼 황제가 희생제를 치를 때 늘 그렇듯이 과일이 놓인 제대에 예비 헌주를 하고 있다(실제 동물 희생은 아래 판에 그려져 있다). 율리아 돔나가 그의 곁에 있고, 한때 오른쪽에 서 있던 게타의 모습은 지워졌다(화보 3 참조).

국가를 위험에 빠뜨릴 것이라는 공포가 잠복해 있었을 것이다. 그러나 일반적으로 정치와 종교의 원리적 연결은 황제와 신들 사이의 연결이 우리에게 거의 불가피하게 생각되는 것처럼 그렇게 부자연스럽고 냉소적으로 보이지 않을 맥락을 제공한다.

그 연결의 또 다른 측면은 국가의 인간 세계와의 관계를 다루는 사람들이 신들의 세계와의 관계 또한 다루고 있다는 것이었다. 포룸의 베스타 여신의 성스러운 불길이 꺼지지 않게 하는 일을 맡은 신녀들(그들은 처녀로 남아 있었지만 물론 온갖 소문과 추문이 있었다)은 중요한 하나의 예외였다. 그 밖에는 로마의 모든 주요 사제 집단이 원로원 의원들로 이루어져 있었다. 그들은 예컨대 신이 보내는 신호에 대응하거나 개별 신을 숭배하는 등의 특정한 임무가 있었다. 그러나 그들은 '종교적'인 일만 하는 사람도 아니었고 상근자도 아니었으며, 어떤 집회에서도 목회자의 책임은 전혀 없었다. 로마인들은 개인적인 조언이나 영적 상담을 위해 사제에게 가지 않았다.

　그 모든 사제 '무리'의 일원으로서 황제 자신은 사실상 '로마 종교의 수장'이자 수석 사제였다. 그것이 아직도 우리가 흔히 황제를 보는 방식이다. 공공 기념물의 조각품에 묘사되고, 희생제를 치르며, 신심을 드러내는 사람이었다. 그의 미결 서류함에는 청원 편지나 총독의 보고와 함께 통상적인 내용물로서 종교적인 문제도 들어 있었을 것이다. 종조부의 관을 신의 법에 따라 옮기게 해달라는 요청이나 어디든 사제 집단의 빈자리를 채우는 일 같은 것이었다. 황제 권력의 또 다른 중요한 측면은 인간의 신들과의 관계가 적절하게 유지되는 것은 다른 누구보다도 황제를 통해서라는 것이었다. 그리고 일부 황제들은 죽을 때 그 역할에서 신 자체가 되는 것으로 부드럽게 옮겨갔다.

풀 수 없는 문제

그럼에도 불구하고 황제 숭배는 열심히 들여다볼수록 더 많은 의문, 모순, 불확실성이 보인다. 여성과 다른 가족 성원은 분명한 문제 중 하나다. 분명한 로마인의 논리가 신의 말로 이해된 황제 권력의 배후에 놓여 있지만, 그것이 정말로 황제의 아내와 어린 딸에게까지 이어질까? 그들이 자기네 조각상에서 코르누코피아와 다른 여신의 상징을 들고 있기는 하지만 말이다. 그리고 예컨대 신격화된 황제들이 다른 '본래의' 신들과 얼마나 똑같을 수 있느냐 하는 의문과 유보 사항도 있다. 그들은 모두 신전과 사제가 있고 희생물을 받지만, 전직 황제들과 본래의 신들 사이에 선이 그어져 있다는 강한 암시를 받는다. 그들은 심지어 같은 이름으로 불리지도 않았다. '디부스'는 '승격'된 황제를 가리키는 통상적인 말이지만, '데우스deus'는 전통적인 신을 가리키는 말이었기 때문이다. 원칙은 절대 불변이 아니었다. 베스파시아누스가 죽을 때 한 말은 사실 '나는 데우스가 되어가는 것 같아'였다. 그러나 디부스와 데우스 사이의 차이는 신이 된 황제가 실은 '짝퉁 신'임을 시사한다. 아우구스투스 디부스가 디부스 지망자인 클라우디우스가 나타나기 전까지 신의 원로원에서 입도 벙끗 못했다는 세네카의 농담 역시 같은 방향을 가리킨다. 올림포스산의 다른 거주자들과 비교해서 아우구스투스는 분명히 열등한 지위에 있었다.

심지어 황제가 죽기 전에는 신이 되지 않았다는(또는 돼서는 '안 된다'는) 명백히 기본적인 원칙조차도 현대 역사가들이 때때로 가정하는 것처럼 그렇게 아주 기본적이지는 않았다. 살아 있는 황제와 죽은 황제 사이의 구분을 강화하는 듯한 종교 의례의 여러 가지 트집 잡기 같은 세부 사항들을 찾아낼 수 있는 것은 사실이다. 그것은 바로 두라 에우로포스에서 나온 군대 달력에 적혀 있는 것이고, 서로 다른 범주의 황제들에게 어떤 것을 바쳐야 하는지에 대한 정확한 명시에 있는 것이다. 동물들은 살아 있는 황제 대신에 전통적인 신들에게 제물로 바쳤겠지만, 황제에게 직접 바치는 제물은 신에게 바치는 것과 마찬가지로 오직 사후에 공식적으로 신격화된 황제로 한정됐다. 그리고 '나쁜' 황제에 대한 상투적인 표현 가운데 하나는 그가 살아 있을 때 신처럼 대우받기를 고집했다는 것이었다. 예를 들어 도미티아누스는 그저 '디부스'가 아니라 완전한 '데우스'로 불리기를 원한 그의 과대망상으로 조롱을 받았다.

그러나 실제로는 그것이 좀더 복잡했다. 관습은 제국의 여러 지역에서 분명히 서로 달랐다. 살아 있는 통치자를 신으로 대우하는 것은 지중해 동부 지역의 일부 전통에서는 받아들여질 수 있는 것이겠지만, 로마 자체에서는 꼭 그렇지는 않았다. 어쨌든 인간 황제, 신격화된 황제, 신과 같은 황제 사이에는 아주 희미한 선이 그어져 있었다. 결국 살아 있는 아우구스투스 자신에게 하는 것과 때때로 그의 게니우스genius('정령')에게 종교적 봉헌을 하는 것 사이의 차이는 무엇일까? 그리고 소수의 종교 전문가를 제외하고 대다수의 사람들은 황제를 '대신해' 제물을 바치는 것과 황제에게 바치는 것의 차이를 인식했을까? 여기에는 내가 생각하기에 전문가들조차도 풀지 못했을 난제가 있었다. 신은 신이 되기 전에 정확히 어떤 지위에 있었을까?

거의 마찬가지로 어렵고 혼란스러운 것이 인간에서 신으로의 변화

| 그림 99 | 안토니누스 피우스와 그 아내 파우스티나가 20년 간격으로 죽었지만, 그들은 함께 이상한 날개가 달린 인간의 등에 타고 하늘나라로 간 것으로 묘사됐다. 이 조각품은 이 황제를 기려 세운 기둥(장식이 없고 트라야누스와 마르쿠스 아우렐리우스의 것보다 작으며, 지금은 거의 없어졌다) 대좌의 일부다.

가 실제로 어떻게 일어나느냐 하는 문제다. 두 황제 영묘의 간략한 비문은 황제들이 죽음을 피할 수 없는 인간으로서 매장됐음을 너무도 분명히 했다. 그것이 간략함의 취지 가운데 하나이며, 이 무덤들은 당연히 죽지 않는 불사신의 무덤일 수 없는 것이다. 그러나 그다음에 무슨 일이 일어났는가? 사람들은 황제가 올림포스산에 올라가면 무슨 일이 일어난다고 생각했을까? 그것은 물론 클라우디우스의 신격화를 풍자한 세네카의 훈수 가운데 하나이며, 화장장으로 돌아가자면 그것

은 독수리와 관련한 그 속임수에 대한 이야기(과거와 현대의)의 뒤에 놓여 있다.

이 과정을 조각품으로 시각화하려는 로마인들의 일부 유명한 시도는 이 문제를 마찬가지로 분명하게 드러낸다. 어색하게 독수리 등에 매달려 있는 티투스의 모습(그림 96)은 그 작은 변형일 뿐이다. 훨씬 큰 규모로 신격화의 장면을 보여주는 대형 조각판 두 점이 로마에 남아 있다. 하드리아누스의 아내 사비나의 것과 안토니누스 피우스 및 그의 아내 파우스티나의 것이다. 현대 미술사가들은 이 조각품들을 로마 조각 기법의 훌륭한 사례로서 경건하게 취급하는 경향이 있다. 어떤 면에서 그것은 옳다. 그러나 두 경우에 모두 황실의 여객을 하늘나라로 수송한 확인할 수 없는 합성 형상(큰 날개를 가진 사람의 신체)은 위험스러울 정도로 터무니없어 보인다. 조각가들은 이 장면을 대리석으로 구현하려 애쓰면서 아마도 더욱 중요한 요점을 보여주는 데 성공한 듯하다. 그들은 황제를 신으로 바꾸는 과정을 상상하는 것이 얼마나 불가능한지를 설득력 있게 보여주었다.

유명한 유언들

수에토니우스가 "이런, 나는 신이 되어가는 것 같아"라는 말을 베스파시아누스가 마지막으로 한 말들에 집어넣었을 때 그의 의도는 신격화 전망에 대한 황제의 현실적인 태도를 보여주기 위함이었다. 다른 사람들이 해석할 수 있듯이 베스파시아누스가 그저 분명한 사실을 말하거나 앞으로 신이 되고자 하는 희망을 피력했음을 시사한 것이 아니었다. 전체적으로 율리우스 카이사르부터 알렉산데르 세베루스까지 300년에 가까운 1인 통치 기간에 황제의 마지막 말들(때로는 정확하게 기록된 경우이든 꾸미고 다듬고 의도적으로 조작한 좀더 흔한 경우이든)은 그 통치자의 성격을 요약한 것이거나 황제의 통치에 관한 더 큰 진실이었다. 물론 그것은 바로 그들이 했다고 꾸미거나 조작한 것이었다.

수에토니우스의 전기에는 일부 눈에 띄는 사례가 들어 있다. 그는 베스파시아누스가 임종 때 한 또 다른 말도 적었는데, 황제가 마지막 순간이 다가왔을 때 일어서려고 애쓰면서 이렇게 말했다고 한다. "황제는 선 채로 죽어야 해." 이는 부지런한 통치자의 적절한 작별 인사였다. 그는 마지막 순간까지 문서를 처리하고 사절들을 맞았다.

그리고 이 전기 작가의 서기 68년 네로의 마지막 나날과 마지막 순간에 대한 긴 묘사는 통치자가 권력을 잃을 때 무슨 일이 일어났는지에 대한 몇몇 냉혹한 진실을 포착하고 있다. 네로는 자신에 대해 반기를 들고 일어난 군대의 승리가 확실해지자 궁궐에 틀어박혀 자신의 권위가 사라졌음을 최종적으로 깨달았다. 경호원이 사라지고 불러도 아무도 오지 않았다. 수에토니우스는 이렇게 썼다. "심지어 관리인들도 그곳에 달려들어 침구를 가져갔다." 몇몇 현대 정치 지도자들이 권좌에 있던 마지막 순간도 이와 완전히 다르지는 않았다. 그들이 말하는 것을 아무도 듣지 않았다. 네로 황제는 늙은 유모를 포함한 몇몇 하인들과 함께 교외 별장으로 도망쳤고, 결국 약간의 도움을 받아 자살을 했다. 그는 많은 절망적인 외침, 힘없는 농담, 시구 인용과 함께 가장 유명한 마지막 말을 남겼다. "예술가가 죽어가고 있구나!" 이는 마

| 그림 100 | 제국 역사에서 카메오 역할을 한 클라우디아 에클로제Claudia Ecloge의 비문. 수에토니우스에 따르면 클라우디아는 네로의 유모였고, 그가 죽을 때까지 그 곁에 머물렀으며 그의 유골 매장을 주선했다. 이 비문의 희미한 마지막 줄은 '피시마이piissim(ae)'('가장 경건한')이다.

치 자신의 예술적 재능에 대한 자신만만한 부풀리기가 마지막 순간까지 지속됐음을 보여주는 듯했다.

이는 세네카가 〈아포콜로킨토시스〉에서 조작한 클라우디우스의 말만큼 신랄하지는 않았다. "이런, 내가 똥을 지린 것 같군." 그는 독자가 요점을 놓칠까 봐 이렇게 이어갔다. "그가 실수를 했는지 안 했는지 나는 모르겠다. 그러나 그는 분명히 모든 것을 똥으로 만들었다."

다른 황제들은 좀더 고상한 분위기를 취했다고 한다. 하드리아누스는 죽기 직전에 자신의 영혼을 상대로 시를 썼던 듯하다. 그래서 일부 사람들이 보기에 그의 유명한 우수의 신비주의를 입증했다. 그것은

20세기에 마르그리트 유르스나르가 쓴 허구적 자서전에 적절한 결말을 제공했다.

> 헤매지 않고 사랑스러운 친애하는 영혼
> 내 몸의 손님이자 동반자
> 이제 어느 곳으로 떠나려 하는가.
> 창백하고 작은 것, 벌거벗고 뻣뻣해
> 평소처럼 농담을 못하네.

안토니누스 피우스는 마지막으로 딱 한 마디 했다. "침착." 그것은 그가 임종 침상에서 그날 근위대 병사들의 암구호로 준 것이었다. 셉티미우스 세베루스는 좀더 실용적이었던 것으로 보인다. 디오에 따르면 그는 아들인 카라칼라와 게타에게 제국 통치를 위한 몇 가지 조언을 해주었다. "다투지 말고, 병사들에게 돈을 주고 나머지는 신경 쓰지 마라." 기록이 정확하다면 그들은 너무도 말을 듣지 않았다. 그리고 베스파시아누스와 마찬가지로 일을 더 많이 할 것을 주문했다. "무언가 할 일이 있으면 내게 가져오라." 불과 몇 달 뒤에 게타는 어머니에게 매달린 채 형이 보낸 습격대에게 희생됐다. 그의 마지막 말은 정말로 가슴 아프게 분명한 것을 이야기하고 있었다. "엄마, 엄마, 나 이제 죽어요."

그러나 1인 통치의 가장 중요하고 어려운 진실 일부를 요약하고 있는 것은 서기 14년 아우구스투스 황제의 마지막 순간에 대한 수에토니우스의 묘사다. 이 임종 장면에서 수에토니우스는 아우구스투스가 확립한 전제정의 중요하지만 아마도 놀라운 교훈(바로 속임수까지에 이르는)을 제공했다.

일흔다섯 살의 황제는 카프리섬에서 휴식을 취하며 며칠을 보냈고, 나폴리만 부근에서 배를 타고 연회를 열었다. 이때 그는 설사를 하기 시작했는데, 마지막이 가까워졌다는 신호였다. 놀라에 있는 자기 아버지의 집이었던 곳에 도착했을 때쯤 그는 상태가 더 나빠졌음을 느끼고 있었다. 그의 마지막 날로 드러난 날에 그는 자기 아버지가 죽은 바로 그 방의 소파에서 거울을 가져오게 해서 머리를 빗고 처진 턱을 바르게 했다. 그런 뒤에 몇몇 친구들을 불러 모은 뒤 그들에게 "자신이 인생 희극에서 자기 역할을 제대로 했는지" 물었다. 그러고는 그리스어 시구 몇 줄을 덧붙였다.

연극이 잘 끝났으니 우리에게 박수를 쳐주오.
그리고 우리에게 칭찬을 해주오.

그들의 대답은 기록되지 않았다. 그러나 그는 친구들을 보낸 뒤 병을 앓고 있는 의붓손녀의 건강에 대해 물었고, 그 뒤 아내 리비아와 입맞춤을 했다(여기에는 리비아가 그가 먹는 과일에 독을 넣었다는 이야기의 흔적은 없다). 그러고 나서 그는 마지막 말을 했다. "살면서 우리의 혼인을 기억해줘, 리비아. 안녕." 어떤 혼란의 유일한 징표는 마흔 명의 젊은 이가 그를 데려가고 있다고 그가 외쳤다는 것이지만, 이것은 실제로 정확한 예언이었다. 마흔 명의 병사가 곧 그를 데리고 나가 로마까지 그 뜨거운 여름의 여행을 시작하게 되기 때문이다.

이 놀라운 임종 장면들은 사람들이 황제에게서 찾기를 희망하는 여러 가지 개인적 자질을 두드러지게 한다. 아마도 놀랍겠지만 여기에는 문서 작업과 관련된 것은 없고(베스파시아누스나 셉티미우스 세베루스와는 다르다) 대신에 가족에 대한 관심과 배려에 초점을 맞추고 있다. 그는 영원한 혼인과 자신의 가계에 대한 충성을 언급한다. 그것이 그가 자기 아버지가 죽은 바로 그 방에서 죽는다는 것의 요점이다. 또한 임종 때 친구들을 부른 것은 그가 '우리 가운데 하나'라는 인식, 그리고 좋은 이미지를 주려는 욕망(그것은 순전한 허영이 아니었고, 거울과 빗을 가져오라고 했던 이유였다)에 대한 인식도 있었다. 전체적으로 그것은 이 세계에서 조용히 퇴장하는 것이었고, 심지어 섬망처럼 보인 것조차도 황제가 장차 무슨 일이 일어날지 알고 있음을 보여주었다.

　그러나 가장 의미심장한 것은 '인생의 희극에서 자기 역할을 하는 것'에 대한 재담이었고, 그것은 '연극이 잘 끝난' 것에 관한 다른 연극에 대한 암시로 뒷받침됐다. 날조와 속임수의 문제, 이미지와 현실의 문제는 나의 로마 황제 묘사에서 언제나 멀리 있지 않았다. 모든 문서 업무, 권력자들의 식사와 간소한 식사, 승계 투쟁, 청원 편지와 함께 우리는 배우가 되고자 한 네로, 밀랍 모형 개선식의 트라야누스, 검투사 흉내를 낸 콤모두스, 엘라가발루스의 디스토피아적 속임수를 보았다. 수에토니우스의 상상력은 그것을 바로 1인 통치의 시작으로 다시 데려갔다. 그것은 로마의 전제정에 대해 많은 것을 이야기해서, 황제 체제의 창시자는 자신의 이력을 한 편의 연극, '하나의 막幕'으로 요약했다고 한다.

한 시대의 종말

왜 여기서 멈추는가?

알렉산데르 세베루스가 그의 어머니 율리아 마마이아와 함께 게르마
니아(또는 덜 그럴듯한 다른 기록에 따르면 브리타니아)의 한 군기지에서 자
신의 병사들에게 살해된 것은 서기 235년이었다. 이때는 아우구스투
스의 평화롭고 꼼꼼하게 연출된 죽음 이후 221년이 지나 거의 서른 명
의 황제가 거쳐간 뒤였다. 그는 스물여섯 살이었고, 13년 전 정변으로
테베레강에 던져진 엘라가발루스의 이종사촌이자 양자이자 후계자였
다. 알렉산데르는 변경의 전쟁에서 좋지 않은 성과를 거두어서 희생양
이 됐다. 황제가 정복이나 방어에 실패하면 처벌을 받는 것은 분명한
성공을 거두었을 경우 대대적으로 선전되는 것과 마찬가지였다. 이 경
우에 황제는 동쪽에서 로마 영토를 위협하는 페르시아인들을 상대로
면목 없는 무승부를 기록했고(그러나 로마에서는 개선식이 열려 결과를 호도
했다), 북쪽에서 온 게르만족의 습격을 맞이해서도 별다른 성과를 거두
지 못했다. 그는 또한 과거 로마 통치자들을 상대로 흔히 제기됐던 다
른 불평의 목표물이 됐다. 그가 인색하고 어머니의 손아귀에 잡혀 있

다는 것이었다. 그는 어머니와 함께 전쟁터에 나와 있었다.

어머니와 아들은 거의 확실하게 게르마니아에서 화장됐고, 그들의 유골은 로마로 돌아왔다. 아마도 이 도시에서 발견된 세 번째로 큰 고대의 묘지에 매장하기 위해서였을 것이다. 아우구스투스 영묘 및 하드리아누스 영묘만큼 인상적인 기념물은 아니지만, 그 일부는 아직 교외의 공원에 보존돼 있다. 이곳이 알렉산데르 세베루스가 묻힌 곳이라면(르네상스기 이래 공통적인 추정이었다) 현재 영국 박물관에 있는(그러나 본래는 이 묘지에서 발견된) 유명한 푸른 유리의 '포틀랜드 꽃병'은 한때 그의 유골을 담은 것이었을 가능성이 있다.

그의 치세에 관한 진실은 예상할 수 있듯이 음울하다. 그가 살해된 장소에 관해 그렇게 다양한 전승이 있다는 사실은 우리가 실제로 알고 있는 것이 얼마나 적은지를 암시한다. 그러나 그가 전쟁에서 어떻게 패배했고 어머니와 관련된 문제가 어떠하든 전통적으로 그는 대체로 '좋은' 황제로 기록됐다. 《아우구스투스의 역사》는 그를 엘라가발루스와 대조적인 한 쌍 가운데 하나로 취급한다. 자연 질서와 사회 질서를 마구 뒤엎는 사람과, 명예롭고 시민다운 황제이자 '우리 가운데 하나'의 대조다. 그는 원로원을 존중했고, 현명한 판결자였으며 신민들이 보낸 요청과 청원 편지를 부지런히 처리했다. 그는 로마시의 건설과 복구 공사를 후원했고, 사치스러운 연회를 엄단했다. 여기서는 장미 꽃잎이 떨어지는 일이 없었고, 하인들은 번쩍거리는 제복을 입지 않았다. 그의 통치는 아우구스투스의 〈업적〉이나 플리니우스의 〈찬양 연설〉에서 유추할 수 있는 황제의 '직무 기술서'를 따랐다(적어도 우리가 읽을 수 있는 자료로는 그렇다).

알렉산데르의 죽음과 함께 직무 기술서가 바뀌기 시작했다. 그것이 내가 서기 235년을 이 책의 종료 지점으로 선택한 이유다. 그렇다고 후대의 황제들이 전통적인 표현으로 '좋은' 황제가 아니라 '나쁜' 황제였다는 뜻은 아니다. '로마 황제가 된다는 것이 어떤 것인가'에 대한 기준이 극적으로 달라졌다는 것이다. 이후 50년 동안에 통치자들이 등장했다가 금세 사라졌다. 이 긴 내전 기간에 경쟁자들이 서로 권력을 잡았다가 빠르게 물러났다. 235년에서 285년 사이에 통치자를 자처했던 서른 명 정도의 황제(또는 잠시 제위에 오른 찬탈자들) 가운데 일부는 "6개월 동안 제위에 있었고, 어떤 사람은 1년, 몇몇 사람은 2년, 그리고 기껏해야 3년이었다." 그것이 《아우구스투스의 역사》의 저자가 이야기한 내용이다. 그들에게 알렉산데르는 본보기였을 뿐만 아니라 한 시대의 종말이었다. 그들 상당수는 전통적인 상류층 바깥 출신이었고, 군대 계급을 통해 차근차근 올라갔으며, 군사정변을 일으켜 제위에 올랐다. 그것은 흔히 '1인 통치'가 아니었다. 그들은 갈수록 서로 다른 종류의 공식 또는 비공식 배열로 권력을 공유하거나 사실상 제국의 한 부분만을 장악했다. 많은 사람들은 '지역' 황제였을 뿐이다. 그리고 그들은 로마 세계 바깥에서 들어오는 적들에 맞서 반복해서 패배하거나 기껏해야 의문스러운 승리를 거두었다.

이 사람들은 언제나 풍자하기가 만만했다. 알렉산데르 암살 직후인 서기 235년 게르마니아 주둔군에 의해 황제로 선포된 막시미누스 트락스('트라케인')는 군대에서 출세했고, 아마도 문맹이었던 듯하며, 황제로서 로마시에 가보지도 못하고 3년 뒤 부하들에게 살해됐다. 문맹 주장이 상류층 로마인들의 편견, 상층부의 신분 이동, 새 통치자의 폭

| 그림 101 | 변모한 세계. 현대 이란의 페르세폴리스 부근에서 발견된 3세기 중반의 암각 돌을새김 조각. 두 로마 황제 필리푸스 아라브스와 발레리아누스 1세가 페르시아 왕 샤푸르에게 항복하는 모습이 그려져 있다.

력성을 강조하기 위한 것인지는 의문스러운 부분이다. 그가 죽기 몇 달 전에 가망성 없는 두 사람이 이미 로마 세계의 다른 지역에서 막시미누스에게 도전장을 내밀고 원로원에서 공동 황제로 원격 승인을 받았다. 아프리카 속주 총독이었던 나이 든 원로원 의원과 그의 아들로, 호기롭게 고르디아누스 1세와 2세를 칭했다. 그들은 3주도 채 지나기 전에 북아프리카의 다른 로마 파벌에 의해 제거됐으며(한 사람은 전투에서 죽었고, 다른 한 사람은 자살했다), 가장 짧은 기간 재위한 로마 황제로 기록됐다. 그러나 무엇보다 가장 생생한 것은 발레리아누스Valerianus 1세(262년 무렵 페르시아에 포로로 잡혀가 죽었다)와 필리푸스 아라브스 Philippus Arabs(244년에서 249년까지 황제였다)의 잊을 수 없는 모습일 것이

다. 지금의 이란에서 발견된 한 암각화는 항복한 두 로마 통치자가 승리한 페르시아 왕 샤푸르에게 경의를 표하는 모습이 새겨져 있다. 통상적인 세력 표출의 놀라운 역전이었다.

물론 실상은 좀더 미묘했다. 많은 변화는 제국과 그 이웃들 역사의 더 큰 문제들에 의해 추동됐다. 변경 지역에 대한 압박, 군대-원로원-민중 사이의 세력 균형 변화, 그리고 황제를 정통성 있게 선출하는 방법에 관한 오래된 문제 같은 것들이었다. 어떤 면에서 레기오들이 승계에 대한 권한을 자기네 손아귀에 틀어쥐게 되자 그들은 처음부터 로마의 권력 이동의 배후에 대단한 '체계' 같은 것은 없음을 드러냈다. 모든 변화가 알렉산데르 사후에 즉각 일어난 것은 분명히 아니었다. 우리가 앞에서 추적했던 청원 편지 같은 제국 통치의 관례 일부는 수십 년 동안 같은 방식으로 계속됐다. 서기 238년 스캅토파라 마을 사람들의 청원에 간단히 반응했던 어린 황제 고르디아누스 3세는 바로 그 직전에 타도된 고르디아누스 1세의 외손자이자 2세의 생질이었다. 고르디아누스 3세도 오래 재위하지 못했다. 그는 페르시아인을 상대로 한 원정 도중에 살해됐다. 자기 부하 또는 로마의 적에 의해서였다.

동시에 이 시기의 명백하게 새로운 것 일부는 개별적으로는 흔히 제시되듯이 그리 새로운 것이 아니었다. 레기오들은 이미 네로가 죽은 뒤 내전에서 새 황제를 선택하는 데 개입했다. 제국에서는 이전에 공동 통치의 시기가 있었다. 그리고 서기 170년대에 마르쿠스 아우렐리우스는 이미 후대에 특징적이 된 변경에서의 압박 같은 것에 직면했다. 초기 로마 통치자들은 아마도 자기네의 군사적 실패를 성공으로 꾸미는 데 능숙했던 듯하다. 그러나 샤푸르 기념물의 의기양양한 모습은 어떤 의미에서 메로에 신전에 로마 세력에 대한 '승리'의 상징으로서 묻었던 그 약탈된 아우구스투스의 청동 두상(484쪽)을 떠올리게 한다. 그렇기는 하지만 3세기 중반에 이 모든 것이 '조합'된 것은 새로웠다. 200년 전 제국 궁정에 가까웠던 사람이라면 막시미누스나 고르디아누스의 세계가 이상하고 낯선 곳임을 발견했을 것이다.

상황은 세기 말로 가면서 다시 변했다. 디오클레티아누스와 콘스탄티누스의 치세(서기 284년에서 337년 사이에 각기 20여 년, 30여 년 재위했다)는 그 확실한 징표 가운데 하나다. 그러나 옛날 방식의 황제로 돌아가는 일은 없었다. 3세기 초 '위기'의 시기 동안에 이루어진 임시방편 일부는 이제 실제로 공식화됐다. 예를 들어 디오클레티아누스는 제국을 서부 속주와 동부 속주로 나누고 네 명의 황제가 통치하게 했다. 동-서 양쪽에 각기 상-하위 황제가 있었다. 그리고 그 이후의 시기에 어떤 형태의 공동 통치가 표준이 됐다. 게다가 재정립된 황제의 권위는 통치자와 피통치자 사이의 거리가 갈수록 멀어지는 대가를 치르고 얻었던 듯하다. 황제를 그의 신민과 떼어놓는 정교한 의식이 있었고, 그에 대한 보다 분명한 경의의 표시가 있었으며, 플리니우스 같은 사람들과 나누던 간단한 식사가 대폭 축소됐다. 마찬가지로 전례가 있었다. 예를 들어 도미티아누스의 식사에 관한 스타티우스의 기록은 상세한 지식이 아니라 멀리서의 경탄에 의존하고 있다. 그리고 이전 시기에도 황제와 원로원 의원들 사이의 그 모든 우호적인 키스와 함께 많은 경례와 인사가 있었다(다분히 이야기를 하는 사람에게 달린 것이었다). 그럼에도 불구하고 4세기가 시작될 무렵에는 황제가 '우리 가운데 하나'라는 신화가 이전보다 훨씬 의미가 없어졌다. 모든 사람에게 말이다.

순교자의 피

기독교 역시 이 변화에서 중요한 요소였다. 지금까지 이 책에서 로마 제국의 기독교도들은 다소 작은 자리를 차지했다. 황제가 통치하던 첫 200년 동안 기독교도의 수가 정말로 매우 적었고, 그들이 로마 당국의 관심을 요구한 경우도 매우 드물었기 때문이다. 한 합리적인 평가(불가피하게 어떤 식의 추측이다)는 서기 100년에 로마 세계 전역에 대략 7천 명(제국 주민의 0.01퍼센트에 해당한다)이던 기독교도가 200년에는 대략 20만 명(0.35퍼센트에 해당한다)으로 늘었다. 회고의 이점(또는 단점)이 있는 후대의 기독교도 작가들은 아주 다른 인상을 준다. 교회가 급성장하고 한편으로 황제들이 조직적으로 박해를 했다는 것이다. 심지어 가장 약한 기독교도조차도 잔혹 행위와 고문에 직면해 대담한 용감성을 과시하는 순교는 분명히 신앙의 가장 강력한 증거 중 하나가 됐다. 그러나 진실은 1~2세기에 대다수의 로마제국 사람들은 기독교도를 만나지 못했으리라는 것이다. 그들에 대한 폭력도 지역적이고 산발적이었다.

　물론 산발적인 폭력은 그 희생자들에게 조직적인 박해만큼이나 잔인하고 고통스러웠다. 네로 황제가 서기 64년 로마 화재의 희생양으로 기독교도들을 처벌한 것은 비기독교 저자들에 의해서도 으스스한 표현으로 기록됐다(십자가에 못 박거나 화형에 처하거나 개들이 물어뜯게 했다). 2세기 말 리옹 원형 경기장에서 순교한 사람들에 대한 기독교도들의 기록은 아무리 꾸미더라도 마찬가지로 충격적이다. 그러나 더 흔한 것은 트라야누스가 플리니우스와 편지를 주고받으며 보여준 자애로운(또는 주시 속의 방치) 태도("너무 속 끓이지 말고, 사서 고생을 하지 마라"), 또는 궁궐 하인 처소에 십자가 처형을 비꼬는 낙서를 한 누군가의 풍자적인 농담 같은 것들이다. 《아우구스투스의 역사》는 알렉산데르 세베루스가 집안의 사당에 그의 일부 조상, 새로운 신들, 아브라함을 포함해 여러 성스러운 존재의 초상과 함께 예수의 초상도 갖추었다고 주장하는데, 그것이 맞는지 아닌지는 확실하지 않다.

그러나 그의 치세로부터 4세기 초(콘스탄티누스가 공식적으로 기독교를 용인한 첫 로마 황제가 된 시기다)에 이르기까지 중앙에서 후원한 박해가 여러 차례 있었다. 제국에서 이전에 볼 수 없던 규모였다. 250년 무렵에 짧게 통치한 어느 황제는 모든 주민이 희생제를 올려 전통적인 신들에 대한 충성심을 보이고 그들이 그렇게 했다는 것을 입증하기 위해 증명서를 받아야 한다고 요구했다(그는 그 계획이 이행되는 것을 볼 수 있을 만큼 오래 재위하지 못했다). 이 변화의 뒤에는 여러 요인이 있었다. 기독교도의 수는 계속해서 증가했다. 이전 시기와 같은 비율로 증가했다고 보면 300년에는 기독교도가 600만 명에 이르렀을 것이다. 기독교도는 더 많이 눈에 띄었다. 그리고 이것은 틀림없이 이 시기의 몇몇 재난이 로마의 전통적인 신들과의 관계 파탄에 의해 초래됐다는 조바심과 교차했다. 간단히 말해서 옛 종교를 철저히 거부하고 때로 타협할 줄 모르는 새로운 종교 기독교는 제국이 처한 '위기'의 궁극적인 원인으로 볼 수 있었다(적어도 일부에게는 그랬다).

정확히 왜 사회 계층의 꼭대기에서부터 밑바닥까지 그렇게 많은 로마인들이 이후 기독교로 개종했고 왜 로마제국이 기독교 국가가 됐는지는 로마의 역사 전체에서 가장 논란이 많은 문제 중 하나이자 가장 큰 수수께끼다. 분명한 점은 문화와 정치, 그리고 신앙에서 기독교 혁명의 효과는 로마 황제가 바탕으로 삼았던 구체제의 기반들을 뒤엎었다는 것이다. 예를 들어 우리는 7장에서 황제가 어떻게 원형 경기장의 논리에 적응했는지를 탐구했다. 검투사 경기와 야생동물 사냥이 상징화하는 '그들'과 '우리' 사이의 구분, 그런 일들이 뒷받침하는 사회 계급, 경기장에서 싸우는 사람들과 관련된 위험한 매력 같은 것들이다. 기독교도들의 원형 경기장 순교("기독교도를 사자에게!")는 그 모든 것을 완전히 뒤엎었다. 개별 관중이 그 광경을 어떻게 생각했든, 기독교 문화는 이제 전통적으로 경기장의 가증스러운 희생자였던 사람들을 영웅으로 드러냈다. 그들은 신앙을 위해 죽음 앞에서도 의연했고, 신은 그들의 편이었다. 그리고 그렇게 함으로써 그것은 구체제의 논리를 파괴했다. 기독교 로마제국 치하에서 검투사 경기의 열기가 사그라진 것은 기독교도들이 그런 경기를 잔인하다고 생각해서만은 아니었다(물론 그것도 일부이기는 했다). 그것은 또한 더 이상 타당하지가 않았기 때문이다.

황제 자신의 모습 역시 마찬가지였다. 기독교는 (기독교도) 로마 황제의 권력을 줄이지 않았다. 오히려 늘렸다. 그러나 그것은 완전히 새로운 종교적 조정을 통한 것이었다. 내가 유피테르 신의 모습을 한 실물보다 큰 클라우디우스 조각상을 조금 '우스꽝스럽다'고 보았을 때(470쪽) 나는 그것을 부분적으로 기독교의 영향 아래서 보고 있었다.

| 그림 102 | 새로운 양식의 로마 황제 그림. 4세기 말 의례용 은 접시의 중앙에 크게 테오도 시우스 1세Theodosius I의 모습과 양쪽에 공동 통치자의 모습이 새겨졌다. 모두 후광이 있다. 그는 기독교 신의 권력과 권위를 전하고 있다.

황제 권력의 새로운 시각언어는 독수리가 황제의 다리 옆에 배치되 거나 황후가 행운의 여신이라도 되는 듯이 풍요의 뿔을 들고 있지 않 았다. 그것은 부분적으로 황제를 예수의 모습으로, 예수를 황제의 모 습으로 보는 데 의존했다. 이것은 '유순한' 예수가 아니었다. 황제 권 력은 새로운 신의 체제에 의해 정당화됐다(그리고 그 신의 체제를 정당화 했다). 이것은 아주 다른 '로마 황제'였다.

검토

이 책의 초점이 됐던 구식 '로마 황제'는 서방의 역사와 문화에 지속적인 자국을 남겼다. 황제의 조각상은 권력자를 표현하는 본보기를 남겼다. 전투복이나 토가를 입은 모습이다. 그 칭호는 근대 전제정의 언어 뒤에 있다. 황제emperor(임페라토르imperator에서 왔다)에서 군주prince(프린켑스princeps에서 왔다)까지, 카이저Kaiser에서 차르Czar까지(모두 카이사르Caesar에서 왔다) 말이다. 황제는 우리에게 어떻게 통치해야 하는지에 대한 이미지를 준 사람이고, 또한 어떻게 통치하면 안 되는지에 대한 경고를 준 사람이기도 했다. 로마 황제들은 정치적 통제의 오랜 본보기로서 (마지못해) 찬탄하기도 쉬웠고, 또한 폭정과 잔인성, 그들의 이름과 관련된 사치 및 방종으로 인해 개탄하기도 쉬웠다. 그들은 역사가의 딜레마의 극단적인 사례를 제공한다. 우리는 어떻게 로마 황제를 그의 관점에서 이해하면서도 우리 자신의 도덕적 기준과 과거를 평가하고 설명해야 할 의무를 잊지 않을 수 있을까? 예를 들어 황제가 주관하는 검투사 경기의 폭력과 잔인성을 지적하지 않는다면 그 논리를 드러내는 것만으로는 충분하지 않다. 이 소름 끼치는 '경기'의 바탕에 어떤 논리가 깔려 있었을지를 이해하려고 노력하지 않는다면 단순히 가학성만을 개탄하는 것으로도 충분하지 않다.

나는 줄타기를 하려 시도했다. 한편으로 로마 황제들이 그저 매우 오래 전에 살았다는(그리고 우리 기준으로 판단할 수 없다는) 이유로 그들을 '사면'해주는 것과, 다른 한편으로 그저 '우리와 같지 않다'는 이유로 유죄를 선언하는 것 사이에서다. 로마제국은 문제들(불충하다는 친척들에서부터 키르쿠스 막시무스의 시위자들까지)이 보통 해당 인물을 죽임으로써 해결되는 잔인한 세계였다. 지금 우리가 그것을 조사하기는 매우 어렵고, 설명하기는 더욱 어렵다. 나는 어떤 개별 황제의 머릿속을 들여다보려고(또는 그 성격을 평가하려고) 하지 않았다. 내가 생각하기에 그것은 약간의 실현 가능성도 없는 일이다(물론 나는 예컨대 콜로세움의 황제석에 앉아 있는 그의 관점에서 일이 어떻게 보일지를 생각해보았다). 대신에 나는 우리가 어떻게, 그리고 왜 황제들의 특성을 우리가 파악한 방식대로(과대망상적인 네로, 현실적인 베스파시아누스 같은 식으로) 이해했는지를 탐구했다. 나는 또한 로마제국의 사람들이 어떻게 스스로 '황제 일반'의 이미지를 구축했는지를 숙고했다. 그리고 나는 황제를 그의 거주지에, 가장 가까운 사람들과 함께 있는 상황에서 파악하려고 지속적으로 노력했다. 그는 홀로 통치한 것도 아니었고, 진공 속에 있었던 것도 아니었다. 우리는 그가 어디에 살았고, 무엇을 어떻게 먹었고, 누가 그의 지시를 받고 그의 편지를 전달했고, 그가 누구와 잤는지를 이해함으로써 그를 더 잘 이해할 수 있다. 그것은 실행할 수 있는 일이다.

제국 일대에서 수많은 사람들(노예도 있고 자유민도 있었다)이 황제와 그의 궁정을 위해 일했다. 어떤 사람들은 심하게 착취당하여 반항적이고 불만에 차 있었으며, 어떤 사람들은 자기네가 그 일을 하게 돼서 매우 즐거워했고 자랑스러워했다. 역사 속에서 전제정(폭정, 독재, 또는 어떤 식으로 부르든)은 모든 수준에서 그것을 받아들이고 거기에 적응하고 심지어 그것이 살기 편안한 체제임을 발견하는 사람들에게 의존했다. 우리는 이 책에서 그런 사람을 많이 만났다. 플리니우스에서부터 클라우디우스 에트루스쿠스의 아버지나 네로의 유모(네로가 자살한 뒤에도 여전히 곁을 지켜 그를 묻어주었다)에 이르기까지 말이다. 이들 남녀는 다른 방식의 체제를 알지 못했다. 전제정을 굴러가게 하는 것은 폭력이나 비밀경찰이 아니었다. 협력과 협조(교활하든 순진하든, 선의든 아니든)였다.

그러나 로마의 1인 통치에 대한 비판은 로마인들의 저작에서 찾을 수 있다. 나는 여기서 원로원의 고상한 반대파(내가 '악동들'이라 부른 사람들이다)를 주로 생각하는 것은 아니다. 자신들이 믿는 것은 공화국의 자유라고 생각한 향수에 젖은 사람들이다. 그들은 자신들의 몫을 훨씬 넘어서는 주목을 받았다. 나는 공개적인 반대자가 '아닌' 사람이 쓴 글을 포함해서 모든 로마의 문헌을 생각한다. 황제에 대해 반복적으로 가짜라거나 진실을 왜곡하는 사람이라고 하고, 1인 통치 자체를 가면과 연극이라고 하는 글들이다. 내가 시작 부분에서 이야기한 엘라가발루스의 디스토피아적 세계(가짜 음식, 그리고 관대함으로 꾸민 살인)에서부터 이상한 개선 행진(죽은 트라야누스의 밀랍 모형이 패배일 가능성이 더 높은 '승리'를 기념했다)을 거쳐 자신을 희극 배우로 지칭한 아우구스투스의 마지막 말까지, 내게 다시 떠오르는(그리고 희망컨대 눈이 휘둥그레질) 주제들이다. 그것은 전제정이 '자연스러운' 사물의 질서를 뒤엎고 실재하는 것을 가짜로 바꿔놓으며 우리가 보고 있다고 생각하는 것에 대한 우리의 믿음을 손상시킨다고 주장한다.

나는 종종 고대 로마가 우리에게 주는 직접적인 교훈은 거의 없다고 주장했다. 우리의 문제들에 대한 이미 만들어진 해법을 찾기 위해 의존할 수 없다는 의미에서다. 로마인들은 우리에게 답을 주지 않을 것이고 줄 수도 없다. 그러나 그들의 세계를 탐구하는 것은 우리 스스로를 다르게 보는 데 도움이 된다. 지난 몇 년 동안 이 책을 쓰면서 전제 정이 속임수이고 가짜이며 왜곡시키는 거울이라는 생각에 대해 골똘히 검토했다. 이것은 내가 고대 로마의 정치문화를 더 잘 이해하는 데 도움이 됐다. 그리고 현대 세계의 정치에 대해서도 눈을 뜰 수 있게 해줬다.

칼리굴라에서부터 카라칼라까지, 그리고 네로에서부터 엘라가발루스까지, 우리가 알고 있는 로마 황제들의 이름은 공식 칭호가 아니었고, 그 칭호의 축약된 형태일 뿐이다. '칼리굴라'('작은 장화')는 이 황제가 어릴 때 신었던 군화로 거슬러 올라가는 별명이다(그가 좋아했던 또 다른 약칭은 '가이우스Gaius'였다). 마찬가지로 '카라칼라'는 그가 좋아한 카라칼라caracalla라는 겉옷 형태에서 땄다. '네로'는 그가 클라우디우스 황제에게 입양될 때 양부로부터 받은 여러 이름 가운데 하나일 뿐이다('네로'는 클라우디우스 가문의 성씨였다). '엘라가발루스'는 그가 후원한 신의 이름에서 따온 별명이다. 변종도 있다. 예를 들어 나는 '알렉산데르 세베루스'라고 지칭했는데, 다른 사람들은 '세베루스 알렉산데르'로 쓴다.

　이것들은 그저 현대의 관습이 아니다. 로마인들이 흔히 그 이름들로 자기네의 여러 통치자를 지칭했고(그 이름들이 공식 칭호보다 더 짧고 더 멋지고 더 분명하다), 그 이름이 우리에게까지 전해졌다. 그러나 통상 황제의 면전에서 사용하는 이름이 아니었다. 칼리굴라를 '칼리굴라'로 부르는 것은 정말로 좋지 않은 생각이었을 것이다. 플리니우스의 〈찬양 연설〉에서 보았듯이 '카이사르'가 로마의 통치자에게 직접 이야기하는 가장 흔한 방식이었다. 그리고 그것들은 공식 문서와 내가 이 책에서 언급한 많은 새김글에 나타나는 이름이 아니었고, 거기에는 그의 공식 칭호가 사용됐다. 이 칭호는 지금 알아듣기 어렵다.

극단적인 사례를 하나만 들면 **셉티미우스 세베루스**는 로마 포룸의 개선문에 우리가 알고 있듯이 '셉티미우스 세베루스'로 적히지 않고 이렇게 적혀 있다.

임페라토르 카이사르 루키우스 셉티미우스Imperator Caesar Lucius Septi-mius, 마르키 필리우스Marci Filius, 세베루스 피우스 페르티낙스 아우구스투스Severus Pius Pertinax Augustus, 파테르 파트리아이Pater Patriae, 파르티코 아라비코Parthico Arabico, 파르티코 아디아베니코Parthico Adiabeni-co…

(마르쿠스의 아들인 임페라토르 카이사르 루키우스 셉티미우스; 조국의 아버지, 아라비아의 파르티아 정복자, 아디아베네의 파르티아 정복자인 세베루스 피우스 페르티낙스 아우구스투스…)

여기에는 그의 출생 때의 이름인 '루키우스 셉티미우스 세베루스'에 더해 표준적인 황제의 칭호 '임페라토르 카이사르 아우구스투스'가 포함됐고, 조작된 마르쿠스 아우렐리우스의 입양이 언급됐으며('마르쿠스의 아들'), 자신이 연결시키고 싶어 한 전임자의 이름 '피우스'와 '페르티낙스'가 추가되고, 기다란 이름을 완성하기 위해 약간의 명예로운 별칭을 덧붙였다.

황제의 이름이 그 가장 간단한 형태에서 그의 생애 동안 변화한 방식은 그의 약전略傳을 방불케 한다. **아우구스투스**는 태어난 뒤의 이름이 '가이우스 옥타비우스Gaius Octavius'였는데, 서기전 44년 카이사르의 의지에 따라 그에게 입양되면서 공식적으로 '가이우스 율리우스 카이사르Gaius Julius Caesar'가 됐다(다만 현대 작가들은 그를 독재관과 구별하기 위해 '옥타비아누스'로 불렀다). 서기전 27년 이후 그는 '임페라토르 카이사르 아우구스투스'로서 통치해 그 후계자들을 위한 틀을 세웠다. **티베리우스**는 본명이 '티베리우스 클라우디우스 네로Tiberius Claudius Nero'인데, 아우구스투스에게 입양된 뒤 '티베리우스 율리우스 카이사르'가 됐고, 공식적으로 '티베리우스 카이사르 아우구스투스'로서 통치했다. **칼리굴라**는 '가이우스 율리우스 카이사르'로 태어났고, '가이우스 카이사르 아우구스투스 게르마니쿠스Gaius Caesar Augustus Germanicus'로서 통치했다. 이런 식이었다.

이런 여러 형태는 대체로 아주 분명하다. 그러나 심지어 전문가들조차도 1세기 말 이후 황제들이 자기 치세 동안에 사용한 공식 칭호의 유사성 때문에 고심을 했다. 아래에 뽑아놓은 통치자들이 보여주듯이 그것은 때로 한 황제를 다른 황제와 구분해주는 것이 이름 속의 여러 요소 중 단 한 가지인 경우도 있었다(나머지 별명은 생략했다).

Imperator Caesar Vespasianus Augustus (**베스파시아누스**)

Imperator Titus Caesar Vespasianus Augustus (**티투스**)

Imperator Caesar Nerva Traianus Augustus (**트라야누스**)

Imperator Caesar Traianus Hadrianus Augustus (**하드리아누스**)

Imperator Caesar Marcus Aurelius Antoninus Augustus (**마르쿠스 아우렐리우스**)

Imperator Caesar Marcus Aurelius Commodus Antoninus Augustus **(콤모두스)**

Imperator Caesar Marcus Aurelius Severus Antoninus Pius Augustus **(카라칼라)**

Imperator Caesar Marcus Aurelius Antoninus Pius Felix Augustus **(엘라가발루스)**

Imperator Caesar Marcus Aurelius Severus Alexander Pius Felix Augustus **(알렉산데르 세베루스)**

나는 로마인들이 콤모두스의 공식 이름과 그 아버지 마르쿠스 아우렐리우스의 이름, 또는 베스파시아누스의 이름과 그 아들 티투스의 이름 사이의 차이를 늘 알아내지는 못했다고 확신한다. 오늘날의 우리보다 나을 게 없었다. 분명히 그것은 요점의 일부였다. 황제 초상들 사이의 유사성과 마찬가지로, 그리고 지금과 마찬가지로 혼란스럽게 이 거의 동일한 이름들은 한 황제가 전임자들을 본보기 삼아 권력을 행사하는 것을 정당화하는 데 도움이 됐다. 콤모두스나 카라칼라나 엘라가발루스의 경우, 그들의 일탈이 어느 정도였든 그들의 공식 이름은 그들을 거의 과거의 (좋은) 황제들을 합쳐놓은 것으로 보이게 했다.

더 자세히 알아보기 위한 가장 좋은 최근의 안내서는 앨리슨 E. 쿨리_{Alison E. Cooley}, *The Cambridge Manual of Latin Epigraphy* (Cambridge UP, 2012), 488~509의 꼼꼼한 황제 칭호 나열이다.

더 읽을거리 그리고 방문할 곳

로마 황제, 그리고 개별 황제 및 그 가족의 삶과 이력에 대한 책 목록은 방대하다. 아래에 적은 것은 불가피하게 일부만 고른 것이다. 그 목표는 우선 전체 주제에 관한 약간의 일반적인 배경 독서를 할 수 있게 하고 내 설명의 바탕에 있는 고대의 증거에 접근하는 편리한 방법을 제시하기 위한 것이다. 그런 뒤에 각 장마다 독자들이 논의된 주제를 더 탐구하는 데 도움이 되는 책과 논문, 그리고 내가 스스로 특히 유용하다고 알게 된 기고에 대한 제안을 제공한다. 나는 내 계정에서 표준적인 참고서와 좋은 검색엔진으로 달리 찾기 어려울 듯한 사실과 주장의 정확한 전거를 밝히려고 노력했다. 그리고 학술 논쟁이 있는 곳이나 중요한 기술적 연구가 있는 곳을 주목하고자 했다. 대부분의 장 끝에서는 대중에게 개방된 중요한 고고학 유적지와 일부 관련된 박물관 모음도 제시했다.

총설

내가 참고한 거의 모든 고대 문헌은 현대의 번역본으로 구할 수 있다. 뢰프 클래식 라이브러리Loeb Classical Library (Harvard UP)에는 주류 저자들과 기타 많은 사람들의 책이 들어 있고, 그리스어 및 라틴어 원문과 영어 대역對譯이 있다. 믿을 수 있는 영어 번역(보다 제한적인 선집으로 원문이 없지만 좀더 구하기 쉽다)은 펭귄 클래식Penguin Classics 또는 옥스퍼드 월드 클래식Oxford World's Classics 시리즈에서 찾을 수 있다. 대부분의 텍스트는 온라인에서 무료로 볼 수 있다. 특히 유용한 사이트는 다음과 같다.

LacusCurtius (http://penelope.uchicago.edu/Thayer/E/Roman/Texts/home.html).

Perseus Digital Library (http://www.perseus.tufts.edu/hopper/collections).

둘 다 원문과 영어 번역본이 함께 있으며, 일부는 Loeb Library의 초기 판본에서 가져온 것이다. 나는 아래의 섹션들에서 이 선집들에 들어가지 않은 번역이나 특히 유용한 판본을 제시했다. 이 책 본문의 번역은 여기서 이야기한 부분을 제외하고는 내가 번역한 것이다.

주의할 점: 혼란스럽게도 주요 고대 작가 일부의 저작에 대한 현대의 인용 체계가 서로 다르다. 이는 특히 카시우스 디오의《로마사》(여기서는 통상 '카시우스 디오의 책'으로만 언급했다)의 후반부 책들(후대 작가들의 발췌와 요약으로만 남아 있다)과 프론토의《서간집》의 경우에 그렇다. 나는 이 섹션에서 여러 가지를 늘어놓기보다는 한 체계를 고수했고, 특히 프론토의 경우에 최근 선집에 있는 번역을 독자에게 제시했다. 그렇지만 아주 가끔씩은 특정 전거를 찾는 데 약간의 인내심이 필요할 것이다.

황제 통치에 관한 고대의 주요 문헌 기록 일부에 대해서는 접근할 수 있는 여러 논의가 있다. 타키투스에 관해 새로운 것으로는 애시Ash의 책이 좋은 출발점이다. 애시의 편서는 최근의 비판적 접근의 유용한 선집이다. 현대의 수에토니우스 연구의 토대는 월리스-해드릴Wallace-Hadrill의 책이다. 그 뒤를 이은 것이 파워Power와 깁슨Gibson의 편서다. 마찬가지로 디오에 대한 현대의 이해의 토대는 밀라Millar의 책이며, 대븐포트Davenport와 맬런Mallan의 편서가 그 뒤를 잇고 있다.《아우구스투스의 역사》에 관해서는 다음에 나오는 '프롤로그' 항목을 보라.

Rhiannon Ash, *Tacitus* (Bristol Classical Press, 2006).

Rhiannon Ash ed., *Tacitus* (Oxford Readings in Classical Studies, Oxford UP, 2012).

Andrew Wallace-Hadrill, *Suetonius: The Scholar and his Caesars* (2nd ed., Bristol Classical Press, 1998; originally published 1983).

Tristan Power and Roy K. Gibson eds., *Suetonius the Biographer: Studies in Roman Lives* (Oxford UP, 2014).

Fergus Millar, *A Study of Cassius Dio* (Oxford UP, 1964).

Caillan Davenport and Christopher Mallan eds., *Emperors and Political Culture in Cassius Dio's Roman History* (Oxford UP, 2021).

나는 또한 많은 새김글과 파피루스 기록에 의존했다. 이들은 찾기가 훨씬 어려울 수 있다. 흔히 여러 권의 방대한 개요서에 들어 있다. 이 중 가장 큰 것은 *Corpus Inscriptionum Latinarum*이다. 19세기 이래 계속 이어지고 있는 것으로, 라틴어로 된 수십만 점의 새김글을 모았다. 그러나 심지어 검색 가능한 온라인판(https://cil.bbaw.de/, 독일어 및 영어)조차도 가볍게 생각하고 볼 것은 아니다. 그리고 황제와 관련된 많은 문서에 사용된 고대 그리스어 새김글의 비슷한 개요서도 있다. 쿨리 Cooley의 책은 라틴어 새김글이 어디서, 어떻게 공표됐는지에 관한 수수께끼를 상세히 소개한다.

A. E Cooley, *The Cambridge Manual of Latin Epigraphy* (Cambridge UP, 2012), 327~448.

Papyri도 마찬가지로 까다로울 수 있다. 서로 다른 출토지에서 나오고 서로 다른 현대의 소장처에 있는 수많은 파피루스 문서가 여러 책들에 들어 있다. 파피루스는 그런 것들을 모은 거대한 자료 창고이지만, 여기서도 원하는 것을 찾으려면 약간의 노력이 필요하다. POxy는 이용자를 훨씬 더 배려한 사이트로, 지금 옥스퍼드에 있는(그리고 내 논의에 나오는 것 일부를 포함해) 파피루스를 찾을 수 있다. 다행히 좀더 편리한 책도 여럿 있다. 같은 주제나 특정 시기의 새김글과 파피루스를 한데 모은 것이다. 흔히 번역문도 있다. 아래 섹션에서 가능한 곳에서는(언제나 가능한 것은 아니다) 이를 독자에게 알려주겠다.

Papyri.info (https://papyri.info/).
POxy: Oxyrhyncus Online (http://www.papyrology.ox.ac.uk/POxy/).

 서기전 44년에서 서기 235년 사이의 일반적인 역사에 관해서는 굿맨Goodman의 책, 안도Ando의 책(앞부분), 포터Potter의 책, 쿨리코프스키Kulikowski의 책 등 광범위하고 분석적인 좋은 연구들이 있다. 더 상세한 것으로 *Cambridge Ancient History* (Cambridge UP)의 이와 관련된 내용이 수록된 10~12권이 있다. 나는 또한 켈리Kelly의 책, 울프Woolf의 책, 간지Garnsey와 샐러Saller의 책에서도 유용하고 때로 놀라운 발견을 했다. 아마도 시사적인 듯하지만 대부분의 일반사는 율리우스 카이사르를 1인 통치 시기가 아니라 공화국의 맥락에서 논의한다. 포터Potter의 책은 유용한 예외다.

Martin Goodman, *The Roman World 44 BC–AD 180* (2nd ed., Routledge, 2011).

Clifford Ando, *Imperial Rome, AD 193–284* (Edinburgh UP, 2012).

David Potter, *The Roman Empire at Bay, AD 180–395* (2nd ed., Routledge, 2013).

Michael Kulikowski, *Imperial Triumph: The Roman World from Hadrian to Constantine* (Profile, 2016).

Christopher Kelly, *The Roman Empire: A Very Short Introduction* (Oxford UP, 2006).

Greg Woolf, *Rome: An Empire's Story* (1st ed., Oxford UP, 2013; 2nd ed., 2021).

Peter Garnsey and Richard Saller, *The Roman Empire: Economy, Society and Culture* (2nd ed., Bloomsbury, 2014).

David Potter, *The Origin of Empire: Rome from the Republic to Hadrian, 264 BC–AD 138* (Profile, 2021).

로마 황제 연구의 전환점은 밀라Millar의 연구였다. 이후 이 주제에 관한 대부분의 연구는 밀라의 방대한 책과의 대화였다. 홉킨스Hopkins의 서평은 중요한 비판적 반응이었고, 헥스터Hekster의 책(내가 이 책 본문을 완성한 뒤에 나왔다)은 한 권 전체가 밀라와의 대화였다.

Fergus Millar, *The Emperor in the Roman World (31 BC–AD 337)* (1st ed., 1977; 2nd ed. Bristol Classical Press, 1992).

Keith Hopkins's review of Millar, *The Journal of Roman Studies* 68 (1978), 178–86.

Olivier Hekster, *Caesar Rules: The Emperor in the Changing Roman World (c. 50 BC–AD 565)* (Cambridge UP, 2023).

황제의 궁정과 궁정문화라는 맥락에서 중요한 연구가 최근에 나왔다. 나는 월리스-해드릴의 논문, 윈털링Winterling의 책, 패터슨Paterson의 논문에서 많은 것을 알게 됐다. 켈리Kelly와 허그Hug가 편집한 두 권짜리 책은 내가 이 책을 거의 마쳤을 때 나왔다. 2권은 고대 문헌과 문서 모음이며, 1권에서 논의된 로마 궁정문화의 다양한 역사적 주제를 설명해주는 사진들도 있다.

Andrew Wallace-Hadrill, 'The Imperial Court', in *The Cambridge Ancient History* vol. 10 (2nd ed., Cambridge UP, 1996), 283–308.

Aloys Winterling, *Aula Caesaris* (Oldenbourg, 1999, in German).

Jeremy Paterson, 'Friends in High Places', in *The Court and Court Society in An-*

cient Monarchies, ed. by A. J. S. Spawforth (Cambridge UP, 2007), 121 – 56.

Benjamin Kelly and Angela Hug ed., *The Roman Emperor and his Court c. 30 BC– c. AD 300* (Cambridge UP, 2022).

개별 황제 또는 그 가족 성원의 전기는 지난 수십 년 사이에 하나의 산업 같은 것이 됐다. 나의 접근법은 매우 다르지만, 나는 참고를 위해 그리핀Griffin의 책, 벌리Birley의 두 책, 러빅Levick의 책, 브레넌Brennan의 책을 반복해서 찾았다.

Miriam T. Griffin, *Nero: The End of a Dynasty* (2nd ed., Routledge, 1987).

Anthony R. Birley, *Hadrian: The Restless Emperor* (Routledge, 1997).

Anthony R. Birley, *Septimius Severus: The African Emperor* (2nd ed., Routledge, 1999).

Barbara M. Levick, *Faustina I·II* (Oxford UP, 2014).

T. Corey Brennan, *Sabina Augusta: An Imperial Journey* (Oxford UP, 2018).

형식에서 덜 전통적이지만 여전히 한 황제나 황제 가족에 초점을 맞추고 있는 것으로 댄지거Danziger 및 퍼셀Purcell의 책과 스토타드Stothard의 책(비텔리우스 황제의 가족 이야기가 나온다)이 있다. 홀랜드Holland의 두 책은 1인 통치의 시작부터 2세기 중반까지의 로마에 대한 생기 넘치고 전기적인 성격이 강한 역사책이다.

Danny Danziger and Nicholas Purcell, *Hadrian's Empire: When Rome Ruled the World* (Hodder and Stoughton, 2005).

Peter Stothard, *Palatine: An Alternative History of the Caesars* (Oxford UP, 2023).

Tom Holland, *Dynasty* (Little, Brown, 2015).

Tom Holland, *Pax* (Abacus, 2023).

로마 황제에 대한 나의 분석은 서로 다른 시기와 장소의 전제정과 전제군주에 대한 더 폭넓은 사고를 바탕으로 하고 있다(다만 이 책에서는 분명한 비교 사례를 최소한만 들었다). 궁정문화에 관심이 있는 사람은 아무도 엘리아스Elias의 책을 무시할 수 없다(본래 1930년대에 쓰이고 1969년 독일어로 처음 출간됐으며 1983년에 영어로 번역됐다). 나는 엘리아스에 대한 반응으로 나온 이후의 연구들로부터 영향을 받았다. 다인담Duindam의 일련의 연구 같은 것들이다(부츠Butz 등의 편서는 독일어와 영어 논문 모음이며, 애덤슨Adamson의 편서는 도판이 많다). 로마를 포함하는 고대 궁정들의 비교는 스포포스Spawforth 편서의 주제다. 중국과 로마의 황제 및 제국 사이의 비교는 최근에 특히 연구가 많은 주제로, 샤이델Scheidel의 두 편서가 중요한 공헌을 하고 있다.

Norbert Elias, *The Court Society* (Blackwell, 1983).

Jeroen Duindam, *Myths of Power: Norbert Elias and the Early Modern European Court* (Amsterdam UP, 2014).

Jeron Duindam, *Dynasties: A Global History of Power* (Cambridge UP, 2015).

Reinhardt Butz et al. eds., *Hof und Theorie* (Bohlau, 2004).

John Adamson ed., *Princely Courts of Europe, 1500–1700* (Weidenfeld and Nicolson, 1999).

A.J.S. Spawforth ed., *The Court and Court Society in Ancient Monarchies* (Cambridge UP, 2007).

Walter Scheidel ed., *Rome and China: Comparative Perspectives on Ancient World Empires* (Oxford UP, 2009).

Walter Scheidel ed., *State Power in Ancient China and Rome* (Oxford UP, 2015).

다음 사전은 로마 세계의 사람, 장소, 저자, 문헌에 대한 첫 번째 참조물로서 믿을 만한 것이다(온라인으로 계속 수정되고 있다).

Simon Hornblower et al. eds., *Oxford Classical Dictionary* (4th ed., Oxford UP, 2012).

프롤로그

엘라가발루스의 잔인하고 낭비적인 습관을 상세하게 전한(또는 날조한) 주요 고대 문헌은 카시우스 디오의 책 79~80권, 헤로디아노스의 《로마사》 5권, 《아우구스투스의 역사》의 엘라가발루스 전기 등이 있다. 그는 읽을 만한 최근의 두 전기의 주제다. 익스Icks의 책은 특히 황제의 문화 '건설'과 그가 현대의 미술 및 소설에 등장하는 일에 관해 뛰어나다. 사이드보텀Sidebottom의 책은 아마도 너무 확신에 차서 그 치세의 진실에 접근할 수 있다. 메이더Mader의 글은 《아우구스투스의 역사》에 나오는 그의 전기를 훌륭하게 분석한 것이며, 밀라Millar의 책은 에메사의 정치와 문화에 대한 분명한 소개를 제공한다.

Martijn Icks, *The Crimes of Elagabalus: The Life and Legacy of Rome's Decadent Boy Emperor* (I. B. Tauris, 2011).

Harry Sidebottom, *The Mad Emperor: Heliogabalus and the Decadence of Rome* (Oneworld, 2022).

Gottfried Mader, 'History as Carnival, or Method and Madness in the Vita Heliogabali', *Classical Antiquity* 24 (2005), 131 – 72.

Fergus Millar, *The Roman Near East, 31 BC–AD 337* (Harvard UP, 1993), 300 – 9.

흔히 'SHA'(Scriptores Historiae Augustae)로 약칭되는 《아우구스투스의 역사》의 수수께끼는 100년 이상 논의가 이루어지고 있다. 벌리Birley의 펭귄 클래식 번역본 서론은 이를 잘 개관하고 있다. 더 최근의 것이자 더 전문적인 논문은 쿨리코프스키Kulikowski의 훌륭한 글이다.

Anthony Birley, *Lives of the Later Caesars* (Penguin, 1976).

Michael Kulikowski, 'The Historia Augusta. Minimalism and the Adequacy of Evidence', in *Late Antique Studies in Memory of Alan Cameron*, ed. by W. V. Harris and Anne Hunnell Chen (Columbia Studies in the Classical Tradition, Brill, 2021), 23 – 40.

이 장에서 언급되는 것 대부분은 책의 뒷부분에서 더욱 자세히 논의된다. 개별 황제들의 행위와 비행에 대한 구체적인 언급은 통상 수에토니우스의 관련 전기 또는 《아우구스투스의 역사》에서 찾을 수 있다. 추가로 다음을 주목하라.

경마장에서 카이사르가 한 행동은 그의 후계자 아우구스투스를 다룬 수에토니우스의 전기에 언급돼 있다(아우구스투스 45). 하드리아누스가 한 여성에게 제지당한 일화는 카시우스 디오가 이야기했다(69,6). '요강이 떨어진 사건'에 대한 아우구스투스의 모든 반응(새김글에 보존돼 있다)에 대한 번역은 셔크Sherk의 책에서 찾을 수 있고, 다른 소송 사건들의 세부 내용과 맥락은 코놀리Connolly의 책에서 논의됐다.

Robert K. Sherk, *Rome and the Greek East to the Death of Augustus* (Cambridge UP, 1984), no. 103.

Serena Connolly, *Lives behind the Laws: The World of the Codex Hermogenianus* (Indiana UP, 2010).

아우구스투스의 농담들(그리고 그의 딸 율리아의 농담 일부)은 마크로비우스Macro-bius(서기 400년 무렵)의 《사투르날리아Saturnalia》 제2권에 수집돼 있다. 율리아누스의 풍자문은 '카이사르들', '심포지움', '사투르날리아' 등 다양한 제목 아래 나온다. 게르마니쿠스의 연설은 올리버Oliver의 책에 나와 있다(그리스어 원문과 번역인데, 그의 번역은 '할머니'에 대한 가정 내의 친밀성을 놓치고 있다). '2만 5천에서 5만'이라는 합리적인 추측은 파너Pfanner의 것이다. 이런 유형의 과자 틀은 분Boon의 글에서 논의된다(괄란디Gualandi와 피넬리Pinelli는 이것이 정말로 과자 틀인지에 의문을 표하지만 더 나은 대안은 제시하지 않는다). 남아 있는 귀고리는 다멘Dahmen의 책에 나온다. '헛된 사업'은 안도Ando의 말이다. '같은 연극, 다른 배역'(그리스어 원어로는 약간 덜 멋있다)은

《자성록》(10, 27)에 있는 마르쿠스 아우렐리우스의 견해이며, '배역' 가운데 초기 그리스 군주들을 포함하고 있다. 기독교도 주교는 시네시오스Synésios이며, 이 농담은 그의 서간집(148, 16)에 나온다(서간집은 피츠제럴드Fitzgerald의 번역본이 있다).

James H. Oliver, *Greek Constitutions of Early Roman Emperors* (American Philosophical Society, 1989), no. 295.

Michael Pfanner, 'Uber das Herstellen von Portrats', *Jahrbuch des Deutschen Archaologischen Instituts* 104 (1989) 157 – 257 (esp. 178 – 9).

George C. Boon, 'A Roman Pastrycook's mould from Silchester', *Antiquaries' Journal* 38 (1958), 237 – 40.

Maria Letizia Gualandi and A. Pinelli, 'Un trionfo per due', in *'Conosco un ottimo storico dell'arte ...'*, ed. by Maria Monica Donato and Massimo Ferretti (Edizioni della Normale, 2012), 11 – 20.

Karsten Dahmen, *Untersuchungen zu Form und Funktion kleinformatiger Portrats der romischen Kaiserzeit* (Scriptorium, 2001), no. Anhang 13, 18.

Clifford Ando, *Imperial Rome*, 28.

The Letters of Synesius of Cyrene, trans. by A. Fitzgerald (Oxford UP, 1926).

1장

플리니우스의 〈찬양 연설〉은 바르치Bartsch의 책과 로셰Roche가 편집한 책의 글들에서 매우 잘 조명됐다. '전체적인 치욕'은 케니Kenney와 클라우센Clausen의 편서에서 굿이어F. R. D. Goodyear가 내린 판단이다. 깁슨Gibson의 책은 플리니우스의 이력에 대한 현대의 개관으로 가장 좋은 책이다. 플리니우스의 〈찬양 연설〉(그리고 아우구스투스의 〈업적〉)이 황제의 역할을 위한 직무 기술서에 해당한다는 생각은 피친Peachin의 글에서도 탐구되고 있다.

Shadi Bartsch, *Actors in the Audience: Theatricality and Doublespeak from Nero to Hadrian* (Harvard UP, 1994), 148–87.

Paul Roche ed., *Pliny's Praise: The Panegyricus in the Roman World* (Cambridge UP, 2011).

E. J. Kenney and W. V. Clausen eds., *Cambridge History of Latin Literature* (Cambridge UP, 1982), 660.

Roy K. Gibson, *Man of High Empire: The Life of Pliny the Younger* (Oxford UP, 2020).

Michael Peachin, 'Rome the Superpower: 96–235 CE', in *A Companion to the Roman Empire*, ed. by David S. Potter (Blackwell, 2006), 126–52.

　　로마제국의 등장, '전제정의 전조', 율리우스 카이사르가 초래한 혁명 이야기는 나의 책에서 훨씬 전폭적으로 탐구했다. 카이사르의 이력과 그의 암살 이후 내전에 대한 많은 연구 가운데 유용한 출발점은 그리핀Griffin의 편서, 울프Woolf의 책, 와이즈맨Wiseman의 책(10장에서 암살을 다룬다), 스트라우스Strauss의 책, 오스굿Osgood의 책 등이다.

Mary Beard, *SPQR* (Profile, 2015).

Miriam Griffin ed., *A Companion to Julius Caesar* (Blackwell, 2009).

Greg Woolf, *Et Tu Brute: The Murder of Caesar and Political Assassination* (Profile, 2006).

T. P. Wiseman, *Remembering the Roman People* (Oxford UP, 2009).

Barry Strauss, *The War that Made the Roman Empire: Antony, Cleopatra and Octavian at Actium* (Simon and Schuster, 2022).

Josiah Osgood, *Caesar's Legacy: Civil War and the Emergence of the Roman Empire* (Cambridge UP, 2006).

아우구스투스의 '개혁'에 관해서는 더 많은 글이 쓰였다. 그의 치세에 대한 짧은 소개로서 믿을 만한 것은 월리스-해드릴Wallace-Hadrill의 책이다. 밀라Millar와 시걸 Segal의 편서, 갈린스키Galinsky의 편서, 에드먼드슨Edmondson의 편서(이 시기에 관한 가장 영향력 있는 논문 일부를 한데 모았다), 오스굿Osgood 등의 편서(아우구스투스의 인물 자체에 대한 현대의 집중 연구에 도전한다) 등은 내가 논의한 주요 주제를 다른 시각에서 탐구한 몇몇 유용한 논문 모음들이다. 아우구스투스의 정치에 관한 밀라Millar의 주목할 만한 일련의 논문은 그의 논문집 1권으로 재출간됐다. 키빌리타스('우리 가운데 하나' 되기)라는 중요한 개념은 월리스-해드릴의 논문 주제다.

Andrew Wallace-Hadrill, *Augustan Rome* (2nd ed., Bloomsbury, 2018).

Fergus Millar and Erich Segal eds., *Caesar Augustus: Seven Aspects* (Oxford UP, 1984).

Karl Galinsky ed., *The Cambridge Companion to the Age of Augustus* (Cambridge UP, 2005).

Jonathan Edmondson ed., *Augustus* (Edinburgh UP, 2009).

Josiah Osgood et al. eds., *The Alternative Augustan Age* (Oxford UP, 2019).

Fergus Millar, *Rome, the Greek World and the East: The Roman Republic and the Augustan Revolution*, ed. by Hannah M. Cotton and Guy M. Rogers (University of North Carolina Press, 2002).

Andrew Wallace-Hadrill, 'Civilis Princeps: Between Citizen and King', *Journal of Roman Studies* 72 (1982), 32 - 48.

카시우스 디오가 이야기한(그의 《로마사》 52권) 아그리파와 마이케나스 사이의 연출된 논쟁에 관한 논의는 밀라Millar의 책, 리치Rich의 논문, 버든-스트레븐스Burden-Strevens의 논문이 있다. 〈업적〉의 모든 측면에 대한 소개로서 가장 좋은 것은 쿨리Cooley의 책이다. 아우구스투스의 도시 기념물에 대한 강조는 엘스너Elsner의 논문에서 분석되었다. '복수자' 마르스 신전과 그 주변의 '아우구스투스 포룸'에 대한 이제 고전이 된 분석은 잰커Zanker의 책 10장에서 발견할 수 있다. 이 책은 1인 통치 시작 시기의 시각예술의 역할에 관한 광범위한 연구다. 그의 또 다른 논문은 건축에 대한 황제의 '관대함'의 여러 형태를 논의한다. 아우구스투스 포룸의 조각품 설치 계획은 가이거Geiger의 책의 주제다.

Fergus Millar, *A Study of Cassius Dio* (위, '총설'), 102 – 18.

J. W. Rich, 'Dio on Augustus', in *History as Text: The Writing of Ancient History*, edited by Averil Cameron (Duckworth, 1989), 86 – 110.

Christopher Burden-Strevens, 'The Agrippa-Maecenas Debate', in *Brill's Companion to Cassius Dio*, ed. by Jesper Majbom Madsen and Andrew G. Scott (Brill, 2023), 371 – 405.

Alison E. Cooley, Res Gestae Divi Augusti: *Text, Translation and Commentary* (Cambridge UP, 2009)

Jaś Elsner, 'Inventing imperium', in *Art and Text in Roman Culture*, edited by Elsner (Cambridge UP, 1996), 32 – 53.

Paul Zanker, *The Power of Images in the Age of Augustus* (University of Michigan Press, 1988).

Paul Zanker, 'By the Emperor, for the People', in *The Emperor and Rome: Space, Representation and Ritual*, ed. by Bjorn C. Ewald and Carlos F. Norena (Cambridge UP, Yale Classical Studies 35, 2010) 45 – 87.

Joseph Geiger, *The First Hall of Fame: A Study of the Statues of the Forum Augustum* (Brill, 2008).

로마에서의 1인 통치의 역사(고대와 현대 모두) 상당 부분은 황제와 원로원 사이의 관계라는 측면에서 쓰였다. 황제 치하의 원로원의 제도적 역할은 탤버트Talbert의 책의 주제다. 황제와 원로원 의원들 사이의 관계에 대한 정교한 논의는 홉킨스Hopkins의 책(그레이엄 버튼Graham Burton과 함께 쓴 장)과 롤러Roller의 책에서 찾을 수 있다. 1인 통치하에서 공화국 및 공화국의 '자유'에 대한 관념이 어떻게 동원됐는지에 대한 서로 다른 논의는 고잉Gowing의 책과 롤러의 논문이 제공한다. 오클리Oakley 의 논문은 황제와 원로원에 대한 타키투스의 견해를 고찰한다.

Richard J. A. Talbert, *The Senate of Imperial Rome* (Princeton UP, 1987).

Keith Hopkins, *Death and Renewal* (Cambridge UP, 1983), 120 – 200.

Matthew Roller, *Constructing Autocracy: Aristocrats and Emperors in Julio-Claudian Rome* (Princeton UP, 2001).

Alain M. Gowing, *Empire and Memory: The Representation of the Roman Republic in Imperial Culture* (Cambridge UP, 2005).

Matthew Roller, 'The Difference an Emperor Makes', *Classical Receptions Journal* 7 (2015), 11 – 30.

S. P. Oakley, 'Res olim dissociabiles: Emperors, Senators and Liberty', in *The Cambridge Companion to Tacitus*, edited by A. J. Woodman (Cambridge UP, 2010), 184 – 94.

이들 정치적 교착 상태에서 무기가 되는 농담과 웃음에 관해서는 윈털링Winterling 의 책과 나의 책을 보라(콤모두스와 콜로세움의 원로원 의원들에 관해서는 카시우스 디오, 73, 18-21). 윌슨Wilson의 책은 세네카의 삶과 죽음에 대한 좋은 안내자다. '협력자' 의 기풍에 관해서는 깁슨Gibson의 책이 잘 포착하고 있다.

Aloys Winterling, *Caligula: A Biography* (University of California Press, 2011), 64 – 5.

Mary Beard, *Laughter in Ancient Rome* (University of California Press, 2014), 1 – 8.

Emily R. Wilson, *Seneca: A Life* (Penguin, 2016).

Roy K. Gibson, *Man of High Empire* (위).

수에토니우스의 관련 전기나 《아우구스투스의 역사》에 언급된 것 외에 아래의 특정 부분을 주목하라. 플리니우스의 베수비오 화산 분출에 관한 기록은 그가 타키투스에게 보낸 두 통의 편지에 들어 있으며(그의 《서간집》 6, 16 및 20), 80대의 사고도 《서간집》(2, 1)에 있다. 어떤 사람이 부자로 간주되느냐에 관한 크라수스의 생각 및 그 머리의 운명은 플루타르코스의 크라수스 전기(2, 33)에 들어 있다. 마르쿠스 툴리우스 키케로가 했던 별과 관련된 풍자는 플루타르코스의 율리우스 카이사르 전기(59)에 나온다. 브루투스의 고리대금업에 대한 자세한 이야기 역시 키케로의 《아티쿠스에게 보낸 편지》(5, 21 및 6, 1)에 들어 있다.

아우구스투스의 이름 선택은 카시우스 디오(53, 16)와 수에토니우스의 아우구스투스 전기(7)에 설명되고 있다. 마크로비우스의 《사투르날리아》(1, 12)는 서기전 44년 '퀸틸리스'의 이름 변경(그것이 카이사르 암살 전이었는지 후였는지는 불확실하다) 및 서기전 8년 '섹스틸리스'의 이름 변경을 기록하고 있다. 역시 수에토니우스의 아우구스투스 전기(31) 및 카시우스 디오의 책(55, 6)에도 있다. 아우구스투스의 예방적 갑옷과 퇴임 구상(부분적으로 병 때문에 촉발됐다)은 카시우스 디오의 책(54, 12 및 53, 30)과 수에토니우스의 아우구스투스 전기(35 및 28)에도 언급돼 있다. 로마 병사들이 실제로 어떤 것을 입었느냐는 노슈Nosch의 편서에서 논의되고 있다. 개선식에 관해 알 필요가 있는 것은 내 책에 충분히 설명돼 있다. 로마 군대의 가치를 평가하는 가장 믿을 만한 시도 중 하나는 홉킨스Hopkins 논문의 짧은 부록이다. 타키투스는 《연대기》에서 이 빠진 늙은 병사에 대해(1, 34), 그리고 선거의 변화에 대해(1, 15) 이야기했다.

Marie-Louise Nosch ed., *Wearing the Cloak: Dressing the Soldier in Roman Times* (Oxbow, 2012).

Mary Beard, *The Roman Triumph* (Harvard UP, 2007).

Keith Hopkins, 'Taxes and Trade in the Roman Empire (200 bc – ad 400), *Journal of Roman Studies* 70 (1980), 101 – 25.

투표청의 크기는 모리첸Mouritsen의 책에서 논의됐다. 수에토니우스의 아우구스투스 전기(43)는 거의 확실하게 그곳의 검투사들을 언급한다(다만 라틴어 원문의 정확한 독법에 대해서는 의문이 있다). 아우구스투스의 소방대 후원 근절(음모 혐의로)은 티베리우스 치세의 왕당파 역사가 벨레이우스 파테르쿨루스Velleius Paterculus가 《로마사Historiae Romanae》(2, 91)에서 아우구스투스에게 우호적인 관점으로 설명했다. 에픽테토스의 비밀 요원에 대한 언급은 아리아노스Arrianós가 정리한 《에픽테토스 강연집Epiktētou diatribai》(4, 13)에 있고, 그 배경은 밀라Millar의 논문 선집 2권에 들어 있다. 타키투스의 《연대기》(1, 74)는 티베리우스와 순진한 체하는 원로원 의원 사이의 수작을 묘사한다. 칼리굴라 암살 이후 공화국 회복을 옹호한 연설(그리고 반지 사건)은 요세푸스의 《유대 고대사Ioudaikē archaiologia》(19, 166-85)에 인용돼 있고, 와이즈맨Wiseman의 책에서 이를 논의하고 맥락을 살폈다.

Henrik Mouritsen, *Plebs and Politics* (Cambridge UP, 2001), 27-8.

Fergus Millar, 'Epictetus and the Imperial Court', in *Rome, the Greek World, and the East: Government, Society, and Culture in the Roman Empire*, ed. by Hannah M. Cotton and Guy M. Rogers (University of North Carolina Press, 2004), 105-19.

T. P. Wiseman, *The Death of Caligula* (2nd ed., Liverpool UP, 2013).

방문할 곳

그리스 프레베자 부근의 악티온 해전 유적지(그리고 그곳에 세워진 '승리의 도시'라는 뜻의 도시 니코폴리스) 근처에 새로 만들어진 박물관이 있다. 벽에 〈업적〉의 본문이 새겨져 있는 앙카라의 로마 신전은 현재 방문자에게 개방되지 않고 있으나 바깥에서도 잘 볼 수 있다.

로마에서는 아우구스토 임페라토레 광장 옆 아우구스투스의 '평화의 제단'이 들어서 있는 새 박물관 지하실 벽에 보존된 무솔리니의 복제 문서를 무료로 볼 수 있다. '복수자' 마르스 신전, 주위의 아우구스투스 포룸, 기타 부근의 제국 시대에 만들어진 것들(트라야누스 기둥과 그 주변 같은)이 대중에게 개방되고 있다(물론 지금 그들을 가로질러 나 있는 중심 거리 포리 임페리알리 대로에서도 거의 마찬가지로 볼 수 있다). 율리우스 카이사르의 투표청(라틴어로 사입타Saepta)의 일부 유적은 판테온 바로 동쪽의 거리에서 볼 수 있다.

2장

승계 문제, 그리고 갈수록 다양해지는 로마 황제의 출신은 황제와 원로원 사이의 충돌만큼이나 1인 통치의 역사 속에 붙박여 있었다. 현대의 모든 황제 전기는 승계 계획을 논의하고, 주요 여성들의 전기는 그 과정에서 그들이 한 역할(좋은 것이든 나쁜 것이든)을 탐구한다. 예를 들어 배럿Barrett의 책 두 권이 그런 것이다. 황실의 아우구스투스 영묘는 데이비스Davies의 책에서 중심으로 삼는 한 부분이다. 승계의 원칙과 문제는 깁슨Gibson의 편서에서 논의되고 있고, 그것들은 헥스터Hekster의 책의 주요 주제다. 헥스터는 셉티미우스 세베루스의 허구적 입양에 관해 매우 유용한 논의를 한다(205-217). 그레인저Grainger의 책은 연대순으로 각각의 승계 정황을 살펴본다.

Anthony A. Barrett, *Agrippina: Mother of Nero* (Batsford, 1996).

Anthony A. Barrett, *Livia: First Lady of Imperial Rome* (Yale UP, 2002).

Penelope J. E. Davies, *Death and the Emperor* (Cambridge UP, 2000), 13 – 19, 49 – 67.

A. G. G. Gibson ed., *The Julio-Claudian Succession: Reality and Perception of the 'Augustan Model'* (Brill, 2013).

Olivier Hekster, *Emperors and Ancestors: Roman Rulers and the Constraints of Tradition* (Oxford UP, 2015).

John D. Grainger, *The Roman Imperial Succession* (Pen and Sword, 2020).

베스파시아누스 즉위 때의 징조와 기적의 역할에 대해서는 헨리히스Henrichs의 논문과 루크Luke의 논문에서 아주 상세하게 논의됐다. 로마 세계와 현대 세계에서의 입양(3세기까지의 황제의 입양을 포함해서)의 아주 다른 성격은 린지Lindsay의 책에서 논의됐다. 러빅Levick은 순진한 클라우디우스가 어떻게 정변에 가담해 제위에 올랐는지에 대한 나의 의문에 부분적으로 공감하는 사람이며, 깁슨Gibson의 글은 이를 더 깊이 고찰하고 있다. 네르바가 트라야누스를 입양한 정황에 대해서는 베넷Bennett의 책에서 설명되고 있다.

Albert Henrichs, 'Vespasian's Visit to Alexandria', *Zeitschrift fur Papyrologie und Epigraphik* 3 (1968), 51–80.

Trevor S. Luke, 'A Healing Touch for Empire: Vespasian's Wonders in Domitianic Rome', *Greece and Rome* 57 (2010), 77–106.

Hugh Lindsay, *Adoption in the Roman World* (Cambridge UP, 2009).

Barbara Levick, *Claudius* (2nd ed., Routledge, 2015), 38–44.

A. G. G. Gibson, '"All Things to All Men": Claudius and the Politics of AD 41', in *The Julio-Claudian Succession*, 107–32.

Julian Bennett, *Trajan Optimus Princeps* (2nd ed., Routledge, 2001), 42–52.

이전 황제의 조각상 파괴와 이름 말소는 플라워Flower의 책 2부의 주제다. 플리니우스의 도미티아누스 치세의 이력(그리고 현대 역사가들이 취한 서로 다른 관점)은 휘턴Whitton의 논문과 깁슨Gibson의 책에서 논의되고 있다. 깁슨의 책에는 지금 대체로 15세기 필사본으로만 알려져 있는 그의 이력 새김글의 원문과 번역문이 있다(162-6). 플리니우스와 타키투스는 소케Szoke의 글에 함께 논의되고 있다. 플리니우스가 "어떤 독재 정권 아래서도" 이력을 이어나갔을 것이라는 판단은 스트로벨Strobel의 것이다. 플리니우스의 《서간집》(4. 22)은 네르바와 함께한 연회를 묘사하고 있다. 이 일에 대한 서로 다른 해석은 맥더모트McDermott의 논문(네르바의 순진함), 로체Roche의 논문(네르바의 과거와의 단절 실패), 켈리Kelly와 허그Hug의 편서(네르바 궁정 안의 긴장)에 의해 제공됐다.

Harriet I. Flower, *The Art of Forgetting: Disgrace and Oblivion in Roman Political Culture* (University of North Carolina Press, 2006).

Christopher Whitton, 'Pliny's Progress: On a Troublesome Domitianic Career', Chiron 45 (2015), 1 – 22.

Roy K. Gibson, *Man of High Empire* (위, '1장'), 92 – 102.

Martin Szoke 'Condemning Domitian or Un–damning Themselves? Tacitus and Pliny on the Domitianic "Reign of Terror"', *Illinois Classical Studies* 44 (2019), 430 – 52.

Karl Strobel, 'Plinius und Domitian: Der willige Helfer eines Unrechtssystems?' in *Plinius der Jungere und seine Zeit*, ed. by Luigi Castagna and Eckard Lefevre (K. G. Saur, 2003), 303 – 14.

William C. McDermott, 'Pliny, Epistulae iv 22', *Antichthon* 12 (1978), 78 – 82.

Paul Roche, 'The Panegyricus and the monuments of Rome', in 'Pliny's Praise', edited by Roche (위, '1장').

Benjamin Kelly and Angela Hug eds., *The Roman Emperor and his Court* (위, '총설'), vol. II, no. 4.30.

특정한 부분 대부분은 수에토니우스의 관련 고대 전기 또는 《아우구스투스의 역사》에서 쉽게 찾을 수 있다. 다른 전거들로는 다음을 주목하라. 리비아와 무화과 이야기는 카시우스 디오가 말했다(56, 30). 티베리우스의 공동 통치 계획에 대해서는 카시우스 디오(58, 23)와 수에토니우스의 티베리우스 전기(76)가 약간 다른 이야기를 한다. 엘라가발루스가 카라칼라의 복장으로 꾸민 것과 '아버지 찾기'에 관한 풍자는 모두 카시우스 디오가 언급했다(79, 30 및 77, 9). 기번의 유명한 인용은 그의 《로마제국 쇠망사》(1776년 첫 출간) 첫 권의 제3장에서 가져온 것으로, 니콜로 마키아벨리의 《로마사론Discorsi sopra la prima deca di Tito Livio》(1531년 첫 출간)을 반복했다.

집권자가 바뀔 때의 더럽거나 약삭빠른 행위의 다양한 사례도 있다. 리비아의 정보 관리는 타키투스의 《연대기》(1,5)에, 티베리우스의 질식 역시 《연대기》(6,50)에, 베스파시아누스의 죽음에서 더러운 짓을 했다는 소문의 부인에 대해서는 카시우스 디오의 책(66,71)에 나온다. 디오는 그의 표정 꾸미기도 묘사한다(74,13). 폭동을 진압한 여행 중의 철학자는 디온 크리소스토모스('황금의 입')였고, 이 사건은 필로스트라토스의 3세기 저작 《현자들의 생애Bíoi Sophistón》(488)에 묘사됐다.

방문할 곳

이 책을 쓸 때 로마 아우구스토 임페라토레 광장 중앙에 있는 아우구스투스 영묘는 방문자들에게 닫혀 있었지만, 재개방이 약속돼 있다. 플리니우스의 이력이 새겨진 것의 남아 있는 부분은 지금도 밀라노에서 볼 수 있다. 산탐브로조Sant'Ambrogio 대성당(산탐브로조 광장) 앞마당 벽에 새겨져 있다.

3장

도미티아누스의 '검은색 식사'는 카시우스 디오의 상상이다(67,9). 장례식 연습으로서의 연회는 세네카의 《도덕 서간집Epistulae Morales ad Lucilium》(12,8)에 언급됐다. 식사와 죽음의 연결은 에드워즈Edwards 책의 한 주제다. 로마의 식사 일반은 최근에 많이 연구된 주제였다. 던배빈Dunbabin과 샐터Slater의 글은 개관적 안내로서 좋다. 던배빈의 책은 시각적인 설명에 치중한다. 담스D'Arms의 한 논문은 연회의 구경거리로서의 측면을, 또 한 논문은 식사의 현실과 상상 사이의 관계를 탐구한다.

Catharine Edwards, *Death in Ancient Rome* (Yale UP, 2007), 161–78.
Katherine M. B. Dunbabin and William J. Slater, 'Roman Dining' in *The Oxford Handbook of Social Relations in the Roman World*, ed. by Michael Peachin

(Oxford UP, 2011), 438 – 66.

Katherine M. B. Dunbabin, *The Roman Banquet: Images of Conviviality* (Cambridge UP, 2003).

John H. D'Arms, 'Performing Culture: Roman Spectacle and the Banquets of the Powerful', in *The Art of Ancient Spectacle*, ed. by Bettina Bergmann and Christine Kondoleon (National Gallery of Art/Yale UP, 1999), 300 – 19.

John H. D'Arms, 'The Culinary Reality of Roman Upper-Class Convivia: Integrating Texts and Images', *Comparative Studies in Society and History* 46 (2004), 428 – 50.

노력을 많이 들인 황제 가문 이외의 식사 사례로서 서기전 1세기 귀족 루쿨루스 Lucullus의 계급별 식당은 플루타르코스의 루쿨루스 전기(41)에 나오고, 플리니우스의 수상 식당은 그의 《서간집》(5, 6)에 나온다. 황제와 식사는 고더드Goddard의 논문, 브론드Braund의 논문, 도너휴Donahue 책의 특별한 주제다. 슐츠Schulz의 책은 내가 이 장에서 논의한 황제의 식사의 몇몇 사례를 다룬다.

Justin Goddard, 'The Tyrant at Table', in *Reflections of Nero*, ed. by Jaś Elsner and Jamie Masters (Duckworth, 1994), 67 – 82.

Susanna Morton Braund, 'The Solitary Feast: A Contradiction in Terms?', *Bulletin of the Institute of Classical Studies* 41 (1996), 37 – 52.

John F. Donahue, *The Roman Community at Table During the Principate* (University of Michigan Press, 2017), 66 – 78.

Verena Schulz, *Deconstructing Imperial Representation: Tacitus, Cassius Dio, and Suetonius on Nero and Domitian* (Brill, 2019), 11 – 32.

수에토니우스의 네로 전기(31)에 나오는 회전하는 식당의 위치에 대한 가장 최근의 주장은 빌디외Villedieu가 온라인 잡지에서 간략하게 논의했다(프랑스어이지만 설계도와 사진이 많다). 이른바 '리비아의 목욕탕'의 식당에 관한 간명한 기술은 오퍼 Opper의 책에서 찾을 수 있고, 더 자세한 것으로는 이탈리아어인 보르기니Borghini 등의 편서가 있다(13쪽에는 보퍼트 공작의 역할을 언급하는데, 그의 대리석 방의 운명 일 반에 관해서는 스미스Smith의 논문이 탐구했다). 스타티우스의 시는 〈실바이Silvae〉(4, 2) 다. 실바이는 직역하면 '숲'인데, 아마도 우리가 보기에 '자연에 관한 시' 또는 '화관 花冠'인 듯하다. 이것은 뉴랜즈Newlands, 콜먼Coleman(좀더 언어학적인 연구다), 맬러머 드Malamud가 각기 자신의 책과 논문에서 논의했다.

Francoise Villedieu, in *Neronia Electronica* 1 (2011): http://www.sien-neron. fr/wp-content/uploads/2011/11/Neronia-Electronica-F.1.pdf.

Thorsten Opper, *Nero: The Man behind the Myth* (British Museum Press, 2021), 219 – 22.

Stefano Borghini et al. eds., *Aureo Filo: La Prima Reggia de Nerone sul Palatino* (Electa, 2019).

Lucy Abel Smith, 'The Duke of Beaufort's Marble Room', *Burlington Magazine* 138, no. 1114 (January 1996), 25 – 30.

Carole Newlands, *Statius' Silvae and the Poetics of Empire* (Cambridge UP, 2002), 260 – 83.

K. M. Coleman, *Statius Silvae IV* (Oxford UP, 1988), 8 – 13, 82 – 101.

Martha Malamud, 'A Spectacular Feast: Silvae 4. 2', *Arethusa* 40 (2007), 223 – 44.

도미티아누스가 식사한 곳일 가능성이 매우 높은 식당(또는 그 일부)의 구조는 깁 슨Gibson 등이 재구성했다. 다른 식당 유적지는 칼슨Carlson의 논문(유람선), 리코티 Ricotti의 논문(하드리아누스의 별장), 맥도널드MacDonald와 핀토Pinto의 책, 켈리Kelly 와 허그Hug의 편서에서 논의됐다. 칼리굴라의 '둥지'는 대플리니우스의 《박물지 Naturalis Historia》(12, 10)에 묘사됐고, 네로의 수상 식당(그곳에서 대중이 난투극을 벌이다 압사했다)은 카시우스 디오(62, 15)와 조금 다르지만 타키투스의 《연대기》(15, 37)에 나온다.

Sheila Gibson et al., 'The Triclinium of the Domus Flavia: A New Reconstruction', *Papers of the British School at Rome* 62 (1994), 67 – 100.

Deborah N. Carlson, 'Caligula's Floating Palaces', *Archaeology* 55 (2002).

Eugenia Salza Prina Ricotti, 'The Importance of Water in Roman Garden Triclinia', in *Ancient Roman Villa Gardens*, ed. by Elisabeth Blair MacDougall (Dumbarton Oaks, 1987), esp. 174 – 81.

William L. MacDonald and John A. Pinto, *Hadrian's Villa and Its Legacy* (Yale UP, 1995), 102 – 16.

Benjamin Kelly and Angela Hug eds., *The Roman Emperor and his Court* (위, '총설'), vol. II, no. 2.21.

스타티우스의 콜로세움 소풍에서의 시는 《실바이》(1, 6)에 있고, 이는 맬러머드 Malamud의 논문과 뉴랜즈Newlands의 책에서 논의했다. 프래그Prag와 리패스Repath 의 편서는 트리말키오의 연회와 그 문학적 맥락에 관한 유용한 안내를 제공한다. 문학에 나타난 로마의 무절제한 연회('미네르바의 방패'를 포함해)는 고어스Gowers의 책에서 예리하게 분석됐다. 트리말키오의 완두콩 까개는 페트로니우스의 《사티리콘》(28)에 나온다.

Martha Malamud, 'That's Entertainment! Dining with Domitian in Statius' Silvae', *Ramus* 30 (2001), 23 – 45.

Carole Newlands, *Statius' Silvae*, 227 – 59.

Jonathan Prag and Ian Repath eds., *Petronius: A Handbook* (Blackwell, 2009).

Emily Gowers, *The Loaded Table: Representations of Food in Roman Literature* (Oxford UP, 1996).

황제 연회의 희극 배우와 예인은 나의 책에서 논의됐다. 궁궐과 다른 곳의 요리사라는 직업은 르귀엔Le Guennec의 논문 주제다. 개별 묘비는 추적하기 어려울 수 있고, 이에 관한 주요 논의는 흔히 영어 이외의 언어로 돼 있다. 이들은 모두 독일어로 된 포싱Vossing의 책에 나열되고 간략하게 논의됐다. 프리미티부스 기념패에 관한 내용은 *Corpus Inscriptionum Latinarum*(위, '총설': VI, 7458 및 8750)에 들어 있고, 헤로디아누스의 것도 같은 *Corpus*(VI, 9005)에 있다. 조시무스와 시식시종에 대해서는 슈마허Schumacher의 글에서 논의되었다. 플루타르코스가 알렉산드리아의 주방을 잠깐 살펴본 것은 그의 안토니우스 전기(28)에 나온다. 하비Harvey의 책은 황제의 주방에서 일한 사람의 다른 두 비문 내용과 번역을 제공한다.

Mary Beard, *Laughter in Ancient Rome* (위, '1장'), 142 – 5.

M.-A. Le Guennec, 'Etre cuisinier dans l'Occident romain antique', *Archeologia Classica* 70 (2019), 295 – 327.

Konrad Vossing, *Mensa Regia* (K. G. Saur, 2004), 509 – 29.

Leonhard Schumacher, 'Der Grabstein des Ti Claudius Zosimus', *Epigraphische Studien* 11 (1976), 131 – 41.

Brian K. Harvey, *Roman Lives: Ancient Roman Life as Illustrated by Latin Inscriptions* (Focus, 2004), nos. 74 and 76.

식당의 권력 관계의 한 모습은 아나니에 있는 안토니누스 피우스 별장의 배치에서 드러났는데, 이에 대해서는 펜트러스Fentress 등의 논문이 간략하게 논의했으며, 더 자세하게는 펜트러스Fentress와 마이우로Maiuro의 논문이 다루었다. 도드Dodd 등의 논문은 비슷한 식당의 배열을 논의했다. 수에토니우스의 아우구스투스 전기(74)는 황제 식당의 사회적 장벽을 이야기한다. 결함의 전시(큰 접시 위의 곱사등이 같은)는 트렌틴Trentin의 논문 주제다. 베디우스 폴리오의 이야기는 세네카가 〈분노에 대하여De Ira〉(3, 40)에서, 카시우스 디오가 자신의 책(54, 23)에서 이야기했고, 브리타니쿠스의 죽음 이야기는 타키투스의 《연대기》(13, 15-17)에 나온다. 나는 내 책에서 여기에 언급된 몇몇 이야기를 포함하는 웃음의 남용에 관해 이야기했다.

Elizabeth Fentress et al., 'Wine, Slaves and the Emperor at Villa Magna', *Expedition* 53 (2011), 13 – 20 (online: https://www.penn.museum/documents/publications/expedition/PDFs/53-2/fentress.pdf).

Fentress and Marco Maiuro, 'Villa Magna near Anagni: The Emperor, his Winery and the Wine of Signia', *Journal of Roman Archaeology* 24 (2011), 333 – 69.

Emlyn Dodd et al., 'The spectacle of production: a Roman imperial winery at the Villa of the Quintilli, Rome', *Antiquity* 97 (2023), 436 – 53.

Lisa Trentin, 'Deformity in the Roman Imperial Court', *Greece and Rome* 58 (2011), 195 – 208.

Mary Beard, *Laughter in Ancient Rome* (위, '1장'), 129 – 35.

스페를롱가, 바이아이, 그 밖의 곳에 있는 식당은 케리Carey의 논문과 스콰이어 Squire의 논문에서 다룬 주제다. 타키투스는 《연대기》에서 무너진 동굴 이야기(4, 59)와 아그리피나의 마지막 밤 이야기(14, 4-9)를 한다. 케피Keppie는 바이아이의 식당과 아그리피나의 마지막 식사 장소를 연결하려고 시도한다.

Sorcha Carey, 'A Tradition of Adventures in the Imperial Grotto', *Greece and Rome* 49 (2002), 44 – 61.

Michael Squire, 'Giant Questions: Dining with Polyphemus at Sperlonga and Baiae', *Apollo* 158, no. 497 (2003), 29 – 37.

Lawrence Keppie, '"Guess who's coming to dinner?": The Murder of Nero's Mother in its Topographical Setting', *Greece and Rome* 58 (2011), 33 – 47.

식당을 사용하고 악용한 다른 특정 지점 가운데 관련 고대 전기에서 쉽게 발견할 수 있는 것 외에 다음을 주목하라. 하드리아누스의 냅킨은《아우구스투스의 역사》중 알렉산데르 세베루스의 전기(3)에 언급돼 있다. 베르사유에서 왕의 식사를 지켜보는 사람들을 노린 소매치기는 키슬룩-흐로스헤이더Kisluk-Grosheide와 론도 Rondot의 편서에 있다. 카이사르의 식사 초청에 관한 키케로의 기록은 그의《아티쿠스에게 보낸 편지Epistulae ad Atticum》(13, 52)에 있다. 헤롯의 식사 시간 로비 활동은 요세푸스의《유대 고대사》(18, 289-97)에 묘사돼 있다.

Daniëlle Kisluk-Grosheide and Bertrand Rondot ed., *Visitors to Versailles: From Louis XIV to the French Revolution* (Metropolitan Museum of Art, Exhibition Catalogue, 2018), 21 – 2.

카시우스 디오(57, 11)는 티베리우스의 통상적인 손님맞이를 언급하고 있고, 작별에 관해서는 수에토니우스의 티베리우스 전기(72)에 나온다. 클라우디우스의 쾌활함은 플루타르코스의 갈바 전기(12)와 수에토니우스의 클라우디우스 전기(32)에 언급돼 있다. 식사 시간의 간통은 세네카가 그의 수필〈현자의 확고함에 대하여 De Constantia Sapientis〉(18)에서 이야기하고, 수에토니우스의 칼리굴라 전기(36) 및 아우구스투스 전기(69)에도 비슷한 이야기가 나온다.

방문할 곳

로마 팔라티노에 있는 황제의 주 식당 유적은 대중에게 개방돼 있다(이 책을 쓸 때 '리비아의 목욕탕'은 다시 폐쇄됐지만 적절한 시기에 개방될 것이며, 장식품 일부가 인근의 팔라티노 박물관에서 전시되고 있다). 식사에 사용된 '리비아의 정원 그림 방'의 그림은 현재 로마 중앙역 부근 마시모궁 박물관에서 전시되고 있다.

이탈리아에서는 몇몇 호화로운 식사 장소를 찾을 수 있다. 티볼리에 있는 하드리아누스 별장의 식당, 스페를롱가 동굴의 식당(부속 박물관도 있다), 바이아이의 캄피 플레그레이Campi Flegrei 고고학박물관의 복원한 클라우디우스 수상 식당 등이다. 칼리굴라 유람선의 잔해는 네미의 로마 선박박물관에 있다(다만 더 화려한 그 설비 일부는 마시모궁 박물관에 있다). 폼페이와 헤르쿨라네움의 주택들에서는 약간 수수하지만 그래도 인상적인 식당을 많이 볼 수 있다.

새김글 가운데서는 피렌체의 우피치 미술관에서 조시무스의 기념판을 전시하는 것을 볼 수 있고, 또 하나는 독일 마인츠 국가박물관에 있다.

4장

필론이 칼리굴라를 만난 일에 대한 묘사는 그의 〈가이우스에게 간 사절단에 대하여Legatio ad Gaium〉(349-67)에 있다. 이 일(그리고 알렉산드리아에서의 분쟁의 배경)은 그륀Gruen의 책에서 논의했다. 크리스토포루Christoforou의 논문은 필론의 글에 나오는 '황제권'에 관한 그의 견해를 정리하고 있다. 황제의 호르투스를 포함한 모든 형태의 로마 정원에 대한 유용한 안내서로는 폰 슈타켈베르크Von Stackelberg의 책이 있으며, 여기에는 칼리굴라와 라미아 호르투스에 관한 논의(134-40)도 있다. 하트스윅Hartswick의 책은 그런 호르투스를 장식한 예술품에 대해 잘 알 수 있게 해준다. 클래리지Claridge의 책은 '마이케나스 강당'에 대한 명확한 논의를 제공하며, 또한 로마시의 모든 황제의 주거에 대한 믿을 만한 안내자다.

Erich S. Gruen, *Diaspora: Jews amidst Greeks and Romans* (Harvard UP, 2002), 54–83.

Panayiotis Christoforou, '"An Indication of Truly Imperial Manners": The Roman Emperor in Philo's Legatio ad Gaium', *Historia* 70 (2021), 83–115.

Katharine T. von Stackelberg, *The Roman Garden: Space, Sense and Society* (Routledge, 2009).

Kim J. Hartswick, *The Gardens of Sallust: A Changing Landscape* (University of Texas Press, 2004).

Amanda Claridge, *Rome: An Oxford Archaeological Guide* (2nd ed., Oxford UP,

2010), 330 – 33.

아우구스투스 시기 팔라티노와 황제의 주거의 역사(그리고 선사先史)는 와이즈맨 Wiseman의 2019년 책의 주제이며, 더 상세한 것은 그의 2022년 논문에서 다루고 있다. 여러 다른 이론이 있지만 내가 보기에 와이즈맨은 현재 '아우구스투스궁'과 '리비아궁'으로 알려진 것이 아마도 그 이름대로가 아님을 결정적으로 보여주었다. 키케로가 자신의 팔라티노 집에서 도시를 볼 수 있다는(그리고 도시에서 자신의 집을 볼 수 있다는) 주장은 그의 연설 〈자신의 집에 관하여De Domo Sua〉(100)에 있다. 요세푸스의 칼리굴라 피살과 팔라티노에서의 그 맥락에 대한 묘사는 그의 《유대 고대사》(19, 1-273)에 있고, 이는 와이즈맨의 2013년 책에 번역돼 있다. 초기 궁궐의 배치에 대한 묘사도 요세푸스의 같은 책(117)에 있다(나는 여기서 와이즈맨의 번역을 사용했다). 와이즈맨은 2013년 논문에서 3세기까지의 팔라티노의 역사를 다룬다.

T. P. Wiseman, *The House of Augustus: A Historical Detective Story* (Princeton UP, 2019).

T. P. Wiseman, 'Access for Augustus: "The House of Livia" and the Palatine passages', *Journal of Roman Studies* 112 (2022), 57 – 77.

T. P. Wiseman, *Death of Caligula* (위, '1장').

T. P. Wiseman, 'The Palatine, from Evander to Elagabalus', *Journal of Roman Studies* 103 (2013), 234 – 68.

네로 시기 팔라티노의 개발은 보르기니Borghini 등의 편서에서 논의되고 있다. 도무스 아우레아(황금궁전)에 대한 고대의 주요 논의는 수에토니우스의 네로 전기 (31)에 '인간답게 사는' 것에 대한 재담과 함께 들어 있고, 인용된 시도 같은 전기 (39)에 있다. 또한 타키투스의 《연대기》(15, 42)와 카시우스 디오의 책(64, 4, 비텔리우스의 냉소)에도 나온다. 무엇이 남아 있었고 어떻게 재건됐을지에 관한 좋은 논의가 오퍼Opper의 책에 있고, 챔플린Champlin의 책과 배럿Barrett의 책에도 있다. 건축상의 혁신은 볼Ball의 책의 주제다. 슈와브Schwab와 그래프턴Grafton의 책은 르네상스기 미술가들과 도무스 아우레아의 만남에 관한 최근의 훌륭한 논의다. 시인 마르티알리스는 그의 〈구경거리에 관하여Liber Spectaculorum〉(2)에서 로마가 원래의 모습을 찾아가고 있음을 이야기한다.

Stefano Borghini et al. eds., *Aureo Filo* (위, '3장').

Thorsten Opper, *Nero* (위, '3장'), 228 – 41(추가적인 기술적 고고학 연구에 대한 언급), 216 – 28 (초기 팔라티노 건물들).

Edward Champlin, *Nero* (Harvard UP, 2003), 178 – 209.

Anthony A. Barrett, *Rome is Burning: Nero and the Fire that Ended a Dynasty* (Princeton UP, 2020), 175 – 222.

Larry F. Ball, *The Domus Aurea and the Roman Architectural Revolution* (Cambridge UP, 2003).

Maren Elisabeth Schwab and Anthony Grafton, *The Art of Discovery: Digging into the Past in Renaissance Europe* (Princeton UP, 2022), 190 – 225.

마르티알리스의 《풍자시집Epigrammatum》(8, 36)은 새로운 개발의 훌륭함을 과장하고 그것을 피라미드와 견준다. 팔라티노 주 궁궐의 복잡함은 켈리Kelly와 허그Hug의 편서에서 옌스 플루크Jens Pflug와 울리케 울프-라이트Ulrike Wulf-Rheidt가 분명하게 소개하고 있다. 잰커Zanker의 논문(살루타티오에서의 우회로는 궁궐의 장려함을 과시한다는 관찰이 들어 있다)과 울프-라이트의 논문은 추가적인 자료를 이용한다. 이전 건물들 가운데 궁궐 유적의 상황은 토메이Tomei의 책이 설명한다. 일본 궁궐의 복잡성은 다인담Duindam의 책에 묘사됐다.

Kelly and Hug eds., *The Roman Emperor and his Court* (위, '총설'), vol. I, 204 – 38.

Paul Zanker, 'Domitian's Palace on the Palatine and the Imperial Image', in

Representations of Empire: Rome and the Mediterranean World, ed. by Alan Bowman et al. (Proceedings of the British Academy 114, Oxford UP, 2002), 105–30.

Ulrike Wulf-Rheidt, 'The Palace of the Roman Emperors on the Palatine in Rome', in *The Emperor's House: Palaces from Augustus to the Age of Absolutism*, ed. by Michael Featherstone et al. (Walter de Gruyter, 2015), 3–18.

Maria Antonietta Tomei, *The Palatine* (Electa, 1998).

Jeroen Duindam, *Dynasties* (위, '총설'), 185.

경기장 정원에 대한 생각은 플리니우스의《서간집》(5, 6)에서 환기시켰다. 팔라티노 궁궐의 많은 사건들과 그 특정한 모습들은 관련 고대 전기들에 언급됐다. 또한 다음을 주목하라. 카시우스 디오의 책(68, 5)은 플로티나가 계단에서 이야기한 것을 언급하고 있고, 아울루스 겔리우스Aulus Gellius의《아티카의 밤Noctes Atticae》(4, 1 및 20, 1)은 황제의 살루타티오를 기다리는 동안 지식인들의 잡담을 회상한다. 192년 화재의 규모는 카시우스 디오의 책(73, 24)에서 논의됐다. 헤로디아노스는《로마사》에서 카라칼라와 게타 사이의 궁궐 분할(4, 1)과 살해(4, 4)를 묘사한다.

대플리니우스는《박물지》에서 팔라티노와 다른 궁궐의 여러 미술 작품을 이야기한다. 예를 들어 라오콘(36, 37), 티베리우스의 그림(35, 69), 대중에게 되돌려달라고 했던 조각품(34, 61-62) 같은 것들이다. 아우구스투스의 염소는 뢰프 고전 문고Loeb Classical Library 같은 곳에서 접할 수 있는《그리스 사화집Anthologia Graeca》의 한 시(9, 224)의 주제다. 요세푸스의《유대 전쟁Historia Ioudaikou polemou pros Rōmaious》(7, 162)은 예루살렘 신전에서 로마 궁궐로 가져온 특정 보물을 언급한다.

카메오 문화는 스미스Smith의 논문에서 논의된다. '세계 최초의 고생물학 박물관'은 마요르Mayor의 책에 나오는 말이다. 아우구스투스의 '칼리돈 멧돼지' 유골과 '진품 관리자'는 파우사니아스Pausanías의《그리스 안내Hēlládos Periégēsis》(8, 46)에 언급돼 있다. 플레곤의《경이의 책》(34)은 켄타우로스의 이야기를 전한다(핸슨Hansen은 이 책을 번역하고 설명했다). 러틀리지Rutledge의 책은 로마에서의 수집과 권력자 사이의 관계를 탐구한다.

R. R. R. Smith, 'Maiestas Serena: Roman Court Cameos and Early Imperial Poetry and Panegyric', *Journal of Roman Studies* 111 (2021), 75 – 152.

Adrienne Mayor, *The First Fossil Hunters* (revised ed., Princeton UP, 2011), 143 (황제 수집품과 기타 수집품에 대한 보다 일반적인 논의는 142 – 54).

William Hansen, *Phlegon of Tralles' Book of Marvels* (University of Exeter Press, 1996).

Steven Rutledge, *Ancient Rome as a Museum: Power, Identity, and the Culture of Collecting* (Oxford UP, 2012).

내가 다른 사람들과 함께 쓴 책은 십자가 처형 낙서를 간단히 논의하며, 모든 낙서는 솔린Solin과 잇코넨-카일라Itkonen-Kaila가 고고학적 맥락에서 이탈리아어 책으로 엮었다. 할리-맥가원Harley-McGowan의 논문, 키건Keegan의 논문, 플렉스세나르Flexsenhar의 책에는 건물, 풍자의 의미, 황제 가정의 기독교도의 존재에 대한 최근의 추가적인 탐구가 있다.

Mary Beard et al., *Religions of Rome* (Cambridge UP, 1998), vol. II, no. 2.10b.

Heikki Solin and Marja Itkonen-Kaila, *Graffiti del Palatino, I Paedogogium* (Finnish Institute in Rome, 1966).

Felicity Harley-McGowan, 'The Alexamenos Graffito', in *The Reception of Jesus in the First Three Centuries*, edited by Chris Keith et al. (T&T Clark, 2019), Vol. 3, 105 – 40.

Peter Keegan, 'Reading the "Pages" of the Domus Caesaris' in *Roman Slavery and Roman Material Culture*, edited by Michele George (University of Toronto Press, 2013), 69 – 98.

Michael Flexsenhar III, *Christians in Caesars Household: The Emperor's Slaves in the Makings of Christianity* (Penn State UP, 2019).

교외의 황제 별장은 켈리Kelly와 허그Hug의 편서에서 미셸 조지Michele George가 검토했다. 펜트리스Fentress 등의 편서 이하는 개별 사유지에 대한 연구다.

Benjamin Kelly and Angela Hug eds., *The Roman Emperor and his Court* (위, '총설'), vol. I, 239 – 66.

Elisabeth Fentress et al. eds., *Villa Magna: An Imperial Estate and its Legacies* (British School at Rome, Oxbow Books, 2017).

Federico Di Matteo, *Villa di Nerone a Subiaco* (L'Erma di Bretschneider, 2005).

Clemens Krause, *Villa Jovis: Die Residenz des Tiberius auf Capri* (Philipp von Zabern, 2003).

Andreina Ricci ed., *La villa dei Quintili* (Lithos, 1998).

R. Paris, Via Appia: *La villa dei Quintili* (Electa, 2000).

Robin Darwall-Smith, 'Albanum and the Villas of Domitian', *Pallas* 40 (1994), 145 – 65.

마르쿠스 아우렐리우스의 시골에서의 생활방식은 그의 스승에게 보낸 편지를 통해 알 수 있는데, 프론토의 〈마르쿠스에게 보낸 편지〉(4, 6)에 있다(데븐포트Davenport와 맨리Manley의 책에도 들어 있다). 플리니우스의 트라야누스 별장 방문은 그의 《서간집》(6, 31)에 묘사됐다. 알반 별장에서 나온 팔레리오와 피르뭄 사이의 분쟁과 관련된 문서(311쪽)는 셔크Sherk의 책에 번역돼 있다. 티부르에서 온 편지는 올리버Oliver의 책에 그리스어로(번역하기에는 너무 단편적이다) 실려 있다.

Caillan Davenport and Jennifer Manley, *Fronto: Selected Letters* (Bloomsbury, 2014) no. 6.

Robert K. Sherk, *The Roman Empire from Augustus to Hadrian* (Cambridge UP,

1988), no. 96.

James H. Oliver, *Greek Constitutions* (위, '프롤로그'), no. 74 bis.

하드리아누스의 별장에 관한 전반적인 기록(후대 미술가들의 관여 포함)으로서 영어로 된 가장 좋은 것은 맥도널드MacDonald와 핀토Pinto의 책, 좀더 간단한 것으로는 오퍼Opper의 책이 있다. 이탈리아어로 된 것으로 리코티Ricotti의 책이 특히 영향력이 있다. 그 조각품 전시의 미학은 라바시Ravasi의 논문에서 탐구됐다. 마리Mari와 스갈람브로Sgalambro의 논문은 유적지에서 새로 발견한 것을 제시하고 이것이 안티누스의 무덤이라고 주장한다(전적으로 확신하지는 않는다). 몇몇 정원 발굴은 야솀스키Jashemski와 리코티Ricotti의 논문에서 논의됐다. 지하 동굴은 드 프란체시니De Franceschini의 논문 주제다. 얀선Jansen의 논문은 화장실에 대한 훌륭한 분석이다. 서로 다른 지역을 밝히기 위해 사용된 문헌은《아우구스투스의 역사》의 하드리아누스 전기(26)다.

MacDonald and Pinto, *Hadrian's Villa* (위, '3장').

Thorsten Opper, *Hadrian: Empire and Conflict* (British Museum Press, 2008), 130 – 65.

Eugenia Salza Prina Ricotti, *Villa Adriana: Il sogno di un imperatore* (L'Erma di Bretschneider, 2001).

Thea Ravasi, 'Displaying Sculpture in Rome', in *A Companion to Ancient Aesthetics*, edited by Pierre Destree and Penelope Murray (Blackwell, 2015), 248 – 60.

Zaccaria Mari and Sergio Sgalambro, 'The Antinoeion of Hadrian's Villa: Interpretation and Architectural Reconstruction', *American Journal of Archaeology* 111 (2007), 83 – 104.

F. Jashemski and Salza Prina Ricotti, 'Preliminary Excavations in the Gardens of Hadrian's Villa', *American Journal of Archaeology* 96 (1992), 579 – 97.

Marina De Franceschini, 'Villa Adriana (Tivoli, Rome). Subterranean Corri-
dors', *Archeologia Sotterranea* 2012 (online journal: www.sotterraneidiroma.
it/rivista-online)

Gemma C. M. Jansen, 'Social Distinctions and Issues of Privacy in the Toilets
of Hadrian's Villa', *Journal of Roman Archaeology* 16 (2003), 137-52.

방문할 곳

팔라티노 자체(지금은 네로 시대 수준은 아니지만)에서부터 도무스 아우레아(황금궁
전)에 이르기까지 로마 황제의 주 주거지들은 방문자에게 개방돼 있다. 호르투스를
보려면 '마이케나스 강당'이 개방돼 있고(언제나 사전 예약이 필요하다), 라미아 호르
투스의 새 박물관(님파이움Nymphaeum 박물관)도 마찬가지다. 황제의 '정원'에서 나
온 상당량의 사치품이 카피톨리노의 박물관들에서 전시되고 있다(조각품 상당수는
코펜하겐의 신新카를스베르 박물관에 있다). 십자가 처형 낙서는 팔라티노 박물관에서
늘 전시되고 있다.

로마 바깥에서는 식당들(위, '3장')과 함께 티볼리에 있는 하드리아누스의 별장이
방문하기 쉬운 곳이지만(다만 이 유적지는 매우 크다), 안치오에 있는 네로의 별장, 도
시 바로 바깥(로마와 참피노 공항 사이다)에 있는 퀸틸리우스의 별장, 아르치나초 로
마노에 있는 트라야누스의 별장, 수비아코에 있는 네로의 별장 일부 역시 찾아볼
수 있다. 카스텔 간돌포의 정원들에서는 도미티아누스 별장의 일부를 볼 수 있다
(바티칸의 박물관들을 경유하는 다양한 여행 방식이 있다). 티베리우스의 별장 유적은 오
늘날 카프리섬의 가장 중요한 부분 가운데 하나다.

5장

클라우디우스 에트루스쿠스의 아버지에 관한 시는 스타티우스의《실바이》(3, 3)에
있고, 그의 궁궐에서의 이력은 위버Weaver의 논문에서 논의됐다. 로마 궁정문화에

대한 최근의 연구들은 위의 '프롤로그' 항목에서 제시됐다. 관련 고대 전기(또는 마르쿠스 아우렐리우스의《자성록》)에서 쉽게 발견할 수 있는 궁정의 특이성에 대한 언급 외에 다음을 주목하라. 아이들 무리는 카시우스 디오의 책(48, 44)에 언급됐다. 브리타니쿠스가 죽을 때 어린 티투스가 거기에 있었던 것은 수에토니우스의 티투스 전기(2)에 기록됐다. 고위급 신료와 아이들 사이의 비교는 아리아노스의《에픽테토스 강연집》(4, 7)에 암시돼 있다.

P. R. C. Weaver, 'The Father of Claudius Etruscus: Statius, Silvae 3, 3', *Classical Quarterly* 15 (1965), 145 – 54.

타키투스의《연대기》(15, 23)는 트라시아 파이투스 배제를 이야기하고 있고, 플루타르코스의 글 〈수다스러움에 대하여De garrulitate〉(11)는 풀비우스의 자살 이야기를 자세히 한다. 포진 발생으로 인한 키스 금지는 플리니우스의《박물지》(26, 3)와 수에토니우스의 티베리우스 전기(34)로부터 재구성했다. 세네카의《선행에 대하여 De Beneficiis》(2, 12)는 칼리굴라의 발에 키스한 것을 언급한다. 나이 많은 비텔리우스가 한 아첨은 수에토니우스가 쓴 그 아들 비텔리우스의 전기(2)에 묘사돼 있다. 넙치에 관한 풍자는 유베날리스의《풍자시집Saturae》(4)에 있는데, 반 덴 베르크van den Berg의 논문에 잘 소개돼 있으며, 이제는 고전이 된 고어스Gowers의 분석도 있다. '연기 팔기'의 의미는 린더스키Linderski의 논문에 논의돼 있다.

Christopher S. van den Berg, 'Imperial Satire and Rhetoric', in *A Companion to Persius and Juvenal*, ed. by Susanna Braund and Josiah Osgood (Blackwell, 2012), esp. 279 – 81.

Emily Gowers, *The Loaded Table* (위, '3장'), 202 – 11.

Jerzy Linderski, 'Fumum vendere and fumo necare', *Glotta* 65 (1987), 137 – 46.

황제의 노예(그리고 해방노예), 식솔은 위버Weaver의 책과 맥린MacLean의 책(해방노예에 초점을 맞추었다)의 주제이며, 켈리Kelly와 허그Hug의 편서에는 조너선 에드먼드슨Jonathan Edmondson의 매우 유용한 논문이 있다. 팔라티노의 노예들의 낙서는 솔린Solin과 잇코넨-카일라Itkonen-Kaila의 책에 논의돼 있다. 두 쿨리Cooley의 책과 페이건Fagan의 논문에 나오는 티투스의 의사는 이례적으로 흥을 깨는 사람이었다.

P. R. C Weaver, *Familia Caesaris: A Social Study of the Emperor's Freedmen and Slaves* (Cambridge UP, 1972).

Rose MacLean, *Freed Slaves and Roman Imperial Culture: Social Integration and the Transformation of Values* (Cambridge UP, 2018), 104 – 30.

Benjamin Kelly and Angela Hug eds., *The Roman Emperor and his Court* (위, '총설'), vol. I, 168 – 203.

Solin and Itkonen-Kaila, *Graffiti del Palatino* (위, '4장').

Alison E. Cooley and M. G. L. Cooley, *Pompeii and Herculaneum: A Sourcebook* (2nd ed., Routledge, 2014), 110.

Garrett G. Fagan, 'Bathing for Health with Celsus and Pliny the Elder', *Classical Quarterly* 56 (2006), 190 – 207 (on 204).

트레기아리Treggiari의 논문은 리비아의 휘하 사람들에 대해 논의한다. 무시쿠스 스쿠라누스는 브래들리Bradley의 책에서 간략하게 논의되는데, 그 비문은 하비Harvey의 책에 번역돼 있다(트라야누스의 '사적인 복장'을 담당하는 사람 등 황제의 노예들에 관한 다른 문서들도 뽑아 함께 실었다: no. 77). 이 시식시종의 이력을 상세히 담고 있는 비문은 하비의 같은 책(no. 74)에 번역돼 있고, 켈리Kelly와 허그Hug의 편서에도 있다. 코에투스 헤로디아누스의 비문은 위 '3장' 항목에 언급돼 있다. 파이드루스의 《우화집》(2, 5)은 티베리우스와 노예 이야기를 하고 있는데, 이는 헨더슨Henderson의 책에서 논의됐다. 타키투스는 《연대기》(15, 35 및 16, 8)에서 '제국 방식'의 서기를 가진 사람들과 반대되는 사례를 언급한다.

Susan Treggiari, 'Jobs in the Household of Livia', *Papers of the British School at Rome* 43 (1975), 48-77.

Keith Bradley, *Slavery and Society at Rome* (Cambridge UP, 1994), 2-3

Brian K. Harvey, *Roman Lives* (위, '3장'), no. 68.

Benjamin Kelly and Angela Hug eds., *The Roman Emperor and his Court*, vol. II, no. 5.11.

John Henderson, *Telling Tales on Caesar: Roman Stories from Phaedrus* (Oxford UP, 2001), 9-31.

강력한 해방노예라는 생각은 무리첸Mouritsen의 책과 위버Weaver의 논문에서 다루었다. 에픽테토스의 구두장이 이야기는 아리아노스의 《에픽테토스 강연집》(1, 19)에서 찾을 수 있다. 팔라스의 이력은 맥린MacLean의 책에서 논의했고, 플리니우스의 반응은 맥나마라McNamara(나는 그의 편지 번역에 의지했다)의 논문에서 다루었다. 그의 토지 소유는 현재 런던에 있는 파피루스(*P. Lond* II, 195 recto)에 기록됐다. 사당에 있는 팔라스의 소조각상은 수에토니우스의 비텔리우스 전기(2)에 언급됐다. 필론은 〈가이우스에게 간 사절단에 대하여〉(168-206)에서 몇 가지 점에서 헬리코를 공격했다. 클레안데르를 '상대로 한 사건'은 보먼Bowman 등의 편서에서 벌리A. R. Birley가 요약했다. 호라티우스가 아우구스투스의 서기 일을 거절한 것은 수에토니우스의 호라티우스 전기에 언급됐다. 트리말키오에 대한 묘사는 위 '3장'을 보라. 네로의 해방노예 폴리클리투스의 임무에 대한 타키투스의 묘사는 《연대기》(14, 39)에 있다. 플리니우스의 《서간집》(10, 63 및 67)은 그가 이 황제의 해방노예를 기다린 것을 보여준다.

Henrik Mouritsen, *The Freedman in the Roman World* (Cambridge UP, 2011), 66-119.

P. R. C. Weaver, 'Social Mobility in the Early Roman Empire: The Evidence of the Imperial Freedmen and Slaves', in *Studies in Ancient Society*, edited by M.

I. Finley (Routledge, 1974), 121 – 40.

Rose MacLean, *Freed Slaves*, 107 – 11.

James McNamara, 'Pliny, Tacitus and the Monuments of Pallas', *Classical Quarterly* 71 (2021), 308 – 29.

P.Lond II: https://www.bl.uk/manuscripts/FullDisplay.aspx?ref=Papyrus_195[A-B].

Alan K. Bowman et als. eds., *Cambridge Ancient History* vol. 11 (2nd ed. Cambridge UP, 2000), 189 – 90.

황제들의 성생활에 관한 표현(그리고 환상)은 바우트Vout의 책(안티누스, 스포루스, 에아리누스, 판테아에 관한 논의도 있다)과 스트롱Strong의 책에 잘 논의돼 있다. 관련 고대의 전기들에 나오는 성 착취 및 상대자들에 대한 언급과 함께 다음을 주목하라. 트라야누스에 관한 율리아누스의 농담은 《카이사르들》(311c)에서 이야기했고, 에아리누스에 관한 스타티우스의 시는 《실바이》(3, 4)에 있으며, 카이니스의 부富는 카시우스 디오의 《로마사》(65, 14)에 있다(카이니스의 묘비는 켈리Kelly와 허그Hug의 편서에 들어 있다).

Caroline Vout, *Power and Eroticism in Imperial Rome* (Cambridge UP, 2007).

Anise K. Strong, *Prostitutes and Matrons in the Roman World* (Cambridge UP, 2016), 80 – 96.

Benjamin Kelly and Angela Hug eds., *The Roman Emperor and his Court*, vol. II, no. 3.50 (위, '총설').

황제 아내와 여성 친척의 역할은 궁정문화와 제국의 역사에 관한 현대의 거의 모든 논의에서 중요한 부분이며, 황후의 전기는 작은 연구 주제가 됐다(내가 가장 좋아하는 것 일부는 위의 '총설' 부분에서 언급했다). 1인 통치 첫 300년 동안의 황실 여성을 명확하게 소개한 최근의 책은 보트라이트Boatwright의 것이다. 엄격하게 전기의 성격을 띠지 않는 특히 눈에 띄는 연구들은 리비아에 관해서는 퍼셀Purcell의 논문, 아그리피나(딸)에 관해서는 긴즈버그Ginsburg의 책이 있다.

Mary T. Boatwright, *Imperial Women of Rome: Power, Gender, Context* (Oxford UP, 2021).

Nicholas Purcell, 'Livia and the Womanhood of Rome', *Proceedings of the Cambridge Philological Society* 32 (1986).

Judith Ginsburg, *Representing Agrippina: Constructions of Female Power in the Early Roman Empire* (Oxford UP, 2006).

수에토니우스의 책이나《아우구스투스의 역사》에서 쉽게 찾을 수 있는 것들과 함께 특수한 전거로는 다음을 주목하라. 리비아가 티베리우스의 승계에 관여했다는 공개적인 주장은 카시우스 디오의 책(57, 3)에 나와 있다. 타키투스의《연대기》(13, 5)는 세네카가 네로를 부추겨 스스로 연단을 떠나 아그리피나를 만나게 했다고 설명한다. 카시우스 디오의 책(78, 18)은 율리아 돔나가 카라칼라의 서신을 책임졌다고 언급한다. 율리아의 연단에서의 성행위는 누구보다도 세네카가《선행에 대하여》(6, 32)에서 개탄했으며, 메살리나가 매춘부와 경쟁한 것은 플리니우스의《박물지》(10, 172)에 나온다. 러빅Levick의 책은 파우스티나와 검투사 이야기, 그리고 그 뒤에 있는 이론을 풀어낸다. 카시우스 디오의 책(58, 2)은 일부에서 리비아를 '조국의 어머니'라 불렀다고 썼는데, 타키투스의《연대기》(1, 14)에는 약간 변형된 이야기가 있다.

Barbara M. Levick, *Faustina I·II* (위, '총설'), 79–80.

플로티나가 하드리아누스에게 보낸 편지는 반 브레멘van Bremen의 논문에서 충분히 논의됐으며(번역도 있다), 리비아가 사모스 사람들을 대신해 개입한 것은 레이놀즈Reynolds의 책이 다루었고, 하드리아누스의 마티디아에 관한 연설은 존스Jones

의 논문에서 번역하고 논의했다(존스는 이 연설이 마티디아의 장례 때가 아니라 공식 신격화 때 한 것이라고 주장한다). 타키투스는 《연대기》(3, 17)에서 리비아의 영향력에 대한 거부를 언급한다. 새김글은 쿨리Cooley가 쓴 책의 주제다. 수에토니우스의 클라우디우스 전기(36)는 아마도 내가 즐겨 사용하는 현대판보다 덜 다채로운 듯하다(글자 그대로, 그는 "그의 권좌가 안전한지 묻기만" 했다). 율리아의 간통에 대한 풍자는 마크로비우스의 《사투르날리아》(2, 5)에 인용돼 있다. 내가 인용한 몇몇 새김글(또는 그 일부)의 번역은 켈리Kelly와 허그Hug의 편서에 있다.

Riet van Bremen, 'Plotina to all her Friends: The Letter(s) of the Empress Plotina to the Epicureans in Athens', *Chiron* 35 (2005), 499 – 532.

Joyce Reynolds, *Aphrodisias and Rome* (Society for the Promotion of Roman Studies, 1982), no. 13 (104 – 6).

Christopher P. Jones, 'A Speech of the Emperor Hadrian', *Classical Quarterly* 54 (2004), 266 – 73.

Alison E. Cooley, *The Senatus Consultum de Pisone Patre: Text, Translation. and Commentary* (Cambridge UP, 2023).

Benjamin Kelly and Angela Hug eds., *The Roman Emperor and his Court* (위, '총설'), vol. II, no. 3.27 (리비아와 사모스인), 3.29 (리비아의 재판에 대한 영향력 행사), 3.32 (플로티나와 에페소스인), 3.34 (율리아 돔나와 에페소스인).

홉킨스Hopkins의 글은 셉티미우스 세베루스의 목소리를 들려주는 기발한 글이다. 행킨슨Hankinson의 편서와 매턴Mattern의 책은 갈레노스와 그의 저작에 관한 좋은 안내서다. 버브Bubb의 책은 해부학의 역사에서 갈레노스가 차지하는 위치에 대한 좋은 안내서다(표준 번역에서는 얻을 수 없는 자료를 인용하고 있다). 앙투안 피에트로벨리Antoine Pietrobelli에 의해 발견된 〈슬픔을 피하는 것에 대하여〉는 싱어Singer의 편서에 번역돼 있고, 프티Petit의 편서(콤모두스에 대한 갈레노스의 견해에 관한 매슈 니컬스Matthew Nicholls의 논문이 들어 있다)에서 충분히 논의됐다. 갈레노스의 황제

진찰에 관한 번역과 논의는 매턴의 책에서 찾을 수 있다.

Keith Hopkins, 'How to be a Roman Emperor: An Autobiography', in *Socio-logical Studies in Roman History*, ed. by Christopher Kelly (Cambridge UP, 2018), 534 – 48.

R. J. Hankinson, *The Cambridge Companion to Galen*, edited by R. J. Hankinson (Cambridge UP, 2008).

Susan P. Mattern, *The Prince of Medicine: Galen in the Roman Empire* (Oxford UP, 2013).

Claire Bubb, *Dissection in Classical Antiquity* (Cambridge UP, 2022).

P. N. Singer ed., *Galen: Psychological Writings* (Cambridge UP, 2013).

Caroline Petit ed., *Galen's Treatise Peri Alupias (De indolentia) in Context: A Tale of Resilience* (Brill, 2019), 245 – 62.

Susan P. Mattern, *The Prince of Medicine*, 200 – 1 (콤모두스의 편도선), 205 – 7 (마르쿠스 아우렐리우스와 귀리죽), 207 – 12 (테리아카).

프론토와 그의 황제 가족과의 관계에 대한 재발견은 데븐포트Davenport와 맨리Manley의 책에서 분명하게 소개됐다. 이들은 유용한 편지를 골라 번역했다. 가장 최근의 표준적인 번호 부여 방식으로 예컨대 no. 20 및 21(질병), 24(불평), 26(질병)이며, 이는 〈마르쿠스에게 보낸 편지〉 5, 55; 5, 23; 4, 12; 5, 25에 해당한다. 서신에서 질병에 집착한 것은 프라이젠브루흐Freisenbruch의 논문 주제다. 질병에 대한 나의 짧은 인용은 〈마르쿠스에게 보낸 편지〉(5, 27-30)에서 가져왔다. 아일리오스 아리스티데스의 질병은 그의 《신의 이야기Hieroi Logoi》에 묘사돼 있다. 편지의 성적인 측면은 리츨린Richlin의 책(편지를 더 뽑아 실었다)에 강조돼 있다. 나는 리츨린의 no. 1, 3, 9를 인용했으며, 이는 〈마르쿠스에게 보낸 편지〉 3, 9; 추가 편지 7; 〈마르쿠스에게 보낸 편지〉 3, 3에 해당한다.

Caillan Davenport and Jennifer Manley, *Fronto* (위, '4장').

Annelise Freisenbruch, 'Back to Fronto: Doctor and Patient in his Correspondence with an Emperor', in *Ancient Letters: Classical and Late Antique Epistolography*, ed. by Ruth Morello and A. D. Morrison (Oxford UP, 2007), 235-56.

Amy Richlin, *Marcus Aurelius in Love: The Letters of Marcus and Fronto* (Chicago UP, 2006).

마르쿠스 아우렐리우스의《자성록》은 대개 '명상록'이라는 제목으로 번역됐다(나는 이 제목이 너무 심오하거나 신비적으로 들려 이를 피했다). 내가 언급한 모든 것은 거기서 쉽게 찾을 수 있다. 이 책의 여러 측면과 이 황제의 전기에 관한 좋은 입문서는 판 아커렌van Ackeren의 편서다. 원숭이 이야기는 파이드루스의《우화집》(4, 13)과 헨더슨Henderson의 책에 있다.

Marcel van Ackeren ed., *A Companion to Marcus Aurelius* (Blackwell, 2012).
John Henderson, *Telling Tales on Caesar*, 177-80.

6장

비티니아–폰토스에서의 플리니우스의 직위에 대해서는 깁슨Gibson의 책에 잘 논의돼 있다. 그와 트라야누스의 서신 교환은 울프Woolf의 논문과 러밴Lavan의 논문이 분석했다. 나눈 말들은 콜먼Coleman의 논문 주제다. '트라야누스의' 편지를 쓰는 데서 서기의 역할은 셔윈-화이트Sherwin-White의 논문에 논의돼 있다. 플리니우스의《서간집》10권은 쉽게 읽히지만, 내가 언급한 몇 가지 주제들은 다음을 보라. 10, 17b-18 및 39-40(건축가와 측량사); 10, 23-4(프루사의 목욕장); 10, 33-4(소방대); 10, 41-2 및 61-62(호수); 10, 53 (표준적인 '한마디'); 96-7(기독교도들). 황제의 편지에 대한 아리스티데스의 과장은 그의 《로마의 연설》(33)에 있다. '지도자를 기다리는 합창단'은 《로마의 연설》(32)에 있다(나는 올리버Oliver의 논문에 있는 번역을 따랐다). '서신 교환에 의한 통치'는 밀라Millar의 논문 제목에서 가져왔다. 프론토는 《마르쿠스 아우렐리우스에게》와 《웅변술에 관하여》(2.7)에서 황제의 통치에서 편지의 역할을 강조한다.

Roy K. Gibson, *Man of High Empire*, 190 – 237.

Greg Woolf, 'Pliny/Trajan and the Poetics of Empire', *Classical Philology* 110 (2015), 132 – 51.

Myles Lavan, 'Pliny Epistles 10 and Imperial Correspondence', in *Roman Literature under Nerva, Trajan and Hadrian: Literary Interactions, AD 96–138*, ed. by Alice Konig and Christopher Whitton (Cambridge UP, 2018), 280 – 301.

Kathleen M. Coleman, 'Bureaucratic Language in the Correspondence between Pliny and Trajan', *Transactions of the American Philological Association* 142 (2012), 189 – 238.

A. N. Sherwin-White, 'Trajan's Replies to Pliny: Authorship and Necessity', *Journal of Roman Studies* 52 (1962), 114 – 25.

J. H. Oliver, in 'The Ruling Power', *Transactions of the American Philosophical Society* 43 (1953), 871 – 1003.

Fergus Millar, 'Trajan, Government by Correspondence', in *Rome, the Greek World and the East*, edited by Cotton and Rogers (위, '1장'), vol. II 23 – 46.

사법적 결정 또는 청원에 응답하는 데서 황제의 역할은 황제 전기들의 주제 가운데 하나다. 관련 전기의 내용 외에 다음을 주목하라. 안티오크에서의 군중은 카시우스 디오의 책(68, 24)에 언급돼 있고, 셀레우키아에서 온 남자에 대한 안토니누스의 응답은 필로스트라토스의 《현자들의 생애》(2, 5)에 나온다. 에페소스에서 브리타니아로 간 사절에 대해 기록한 새김글은 그레이엄Graham의 논문에서 간단히 논의(다른 이유들로)됐다. 베스파시아누스가 현금 요청을 받은 것은 필로스트라토스의 《티아나의 아폴로니오스의 생애Tá es tón Tyanéa Apollónion》(5, 38)에 있는 삽화다. 거짓 자백 사건은 유스티니아누스 《학설휘찬Digesta》(48, 18, 27)에 요약돼 있다 (왓슨Watson의 번역본이 있다). 셉티미우스 세베루스와 카라칼라(당시 아직 어린 나이였다)의 반응에 대한 가장 편리한 판본은 베스터만Westermann과 실러Schiller의 책에 들어 있다. 다만 문서는 후대에 추가되고 손질됐다. 아마도 통상적이지는 않겠지만 총독에게 하루에 600건의 청원이 들어왔음을 시사하는 파피루스(PYale 1, 61)는 해리스Harris의 책에서 간단히 논의됐다. 스캅토파라의 새김글은 더 이상 존재하지 않는다. 한 사본과 그 번역이 코놀리Connolly의 책에 있다.

A. J. Graham, 'The Division of Britain', *Journal of Roman Studies* 56 (1966), 92 – 107 (esp. 100 – 1).

Alan Watson, *The Digest of Justinian*, University of Pennsylvania Press.

William Linn Westermann and A. Arthur Schiller, *Apokrimata: Decisions of Septimius Severus on Legal Matters* (Columbia UP, 1954).

William V. Harris, *Ancient Literacy* (Harvard UP, 1989), 215.

Serena Connolly, *Lives behind the Laws* (위, '프롤로그'), 167 – 73.

아브에피스툴리스(서기장)를 대상으로 한 스타티우스의 시는 《실바이》(5, 1)에 있다. 이 훌륭한 대필자는 필로스트라토스의 《현자들의 생애》(2, 24)에서 칭찬을 받았다. 플루타르코스의 율리우스 카이사르 전기(17)는 카이사르의 다중 작업을 기록했고, 아울루스 겔리우스의 《아티카의 밤》(3, 16)은 하드리아누스의 산과학 연구를 다루었다. 칼리굴라의 독서는 필론의 《가이우스에게 간 사절단에 대하여》(254-60)에 묘사됐고, 마르쿠스 아우렐리우스의 울음은 필로스트라토스의 《현자들의 생애》(2, 9)에 나온다. 갈레노스의 《마음의 질병》(4)에 있는 관련 구절은 바이데만Wiedemann의 책에 번역돼 있다. '차용 연설'은 타키투스의 《연대기》(13, 3)에 있는 구절이다. 율리아누스의 트라야누스에 관한 농담은 《카이사르들》(327)에 있다.

Thomas Wiedemann, *Greek and Roman Slavery* (Routledge, 1981), no. 198.

팔레리오와 피르뭄 사이의 분쟁에 관한 기록(도미티아누스의 알반 별장에서 '서명'했다)은 셔크Sherk의 책에 번역돼 있다. 소작 농민들에 대한 콤모두스의 반응은 커호Kehoe의 책에 번역돼 있다(온라인에 올린 것은 논의가 추가됐다). 아프로디시아스 '문서의 벽'의 기록은 레이놀즈Reynolds의 책에 번역돼 실리고 논의됐다(담뱃세는 no. 15). 황제에게 어떻게 말해야 하는지는 메안드로스 레토르Ménandros Rétor의《논문》(2, 12)에 설명돼 있다. 사람들이 황제에게 호소할 용기를 잃게 해서는 안 된다는 알렉산데르 세베루스의 고집은 올리버Oliver의 책에서 논의되고 번역돼 실린 파피루스에 기록돼 있다.

Robert K. Sherk, *The Roman Empire from Augustus to Hadrian* (above, 'Chapter 4'), no. 96.

Dennis Kehoe, *The Economics of Agriculture on Roman Imperial Estates in North Africa* (Vandenhoeck & Ruprecht, 1988) 67–8 (online: https://www.judaism-and-rome.org/coloni-north-africa-complain-mistreatment-roma-nofficials-cil-viii-10570).

Joyce Reynolds, *Aphrodisias and Rome* (위, '5장').

James H. Oliver, *Greek Constitutions of Early Roman Emperors* (위, '총설'), no. 276.

코끼리에게 한 푼 준다는 재담은 마크로비우스의《사투르날리아》(2, 4)에 인용돼 있으며, 수에토니우스의 아우구스투스 전기(53)에도 있다. 새 사냥 문제는 유스티니아누스의《학설휘찬》(8, 3, 16)에 인용된 황제 통치의 한 부분이었다. 셉티미우스 세베루스와 카라칼라의 13개의 반응은 베스터만Westermann과 실러Schiller의 책에서 논의했다. 징발 수송의 문제는 미첼Mitchell의 논문에 잘 연구돼 있다. 하드리아누스의 서기 129년 규정은 호이켄Hauken과 멀레이Malay의 논문에 나와 있다(또한 약간 뒤의 사례로 존스Jones의 논문을 보라). 네르바의 개혁은 주화(fig. 52)로 입증됐다. 플리니우스의 규칙 파괴는 《서간집》(10, 120-21)으로 보아 분명하다.

William Linn Westermann and A. Arthur Schiller, *Apokrimata*.

Stephen Mitchell, 'Requisitioned Transport in the Roman Empire', *Journal of Roman Studies* 66 (1976), 106 – 31.

Tor Hauken and Hasan Malay, 'A New Edict of Hadrian from the Province of Asia', in *Selbstdarstellung und Kommunikation*, edited by Rudolf Haensch (C. H. Beck, 2009), 327 – 48.

Christopher P. Jones, 'An Edict of Hadrian from Maroneia', *Chiron* 41 (2011), 313 – 25.

기본적으로 수동적이라는 로마 황제의 모형은 밀라Millar의 책에서 보이는 접근법의 특징이었고, 그의 논문에서는 좀더 간결하다. 타키투스의 《연대기》(14, 38-9)는 브리타니아에서의 사건과 내부 고발자에 대해 묘사했다. 황제의 간이식당 음식에 대한 규제는 마르차노Marzano의 논문에서 충분히 논의됐다(다만 필자는 규제를 내가 생각하는 것보다 덜 상징적인 것으로 받아들인다). 카시우스 디오의 책에서 중요한 부분들 가운데는 클라우디우스(60, 6)와 베스파시아누스(65, 10)의 이야기가 있다. '토가' 재결 같은 다른 규제는 수에토니우스의 관련 전기에서 발견할 수 있다.

Fergus Millar, *The Emperor in the Roman World* (위, '총설').

Fergus Millar, 'Emperors at Work', *Journal of Roman Studies* 57 (1967), 9 – 19.

Annalisa Marzano, 'Food, Popinae and the Emperor', in *The Past as Present*, ed. by Giovanni Alberto Cecconi et al. (Brepols, 2019), 435 – 58.

클라우디우스의 연설과 그 전체 배경은 맬럭Malloch의 책의 주제다. 다만 그는 클라우디우스에 대해 나보다 더 친절하다. 그 문학판은 타키투스의 《연대기》(23-5)

594

에 있다. 나는 내 책에서 카라칼라의 시민권 칙령을 논의했다. 이것은 임리Imrie의 책에서 전폭적으로 연구한 주제다. 그는 여러 측면 가운데서 제국 금고의 형편을 논의했다. 러밴Lavan의 논문은 로마 시민 총수에 관한 칙령의 영향을 고찰한다.

S. J. V. Malloch, *The Tabula Lugdunensis* (Cambridge UP, 2020).

Mary Beard, *SPQR* (위, '1장'), 527 – 9.

Alex Imrie, *The Antonine Constitution: An Edict for the Caracallan Empire* (Brill, 2018).

Myles Lavan, 'The Spread of Roman Citizenship, 14 – 212 CE', *Past and Present* 230 (2016).

로마제국의 경제는 많은 최근(그리고 경쟁하는) 연구의 주제다. 샤이델Scheidel 등의 편서는 내가 여기서 언급한 주제들에 대한 믿을 만한 배경을 제공하며, 간지Garnsey 와 샐러Saller의 책은 보다 간략하다. 케이Kay의 책에는 그린란드와 기타 지역의 깊숙한 시추에 대한 비전문적인 기술이 들어 있다. 브리타니아에 대한 스트라본의 평가는 그의 《지리지Geōgraphiká》(2, 5)에 있다. 수에토니우스의 책과 《아우구스투스의 역사》는 개별 황제들의 여러 경제 정책을 언급한다. 또한 다음을 주목하라. 수에토니우스의 도미티아누스 전기(7)와 스타티우스의 《실바이》(4, 3)는 포도나무 칙령의 실패를 언급하며, 존스Jones의 책은 이를 둘러싼 논쟁에 대한 짧은 소개가 있다. 지진과 티베리우스의 대응에 관한 폭넓은 기록은 타키투스의 《연대기》(2, 47)에 나온다. 콤모두스의 사유지 판매는 《아우구스투스의 역사》의 페르티낙스 전기(7-8)에 실려 있다. 이집트의 황제 사유지에 대한 파피루스 문서의 산재한 증거는 파라소글루Parassoglou의 책에 수집돼 있으며, 더 간략한 것은 크로퍼드Crawford의 논문이다. '살투스 네로니아누스Saltus Neronianus'('네로 농장')는 데 보스de Vos의 논문에서 논의됐다. 러빅Levick의 책은 파우스티나의 벽돌에 대한 언급을 제공한다.

Walter Scheidel et al. ed., *The Cambridge Economic History of the Greco-Roman*

World (Cambridge UP, 2007).

Peter Garnsey and Richard Saller, *The Roman Empire* (위, '총설').

Philip Kay, *Rome's Economic Revolution* (Oxford UP, 2014), 46 – 9.

Brian W. Jones, *The Emperor Domitian* (Routledge, 1992), 77 – 8.

G. M. Parassoglou, *Imperial Estates in Roman Egypt* (Hakkert, 1978)

Dorothy J. Crawford, 'Imperial Estates' in *Studies in Roman Property*, edited by Moses I. Finley (Cambridge UP, 1976), 35 – 70.

Mariette de Vos, 'The Rural Landscape of Thugga', in *The Roman Agricultural Economy*, ed. by Alan Bowman and Andrew Wilson (Oxford UP, 2013), 143 – 218.

Barbara M. Levick, *Faustina I and II* (위, '총설'), 23 and 178.

아우구스투스의 방대한 유산에 대한 약간 다른 모습을 제공한 것은 수에토니우스의 아우구스투스 전기(101), 타키투스의 《연대기》(1, 8), 카시우스 디오의 책(56, 32)이다. 합창단 이야기는 마크로비우스의 《사투르날리아》(2, 28)에서 이야기했다. 셉티미우스 세베루스의 하루 일정은 카시우스 디오의 책(77, 17)에 요약됐다. 타키투스의 《연대기》(12, 1-3)는 클라우디우스의 혼인에 관한 논쟁을 자세히 이야기한다.

방문할 곳

로마에서는 '몬테테스타초'(깨진 도기의 산) 방문을 예약할 수 있다. 다만 이곳은 정규적으로 들어갈 수 있게 개방되지는 않는다. 내가 언급한 새김글의 상당수는 박물관 지하실에 보관돼 있다. 그러나 통상적으로 전시되는 것은 리옹의 갈리아 로마 문명 박물관에 있는 클라우디우스의 연설 원문, 런던의 영국박물관의 내부 고발자 가이우스 율리우스 클라시키아누스 비문 등이다. 눈썰미가 좋은 사람은 로마 카피톨리노 박물관의 옛 회랑 벽에 박혀 있는 작고 표시가 없는 비문들에서 황제의 여러 노예와 해방노예를 발견할 수 있을 것이다.

7장

원형 경기장에서의 콤모두스와 그의 검투사에 대한 집착을 보여주는 전체 기록은 카시우스 디오의 책(73, 17-22)에 들어 있다. 고대의 전기들은 황제들이 여가 시간에 무엇을 하는지를 자주 언급하고 있고, 내가 언급한 것 대부분은 거기서 찾을 수 있다. 수영에 대한 긍정적인 태도는 수에토니우스가 칼리굴라 전기(54)에서 그가 수영을 하지 못했다고 구체적으로 비판했다는 사실로부터 추론할 수 있다. 카이사르가 루비콘강을 건너면서 한 말은 지금 수에토니우스의 율리우스 카이사르 전기(32)에 나오는 대로 라틴어가 표준이 됐지만, 본래는 플루타르코스의 폼페이우스 전기(60)에 나오는 것처럼 그리스어로 말한 것이었다.

'빵과 서커스'는 유베날리스의 《풍자시집》(10, 77-81)에서 가져온 것이다. 로마의 서로 다른 형식의 구경거리와 오락에 대한 분명한 검토는 쾨네Köhne와 에비크레벤Ewigleben의 편서, 콜먼Coleman의 논문, 포터Potter의 논문, 퍼셀Purcell의 논문에서 발견할 수 있다. 퍼트렐Futrell의 편서는 원형 경기장과 경주에 대한 고대의 증거를 수집한다. 던배빈Dunbabin의 책은 남아 있는 시각 자료에 초점을 맞춘다.

Eckart Köhne and Cornelia Ewigleben eds., *Gladiators and Caesars: The Power of Spectacle in Ancient Rome* (University of California Press, 2000).

Kathleen Coleman, 'Entertaining Rome', in *Ancient Rome: The Archaeology of the Eternal City*, ed. by John Coulston and Hazel Dodge (Oxbow, 2000), 210-58.

David S. Potter, 'Spectacle', in *A Companion to the Roman Empire*, ed. by Potter (위, '1장'), 385-408.

Nicholas Purcell, '"Romans, play on!": City of the Games', in *The Cambridge Companion to Ancient Rome*, ed. by Paul Erdkamp (Cambridge UP, 2013), 441-58.

Alison Futrell ed., *The Roman Games: Historical Sources in Translation* (Blackwell,

2006).

Katherine Dunbabin, *Theater and Spectacle in the Art of the Roman Empire* (Cornell UP, 2016).

콜로세움과 그 공연은 홉킨스Hopkins와 함께 쓴 내 책의 초점이다. 여기서 제기한 문제 대부분은 그곳에서 찾을 수 있다. 그러나 로마 원형 경기장의 문화를 조명하는 다른 많은 탐구들이 있다. 토너Toner의 책(여기서 나는 오페라와의 비교를 빌려왔다), 페이건Fagan의 책, 에드먼드슨Edmondson의 논문 같은 것들이다. 웰치Welch의 책은 경기장의 건축학적 형태를 검토한다.

Mary Beard and Keith Hopkins, *The Colosseum* (Profile, 2005).

Jerry Toner, *The Day Commodus Killed a Rhino: Understanding the Roman Games* (Johns Hopkins UP, 2014).

Garrett G. Fagan, *The Lure of the Arena: Social Psychology and the Crowd at the Roman Games* (Cambridge UP, 2011).

Jonathan Edmondson, 'Dynamic Arenas: Gladiatorial Presentations in the City of Rome' in *Roman Theater and Society*, edited by W. J. Slater (University of Michigan Press, 1996), 69–112.

Katherine E. Welch, *The Roman Amphitheatre: From Its Origins to the Colosseum* (Cambridge UP, 2007).

특정 황제가 주최한 경기와 경기장에 대한 그의 태도는 흔히 수에토니우스의 관련 전기나《아우구스투스의 역사》에 언급됐다. 여기에 더해 다음을 주목하라. 아우구스투스는 〈업적〉(22)의 제시를 통해 검투사의 총수를 제공한다. 카시우스 디오의 책(68, 15)은 트라야누스가 사냥해서 죽인 동물이 1만 1천 마리라고 말하며, 책의 다른 곳(43, 22)에서는 그런 수치의 과장에 대해 경고한다. 마르쿠스 아우렐리우스가 폭력을 '따분'하다고 일축한 것은《자성록》(6, 46)에서였으며, 그의 유혈에 대한 혐오는 카시우스 디오의 책(72, 29)에도 기록됐다.

한 원로원 의원이 '오염'에 관해 언급한 내용은 올리버Oliver와 파머Palmer의 논문에서 발견할 수 있다. '자기네 스스로의 파멸을 상징하는 별'은 토너Toner의 책(10)에 나오는 좋은 구절이며, '치명적인 흉내'는 콜맨Coleman의 개척적인 논문 제목에서 가져왔다. 마르티알리스의 콜로세움 개장 경기에 대한 칭찬은 그의 짧은 책《구경거리에 관하여》에서 발견할 수 있다(공공 용도로 되돌린 것은 두 번째 시에서 강조됐다). 유베날리스의 원로원 의원 부인에 대한 비판은 그의《풍자시집》(6, 82–113)에 있다. 상류층이 경기에 나서는 것에 대한 입법은 러빅Levick의 논문에서 논의됐다. 셉티미우스 세베루스의 위선에 대한 비난은 카시우스 디오의 책(76, 8)에 인용됐다.

James H. Oliver and Robert E. A. Palmer, 'Minutes of an Act of the Roman Senate', *Hesperia* 24 (1955), 320–49, esp. 340.

Jerny Toner, *The Day Commodus Killed a Rhino*, 10.

K. M. Coleman, 'Fatal Charades: Roman Executions Staged as Mythological Enactments', *Journal of Roman Studies* 80 (1990), 44–73.

Barbara Levick, 'The Senatus Consultum from Larinum', *Journal of Roman Studies* 73 (1983), 97–115.

전차 경주 전반은 메이어르Meijer의 책의 주제다. 고고학과 제국의 서커스(키르쿠스 막시무스 포함)의 기능은 험프리Humphrey의 책에서 상세히 논의됐다. 캐머런Cameron의 책은 아우구스투스 시대부터 동로마제국 시기까지 경주와 그 참여자의 역사다. 키르쿠스의 에로틱한 측면은 헨더슨Henderson의 논문이 훌륭하게 상기시켜 주었다.

Fik Meijer, *Chariot Racing in the Roman Empire* (Johns Hopkins University Press, 2010).

John Humphrey, *Roman Circuses: Arenas for Chariot Racing* (University of California Press, 1986).

Alan Cameron, *Circus Factions: Blues and Greens at Rome and Byzantium* (Oxford UP, 1976).

John Henderson, 'A Doo-Dah-Doo-Dah-Dey at the Races: Ovid Amores 3. 2 and the Personal Politics of the Circus Maximus', *Classical Antiquity* 21 (2002), 41-65.

궁궐과 키르쿠스 사이의 연결은 울프-라이트Wulf-Rheidt의 논문에서 간략하게 논의됐다. 4세기의 책력은 이른바 '354년 책력'으로, 잘츠만Salzman의 논문에서 논의됐다. 아우구스투스의 새로운 방석 의자는 〈업적〉(19)에 언급돼 있는데, 쿨리Cooley의 책에서 논의했다.

Ulrike Wulf-Rheidt, 'The Palace of the Roman Emperors on the Palatine in Rome' (위, '4장'), 13.

Michele Renee Salzman, 'Structuring Time: Festivals, Holidays and the Calendar', in *The Cambridge Companion to Ancient Rome*, ed. by Erdkamp, 478-96.

Alison E. Cooley, Res Gestae Divi Augusti (위, '1장'), 187-8.

오비디우스의 《사랑의 기술Ars Amatoria》(136-62)은 키르쿠스에서의 횡재 가능성에 관한 농담을 한다. 플리니우스의 반대는 《서간집》(9, 6)에 기록돼 있고, 테르툴리아누스의 반대는 《구경거리에 관하여》(16)에 있다. 키르쿠스에서 트라야누스의 '평등성'은 플리니우스의 〈찬양 연설〉(51)에서 찬사를 받았다. 헤로디아노스의 《로마사》(4, 7 및 11)는 카라칼라의 해외에서의 경주를, 카시우스 디오의 책(73, 17)은 콤모두스가 어둠 속에서 전차를 몬 일을 언급한다. 홍색단 지지자의 자살은 플리니우스의 《박물지》(7, 186)에 기록돼 있고, 갈레노스가 배설물 냄새를 맡은 것은 그의 《의학 방법론》(7, 6)에 있다(Loeb Classical Library의 번역본이 있다). 수에토니우스의 칼리굴라 전기(55)와 마찬가지로 카시우스 디오의 책(59, 14)도 인키타투스에 대한 과잉보호를 이야기하고 있고, 같은 책(74, 4)은 콤모두스의 말 페르티낙스와 이름의 조짐에 대해 이야기한다.

하드리아누스가 콜로세움에서 전령을 이용한 것은 카시우스 디오의 책(69, 6)에 묘사돼 있다. 요세푸스의《유대 고대사》(19, 24)는 대중의 요구에 직면한 황제의 입장이라는 논리로 곧장 들어간다. 디디우스 율리아누스와 클레안데르에 대한 저항은 카시우스 디오의 책(74, 12-13 및 73, 13)에 묘사돼 있다. 이 책(79, 20)은 또 '숫자의 안전'에 관해 분명히 강조한다.

로마 극장 공연의 범위에 대한 유용한 소개는 비첨Beacham의 책에 있다. 극장 건물들은 시어Sear의 책의 초점이다. 므네스테르와 관련한 야유는 카시우스 디오의 책(60, 28)에 들어 있다. 네로와 무대의 문제는 에드워즈Edwards의 논문과 오퍼Opper의 책에 잘 소개돼 있고, 이들은 바르치Bartsch의 책에서 상세하게 분석됐다. 무너져 가는 극장은 타키투스의《연대기》(15, 33-4)에 기록돼 있다. 네로가 '로마가 불탈 때 수금을 켠' 일에 대한 약간씩 다른 기록들이 수에토니우스의 네로 전기(38), 타키투스의《연대기》(15, 39), 카시우스 디오의 책(62, 18)에 나온다. 네로의 무대 가면은 카시우스 디오의 책(62, 9)에 기록됐다. 필로스트라토스의 말은 그의《아폴로니오스의 생애》(5, 7)에 나온다. 네로의 몬타누스와의 충돌에 대한 약간씩 다른 기록들이 수에토니우스의 네로 전기(26), 타키투스의《연대기》(13, 25), 카시우스 디오의 책(61, 9)에 있는데, 이에 대해서는 바르치의 책에서 논의됐다.

Richard C. Beacham, *The Roman Theatre and its Audience* (Harvard UP, 1996).

Frank Sear, *Roman Theatres: An Architectural Study* (Oxford UP, 2006).

Catharine Edwards, 'Beware of Imitations: Theatre and the Subversion of Imperial Identity' in *Reflections of Nero*, ed. by Elsner and Masters (위, '3장'), 83-97.

Thorsten Opper, *Nero* (위, '3장'), 158-73.

Shadi Bartsch, *Actors in the Audience* (위, '1장'), 1-62.

Shadi Bartsch, *Actors in the Audience*, 16 – 20.

앤더슨Anderson의 책은 로마와 그리스의 사냥에 관한 개관을 제공하며, 턱Tuck
의 논문, 마놀라라키Manolaraki의 논문, 롤러Roller의 논문은 더 최근의 관찰이다. 콘
스탄티누스 개선문에 있는 하드리아누스의 사냥 장면은 보트라이트Boatwright의
책(이 책은 하드리아누테라이에서 나온 '사냥 주화'에 대해서도 언급한다)과 오퍼Opper의
책에서 논의됐다. 다리를 긁는 것에 관한 농담은 바로Varro의《메니포스식 풍자집
Saturarum Menippearum》잔편(293-6)에서 찾을 수 있으며, 스브Cebe의 프랑스어 번
역판이 있다.

J. K Anderson, *Hunting in the Ancient World* (University of California Press,
    1985).

Steven L. Tuck, 'The Origins of Imperial Hunting Imagery: Domitian and the
    Re-definition of Virtus under the Principate', *Greece and Rome* 52 (2005),
    221 – 45.

Eleni Manolaraki, 'Imperial and Rhetorical Hunting in Pliny's Panegyricus',
    Illinois Classical Studies 37 (2012), 175 – 98.

Matthew B. Roller, 'Dining and Hunting as Courtly Activities', in *The Roman
    Emperor and his Court*, edited by Kelly and Hug (위, '총설'), vol. I, 318 – 48,
    esp. 336 – 48.

Mary Taliaferro Boatwright, *Hadrian and the City of Rome* (Princeton UP,
    1987), 190 – 202.

Thorsten Opper, *Hadrian* (위, '4장'), 171 – 3.

J.-P. Cebe, *Varron Satires Menippees*, vol. 8.

플리니우스의 사냥 방식은 그의《서간집》(1, 6)에 묘사돼 있고, 프론토의 것은《마
르쿠스에게 보낸 편지》(4, 5)에 있다(리츨린Richlin의 책에 번역돼 있다). 트라야누스와

도미티아누스의 사냥 사이의 비교는 플리니우스의 〈찬양 연설〉(81-82)에 있고, 좋은 황제와 나쁜 황제의 사냥 비교는 디온 크리소스토모스의 《연설집Lógoi》(3, 133-8)에 있다. 하드리아누스의 시 〈에로스에게〉의 번역은 쉽지 않다. 벌리Birley의 책에는 일부가 있고, 전체 번역(그리고 논의)은 보위Bowie의 논문이 제공하고 있다. 판크라테스 시의 주요 부분은 아테나이오스의 《식탁의 현자들Deipnosophistaí》(15, 21)에 나오며, 이와 함께 30여 행이 파피루스(POxy 8, 1085)에 남아 있고, 이는 뢰프 클래식 라이브러리Loeb Classical Library(Select Papyri 3, no. 128)에 들어 있다. 성적 함의는 바우트Vout의 책에서 논의됐다. 보리스테네스에 관한 하드리아누스의 시는 뢰프 클래식 라이브러리(Minor Latin Poets vol. II, Hadrian no. 4)에서 찾을 수 있다.

Amy Richlin, *Marcus Aurelius in Love* (위, '5장'), no. 38.

Anthony R. Birley, *Hadrian: The Restless Emperor* (위, '총설'), 184 – 5.

Ewen Bowie, 'Hadrian and Greek Poetry' in *Greek Romans and Roman Greeks: Studies in Cultural Interaction*, ed. by Erik Nis Ostenfeld et al. (Aarhus UP, 2002), 172 – 97 (esp. 180 – 1).

Caroline Vout, *Power and Eroticism* (위, '5장'), 59 – 60.

방문할 곳

콜로세움은 로마에서 가장 인기를 끄는 관광지다. 밖에서 보면 어마어마하게 인상적이지만, 안으로 들어가면 본래의 모습을 잘 떠올리기가 어렵다. 키르쿠스 막시무스 유적은 자유롭게 돌아다닐 수 있고, 마르켈루스 극장 외부도 마찬가지다. 크립타발비Crypta Balbi(발부스 극장)라는 도시의 더 작은 극장의 발굴 유적 역시 대중에게 개방돼 있다. 사냥에 나간 하드리아누스 조각은 아직도 콜로세움에 인접한 콘스탄티누스 개선문에서 볼 수 있다.

8장

나는 아래의 내 책에서 노래하는 조각상에 대해 논의했다. 스트라본의 《지리지》 (17, 1)는 소리에 대해 회의적이다. 시는 브레넌Brennan의 논문과 로젠마이어Rosen-meyer의 책에서 논의됐다. 벌리Birley의 책은 피라미드 위의 시(지금은 중세 필사본으로만 알려져 있다) 번역을 제공한다. 발빌라의 필로파포스 기념비는 워딩턴Worthing-ton의 책에서 논의됐다. 하드리아누스의 방문 준비에 대한 상세한 내용을 담은 파피루스는 온라인(https://papyri.info/ddbdp/sb;6;9617)으로 쉽게 접근할 수 있다(번역도 있다).

Mary Beard, *Civilisations* (Profile, 2018), 23 – 32.

T. Corey Brennan, 'The Poets Julia Balbilla and Damo at the Colossus of Memnon', *Classical World* 91 (1998), 215 – 34.

Patricia A. Rosenmeyer, *The Language of Ruins: Greek and Latin Inscriptions on the Memnon Colossus* (Oxford UP, 2018).

Anthony R. Birley, *Hadrian: The Restless Emperor* (위, '총설'), 246.

Ian Worthington, *Athens after Empire: A History from Alexander the Great to the Emperor Hadrian* (Oxford UP, 2021), 299 – 302.

하드리아누스의 여행에 대한 좋은 안내는 스펠러Speller의 책이며, 더 간략한 것으로는 댄지거Danziger와 퍼셀Purcell의 책이 있다. 비탈리스의 비문은 캠벨Campbell의 책에 번역돼 있으며 댄지거와 퍼셀의 책(163)에도 있다. 무덤에 대한 하드리아누스의 관심의 증거는 보트라이트Boatwright의 책에 수집되고 논의됐다. 셉티미우스 세베루스가 폼페이우스 무덤에 경의를 표한 것은 카시우스 디오의 책(76, 13)에 언급돼 있다. 보트라이트의 책(144-57)은 또한 하드리아누스의 아테네와의 관계, 그의 '개선'에 관한 고고학, 그에 관한 산재한 문헌 자료에 대한 유용한 검토를 제공한다. 워딩턴의 책도 마찬가지이며, 여기에는 하드리아누스의 문의 중요성에 대한 분명한 논의도 있다.

Elizabeth Speller, *Following Hadrian: A Second-Century Journey Through the Roman Empire* (Review, 2003).

Danziger and Purcell, *Hadrian's Empire* (위, '총설'), 129 – 38.

Brian Campbell, *The Roman Army, 31 BC–AD 337: A Sourcebook* (Routledge, 1994), no. 196.

Mary T. Boatwright, *Hadrian and the Cities of the Roman Empire* (Princeton UP, 2000), 140 – 2.

Ian Worthington, *Athens after Empire*, 302 – 31.

필로스트라토스의《현자들의 생애》(1, 25)는 제우스 신전 개관에서 연설한 지식인이 스미르나(지금의 튀르키예 이즈미르) 출신의 폴레모Polemo였다고 기록했으며, 스타에 매료된 작가는 파우사니아스의《그리스 안내》(1, 18)에 있다. 역법曆法에 관해서는 시어Shear의 논문이 논의하고 있다. 아테네의 지역 상류층의 역할에 대해서는 로저스Rogers의 논문이 간략하게 검토했다. 판테온 안의 하드리아누스 초상에 대해서는 파우사니아스의《그리스 안내》(1, 24)에 기록됐다.

Julia L. Shear, 'Hadrian, the Panathenaia, and the Athenian Calendar', *Zeitschrift fur Papyrologie und Epigraphik* 180 (2012), 159 – 72.

Dylan K. Rogers, 'Roman Athens', in *The Cambridge Companion to Ancient Athens*, ed. by Jenifer Neils and Rogers (Cambridge UP, 2021), 421 – 36 (esp. 430 – 2).

황제의 여행 일반에 대한 표준적인 연구로는 하프만Halfmann의 책이 있지만, 그는 또한 간략한 영어 논문도 썼다. 티베리우스가 로도스섬으로 떠난 것에 대해서는 수에토니우스의 그의 전기(10)가 다양한 이유를 제시했다.

Helmut Halfmann, *Itinera principum; Geschichte und Typologie der Kaiserreisen im Romischen Reich* (Frank Steiner, 1986).

Helmut Halfmann, 'Imperial Journeys', in *The Roman Emperor and his Court*, edited by Kelly and Hug (위, '총설'), vol. I, 267 – 87.

네로의 그리스 방문에 대한 주요 문헌 기록은 수에토니우스의 네로 전기(19 및 22-24)와 카시우스 디오의 책(62, 8-18)이 있고, 올콕Alcock의 논문과 말릭Malik의 논문은 좋은 현대의 논의들이다.《네로》(또는《지협 굴착》)라는 적대적인 책은 2세기의 풍자가 루키아노스가 썼다고 하지만, 거의 틀림없이 그의 작품이 아니다. 이에 대해서는 휘트마시Whitmarsh가 자신의 논문에서 명확하게 분석하고 있다. 운하를 위해 네로가 한 작업 가운데 남아 있는 것은 페트그루Pettegrew의 책이 추적했다. 그리스에 자유를 준다는 연설 내용과 그 반향은 셔크Sherk의 책에 번역돼 있으며, 영어와 그리스어 원문을 온라인(https://www.judaism-and-rome.org/nero-and-freedom-greece)에서 볼 수 있다. 플루타르코스의 플라미니누스Flamininus 전기(10)는 이전의 그리스 자유 선포를 기록하고 있다.

Susan Alcock, 'Nero at Play? The Emperor's Grecian Odyssey', in *Reflections of Nero, edited by Elsner and Masters* (위, '3장'), 98 – 111.

Shushma Malik, 'An Emperor's War on Greece: Cassius Dio's Nero', in *Emperors and Political Culture in Cassius Dio's Roman History*, ed. by Davenport and Mallan (위, '총설'), 158 – 76.

Tim Whitmarsh, 'Greek and Roman in Dialogue: the Pseudo-Lucianic Nero', *Journal of Hellenic Studies* 119 (1999), 142 – 60.

David Pettegrew, *The Isthmus of Corinth: Crossroads of the Mediterranean World* (University of Michigan Press, 2016), 166 – 205.

Robert K. Sherk, *The Roman Empire from Augustus to Hadrian* (위, '4장'), no. 71.
게르마니쿠스의 이집트 방문은 타키투스의 《연대기》(2, 59-61)에서 논의하고 있고, 최근의 분석으로는 켈리Kelly의 논문이 있다. 카시우스 디오의 책(54, 7)은 피를 토하는 조각상을 기록하고 있고, 플루타르코스가 썼다고 하는 책《로마의 격언 Apophthegmata Romana》('Caesar Augustus' 13)은 그의 아테네에 대한 분노를 인용하고 있다. 아우구스투스가 알렉산드로스의 코를 깬 이야기는 카시우스 디오의 책 (51, 16)에 기록됐다.

Benjamin Kelly, 'Tacitus, Germanicus and the Kings of Egypt', *Classical Quarterly* 60 (2010), 221 – 37.

엘리자베스 1세 시대의 군소 귀족은 헨리 리Henry Lee로, 그는 로버트 세실Robert Cecil에게 보낸 편지(1600년 6월 13일자)에서 여왕의 방문을 반대했다. 이전에 여왕을 접대한 적이 있음에도 불구하고(또는 아마도 있기 때문에) 말이다. 이 접대(그리고 거절)는 심프슨Simpson의 책에서 논의했다. 카라칼라의 요구는 카시우스 디오의 책 (78, 9)에서 비판했다. 알렉산데르 세베루스의 임박한 방문의 증거는 토머스Thomas 와 클라리스Clarysse의 논문, 판 미넨Van Minnen과 소신Sosin의 논문에서 논의됐다. 리스Rees의 책에는 파노폴리스 파피루스에 대한 유용한 안내가 있고, 약간의 편리한 번역(no. 21)도 있다. 본래의 문서들은 스킷Skeat의 책에 실려 출간됐다. 황제의 방문과 관련된 이야기는 파피루스 첫 권에 있다.

Sue Simpson, *Sir Henry Lee (1533–1611): Elizabethan Courtier* (Ashgate, 2014).

J. David Thomas and W. Clarysse, 'A Projected Visit of Severus Alexander to Egypt', *Ancient Society* 8 (1977), 195 – 207.

Peter Van Minnen and Joshua D. Sosin, 'Imperial Pork: Preparations for a Visit of Severus Alexander and Iulia Mamaea to Egypt', *Ancient Society* 27 (1996), 171 – 81.

Roger Rees, *Diocletian and the Tetrarchy* (Edinburgh UP, 2004), 33 – 6.

T. C. Skeat, *Papyri from Panopolis in the Chester Beatty Library Dublin* (Chester Beatty Monographs 1, 1964).

황제의 군사적 역할은 캠벨Campbell의 책이 충분히 다루었다. '사람을 죽이는 전쟁'이라는 말은 《시빌라의 신탁Oracula Sibyllina》 12권(19-23행)에서 사용된 말이다. 이 낯선 고대 문학 분야와 특히 이 구절은 포터Potter의 책에서 논의했다. 《시빌라의 신탁》에 대한 완전히 믿음이 가지는 않는 옛 번역은 온라인(https://www.sacred-texts.com/cla/sib/index.htm)으로 볼 수 있다.

J. B. Campbell, *The Emperor and the Roman Army, 31 BC to AD 235* (Oxford UP, 1984).

David Potter, *Prophets and Emperors: Human and Divine Authority from Augustus to Theodosius* (Harvard UP, 1994), 71-97, 99-110, 137-45 (esp. 140-1).

특정 군사원정의 배경은 위의 '총설'에서 인용한 일반사 책들에서 찾을 수 있다. 개별 황제들의 고대 전기에 언급된 군사적 업무 외에 다음을 주목하라. 타키투스의 《연대기》(1, 11)는 티베리우스에 대한 아우구스투스의 충고를 적고 있다. 변경의 유동성은 체리Cherry의 논문에서 논의됐다. 하드리아누스 장성의 기능을 둘러싼 논쟁에 대해서는 힝글리Hingley의 책이 간단히 요약했다. 유피테르의 '한계 없는 제국' 예언은 베르길리우스의 《아이네이스》(1, 279)에 나와 있다. 스미스Smith의 논문은 에페소스의 '안토니누스 대제단大祭壇'에 대한 분명한 설명을 제공한다. '대전략'이라는 말은 루트왁Luttwak의 한때 영향력 있던 책에서 빌려왔다. 로마인의 상상력(그리고 정치) 속에서 브리타니아의 역할은 브론드Braund의 책에서 잘 논의됐다. 카시우스 디오의 책(60, 19-22)은 병사들의 망설임, 격려 연설, 클라우디우스와 코끼리의 소환 등 침략에 관한 기록을 제공한다. 브리튼섬의 '로마화'에 대한 타키투스의 냉소적인 평가는 그의 《아그리콜라 전기De vita Iulii Agricolae》(21)에 있다.

David Cherry, 'Frontier Zones', in *The Cambridge Economic History of the Gre-*

co-Roman World, ed. by Scheidel et al. (위, '6장'), 720 – 40.

Richard Hingley, *Hadrian's Wall: A Life* (Oxford UP, 2012), 298 – 9.

Roland R. R. Smith, 'The Greek East Under Rome', in *A Companion to Roman Art*, ed. by Barbara E. Borg (Blackwell, 2015), 471 – 95 (esp. 476 – 7).

Edward N. Luttwak, *The Grand Strategy of the Roman Empire: From the First Century CE to the Third* (revised ed., Johns Hopkins UP, 2016, originally published, 1979).

David Braund, *Ruling Roman Britain: Kings, Queens, Governors and Emperors from Julius Caesar to Agricola* (Routledge, 1996).

암미아누스 마르켈리누스Ammianus Marcellinus의 《역사Res Gestae》(16, 10)는 357년 콘스탄티우스Constantius 2세 황제가 처음 로마에 왔을 때 트라야누스 포룸으로부터 받은 충격에 대해 묘사한다. 트라야누스의 파르티아 원정은 베넷Bennett의 책에서 검토됐다. 카시우스 디오의 책(68, 17-3)은 이 원정의 자초지종과 그 동기를 다루었고, 주요 증거를 상세하게 제시했다.

Julian Bennett, *Trajan Optimus Princeps* (위, '2장'), 183 – 204.

플리니우스의 〈찬양 연설〉(15)은 '콤밀리티오'('같은 군인')로서의 트라야누스를 자랑스러워한다. 디온 크리소스토모스의 목자의 비유는 《연설집》(1, 28)에 있다. 악티온 해전에서의 옥타비아누스(아우구스투스)에 대한 베르길리우스의 이미지는 《아이네이스》(8, 678-81)에 있으며, 그 실상은 스트라우스Strauss의 책이 설명했다. 트라야누스가 즉흥적으로 붕대를 만든 이야기, 셉티미우스 세베루스와 물 이야기는 카시우스 디오의 책(68, 8 및 75, 2)에서 언급되었으며, 카라칼라의 긍정적인 군사적 자질에 대한 이야기는 헤로디아노스의 《로마사》(4, 7)에 나온다. 하드리아누스 황제가 람바이시스에서 한 연설 전문과 번역은 슈파이델Speidel의 책에서 찾아볼 수 있다.

Barry Strauss, *The War that Made the Roman Empire* (위, '1장'), 183 - 6.

Michael P. Speidel, *Emperor Hadrian's speeches to the African Army—a new Text* (Romisch-Germanischen Zentralmuseum, 2006).

개선식의 역사와 의식에 관한 상세한 내용(가짜 승리 포함)에 대해서는 나의 책에서 충분히 논의했다. 네로의 의식은 카시우스 디오의 책(62, 20)과 함께 수에토니우스의 네로 전기(25)에 묘사돼 있다. 로마의 풍자가 페르시우스Persius의 《풍자집》(6, 43-7)은 칼리굴라의 아내가 이른바 포로를 위한 옷을 주문했다는 농담을 한다. 도미티아누스의 가짜 승리는 플리니우스의 〈찬양 연설〉(16), 타키투스의 《아그리콜라 전기》(39), 카시우스 디오의 책(67, 7)에서 비판을 받았다. 트라야누스의 사후 의식은 《아우구스투스의 역사》 중 하드리아누스 전기(6)에 언급돼 있다.

Mary Beard, *The Roman Triumph* (위, '1장').

방문할 곳

아테네의 몇몇 하드리아누스 기념물은 아직도 볼 수 있다. 현대의 모나스티라키 광장 부근의 하드리아누스 도서관 유적은 매일 개방된다. 다만 본래의 영화를 다시 더듬어보려면 약간의 상상력이 필요하다. 그러나 아크로폴리스 바로 동쪽의 올림포스 제우스 신전의 거대한 기둥을 놓칠 수는 없다. 가까이에서 보기 위해 돈을 내는 선택은 하지 않는다 하더라도 말이다. 하드리아누스의 문(또는 아치)은 거리를 바로 벗어나 가까이에 있다.

9장

두 '황제의 꿈'은 모두 아르테미도로스의 《꿈의 해석Oneirokritika》(4, 31)에서 가져왔다. 죽음의 예언 역시 같은 책(2, 30)에 있다. 토네만Thonemann의 책은 이 편람

(Oxford World's Classics 총서에 마틴 해먼드Martin Hammond의 좋은 현대어 번역이 있다) 에서의 황제의 역할을 논의한다. 트림블Trimble의 논문은 조각상과 수에토니우스 의 묘사 사이의 차이에 관한 정교한 논의다. 현대의 로마 황제 이미지 이용의 긴 역 사는 내 책의 주요 주제다. 이 책은 또한 여기서 간단하게 다룬 고대의 황제 '초상' 조각상(특히 율리우스 카이사르를 묘사한 것으로 생각된 서로 다른 고대의 조각상) 확인에 관한 몇 가지 문제를 상세히 논의한다.

Peter Thonemann, *An Ancient Dream Manual: Artemidorus' The Interpretation of Dreams* (Oxford UP, 2020), 198 – 204.

Jennifer Trimble, 'Corpore enormi: the Rhetoric of Physical Appearance in Suetonius and Imperial Portrait Statuary', in *Art and Rhetoric in Roman Culture*, ed. by Jaś Elsner and Michel Meyer (Cambridge UP, 2014), 115 – 54.

Mary Beard, *Twelve Caesars: Images of Power from the Ancient World to the Modern* (Princeton UP, 2021).

율리우스 카이사르의 여러 조각상은 카시우스 디오의 책(44, 4)에 언급됐는데, 라 우비첵Raubitschek의 논문과 회이테Højte의 책은 그 대좌를 검토했다. 아우구스투스 초상의 목록을 제시한 권위 있는 책은 보슝Boschung의 것이다. 페이퍼Fejfer의 책은 바우트Vout의 책, 우드Wood의 논문과 함께 황제 초상의 이데올로기, 제작, 재제작, 전시에 대한 개관을 제공한다. 안도Ando의 책은 황제 초상의 사회적·정치적 중요 성에 초점을 맞춘다. 모형의 역할과 상세한 머리 모양을 통해 묘사 대상과 일치시 키는 것의 역할은 스미스Smith의 논문(보슝의 목록에 대한 반응이었다), 바우트의 논 문(몇몇 회의적인 문제를 제기했다), 핏셴Fittschen의 논문(박식하지만 약간 까탈스러우며, 바우트의 논문에 대한 반응이었다)에서 논의됐다.

Antony E. Raubitschek, 'Epigraphical Notes on Julius Caesar', *Journal of Roman Studies* 44 (1954), 65 – 75.

Jakob Munk Højte, *Roman Imperial Statue Bases: From Augustus to Commodus* (Aarhus UP, 2005), 97.

Dietrich Boschung, *Die Bildnesse des Augustus* (Gebr. Mann, 1993).

Jane Fejfer, *Roman Portraits in Context* (Walter de Gruyter, 2008), 373 – 429.

Caroline Vout, *Exposed: The Greek and Roman Body* (Profile, 2022), 235 – 68.

Susan Wood, 'Portraiture', in *The Oxford Handbook of Roman Sculpture*, ed. by Elise A. Friedland et al, (Oxford UP, 2015), 260 – 75.

Clifford Ando, *Imperial Ideology and Provincial Loyalty in the Roman Empire* (University of California Press, 2000), 206 – 45.

R. R. R. Smith, 'Typology and Diversity in the Portraits of Augustus', *Journal of Roman Archaeology* 9 (1996), 30 – 47.

Caroline Vout, 'Antinous, Archaeology and History', *Journal of Roman Studies* 95 (2005), 80 – 96.

Klaus Fittschen, 'The Portraits of Roman Emperors and their Families', in *The Emperor and Rome*, edited by Ewald and Norena (위, '1장'), 221 – 46.

하드리아누스의 친구는 아리아노스Arrianós로, 그의 《흑해 주항기Períplous toû Euxeínou Póntou》(2)에 나온다(에이든 리들Aidan Liddle의 번역본이 2003년 Bristol Classical Press에서 나왔다). 폴리니Pollini의 책은 논란이 많은 두 점의 조각상에 대한 여러 주장을 정리했다. 하드리아누스의 수염에 대한 서로 다른 설명은 쟁커Zanker의 책, 부트Vout의 논문, 오퍼Opper의 책(수염이 있는 유명한 하드리아누스 조각상에 초점을 맞추었는데, 그것은 잘못 복원된 것으로 드러나고 있다)에서 검토했다.

John Pollini, *The Portraiture of Gaius and Lucius Caesar* (Fordham UP, 1987), 100 and 101.

Paul Zanker, *The Mask of Socrates* (University of California Press, 1996), 217 – 33.

Caroline Vout, 'What's in a Beard? Rethinking Hadrian's Hellenism', *Rethinking Revolutions Through Ancient Greece*, ed. by Simon Goldhill and Robin Osbourne (Cambridge UP, 2006), 96 – 123.

Thorsten Opper, *Hadrian* (위, '4장'), 69 – 72.

리비아의 초상은 바트만Bartman의 책에 수집돼 있다. 여성 초상에서 가발의 역할은 애커스Ackers의 논문에서 검토됐다. 스미스의 1985년 논문은 황실 여성의 초상이 황제의 것을 본떴다는 몇몇 사례를 제공한다(214-15). 벨레이아에서 발견된 황실 조각상 전체는 로즈Rose의 책에서(위 '총설'의 Kelly and Hug, vol. II, no. 5.7에는 위치도가 있다), 메살리나의 조각상은 우드Wood의 논문에서 논의됐다(그리스의 원형에 대해서는 에이미 스미스Amy C. Smith의 책에서 논의했다).

Elizabeth Bartman, *Portraits of Livia: Imaging the Imperial Woman in Augustan Rome* (Cambridge UP, 1999).

Helen I. Ackers, 'The Representation of Wigs in Roman Female Portraiture of the Late 2nd to 3rd Century ad', *BABESCH* 94 (2019), 211 – 34.

R. R. R. Smith, 'Roman Portraits: Honours, Empresses, and Late Emperors', *Journal of Roman Studies* 75 (1985), 209 – 21.

C. Brian Rose, *Dynastic Commemoration and Imperial Portraiture in the Julio-Claudian Period* (Cambridge UP, 1997), 121 – 6.

Susan E. Wood, 'Messalina, Wife of Claudius: Propaganda Successes and Failures of his Reign', *Journal of Roman Archaeology* 5 (1992), 219 – 34 (esp. 219 – 30).

Amy C. Smith, *Polis and Personification in Classical Athenian Art* (Brill, 2011), 110 – 12.

아프로디시아스의 조각(그리고 건축의 역사)은 스미스R. R. R. Smith의 책에서 상세하게 정리됐다(네로와 아그리피나가 있는 조각판은 no. A1). 황제의 돋을새김 조각은 R. R. R. 스미스의 1987년 논문에서 더 간략하게 논의됐다. '특징적인 정복'은 스미스의 책(142)에 나오는 말이다. 스미스는 또 다른 논문(2021)에서 아그리피나와 네로를 보여주는 카메오에 관해 논의한다. 나는 내 책에서 황후와 신 사이의 구성상의 얼버무림을 더 탐구했다.

R. R. R. Smith, *The Marble Reliefs from the Julio-Claudian Sebasteion (Aphrodisias VI)* (Philipp von Zabern, 2013).

R. R. R. Smith, 'The Imperial Reliefs from the Sebasteion at Aphrodisias', *Journal of Roman Studies* 77 (1987), 88 – 138.

R. R. R. Smith, 'Maiestas Serena' (위, '4장'), no. 39.

Mary Beard, *Twelve Caesars*, 247 – 9.

콜체스터에서 나온 황금 장식판(현재 영국박물관에 있다)은 존스Johns의 책에서 간단하게 논의했다. 리비아의 도박용품은 배럿Barrett의 책에서 설명되고 있다. 다멘Dahmen의 책은 황실의 많은 장신구를 검토하고 있다. 이집트 신전에서의 황제의 역할과 묘사는 미나스-네르펠Minas-Nerpel의 논문에서 논의되고 있다. 마르쿠스 아우렐리우스 조각상의 잘못된 비정은 스튜어트Stewart 논문의 한 주제다.

Catherine Johns, *The Jewellery of Roman Britain: Celtic and Classical Traditions* (UCL Press, 1996), 191.

Anthony A. Barrett, *Livia: First Lady of Imperial Rome* (Yale UP, 2002), 263 – 4.

Dahmen, *Untersuchungen* (위, '프롤로그').

Martina Minas-Nerpel, 'Egyptian Temples' in *The Oxford Handbook of Roman Egypt*, ed. by Christina Riggs (Oxford UP, 2012), 362 – 82.

Peter Stewart, 'The Equestrian Statue of Marcus Aurelius', in *A Companion to Marcus Aurelius*, ed. by van Ackeren (above, 'Chapter 5'), 264 – 77.

프론토의 《마르쿠스에게 보낸 편지》(4, 12)에는 그림(또는 채색된 조각상)에 대한 언급이 있고, 이는 데븐포트Davenport와 맨리Manley의 책에 나와 있다. 플리니우스의 《박물지》(35, 51)는 네로의 그림에 관한 이야기를 하고 있고, 헤로디아노스의 《로마사》(5, 5)는 엘라가발루스의 그림을 설명한다. 남아 있는 셉티미우스 세베루스 가족의 그림은(좀 미덥지 않지만 파피루스 증거와 함께) 매슈스Mathews와 멀러Muller의 책에서 논의된다. 롤런드슨Rowlandson의 책은 파피루스 일부에 대해 정확한 번역을 했다. '비교적 조악'은 엘스너Elsner의 책에서 내린 판단이며, '예외적인 품질'은 매슈스의 판단(74)이다.

Caillan Davenport and Jennifer Manley, *Fronto* (위, '4장'), no. 24.

Thomas F. Mathews and Norman E. Muller, *The Dawn of Christian Art* (J. Paul Getty Museum, 2016), 74 – 83.

Jane Rowlandson, *Women and Society in Greek and Roman Egypt: A Sourcebook* (Cambridge UP, 1998), no. 44.

Jaś Elsner, *The Art of the Roman Empire* (2nd ed., Oxford UP, 2018), 51.

거대한 네로의 조각상은 배럿Barrett의 책과 앨버트슨Albertson의 논문에서 논의되었다. 플리니우스의 거상에 대한 찬탄은 그의 《박물지》(34, 45-47)에 표현돼 있다. 카시우스 디오(65, 15)는 티투스의 초상을 언급했고(다만 조각상은 실제로 베스파시아누스 치세에 처음 세워졌다고 주장한다), 《아우구스투스의 역사》의 하드리아누스 전기(19)는 그 재배치를 언급하고 있으며, 헤로디아노스의 《로마사》(1, 15), 카시우스 디오의 책(73, 22), 《아우구스투스의 역사》 콤모두스 전기(17)는 콤모두스에 의한 수정을 이야기한다. 도미티아누스의 거대한 조각상은 스타티우스의 《실바이》(1, 1)의 주제이며, 뉴랜즈Newlands의 책과 노케라Nocera의 논문에서 논의됐다.

Barrett, *Rome is Burning* (위, '4장'), 199 – 201.

Fred C. Albertson, 'Zenodorus's "Colossus of Nero"', *Memoirs of the American*

Academy in Rome 46 (2001), 95 – 118.

Newlands, *Statius' Silvae* (위, '3장'), 51 – 73.

Daira Nocera, 'Legacy Revisited: Augustus and Domitian in the Imperial Fora and the Roman Forum', in *Domitian's Rome and the Augustan Legacy*, ed. by Raymond Marks and Marcello Mogetta (University of Michigan Press, 2021), 57 – 75 (esp. 65 – 74).

아우구스투스는 〈업적〉에서 은 조각상을 언급하고, 마르쿠스 아우렐리우스와 루키우스 베루스의 거부는 한 새김글(*Die Inschriften von Ephesos* I no. 25)에 기록됐다. 이것은 온라인에서 충분히 논의됐지만 완전한 번역은 없다(https://www.juda-ism-and-rome.org/re-casting-imperial-imagesephesus-under-marcus-aurelius). 거대한 조각상들에 대한 핵심적인 질문은 그것이 황제의 생전에 만들어졌느냐 하는 것이다. 예를 들어 아우구스투스 포룸의 실물보다 큰 전차에 탄 아우구스투스 조각상의 경우에는 분명히 사실이지만, 남아 있는 일부 잔편을 비롯한 다른 조각상들은 그가 죽은 뒤에야 세워졌다. 마르티알리스의 《풍자시집》(8, 44)은 그의 치세 동안에 세워진 거상을 이야기하고 있는 듯하다. 지금은 그 대좌에 대한 고대의 복제물로만 알려진 티베리우스의 거대한 조각상의 복잡한 역사는 안도Ando의 책에서 검토되고 있다. 러틀리지Rutledge의 책은 거상의 기괴함을 검토한다.

Clifford Ando, *Imperial Ideology and Provincial Loyalty*, 311.

Steven Rutledge, *Ancient Rome as a Museum* (위, '4장'), 215 – 20.

초상의 '제거'는 스튜어트Stewart의 책에서 논의됐다. 배설물의 신화는 매슈스Mathews와 멀러Muller의 책에서 일축됐다. 메로에 두상은 오퍼Opper의 책에서 깊숙하게 탐구됐다. 콘스탄티누스 개선문의 하드리아누스 돋을새김에 관한 논의는 위 '7장'에서 언급했다. 스타티우스 《실바이》(1, 1, 84-7)는 카이사르의 머리에 관한 농담을 한다. 황제 조각상의 재조각은 워너Warner 편서의 주요 주제다. 목록에는 많은 개별 사례들이 설명돼 있다.

Peter Stewart, *Status in Roman Society: Representation and Response* (Oxford UP, 2003), 267 – 90.

Thomas F. Mathews and Norman E. Muller, *The Dawn of Christian Art*, 80.

Thorsten Opper, *The Meroe Head* (British Museum Press, 2014).

Eric R. Warner ed., *From Caligula to Constantine: Tyranny and Transformation in Roman Portraiture* (Michael C. Carlos Museum, Emory University, 2000), esp. 9 – 14.

오토가 대좌 위에 올려졌다는 이야기는 타키투스의《역사Historiae》(1, 36)에, 칼리드로모스의 곤경 이야기는 플리니우스《서간집》(10, 74)에 나온다. 인식된 황제 조각상의 힘은 프라이스Price의 책과 안도Ando의 책(주화의 초상에도 초점을 맞추었다)에서 논의됐으며, 구체적인 전거는 관련 고대 전기들에서 발견할 수 있다. 아쿠아트라베르사에서 나온 황제 초상 모음은 페이퍼Fejfer의 책에서 검토됐으며, 마스트로도나토Mastrodonato의 논문에서 충분히 논의됐다.

S. R. F. Price, *Rituals and Power: The Roman Imperial Cult in Asia Minor* (Cambridge UP, 1984), 191 – 205.

Clifford Ando, *Imperial Ideology and Provincial Loyalty*, 206 – 39.

Jane Fejfer, *Roman Portraits*, 422 – 5.

Valentina Mastrodonato, 'Una residenza imperiale nel suburbio di Roma: La villa di Lucio Vero in localita Acquatraversa', *Archeologia Classica* 51 (1999 – 2000), 157 – 235.

방문할 곳

대부분의 주요 박물관은 로마 황제의 흉상을 적어도 몇 개씩 소장하고 있다. 가장 인상적인 모음 가운데 하나는 카피톨리노 박물관의 '황제들의 방'이다. 율리우스 카이사르 이후 황제와 그 아내들이 늘어서 있는데, 1730년대에 처음으로 모아 정리했다. 헤라클레스의 모습을 한 유명한 콤모두스 조각상과 마르쿠스 아우렐리우스 기마상은 모두 이 박물관의 다른 곳에 전시됐다. 프리마 포르타Prima Porta의 리비아 별장에서 나온 아우구스투스 조각상은 현재 바티칸 박물관에 있다.

로마 바깥에서는 벨레이아에서 나온 조각상들이 이탈리아 북부 파르마 고고학박물관에 있다. 아프로디시아스에서 나온 조각품들은 튀르키예 서남부 유적지의 박물관에 있다. 덴두르Dendur 신전에서 나온, 아우구스투스를 보여주는 돌을새김 조각은 현재 뉴욕 메트로폴리탄 박물관에 있다.

10장

휘턴Whitton의 논문은 풍자문에 대한 훌륭한 안내자다. 죽음과 임종 시의 말은 통상 관련 고대 전기(거기서는 그것들이 흔히 주요 주제다)에서 찾을 수 있다. 서투른 퇴위를 한 사람은 비텔리우스이며, 타키투스의 《역사》(3, 68-70), 수에토니우스의 비텔리우스 전기(15)에 나온다. 율리아 돔나가 유골을 받고 자살한 것은 헤로디아노스의 《로마사》(4, 13)에 나오는 이야기의 한 변형이며, 러빅Levick의 책에서는 서로 다른 기록들이 논의된다.

Christopher L. Whitton, 'Seneca, Apocolocyntosis' in *A Companion to the Neronian Age*, ed. by Emma Buckley and Martin Dinter (Blackwell, 2013), 151–69.

Barbara Levick, *Julia Domna: Syrian Empress* (Routledge, 2007), 105–6.

공화국 장례식의 주요 증거는 폴리비오스의 《역사Historiai》(6, 53-4)이며, 나의 공저서에 번역이 있다(페르티낙스의 장례 의식에 관한 카시우스 디오의 책 75, 4-5의 기록

번역이 있다). 장례 의식은 플라워Flower의 논문에서 논의됐다. 아우구스투스의 장례식은 카시우스 디오의 책(56, 34-43)과 수에토니우스의 아우구스투스 전기(100)에 묘사됐다. 헤로디아노스의《로마사》(4, 2)는 셉티미우스 세베루스의 장례식을 자세히 설명했다. 에발트Ewald와 노레나Norena의 편서에 있는 담브라D'Ambra의 논문과 아르세Arce의 논문은 장례식의 서로 다른 양상을 논의한다.

Mary Beard et al., *Religions of Rome*, vol. II (위, '4장'), no. 9.3.

Harriet I. Flower, 'Spectacle and Political Culture in the Roman Republic', in *The Cambridge Companion to the Roman Republic*, ed. by Flower (Cambridge UP, 2004), 331 – 7.

Eve D'Ambra, 'The Imperial Funerary Pyre as a Work of Ephemeral Architecture' and Javier Arce, 'Roman Imperial Funerals in effigie', in *The Emperor and Rome*, eds. by Ewald and Norena (위, '1장'), 289 – 308 and 309 – 23.

황제의 무덤은 데이비스Davies가 쓴 책의 중심 주제다. 보트라이트Boatwright의 책과 오퍼Opper의 책은 하드리아누스 영묘에 초점을 맞춘다. 황제 비문들의 원문은 Corpus Inscriptionum Latinarum에서 찾을 수 있다(887 및 992는 중세 필사본으로만 알려져 있고, 아그리피나 비문 번역은 헤멀레이크Hemelrijk의 책에서 찾을 수 있다).

Penelope J. E. Davies, *Death and the Emperor* (위, '2장').

Mary Taliaferro Boatwright, *Hadrian and the City of Rome* (위, '7장'), 161 – 81.

Thorsten Opper, *Hadrian* (위, '4장'), 208 – 16.

Corpus Inscriptionum Latinarum (위, '총설') VI, 886 및 40372 (아그리피나), 887 (티베리우스), 992 (콤모두스).

Emily A. Hemelrijk, *Women and Society in the Roman World: A Sourcebook of Inscriptions from the Roman West* (Cambridge UP, 2020), 304.

황제의 신격화와 황제 숭배 일반은 현대의 로마제국 연구의 주요 주제였다. 나의 공저서는 이 주제에 관한 일반적인 안내를 제공한다. 프라이스Price의 논문은 황제의 장례식과 신격화 의식에 대한 분석에서 획기적이었다. 동방 제국의 황제 숭배를 분석한 그의 저서도 마찬가지였는데, 이 책은 이 지역의 이전 왕들 치하의 선례 역시 고찰했다. 그라델Gradel의 책은 로마와 이탈리아에 초점을 맞추었다. 타키투스는 《연대기》(15, 23)에서 신격화된 아기 클라우디아에게 아첨하는 것을 개탄했다. 새로운 신의 승천 목격은 카시우스 디오의 책(56, 46 및 59, 11)에 언급됐으며(후자는 드루실라를 기린 것이었다), 두 경우 모두 돈으로 보상했음을 언급한다.

Mary Beard et al., *Religions of Rome*, vol. I, 206 – 10 and 348 – 63.

Simon Price, 'From Noble Funerals to Divine Cult: the Consecration of Roman Emperors', in *Rituals of Royalty: Power and Ceremonial in Traditional Societies*, ed. by David Cannadine and Price (Cambridge UP, 1987), 56 – 105.

S. R. F. Price, *Rituals and Power* (위, '9장').

Ittai Gradel, *Emperor Worship and Roman Religion* (Oxford UP, 2004).

황제와 그 가족에 대한(또는 그들을 대신한) 희생제 일정표는 나의 공저서에 번역돼 있다(두라에우로포스에서 나온 달력이다). 지방 총독의 부추김은 한 새김글에 기록돼 있는데, 이는 셔크Sherk의 책에 번역돼 있고 온라인에도 번역문과 충분한 논의가 있다. 부디카 반란에서의 황제 숭배의 역할은 타키투스의 《연대기》(14, 31)에서 주장됐다(다만 피시윅Fishwick의 논문은 이를 둘러싼 몇 가지 불확실성을 탐구한다).

Mary Beard et al., *Religions of Rome*, vol. II, nos. 3.3b and c, 3.4 and 3.5.

Robert K. Sherk, *Rome and the Greek East* (위, '프롤로그'), no. 101. (https://www.judaism-and-rome.org/augustus%E2%80%99s-birthday-andcalendar-reform-asia)

Duncan Fishwick, 'The Temple of Divus Claudius at Camulodunum', *Britan-*

nia 26 (1995), 11 – 27.

전통적인 로마 토속 종교의 성격에 관한 유용한 개관은 나의 책, 샤이트Scheid의 책, 루프케Rupke의 책 등에 있다. 나는 내 논문에서 사제에 대해 꼼꼼하게 살펴보았다. 까다로운 난제 일부는 프라이스Price의 책과 논문들(하나는 희생제의 정확한 관례에 관한 것이고, 다른 하나는 용어에 관한 것이다)에서, 리빈Levene의 논문(신과 인간의 경계에 관한 것이다)에서, 워들Wardle의 논문(구분을 분명하게 하려는 하나의 시도다)에서 상세하게 논의됐다. 나는 헨더슨Henderson과 함께 다루기 힘든 신격화의 시각적 이미지를 탐구했다.

Mary Beard et al., *Religions of Rome*, vols. I and II.

John Scheid, *The Gods, The State and The Individual: Reflections on Civic Religion in Rome* (University of Pennsylvania Press, 2015).

Jorg Rupke, *Pantheon: A New History of Roman Religion* (Princeton UP, 2018).

Mary Beard, 'Priesthood in the Roman Republic', in *Pagan Priests: Religion and Power in the Ancient World* (Duckworth, 1990), 17 – 48.

S. R. F. Price, *Rituals and Power* (위, '9장'), 207 – 33.

S. R. F. Price, 'Between Man and God: Sacrifice in the Roman Imperial Cult', *Journal of Roman Studies* 70 (1980), 28 – 43 .

S. R. F. Price, 'Gods and Emperors: the Greek Language of the Roman Imperial Cult', *Journal of Hellenic Studies* 104 (1984), 79 – 95

D. S. Levene, 'Defining the Divine in Rome', in *Transactions of the American Philological Association* 142 (2012), 41 – 81.

David Wardle, 'Deus or Divus: The Genesis of Roman Terminology for Deified Emperors' in *Philosophy and Power in Graeco-Roman World*, ed. by Gillian Clark and Tessa Rajak (Oxford UP, 2002), 181 – 92.

Mary Beard and John Henderson, 'The Emperor's New Body: Ascension from Rome', in *Parchments of Gender: Deciphering the Bodies of Antiquity*, ed. by Maria Wyke (Oxford UP, 1998), 191 – 220.

메이어르Meijer의 책은 율리우스 카이사르에서부터 5세기까지 모든 황제의 죽음을 묘사한 대중서다. 클라우디우스의 마지막 말에 대한 패러디는 세네카의 〈아포콜로킨토시스〉(4)에 있다. 카시우스 디오의 책(77, 15 및 17)은 셉티미우스 세베루스의 마지막 말을 기록했고, 다른 부분(78, 2)에서는 게타의 마지막 말을 적었다. 카시우스 디오의 책(56, 30)은 아우구스투스가 죽으면서 한 말을 인간에 대한 냉소로 해석한 듯하다. 워들Wardle의 논문은 그의 죽음을 완벽한 공연으로 보고 있다.

Fik Meijer, *Emperors Don't Die in Bed* (Routledge, 2004).

방문할 곳
로마의 아우구스투스 영묘는 현재 대중에게 개방되지 않고 있지만, 하드리아누스 영묘(산탄젤로성)는 정규적으로 방문자에게 개방되고 있다.

에필로그

알렉산데르 세베루스의 죽음에 관해서는 헤로디아노스의 《로마사》(6, 8-9)와 《아우구스투스의 역사》 중 알렉산데르 세베루스 전기(59-62)가 자세히 전하고 있다 (그가 살해된 곳을 브리타니아로 제시하고 있다). 페인터Painter와 화이트하우스Whitehouse의 논문은 로마의 무덤 후보지를 논의한다. 알렉산데르 세베루스 사후 시기의 사건들은 위의 '총설' 아래 인용된 몇몇 이야기체 역사에 나와 있다. 3세기 '위기'의 문제(심지어 위기가 있었는지의 여부까지도)는 수십 년 동안 논쟁이 이루어졌다. 헥스터Hekster 등의 편서는 서로 다른 접근법과 해답을 맛볼 수 있게 해준다. 샤푸르 돋을새김의 간략한 배경은 다리야이Daryaee의 논문에서 찾을 수 있다. 켈리Kelly의 논문은 황제의 '우리 가운데 하나' 방식과의 단절이 흔히 제시됐던 것처럼 급격하지 않았다고 주장한다.

Kenneth Painter and David Whitehouse, 'The Discovery of the Vase', *Journal of Glass Studies* 32 (1990), 85 – 102.

Olivier Hekster et al. eds., *Crises and the Roman Empire* (Brill, 2007).

Touraj Daryaae, 'The Sasanian Empire (224 – 51 CE)', in *The Oxford Handbook of Iranian History*, ed. by Daryaae (Oxford UP, 2012), 187 – 207 (esp. 189 – 90).

Christopher Kelly, 'Pliny and Pacatus: Past and Present in Imperial Panegyric' in *Contested Monarchy: Integrating the Roman Empire in the Fourth Century ad*, ed. by Johannes Wienand (Oxford UP, 2015), 215 – 38.

나는 기독교도 수에 관한 설명을 홉킨스Hopkins의 논문을 바탕으로 했다. 여기에는 케이트 쿠퍼Kate Cooper의 유용한 발문(481-7)이 있는데, 나는 '너무 속 끓이지 말고'라는 구절을 또한 여기서 빌렸다. 네로의 기독교도에 대한 처우는 타키투스의 《연대기》(15, 44)에 묘사돼 있다. 퍼트렐Futrell의 편서에는 주요 순교와 로마의 기독교도에 대한 대응의 기록 일부에 대한 번역이 들어 있다(리옹의 사건들은 176-9). 짧은 기간의 통치자는 데키우스Decius(재위 서기 249~251)였다. 그가 요구한 것의 정확한 세부 내용은 분명하지 않지만, 개인들이 희생제를 올렸음을 확인하기 위한 일부 증명서는 남아 있다(한 번역은 나의 공저에서 찾을 수 있다). 기독교와 함께 온 급진적인 문화적·정치적 혁명은 켈리Kelly의 책에 날카롭고 간명하게 요약됐다.

Keith Hopkins, 'Christian Number and its Implications', in *Sociological Studies in Roman History*, edited by Kelly (위, '5장'), 432 – 80.

Alison Futrell ed., *Roman Games* (위, '7장'), 160 – 88.

Mary Beard et al., *Religions of Rome*, vol. II (위, '4장'), no. 6.8c.

Christopher Kelly, *The Roman Empire* (위, '총설'), 78 – 94.

방문할 곳

알렉산데르 세베루스와 그 어머니의 영묘로 믿고 있는 곳은 지금 그 모양 때문에 몬테델그라노('큰 산')으로 알려져 있는데, 퀸틸리우스 별장에서 그리 멀지 않다. 로마 중심부와 참피노 공항 사이다. 이곳은 대중에게 개방돼 있지만, 사전 예약이 필요하다. 근사한 고대의 유리 제품인 '포틀랜드 꽃병'은 거기에 알렉산데르 세베루스의 유골이 담기지 않았었다고 해도 런던 영국박물관의 로마관에서 인기 있는 명물이다.

문필가	연도	사건	통치자 · 시기 · 전쟁
	서기전 49	카이사르, 루비콘강 도하	**율리우스 카이사르**의 독재관 재임과 그 직후 시기
	서기전 48	파르살로스 전투: 이집트에서 폼페이우스 사망	카이사르와 폼페이우스 사이의 전쟁
	서기전 46	카이사르의 승리	
	서기전 44	(1월) 카이사르, '영구' 독재관으로 선출 (3월) 카이사르 피살	
키케로 피살	서기전 43	서기전 43	카이사르 암살자들과 카이사르 후계자들 사이의 전쟁
		서기전 42	필리포이 전투: 브루투스와 카시우스의 패배
베르길리우스의 《목가牧歌》	서기전 39		
		서기전 37	옥타비아누스와 리비아의 혼인
호라티우스 활동	서기전 30년대 중반 이후		
		서기전 31	악티온 해전	옥타비아누스와 마르쿠스 안토니우스 사이의 전쟁
		서기전 30	안토니우스와 클레오파트라의 자살: 이집트의 로마 속주 편입
베르길리우스의 《농경시》, 《아이네이스》 집필 시작 가능성	서기전 29	서기전 29	옥타비아누스 이탈리아 귀환
		서기전 27	옥타비아누스에게 아우구스투스 칭호 부여	율리우스–클라우디우스 가문 **아우구스투스**
베르길리우스의 사망	서기전 19		
		서기전 8	달의 이름 '섹스틸리스'를 '아우구스투스'(8월)로 개명

626

		제2차 다키아 전쟁 (105–6)
타키투스,《역사》 109	109–110 플리니우스, 비티니아-폰토스 총독 재임	
플리니우스, 《서간집》 제10권 (트라야누스에게 보낸 편지) 110		
	113 트라야누스, 파르티아 침공 트라야누스의 기동 완성	트라야누스의 동방 원정 (113–17)
타키투스,《연대기》 117	117 트라야누스 사망	하드리아누스
	118년경 이후 티볼리섬에 하드리아누스 별장 건설	
수에토니우스, 《카이사르 열전》 120	120년대 하드리아누스 장성 건설	
	121-5 하드리아누스, 제1차 제국 '여행'	
	128–34 하드리아누스, 제2차 제국 '여행' 하드리아누스의 람바이시스 방문(128) 안티누스, 나일강에서 익사(130) 하드리아누스 일행의 노래하는 조각상 방문(130)	
	138 하드리아누스 사망	안토니누스 피우스
프론토, 아울루스 겔리우스, 루키아노스, 아풀레이우스, 플레곤 활동 140–180년대		
아리스티데스, 〈로마 연설〉 144		
파우사니아스, 갈레노스 활동 160년경–170년대	161 안토니누스 피우스 사망	마르쿠스 아우렐리우스 및 루키우스 베루스
	167 로마와 제국에 전염병	
	169 루키우스 베루스 사망	마르쿠스 아우렐리우스
아르테미도로스 활동 180년대 이후	180 마르쿠스 아우렐리우스 사망	콤모두스
	192 콤모두스의 콜로세움에서의 과시 콤모두스 피살	

		193	이른바 '다섯 황제의 해'	내전 **페르티낙스, 디디우스 율리아누스,** **페스켄니우스 니게르,** **클로디우스 알비누스**
		193		세베루스 가문 **셉티미우스 세베루스**
				셉티미우스 세베루스의 동방 원정 (195-8)
카시우스 디오, 《로마사》 집필 시작	202년경			
카시우스 디오, 집정관 취임	205년경			
				셉티미우스 세베루스의 브리튼섬 원정 (208-11)
필로스트라토스 활동	210년대 이후			
		211	셉티미우스 세베루스 사망 카라칼라의 게타 살해	**카라칼라 및 게타**
		212	제국의 모든 자유민으로 시민권 확대	
		217	카라칼라 피살	**마크리누스**
		218	마크리누스 피살	**엘라가발루스**
		220년대	두라에우로포스의 달력	
		222	엘라가발루스 피살	**알렉산데르 세베루스**
		235	알렉산데르 세베루스와 그 어머니 율리아 마마이아 피살	
		238	스캅토파라인의 청원 (고르디아누스 3세 치세)	
《아우구스투스의 역사》 집필	300년대 말			

이 책을 집필하는 긴 기간 동안에 많은 빚을 졌다(지적인 부분과 그것을 넘어서는). 이 책의 발상은 1990년대에 내가 케임브리지대학에서 존 헨더슨 등과 함께 했던 '로마 황제-이미지의 확립과 해체'라는 제목의 강의로 거슬러 올라간다. 나는 그 강의를 함께 한 동료 교수들과 학생들로부터, 더 최근에는 내가 수에토니우스에 관해 개설한 일련의 세미나에 참여한 케임브리지의 석사 과정 학생들로부터 많은 것을 배웠다. 그들은 황제 전기의 많은 측면에 대한 나의 흥미를 촉발했다(그리고 내가 그것에 매달리게 했다).

집필 과정에서 나는 감사하게도 많은 친구와 동료의 전문 지식과 넉넉한 도움에 의지했다. 크리스토퍼 버든스트레벤스, 에믈린 도드, 리사 펜트레스, 로이 깁슨, 크리스토퍼 켈리, 패멀라 타케프먼, 피터 손맨, 캐리 바우트, 앤드루 월리스-해드릴, 피터 와이즈맨 같은 사람들이었다. 전체 원고는 피터 스토타드(그는 때로 내가 전혀 알아차리지 못한 상황에서도 내가 무엇을 말하고자 하는지를 알았다), 리브라이트 출판사의 매우 날카로운 눈을 가진 밥 웨일, 프로파일 출판사의 페니 대니얼과 앤드루 프랭클린이 읽어주었다. 데비 휘태커는 모든 것을 재확인해 내가 몇 가지 당황스러운 실수를 저지르지 않게 해주었다. 프로파일의 (그리고 프로파일과 관련된) 다른 친구들 가운데서 특히 클레어 보몬트, 캐서린 클로헤시매카시, 피터 다이어(표지 디자인을 해주었다), 앨릭스 일럼, 에밀리 헤이워드위틀록(아티스트파트너십), 주자네 힐렌, 루스킬릭(루스킬릭 홍보사), 니암 머리, 플로라 윌리스, 발렌티나 장카에게 신세를 졌다. 사진 조사를 해준 레슬리 호지슨과 본문 레이아웃을 해준 제임스 알렉산더(제이드 디자인)에게도 감사한다. 미국에서는 조지 루카스(잉크웰매니지먼트)와 피터 밀러 및 헤일리 브래컨(노턴&리브라이트)에게도 매우 감사한다.

늘 그렇듯이 가족은 나이를 불문하고(로빈, 조와 어킨, 라프와 패멀라, 여기에 이페인카, 아요데지, 엘리아까지) 모두 많이 참아주었다.

역사 속의 군주국들이 벗어날 수 없었던 영원한 난제는 군주의 승계 문제였다. 당연히 종신직인 군주는 거의 전임자가 죽어야 승계가 이루어졌는데, 이는 권력자가 승계 과정을 안정적으로 주관하지 못한다는 얘기여서 태생적으로 불안정성을 내포하고 있었다. 그래서 미리 다음 군주를 지정해놓는 관행이 생겼지만, 그대로 되지 않아도 문제이고 그대로 된다 해도 문제는 남았다.

우선 미리 정해지지 않은 경우라면 주요 후보자들 사이의 실력대결로 결정이 날 수밖에 없었다. 대표적인 사례가 세계적인 제국을 건설한 몽골의 경우였다. 칭기즈칸 이후 5대째인 쿠빌라이 카안이 들어설 때까지 거의 매번 이런 대결이 벌어졌고, 칭기즈칸 바로 다음인 오고타이의 경우처럼 전임자가 내정을 했다고 해도 회의에서 이를 통과시켜야 했기 때문에 많은 시간이 걸렸다. 오고타이는 전임자 사후 2년 1개월, 귀위크는 4년 8개월, 몽케는 3년 2개월, 쿠빌라이는 9개월(동생 아리크부카와 서로 카안 즉위를 주장하며 실력대결을 벌였다는 점을 감안하면 매우 신속했던 셈이다)의 공백 끝에 승계했다.

몽골은 '실력'을 입증해야 하는 유목 부족의 전통으로 인해 그런 방식을 유지했겠지만, 군사적 능력 입증이 덜 필요했던 정착 사회는 이런 혼란을 피하기 위해 많은 곳에서 미리 정하는 방식을 택했다. 역시 많은 사회에서 가지고 있던 장자상속 전통과 맞물려 대개는 맏아들이 후계자로 미리 지정됐다. 그러나 이 경우에는 후보자의 능력에 대한 검증이 없다는 게 문제였다. 현 군주가 언제 죽을지 모르니 후계자는 대개 어릴 때 지명됐고, 그가 통치에 적합한 능력이나 성격을 지녔는지 알 수 없으므로 그저 운에 맡기는 것이었다. 그 공백을 '교육'으로 메우려 했지만 역부족이었다. 조선 태종이 세자를 갈아치우고 자신이 살아 있을 때 세종에게 선위를 했던 것은 이 틀 안에서 최선의 승계 관리였던 셈이다.

그런데 이 책을 보면서 흥미로운 부분이 있었다. 이 전반기 로마제국의 제위 계승이 정변 등으로 전혀 관계없는 사람이 들어서기도 했지만 가족 내 승계의 경우도 우리와는 상당히 달랐다는 것이다. 친자가 이어받는 경우도 있지만 양자가 이어받는 경우도 많고(친자는 오히려 손에 꼽을 정도였다), 양자도 우리 개념과 달리 후처가 낳아 데려온 의붓아들이나 외손, 복잡한 인척 관계를 가리지 않았다. 이 책에 자주 등장하는 귀족 플리니우스가 외숙의 양자로 들어간 것은 이런 폭넓은 로마의 입양 방식을 보여주는 단적인 예다. 기본적으로 부계에 대한 집착이 없었다.

이들도 물론 친자가 없으니 양자를 들였겠지만, 우리의 경우처럼 동성동본이니 항렬이니 하는 개념이 없었기 때문에 선택의 폭이 넓었던 듯하다. 입양자가 통치자라는 점과 연결해보면 능력을 보고 양자를 들일 수 있는 여지가 많았다는 얘기다. 이 제국 전반기의 한가운데를 차지하고 있는 이른바 오현제五賢帝 시기는 전통적으로 황금기로 간주됐는데, 이 시기에는 계속해서 양자로만 제위가 이어졌다. 능력을 갖춘 사람을 후계자로 들였기 때문에 안정기를 이루지 않았나 생각해볼 수 있는 대목이다(공교롭게도 그 끄트머리에 친자로서 제위를 이어받은 콤모두스가 사고를 쳐서 제국 쇠락의 시동을 걸었다). 물론 이 책의 저자가 암시한 대로 그 '현賢'이라는 인식이 후대 황제들의 적극적인 선전 활동의 결과이므로 사실과는 괴리가 있을 수도 있지만 말이다.

이런 식의 폭넓은 양자 제도에서 다시 연상되는 것이 현대 중국의 권력 승계 방식이다. 이는 혈연적 세습제는 아니지만 공산당의 지도부가 다음 지도부의 선택에 상당한 영향을 미친다는 점에서 세습제와 비슷한 측면이 있다. 후임 지도부 선발은 일종의 입양이 되는 셈이다. 덩샤오핑 이후 확립된 원칙은 '10년 집권 후 이양'이었고, 이에 따라 장쩌민과 후진타오는 모두 10년을 통치하고 물러났지만 현재의 시진핑에 이르러 그 원칙이 깨졌다. 종신 집권으로 되돌아간다는 것은 섣부른 이야기일 수 있지만, 적어도 '비혈연 유사 세습제'는 이어질 듯하다.

로마제국과 현대 중국의 사례를 보면서 느끼는 점은 군주제 시절에도 혈연의 개념에 덜 매달리는 승계 방식이 채택됐다면 어땠을까 하는 것이다. 물론 전설이지만 중국에서 요임금이 아들이 아닌 순임금에게 물려주고 순임금이 역시 아들이 아닌 우임금에게 물려준 것처럼 말이다. 그런 임금이 있었는지 없었는지도 모르고 설사 있었다 해도 피비린내 나는 정변을 아름답게 포장한 것일 수 있지만, 옛날 사람들도 그런 방식을 동경했다는 점만은 알 수 있다.

이 책은 원제가《로마 황제Emperor of Rome》여서 황제가 많이 등장하기는 한다. 그러나 황제라고 해서 세상을 혼자 살고 혼자 황제 노릇을 할 수는 없기 때문에 황제의 모습이 포착된 배경에는 수많은 부류의 사람들이 등장하고 여러 분야의 삶의 측면이 나타난다. 제목은 '황제'를 내세웠지만 실제로 보여주고자 하는 것은 그와 함께 찍힌 귀족에서부터 노예까지 각계각층의, 그리고 로마에서부터 변경까지 로마 세계 전역의 사람들의 모습이다.

'영국의 가장 유명한 고전학자'로 꼽히는 메리 비어드는 이 책에서 황제의 업무와 식사, 연회와 여행 등 모든 일정을 따라다니며 그에 대한 이야기를 들려준다. 황제가 사는 궁궐 이야기도 있고, 주변의 관료와 하인 이야기도 있다. 물론 가족과 애인 이야기도 빠질 수 없다. 때로는 방탕하고 포악한 황제의 모습도 보여준다. 그런 재미있는 이야기를 따라가다 보면 로마 세계가 어떻게 생겼었나 하는 전체적인 윤곽을 그릴 수 있게 된다. 그리고 앞서 말한 양자 이야기처럼 무언가 새로운 생각의 꼬투리도 잡을 수 있을 것이다.

화보

1 L. Alma-Tadema, *The Roses of Heliogabalus* (1888). Photo: © Whitford Fine Art, London, UK / Bridgeman Images

2 Manuel Dominguez Sanchez, *The Death of Seneca* (1871). Photo: © Fine Art Images / Bridgeman Images

3 Tondo: Panel of the family of Septimius Severus, c.200 CE, Staadliche Museum, Berlin. Photo: © Bridgeman Images

4 Painted garden of the villa of Livia, 20-30 BCE, Palazzo Massimo alle Terme, National Museum of Rome. Photo: © Carlo Bollo / Alamy Stock Photo

5 Cameo with Livia holding a bust of Augustus (CE 14-37, turquoise). Photo: © 2023 Museum of Fine Arts, Boston. All rights reserved. / Henry Lillie Pierce Fund / Bridgeman Images

6 Italian tourists visiting the Nemi ships, 1932. Photo: © agefotostock / Alamy Stock Photo

7 Copy of wall painting by A. Ala, showing Theseus and Ariadne from the House of Caccia Antica (ancient hunt). Photo: © Florilegius / Bridgeman Images

8 Room of the Pine Garlands, House of Augustus (fresco). Photo: © DeAgostini Picture Library/Scala, Florence

9 Reconstruction of the Royal Audience Hall, Palatine Hill, Rome. Photo: © Balage Balogh / archaeologyillustrated.com

10 Mosaic showing doves drinking from a vase, from Hadrian's Villa at Tivoli, Italy. Photo: © DEA / G. DAGLI ORTI/De Agostini via Getty Images

11 Banquet scene from the House of Chaste Lovers, Pompeii. Photo: © Alessandra Benedetti/Corbis via Getty Images

12 *Messalina* by Peder Severin Krøyer. Photo: © Painters / Alamy Stock Photo

13 Bronze head from an over-life-sized statue of Augustus, also known as the 'Meroe Head'. Photo: © The Trustees of the British Museum

14 Commemorative coin celebrating Trajan's defeat of the Parthians and the capture of Ctesiphon. Photo: © The Trustees of the British Museum

15 Augustus of Prima Porta, Vatican Museum, Rome.

16 Painted cast of the original, Ashmolean Museum. Photo: © Azoor Photo / Alamy Stock Photo and © Ashmolean Museum/Heritage Images/Getty Images

17 The Great Cameo of France, Paris. Photo: © Pictures from History/Marie-Lan Nguyen / Bridgeman Images

18 The ceiling of Domus Transitoria, Rome. Photo: Alessandro Serrano/Photoshot/agefotostock

19 A ceiling design in the Antique manner, based on Domus Transitoria and attributed to Agostino Brunias. Photo: © Christie's Images / Bridgeman Images

20 Wall decoration, *horti* Lamiani, Capitoline Museum, Palazzo dei Conservatori, Rome. Photo: Roma, Sovrintendenza Capitolina ai Beni Culturali

21 Augustus as pharaoh, from the temple of Isis at Dendur, now reassembled in the Metropolitan Museum, New York. Photo: Robin Cormack

22 Mosaic showing racing in the Circus Maximus, Lyon. Photo: © Photo Josse / Bridgeman Images

line/Universal Images Group via Getty Images 289

63 Julia Balbilla's memorial to her brother, Philopappos, Athens. Photo: © Archivio J. Lange / © NPL-DeA Picture Library / Bridgeman Images 290

64 Detail of Balbilla's poetry, inscribed on the left foot of the Colossus. Photo: © Jackie Ellis / Alamy Stock Photo 291

65 The remains of the Temple of Olympian Zeus, Athens. Photo: © Classic Image / Alamy Stock Photo 297

66 Hadrian's gate, Athens. Photo: © Robin Cormack 298

67 Statue of Hadrian in armour, Antalya, Turkey. Photo: ©Paul Williams / Alamy Stock Photo 307

68 Scene from Trajan's column, completed 113 CE, Rome. Photo: © JAU-BERT French Collection / Alamy Stock Photo 308

69 Scene from Marcus Aurelius's column, Rome. Photo: © Andrea Izzotti / Alamy Stock Photo 309

70 Scene from Ephesus monument, Selcuk, Turkey. Photo: © Azoor Photo Collection / Alamy Stock Photo 310

71 Bronze coin issued by Nero. Photo: © The Trustees of the British Museum 323

72 Eighteen emperors: Tiberius (© DeAgostini Picture Library/Scala, Florence); Caligula (© Prisma Archivo / Alamy); Claudius (©INTERFOTO / Alamy Stock Photo); Nero (© Alfredo Dagli Orti / The Art Archive / Corbis); Vespasian (© Prisma/Universal Images Group via Getty Images); Titus (© Anderson / Alinari via Getty Images); Domitian (Toledo Museum of Art, Ohio); Nerva (© DEA/G. Dagli Orti / De Agostini / Getty Images); Trajan (© Album / Alamy Stock Photo); Hadrian (©Paul Williams / Alamy Stock Photo); Antoninus Pius (© Bibi Saint-Pol); Marcus Aurelius (© DEA / G. Nimatallah / De Agostini / Getty Images); Lucius Verus (© Album / Alamy Stock Pho-

to); Commodus (© Viktor Onyshchenko / Alamy Stock Photo); Septimius Severus (© 360b / Alamy Stock Photo); Caracalla (© Lanmas / Alamy Stock Photo); Elagabalus (©Bridgeman Images); Alexander Severus (© Peter Horree / Alamy Stock Photo) 329

73   King George I dressed as roman emperor, marble statue by John Michael Rysbrack. Photo: © The University of Cambridge, image reproduced with permission from The Fitzwilliam Museum 330

74   Portrait bust found in Arles, France, and part of the collection of Musée de l'Arles antique. Photo: ©REUTERS/Jean-Paul Pelissier 332

75   Diagram of Augustus' hair scheme, based on D Boschung, *Die Bildnisse des Augustus* (1993) 333

76   Republican veristic portrait bust. Photo: © Alinari / Bridgeman Images 335

77   Statue of Lucius Verus, National Archeological Museum, Naples. Photo: © Album / Alamy Stock Photo 337

78   Statue of Tiberius wearing a toga, Louvre, France. Photo: © DeAgostini Picture Library/Scala, Florence 337

79   Portrait bust of unknown emperor. Photo: © The Trustees of the British Museum 339

80   Portrait bust of Vespasian, Carlsberg Glyptotek Museum, Copenhagen, Denmark. Photo: © Prisma/Universal Images Group via Getty Images 341

81   Six empresses: Livia (© World History Archive / Alamy Stock Photo); Agrippina the Younger (© Fine Art Images/Heritage Images/Getty Image); Domitia Longa (© PHAS/Universal Images Group via Getty Images); Plotina (Flickr © Carole Raddato); Faustina (© DeAgostini Picture Library/Scala, Florence); Julia Domna (© Peter Horree / Alamy Stock Photo) 344

82   Three imperial women from a group of thirteen surviving statues found

in Veleia, north Italy, now held in the National Archaeological Museum, Parma. Photo: © Mario Bonotto / Photo Scala, Florence 346

83 Life-size statue of Messalina, held in the Louvre, Paris. Photo: ©RMN-Grand Palais /Dist. Photo SCALA, Florence 347

84 Relief panel showing Agrippina crowning her son Nero, found in Aphrodisias, Turkey. Photo: © Paul Williams / Alamy Stock Photo 348

85 The earliest representation of Britannia, sculpture found in Aphrodisias, Turkey. Photo: © Paul Williams / Alamy Stock Photo 349

86 Relief panel showing Julia Domna crowning her son Caracalla, probably from Syria. Photo: © DCOW/EUB / Alamy Stock Photo 350

87 Statue showing Claudius as Jupiter, Vatican, Italy. Photo: ©INTERFOTO / Alamy Stock Photo 352

88 Trinkets showing emperors: finger ring with coin showing Caracalla. Photo: The Trustees of the British Museum; glass medallion showing Tiberius. Photo: gift of J. Pierpont Morgan, 1917 (17.194.18) The Met, New York; centre of ceramic bowl showing Augustus. Photo: gift of J. Pierpont Morgan, 1917 (17.194.1979) The Met, New York 354

89 Hand of emperor Constantine I the Great, Capitoline Museum, Rome. Photo: © Nevena Tsvetanova / Alamy Stock Photo 359

90 Finger ring with amethyst gem with engraved Nero. Photo: © bpk / Antikensammlung, SMB / Johannes Laurentius 360

91 Nero bust recut to depict Vespasian. Photo: © The Trustees of the British Museum 364

92 Three portraits of Lucius Verus found at his villa, Acqua Traversa, now in the Louvre, Paris. Photo: © RMN-Grand Palais /Dist. Photo SCALA, Florence 368

93 The base of Trajan's column, Rome. Photo: © Adam Eastland / Alamy Stock Photo 375

찾아보기

로마 황제는 어떻게 살았는가

1판 1쇄 2024년 9월 30일

지은이 | 메리 비어드
옮긴이 | 이재황

펴낸이 | 류종필
편집 | 이은진, 이정우, 권준
경영지원 | 홍정민
교정교열 | 오효순
표지 · 본문 디자인 | 석운디자인

펴낸곳 | (주)도서출판 책과함께
　　　　주소 (04022) 서울시 마포구 동교로 70 소와소빌딩 2층
　　　　전화 (02) 335-1982
　　　　팩스 (02) 335-1316
　　　　전자우편 prpub@daum.net
　　　　블로그 blog.naver.com/prpub
　　　　등록 2003년 4월 3일 제25100-2003-392호

ISBN 979-11-92913-99-5　03920